기독교문서선교회(Christian Literature Center: 약칭 CLC)는 1941년 영국 콜체스터에서 켄 아담스에 의해 시작되었으며 국제 본부는 미국 필라델피아에 있습니다.
국제 CLC는 약 650여 명의 선교사들이 59개 나라에서 180개의 서점을 운영하며 이동 도서 차량 40대를 이용하여 문서 보급에 힘쓰고 있으며 이메일 주문을 통해 130여 국으로 책을 공급하고 있는 국제적 문서선교 기관입니다.

추천사 1

이 승 종 목사
KWMC(기독교한인세계선교협의회) 대표의장

신춘식 박사는 GMS 미주서부지부 선교사로서, 남인도 뱅갈루루에서 신학교 교수 사역과 말씀 사역으로 해외 선교 현장을 섬긴 선교학자이자, 영혼을 사랑하는 신실한 선구자(Pathfinder)입니다.

그의 삶과 사역은 단순한 학문적 연구를 넘어, 현장에서 선교적 헌신을 실천하며 복음의 빛을 비추는 여정이었습니다. 그를 만난 이들은 삶의 회복과 영적 에너지를 경험하며, 그의 깊이 있는 통찰과 진실한 열정에 감동을 받습니다.

본서는 조나단 에드워즈를 신학자, 설교가, 부흥운동가로 국한했던 기존 연구를 뛰어넘어, 그를 '선교사적 관점에서' 재해석한 획기적인 연구입니다. 저자는 에드워즈를 단순히 제1차 대각성 운동의 주역으로만 보는 것이 아니라, 국제 선교 운동을 촉진하고 세계 선교의 비전을 제시한 선교사적 리더로서 조명합니다.

특히, 스톡브리지 인디언 선교를 중심으로 에드워즈의 사역을 분석하며, 그가 단순한 신학자가 아닌 약자의 대변자, 교육자, 그리고 복음 전도자로서 선교적 사명을 실천한 인물임을 밝힙니다.

신춘식 박사는 조나단 에드워즈가 데이비드 브레이너드(David Brainerd)의 일기를 편집하고 출판하여 선교 정보를 국제적으로 확산시킨 점을 주목합니다. 저자는 『브레이너드의 일기』가 단순한 전기가 아니라, 현대 선교 정보 보급 이론과 연결되며, 에드워즈가 선교 정보 확산의 선구자였음을 입증하는 중요한 자료임을 강조합니다. 저자는 에드워즈가 『브레이너드의 일기』를 통해 복음의 확장과 선교 정보 공유의 중요성을 깊이 인식했으며, 이를 통해 세계 선교에 지속적인 영향을 미쳤음을 설득력 있게 논증하고 있습니다.

특히, 신춘식 박사는 조나단 에드워즈가 천연두 백신 접종 후 갑작스러운 죽음을 맞이한 사건을, 단순한 비극이 아닌 십자가적 희생과 순교자적 삶의 모범으로 재해석하며, 이는 오늘날 모든 평신도와 사역자가 본받아야 할 신앙의 유산으로 제시합니다.

저자는 에드워즈의 삶과 사역은 자신의 생명을 희생하며 복음을 전한 선교사적 헌신의 표본이 되었으며, 이런 그의 헌신은 현대 선교사들에게 깊은 영감을 주고 있음을 조명합니다. 독자들은 본서를 통해 복음 전도의 본질과 선교적 헌신의 의미를 다시금 깨닫게 될 것입니다. 이 시대에 진정한 선교적 통찰을 찾는 모든 이에게, 본서를 강력히 추천합니다.

추천사 2

강 준 민 목사
L.A. 새생명비전교회 담임목사

깊은 영성은 깊은 눈물에서 나옵니다. 그리고 그 눈물은 고통과 순종의 땅에서 길어 올려집니다. 신춘식 교수의 삶이 그렇습니다. 지게를 지고 철 가방을 들던 한 소년이 하나님의 손에 이끌려 목사로, 선교사로, 교수로, 저자로 부름 받은 이 놀라운 인생 여정은 하나님의 은혜를 온몸으로 증언하는 복음 그 자체입니다.

이번에 출간된 『조나단 에드워즈의 선교신학』은 단순한 학문적 연구서를 넘어, 오늘날 쇠퇴해가는 한국 교회와 미국 교회에 던지는 선지자적 울림이자, 부흥을 사모하는 모든 이에게 주시는 하나님의 초대장입니다. 저자는 조나단 에드워즈를 단지 목회자나 신학자로 보지 않고, 인디언 선교사로서의 그의 삶을 '선교적 렌즈'로 새롭게 해석합니다. 이를 통해 오늘날 우리가 점차 상실해 가고 있는 복음의 본질과 교회의 사명을 다시금 회복하도록 우리를 도전합니다.

저는 이민 목회자의 한 사람으로서 본서를 읽으며 마음 깊은 곳에서 울림을 경험했습니다. 신 교수의 연구는 단순한 이론이나 정보가 아니라, 그분의 눈물과 기도, 순종이 스며든 영적인 메시지로 다가옵니다. 인도 선교 현장에서 쌓아 올린 경험과 디아스포라 목회 현장에서 터져 나오는 갈망이 본서에서 생생하게 살아 움직입니다.

본서는 부흥을 사모하는 자들의 마음에 불을 붙이는 성화(聖火)입니다. 또한, 지쳐 있는 사역자들에게는 다시금 십자가의 길을 걷도록 부르시는 예수님의 음성이 담긴 책입니다. 저는 이 귀한 책을 한국 교회와 이민교회의 목회자들, 선교사들, 신학생들, 그리고 하나님 나라의 부흥을 갈망하는 모든 성도에게 진심으로 추천합니다.

추천사 3

이 상 명 박사
California Prestige University 총장

"가슴의 신학자", "탁월한 부흥 운동의 변증가"라는 별칭은 조나단 에드워즈가 단순한 신학자가 아니라 깊은 영성과 실천적 열정을 지닌 인물이었음을 보여 줍니다. 영국 설교자 마틴 로이드 존스는 그를 "신학의 에베레스트"라 평가하며, 그 탁월함을 극찬한 바 있습니다. 에드워즈는 미국 식민지 시대의 가장 위대한 청교도 사상가로, 부흥 운동과 신학적 통찰에서 깊은 영향을 끼친 인물입니다.

그동안 에드워즈 연구는 주로 그의 대각성 운동과 신학 사상을 다루었던 바, 그의 선교적인 면을 더 부각하여 다루는 연구는 상대적으로 부족했습니다. 이런 때 신춘식 교수의 『조나단 에드워즈의 선교신학』은 선교사로서 에드워즈를 조명했다는 점에서 우리의 관심을 끌기에 충분합니다.

본서는 이제까지 청교도 신앙과 고전 문헌에 남다른 관심을 가지면서 평생 에드워즈를 연구해 온 저자의 탁월한 역작입니다. 저자가 에드워즈의 방대한 역사적, 신학적, 선교학적 자료들을 연구하여 한 권의 책으로 출간한 데에는 인도 현지에서 선교사와 교수로 활동했던 저자의 이력과 무관하지 않습니다. 본서는 에드워즈에 대한 저자의 지속적 관심, 끊임없는 탐색과 오랜 숙성의 과정을 거친 연구의 결실입니다.

본서는 단지 에드워즈의 선교학을 정리한 학문적 성과에 그치지 않고, 그의 삶과 사역의 궤적 속에서 선교적 통찰이 어떻게 발현되었는지를 명

확히 밝혀 줍니다. 저자는 에드워즈의 부흥 운동이 단지 감정적 열정에 머물지 않고, 자연스럽게 선교 운동으로 이어졌다는 점을 일관되게 논증합니다. 본서는 에드워즈의 선교적 관점을 설득력 있게 조명하며, 오늘날 교회가 회복해야 할 방향성을 제시해 줍니다. 무엇보다 본서는 선교학적 주제를 다루면서도, 에드워즈의 생애, 신학, 역사적 배경을 입체적으로 소개하고 있어 입문서로서도 손색이 없습니다.

본서는 조나단 에드워즈의 선교학적 유산을 오늘의 시각으로 재조명함으로써, 독자들에게 다시금 복음의 본질과 교회의 사명을 묻도록 도전합니다. 시대의 혼란 속에서 신학적 뿌리를 찾고자 하는 이들에게 그리고 교회에 선교적 생기를 불어넣고자 하는 모든 이에게 강력하게 권하고 싶은 역작입니다. 탈종교화와 반신앙적 격랑이 이는 현시대에 에드워즈가 남긴 선교학적 유산을 다룬 본서가 독자들로 하여금 개혁신앙의 근저를 되짚어 보게 하고 교회에 선교적 활력을 불어넣는 촉매제가 되길 바랍니다.

추천사 4

임 윤 택 박사
California Prestige University 선교학과 박사원 원장

　새로운 통찰이 여기 있습니다. 신춘식 교수의 『조나단 에드워즈의 선교신학』에 새로움이 있습니다. 저는 지도교수로서 그의 연구과정을 가까이서 지켜보며, 두 가지 학문적 관점, 즉 신학적 렌즈와 선교학적 렌즈를 통해 에드워즈의 삶과 사역을 조명하는 신 교수의 탁월한 학문적 역량과 깊은 역사적 통찰에 감명을 받았습니다.

　신 교수는 역사신학적 관점에서 에드워즈를 연구한 신학적 바탕 위에, 선교지에서 교수 사역을 한 후, 선교학을 전공하였습니다. 그래서 신학적 렌즈와 선교학적 렌즈를 통해 에드워즈의 숨겨진 모습을 입체적으로 그려낼 수 있었습니다.

　신 교수는 조나단 에드워즈라는 위대한 인물을 단지 역사적 존재로서가 아니라, 오늘날 교회가 직면한 위기 상황에서 필요한 시대적 모범이자 영적 리더로서 되살려 냅니다. 특히, 에드워즈가 남긴 선교학적 유산을 조지 마즈던의 신학적 관점과 폴 피어슨, 케네스 라투렛, 랄프 윈터의 선교학적 관점을 통해 균형 잡힌 방식으로 통합한 신 교수의 연구는 독자들에게 깊은 학문적 성찰과 감동을 제공합니다.

　평생 에드워즈의 삶과 사역을 연구하면서, 자신 또한 타 문화 선교사로 헌신한 신 교수의 개인적인 삶의 이야기는 본서에 따뜻하고 인간적인 깊이를 더합니다. 본서를 읽는 모든 독자는 단지 에드워즈에 대한 학문적 이

해를 넘어서, 하나님의 선교적 부르심 앞에 순종하며 헌신했던 그의 순교자적인 삶과 뜨거운 신앙에 깊은 감명을 받게 될 것입니다. 신 교수의 『조나단 에드워즈의 선교신학』이 널리 읽혀지기 바라며, 이 귀한 책을 통하여 하나님의 이름이 더욱 찬양되며 영광 받으시기를 바랍니다. 이 귀한 책을 강력히 추천합니다.

추천사 5

정 부 홍 박사
에드워즈대학교 총장

본서는 조나단 에드워즈의 선교적 비전, 오늘날의 한국 교회와 선교를 위한 학문적인 소중한 통찰을 보여 줍니다.

『조나단 에드워즈의 선교신학』은 에드워즈를 단순한 부흥운동가나 신학자로 국한하지 않고, 그의 생애와 신학과 사역을 선교학적 관점에서 새롭게 재조명한 탁월한 저작입니다. 저자는 선교 사역 현장으로 파송받기 전부터 에드워즈의 부흥에 대한 의미 있는 석사과정 연구를 통하여 이해와 결심이 남달랐습니다.

이런 학문적 배경을 가진 저자는 에드워즈의 성경 해석과 신학이 단순한 내면적 경건을 넘어, 하나님의 영광을 위한 선교적 열정으로 이어졌음을 체계적으로 설명하고 있습니다. 또한, 저자는 에드워즈의 선교신학이 오늘날 교회와 선교 실천에 미치는 깊은 영향력을 설득력 있게 다루고 있습니다.

본서는 에드워즈의 선교적 비전이 단순한 복음 전파에 그치지 않고, 창조와 구속의 목적을 아우르는 거시적이고 구속사적인 관점에서 선교를 이해하는 데 중요한 기준을 제시합니다. 저자는 에드워즈의 설교, 편지, 신학 문헌을 깊이 분석하며, 그가 선교를 단지 교회의 사명이 아닌, 하나님의 나라 실현을 위한 핵심적 도구로 본 사실을 설득력 있게 밝혀 냅니다.

특히, 본서는 에드워즈의 선교적 사유가 21세기 교회와 선교 현장에서 직면한 도전과 과제들을 어떻게 극복할 수 있는지에 대한 중요한 길잡이를 제공합니다. 또한, 에드워즈의 후대 선교 운동 및 현대 복음주의 선교 신학에 미친 영향을 살펴보며, 독자들에게 역사적 안목과 깊은 학문적 통찰력을 선사합니다.

『조나단 에드워즈의 선교신학』은 에드워즈의 선교신학 분야까지도 간파하고자 하는 에드워즈 메니아들과 또 선교신학의 원류를 탐구하고자 하는 모든 신학도와 선교 실천자들에게 필독서로 강력히 추천합니다. 에드워즈의 선교학적 유산을 통해, 오늘날 교회와 선교의 진정성과 목적을 되새기고, 더욱 확고한 선교적 비전을 세울 수 있는 귀중한 기회를 제공할 것입니다.

추천사 6

라은성 박사
전 총신대학교 역사신학 교수

본인은 역사 신학자로서 조나단 에드워즈의 삶에 관심을 늘 가지고 있습니다. 한 시대를 넘어 지금까지 아니 앞으로도 그의 업적과 저술이 많은 이에게 도전과 지침이 되기 때문입니다.

게다가 한 신앙인이며 목회자와 역사 신학자인 그에 관해 관심을 두고 있는데, 특히 그의 선교 활동입니다. 18세기 부흥 운동의 주도자이기에 본받고 싶기도 하지만, 그의 선교에 관해 개인적으로 존경하지 않을 수 없습니다.

그런데 신춘식 박사가 조나단 에드워즈의 삶, 부흥 운동과 선교학의 유산을 정리하여 선교학 철학박사학위를 받았다는 소식을 접할 때 정말 기뻤고 고마웠습니다. 총신대 일반대학원 신학석사과정 때 나의 강의를 수강한 제자로, 이후 현재까지 교제를 나누고 있는 신실한 분입니다. 그는 역사신학을 전공한 선교학자로서 에드워즈를 분석하고 설명하는 데 탁월한 재능을 가지고 있습니다. 이뿐만 아니라 자료 수집, 분석과 해석, 실제 적용에 있어서도 뛰어납니다.

그중 특히 관심을 끄는 부분은 제6장의 에드워즈의 스톡브리지 인디언 선교에 관한 장입니다. 에드워즈가 갈 곳이 없어서 선교사가 된 것이 아니라, 그의 삶 자체가 하나님을 영화롭게 하기 위한 삶이었고, 스토다드와 브레이너드의 도전을 따른 결과라는 점이 인상적입니다. 당시 스톡브리지는 생지옥과도 같은 상황이었으나, 도피처가 아닌 인디언 영혼의 구원이라는 단 하나의 목적에 따라 들어갔습니다. 그것도 17년에 걸친 긴 사역의 누적입니다. 인디언의 관점에서 본 선교 자세, 교육자와 목회자로서의 일관성, 그리고 하나님과 동행하는 기쁨과 즐거움을 에드워즈는 지니고 있었습니다.

신춘식 박사는 선교, 역사신학, 목회, 그리고 가정의 영역에서 풍부한 사역적 경험을 갖춘 선교사로, 이론과 실천을 겸비한 학자입니다. 본서를 읽는 독자는 마치 에드워즈와 직접 인터뷰하는 기자의 글을 읽는 느낌을 받게 될 것입니다. 어려운 신학 글이 난무한 가운데, 이처럼 분명한 관점과 논리를 일관되게 펼치는 탁월한 필력, 독자를 위한 요약과 배려, 부드럽고 상냥한 서술, 가독력 있는 학술 저작을 선보인 저자의 역량은 매우 귀합니다. 본서가 한국 교회와 성도들의 선교 이해와 꿈을 새롭게 정립하는 데 귀하게 쓰이기를 진심으로 소망하며 적극적으로 추천합니다.

추천사 7

Dr. Sebastian Kim
Robert Wiley Professor of Renewal in Public Life
Academic Dean for Korean Studies Center
Fuller Theological Seminary

    우리가 신앙생활을 할 때 다양하게 신학 서적들과 신앙에 관한 책을 접하게 되는데, 그 가운데서 크게 도움이 되는 것은 신앙 선배들의 전기와 학술 연구를 통해 하나님이 그들 가운데 역사하셨던 모습을 배우게 되는 것입니다. 본서 역시 그런 의미에서 특별한 가치를 지니고 있습니다.
    『조나단 에드워즈의 선교신학』은 위대한 부흥운동가이자 목회자, 그리고 신학자로 널리 알려진 조나단 에드워즈를 선교학적 관점에서 조명함으로써, 지금까지의 전기적·신학적 연구들과는 차별화된 통찰을 제공합니다. 이미 수많은 연구와 전기가 존재함에도 불구하고, 저자는 에드워즈의 사역을 새로운 시각에서 바라보며 우리에게 신선하고도 깊이 있는 인식을 제공해 줍니다.
    특히, 저자는 인도 현지에서 약 8년간 신학교에서 강의한 경험과 풍부한 학문적 배경을 바탕으로 에드워즈를 총체적으로 조망할 수 있는 탁월한 통찰을 제시합니다. 본서의 특징은 단순히 역사학적으로 한 인물을 조명하는 것이 아닌, 통합적인 방법론을 매우 적절하게 다루어서 독자들에게 보다 깊이 있고 총체적인 이해를 돕고 있습니다.

무엇보다도 본서는 선교학적 시각에 초점을 맞춤으로써, 조나단 에드워즈의 선교 사상과 정책, 그리고 그가 추구했던 세계 복음화의 비전을 더욱 분명하게 보여줍니다. 하나님께서 사용하신 위대한 인물에 대한 깊이 있는 탐구는 일반 성도들의 안목을 넓혀 줄 뿐 아니라, 신학도, 목회자, 선교사들에게도 향후 사역에 실질적인 지침과 영감을 제공할 것입니다.

이에 본서를 모든 독자에게 기쁘게 추천하는 바입니다.

추천사 8

박 기 호 박사
Fuller Theological Seminary 선교대학원 원로교수

신춘식 박사의 선교학 철학박사학위 논문이 『조나단 에드워즈의 선교신학』이라는 제목으로 기독교문서선교회(CLC)를 통해 출간된 것을 진심으로 축하드립니다. 신춘식 박사는 인도에서 다년간 선교 경험을 쌓은 현장 선교사이자, 풀러신학교 선교대학원에서 선교학을 전공한 이론과 실무를 겸비한 선교학자로서 조나단 에드워즈의 사역을 깊이 연구하고 탁월하게 분석해 냈습니다.

조나단 에드워즈는 단순히 부흥 운동의 지도자나 신학자로만 기억되어서는 안 됩니다. 그의 부흥 운동은 결국 선교 운동의 촉진으로 이어졌으며, 교회의 부흥과 갱신이 선교 운동의 기초가 되었음을 우리는 간과해서는 안 됩니다. 신춘식 박사는 이런 관점을 바탕으로 조나단 에드워즈의 시대적 배경, 생애, 부흥 운동, 인디언 선교, 선교 정보 확산 등 그의 선교학적 유산을 심도 있게 조명하였습니다.

오늘날 한국 교회와 미국 교회가 세계 선교의 과업을 이루기 위해서는 바른 신학과 목회적 열정을 바탕으로 하나님의 손에 붙들린 도구가 되어 교회의 부흥과 갱신을 이루어야 합니다. 본서는 이런 시대적 도전 앞에 서 있는 교회와 성도들에게 선교로 이어지는 부흥의 비전을 품도록 강력하게 권면하고 있습니다.

『조나단 에드워즈의 선교신학』은 부흥과 선교에 대한 열망을 품은 모든 분에게 깊은 영감을 줄 것입니다. 교회의 부흥과 선교 운동의 촉진을 꿈꾸는 목회자, 선교사, 신학생, 그리고 평신도 지도자들에게 꼭 권하고 싶은 책입니다. 세계 선교의 사명을 이루고자 하는 모든 분에게 본서가 귀한 통찰과 도전을 안겨 줄 것입니다.

추천사 9

김용식 박사
아리조나 선교교회 담임목사, CPU 박사원 부원장

『조나단 에드워즈의 선교신학』은 정말 탁월한 책입니다. 신춘식 교수의 본서는 독자에게 이미 알고 있던 사실을 새롭게 조명해 주고, 또한 미처 알지 못했던 깊은 통찰을 전해 주는 귀한 작품입니다. 본서를 통해 독자는 조나단 에드워즈에 대해 더 넓고 깊은 이해를 갖게 되며, 그의 신학과 삶의 궤적을 새로운 시선으로 바라보게 됩니다.

그동안 우리는 조나단 에드워즈를 위대한 목회자, 신학자, 저술가, 그리고 부흥운동가로 기억해 왔습니다. 그러나 본서는 그의 생애 마지막 7년을 인디언 선교에 헌신했던 '선교사 에드워즈'의 모습을 새롭게 조명합니다. 이런 놀라운 통찰은 8년간 인도 선교 현장에서, 그리고 미주 디아스포라 선교사로서 사역해 온 신춘식 교수의 깊은 선교적 시각에서 비롯된 것입니다.

특히, 본서에서 신 교수는 '두 렌즈 이론'(Two-Lens Theory)을 통해 선교 역사 해석의 새로운 틀을 제시합니다. 복음주의 신학적 관점과 선교학적 관점, 이 두 가지 렌즈를 통해 인물과 사건을 입체적으로 바라볼 때, 우리는 보다 온전한 역사 인식을 가질 수 있다는 것입니다. 신 교수의 복음주의 선교 사관은 이런 시도에서 비롯된 탁월한 학문적 성취입니다.

역사 서술에서 가장 중요한 것은 바로 '사관'입니다. 사관은 과거를 해석하고, 현재를 이해하며, 미래를 내다보는 지적 나침반입니다. 본서는 복음주의 선교 사관을 통해 조나단 에드워즈의 삶과 사역을 새롭게 해석함으로써, 선교역사학의 새로운 지평을 열고 있습니다. 특히, 제3장에서 다루고 있는 그의 역사 서술 방법론은 독자들에게 '사관'을 보는 통찰력을 제공할 것입니다.

『조나단 에드워즈의 선교신학』은 단순한 학문적 연구를 넘어, 오늘날 침체된 한국 교회와 선교의 현장에 새로운 도전과 부흥의 가능성을 제시합니다. 지금 이 시대에 꼭 필요한 책이며, 많은 독자에게 큰 유익과 감동을 줄 것이라 확신하며, 진심으로 일독을 권합니다.

추천사 10

김 현 진 박사
평택대학교 특임교수

본서는 조나단 에드워즈(Jonathan Edwards, 1703-1758)의 선교신학을 예리하게 분석한 책입니다. 에드워즈는 18세기 미국의 영적 각성을 일으킨 목회자였으며, 미국에서 가장 중요한 철학적 신학자로 널리 인정되는 인물입니다. 그는 미국뿐만 아니라 교회사에서도 최고의 영적 거인 중의 하나라는 평가를 받고 있습니다. 로이드 존스는 루터나 칼빈을 히말라야에 비유한다면, 에드워즈는 에베레스트산에 비유하고 싶다고 할 정도였습니다.

그동안 에드워즈에 대한 평가는 대부분 미국 교회의 영적 대각성을 일으킨 목회자, 부흥신학자에 치중되어 있었습니다. 그는 목회를 마친 후 모히칸 인디언을 위한 선교사로서 7년간 사역했습니다. 그런데도 선교사로서 에드워즈를 평가한 책은 상대적으로 부족한 편이었습니다.

이런 점에서 신춘식 박사가 조나단 에드워즈가 매사추세츠주 스톡브리지에서 수행한 인디언 선교를 면밀히 고찰하고, 이를 토대로 후대에 전할 선교신학의 본질을 규명하여 전문 학술서로 출간한 것은 매우 의미 있는 일입니다. 특히, 부흥과 선교의 연계를 조명함으로써 선교학의 발전에 귀중한 기여를 하게 될 것입니다. 유명한 선교사 데이비드 브레이너드와 에드워즈와의 관계에 대한 연구는 우리에게 선교의 본질에 대해 깊은 울림을 주고 있습니다.

본서의 주제는 선교학적인 것이지만, 동시에 에드워즈의 생애와 사상을 총체적으로 포괄하고 있다는 점에서 그에 대한 매우 유용한 정보입니다. 그의 저서의 주요 내용을 요약하여 소개하고 있어서 에드워즈의 대작들을 이해하는 데 많은 도움을 줍니다.

본서의 저자는 총신대 일반대학원 석사과정에서 에드워즈의 부흥 운동을 연구했으며, 다양한 목회 사역과 여러 지역에 걸친 단기 선교와 인도 선교사로써 다년간 사역한 경험이 있었기에, 에드워즈의 부흥 운동과 선교에 대한 전문적인 서적을 출판할 적임자라고 생각합니다.

한국 교회의 성장이 정체되어 교인 수가 감소하고 교회 신뢰도가 하락하는 상황에서, 에드워즈의 대각성 운동과 부흥, 그 선교적 열정은 이 시대의 한국 교회가 본받고 회복해야 할 선교적 교회의 본질과 모델을 제시해 줍니다. 그런 의미에서 본서를 기쁨으로 추천합니다.

추천사 11

신 성 욱 박사
아신대학교 설교학 교수

　미국이 낳은 최고의 신학자요, 철학자요, 목회자요, 설교자로 알려진 인물이 한 사람 있습니다. 위대한 강해설교자 로이드 존스, 제임스 패커, 존 파이퍼와 팀 켈러의 75-80퍼센트가 그 한 사람에게서 나왔다고 해도 과언이 아닌 주인공입니다. 그는 영국의 조지 휫필드와 함께 미국 제1차 대각성 운동의 주역으로 활동하기도 한 위대한 부흥사입니다. 그의 이름은 '조나단 에드워즈'(Jonathan Edwards)입니다.
　그를 신학자와 철학자와 목회자와 설교자로 알고 있는 이들이 많은데, 그가 모범적인 선교사였다는 사실을 알고 있는 이는 드물 것입니다. 데이비드 브레이너드의 영향을 받아 스톡브리지 인디언 사역을 하던 시기는 그의 설교에 적지 않은 변화가 나타난 때였고, 선교사로서의 역량을 마음껏 발휘한 기회이기도 했습니다.
　평소 아끼고 사랑하는 후배 신춘식 박사가 『조나단 에드워즈의 선교신학』이라는 귀중한 책을 출판하게 되어 기쁘고 감사하는 마음입니다. 로이드 존스가 목회 사역 중 힘들 때마다 조나단 에드워즈에 관한 책을 읽었다고 했는데, 본서는 모든 신학생, 목회자, 선교사가 반드시 읽어야 할 필독서(Must-read)라 생각합니다. 특히, '선교의 본질과 사명 및 효과적인 방안'에 대해서 구체적으로 알기를 원하는 분들에게 강추합니다.

추천사 12

허 성 회 선교사
GMS 선교사무총장

오늘날의 교회는 내적 갈등, 세속화, 선교 열정의 쇠퇴라는 현실 앞에서 방향을 잃고 있습니다. 이처럼 혼란스러운 시대 속에서, 우리는 신앙의 선배들이 남긴 유산을 다시 살펴보아야 할 시점에 서 있습니다. 『조나단 에드워즈의 선교신학』은 바로 그런 맥락에서, 우리에게 깊은 통찰과 회복의 방향을 제시해 주는 귀한 연구서입니다.

신춘식 박사는 오랜 선교 현장 경험과 학문적 연구를 바탕으로, 조나단 에드워즈라는 인물을 단순한 부흥운동가, 목회자, 신학자로 국한시키지 않고, 실천적 선교사로서 전인적으로 조명하고 있습니다. 특히, 에드워즈가 스톡브리지 인디언을 대상으로 수행했던 선교 사역에 주목하면서, 그의 선교적 사고와 실천이 오늘날의 교회와 선교 현장에 어떻게 적용될 수 있는지를 실제적 관점에서 해석해 줍니다.

본서는 단순한 전기나 이론서가 아닙니다. 현장의 맥박이 살아 숨 쉬며, 오늘의 독자들에게 선교를 새로운 시각에서 바라보도록 초대합니다. 저자는 교회의 부흥이 단순히 내부 성장을 넘어, 선교의 동력으로 작용하고, 다시금 선교를 통해 교회가 정결해질 수 있음을 강조합니다. 이는 오늘날의 교회가 반드시 회복해야 할 본질임을 일깨워 줍니다.

『조나단 에드워즈의 선교신학』은 단지 과거를 조망하는 학술서가 아니라, 현재를 진단하고 미래를 준비하게 하는 지침서입니다. 신학생, 목회자, 선교사뿐만 아니라, 교회와 선교의 본질에 관심 있는 모든 그리스도인에게 본서는 깊은 감동과 실천의 도전을 줄 것입니다. 조나단 에드워즈의 삶과 신앙을 통해 오늘을 읽고, 내일을 준비하고자 하는 모든 이에게 본서를 진심으로 추천합니다.

추천사 13

송 광 택 목사
한국교회독서문화연구회 대표

　조나단 에드워즈의 선교적 삶과 숭고한 유산을 담아낸 『조나단 에드워즈의 선교신학』의 출간을 진심으로 축하드리며, 그 뜻깊은 결실을 기쁘게 생각합니다. 신춘식 박사의 이 저작은 18세기 미국의 영적 거인이자 신학자, 목회자, 그리고 헌신적인 선교사였던 조나단 에드워즈의 삶과 사역을 다각도로 조명한 기념비적인 연구서입니다. 특히, 본서는 기존의 연구에서 상대적으로 소홀히 다루어졌던 에드워즈의 인디언 선교 사역을 깊이 탐구하며, 그의 선교적 헌신과 그 의미를 명확하게 드러내고 있습니다.
　저자는 방대한 역사적 자료와 동시대 인물들의 평가를 섬세하게 분석하며, 에드워즈가 단순히 부흥 운동의 지도자나 탁월한 신학자를 넘어, 소외된 원주민들의 영혼을 향한 뜨거운 사랑과 헌신을 실천한 진정한 선교사였음을 설득력 있게 제시합니다. 스톡브리지에서의 그의 헌신적인 사역은 약자들의 권익을 옹호하고, 교육을 통해 그들을 섬기며, 무엇보다 복음의 씨앗을 심는 귀한 열매를 맺었습니다.
　본서는 에드워즈의 선교 사역이 그의 신학적 깊이와 영적 통찰에 기반한 것임을 강조하며, 구속사적인 관점에서 선교를 이해하고 실천했던 그의 면모를 부각합니다. 또한, 브레이너드와의 관계를 통해 선교 정보의 확산이 어떻게 하나님의 선교 운동을 고무시키는지 보여 주고, 기도합주회 운동을 통해 선교의 대중화를 이끌었던 그의 선구자적인 노력을 상세히 기술합니다.

저자는 에드워즈의 삶을 통해 오늘날의 사역자들과 교회가 본받아야 할 경건 생활, 연합 사역, 그리고 다문화 시대의 선교적 접근 방식을 제시하며 깊은 도전을 줍니다. 특히, 부흥과 선교의 불가분리성을 강조하며 한국 교회와 디아스포라교회가 참된 부흥을 갈망하고, 이를 통해 세계 선교에 더욱 헌신해야 할 것을 강력하게 촉구합니다.

본서는 조나단 에드워즈를 연구하는 학자뿐만 아니라, 그의 영적 유산을 배우고자 하는 모든 그리스도인에게 필독서입니다. 그의 삶과 사역을 통해 우리는 시대를 초월하는 하나님의 사랑과 복음의 능력을 다시 한번 확인하며, 우리 자신의 삶과 사역을 되돌아보는 귀한 기회를 얻게 될 것입니다. 에드워즈의 선교사로서의 면모를 새롭게 발견하고 그의 숭고한 유산을 깊이 묵상하도록 이끄는 본서를 강력히 추천하는 바입니다.

신학박사 논문 시리즈 88

조나단 에드워즈의 선교신학

A Missiological Legacy of Jonathan Edwards
Written by Choonshik Shin
All rights reserved.
Korean Edition Copyright ⓒ 2025 by Christian Literature Center, Seoul, Korea.

조나단 에드워즈의 선교신학
역사를 보는 두 렌즈 이론

2025년 9월 10일 초판 발행

| 지은이 | 신춘식 |

편집	한선현
디자인	김복심, 박성준
펴낸곳	(사)기독교문서선교회
등록	제16-25호(1980.1.18.)
주소	서울특별시 동대문구 천호대로71길 39
전화	02-586-8761-3(본사) 031-942-8761(영업부)
팩스	02-523-0131(본사) 031-942-8763(영업부)
이메일	clckor@gmail.com
홈페이지	www.clcbook.com
송금계좌	기업은행 073-000308-04-020 (사)기독교문서선교회
일련번호	2025-68

ISBN 978-89-341-2830-4 (93230)

이 책의 출판권은 (사)기독교문서선교회가 소유합니다.
신저작권법에 의하여 한국 내에서 보호받는 저작물이므로 무단 전재와 무단 복제를 금합니다.

A MISSIOLOGICAL LEGACY
OF JONATHAN EDWARDS

조나단 에드워즈의
선교신학

역사를 보는 두 렌즈 이론

신춘식 지음

CLC

헌정

(DEDICATION)

일생 동안

하나님의 영광을

최고의 목표로 삼았던

조나단 에드워즈의 선교적 삶과

학문을 연구하는 모든 분과

인생의 동반자로서 기도와 격려를 아끼지 않은

사랑하는 아내 샤론, 믿음 안에서 잘 자라준 세 자녀에게

본서를 바칩니다.

목차

추천사 1	이승종 목사 ｜ KWMC(기독교한인세계선교협의회) 대표의장	1
추천사 2	강준민 목사 ｜ L.A. 새생명비전교회 담임목사	3
추천사 3	이상명 박사 ｜ California Prestige University(CPU) 총장	5
추천사 4	임윤택 박사 ｜ CPU 선교학과 박사원 원장	7
추천사 5	정부홍 박사 ｜ 에드워즈대학교 총장	9
추천사 6	라은성 박사 ｜ 전 총신대학교 역사신학 교수	11
추천사 7	Dr. Sebastian Kim ｜ Dean for Korean Studies Center Fuller Theological Seminary	13
추천사 8	박기호 박사 ｜ Fuller Theological Seminary 선교대학원 원로교수	15
추천사 9	김용식 박사 ｜ CPU 선교학과 박사원 부원장	17
추천사 10	김현진 박사 ｜ 평택대학교 특임교수	19
추천사 11	신성욱 박사 ｜ 아신대학교 설교학 교수	21
추천사 12	허성회 선교사 ｜ GMS 선교사무총장	22
추천사 13	송광택 목사 ｜ 한국교회독서문화연구회 대표	24
저자 서문		36
약어표(LIST OF ABBREVIATIONS)		40

제1장 서론	42
제2장 선행 연구 고찰	69
제3장 방법론(Methodology)	114
제4장 조나단 에드워즈 선교의 역사적 맥락	172
제5장 조나단 에드워즈와 부흥 운동의 역사	233
제6장 조나단 에드워즈의 스톡브리지 인디언 선교	299
제7장 조나단 에드워즈와 선교 정보 확산	374
제8장 조나단 에드워즈의 선교학적 유산	422
제9장 결론	481
Appendix 1 조나단 에드워즈의 결심문	496
Appendix 2 Jonathan Edwards Resolutions	505
Appendix 3 조나단 에드워즈의 연혁	514
인용 문헌(REFERENCES CITED)	518

그림목차

⟨그림 1⟩ 조나단 에드워즈(Jonathan Edwards)　　71
⟨그림 2⟩ 조나단 에드워즈와 관련된 문헌의 출판 통계(1729-2005)　　80
⟨그림 3⟩ Reading Jonathan Edwards M.X 레서(M.X. Lesser)가
　　　　 1729년부터 2005년까지 에드워즈 관련 문헌들을 정리한 문헌록　81
⟨그림 4⟩ 조나단 에드워즈 관련 박사 논문 수(1950-2000)　　82
⟨그림 5⟩ 학문 분야별 조나단 에드워즈의 연구 분포　　88
⟨그림 6⟩ 청교도들의 신대륙 도착　　173
⟨그림 7⟩ 청교도들의 초기 모습　　175
⟨그림 8⟩ 부친 티모시 에드워즈　　191
⟨그림 9⟩ 외조부 솔로몬 스토다드　　191
⟨그림 10⟩ 에드워즈가 성장할 시기에 East Windsor House　　194
⟨그림 11⟩ 조나단 에드워즈의 책상　　196
⟨그림 12⟩ 에드워즈의 독서대　　196
⟨그림 13⟩ 예일대학교 초창기 졸업식 모습　　198
⟨그림 14⟩ 회심 당시 한적한 곳에서 묵상에 잠긴 에드워즈　　201
⟨그림 15⟩ 사라 피에르폰트(Sarah Pierrepont)　　213
⟨그림 16⟩ 노샘프턴교회와 마을 모습　　217
⟨그림 17⟩ 1749년에 발간된 『겸허한 질의』 초판 표지　　221
⟨그림 18⟩ 노샘프턴교회 고별 설교 겉표지　　224
⟨그림 19⟩ 뉴저지대학의 나소 홀과 학장 하우스　　231
⟨그림 20⟩ 『놀라운 회심의 이야기』 표지　　236
⟨그림 21⟩ 조지 휫필드의 야외 설교　　253
⟨그림 22⟩ 대각성 시기에 교회로 몰려드는 군중　　256

〈그림 23〉 설교 〈하나님의 진노의 손에 붙잡힌 죄인들〉의 기념비　257
〈그림 24〉 노년의 찰스 촌시(Charles Chauncy)　263
〈그림 25〉 1741년 발간된 『성령의 역사 분별 표지』 표지　268
〈그림 23〉 『부흥에 관한 고찰』 표지　270
〈그림 27〉 『신앙과 정서』 초판 표지　273
〈그림 28〉 스톡브리지 인디언 원주민　301
〈그림 29〉 존 사전트(John Sergeant, 1710-1749)　304
〈그림 30〉 스톡브리지 에드워즈 가족 주택　318
〈그림 31〉 데이비드 브레이너드(David Brainerd)　374
〈그림 32〉 말을 타고 순회 전도하는 데이비드 브레이너드　381
〈그림 33〉 인디언에게 설교하는 데이비드 브레이너드　384
〈그림 34〉 데이비드 브레이너드의 일기 초판 표지　385
〈그림 35〉 기도하는 데이비드 브레이너드　396
〈그림 36〉 브레이너드가 마지막 순간을 보낸 에드워즈의 저택　415
〈그림 37〉 브레이너드와 제루사의 무덤　416
〈그림 38〉 조나단 에드워즈와 그의 아내 사라의 묘지　466

표 목차

〈표 1〉 미국의 종교 실태와 신앙 감소 추이 … 43
〈표 2〉 한국 교회 신뢰도 … 45
〈표 3〉 연령대별 한국 교회 신뢰도 … 46
〈표 4〉 최근 4년간 한국 장기 선교사 파송 통계 … 49
〈표 5〉 민케마의 에드워즈 관련 연구 범주별 분류 통계표 … 83
〈표 6〉 에드워즈의 부흥에 관한 주요 저서 … 275
〈표 7〉 데이비드 브레이너드의 일기 연대기 … 386
〈표 8〉 부흥 운동 전후 예배 처소 증가 통계 … 436
〈표 9〉 부흥 운동 이전에 설립된 대학 기관 … 437
〈표 10〉 부흥 운동 결과로 설립된 대학 기관 … 438

지도 목차

〈지도 1〉 1696년 뉴잉글랜드 지도 … 174
〈지도 2〉 영국인들의 버지니아 도착을 묘사한 지도 … 179
〈지도 3〉 에드워즈와 연관된 주요 장소들 … 187
〈지도 4〉 1740년 휫필드의 미국 전도 여행 행선지 … 252
〈지도 5〉 뉴잉글랜드의 아메리칸 인디언 선교 … 356
〈지도 6〉 식민지 미국의 초기 지도 … 358
〈지도 7〉 데이비드 브레이너드 시대의 New England … 382
〈지도 8〉 청교도 신앙의 중심 New Haven … 411

저자 서문

신춘식 박사

하나님의 은혜는 실로 신비롭고도 놀랍습니다. 그 은혜로 말미암아 예수 그리스도를 믿게 되었고, 목사로, 선교사로 부름을 받아 사명을 감당하게 되었습니다. 조나단 에드워즈를 가슴에 품고, 학문과 선교 현장에서 작은 몸부림을 이어 가던 중, 마침내 하나님의 신비롭고도 놀라운 은혜로 저의 선교학 철학박사(Ph.D. in Contextual Studies) 논문이 한 권의 책으로 세상에 나오게 되었습니다. 모든 것이 하나님의 은혜임을 고백합니다.

필자는 총신대학교와 동대학교 신학대학원에서 청교도 신앙과 고전 문헌에 관심을 갖게 되었고, 총신대 일반대학원에서 역사신학(Th.M.)을 전공하며 에드워즈의 부흥 운동을 연구하였습니다. 이를 통해 에드워즈의 삶과 신앙, 그리고 제1차 대각성 운동에 대한 기초적인 이해를 쌓을 수 있었습니다. 이후 인도에서 8년간 선교사로 사역하며, 에드워즈를 선교사적 관점에서 새롭게 조명하고자 하는 열망을 품게 되었고, 풀러신학교 선교대학원과 캘리포니아프레스티지대학교 박사원에서 선교학을 공부하며 그의 삶과 사역에 담긴 선교학적 유산을 연구하게 되었습니다.

에드워즈는 오랫동안 신학자, 설교자, 부흥운동가로 주목받아 왔지만, 스톡브리지 인디언 공동체 안에서 복음을 전하며 선교사로 헌신한 삶은 상대적으로 주목받지 못했습니다. 필자는 에드워즈를 단지 목회자나 신학자, 철학자를 넘어 식민지 시대에 복음을 인디언들에게 전한 '선교사'(Missionary)로 재조명하고, 그의 선교학적 유산을 알리고자 본서를 집필하게 되었습니다.

  본서는 역사신학과 선교학이라는 두 렌즈를 통해 에드워즈의 삶과 사역을 입체적이고 균형감 있게 해석하고자 했습니다. 조지 마스던의 역사신학적 분석과 더불어, 폴 피어슨, 케네스 라투렛, 랄프 윈터, 도널드 맥가브란 등 선교학자들의 통찰로 에드워즈의 삶과 사역을 조명했습니다. 에드워즈는 단지 미국 내에서의 부흥 운동에 그친 인물이 아니라, 선교 운동의 확산, 선교 정보의 보급, 국제적 기도 네트워크의 형성, 구속사적 해석을 통한 선교의 재정립, 그리고 지상명령 개념의 확산에까지 기여한 인물입니다. 그의 삶은 목회와 학문, 그리고 마지막 순교적 죽음에 이르기까지 십자가 희생의 영성을 보여준 본보기였습니다.

  본서는 다음과 같은 독자들에게 특별히 유익하리라 생각합니다.

  첫째, 에드워즈의 생애와 부흥 운동의 흐름을 다루고 있기에, 에드워즈를 처음 접하는 독자들에게 입문서로서 유용하며, 그의 신앙과 사상을 이해하는 데 기초적인 안내가 될 것입니다.

  둘째, 목회자와 선교사들에게는 에드워즈의 목회적 헌신과 선교적 비전을 통해 오늘날의 교회 사역과 선교 전략에 통찰력을 제공하며, 사역의 방향을 재정립하는 데 영감을 주실 것입니다.

  셋째, 에드워즈의 선교학적 기여에 관심 있는 신학생과 연구자들에게는 역사신학과 선교학을 통합한 새로운 관점을 제시함으로써, 그의 사상을 보다 깊이 있게 탐구할 수 있는 토대를 마련해 줄 것입니다.

  넷째, 포스트모던 시대의 가치 혼란과 거센 세속의 물결 속에서 성경적 세계관과 거룩한 삶을 붙들고자 몸부림치는 젊은이들과 평신도들에게, 에드워즈의 삶과 사역은 분명한 도전이자 시대를 밝혀주는 빛이 될 것입니다.

본서가 에드워즈의 선교를 연구하는 후학들에게 작은 디딤돌이 되기를 소망하며, 무엇보다 본서를 읽는 모든 독자에게 에드워즈의 선교적 열정이 오늘날에도 여전히 살아 숨 쉬는 도전으로 다가가기를 기도합니다.

이제 감사의 글로 서문을 마치고자 합니다. 지금까지 저를 위해 기도해 주시고 힘이 되어 주신 모든 분들께 깊이 감사드립니다. 특히, 인도 선교사로 사역하는 동안 물질과 기도로 함께해 주신 이리중앙교회, 사랑마을교회, 신광교회, 푸른사랑의교회, 성천교회, 예온교회 등 여러 교회와 동역자께 감사드립니다. 또한, 선교의 비전을 함께 나누고 단기 선교에 헌신해 준 청년갈렙공동체 제자들과 개인 후원자님들께도 진심으로 감사드립니다. 파송교회와 후원교회를 연결해 주신 총신대학교 은사이신 유상섭 교수님께도 깊은 감사를 드리며, 파송교회로서 늘 큰 힘이 되어준 한인 디아스포라 연대 연합교회와 은혜위에은혜교회 김태균 목사님 내외분께 진심으로 감사의 마음을 전합니다.

인도의 추방 정책으로 가족이 미국에 정착하게 되는 어려운 상황 속에서도 남다른 사랑으로 도와 주시고, 함께 울며 기도해 주신 사우스베이 초대교회 교역자님들과 성도님들께 진솔한 감사를 드립니다. 풀러신학교 선교대학원에서 함께했던 교수님들과 선교사님들께도 진심으로 감사드리며, 인도 선교 현장에서 함께 사역했던 선교사님들과 미주 지역에서 다양한 사역을 감당하고 계신 GMS 동역자 여러분께도 깊이 감사드립니다.

탁월한 통찰력으로 본서의 방향을 제시해 주시고 끝까지 지도해 주신 임윤택 원장님께 깊은 감사를 드립니다. 또한, 원고를 세심하게 검토해 주신 김용식 부원장님, 기술적인 자문을 주신 정용암 교수님께도 감사드립니다. 귀한 자료를 제공해 주시고 연구에 필요한 지원을 아끼지 않으신 배경락 목사님과 임두호 사서님께도 감사드립니다. 아울러 CPU 이상명 총장님과 모든 교직원 여러분께도 따뜻한 배려와 격려에 진심으로 감사드립니다.

저의 박사학위 논문이 『조나단 에드워즈의 선교신학』이라는 이름의 단행본으로 출판되기까지 기꺼이 협력해 주신 기독교문서선교회(CLC) 박영호 사장님과 편집부에도 깊이 감사드립니다. 바쁘신 가운데 부족한 저의 글을 읽어 주시고, 귀한 추천사를 기꺼이 보내 주신 존경하는 여러 선배님과 박사님께도 진심으로 감사드립니다.

무엇보다도, 지금까지 저를 위해 조용히 기도해 주고 묵묵히 동행해 준 사랑하는 아내 샤론 선교사와, 인도 선교 현장에서 믿음으로 잘 자라준 윤호, 윤서, 의호에게 고마움을 전합니다. 이 모든 여정의 중심에는 언제나 가족의 기도와 사랑이 있었습니다. 본서의 출간 여정 전체는 하나님의 섭리와 은혜 아래에서 이루어졌음을 고백합니다. 부족하지만 본서가 하나님의 영광과 복음의 확장에 작게나마 쓰임받기를 소망합니다.

Sola Gratia! Soli Deo Gloria!
오직 은혜로! 오직 하나님께 영광을!

2025년 8월
캘리포니아 산타페 스프링스에서

약어표 (LIST OF ABBREVIATIONS)

ABCFM	American Board of Commissioners for Foreign Missions
ASM	American Society Missiology
A Humble Attempt	A Humble Attempt to promote an explicit agreement and visible union of God's people through the world, in extraordinary prayer for the revival of religion, and the advancement of Christ's Kingdom on earth, pursuant to scripture promise and prophecies concerning the last time Association of Professors of Missions
A Humble Inquiry	A Humble Inquiry into the Rules of the Qualifications Requisite to a Complete Standing and Full Communion in the Visible Christian Church
BMS	Baptist Missionary Society
Faithful Narrative	Faithful Narrative on the Surprising Work of God in the Conversion of Many Hundred Souls in Northampton, and the Neighbouring Towns and Villages of Hampshire in New England American Society of Missiology
KCMUSA	Korea Christian Mission in the USA
KMRI	The Korea Mission Research Institute
KWMA	The Korea World Missions Association
LMS	London Missionary Society

PSP	Perspectives Study Program
SVM	Student Volunteer Movement
SWM	School of World Mission
TEE	Theological Education by Extention
The Distingushing Marks	The Distingushing Marks of a Work of the Spirit of God, Applied to That Uncommon Operation That has Lastely Appeared on the Minds of Many of People of this Land: With a Particular Consideration of the Extraordinary Circumstances with This Work Is Attended China Inland Mission
TULIP	Total Depravity, Unconditional Election, Limited Atonement, Irresistible Grace, Perseverance of the Saints
USCWM	US. Center for World Mission
WCL	William Carey Library
WJE	The Work of Jonathan Edwards

제 1 장

서론

본서는 18세기 미국 부흥 운동의 주역인 조나단 에드워즈(Jonathan Edwards, 1703-1758)의 선교신학에 관한 연구이다. 제1장은 서론으로서 연구의 배경(Background of Study), 논지 진술(Thesis Statement), 연구의 목적(Purpose of the Study), 연구의 목표(Goals of the Study), 연구의 중요성(Significance of the Study), 연구의 핵심 주제(Central research Issues), 연구의 질문(Research Questions), 연구의 범위와 한계(Delimitation), 용어의 정의(Definition), 연구의 가정(Assumptions), 연구 방법론(Methodology), 그리고 연구의 개관(Procedures)을 기술한다.

우리는 교회의 위기 시대에 살고 있다. 청교도 신앙 위에 세워진 기독교 국가인 미국의 교회 교세는 점점 약해지는 추세이다. 퓨리서치센터(Pew Research Center)[1]의 연구에 따르면, 미국 내 기독교 신앙에서 멀어지는 추세를 고려할 때, 미래의 종교 부흥 가능성은 거의 없다고 전문가들은 예측하고 있다. 이 연구는 1972년부터의 종교적 정체성과 종교적 "개종"에 관한 데이터

---

1 Pew Research Center는 미국 워싱턴 D.C.에 본부를 두고 있으며 1990년 타임즈 미러 신문사(Times Mirror newspaper company)가 타임즈 미러 국민 및 언론 센터(the Times Mirror Center for the People & the Press)로 시작하여 2004년에 설립된 여론조사 기관이다. 미국 및 전 세계의 중요한 사회문제, 여론 및 인구 통계 추세에 대한 정보를 제공한다. 공론조사, 인구 통계 연구, 콘텐츠 분석 및 기타 데이터 기반 정치, 사회, 과학, 국제문제, 종교 및 공공생활 등 다양한 연구를 하는 객관적이고 신뢰받는 연구 기관으로 평가받고 있다. Pew Research Center, "About Pew Research Center," *Pew Research Center* accessed March 26, 2024, https://www.pewresearch.org/about/.

를 분석하며, 미국의 종교 환경을 2070년까지 예측하려는 시도이다.

2019년에 실시된 일반 인구조사와 퓨리서치의 자체 설문조사에 따르면, 현재 64퍼센트의 미국인이 자신을 기독교인으로 여기지만, 이 비율은 앞으로 크게 줄어들 것으로 예상된다. 2070년까지 기독교인의 비율이 미국 인구의 절반 미만으로 떨어질 것으로 전망되며, 이는 주로 15세에서 29세 사이의 사람들이 신앙을 떠나는 것과 관련이 있다.[2]

〈표 1〉 미국의 종교 실태와 신앙 감소 추이[3]

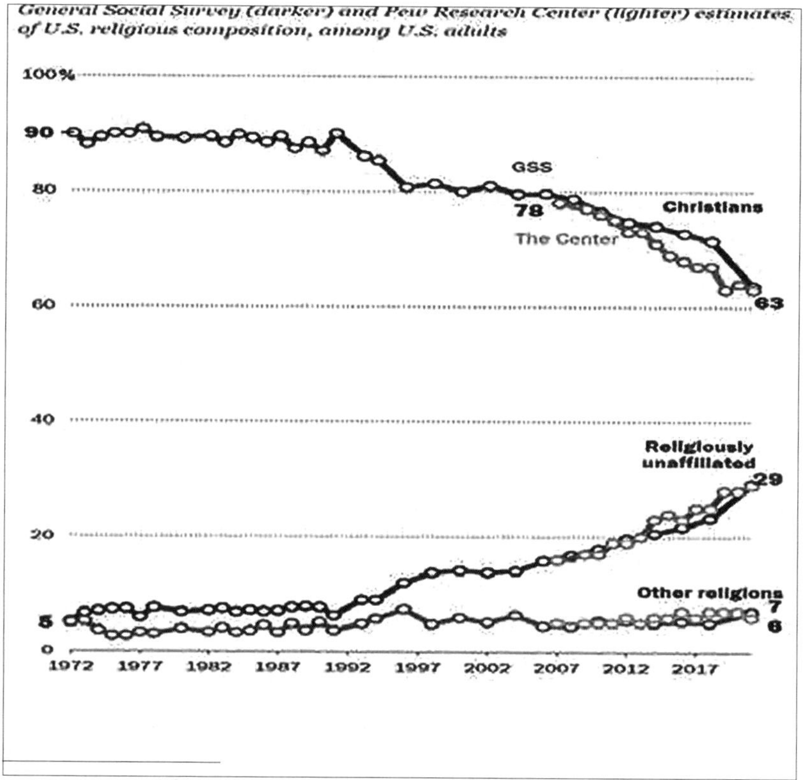

---

2 KCMUSA, "기독교의 쇠퇴는 멈출 기미가 보이지 않는다," last modified September 15, 2022, accessed March 21, 2024, https://www.kcmusa.org/bbs/board.php?bo_table=mn01_1&wr_id=3504, KCMUSA

3 KCMUSA

또한, 종교적인 가정에서 자랐음에도 다른 종교로 전환하거나 무종교인이 되는 비율이 증가하고 있다. 이는 비기독교 신앙과 무종교인의 수가 증가하는 현상과 일치한다. 퓨리서치는 이 변화의 주된 원인이 종교인에서 무종교인으로의 전환 때문이라고 분석하고 있다. 이 연구는 미국 내 종교의 미래에 대한 예측을 시도하며, 종교적 소속감의 변화, 신앙의 개인화 및 다양한 사회 경제적 요인이 미국인의 종교적 정체성에 미치는 영향을 조명한다.

이런 추세가 계속될 경우, 퓨리서치는 종교적 다양성이 증가하고, 기독교인의 비율이 감소할 것으로 예상하고 있다. 이 기사는 "부흥이 일어날 수 있다. 그러나 그렇게 될 것을 보여 주는 자료들이 없다"라고 마무리하면서 암울한 전망을 한다.

미국 교회만이 위기가 아니다. 한국 교회도 위기라는 소리가 심심치 않게 들린다. 「기독일보」 사설 "오늘 한국 교회에 닥친 위기의 실체" 기사에 따르면,[4] 최근 한국 교회 교세가 감소되고 있는데 예장 통합의 경우 2022년 전체 교인 수가 230만 2천여 명으로 지난 2023년에는 1년 만에 5만 6천여 명이 감소한 것으로 나타났다.

통합 측의 교인 수는 2012년 281만 명대에서 그 이후 내리막길을 걸어 지난해까지 10년간 50만 8천여 명이나 줄었다고 한다. 합동 측의 경우도 통합 측의 추세와 비슷할 것으로 보이며, 자료(2021년 기준)만 보면 그 전해보다 9만여 명이나 감소했다는 것이다. 주요 교단의 통계 지표는 한국 교회가 지금 어떤 상황인지를 그대로 보여 준다. 여타 교단들의 사정도 이와 다르지 않다는 점에서 심각성이 있다. 한국 교회는 부흥 성장세가 최고

4　기독일보사, "〈사설〉 오늘 한국 교회에 닥친 위기의 실체" (「기독일보」, last modified August 08, 2023, accessed March 21, 2024), https://kr.christianitydaily.com/articles/119039/20230808/%EC%82%AC%EC%84%A4-%EC%98%A4%EB%8A%98-%ED%95%9C%EA%B5%AD%EA%B5%90%ED%9A%8C%EC%97%90-%EB%8B%A5%EC%B9%9C-%EC%9C%84%EA%B8%B0%EC%9D%98-%EC%8B%A4%EC%B2%B4.htm.

조에 달했던 80년대 말에서 90년대 초까지 1천 2백만 성도를 헤아렸으나 이런 추세로 가면 교세가 곧 반 토막이 될 수도 있다는 것이다.

교세가 약해지는 것도 문제지만 한국 교회의 신뢰도가 추락하고 있다는 것이 더 큰 문제다. 기윤실(기독교윤리실천운동)이 지앤컴리서치에 의뢰해 만 19세 이상 남녀 1,000명을 대상으로 2020년 1월 실시한 설문조사 결과에 따르면,5 '한국 교회를 종합적으로 얼마나 신뢰하느냐'는 질문에 '신뢰한다'는 긍정적 답변은 31.8%에 그쳤다. '매우 신뢰한다'가 6.7%, '약간 신뢰한다'가 25.1%였다. 반대로 63.9%는 한국 교회를 신뢰하지 않는다고 답했다. '전혀 신뢰하지 않는다'와 '약간 신뢰하지 않는다'가 각각 32.4%, 31.5%였다.

기독교인과 무종교인의 시각차도 컸다. 기독교인은 '신뢰한다'가 75.5%였지만 무종교인은 '신뢰하지 않는다'가 78.2%였다.

목회자의 신뢰 여부를 묻는 항목에선 '신뢰하지 않는다'가 68.0%로 '신뢰한다'(30.0%)를 크게 웃돌았다. '가장 신뢰하는 종교'를 묻는 항목에선 가톨릭(30.0%), 불교(26.2%), 기독교(18.9%) 순으로 답했다.

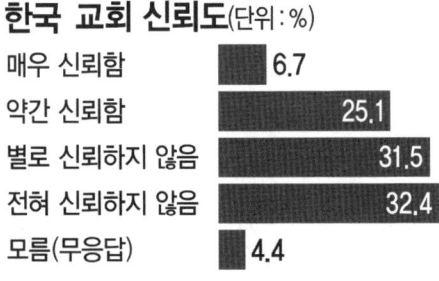

〈표 2〉 한국 교회 신뢰도[6]

5　기윤실, "국민 10명 중 6명, 한국 교회 신뢰하지 않는다"(「국민일보」, last modified Fabruary 10, 2020, accessed March 21, 2024), https://m.kmib.co.kr/view.asp?arcid=0924121967.

6　기윤실, "국민 10명 중 6명, 한국 교회 신뢰하지 않는다."

한국 교회가 신뢰를 받기 위해 개선해야 할 과제로 첫손에 꼽힌 것은 불투명한 재정 사용(25.9%)이었다. 교회 지도자들의 삶(22.8%), 타 종교에 대한 태도(19.9%), 교회 성장 제일주의(8.5%)가 뒤를 이었다.

〈표 3〉 연령대별 한국 교회 신뢰도[7]

연령대별 한국 교회 신뢰도				(단위: %)
구분	매우 신뢰한다	약간 신뢰한다	별로 신뢰 하지않는다	전혀 신뢰 하지않는다
20대	1.9	25.6	32	37.1
30대	5.1	17.1	37.6	35.8
40대	1.4	20.1	28.6	46.1
50대	7.5	25.7	33.3	32.9
60대 이상	14.9	34	14.7	14.7

기독교인·타종교인·무종교인 한국 교회 신뢰도		(단위: %)
구분	긍정	부정
기독교인	75.5	22.4
타종교인	29.6	64.8
무종교인	17.2	78.2

(자료: 기윤실)

미국 교회와 한국 교회 모두 위기라는 사실을 더 이상 부인할 수 없는 현실이 되었다. 이 시점에서 우리는 18세기 에드워즈를 다시금 깊이 성찰하게 된다. 그는 목회자로서 경건한 삶을 추구하였고, 교회의 부흥을 열망하며 대각성 운동(The Great Awakening)의 중심 인물로 활약하였으며, 스톡브리지(Stockbridge) 인디언 선교사로서도 빛나는 유산을 남겼다.

우리 시대에는 다시 에드워즈 같은 사람이 필요하다. 왜 우리 시대에 그가 필요한지 로이드 존스(Martyn Lloyd-Jones, 1899-1981)의 말을 들어보자.

> 오늘날 조나단 에드워즈로부터 배워야 할 교훈들은 무엇입니까?
> 조나단 에드워즈보다 오늘날의 기독교 상태와 관계있는 사람은 없을 것입니다. 이 사람만큼 필요한 사람은 없을 것입니다.[8]

---

7 기윤실
8 Lloyd-Jones, 『청교도 신앙』(The Puritans: Their Origins and Successors), 서문강 옮김 (서울: 생명의말씀사, 2002), 519.

필자는 에드워즈의 삶과 사역의 발자취를 살피고, 선교에 헌신하여 우리에게 남겨 준 소중한 선교학적 유산이 무엇인지 고찰하고자 한다.

1. 연구의 배경(Background of the Study)

필자는 총신대학교와 동대학교 신학대학원에서 청교도 신앙과 고전 문헌에 대한 관심을 갖게 되었다. 특히, 조나단 에드워즈의 신앙과 삶에 큰 감명을 받아 졸업(M.Div.) 후, 총신대 일반대학원에서 역사신학(Th.M.)을 전공하며 〈에드워즈의 부흥 운동〉을 연구했다. 이를 통해 에드워즈의 삶과 신앙, 그리고 미국 대각성 부흥 운동에 대한 기초적인 이해와 연구를 했다.

에드워즈의 부흥 운동은 교회 성장뿐만 아니라 사회적, 교육적으로도 큰 영향을 미쳤다. 그는 데이비드 브레이너드(David Brainerd, 1718-1747)의 생애와 일기를 편집해 출판함으로써 헨리 마틴(Henry Martyn, 1781-1812)과 근대 선교의 아버지로 불리는 윌리엄 캐리(William Carey, 1761-1834)와 같은 인물들에게 선교의 영감을 주었다. 필자는 선교지에서 이 책을 여러 차례 정독하며 개인의 신앙생활은 물론 하나님 앞에서 어떻게 살아야 하는지에 대해 깊은 도전을 받았다. 에드워즈는 한 지역 교회의 목회자이자 신학자, 설교가, 그리고 선교사로서의 삶을 충실히 살았다.

필자는 오랫동안 청년대학부 사역과 목양 사역을 하면서 늘 에드워즈를 마음에 담고 목회와 선교를 했다. 필자는 여러 교회에서 목회 사역을 경험했다. 2002년에는 서울에 있는 중형교회인 성천교회에서 담임목사 대행으로 교회 전체를 아우르는 목회 사역를 경험하였고, 2004년부터 이리중앙교회 청년대학부와 교회행정 사역을 경험하면서 선교에 대한 지평을 넓히는 계기가 되었다. 매년 청년대학생들을 인솔하여 인도(India, 2004. 2006), 중국(China, 2005), 필리핀(Philippines, 2007), 몽골(Mongolia, 2007) 단기 선교를 경험했으며 쓰나미(Tsunami) 사건이 일어났던 때는 인도네시아 아체(Ache, Indonesia, 2005) 지역에서 굿네이버스(Good Neighbors) NGO 사역도 경험했다.

필자는 2007년 12월 하나님의 부르심에 순종하여 인도 선교사로 떠났다. 인도 뱅갈루루(Bengaluru in India) 지역에서 필자는 신학교 강의 사역과 목회자 훈련 사역, 지역교회 말씀 사역을 했다. 아세아복음주의신학대학원(2008-2009, AECS: Asia Evangelical Seminary and College), 뉴라이프칼리지(2010-2012, NLC: New Life College), 벧엘뉴라이프칼리지(2012-2015, BNLC: Bethel New Life College), 샤론목회연구원(2010-2015, SPS: Sharon Pastoral Seminary)에서 교수 사역을 했다.

필자는 8년 동안 인도 현지 신학교에서 가르치면서 많은 보람도 있었지만, 학문적 부족을 느끼게 되었고, 그동안 관심이 많았던 에드워즈의 삶과 신앙, 그리고 무엇보다도 선교사로서의 에드워즈를 좀 더 깊이 탐구하고 싶었다. 그동안 에드워즈를 목회자, 신학자, 부흥운동가로만 관심을 가졌는데, 인도 선교사로 8년을 경험하면서 선교사 에드워즈에 대해 연구하고 싶은 마음을 가지게 되었다.

우리는 21세기를 살아가며 수많은 교회와 목회자, 기독교 단체, 선교 단체, 방송 매체, 인터넷 방송 매체가 넘쳐나는 시대에 살고 있다. 그러나 마치 홍수 속에서 마실 생수를 찾기 어려운 것처럼, 영적 갈증은 더욱 심화되고 있다. 한국 교회도 외형적으로는 급격히 성장했으나, 1990년대 이후로는 성장세가 멈추고 교회에 대한 부정적 평가가 나오기 시작했다. 이제는 교회가 세상을 걱정하는 것이 아니라 세상이 교회를 걱정하는 시대가 되었다. 사역자들은 성 윤리 문제, 돈에 대한 탐욕, 교회 세습 문제 등 다양한 어려움에 직면하고 있다.

교회의 문제는 단순히 교회 내부에만 국한되지 않고, 사회 문제와 선교 사역에도 큰 영향을 미친다. 교회가 부흥해야 선교도 활발해진다. 그러나 중세 시대처럼 교회가 권력화되고 타락하면, 선교도 어두운 시기를 맞이하게 된다. 교회가 세상으로부터 비난받고 약해지면, 선교도 영향을 받을 수밖에 없다. 교회와 선교는 동반자이기 때문이다. 교회의 약화는 선교사 파송에도 직접적인 영향을 미치고 있다.

〈표 4〉 최근 4년간 한국 장기 선교사 파송 통계[9]

년도	장기 선교사 파송 통계
2020	22,259
2021	22,210
2022	22,204
2023	21,917

한국은 미국 다음으로 선교사를 많이 파송한 축복받은 나라이다. 한국 교회는 해방 후 최초 선교사로 최찬영 선교사(1926-2021)[10]를 파송한 후 전 세

---

9 한국선교연구원(KRIM), "한국선교현황 연도별 발표자료" (한국세계선교협의회 〈KWMA〉, 2024, accessed March 22, 2024), https://krim.org/statisticsdata/.

10 최찬영, 『최찬영 이야기』 (서울: 조이선교회출판부, 1995). 최찬영 선교사는 1926년 평양에서 태어나 만주 연길로 이주하여 1945년 간도사범학교를 졸업했다. 해방 후 6.25전쟁에 참전하여 미군 통신정보대 통역관, 육군 군목으로 활동했으며, 독립운동가로 순교한 김예진 목사의 딸인 김광명 사모와 1954년 결혼했다. 최찬영 선교사는 한국이 전 세계에서 가장 가난하던 시절인 1955년 4월, 영락교회의 파송을 받고, 1956년 6월 태국에 첫발을 디딘 뒤 37년간 섬기다가 1992년 2월, 65세에 은퇴했다.
최찬영 선교사는 태국에서 BIT신학교 교수로 활동하다 방콕 제2교회 담임목사로 부임했고, 방콕 기독교병원 원목으로 섬겼다. 또한, 아시아인 최초로 1962년 태국성서공회 총무로 섬겼다. 1978년 아시아·태평양 지역 총무로 취임해 1992년까지 성서공회를 통해 성경 번역, 인쇄, 반포에 크게 기여했다. 그뿐만 아니라, 1983년 중국을 처음 방문했고, 1985년 1월 중국 교회 지도자와 만나 성경 10만 부를 인쇄할 성경 용지 100톤을 요청받고 지원을 도왔다. 이후 애덕기금회를 설립해 1987년 12월 난징에 최신식 인쇄 공장을 세워 중국 본토에서 성경을 발행했다. 이 인쇄 공장에서는 지금까지 1억 권이 넘는 다양한 언어의 성경이 발행된 것으로 알려졌다.
최 선교사는 은퇴 후 폴 피어슨(Paul E. Pierson) 교수의 추천으로 임윤택(Peter Im) 박사와 함께 풀러신학교 선교대학원 한국학부를 설립하여 5년간 교수로 활동하고, 선교단체 GEDA(Global Evangelization & Development Agency) 인터내셔널 총재 등으로 섬

계로 선교사를 파송하는 나라가 되었다. 하지만, 〈표 4〉에서 나타난 것처럼 최근 4년간 장기 선교사 통계를 보면 점점 선교사 숫자가 줄어드는 현상을 보이고 있다. 한국세계선교협의회(KWMA)가 주관하고 한국선교연구원(KRIM)이 조사 및 발표한 "2023 한국선교현황"에 따르면, 2023년 한국 선교사 현황은 174개국에 21,917명의 장기 선교사와 451명 단기 선교사 및 한국 선교 단체가 파송한 타 국적 선교사 950명이 활동하는 것으로 나타났다.[11]

최근에는 중국이나 인도 등 많은 나라에서 선교사들의 신분 문제가 어려워지고 있다. 비자 거부를 당하거나 추방되거나 입국이 거부되어 돌아오는 경우가 자주 발생하고 있다. 그리고 선교지에서의 선교사들 간의 문제로 심심치 않게 선교지를 옮기거나 선교지를 떠나게 되는 경우도 허다하다.

이런 시대에 아메리카 인디언 선교사(American Indian Missionary)로 활동했던 에드워즈는 우리 그리스도인들과 사역자들에게 좋은 모범이 된다. 그는 목회자로서, 부흥신학자로서, 인디언 선교사로서의 위대한 인물이었지만 하나님 앞에서 한 그리스도인으로 살았던 사람이었다. 에드워즈를 평생 연구하고 가장 권위 있는 복음주의 역사학자로 알려진 조지 마즈던(George M. Marsden)은 다음과 같이 말했다.

겼으며, 2021년 10월 21일 하나님의 부름을 받았다.
30년 이상 최찬영 선교사를 곁에서 모시고 섬긴 임윤택 박사는 최찬영 선교사를 "탁월함과 겸손함을 겸비한 서번트 리더십의 모델"이라고 평가했다. 임 박사는 2009년 두란노에서 『해방 후 최초의 선교사 체험기』를 출간했는데, 2019년 책이 절판되어 두란노의 허락을 받아 선교보고판(비매품)으로 다시 제작했다. 임윤택, 『최찬영·김광명 선교사 이야기: 내 잔이 넘치나이다』(Pasadena: Global Leadership Center, William Carey International University, 2020).

11   한국선교연구원(KRIM), "2023 한국선교현황," 한국세계선교협의회(KWMA), last modified March 07, 2024, accessed March 22, 2024, https://krim.org/2023-korean-mission-statistics/. 174개국에는 한국도 포함되어 있어 한국을 제외하면 173개국이다.

> 개인적인 조나단 에드워즈와 공적인 조나단 에드워즈 사이에는 아무런 차이가 없었다. 서재에서 수많은 시간을 보내면서 기록하고, 설교 준비를 하고, 논문을 쓸 때나 가족들을 대할 때나, 설교를 할 때나, 항상 신학이 맨 앞자리에 차지하고 있었다.[12]

세상은 교회의 크기나, 모이는 성도의 숫자나, 교회 건물이나, 선교사를 얼마나 파송했는지에 관심이 있거나 감동받는 것이 아니라, 우리가 얼마나 그리스도인답게 사느냐에 감동을 받는다.

> 이같이 너희 빛이 사람 앞에 비치게 하여 그들로 너희 착한 행실을 보고 하늘에 계신 너희 아버지께 영광을 돌리게 하라(마 5:16).

예수님의 이 말씀대로 살아 내는 것이 절실히 요구된다. 이런 시대에 에드워즈의 삶과 신앙, 부흥 운동, 그의 인디언 선교, 그리고 선교학적 유산을 연구하는 것은 의미 있는 일이라 하겠다.

2. 논지 진술(Thesis Statement)

본서의 논지는 에드워즈에 대한 균형 잡힌 이해를 위해서는 신학적 관점과 선교학적 관점의 '두 렌즈'를 통한 조명이 필요하며, 에드워즈를 선

---

12 George M Marsden, *A Short Life of Jonathan Edwards* (Grand Rapids, Michican: William B. Eerdmans Publishing Company, 2008), 141. "The private Edwards, at least from what he let anyone see, seems to be just the same as the public Edwards. He kept his theological priorities uppermost, as much so in relating to his family or preaching a sermon as when working countless hours on his notebooks or treatises in his study."

교 운동의 확산, 선교 정보의 확산 보급, 국제적 기도 네트워크 구축, 구속사적 해석을 통한 선교의 이해, 그리고 지상명령의 개념 확산에 중대한 기여를 한 역사적 인물로서, 십자가 희생적 삶의 모범이자 소중한 선교학적 유산을 남긴 순교자로 인식하는 것이다.

3. 연구의 목적(Purpose of the Study)

본서의 목적은 에드워즈를 부흥사, 목회자, 신학자뿐만 아니라 대각성 운동과 선교 운동의 전파에 실질적으로 기여한 선교사로 인식하는 데 있으며, 에드워즈의 선교학적 공헌을 분석하는 것을 목표로 한다. 특히, 선교 정보를 확산하고 세계 선교를 위한 국제 기도 운동을 주창한 그의 전략적 방법론에 초점을 맞춘다. 이 연구는 에드워즈의 삶과 사역에 대한 역사·선교학적 고찰을 통해 그의 사역에 내재된 선교학적 유산을 이해함으로써 현대 선교 실천을 위한 중요한 통찰을 제시하는 데 있다.

4. 연구의 목표(Goals of the Study)

본서의 연구 목표는 다음과 같다.

첫째, 에드워즈의 시대적 상황과 생애를 이해하는 것이다.
둘째, 에드워즈의 부흥 운동의 역사를 이해하는 것이다.
셋째, 에드워즈의 스톡브리지 인디언 선교를 이해하는 것이다.
넷째, 에드워즈의 선교 정보 확산을 이해하는 것이다.
다섯째, 에드워즈의 선교학적 유산을 이해하는 것이다.

5. 연구의 중요성(Significance of the Study)

본서는 세 가지 측면에서 그 중요성을 가진다.

첫째, 개인적 측면에서 에드워즈의 삶과 부흥 운동과 선교학적 유산을 정립하는 데 그 중요성이 있다.
둘째, 목회적 사역 측면에서 에드워즈의 부흥 운동과 선교학적 유산을 연구함으로써 선교 사역의 통찰력을 얻는 데 그 중요성이 있다.
셋째, 선교적 측면에서 부흥과 선교는 밀접한 관계가 있으므로, 이 연구를 통해 예수님의 지상 대위임령이 수행되어야 함을 상기시키는 점에서 그 중요성이 있다.

6. 연구의 핵심 주제(Central Research Issue)

본서의 핵심 주제는 18세기 부흥 운동을 주도하고 스톡브리지 인디언 선교사로 헌신했던 에드워즈의 선교학적 유산에 대한 기술이다.

7. 연구 질문(Research Questions)

본서의 연구 질문은 다음과 같다.

첫째, 에드워즈 선교의 역사적 배경과 생애는 무엇인가?
둘째, 에드워즈의 부흥 운동의 역사는 무엇인가?
셋째, 에드워즈의 스톡브리지 인디언 선교는 무엇인가?

넷째, 에드워즈의 선교 정보 확산은 무엇인가?
다섯째, 에드워즈의 선교학적 유산은 무엇인가?

8. 연구의 범위와 한계(Delimitations)

본서의 효율성을 위해 다음과 같이 제한들을 설정했다.

첫째, 본서는 에드워즈 시대의 역사적 맥락과 생애적 배경을 고찰하는 것으로 제한한다.
둘째, 본서는 에드워즈의 부흥 운동의 역사와 특징을 분석하는 것으로 제한한다.
셋째, 본서는 에드워즈의 스톡브리지 선교를 고찰하는 것으로 제한한다.
넷째, 본서는 에드워즈의 선교 정보 확산과 선교학적 유산을 다루는 것으로 제한한다.
다섯째, 본서는 선교학적 관점을 유지하고 신학적 논쟁은 배제한다.

9. 용어의 정의(Definitions)

1) 코네티컷 부흥 운동(The Connecticut Valley Revival)

코네티컷 부흥은 1734-1736년에 노샘프턴교회(Northampton Church)를 중심으로 일어났던 부흥을 의미하며, 제1차 대각성 운동(The Great Awakening)이 일어나기 바로 직전에 코네티컷강 유역에서 시작되었다. 이 지역은 에드워즈(Jonathan Edwards, 1703-1758)의 고향이었고, 그의 설교가 이 부흥 운동에 영향을 끼쳤다. 이 기간에 일어난 부흥을 본서에서 코네티컷 부흥 운동이라고 부른다.

2) 대각성 운동(The Great Awakening)[13]

1740년부터 1742년까지 지속된 부흥으로 이것을 교회사에서는 제1차 대각성 운동이라 부른다. 대각성 운동은 18세기 중반 에드워즈와 조지 휫필드(George Whitefield, 1714-1770)[14]에 의해 주도된 역사적인 부흥 운동으로, 미국 식민지 전역에 걸쳐 일어났다. 이 부흥으로 사람들은 개인의 영적 체험과 하나님에 대한 직접적이고 개인적인 경험을 했다. 대각성 운동에 에드워즈의 역할은 결정적이었으며, 그의 강력한 설교는 개인의 회심, 하나님의 주권, 그리고 구속의 긴급성을 강조했다. 그러므로 본서에서 대각성 운동은 제1차 대각성 운동을 의미한다.

13　John Corrie, and J Samuel Escobar, *Dictionary of Mission Theology: Evangelical Foundations* (Inter-Varsity Press, 2007), 344-45. 16세기 이후, 부흥(revival), 각성(awakening), 그리고 갱신(renewal)이란 용어는 성령의 감동에 의해 영적으로 활력을 주는 용어가 되었지만 18세기 부흥 운동과 관련하여 존 웨슬리(John Wesley), 조지 휫필드(Geoge Whitefield), 조나단 에드워즈(Jonathan Edwards) 시대에는 각성(awakening)의 의미로 사용되었다. 그러므로 본서에서는 각성(awakening)으로 사용하고 대각성 운동으로 부른다.

14　조지 휫필드(George Whitefield, 1714-1770)는 18세기 중반 영미 식민지를 휩쓴 대각성 운동의 중심 인물인 영국 성직자였다. 휫필드는 강력하고 감동적인 설교 스타일로 많은 군중을 모으고 부흥 운동을 확산시키는 데 기여한 것으로 잘 알려져 있다. 그는 영국과 미국 식민지를 여러 차례 오가며 복음주의 메시지를 전파했다. 그의 설교는 개인의 회개, 거듭남, 회심 경험의 필요성을 강조했다. 수천 명의 청중을 대상으로 한 그의 야외 설교는 전통적인 교회 조직을 넘어 대중에게 직접 다가감으로써 설교의 새로운 지평을 열었다. 제1차 대각성 운동에서 그의 역동적인 설교 스타일과 사람들을 동원하는 능력이 식민지 전역으로 부흥 운동이 확산되는 데 에드워즈와 함께 중추적인 역할을 했다. Britannica, "George Whitefield," *Britannica*, 2023, accessed March 21, 2024, https://www.britannica.com/biography/George-Whitefield.

3) 선교 정보 확산 이론(Information Distribution)

폴 피어슨(Paul E. Pierson)의 선교 운동의 확산 이론에서 아홉 번째는 '선교 정보 확산 이론'(Information Distribution)이다. 이 이론은 선교 활동과 관련된 정보(Information)와 아이디어(Idea)가 사회적 네트워크(Social Networks)를 통해 퍼져 나가는 과정이며, 정보의 전달과 수용이 어떻게 이루어지는지, 그리고 이 과정에서 어떤 요소들이 중요한 역할을 하는지를 다룬다.

선교 사역에 있어서 정보와 아이디어의 전파는 핵심적인 역할을 하며, 이를 통해 선교의 메시지와 가치가 더 넓은 범위의 사람들에게 영향을 미칠 수 있다. 새로운 선교 현장에 일어나는 선교지 소식과 부흥 운동에 관한 소식은 다른 곳에서 동일한 부흥 운동과 선교 운동을 촉진시킨다. 본서에서 '선교 정보 확산 이론'은 폴 피어슨의 선교 확산 이론을 의미하는 것으로 사용된다.

4) 중도 언약(Half-Way Covenant)

'중도 언약'(Half-Way Covenant)은 1662년 식민지 시대 뉴잉글랜드(New England)의 회중교회(Congregational Churches)에서 만들어진 부분적 교회 회원 자격을 의미한다. 이것은 입교인의 자격을 수정하여 유아세례를 받은 사람들을 아직 성인으로서 중생하지 못했을지라도 세례교인으로 인정하는 제도이다. 이 언약은 개인의 회심 경험 증명이 감소하자, 전체 회원 자격의 요건을 충족시키지 못한 사람들도 그들의 자녀에게 세례를 주고 제한된 회원으로 받아들일 수 있도록 허용했다.

그러나 노샘프턴(Northampton)에서 이 문제는 세례보다는 성찬을 허락하는 것과 관련이 있었다. 솔로몬 스토다드(Solomon Stoddard, 1643-1729)[15]는 성찬을 허락하는 데 필요한 것으로 중생 항목을 빼 버렸다.[16] 에드워즈는 교회의 영적 진실성을 약화시킨다고 보고 중도 언약에 반대했다. 그는 개인의 회심 경험이 전체 회원으로서의 자격 요건으로 회복되어야 한다고 주장했으며, 이는 그가 지향하는 영적 교회의 순수한 청교도 비전을 반영하는 것이다. 본서에서는 '하프웨이 커버넌트'(Half-Way Covenant)를 '중도 언약'이라는 용어로 사용한다.

5) 인디언 원주민(Indian American)

본서에서 인디언 원주민은 스톡브리지(Stockbridge)에 거주했던 모히칸(Mohican) 원주민을 의미한다. 모히칸은 역사적으로 허드슨강(Hudson River) 상류 계곡에 거주했던 아메리카 원주민 부족을 지칭한다. 이 부족은 스스로를 "Muh-he-con-neok"(결코 가만히 있지 않는 물의 사람들)이라고 불렀다. 조나단 에드워즈는 매사추세츠주(Massachusetts State) 스톡브리지에서 선

---

[15] George M Marsden, *Jonathan Edwards: A Life* (Yale University Press, 2004), 11-12. 솔로몬 스토다드(Solomon Stoddard)는 매사추세츠(Massachusetts)주 노샘프튼(Northampton)의 회중교회 목사로 재직하며, 초기 식민지 미국 종교계에서 저명한 인물이었다. 그는 노스햄튼에서 60년 가까이 재임하는 동안, 코네티컷 골짜기 '교황'으로 불릴 정도로 서부 매사추세츠의 신앙 및 시민 생활에 중요한 역할을 했다. 에드워즈는 솔로몬 스토다드의 외손자였다. 스토다드는 에드워즈의 성장과 초기 종교 교육뿐만 아니라, 그의 신학 사상의 형성에도 지대한 영향을 미쳤다. 스토다드가 세상을 떠나자, 외손자 에드워즈는 1729년 노샘프턴교회의 목사로 부임하여 그의 신학 및 부흥 사상을 계승하고 확장했다. 스토다드의 관행, 특히 보다 포괄적인 성찬식을 허용한 그의 '중도 언약'은 영향력과 논란을 불러일으키며, 이후 에드워즈의 일부 교회 갈등의 단초를 제공했다.

[16] Stephen J. Nichols, 『조나단 에드워즈의 생애와 사상』(*Jonathan Edwards: A Guided Tour of His Life and Thought*), 채천석 옮김 (서울: 개혁주의신학사, 2013), 131.

교사로 활동하며 모히칸 부족을 대상으로 사역을 했다. 스톡브리지 마을은 모히칸 인디언을 위한 선교지로 설립되었다. 모히칸(Mohican), 마히칸(Mahican), 후사토닉(Housatonic)이라고도 부르며, 모두 같은 부족을 의미한다.[17] 본서에서는 '모히칸' 용어를 사용한다.

10. 연구의 가정(Assumptions)

연구의 타당성을 높이기 위해 다음과 같이 연구의 가정을 설정했다. 연구는 다음과 같은 가정을 중심으로 진행된다.[18]

첫째, 에드워즈의 선교사적 정체성에 대한 학문적 조명이 부족하다는 인식에서 출발하며, 그를 선교사로 평가하는 새로운 관점의 필요성을 가정한다.
둘째, 에드워즈가 주도한 부흥 운동이 고립된 영적 현상이 아니라 본질에서 광범위한 선교 확장과 연결되어 있었으며, 선교학적 패러다임 내에서 맥락적으로 재평가할 필요가 있음을 가정한다.
셋째, 에드워즈가 선교사로서의 선교학 영역의 신학적 토대와 실천적 방법론에 영향을 미쳐 선교학적 담론에 대한 그의 영향의 깊이와 그가 이 분야에 남긴 지대한 선교학적 유산을 남겼음을 가정한다.
넷째, 에드워즈가 선교사 행동의 모범을 보여 줌으로써 현대 선교 전략과 실천을 평가하고 형성하는 전형적인 틀을 제공하며, 선교사로서 좋은 모델이 됨을 가정한다.

---

17 Marsden, *Jonathan Edwards: A Life*, 375.
18 Edgar J. Elliston, *Introduction to Missiological Research Design* (Pasadena, CA: William Carey Library, 2011).

11. 연구 방법론(Methodology)

제1장에서는 연구의 방법론을 기술한다. 연구에서 사용된 연구 방법은 문헌 연구 방법론, 역사 서술 방법론, 인터뷰 방법론, 통섭적 방법론을 사용한다.

1) 문헌 연구 방법론

문헌 연구 방법론은 특정 주제에 대한 기존 지식과 이론을 체계적으로 수집, 분석, 해석하는 과정이다. 이 방법은 주로 출판된 문헌, 학술 저널, 책, 보고서, 온라인 데이터베이스, 아카이브 자료를 활용한다. 주된 목적은 연구 주제에 대한 이해를 깊이 있게 구축하고, 이론적 틀을 개발하며, 연구 가설을 수립하고 결과를 기존 지식과 비교하는 것이다.[19]

문헌 연구 방법론은 논문의 주제와 관련된 역사적, 신학적, 선교학적 자료들을 폭넓게 검토하고 분석하는 작업으로 에드워즈의 신학과 역사적 맥락의 발전 과정을 이해한다. 이는 에드워즈의 시대적 배경과 가문의 역사적 배경, 학문의 여정, 청교도의 문화적 맥락을 이해하고 분석하는 데 중요한 역할을 한다. 문헌 연구 방법론을 통해서 에드워즈의 삶과 사역, 전기문 고찰, 부흥 운동에 관한 저서, 선교학에 관련된 문헌을 분석하고 연구한다.

에드워즈의 생애와 사역을 이해하기 위해, 조지 마즈던(George M. Marsden)의 『조나단 에드워즈 평전』(Jonathan Edwards: A Life)과 이안 머레이(Iain H. Murray)의 『조나단 에드워즈의 삶과 신앙』(Jonathan Edwards: A New Biography)을 중심으로 조나단 에드워즈의 첫 전기문을 출판한 사무엘 홉킨스

19　Edgar J. Elliston, *Introduction to Missiological Research Design*, 31-37.

(Samuel Hopkins)의 『조나단 에드워즈의 생애와 인격』(*The Life and Character of the Late Reverend, Learned, and Pious Mr Jonathan Edwards*)과 필립 구라(Philip F. Gura)의 『조나단 에드워즈: 미국의 복음주의자』(*Jonathan Edwards: America's Evangelical*), 올라 윈슬로(Ola Elizabeth Winslow)의 『조나단 에드워즈 1703-1758』(*Jonathan Edwards 1703-1758*), 양낙흥의 『조나단 에드워즈 생애와 사상』, 조지 마즈던(George M. Marsden)의 『조나단 에드워즈와 그의 시대』(*A Short Life of Jonathan Edwards*)도 적극 활용한다. 특히, 조지 마즈던(George M. Marsden)의 『조나단 에드워즈 평전』(*Jonathan Edwards: A Life*)이 중심이 될 것이다.

에드워즈의 부흥 운동과 관련하여서는 에드워즈가 부흥과 관련하여 저술한 1차 자료, 『놀라운 회심이야기』(*A Faithful Narrative on the Surprising Work of God in the Conversion of Many Hundred Souls in Northampton, and the Neighbouring Towns and Villages of Hampshire in New England*), 『성령의 역사의 분별 표지』(*The Distingushing Marks of a Work of the Sprit of God, Applied to That Uncommon Operation That has Lastely Appeared on the Minds of Many of People of this Land: With a Paticular Consideration of the Extraordinary Circumstances with This Work Is Attended*), 『부흥에 관한 고찰』(*Some Thoughts Concerning the Revival*), 『신앙과 정서』(*The Religious Affection*)를 분석하고 고찰한다.

에드워즈의 선교와 관련해서는 일차 자료, 『기도합주회』(*A Humble Attempt to promote an explicit agreement and visible union of God's people through the world, in extraordinary prayer for the revival of religion, and the advancement of Christ's Kingdom on earth, pursuant to scripture promise and prophecies concerning the last time*)와, 『데이비드 브레이너드 생애와 일기』(*The Life and Diary of David Brainerd*)를 분석 활용하고, 그외 이차 자료로 맥클리몬드(Michael J. McClymond)와 제럴드 맥더모트(Gerald R. McDermott)가 쓴 『한 권으로 읽는 조나단 에드워즈 신학』(*The Theology of Jonathan Edwards*), 로이 폴(Roy M Paul)의 『조나단 에드워즈와 스톡브리지 모히칸 인디언: 그

의 선교와 설교』(Jonathan Edwards and the Stockbridge Mohican Indians: His Missions and Sermons) 등과 이안 맥페던(Ian D. McFadden)의 〈큰 어둠 속에서: 스톡브리지에서의 조나단 에드워즈의 실천적 선교학〉(Amidst the Great Darkness the Practical Missiology of Jonathan Edwards at Stockbridge), 레이첼 휠러(Rachel Margaret Wheeler)의 〈희망을 품고 사는 삶: 모히칸족과 선교사들〉(Living Upon Hope: Mahicans and Missionaries), 로날드 데이비스(Ronald Edwin Davies)의 〈주님의 길을 예비하라: 조나단 에드워즈(1703-1758)의 선교적 사상과 실천〉(Prepare Ye the Way of the Lord: The Missiological Thought and Practice of Jonathan Edwards 〈1703-1758〉) 논문들과 관련된 저널을 참고한다. 그외 문헌 자료는 플러신학교도서관과 예일대학교조나단에드워즈센타(Jonathan Edwards Center at Yale University)에 소장된 자료와 아카이브(Archives)를 활용한다.

2) 역사 서술 방법론

역사 서술 방법론은 역사가들이 과거의 역사적 사실과 사건을 조사하고, 기술하며, 해석하는 연구 방법을 의미한다. 이 방법론은 다음과 같은 과정을 통해 이루어진다.

- 자료 수집: 역사학자들은 원본 문서, 기록, 일기, 편지, 사진, 뉴스 기사, 공식 문서, 인터뷰 등 다양한 출처에서 자료를 수집한다. 이 과정에서 아카이브, 도서관, 박물관, 온라인 데이터베이스 등을 방문하여 가능한 한 많은 정보를 모으고, 이를 통해 과거의 사실과 맥락을 파악한다.
- 비판적 분석: 수집된 자료는 그 신뢰성과 유효성을 검증하기 위해 비판적으로 분석한다. 역사학자들은 문서의 출처, 작성자의 목적, 문맥, 그리고 가능한 편향성을 평가하여 자료의 진위를 판단한다.

- **조직과 해석**: 신뢰할 수 있는 자료를 바탕으로, 역사학자들은 사건을 연대순으로 배열하고, 원인과 결과를 해석하여 사건의 중요성과 의미를 독자에게 전달한다. 이 과정에서 역사학자의 해석과 관점이 중요한 역할을 한다.
- **서술과 표현**: 연구 결과는 보고서, 책, 논문, 강의 등 다양한 형태로 표현된다. 이때 역사학자는 공정하고 객관적인 서술을 지향하면서도, 설득력 있고 흥미로운 이야기를 만들어내는 기술이 필요하다.
- **비판과 검토**: 역사 서술은 학계의 동료 평가를 받으며, 다른 학자들의 비판을 통해 서술의 오류를 수정하고, 해석의 균형을 맞추며, 연구의 질을 향상시킨다.

역사 서술 방법론은 시간의 흐름에 따라 발전하고 다양화되어 왔으며, 이론적 다양성과 방법론적 혁신을 포함하고 있다. 이런 발전은 역사학이 과거를 다양한 관점과 해석으로 접근하게 하며, 보다 포괄적이고 다양한 역사 서술을 가능하게 한다. 특히, 관점, 주제, 그리고 사료의 상호작용은 역사 서술의 내용적 범위를 확장시키고, 질을 향상시키는 주요 요인으로 작용한다. 이런 상호작용은 역사학 내에서의 해석적 깊이와 서술적 다양성을 증진시킨다.[20]

필자는 에드워즈의 선교신학을 '두 렌즈 이론' 관점으로 기술할 것이다.

첫 번째 렌즈는 복음주의의 신학적 통찰을 가진 조지 마즈던(George M. Marsden)의 관점이다.

두 번째 렌즈는 복음주의 선교학적 관점이다.

---

20 Hyung Jin Park, "Journey of the Gospel: A Study in the Emergence of World Christianity and the Shift of Christian Historiography in the Last Half of the Twentieth Century" (Princeton Theological Seminary, 2009), 64.

선교학적 통찰로 기독교 역사를 서술한 예일대 학파 역사학자 라투렛 (Kenneth Scott Latourette, 1884-1968)의 『기독교 확장 사관』(*A History of the Expansion of Christianity*)과 그의 역사관을 이어받아 문명 운동사에 기여한 랄프 윈터(Ralph D. Winter, 1924-2009)의 『기독교 문명 운동 사관』(*Perspectives on the World Christian Movement*)을 다룬다. 또한, 폴 피어슨(Paul E. Pierson)의 부흥 운동 사관과 교회 성장 운동의 창시자로, 역사를 통해 교회 성장의 패턴을 분석하고 이해하는 데 주력한 도널드 맥가브란(Donald Mcgavran, 1897-1990)의 교회 성장 사관(『교회 성장 이해』〈*Understanding Church Growth*〉)을 다룬다. 본서가 역사 분야이므로 위에서 언급한 역사가들의 역사 서술 방법론은 제3장에서 심도 있게 다룰 것이다.

3) 인터뷰 방법론

인터뷰 방법론은 연구자가 개인이나 집단으로부터 정보, 견해, 경험을 직접 수집하는 체계적인 대화 절차이다.[21] 이 방법은 주로 질적 연구에서 사용되며, 대상자의 깊이 있는 관점과 복잡한 현상을 이해하는 데 적합하다. 인터뷰를 통해 연구자는 대상자의 발언을 수집하고, 그들의 경험과 태도, 가치를 심층적으로 분석할 기회를 얻는다.

인터뷰 유형은 모든 질문을 미리 정해 놓고 모든 질문자에게 동일한 순서로 제시하는 구조화된 인터뷰와 주요 질문은 미리 준비되어 있지만 대화의 흐름에 따라 추가 질문을 할 수 있는 반구조화된 인터뷰, 그리고 더 개방적이고 자유로운 대화를 통해 자료를 수집하는 비구조화된 인터뷰가 있다. 인터뷰 방법론은 깊이 있는 이해를 제공하고 연구자가 주제에 대한

---

21   James P. Spradley, 『참여 관찰법』(*Participant Observation*), 신재영 옮김 (서울: 시그마 프레스, 2006), 160-61.

복잡한 관점을 탐색할 수 있도록 돕는 역할을 한다.

필자는 에드워즈를 오랫동안 연구하고 그의 『조나단 에드워즈 평전』(*Jonathan Edwards: A Life*)을 저술한 조지 마즈던(George M. Marsden)의 인터뷰를 활용한다. 인터뷰 방법은 조지 마즈던이 아볼로스 워터드(Apollos watered) 팟캐스트에 출연하여 트라비스 마이클 프레밍(Travis Michael Fleming)과의 인터뷰 영상 자료를 활용한다. 인터뷰 주제는 "신앙과 역사를 통한 여정: 조지 마즈던이 보는 조나단 에드워즈"(A Journey through Faith and History: George M. Marsden on Jonathan Edwards)이다. 이 영상의 인터뷰 시간은 1시간 3분 9초 분량이다.[22]

트라비스 마이클 프레밍과의 인터뷰 영상 자료를 통해 조지 마즈던의 역사관 형성 과정과 신학적 배경을 이해하고 에드워즈에 대한 분석과 관점을 배울 수 있는 유익한 자료이다. 조지 마즈던의 인터뷰 내용은 제3장 방법론에서 적용할 것이다.

4) 통섭적 방법론

통섭적 방법론은 다양한 학문 분야의 지식과 접근법을 통합하여 보다 포괄적이고 깊이 있는 이해를 추구하는 연구 접근법이다. 이 방법론은 과학, 인문학, 사회과학 등 학문의 경계를 넘나들며 통합적인 시각을 제공한다.

'통섭'(consilience)이라는 단어를 학문적으로 정립한 사람은 하버드대학교 교수였던 에드워드 오스본 윌슨(Edward O. Wilson, 1929-2021)[23]이다. 윌슨

22　George M. Marsden, "A Journey through Faith and History: George Marsden on Jonathan Edwards," interview by Travis Michael Fleming, *Apollos Watered*, February 23, 2024, accessed April 5 https://www.youtube.com/watch?v=mS38pedeyXk&ab_channel=ApollosWatered.

23　에드워드 오스본 윌슨(Edward O. Wilson)은 1929년 6월 10일에 미국 알라바마주 버밍햄(Birmingham, Alabama)에서 태어났으며, 2021년 12월 26일에 세상을 떠났다. 그

은 1998년에 출간된 그의 저서 『통섭: 지식의 대통합』(*Consilience: The Unity of Knowledge*)[24]을 통해 이 개념을 널리 알렸다.

윌슨은 이 책에서 다양한 학문 간의 지식을 통합하는 것이 어떻게 과학, 인문학, 예술 등 광범위한 분야에서 보다 깊은 이해를 가져올 수 있는지를 주장하며, '통섭'이라는 개념을 강조했다.[25] 윌슨의 통섭은 서로 다른 학문 분야 사이의 심층적인 연결과 통합을 추구하는 방법론으로, 보다 포괄적인 지식 체계를 구축하는 데 기여했다.

본서는 문헌 연구 방법론, 역사 서술 방법론, 인터뷰 방법론을 포함하는 통섭적 방법을 적용하여 다각적으로 에드워즈의 선교신학을 고찰한다. 문헌 연구 방법론은 에드워즈의 역사적 배경과 선행 연구 결과를 분석하고 검토하는 기반을 제공한다. 역사 서술 방법론은 복음주의 신학적 관점과 선교학적 관점으로 에드워즈에 대한 균형 잡힌 시각을 제공한다. 인터뷰 방법론은 직접적인 경험과 견해를 들음으로써 중요한 정보를 수집하는 데 도움을 준다.

본서는 기독교 역사의 복음주의 신학자와 선교학자들의 다양한 이론을 통섭하여 에드워즈의 삶과 사역을 선교학적 통찰로 분석하고 기술할 것이다. 에드워즈의 부흥과 선교를 논할 때 폴 피어슨(Paul E. Pierson)의 『선교학적 관점에서 본 기독교 선교 운동사』(*The Dynamics of Christian Mission: Histo-*

는 생물학자, 생태학자, 그리고 이론가로서 주로 개미의 행동 연구와 생물 다양성 연구로 이름을 알렸다. 윌슨은 사회생물학 이론의 창시자로 알려져 있으며, 이 이론은 생물학적 관점에서 사회적 행동을 설명한다. 그는 하버드대학교에서 장기간 교수직을 역임하면서 다양한 과학적 저작물을 출판하였고, 그의 작업은 과학과 철학에 큰 영향을 끼쳤다. 윌슨은 그의 학문적 기여와 저술로 여러 상을 수상했으며, 특히 환경 보호와 생물 다양성의 중요성을 강조하는 데 큰 역할을 했다. Michael Ruse, "E.O. Wilson American Biologist," *Britannica*, last modified April 16, 2024, accessed May 12, 2024, https://www.britannica.com/biography/Edward-O-Wilson.

24 Edward O Wilson, *Consilience: The Unity of Knowledge* (New York: Vintage Books, 1998).
25 Edward O Wilson, *Consilience: The Unity of Knowledge*, 9-10.

ry through a Missiological Perspective)의 '선교 운동 사관' 아홉 가지 이론을 적극 활용할 것이다.[26]

폴 피어슨의 아홉 가지 이론 가운데 에드워즈의 부흥과 선교와 관련하여 '변두리 이론'(Periphery Theory), '핵심 인물 이론'(A Key Leader Theory), '새로운 신학적 돌파 이론'(Theological breakthrough theory), '역사/상황적 조건 이론'(Historical/Contextual Conditions Theory), '부흥과 확장 이론'(Renewal and Expansion Theory), '선교 정보 확산 이론'(Information distribution theory)을 적용한다.

또한, 폴 히버트(Paul G Hiebert)의 '비평적 상황화'(Critical Contextualization),[27] 찰스 크래프트(Charles H. Kraft)의 '역동적 등가 이론'(Dynamic equivalence theory)[28] 도널드 맥가브란(Donald A. Donald Mcgavran)의 '가교 이론'(Bridge of God)[29]과 밴 엥겐(Charles E. Van Engen)의 '선교 동반자 선교신학 이론'(Mission Theology of Mission Partnerships)[30]을 에드워즈의 선교 현장과 접목해서 고찰한다.

---

26 Paul Everett Pierson, 『선교학적 관점에서 본 기독교 선교 운동사』(*The Dynamics of Christian Mission: History through a Missiological Perspective*), 임윤택 옮김 (서울: CLC, 2009), 17-20.
27 Paul G. Hiebert, 『선교와 문화 인류학』(*Anthropological Insights for Missionaries*), 김동화 옮김 (서울: 조이선교회출판부, 2018).
28 Charles H. Kraft, 『기독교와 문화』, 김석환·임윤택 옮김 (서울: CLC, 2006).
29 Donald Anderson McGavran, *The Bridges of God* (New York: Friendship Press, 1981).
30 Charles E. Van Engen, *Transforming Mission Theology* (Pasadena: William Carey Publishing, 2017).

12. 연구의 개관(Procedures)

본서는 총 아홉 장으로 구성되어 있다.

제1장은 서론으로 연구의 배경, 논지 진술, 연구의 목적, 연구의 목표, 연구의 중요성, 연구의 핵심 주제, 연구의 질문, 연구의 범위와 한계, 용어의 정의, 연구의 가정, 연구 방법론과 연구 개관을 다룬다.

제2장은 선행 연구 고찰로, 본서와 관련하여 에드워즈의 탁월성과 역사적 평가를 기술하고, 각 장과 관련된 핵심적인 문헌을 고찰한다. 또한, 에드워즈의 선교학과 관련하여 어떤 연구가 이루어졌는지를 고찰하고, 본서의 필요성과 차별성을 논한다.

제3장은 방법론으로, 역사 서술 방법론을 다룬다. 기독교 역사를 복음주의 신학적 관점에서 서술한 조지 마즈던, 선교학적 관점에서 기독교 역사를 확장사관으로 보는 예일대 학파 라투렛, 기독교 역사를 문명사적 관점에서 기술한 랄프 윈터의 역사 서술 방법론 다룬다. 그리고 기독교 역사를 선교 운동사 관점으로 서술한 폴 피어슨, 예일대학교에서 라투렛의 영향을 받아 『기독교 확장사』를 기반으로 기독교 역사를 교회 성장사 관점으로 보는 도널드 맥가브란의 역사 서술 방법론을 다룬다.

제4장에서는 에드워즈 선교의 역사적 맥락을 이해하는 데 초점을 맞춘다. 에드워즈가 어떤 시대적 배경에서 목회자로서, 그리고 선교사로서 준비되고 성장하였는지를 이해한다.

제5장은 에드워즈와의 부흥 운동과 대각성 운동이 어떻게 전개되고 마무리되었는지를 서술하고 그 과정을 이해한다.

제6장에서는 에드워즈의 스톡브리지 인디언 선교를 다룬다. 스톡브리지 인디언 선교 상황과 선교 사역을 이해한다.

제7장에서는 에드워즈와 선교 정보 확산을 다룬다. '선교 정보 확산 이론'과 관련하여 데이비드 브레이너드의 삶을 다루고, 에드워즈와의 관계를 이해한다.

제8장에서는 에드워즈의 선교학적 유산을 다룬다. 에드워즈가 남긴 유산을 선교학적으로 이해한다.

제9장은 결론으로 연구한 내용을 요약하고 제언으로 마무리한다.

13. 요약(Summary)

제1장은 서론으로 연구의 배경, 논지 진술, 연구의 목적, 연구의 목표, 연구의 중요성, 연구의 핵심 주제, 연구의 질문, 연구의 범위와 한계, 용어의 정의, 연구의 가정, 연구 방법론과 연구 개관을 기술했다.

제2장에서는 에드워즈의 탁월성과 역사적 평가, 그에 대한 학문적 연구 동향과 선교학 연구의 필요성, 전기문 고찰, 에드워즈의 선교학 관련 선행 연구를 기술할 것이다.

제2장

선행 연구 고찰

제2장에서는 조나단 에드워즈의 선교학적 유산을 연구함에 있어서 이와 관련된 선행 연구에 대해 고찰한다. 한 인물의 중요성은 그에 대한 역사적 평가와 연구가 얼마나 이루어졌는지를 통해 알 수 있다. 따라서 제2장에서는 에드워즈의 역사적 위상과 그에 대한 학문적 연구 동향과 선교학적 연구의 필요성, 전기문 고찰, 그리고 그의 선교학 관련 연구의 문헌 자료를 고찰한다.

1. 조나단 에드워즈의 역사적 위상

에드워즈의 역사적 위상을 고찰하는 일은 그의 사상적 영향력과 신학적 기여를 보다 객관적으로 평가하는 데 필수적인 출발점이라 할 수 있다. 먼저 에드워즈가 왜 중요하고 탁월한 인물로 평가되는지를 살펴보고 동시대 인물들이 그를 어떻게 인식했는지를 고찰함으로 후대 역사학자들과 신학자들이 에드워즈의 신학적 유산을 어떻게 해석하고 계승했는지를 검토하는 것이 중요하다.

1) 조나단 에드워즈의 탁월성

에드워즈는 탁월한 인물이다. 그는 초기 미국 철학자이자 사상가 중에서도 가장 명석한 자였다.[1] 조지 마즈던(George M. Marsden)은 그의 명저 『조나단 에드워즈 평전』(*Jonathan Edwards: A Life*)의 서문에서 에드워즈의 탁월성에 대해 다음과 같이 서술하고 있다.

> 에드워즈는 단연코 기독교 역사에서 중요한 인물이다. 그는 틀림없이 미국에서뿐만 아니라 더 넓은 복음주의 세계에서 가장 탁월한 인물이다. 에드워즈가 대부분 미국에 영향을 끼친 것이 사실이지만, 그가 대영제국의 한 시민이었다는 것과 세계적인 개혁 운동의 한 부분을 감당한 사람이었다는 것을 잊지 말아야 한다. 그는 틀림없이 미국에서뿐만 아니라 더 넓은 복음주의 세계에서 가장 탁월한 인물이다. 신학자들은 그의 사상에 대해 끊임없이 논쟁하고 있다. 에드워즈가 어떤 수준에서 평가되는가는 평가하는 사람의 종교적 신념에 따라 다를 것이다.[2]

예일대출판부에서 발간한 에드워즈의 전집 8권의 편집자인 폴 램지(Paul Ramsey)는 편집자 서문에서 에드워즈가 연구해야 할 소수의 위대한 인물

---

[1] Marsden, *Jonathan Edwards: A Life*, 1.
[2] Marsden, *Jonathan Edwards: A Life*, 9-10. I have been here emphasizing Edwards' significance in the history of American religion and culture, yet I realize that many readers will also be concerned with something larger. Edwards is, after all, most important as a figure in the history of Christianity. For one things, although much of his influence has been mediated by his American setting, one should not forget that Edwards was a citizen of the British Empire and part of an international Reformed movement. He is still a revered figure in those circles and in broader evangelicalism. Theologians continue to debate his insights. How he is to be evaluated at those levels will depend largely on ones's religious commitments.

중 한 명으로서 그를 창조적인 사람이라고 다음과 같이 소개하고 있다.

> 우리는 어떤 사람을 이해하기 위해 그가 살았던 시대와 배경을 연구한다. 그러나 우리가 어떤 시대를 이해하려면, 또는 그 시대의 사상이나 사상에 영향을 미쳤던 요인들을 이해하려면 반드시 연구해야만 하는 소수의 아주 위대한 사람이 있다. 조나단 에드워즈가 바로 그런 창조적인 사람이다.[3]

〈그림 1〉 조나단 에드워즈(Jonathan Edwards)[4]

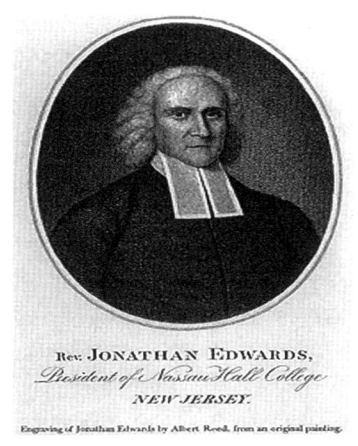

에드워즈는 수많은 저술과 자료를 남겼다. 스티븐 니콜스(Stephen J. Nichols)는 그가 얼마나 많은 자료를 남겼는지 다음과 같이 말한다.

---

3   Jonathan Edwards, *The Works of Jonathan Edwards*, ed. Paul Ramsey, 8 vols., *To the Ethical Writings* (New Haven: Yale university Press, 1989), 12
4   Philip F Gura, *Jonathan Edwards: America's Evangelical* (Macmillan, 2005), 142. Engraving of Jonathan Edwards by Abner Reed, from an original painting. 애브너 리드(Abner Reed)가 오리지널 그림으로부터 판화로 그린 조나단 에드워즈의 모습인데, 필립 F. 구라(Philip F Gura)가 수집하여 그의 저서에 사용한 것을 가져온 것이다.

그는 1,400편의 설교를 남겼는데, 그중 대부분은 아직 출판되지 않았다. 여기에 성경 주석, 과학 에세이, 수많은 편지에 해당하는 주석적 성찰인 '잡문'과 다양한 주제에 대한 노트가 더해진다. 에드워즈는 수많은 역사가, 철학자, 신학자, 목회자, 평신도를 바쁘게 할 만큼 많은 자료를 남겼다. 조나단 에드워즈만큼 논문부터 대중적인 글과 치료법에 이르기까지 많은 문헌을 남긴 식민지 시대의 인물은 벤자민 프랭클린(Benjamin Franklin)이나 조지 워싱턴(George Washington)도 없었다. 그 수가 4,000권에 육박하고 있다.[5]

한 인물의 탁월성은 당대나 후대에 그에 대한 평가일 것이다. 에드워즈가 시대를 통틀어 역사적으로 어떤 평가를 받았는지, 그에 대한 연구 결과물이 얼마나 출판되었는지를 살펴보면 그의 탁월성이 더욱 분명하게 드러난다.

2) 조나단 에드워즈 인물의 역사적 평가

에드워즈는 18세기 미국의 영적 각성을 일으킨 인물로, 목회자이자 신학자였으며 선교사였다.[6] 그는 미국 부흥 운동의 신학적인 면과 경험적인 면을 잘 조화시킨 인물이었으며, 그의 마지막 삶은 스톡브리지에서 인디언 선교사로 살았다. 이후 뉴저지대학 학장으로 부임하였으나, 천연두 부작용으로 갑작스럽게 하나님의 부름을 받았다. 그는 미국뿐만 아니라 교

---

[5] Stephen J Nichols et al., *A God Entranced Vision of All Things: The Legacy of Jonathan Edwards* (Crossway, 2004), 36.

[6] Jonathan Gibson, "Jonathan Edwards: A Missionary?," *Themelios* 36.3 (2011): 380. Jonathan Edwards (1703-1758) is remembered today as a saint, scholar, preacher, pastor, metaphorist, theologian, and Calvinist. But 'if there is one area of Edwards' life that has been consistently overlooked and underestimated by contemporaries and scholars alike, it is his role as an Indian missionary and champion of Indian affairs'. From 1751 until shortly before his death in March 1758, Jonathan Edwards ministered at Stockbridge for seven years. In Stockbridge, he pastored the English congregation and served as an Indian missionary.

회사에서도 최고의 영적 거인이라는 평가를 받고 있다.

로이드 존스(Martyn Lloyd Jones, 1899-1981)는 에드워즈를 다음과 같이 평가했다.

> 저는 그 사람을 다니엘 로랜드나 조지 휫필드보다 앞에 놓아야 한다는 것을 두렵게 생각하며, 매우 송구스럽게 생각합니다. 참으로 어리석게도 청교도들을 알프스에 비유하고, 루터나 칼빈을 히말라야에 비유한다면, 조나단 에드워즈는 에베레스트산에 비유하고 싶은 시험을 받곤 합니다. 제게 있어서 그는 언제나 사도 바울을 가장 닮은 사람인 것 같습니다. 물론, 휫필드는 다니엘 로랜드처럼 위대하고 능력 있는 설교자입니다. 그러나 에드워즈도 그러합니다. 휫필드와 다니엘 로랜드 두 사람은 에드워즈가 가진 이성이나 지성, 신학에 대한 이해력을 갖고 있지 못했으며, 에드워즈처럼 철학적이지도 못했습니다. 제가 볼 때 조나단 에드워즈야말로 사람 중에서 아주 빼어난 사람입니다. 그러므로 에베레스트산에 유추해 본 이 사람을 추적해 볼 수 있다면, 제가 감당해야 할 임무는 남쪽 계곡을 통해 에베레스트산과 같은 이 사람에게 접근할 것인지, 아니면 북쪽 계곡을 통해 에베레스트산과 같은 이 사람을 접근할 것인지를 정하는 일입니다. 이 위대한 정상에 도달하는 길은 대단히 많습니다.[7]

에베레스트산과 같은 큰 인물을 연구한다는 것은 로이드 존스가 말한대로 한 계곡만 보는 것으로 만족해야 할지도 모른다. 그만큼 로이드 존스는 에드워즈를 높이 평가했다. 그러면 에드워즈의 제자로서 가장 가까이에서 지켜본 사무엘 홉킨스(Samuel Hopkins, 1721-1803)의 평가를 들어보자.

사무엘 홉킨스는 가장 먼저 에드워즈의 전기문을 쓴 사람이다. 그가 쓴 에드워즈의 전기문 『조나단 에드워즈의 생애와 인격』(*The Life and Character*

---

[7] Lloyd-Jones, 『청교도 신앙』, 502-03.

of the Late Reverend, Learned, and Pious Mr Jonathan Edwards) 서문에서 사무엘 홉킨스는 에드워즈를 다음과 같이 평가했다.

> 개인적으로 또는 그의 저서를 통해 그를 잘 알고 있는 모든 현명한 사람의 존경을 받는 이 시대에 살았던 가장 위대하고 유용한 사람 중의 한 사람이다. 그는 대화, 설교, 저술을 통해 자신이 가장 위대한 사람 중의 한 사람이며, 그는 놀라운 정신력, 명료한 사고력, 깊이 있는 통찰력으로 기독교의 위대한 교리를 잘 이해했고, 다른 누구보다도 이를 옹호할 수 있는 사람이었다. 가장 위대한 신학자 중의 한 사람, 가장 빛나고 탁월하게 선한 사람이었다.[8]

이안 머레이(Iain H. Murray)는 그의 저서 『조나단 에드워즈의 삶과 신앙』(*Jonathan Edwards: A New Biography*)에서 역사의 중요한 인물들이 에드워즈를 어떻게 평가했는지에 대해 소개하고 있다. 이안 머레이가 언급한 역사적 인물들이 에드워즈에 대한 어떤 평가를 내렸는지 살펴보자.[9]

먼저, 에드워즈와 동시대를 살았던 존 웨슬리(John Wesley, 1703-1791)의 평가를 들어 보자. 존 웨슬리는 "조나단 에드워즈는 선하고 현명한 사람이며

---

[8] Samuel Hopkins, *The Life and Character of the Late Reverend, Learned, and Pious Mr Jonathan Edwards: President of the College of New Jersey. Together with Extracts from His Private Writings and Diary. And Also Eighteen Select Sermons on Various Important Subjects*, vol. 6 (Alexander Jardine, 1799), 4. President Edwards, in the esteem of all the judicious, who were well acquainted with him, either personally, or by his writings, was one of the greatest and most useful of men, that have lived in this age. He discovered himself to be one of the greatest of divines by his conversation, preaching, and writings: one of remarkable strength of mind, clearness of thought, and depth of penetration, who well understood, and was able, above most others, to vindicate the great doctrines of Christianity. And no one, perhaps, has been in our day more universally esteemed and acknowledges to be a bright Christian, an eminently good man.

[9] Iain H. Murray, *Jonathan Edwards: A New Biography* (Banner of Truth Trust, 1987), XV-XVII.

위대한 사람이다"¹⁰라고 평가했다. 에드워즈의 집에 방문하여 그의 가정생활에서 도전을 받고 결혼을 결심한 조지 휫필드(George Whitefield, 1714-1770)는 "조나단 에드워즈는 견고하고 탁월한 그리스도인이다. 내가 생각하기에 모든 뉴잉글랜드 지역에서 그에 견줄 만한 사람을 본 적이 없다"[11]라고 평가했다.

프린스턴대학 학장을 역임한 사무엘 데이비스(Samuel Davids, 1723-1761)는 "조나단 에드워즈는 미국이 이제까지 배출한 가장 뛰어난 변증가요, 가장 위대한 신학자"[12]라고 평가했고, 뉴저지대학 학장을 지낸 애쉬벨 그린(Ashbel Green. 1762-1848)은 "에드워즈는 사도 시대 이래로 이 세상에서 가장 거룩한 사람이며, 겸손하고 하늘에 속한 마음을 가진 사람 중의 하나다"[13]라고 평가하면서 찬사를 아끼지 않았다.

에드워즈에 대한 평가는 미국뿐만 아니라 유럽에서도 이어졌다. 스코틀랜드 신학자였던 토머스 찰머스(Thomas Chalmers, 1850-1826)는 다음과 같이 평가했다.

> 에드워즈는 아마도 현대에서 가장 놀라운 예일 것이며, 자연적 통찰력과 영적인 분별력 모두에서 풍부한 재능이 있었다. 우리는 그가 쓴 깊은 철학을 더 감탄해야 할지, 아니면 그의 설교 강단에서 나타난 겸손하고 어린아이 같은 경건함을 더 감탄해야 할지 모르겠다.[14]

---

10 "That good and sensible man …that great man."
11 "Mr Edwards is a solid, excellent Christian… I think I have not seen his fellow in all New England."
12 "The profoundest reasoner, and the greatest divine, in my opinion, that America ever produced."
13 "He was, in the estimation of the writer, one of the most holy, humble and heavenly minded men, that the world has seen, since the apostolic age."
14 "The American divine affords, perhaps, the most wondrous example in modern times, of one who stood richly gifted both in natural and spiritual discernment – and we know not

네덜란드의 유명한 개혁신학자인 헤르만 바빙크(Herman Bavinck, 1854-1921)는 "뉴잉글랜드에서 최초로 가장 중요한 신학자는 심원한 형이상학적 지적 능력을 깊은 경건과 조화시킨 조나단 에드워즈였다"[15]라고 평가했다.

또한, 에드워즈 르네상스의 촉매제로 평가받는 페리 밀러(Perry Miller, 1905-1968)는 "에드워즈는 지적으로 가장 현대적인 사상가이며, 그의 통찰은 동시대보다 앞서 있었기에 오늘날의 시대조차 그를 능가했다고 말할 수 없다"[16]라고 평했다. 이는 인문학에서 에드워즈 사상의 시대적 초월성

---

what most to admire in him, whether the deep philosopher that issued from his pen, or the humble and child-like piety that issued from his pulpit."

15 Herman Bavinck, *Reformed Dogmatics: Prolegomena*, trans. John Vriend, vol. 1 (Baker Academic, 2003), 201. "The first and most important theologian of New England was Jonathan Edwards (1703-58), who combined profound metaphysical mental ability with deep piety."

16 Perry Miller, *Jonathan Edwards* (New York: Sloane, 1949), xiii. 페리 밀러의 저서 "Jonathan Edwards"는 조나단 에드워즈의 사상과 영향력에 대한 심층적인 학문적 연구로 평가받고 있다. Miller는 에드워즈의 신학, 철학, 그리고 그의 사상이 미국 문화와 종교에 미친 영향을 분석한다. 에드워즈를 통해 미국 철학과 신학의 발전에 중요한 역할을 한 청교도 전통의 형성과 발전을 탐구한다.

- ① 비평적 접근: 에드워즈의 사상에 대한 비판적 평가와 해석을 제공하여, 그의 교리가 당대의 문화적 및 신학적 토론에 미친 영향을 조명하고 있다. 밀러는 에드워즈의 생애를 단순히 서술하는 것을 넘어 그의 신학적 입장을 깊이 있게 검토하고, 그가 직면했던 도전과 그의 사상이 시간을 넘어 현재에도 미치는 영향을 조명한다.
- ② 문학적 및 신학적 통찰: 에드워즈의 작품을 문학적으로 분석하여, 그의 서사 방식과 언어의 선택이 어떻게 그의 신학적 의도와 맞물려 있는지를 보여준다. 또한, 그의 신학적 통찰이 당대의 신학적 토론과 어떻게 상호작용했는지를 드러낸다.
- ③ 영향력의 평가: Miller는 에드워즈의 영향력을 평가하면서 그의 사상이 미국 정신과 종교 생활, 심지어는 정치적 사상에 이르기까지 어떻게 광범위한 영역에 영향을 미쳤는지를 평가한다.

페리 밀러의 저작은 학문적으로 철저하고, 독창적인 통찰력을 제공하며, 조나단 에드워즈의 복잡한 인물상을 상세히 그려내고 있다. 그는 에드워즈의 사상이 시대를 초월하여 어떻게 여전히 중요한지를 보여주는 데 중점을 두며, 이런 분석을 통해 Miller는 에드워즈를 단순한 대각성 운동의 인물이 아닌, 미국 지성사에서 중요한 위치를 차지하는 사상가로 재조명하고 있다.

과 이론적 깊이를 강조하는 대표적 평가로, 현대 인문학 담론 속 그의 위치를 상징적으로 보여 준다.

인문학계에서 에드워즈에 대한 현대적 관심을 불러일으킨 주된 학자는 페리 밀러(Perry Miller)로 간주되며, 복음주의권 내에서는 마틴 로이드 존스(Martyn Lloyd-Jones, 1899-1981)[17]가 에드워즈 신학의 재조명과 그 영향력에 결정적인 기여를 한 인물로 평가된다.

에드워즈에 대한 그의 찬사를 좀 더 들어보자. 그는 자신의 강연을 듣는 사람들에게 이렇게 말했다.

> 내 강연을 듣고 진짜 그리스도인이 아닌가 의심이 든다면, 나의 조언은 이것이다. 조나단 에드워즈를 읽으시오. 많은 모임에 참여하는 것을 멈추시오. 현재 복음주의 모임에서 그렇게 유행하고 있는 다양한 형태의 엔터테인먼트에 대한 갈망을 멈추시오. 집에 머무르는 것을 배우시오. 다시 독서하는 것을 배우시오. 단지 어떤 현대 작가들의 자극적인 책을 읽기만 하지 마시오. 다시금 견고하고 깊으며 실제적인 것들로 돌아가시오.
>
> 우리가 독서의 기술을 잃어버리고 있는가?
>
> 부흥은 종종 사람들이 에드워즈의 전집들을 읽기 시작한 결과로 일어나곤 했다. 따라서 이 사람을 읽으시오. 그렇게 하기로 결심하십시요. 그의 설교를 읽으시오. 그의 실천적인 논문들을 읽으시오. 그리고 나서 신학적인 주

---

17 Lloyd-Jones, 『청교도 신앙』, 498-99. 로이드 존스는 조나단 에드워즈를 청교도 최고의 르네상스를 이끈 인물로 소개하며, 에드워즈는 지속적으로 미국인들에게 영향을 주고 있다고 말한다. 자신이 1927년 목회 사역에 들어가기 전에 옥스퍼드대학교 신학대학에서 친구가 추천한 책, 맥기퍼트(Mcgiffert)가 쓴 『칸트 이전의 개신교 사상』(*Protestant thought before Kant*)을 읽다가 조나단 에드워즈를 접했다고 한다. 그런데 놀랍게도 그 책을 추천한 친구는 조나단 에드워즈에 대해 모르고 있었다. 로이드 존스는 에드워즈에 대해 더 알고 싶었지만, 그런 사람을 만나지 못했다고 한다. 그러다가 2년 후 우연히 조나단 에드워즈 전집 두 권을 사게 되었고, 이 두 권의 책이 자신에게 끼친 영향은 말로 표현할 수 없을 정도였다고 회상한다.

제들에 대한 위대한 강론들을 읽으시오.[18]

로이드 존스 목사의 말을 오늘날 성장과 이벤트 위주로 가는 교회와 실적 위주로 가는 선교사들이 귀담아 듣고 실천한다면 사역이 달라질 것이다. 미국 복음주의에 신선한 도전을 주고 있는 존 파이퍼(John Piper) 목사는 오늘날 미국 교회가 에드워즈와 동시대에 살았던 벤자민 프랭클린(Benjamin Franklin, 1706-1790)의 실용주의를 선택했기 때문에 신학적으로 황폐해지고, 성공병에 대한 염증으로 에드워즈의 목소리는 다른 어느 시대보다 더욱 필요하다고 주장한다.[19]

에드워즈를 영적 스승으로 모시고 배운 존 파이퍼는 "조나단 에드워즈는 미국 역사에 있어서, 아마도 기독교 역사에 있어서 가장 뛰어난 분이다"[20]라고 평가했다. 에드워즈에 대한 평가가 어떤 것이든, 어떻게 받아들이든 그것은 사람마다 시대마다 다를지 모른다. 그러나 우리는 조나단 에드워즈의 철저한 말씀 중심적이고 하나님 중심적인 신앙과 그의 심오한 영적 분별력과 지성은 시간이 가고 시대가 바뀌어도 그 영향력은 더 커질 것이다.

그러기 위해서는 로이드 존스가 말한 대로 에드워즈를 읽어야 할 것이다. 그럴 때 우리는 신앙이 세속화되고 도덕적으로 혼란한 이 시대에 한 사람의 그리스도인으로, 목회자로, 선교사로 자신의 영광이 아닌 하나님의 영광을 위한 몸부림치는 삶을 살 수 있을 것이다.

---

18 Lloyd-Jones, 『청교도 신앙』, 348-71.
19 Jonathan Edwards, and John Piper, 『하나님의 영광을 위한 하나님의 열심』(*God's Passion for His Glory*) [Desiring GOD], 백금산 옮김 (서울: 부흥과개혁사, 2011), 42.
20 Edwards, and Piper, 『하나님의 영광을 위한 하나님의 열심』, 22.

2. 조나단 에드워즈에 대한 학문적 연구 동향

에드워즈는 신학적·역사적 중요성 면에서 주목할 만한 인물로 평가되며, 동시대 인물들과 후대 학자들로부터 지속적인 관심과 평가의 대상이 되어 왔다. 에드워즈에 대한 학문적 연구의 축적과 그 동향을 면밀히 분석하는 일은, 그의 사상과 영향력을 객관적으로 조명할 수 있는 중요한 기준 중 하나라 할 수 있다.

에드워즈에 대한 방대한 학문적 연구는 그의 신학적, 철학적, 역사적 영향력이 단지 시대적 현상에 머물지 않고, 지속해서 학계의 주목을 받아 왔음을 입증한다. 특히, 에드워즈의 학문적 탁월성은 그에 관한 연구 문헌의 양적 축적에서 뚜렷하게 드러나며, 이는 곧 그의 사상과 업적이 다양한 학문 분야에서 여전히 의미 있는 연구 주제로 자리 잡고 있음을 시사한다.

노스이스턴대학교(Northeastern University)의 전 영문학 교수인 M.X 레서(M.X. Lesser)는 1729년부터 2005년까지 에드워즈 관련 문헌들을 정리한 문헌록을 출간했는데,[21] 이 기간 동안 3,285편 이상의 작품들이 출판되었다. 이상웅의 통계적 분석에 따르면, 조나단 에드워즈와 관련된 문헌의 출판 수는 다음과 같은 분포를 보인다.

1729년부터 1900년까지는 총 587편, 1901년부터 1950년까지는 442편이 출간되었으며, 1950년대에는 186편, 1960년대에는 261편, 1970년대에는 472편, 1980년대에는 517편, 1990년대에는 483편, 2000년대 초반(2001-2005년)까지는 337편이 출판된 것으로 나타난다.[22]

이런 수치는 20세기 후반 이후 에드워즈에 대한 학문적 관심이 지속해서 증가하였음을 방증하며, 그의 신학과 사상이 현대 신학 담론에서 여

---

21 M. X. Lesser, *Reading Jonathan Edwards: An Annotated Bibliography in Three Parts, 1729-2005* (Grand Rapids, Mich.: William B. Eerdmans Pub. Co., 2008).
22 이상웅, 『조나단 에드워즈의 성령론』 (서울: 솔로몬, 2020), 28.

전히 활발한 연구의 대상임을 시사한다. 아래의 〈그림 2〉는 1729년부터 2005년까지 출판된 에드워즈 관련 문헌의 출판 동향을 그래픽으로 나타낸 것이다.

〈그림 2〉 조나단 에드워즈와 관련된 문헌의 출판 통계(1729-2005)[23]

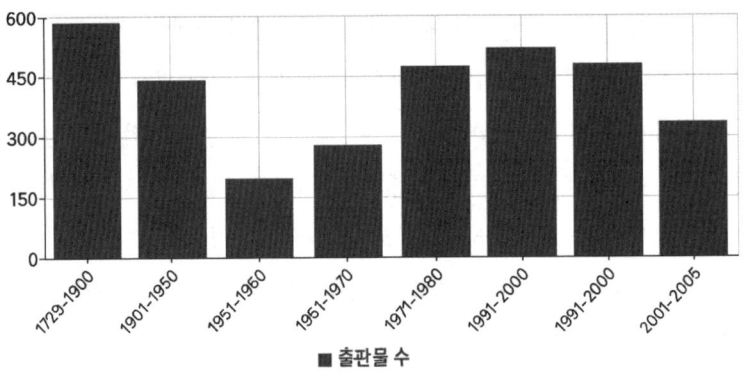

23　이 그래프는 1729년부터 2005년까지 에드워즈(Jonathan Edwards)와 관련하여 출판된 문헌의 양적 변화를 시대별로 집계하여 시각화한 것이다. 전체적으로 에드워즈에 대한 학문적 관심은 특정 시기마다 증감의 양상을 보이며, 20세기 후반에 전반적으로 연구가 활발했음을 알 수 있다. 1729년부터 1900년까지는 총 587편의 출판물이 발간되어 에드워즈 연구의 초기 정점을 형성했다. 이후 1901-1950년에는 442편으로 다소 감소하고, 1951-1960년에는 186편으로 감소하였지만 1960년대부터 출판량이 다시 증가하여 1980년대에는 517편으로 정점을 기록했다. 이후에도 1990년대 483편, 2001-2005년에는 337편이 발간되어 에드워즈 연구가 지속해서 활발하게 이루어지고 있음을 보여 준다.

〈그림 3〉 Reading Jonathan Edwards[24]
M.X 레서(M.X. Lesser)가 1729년부터 2005년까지 에드워즈 관련 문헌들을 정리한 문헌록

예일대학교(Yale University) 부설 조나단에드워즈연구센터(Jonathan Edwards Center)의 소장인 케네스 민케마(Kenneth P. Minkema) 박사는 20세기에 에드워즈에 대해 쓰여진 1,308편의 2차 문헌들을 언급하였는데, 1890년부터 2000년까지의 에드워즈 관련 박사 논문은 286편에 이른다.[25] 1950년대에 20편, 1960년대에 39편, 1970년대에 59편, 1980년대에 65편, 그리고 1990년대에는 70편 등으로, 연구 문헌은 계속해서 증가하는 추세를 보인다.[26]

이는 에드워즈가 학계에서 계속해서 중요하게 다루어지고 있는 인물임을 시사하는 것이다. 아래의 〈그림 4〉는 이런 통계를 그래프로 시각화한 것이다.

---

24 Lesser. 필자는 이 책을 풀러신학교 서점에서 2016년에도 구입했다.
25 Rhys S. Bezzant, and Kenneth P. div Minkema, *Global Edwards: Papers from the Jonathan Edwards Congress Held in Melbourne, August 2015* (Eugene, OR: Wipf & Stock, 2017).
26 이상웅, 『조나단 에드워즈의 성령론』, 28.

<그림 4> 조나단 에드워즈 관련 박사 논문 수(1950-2000)[27]

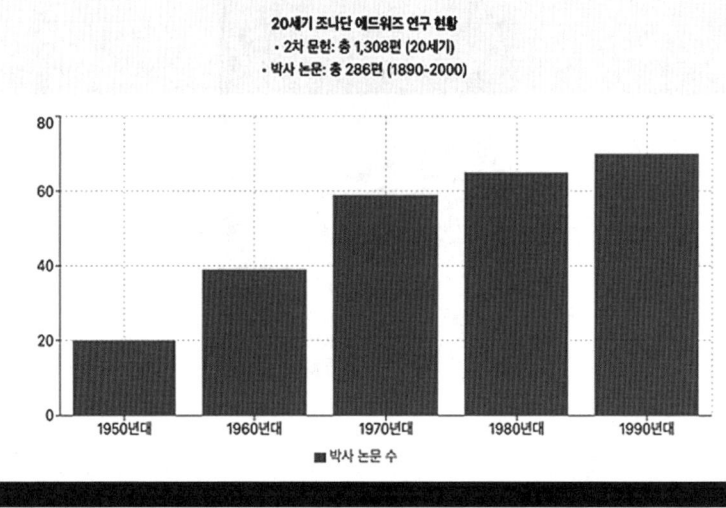

위의 <그림 4> 그래프는 1890년부터 2000년까지 약 110년간 작성된 박사학위 논문 중 286편이 에드워즈와 관련된 연구였음을 보여 주며, 특히 20세기에만 총 1,308편의 2차 문헌이 생산되었음을 감안할 때, 박사 논문이 전체 연구 출판물 가운데 차지하는 위상과 그 학문적 깊이를 간접적으로 반영하고 있다. 이로써 에드워즈 연구는 20세기 후반 이후 더욱 체계적이고 학문적인 연구로 자리매김하게 되었음을 알 수 있다.

에드워즈의 학문적 탁월성은 그의 작업이 신학뿐만 아니라 광범위한 학문 분야에서 주목받았다는 사실에서도 확인할 수 있다. 에드워즈에 대한 학술 연구는 신학과 설교학을 넘어서 철학, 미학, 영문학, 미국 지성사, 윤리학 등 다양한 학문 분야에서 이루어졌다. 이상응의 연구에 의하면, 케네

---

27 이 그래픽은1950년대부터 1990년대까지 조나단 에드워즈(Jonathan Edwards) 관련 박사학위 논문 수의 시대별 변화를 시각화한 것으로, 20세기 후반 학계에서 에드워즈에 대한 관심이 점차 확대되어 갔음을 잘 보여 준다.

스 민케마(Kenneth P. Minkema)는 에드워즈 관련 연구를 여러 범주로 분류하여 통계화하였는데, 신학 연구가 82편으로 가장 많았으며, 역사 및 전기 64편, 철학 및 심리학 57편, 문학 및 문화비평 36편, 윤리학, 미학 20편, 부흥 및 대각성 운동 13편, 설교학 12편, 그리고 선교학 5편 등의 연구가 진행되었다.[28] 특히, 신학을 제외한 분야에서의 연구가 많았다는 점은 에드워즈의 사상이 신학과 종교학을 넘어 인문학 전반에 걸쳐 영향을 미쳤음을 입증하는 지표가 된다.

〈표 5〉 민케마의 에드워즈 관련 연구 범주별 분류 통계표[29]

연구 범주	통계
신학 연구	82편
역사 및 전기	64편
철학 및 심리학	57편
문학 및 문화비평	36편
윤리학, 미학	20편
부흥 및 대각성 운동	13편
설교학	12편
선교학	5편

조나단 에드워즈에 대한 학문적 관심은 그의 신학적 입장을 공유하는 칼빈주의자나 복음주의 신학자들에 국한되지 않고, 그의 신학에 동의하지 않는 학자들에 의해서도 활발히 전개되어 왔다. 이런 점은 에드워즈 연구

---

28 이상웅, 『조나단 에드워즈의 성령론』, 29.
29 〈표 5〉에서 주목할 만한 점은 조나단 에드워즈에 대한 연구가 특정 분야에 국한되지 않고, 신학, 역사, 철학, 문학, 미학, 선교학 등 다양한 학문적 범주에서 폭넓게 이루어지고 있다는 사실이다.

가 특정 신학적 진영에 갇히지 않고, 보다 보편적 학문 영역으로 확장되었음을 보여 준다. 대표적인 예로 하버드대학교의 미국 지성사학자 페리 밀러(Perry Miller, 1905-1963)는 에드워즈의 칼빈주의 사상에는 동의하지 않았으나,[30] 미국 지성사의 흐름 속에서 에드워즈의 사상과 영향력을 조명함으로써 중요한 학술적 기여를 했다.[31]

복음주의 전통 내에서도 에드워즈에 대한 학문적 관심과 연구는 꾸준히 이어져 왔다. 특히, 20세기 중반 이후 마틴 로이드 존스(Martyn Lloyd-Jones)의 영향으로 청교도 문헌들에 대한 재조명이 이루어지면서,[32] 에드워즈에 대한 복음주의 학자들의 관심이 본격화되었다. 이런 흐름 속에서 이안 머

---

30   Lloyd-Jones, 『청교도 신앙』, 498-99. 로이드 존스는 에드워즈가 미국의 가장 위대한 철학자라는 것을 염두해 둔 것은 당연한 것이지만 문학이나 철학자들이 에드워즈에 대하여 쓴 책들은 분별해서 읽어야 함을 다음과 같이 말한다.
"조나단 에드워즈의 새로 출판된 책을 읽을 때 매우 조심하고 분별해야 합니다. 영문학 교수들이 쓴 책도 있고, 철학자들이 쓴 책도 있습니다. 이 사람들은 위대한 사상가로서 에드워즈에 관심이 있는 것입니다. 또 어떤 의미에서 그는 영문학에 있어서 낭만주의 운동을 일으킨 선구자이기도 합니다. 그러나 이 사람 중 많은 사람이 그리스도인들이 아니기 때문에 무의식적으로 또는 부지중에 그를 잘못 해석하고 잘못 나타내는 경향이 있습니다. 그러므로 그런 책을 읽을 때는 분별력을 가지고 읽어야 합니다."
페리 밀러(Perry Miller, 1905-1963)는 하버드대학교의 지성사학자로서, 조나단 에드워즈와 미국 청교도 사상을 현대 학계에 본격적으로 조명한 대표적인 인물이다. 그는 에드워즈의 신학적 입장에는 동의하지 않았으나, 에드워즈를 단순한 부흥운동가가 아닌 철학적 사유와 형이상학적 깊이를 지닌 사상가로 이해하며, 그의 사상을 미국 지성사의 핵심 흐름으로 재위치시켰다. 밀러는 『뉴잉글랜드 정신』(*The New England Mind*) 시리즈와 『조나단 에드워즈』(*Jonathan Edwards*, 1949) 등의 저작을 통해, 청교도 사상을 미국 정신과 문명의 형성에 있어 결정적인 요소로 규명하였으며, 이를 통해 미국학(American Studies)과 조나단 에드워즈 연구에 지대한 학문적 토대를 제공했다.

31   Lloyd-Jones, 『청교도 신앙』, 499.

32   D. M. Lloyd-Jones, *The Puritans: Their Origins and Successors* (Edinburgh: The Banner of Truth Trust, 1987). Martyn Lloyd-Jones's *The Puritans: Their Origins and Successors* is a collection of lectures written with a passionate desire to restore Puritan theology and spirituality to the modern church within the context of the 20th-century evangelical revival. The author compellingly presents the God-centered faith, biblical preaching, and pastoral zeal of the Puritans as essential elements the contemporary church must recover. Combining historical insight with spiritual fervor, this work offers profound challenge and renewal to today's Christians and pastors alike.

레이(Iain Murray)33와 제임스 패커(James I. Packer)는 에드워즈를 복음주의 신학의 흐름 속에 위치시키며 그의 신학과 영성을 복원하고 계승하는 작업에 기여했다. 특히, 머레이는 전기적 연구를 통해 에드워즈의 생애와 사상을 현대 복음주의 맥락에서 재해석하려는 시도를 감행하였으며, 패커는 에드워즈의 신론과 인간 이해, 경건생활에 주목하여 그의 신학을 현대 신앙공동체에 적용 가능한 자원으로 제시했다.34

아울러 최근에는 존 파이퍼(John Piper) 목사가 에드워즈를 복음주의적 기독교 희락주의(Christian Hedonism)의 사상적 뿌리로 삼아 그의 신학을 계승하며 대중적으로 확산시키는 데 중요한 역할을 하고 있다.35

---

33   Murray. Iain H. Murray's *Jonathan Edwards: A New Biography* is an outstanding biography that illuminates the life of Edwards from an evangelical perspective, drawing on rich sources and deep insight. The author skillfully weaves together Edwards's theology, revival leadership, personal trials, and pastoral ministry, allowing readers to encounter the depth and passion of his spiritual life. This book presents Edwards not merely as a historical figure but as a living model of faith for contemporary Christians.

34   J. I. Packer, *A Quest for Godliness: The Puritan Vision of the Christian Life, 1st U.S. ed.* (Wheaton, Ill.: Crossway Books, 1990). In this book, Packer evaluates Jonathan Edwards as a theologian standing at the pinnacle of the Puritan tradition, asserting that his understanding of revival and theological insight continues to exert significant influence on the contemporary church. Edwards's theology of revival, according to Packer, is not to be reduced to emotionalism, but rather represents a balanced theology that emphasizes the harmony between the sovereign work of the Holy Spirit and the responsible response of human beings. Packer views Edwards's insights as offering practical guidance amid the spiritual stagnation and theological confusion faced by today's church, highlighting that Edwards's theology is not merely a doctrinal system but a dynamic call to life transformation and God-centered piety. Thus, in A Quest for Godliness, Edwards is presented as a model of evangelical godliness and reemerges as a vital thinker who challenges modern Christians toward deeper spiritual maturity and authentic renewal.

35   John Piper, *God's Passion for His Glory: Living the Vision of Jonathan Edwards* (Wheaton: Crossway Books, 1998). This book reexamines Jonathan Edwards's God-centered theology within the context of contemporary evangelicalism. Piper offers a faithful exposition of Edwards's The End for Which God Created the World, while personally testifying how Edwards's theology has shaped his own life and ministry. He emphasizes that Edwards's thought laid the foundation for Christian Hedonism—the belief that "God is most glorified in us when we are most satisfied in Him." The book compellingly demonstrates how

에드워즈에 대한 학문적 관심은 한국 신학계에서도 지속해서 이어지고 있다. 2008년 기준으로 에드워즈에 대한 연구로 박사학위를 받은 사람은 6명이었지만[36] 최근 2022년 기준으로 에드워즈 연구로 국내 박사학위를 받은 사람은 40명이 넘어서고 있고 많은 문헌이 번역되어 소개되고 있다.[37]

학위 논문 외에도 학자들이 쓴 논문들이 있으며 특별히 한국개혁신학회는 조나단 에드워즈 탄생 300주년을 기념하여 논문집을 출간하였으며, 지성사, 부흥과개혁사 등에서 에드워즈에 대한 출판물을 계속 출간하고 있다는 것은 고무적인 일이라 할 수 있다. 그리고 고신대 교수인 양낙흥은 『조나단 에드워즈의 생애와 사상』[38] 이란 책을 내었고, 한동수 교수는 트리니티복음주의신학교(Trinity Evangelical Divinity School)에서 제출한 박사학위 논문인 〈한국에서의 조나단 에드워즈: 조나단 에드워즈 수용사〉(Jonathan Edwards in Korea: A History of the Reception of Jonathan Edwards)[39]를 통해 조나단 에드워즈가 한국에 소개되고 수용되어온 역사를 연대별로 체계적으로 정리하였다.

에드워즈에 대한 활발한 연구가 2013년부터 '서울 조나단 에드워즈 콘퍼런스'[40]에서 진행되어 오고 있으며 에드워즈 저변 확대에 기여하는 데

Edwards's God-centered worldview and teleological theology can provide clear and practical direction for today's Christian life. Piper goes beyond mere interpretation, presenting himself as a modern evangelical who has lived out Edwards's vision. For those longing to recover a deeper desire for and devotion to God, this work serves as a powerful spiritual catalyst.

36   이상웅, 『조나단 에드워즈의 성령론』, 31.
37   Alister E. McGrath et al., 『조나단 에드워즈 길라잡이』 (서울: 세움북스, 2022), 6.
38   양낙흥, 『조나단 에드워즈 생애와 사상』 (부흥과개혁사, 2003).
39   DongSoo Han, "Jonathan Edwards in Korea: A History of the Reception of Jonathan Edwards" (Trinity International University, 2019).
40   이 세미나는 정성욱 교수와 심현찬 원장이 기획 주최하여 시작된 것이다. 정성욱 교수는 미국 덴버신학대학원 조직신학교 교수로, 한국 조나단 에드워즈 및 C.S. 루이스 콘퍼런스 공동 창립자로 섬기고 있다. 심현찬 원장은 미국 워싱턴 트리니티 연구원 설립

큰 역할을 하고 있다. 에드워즈 전문가들과 에드워즈를 애독하는 연구자들에 의해 다양한 발제가 이루어졌다.[41] 이 중 7편을 선별하여 『조나단 에드워즈 길라잡이』라는 책을 발간하였다.[42]

이상에서 살펴본 것처럼 미국을 넘어 유럽과 한국에 이르기까지 에드워즈에 대한 다양한 연구가 이루어졌으며, 오늘날에도 지속적으로 연구되고 있다는 사실은 에드워즈라는 인물의 학문적 위상을 잘 보여 준다고 할 수 있다.

3. 조나단 에드워즈 신학의 선교학적 연구 필요성

에드워즈는 식민지 아메리카에서 인디언 선교사로 헌신하며 사역한 인물이지만, 그의 선교사적 정체성과 사역에 대한 학문적 조명은 여전히 미진한 실정이다. 특히, 선교학 분야에서 에드워즈를 주제로 한 연구는 상대적으로 적으며, 이는 통계적으로도 명확히 드러난다. 기존의 에드워즈 연구는 주로 신학, 철학, 설교학, 부흥 운동 등의 분야에 집중되어 왔으며, 그의 선교학적 기여는 상대적 소외 속에 머물러 있다.

앞서 제시된 〈표 5〉의 통계에 따르면, 선교학 분야에서 에드워즈를 주제로 한 학문적 성과는 타 분야에 비해 현저히 낮은 수치를 보인다.

자 및 원장으로, 한국 에드워즈콘퍼런스 디렉터 및 공동 창립자로 섬기고 있다.
41 McGrath et al., 『조나단 에드워즈 길라잡이』, 6-8.
42 McGrath et al., 『조나단 에드워즈 길라잡이』. 이 책에 수록된 논문은 다음과 같다. "조나단 에드워즈 교회와 신학을 위한 신학자"(알리스터 맥그래스), "조나단 에드워즈의 설교신학: 구원의 교향곡으로서의 설교"(심현찬), "에드워즈의 교회론과 현대 한국 교회적 의미"(정성욱), "조나단 에드워즈의 칭의론과 한국 교회"(강웅산), "장 칼뱅과 조나단 에드워즈: 두 신학자의 대화"(정성욱), "경건의 관점에서 본 장 칼뱅과 조나단 에드워즈"(심현찬), 그리고 "Appendix 1에 Jonathan Edwards: A Theologian for the Academy and the Church"가 수록되어 있다.

<그림 5> 학문 분야별 조나단 에드워즈의 연구 분포43

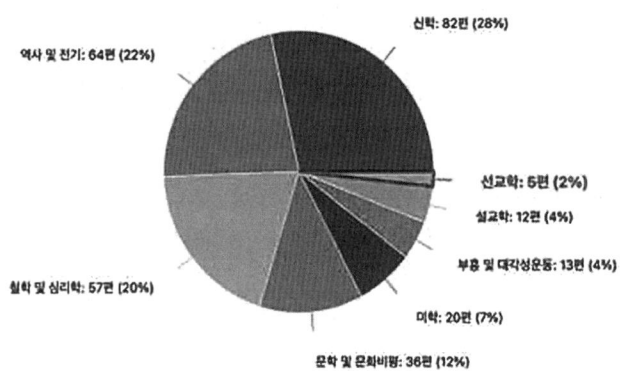

〈그림 5〉는 〈표 5〉의 자료를 바탕으로 각 연구 분야별 비율을 백분율로 환산하여 필자가 시각화한 것이다. 이를 통해 에드워즈에 대한 연구가 다양한 학문 분야에서 수행되고 있으며, 특히 분야별 연구 가운데 상대적 관심도의 차이가 뚜렷하게 나타남을 확인할 수 있다.

전체 박사 논문 중에 가장 많은 비중을 차지하는 분야는 신학으로, 총 82편(약 28%)에 달한다. 이는 에드워즈가 신학자이자 목회자로서 신학적 체계를 구축한 인물이라는 점에서 예측 가능한 결과이다.

그 뒤를 이어 역사 및 전기 분야가 64편(22%), 철학 및 심리학 분야가 57편(20%)을 차지하며, 이 세 분야가 전체 연구의 약 70%를 구성하고 있다. 이는 에드워즈의 신학 사상이 시대적 배경과 철학적 사유 안에서 다각도

---

43 〈그림 5〉 도표는 조나단 에드워즈(Jonathan Edwards)에 관한 학문 분야별 연구 분포를 시각적으로 제시한 것이다.

로 조명되고 있음을 보여 준다.

문학 및 문화비평은 36편(12%)으로 그 뒤를 잇고 있으며, 윤리학, 미학 분야 20편(7%), 부흥 및 대각성 운동 관련 연구가 13편(4%), 설교학이 12편(4%)의 비중을 보인다. 이들 분야는 에드워즈의 글쓰기, 예술 감수성, 설교 담론, 그리고 제1차 대각성 운동과 관련한 영향력 등을 반영하는 것으로 이해할 수 있다.

반면에 선교학(Missiology) 분야에 속한 연구는 단 5편(2%)에 불과해, 에드워즈 연구의 상대적 미개척 영역으로 평가된다. 절대 수치뿐 아니라 전체 박사 논문 중 차지하는 백분율을 기준으로 보더라도, 선교학 분야는 극히 미미한 비중을 차지하고 있으며, 이는 에드워즈 연구에서 선교학적 접근이 여전히 소외된 영역임을 방증한다. 이런 현상은 에드워즈의 선교적 사역에 대한 학문적 조명이 보다 확대될 필요가 있음을 시사한다. 또한, 에드워즈의 신학이 선교신학적으로 재조명될 여지가 여전히 크다는 사실을 시사하며, 향후 에드워즈의 선교신학에 대한 연구 활성화의 필요성을 뒷받침한다.[44]

이 통계는 그동안 에드워즈를 대부분 사상가로, 설교자로, 신학자로, 부흥운동가로 보았으며 선교사로는 거의 조명하지 않았다는 방증이다. 그동안 신학자들은 선교학 보다 에드워즈의 전기와 부흥 운동, 그의 신학과 사

---

[44] 2000년부터 2020년까지 ProQuest 데이터에 따르면, 에드워즈에 관한 박사학위 논문은 총 2,551편에 달하며, 이 중 57.5%인 1,467편이 최근 10년(2011-2020) 사이에 발표되었다. 이는 에드워즈에 대한 학문적 관심이 지속적으로 확대되고 있음을 통계적으로 입증한다. https://www.proquest.com/resultsol/EA73ADE0AC384FBCPQ/1
주목할 점은, 같은 기간에 선교학 분야에서 발표된 에드워즈 관련 논문이 총 37편에 불과하다는 사실이다. 이는 전체 논문 대비 1.45%에 불과한 비중으로, 그가 복음주의 신학, 부흥 운동, 영성, 세계관 등 다양한 영역에서 영향력을 끼친 것에 비해 선교학 내에서의 학문적 반영이 상대적으로 제한적임을 의미한다. 비록 최근 10년 내에 발표된 선교학 논문이 28편으로 그 절대 수치는 여전히 미미한 수준이다. https://www.proquest.com/resultsol/5AEEE521F80C4A12PQ/1

상적인 면에 더 관심을 가졌다. 그러나 에드워즈는 단지 신학자나 설교가뿐 아니라 실제로 인디언공동체와 깊이 연대하며 복음을 전했던 선교사였으며, 그의 신학은 복음주의와 선교학이 만나는 지점에서 재해석될 수 있는 가능성을 지니고 있다.

따라서 에드워즈의 선교적 정체성과 사역, 그리고 그의 신학이 오늘날 선교신학의 관점에서 재조명되는 것은 학문적으로도 긴급하고 필연적인 과제라 할 수 있다.

선교학은 1965년 풀러신학교에 선교대학원이 설립되면서 본격적으로 학문적 체계를 갖추기 시작했다.[45] 따라서 그 이전에 에드워즈를 연구하거나 전기를 집필한 학자들의 작업은 선교학적 시각이 부족하다는 한계를 지닌다. 이런 맥락에서 퓰리처상(The Pulitzer Prize-winning)을 수상한 올라 엘리자베스 윈슬로(Ola Elizabeth Winslow)의 전기 역시, 에드워즈의 생애와

---

[45] 정용암, 『도널드 맥가브란의 개종신학』(서울: CLC, 2021), 48-50. 풀러신학교 선교대학원(School of World Mission, SWM)은 1965년 설립되었으며, 이는 복음주의 선교학 발전사에 있어 획기적인 전환점으로 평가된다. 당시 총장 데이비드 허바드(David Hubbard)의 초청에 따라, 인도 선교 현장에서 오랜 경험을 쌓은 도널드 맥가브란(Donald A. McGavran)이 초대 원장으로 임명되었다. 맥가브란은 자신의 실천적 선교 경험과 학문적 통찰을 바탕으로, 풀러신학교 내에서 선교학과 교회 성장학(Church Growth Studies)의 학문적 기틀을 마련했다. 그의 지도 아래 SWM은 빠르게 성장하여, 세계에서 가장 영향력 있는 복음주의 선교학 훈련 기관 중 하나로 자리매김했다. 이 기관은 선교 현장의 실제적 요구를 반영하는 동시에, 학문적 정밀성을 갖춘 전략적 선교 모델을 개발하여 전 세계 선교 운동에 실질적인 기여를 했다. 특히, 맥가브란이 체계화한 교회 성장학은 복음주의권에서 주요한 선교 방법론으로 수용되었고, 아시아, 아프리카, 라틴아메리카 등 비서구권 선교 전략에도 깊은 영향을 끼쳤다.
SWM의 교수진은 앨런 티펫(Alan Tippett), 찰스 크래프트(Charles H. Kraft), 랄프 윈터(Ralph D. Winter), 피터 와그너(C. Peter Wagner), 아서 글라서(Arthur Glasser) 등으로 구성되었으며, 이들은 현장 경험과 학문적 깊이를 겸비한 인물들이었다. 이들은 선교를 단순한 전도가 아닌, 복음의 문화적 번역, 사회 변혁, 교회 성장 전략의 실행으로 인식하며 선교학의 학문적 지평을 넓혔다. 특히, 이들은 신학적, 인류학적, 문화적 통합 시각에서 선교를 조망하며, 학생들에게 실천적 지혜와 분석적 안목을 갖춘 교육을 제공했다. 풀러신학교 선교대학원은 맥가브란의 비전과 지도력 아래 신학적 분석, 문화적 통찰, 교회 성장 전략이 통합된 총체적 선교학을 정립하였으며, 단순한 신학교의 부서를 넘어 세계 선교 흐름을 선도하는 선교학적 연구 중심으로 자리잡게 되었다.

사상을 폭넓게 조명하였음에도 불구하고 선교학적 통찰이 결여되어 있다는 점에서 한계에 머무른다. 이는 선교학이라는 학문 영역이 본격적으로 형성되기 이전의 시대적 조건에서 비롯된 구조적 한계로 이해할 수 있다.

올라 윈슬로는 다음과 같이 에드워즈를 평가했다.

> 그의 위대함은 무엇일까요? 한마디로 그의 위대함은 그가 대규모 대중운동을 촉발하고 이끄는 결정적인 역할을 했을 뿐만 아니라, 영향력 있는 새로운 종교적 사상 체계를 구축하는 데 있습니다. 종교 지도자들은 종종 대중 운동을 지휘해 왔습니다. 사상 체계를 세운 경우는 드뭅니다. 같은 지도자가 두 가지를 모두 수행한 경우는 더 드뭅니다. 조나단 에드워즈는 부분적으로는 이 두 가지를 모두 해냈습니다. 그는 설득력 있는 설교자이자 뛰어난 논리학자였으며, 복음주의와 사상적 진보를 이끄는데 기여한 학자였습니다.[46]

올라 윈슬로의 전기문이 영향력있고 탁월하기는 하지만, 선교사로서의 에드워즈를 보는 것보다 설교자와 논리학자로 더 높이 평가하고 있다. 선교사로서 에드워즈를 보지 못하면 그를 온전히 이해했다고 볼 수 없다. 왜냐하면 그의 인디언 7년 선교 사역을 간과하기 때문이다. 에드워즈는 노샘프턴교회에서 해임된 후 스톡브리지(Stockbridge)로 이주해서 생을 마감할 때까지 식민지 인디언 선교사로서 역할을 감당했다. 그런데도 에드워

---

46 Ola Elizabeth Winslow, *Jonathan Edwards 1703-1758* (New York: Collier Books, 1961), 297. What is his greatness? In a word, it is the greatness of one who had a determining part in initiating and directing a popular movement of fa-reaching consequence, and who in addition, laid the foundation for a new system of religious thought, also of far-reaching consequence. Religious leaders have often directed popular movement. Less often they have founded systems of thought. Less often still has the same leader done both. This was, in part, the distinction of Jonathan Edwards. He was a compelling preacher and also a master logician; evangelist and also a thinker, a metaphysician on the side of the New Lights.

즈를 선교사로 바라보는 시각과 연구는 여전히 드문 실정이다.[47]

에드워즈의 삶에서 동시대 사람들과 학자들에게 공통적으로 간과되고 과소평가된 것이 있다면 그것은 바로 에드워즈가 인디언 선교자이자 인디언의 변호자로의 역할일 것이다.[48] 우리는 에드워즈를 선교사로서 보는 선교학적 렌즈가 필요하다. 그래야 에드워즈를 어느 한쪽 면이 아닌 균형잡힌 이해와 평가를 할 수 있다. 본서는 이런 점에서 기존의 에드워즈에 관한 연구와 차별성이 있다.

그나마 다행인 것은 로날드 데이비스(Ronald Edwin Davies)는 에드워즈를 선교사로 보는 시각을 가졌다. 그는 에드워즈를 선교사로 인정해야 함을 다음과 같이 말했다.

> 에드워즈가 현대 개신교 선교 운동의 발전에 미친 영향을 인정할 때가 되었다. 윌리엄 캐리는 종종 현대 선교의 아버지로 불리며, 때때로 사무엘 홉킨스도 미국 현대 선교의 아버지로 불리곤 한다. 이 경우 조나단 에드워즈는 대서양 양편에서 '현대 개신교 선교의 할아버지'라는 칭호를 받을 자격이 있다.[49]

---

47 Ricky F Njoto, "The Redemption Discourse and Edwards the Missionary," *Journal of Reformed Theology* 15, no. 1-2 (2021): 48.
48 Jonathan Edwards, *A Jonathan Edwards Reader*, ed. John E. Smith, Harry S. Stout, and Kenneth P. Minkema (New Haven: Yale University Press, 1995), 37.
49 Ronald E Davies, "Jonathan Edwards: Missionary Biographer, Theologian, Strategist, Administrator, Advocate and Missionary," *International Bulletin of Missionary Research* 21, no. 2 (1997): 60. It is past time to recognize Edwards's influence on the development of the modern Protestant missionary movement. William Carey is often spoken of as the father of modern missions, and a similar epithet is sometimes used of Samuel Hopkins in the American scene. In that case, Jonathan Edwards deserves the title 'grandfather of modern Protestant Mission,' on both sides of the Atlantic.

에드워즈는 인생의 마지막 7년을 아메리카 인디언 원주민 선교현장에서 보낸 선교사였다. 에드워즈를 사상가, 신학자, 설교자, 부흥운동가로만 볼 것이 아니라 선교사로 보는 인식의 전환이 필요할 때이다. 따라서 선교사인 에드워즈를 통해 선교학적인 관점에서 그가 세계 선교에 남긴 유산이 무엇인지를 조명하고 배우고 연구하는 일은 한국 교회와 세계 선교에 있어서 의미 있는 일이 아닐 수 없다.

4. 조나단 에드워즈에 관한 전기문 고찰

에드워즈의 선교 사상을 바르게 이해하기 위해서는 무엇보다 먼저 그가 어떤 인물이었는지를 종합적으로 파악하는 것이 선행되어야 한다. 그의 생애, 신학적 여정, 목회적 경험, 그리고 시대적 배경은 그의 선교적 비전 형성과 실천에 밀접하게 연결되어 있기 때문이다.

이런 이해를 위해 에드워즈에 관한 주요 전기문들을 고찰하는 작업은 학문적으로 반드시 요구되는 기초 작업이다. 특히, 그의 신학적 사유와 실천 사이의 연관성을 드러내는 전기문적 분석은 선교학적 관점에서 매우 유익한 통찰을 제공할 수 있다. 따라서 에드워즈의 선교신학을 조망하기에 앞서, 그에 대한 대표적인 전기문들을 고찰하고자 한다.

에드워즈는 신학적 깊이와 역사적 영향력을 겸비한 인물로 평가받으며, 이에 따라 그의 생애와 사상을 조명한 전기문이 학계 안팎에서 지속해서 출간되어 왔다.

1)『조나단 에드워즈의 생애와 인격』

사무엘 홉킨스(Samuel Hopkins)는『조나단 에드워즈의 생애와 인격』(*The Life and Character of the Late Reverend, Learned, and Pious Mr Jonathan Edwards*)[50]이라는 제목의 에드워즈 전기문을 썼다. 이 전기문은 에드워즈의 제자이자 후계자인 홉킨스에 의해 쓰여진 초기 전기 중 하나로, 에드워즈의 인격, 신학, 목회, 그리고 지적 유산에 대해 상세히 조명한다.

사무엘 홉킨스의 에드워즈 전기는 학문적으로 그의 생애를 조명하기 위해 당시의 서신, 일기, 설교 및 기타 저술을 포괄적으로 분석한다. 그는 에드워즈의 개인적, 신학적, 목회적 측면을 통합하여 에드워즈의 인물상을 포괄적으로 묘사한다. 또한, 그의 저술은 에드워즈의 삶과 사상을 당대의 정치적, 사회적, 종교적 맥락 속에서 평가하며, 에드워즈의 신학적 유산이 현대에 이르기까지 어떻게 영향을 미치고 있는지를 보여 준다.

학문적 접근을 통해 홉킨스는 에드워즈를 깊이 있게 이해하려는 시도를 하며, 그가 살았던 시대의 인물로서뿐만 아니라 오늘날에도 신학적 대화에 계속 기여하고 있는 인물로서의 중요성을 강조한다. 홉킨스의 작업은 에드워즈에 대한 후대의 이해에 중요한 기초를 제공하며, 특히 에드워즈의 영향력 있는 신학적 사상을 계승하려는 자들에게 중요한 참고 자료가 된다. 홉킨스는 에드워즈의 철학과 신학, 목회에 대한 깊은 이해를 바탕으로, 그의 사상이 미국 신학의 발전과 형성에 어떻게 근본적으로 기여를 했는지를 설명하고 있다.

50　Samuel Hopkins, *The Life and Character of the Late Reverend, Learned, and Pious Mr Jonathan Edwards: President of the College of New Jersey. Together with Extracts from His Private Writings and Diary. And Also Eighteen Select Sermons on Various Important Subjects*, vol. 6 (Alexander Jardine, 1799).

이 전기문은 에드워즈의 사상이 단순한 종교적 부흥이 아니라, 인간의 본성, 하나님과의 관계, 그리고 도덕적 삶에 대한 심도 깊은 성찰을 포함하고 있음을 드러내며, 이를 통해 더 넓은 신학적 대화에 기여하고자 한다. 홉킨스의 전기는 에드워즈의 신학적 유산을 보존하고 전파하는 데 있어 핵심적인 역할을 하며, 에드워즈의 사상과 영향력을 이해하는 데 중요한 출발점을 마련하고 있다. 이 책은 에드워즈에 대한 연구를 위한 필수적인 자료이며, 그의 사상이 세대를 초월하여 어떻게 지속해서 영향을 미치고 있는지를 보여 주는 데 중요한 역할을 한다.

2) 『조나단 에드워즈 1703-1758』

올라 엘리자벳 윈슬로(Ola Elizabeth Winslow)의 『조나단 에드워즈 1703-1758』(*Jonathan Edwards, 1703-1758*)[51]는 에드워즈의 신학적 사상, 목회적 실천, 그리고 그의 생애와 시대를 깊이 있게 탐구하는 전기이다. 이 책의 핵심 주제는 에드워즈가 18세기 신학적 토대 위에서 어떻게 미국 정신의 중심적 인물로 부상했는지를 밝히는 것이다.

올라 윈슬로는 에드워즈의 철학적 교육 배경, 청교도적 유산, 그리고 신앙의 개인적이고 감정적인 측면에 주목한다. 에드워즈는 미국 대각성 운동(The Great Awakening)의 중심 인물로서, 종교적 경험의 본성과 그것이 개인과 공동체에 미치는 영향에 대한 자신의 생각을 강조했다. 에드워즈의 가장 유명한 설교 중 하나인 〈하나님의 진노의 손에 붙잡힌 죄인들〉(Sinners in the Hands of an Angry God)은 이런 신앙적 열정과 경험적 종교에 대한 접근을 잘 보여 준다.

---

[51] Ola Elizabeth Winslow, *Jonathan Edwards, 1703-1758* (New York: The Macmillan company, 1940).

올라 윈슬로는 또한 에드워즈의 가정생활, 목회 사역, 그리고 종교적·지적 공동체와의 관계를 상세히 묘사함으로써, 그의 개인적인 면모와 시대적 영향력을 조명한다. 이 전기는 에드워즈가 당시 사회·문화·정치적 맥락 속에서 어떻게 자신의 사상을 발전시키고 전파했는지를 보여 준다.

올라 윈슬로의 전기는 에드워즈의 사상이 어떻게 그의 시대를 넘어서 현대에도 여전히 영향을 미치고 있는지를 탐구함으로써, 미국 종교사뿐만 아니라 미국 사상사에 중요한 공헌하고 있다. 이 전기문은 에드워즈를 단순히 종교적 부흥 운동의 지도자로 보는 것을 넘어서, 복잡한 인간, 심오한 사상가, 그리고 그의 시대를 형성한 주요 인물로 재평가하도록 돕는다.

3)『조나단 에드워즈 평전』

에드워즈의 세계적인 권위자인 노트르담대학교의 역사학 교수인 조지 마즈던(George M. Marsden)은 에드워즈 탄생 300주년을 기념하여 『조나단 에드워즈 평전』(Jonathan Edwards: A life)[52] 을 출판했다. 이 책은 오랜 기다림

---

52 Marsden, *Jonathan Edwards: A Life*. 마즈던이 강조하는 주요 공헌은 다음과 같다.
   ① 신학과 영성의 통합: 마즈던은 에드워즈가 신학적 지식과 개인적 영성을 어떻게 통합했는지를 강조한다. 에드워즈는 깊은 신학적 사고와 더불어 신앙생활에서의 심오한 감정적 경험의 가치를 인정했다.
   ② 종교적 각성과 사회적 변화: 에드워즈의 설교와 저술이 18세기 미국에서의 종교적 각성에 어떻게 기여했는지, 그리고 이런 각성이 사회적, 문화적 맥락에서 어떤 의미를 가졌는지를 마즈던은 분석한다. 이는 교회뿐만 아니라 더 넓은 사회에도 영향을 미쳤다.
   ③ 철학적 기여: 에드워즈의 작업은 종교적 영역을 넘어 철학과 심리학에도 영향을 미쳤다. 마즈던은 에드워즈의 자유 의지에 관한 논의, 그리고 그의 실존적 및 인식론적 질문에 대한 탐구를 강조한다.
   ④ 문학적 성취: 에드워즈의 저술은 그의 신학적 및 철학적 사상뿐만 아니라 그의 문학적 재능을 또한 보여 준다. 마즈던은 에드워즈의 설교와 저술에서 발견할 수 있는 언어의 힘과 문학적 표현의 아름다움을 조명한다.
   ⑤ 미국 사상에 대한 영향: 마즈던은 에드워즈가 미국 사상과 정체성의 형성에 기여한 방식을 분석한다. 에드워즈의 신학과 철학은 미국의 정신적, 문화적 기반을 이해하

끝에 나온 조나단 에드워즈의 전집, 최신 예일대 결정판이다. 세밀한 연구와 유려한 필치로 완성된 이 전기는 한 탁월한 신학자이자 그리스도인으로서 존경받을 수밖에 없는 인물의 초상을 보여 준다. 이 책에서 마즈던은 에드워즈의 역사적 공헌을 다각적으로 조명한다. 그는 에드워즈를 단순히 대각성 운동의 설교자나 복음주의의 선구자로만 보지 않는다. 오히려 에드워즈의 심오한 신학적 사상, 철학적 통찰력, 그리고 문화적·사회적 맥락에서의 역할을 깊이 있게 탐구한다.

조지 마즈던은 에드워즈의 생애를 비평적으로 조명하고 서술하였다. 18세기 유럽 사회와 미국 사회에서 소용돌이치던 사상적, 정치적 배경 속에서 그리스도의 복음을 지켜 내고 하나님의 교회를 확장시켜 나가고자 외로이 몸부림쳤던 한 신학자의 고단했던 삶을 여러 각도에서 보여 준다. 조지 마즈던(George M. Marsden)은 미국 복음주의 연구에 탁월한 성과를 낸 역사학자로 특별히 에드워즈 연구에 있어서 최고 권위자 중 한 사람이다.

조지 마즈던이 저술한 이 평전은 에드워즈의 생애와 그가 살아간 시대적 배경을 통찰력 있게 조망하고 이해하는 데 도움을 주는 귀중한 자료이다. 이 방대한 책을 한국어로 소개한 이는 한동수 교수로, 그는 부흥과개혁사를 통해 이 책을 번역·출간함으로써, 한국 독자들이 에드워즈라는 위대한 신학자이자 사상가의 삶과 사역을 다면적이고 총체적으로 이해할 수 있는 길을 열어 주었다.

는 데 중요한 역할을 했다.
마즈던의 『조나단 에드워즈 평전』은 에드워즈의 생애와 작업을 통해 미국 초기 역사의 중요한 순간을 포착하며, 에드워즈가 오늘날에도 여전히 중요한 인물로 여겨지는 이유를 깊이 있게 탐구한다. 마즈던은 에드워즈를 복잡하고 다차원적인 인물로 그리면서, 그의 역사적 중요성과 지속적인 영향을 강조한다.

4) 『조나단 에드워즈의 삶과 신앙』

조지 마즈던의 전기문이 시대적 상황과 생애에 대한 책이라면, 이 전기문은 에드워즈의 삶에 더 초점을 맞추고 있다. 에드워즈의 삶과 신앙을 다룬 전기 작가 이안 머레이(Iain H. Murray)[53]가 저술한 『조나단 에드워즈의 삶과 신앙』(*Jonathan Edwards: A New Biography*)[54] 전기문이 바로 그 책이다.

이 전기문은 청교도와 부흥신학에 깊은 관심을 가지고 있는 탁월한 전기 작가 이안 메레이에 의해 쓰여졌다는 것이 흥미로우며, 책에 대한 신뢰감을 주고 있다. 이 책은 미국에서 가장 유명한 신학자 중 한 사람에 대한 연구에 중요한 공헌을 하고 있다. 존경받는 전기 작가이자 역사가인 머레이는 독자들에게 에드워즈의 삶과 신학, 지속적인 유산에 대한 포괄적이고 통찰력 있는 탐구를 선사한다.

머레이의 전기에서 주목할 만한 강점 중 하나는 세부 사항과 역사적 정확성에 대한 세심한 관심이다. 머레이는 1차 자료와 서신 등 광범위한 연구를

---

[53] 『조나단 에드워즈의 삶과 신앙』(*Jonathan Edwards: A New Biography*)이라는 책을 쓴 이안 머레이(Iain H. Murray)는 탁월한 전기 작가이자 부흥신학자로, 1931년 잉글랜드 랭커셔(Lancashire, England)에서 태어나 맨섬의 킹윌리엄칼리지(King William College)와 더럼대학교(Durham University)에서 수학했다. 1955년에 목회를 시작한 머레이는 시드니 노턴과 함께 「진리의 깃발」(*The Banner of Truth*)지를 발행하였고, 마틴 로이드 존스에게 발탁되어 1956-1959년 웨스트민스터교회에서 그를 도와 사역했다. 1957년 잭 컬럼과 함께 '진리의깃발신탁'(The Banner of Truth Trust) 출판사를 공동 설립한 이후, 청교도와 개혁주의 서적을 널리 보급하여 개혁 신앙과 부흥신학의 중흥에 크게 기여했다. 또한, 런던 그로브교회와 시드니 자일즈장로교회에서 10여 년간 목회하기도 했다.
이안 머레이는 청교도와 부흥신학에 해박한 지식을 가져 로이드 존스 목사를 도와 웨스트민스터교회에서 사역을 하기도 했다. 이후 런던, 시드니에서 10년동안 주님의교회를 섬겼으며 1957년 '진리의 깃발 신탁'을 세워 전 세계에 청교도를 소개하는 일에 헌신하여 20세기 후반 개혁신학, 청교도신학, 부흥신학 증흥에 크게 기여한 사람이다. 이안 머레이의 대표적인 저서는 조나단 에드워즈(18세기), 찰스 스펄전(19세기), 로이드 존스(20세기), 존 머레이(20세기) 전기 작품과 성경적 부흥관 바로 세우기, 부흥과 부흥주의 등 다수가 있다.

[54] Iain H Murray, *Jonathan Edwards: A New Biography* (Banner of Truth Trust, 1987).

바탕으로 에드워즈의 개인적인 경험, 지적 발달, 영적 여정에 대한 새로운 통찰을 제공하며, 풍부한 질감의 초상화를 제공한다. 머레이의 글쓰기 스타일은 매력적이고 접근하기 쉬워, 학자와 일반 독자 모두가 쉽게 읽을 수 있는 전기다. 그는 에드워즈의 신학 사상의 복잡성을 능숙하게 탐색하여 명확하고 이해하기 쉬운 방식으로 제시하는 동시에, 역사적 맥락에 배치한다.

또한, 머레이는 식민지 미국의 문화적, 사회적, 종교적 배경을 탐구하여 독자들이 에드워즈의 세계관을 형성하는 데 영향을 준 요소를 고찰한다. 그리고 그는 에드워즈의 삶을 더 넓은 역사적 맥락에 배치함으로써, 독자들에게 미국 종교 사상에 대한 그의 공헌이 갖는 중요성을 더욱 깊이 이해할 기회를 제공한다. 이 전기문은 저자의 평이하면서도 이해하기 쉬운 문체로, 청교도 신앙의 관점에서 그의 삶을 조명하고 있다.

저자는 이 책에서 가정생활에서의 에드워즈의 모범 됨을 잘 그려내고 있다. 에드워즈의 신앙과 삶은 선교사나 목회자, 혹은 하나님의 부르심을 받아 사역을 감당하는 사람뿐만 아니라, 한 그리스도인의 삶의 모범을 보여 주고 있다. 지성과 삶의 조화가 그의 삶 속에서 어떻게 나타나는지, 하나님을 갈망하는 열심과 그리스도를 향한 헌신, 그리고 하나님께 영광을 돌리고자 하는 그의 불붙는 삶을 온몸으로 배울 수 있는 책이다. 이 전기문은 에드워즈의 삶과 유산을 새롭게 조명하는 작품이다.

5) 『조나단 에드워즈와 그의 시대』

조지 마즈던(George M. Marsden)이 저술한 『조나단 에드워즈와 그의 시대』(*A Short life of Jonathan Edwards*)[55]는 미국에서 가장 영향력 있는 신학자이자 사상가 중 한 명인 에드워즈의 생애와 공헌에 대한 포괄적인 개요를 독

---

[55] Marsden, *A Short Life of Jonathan Edwards*.

자들에게 제공하는, 간결하고 접근하기 쉬운 전기이다. 저명한 역사학자인 조지 마즈던(George M.Marsden)은 에드워즈의 삶과 사상, 유산의 본질을 비교적 간결한 형식으로 잘 연구된 내러티브를 통해 설명한다.

조지 마즈던은 미국 복음주의 연구에 탁월한 업적을 이룬 학자로, 특히 에드워즈 연구에 있어서 최고 권위자 중 한 명이다. 에드워즈의 탄생 300주년을 기념하여 이미 조지 마즈던은 『조나단 에드워즈의 평전』을 출간하였다. 평전은 분량이 많아 에드워즈에 대한 관심이 많은 사람에게는 유익하지만, 일반적인 그리스도인들이 쉽게 읽을 수 있는 책은 아니다.

저자는 누구나 쉽게 읽을 수 있고, 에드워즈에 대해 더 많은 사람이 관심을 가지도록 이 책을 출간했다. 에드워즈의 평전에 비하면 이 책의 분량은 3분의 1 수준이며, 문체도 간결하고 평이하게 읽을 수 있도록 쓰였다. 그렇다고 해서 가벼운 책은 아니다.

『조나단 에드워즈와 그의 시대』는 에드워즈를 통해 무엇을 배울 수 있는지를 보여 주고 있다. 이 책은 에드워즈와 동시대를 살았던 벤자민 프랭클린(Benjamin Franklin, 1706-1790)과 조지 휫필드(George Whitefield, 1714-1770)의 관계성을 분석함으로써 현대 미국을 이해하는 데 통찰력을 제시하는 책이다. 또한, 이 책은 에드워즈의 삶을 그의 시대적 배경 속에서 조명하고 있다.

조지 마즈던은 압축된 이야기임에도 불구하고 에드워즈의 생애에서 주요 사건과 주제를 능숙하게 탐색하며, 복잡한 신학적 개념을 명확하고 이해하기 쉬운 방식으로 제시한다. 따라서 이 전기는 에드워즈와 그가 미국 종교사에 미친 영향을 배우고 싶은 학자와 일반 독자 모두에게 적합하다. 조지 마즈던은 식민지 미국의 광범위한 역사적, 종교적 배경 속에서 에드워즈의 삶을 맥락화한다. 그는 에드워즈의 세계관을 형성하고, 그의 신학 사상을 발전시키는 데 영향을 준 사회적·문화적·신학적 흐름을 탐구하여 독자들에게 에드워즈가 활동한 지적 환경에 대한 더 깊은 이해를 제공한다.

6) 『조나단 에드워즈: 미국의 복음주의자』

『조나단 에드워즈: 미국의 복음주의자』(*Jonathan Edwards: America's Evangelical*)[56]는 필립 구라(Philip F. Gura)[57]가 쓴 전기로, 선교학적으로 중요한 의미를 지닌다.

첫째, 에드워즈의 선교적 열망과 노력이다. 이 책은 에드워즈가 미국에서 가장 중요한 선교사 중 하나로 인식되는 이유를 탐구한다. 에드워즈는 인디언을 포함한 다양한 지역사회에 복음을 전하고자 하는 열망을 가졌으며, 그의 노력은 종교적 전환과 사회적 변화를 이끌었다. 이 책은 에드워즈의 선교적 열망을 깊이 있게 다루어, 그가 미국의 선교사로서 어떻게 중요한 역할을 했는지를 이해하는 데 도움을 준다.

둘째, 문화 간 복음화의 도전이다. 에드워즈는 인디언에게 복음을 전하는 과정에서 문화적·언어적·사회적 도전에 직면했다. 그는 자신의 선교 방법을 적응하고 개선하며, 다른 문화와의 상호작용에서 배우는 것을 강조했다. 이 책은 에드워즈의 선교 사역을 통해 문화 간 복음화의 도전과 가능성에 대해 생각할 수 있도록 한다.

셋째, 에드워즈의 신학적 기반을 제공한다. 이 책은 에드워즈의 선교적 열망이 그의 신학적 배경에서 비롯되었음을 강조한다. 그의 신학은 하나

56　Philip F Gura, *Jonathan Edwards: America's Evangelical* (Macmillan, 2005).
57　Philip F. Gura is a prominent American historian, author, and academic known for his expertise in American literature, culture, and religious history. He has made significant contributions to the study of early American literature, particularly focusing on figures such as Jonathan Edwards.
　　Gura has authored numerous books and articles on various aspects of American history and culture. His works often explore the intersection of religion, literature, and society in colonial and early America. "Jonathan Edwards: America's Evangelical" is one of his notable contributions to the field, offering a comprehensive examination of Jonathan Edwards' life, thought, and legacy within the context of American evangelicalism.

님의 주권과 인간의 죄악에 대한 깊은 이해를 포함하여, 그의 선교 사역을 이끄는 원동력으로 작용했다. 에드워즈의 신학적 기반을 이해함으로써, 그의 선교 사역이 어떻게 신앙과 이해를 기반으로 했는지를 알 수 있다.

넷째, 에드워즈의 영향과 유산을 다룬다. 이 책은 에드워즈가 미국의 선교사일 뿐만 아니라, 미국 기독교 역사 및 신학에 미친 영향에 대해서도 다룬다. 그의 작품과 생각은 미국의 기독교적 정체성과 신앙적 유산에 큰 영향을 미쳤으며, 그의 선교 사역은 미국의 종교적 다양성과 인종 간 관계에도 영향을 미쳤다.

이 전기문은 에드워즈의 선교 사역을 통해 미국의 기독교 역사와 신앙의 발전을 이해하는 데 중요한 역할을 한다. 그의 노력은 선교사로서의 모델이 될 뿐만 아니라, 문화 간 복음화와 관련된 도전과 기회를 이해하는 데도 중요한 교훈을 제공한다.

7) 『조나단 에드워즈의 생애와 사상』

부흥의 특징에 대한 이해를 돕기 위해 양낙흥[58]이 저술한 『조나단 에드워즈 생애와 사상』은 에드워즈의 구원론과 교회론을 포함하여 청교도의 회심론을 깊이 있게 다루고 있다. 이 책은 에드워즈의 방대한 저서를 분석하며, 특히 회심론, 부흥론, 교회론에 초점을 맞춰 그의 주요 저작들을 상세히 요약하여 소개한다.

---

58 양낙흥은 조나단 에드워즈 연구가로 에드워즈 300백주년 기념으로 조나단 에드워즈 생애와 사상을 출판했다. 저자는 서울대학교(영문과)와 고려신학대학원(신학)에서 수학했고, 미국 예일대학교에서 교회사로 신학 석사, 풀러신학교에서 기독교 윤리학으로 철학박사 학위를 받았다. 저자는 이 책으로 한국복음주의신학회(KETS) 제7회 신학자 대상 수상자로 선정되기도 했다.

이 책은 에드워즈의 삶과 전반적인 사상을 이해하는 데 중요한 자료이다. 그의 부흥 운동의 배경과 대각성을 상세히 다루는 제3부, 제4부, 제5부를 포함하여 청교도들의 회심론과 교회론에 대한 서론을 통해 독자들에게 심도 있는 이해를 제공한다. 따라서 이 책은 에드워즈의 구원론과 교회론을 체계적으로 이해하고자 하는 독자들과 사역자들에게 유익하고 귀중한 자료가 될 것이다.

5. 조나단 에드워즈 선교 관련 저서

1) 『기도합주회』[59]

이 책은 에드워즈가 하나님께서 일으키실 기도 운동이 얼마나 중요한 것인가를 강조하면서, 이것을 성경적으로 신학적으로 보여 주고 있다. 에드워즈는 기도합주회가 더 확산되기를 바라며 책으로 출판하게 되었다.

이 책의 원제목은 『기독교의 부흥과 지상에서 그리스도의 왕국의 확장을 위한 비상한 기도 가운데, 하나님의 백성들의 분명한 일치와 가시적 연합을 증진시키기 위한 겸허한 시도』(*A Humble Attempt to promote an explicit agreement and visible union of God's people through the world, in extraordinary prayer for the revival of religion, and the advancement of Christ's Kingdom on earth, pursuant to scripture promise and prophecies concerning the last time*)이다.

---

[59] Jonathan Edwards, 『기도합주회』(*A Humble Attempt to promote an explicit agreement and visible union of God's people through the world, in extraordinary prayer for the revival of religion, and the advancement of Christ's Kingdom on earth, pursuant to scripture promise and prophecies concerning the last time*), 황혁기·정성욱 옮김 (서울: 부흥과개혁사, 2004). 원래 영어 의미는 '겸허한 시도'(A Humble Attempt)인데, 부흥과개혁사에서 『기도합주회』로 출판하여 본서에서는 '기도합주회' 용어로 사용한다.

에드워즈는 이 책에서 우리가 왜 기도합주회에 참여해야 하는지를 분명하게 제시하며, 동시에 이에 반대하는 사람들의 주장에 대해서도 신중하고 설득력 있는 답변을 제시한다.

이 저서는 우리가 구해야 할 가장 영광스럽고 긴급한 두 가지 기도 제목을 중심으로, 평상적 기도가 아닌 비상(非常) 기도를 교파와 교리적 차이를 초월하여 연합적으로 드려야 한다고 촉구하고 도전하며 청원한다. 에드워즈의 기도 제목은 교회의 부흥, 즉 영적 각성과 세계의 복음화, 곧 선교의 완성이다. 부흥과 세계 복음화, 즉 선교라는 이 두 가지는 결코 분리될 수 없다. 그는 부흥이 결국 온 열방이 구원받는 영광스러운 일이므로, 복음화, 즉 선교로 이어져야 한다고 보았다.

이 책이 본서와 연관성을 갖는 이유는 선교와 기도가 서로 밀접한 관계를 맺고 있기 때문이다. 선교적 유산을 다룰 때 에드워즈의 기도합주회를 빼놓을 수 없을 것이다. 선교는 하나님이 하신다. 우리는 기도함으로 하나님의 영광을 나타낼 수 있으며, 이를 통해 열방이 주께 돌아올 것을 바라보며 기대하게 된다.

2) 『데이비드 브레이너드의 생애와 일기』

에드워즈는 데이비드 브레이너드의 삶을 『데이비드 브레이너드의 생애와 일기』(The Life and Diary of David Brainerd)[60]를 편집하여 출간했다. 우리가 브레이너드를 이야기할 때 에드워즈를 빼놓을 수 없다. 반대로, 에드워즈를 언급할 때 브레이너드를 간과할 수 없다. 이처럼 서로는 밀접한 관계가 있다.

에드워즈가 아니었다면 오늘날 브레이너드가 세상에 잘 알려지지 않았을 것이다. 왜냐하면, 에드워즈가 브레이너드의 생애와 일기를 편집하여 출판하였기 때문이다. 이 책의 출판으로 인해, 인디언 선교에 자신의 청춘을 다 바치고 29세의 젊은 나이에 하나님의 부름을 받은 브레이너드의 삶이 새롭게 조명을 받게 되었고, 많은 사람에게 감동과 영향을 주었으며 선교사로 헌신하도록 만들었다.

근대 선교의 아버지라 불리는 윌리엄 캐리(William Carey), 영국 케임브리지 출신인 헨리 마틴(Henry Martyn), 스코틀랜드에서 목회했던 로버트 맥체인(Robert M. McCheyne)이 브레이너드의 일기를 읽고 영향을 받았다. 이 책

---

60 조나단 에드워즈가 1749년에 처음 출간한 책의 원제는 *An Account of the Life of the Late Reverend Mr. David Brainerd, Minister of the Gospel, Missionary to the Indians, from the Honourable Society in Scotland for the Propagation of Christian Knowledge; Who Died at Northampton in New-England, October 9th, 1747, in the 30th Year of His Age: Chiefly Taken from His Own Diary, and Other Private Writings, Written for His Own Use; and Now Published*이다. 이 책의 영어 제목은 시대와 독자층에 따라 변화해 왔다. 19세기 이후 대중적 출판에서는 제목을 간결화하여 *The Life of David Brainerd*로 표기하였으며, 20세기 중반 이후로는 브레이너드의 일기에 대한 비중과 가치를 반영하여 *The Life and Diary of David Brainerd*라는 제목이 널리 통용되기 시작하였다. 특히, 1949년 무디 출판사(Moody Press)에서 동 제목으로 출판한 판본이 대표적이며, 해당 서지 정보는 다음과 같다. David Brainerd, and Jonathan Edwards, *The Life and Diary of David Brainerd* (Chicago: Moody Press, 1949). 본서에서는 용어의 일관성을 유지하기 위해 한글 번역 제목을 『데이비드 브레이너드의 생애와 일기』로 통일하여 사용하였다.

은 브레이너드가 복음을 전하면서 쓴 일기문으로 원주민 인디언의 삶 속으로 들어가 그가 하나님 앞에서 어떤 삶을 살았는지, 기도와 말씀으로 살려고 몸부림치는 처절한 고뇌를 담고 있다. 브레이너드는 몸이 극도로 쇠약했음에도 불구하고 다시 하나님이 주시는 힘으로 회복되어 말씀을 전하고 하나님의 영광스러운 역사를 보여 주었다.

이 책은 브레이너드의 헌신과 신앙을 통해 하나님께서 얼마나 크게 자신의 영광을 드러내시는지를 보여 준다.

6. 조나단 에드워즈 선교학 관련 연구

1) 『한 권으로 읽는 조나단 에드워즈 신학』[61]

이 책은 에드워즈의 신학에 관한 연구지만, 본서와 관련하여 34장은 그의 스톡브리지 선교를 이해하는 데 많은 도움을 준다. 이 책은 마이클 맥클리몬드(Michael J. McClymond)[62]와 제럴드 맥더모트(Gerald R. McDer-

---

[61] Michael J McClymond, and Gerald R McDermott, *The Theology of Jonathan Edwards* (Oxford University Press, 2011).

[62] 마이클 맥클리몬드는 노스웨스턴대학교에서 화학을 전공하여 학사학위를 취득하고, 예일대학교에서 목회학 석사과정을 이수했으며, 시카고대학교에서 종교학(M.A.)과 신학을 전공했다(Ph.D.). 지난 25년 동안 네 기관의 전임교수진으로서 맥클리몬드는 신학 연구, 종교 연구, 기독교 역사 및 비교 종교 분야에서 광범위한 학부 및 대학원 과정을 가르쳤고 지난 6년 동안 그는 여섯 명의 박사학위 논문 고문으로 재직했다. 현재 세인트루이스대학교의 근대 기독교 교수와 영국 버밍엄대학교의 연구 교수(Senior Lecturer)로 재직 중이다. 기독교사, 세계 기독교, 조나단 에드워즈, 성경 연구, 기독론 등 다양한 분야를 연구했으며, 저서로는 『하나님과의 만남』(*Encounters with God: An Approach to the Theology of Jonathan Edwards*), 『성령의 구현』(*Embodying the Spirit: New Perspectives on North American Revivalism*) 등이 있다.

mott)⁶³가 저술한 『한 권으로 읽는 조나단 에드워즈 신학』(*The Theology of Jonathan Edwards*)이다.

이 책은 크게 세 부분으로 나뉜다.

제1부에서는 역사적·문화적·사회적 배경을 소개한다.
제2부에서는 에드워즈가 평생 동안 씨름했던 신학적인 주제들이 무엇인지를 소개한다.
제3부에서는 에드워즈가 남긴 유산을 어떻게 계승하거나 해석할 것인지에 대해 조망한다.

이 책은 에드워즈의 신학 사상을 전반적으로 이해하는 데 도움을 준다. 사실상 그의 사상을 한 권의 책으로 담는 것은 어려운 작업인데, 두 저자는 오랜 연구 결과를 정리하여 내놓았다. 제34장에서는 에드워즈의 선교와 선교론을 다룬다. 본서에서는 에드워즈의 선교와 선교론을 논한 제34장을 참고할 것이다.

---

63 제럴드 맥더모트는 시카고대학교에서 신약과 초대 기독교 문헌을 전공하여 석사학위를 취득했고, 아이오아대학교에서 박사학위를 취득했다. 로어노크대학교(Roanoke College)의 종교 분과 교수인 그는 기독교 신학, 미국 종교와 기독교, 그리고 다른 종교들의 역사, 미국의 신흥 종교, 조나단 에드워즈 등을 가르치고 있다. 저서로는 신앙감정론을 쉽게 해설한 『하나님을 봄』(*Seeing God: Jonathan Edwards and Spiritual Discernment*)과 에드워즈의 이교도 연구를 담은 『조나단 에드워즈가 신들을 대면하다』(*Jonathan Edwards Confronts the Gods: Christian Theology, Enlightenment Religion, and Non-Christian Faiths*) 등이 있다.
제럴드 맥더모트는 샘퍼드대학교(Samford University)의 비슨신학대학원(Beeson Divinity School)에서 5년 동안 영국성공회 신학대학장으로 봉사한 후 은퇴했다. 맥더모트는 2015년 비슨 교수진에 합류한 이후 7권의 책을 저술했으며 또 다른 책을 공동 집필했다. 전체적으로 그는 23권의 책의 저자, 공동 저자 또는 편집자로 활동했으며, 그는 비슨에서 역사와 교리, 세계 종교, 성공회 연구 및 18세기 신학자 조나단 에드워즈에 대해 강의했다. 마이클 맥클리몬드와 공동 집필한 그의 저서 『조나단 에드워즈의 신학』(*Theology of Jonathan Edwards*)은 2013년 「크리스채너티투데이」(Christianity Today)의 신학/윤리 분야 최고의 책으로 선정되기도 했다.

맥클리몬드와 맥더모트의 이 책은 미국에서 가장 영향력 있는 신학자 중 한 사람의 신학 사상에 대한 포괄적이고 통찰력 있는 탐구를 제공하는 중요한 작품이다. 종교학 분야의 저명한 학자인 맥클리몬드와 맥더모트는 풍부한 1차 자료와 2차 문헌을 바탕으로 에드워즈의 신학 사상을 철저히 고찰하여 독자들에게 제공한다.

이 책의 가장 칭찬할 만한 측면 중 하나는 철저함이다. 맥클리몬드와 맥더모트는 하나님의 주권, 신적 은총, 구원, 종말론과 같은 핵심 주제를 탐구하면서, 에드워즈 신학의 복잡성을 파헤치는 데 있어 탁월하다. 신중한 분석과 해석을 통해 독자들은 에드워즈의 신학적 틀과 기독교 교리에 대한 미묘한 의미를 이해할 수 있다.

또한, 맥클리몬드와 맥더모트는 에드워즈의 신학을 역사적·문화적·지적 맥락 속에서 파악한다. 이들은 청교도 전통, 계몽주의 철학, 대각성 운동 등 에드워즈의 신학적 관점을 형성한 영향에 대해 탐구한다. 이런 맥락적 배경을 제공함으로써, 독자들은 미국 종교사의 더 넓은 지평에서 에드워즈의 신학적 공헌의 중요성을 파악할 수 있다.

2) 〈큰 어둠 속에서〉

에드워즈의 부흥에 관한 학술적 논의는 상당히 활발하게 이루어져 왔으나 그의 선교 활동을 중심으로 한 연구는 상대적으로 미진하다. 이 논문의 원제목은 〈큰 어둠 속에서: 1751-1758년 스톡브리지에서 조나단 에드워즈의 실천적 선교학〉(Amidst the Great Darkness: The Practical Missiology of Jonathan Edwards at Stockbridge, 1751-1758)[64] 이다.

---

64 Ian D. McFadden, "Amidst the Great Darkness the Practical Missiology of Jonathan Edwards at Stockbridge, 1751-1758" (S.T.M., Yale Divinity School, 2008).

이 논문은 예일대학교 신학부에서 이안 D. 맥페던(Ian D. McFadden)이 해리 S. 스타우트(Harry S. Stout) 교수의 지도를 받아 작성한 S.T.M. 학위 논문이다. 논문의 제목에서 알 수 있듯이, 1751-1758년까지 스톡브리지(Stockbridge)에서 사역한 에드워즈의 실제적인 선교를 다루고 있다. 특히, 어둠 속에 있는 인디언 원주민을 대상으로 사역한 것을 그려내고 있다.

이 논문은 에드워즈의 인디언 원주민 선교 전략을 실제적으로 실천하고 제시한 것이다. 무엇보다 교육과 언어, 설교를 통해 삶과 문화의 변혁을 이끌어 내고, 궁극적으로는 그들을 구원하여 하나님의 영광을 드러내는 것에 초점을 맞추고 있다.

3) 〈희망을 품고 사는 삶〉

〈희망을 품고 사는 삶: 모히칸족과 선교사들〉(Living upon Hope: Mahicans and Missionaries, 1730-1760)[65]이라는 레이첼 휠러(Rachel Margaret Wheeler)의 논문은 18세기 중반 허드슨강(Hudson River)과 후사토닉강(Housatonic River)에 둘러싸인 지역에서 모히칸족(Mahicans), 뉴잉글랜드인(New Englanders), 모라비안(Moravians) 사이의 상호작용에 초점을 맞추고 있다.

레이첼 휠러는 스톡브리지(Stockbridge)와 세코메코(Shekomeko)에서 벌어진 문화적 만남이 가져온 복잡한 종교적 변화를 탐구한다. 여러 학문 분야

---

65 Rachel Margaret Wheeler, "Living Upon Hope: Mahicans and Missionaries, 1730-1760" (Yale University, 1998). 레이첼 휠러는 Indiana University Purdue University Indianapolis Campus (IUPUI)에서 종교학과 역사학 부교수로 재직 중이다. 그녀의 연구는 주로 초기 미국 종교 역사에 초점을 맞추고 있다. 그녀의 주요 저서에는 *To Live upon Hope: Mohicans and Missionaries in the Eighteenth-Century Northeast*가 있으며, 이 책에서는 모히칸 인디언이 독일 모라비안(German-Moravian)과 앵글로-프로테스탄트 선교사들과의 상호작용과 그 결과로 발생한 고유한 형태의 기독교를 조사했다.

를 넘나드는 접근 방식을 통해, 레이첼 휠러는 이 선교지에서 개인과 집단의 정체성이 어떻게 재편되고 재구성되는지를 이해하려 한다. 이 연구는 모히칸족, 뉴잉글랜드인, 모라비안 각각이 새로운 사회적·문화적·물리적 현실에 어떻게 대응했는지를 면밀히 살펴본다.

스톡브리지에서의 모히칸족은 선택적 동화와 부족 통합을 통해 생존을 추구했으며, 이 과정에서 모히칸족, 기독교, 미국인의 정체성이 결합된 새로운 민족을 형성했다. 그러나 모히칸족에 대한 식민지의 정치적·군사적 중요성이 약해지면서 선교에 대한 헌신도 더불어 약해졌고, 선교 초기의 희망은 만남 이후에도 그대로 유지되지 못했다. 그런데도 이런 희망을 표현하고 실현을 시도하는 과정에서 각 집단은 새로운 정체성을 만들어 냈다.

에드워즈의 선교에 대한 관점을 논하는 부분에서는 그가 모히칸족 사이에서 고난을 겪으면서도 영혼 구원에 기여해야 한다는 기독교적·도덕적 의무감에 이끌려 살았던 인물로 묘사된다. 에드워즈는 선교 사역의 잠재적인 영적 보상과 현실적인 도전을 모두 인식하는 복잡하고 섬세한 시각을 가지고 있었으며, 레이첼 휠러는 선교 현장에서의 에드워즈 경험이 그의 신학적 성찰에 영향을 미쳤을 가능성을 제시한다. 이 논문은 모히칸족과 기독교 선교사들 사이의 상호작용을 상세하게 설명하며, 식민지 미국에서의 문화적 및 종교적 교류의 복잡성과 미묘함을 보여 준다.

이 논문은 에드워즈가 모히칸족(Mahicans) 사이에서의 경험을 통해 선교와 신학적 사고에 깊이를 더하고, 모히칸족의 문화와 영성을 그의 기독교 교리와 실천에 대한 이해에 통합했을 가능성을 탐구한다. 에드워즈는 단순히 영혼을 구원하는 사역 이상으로, 그가 목격한 문화적 다양성과 영적 실천이 기독교 신앙 안에서 어떻게 조화를 이룰 수 있는지 고민한 것으로 보인다.

이 논문은 모히칸족과 기독교 선교사들의 복잡한 관계뿐만 아니라, 당시의 식민지 사회에서 이들 그룹이 어떻게 서로 영향을 미치며 살았는지에 대한 깊은 통찰을 제공한다. 특히, 이 논문은 땅을 둘러싼 분쟁, 문화적 정체성의 변화, 그리고 선교의 성공과 실패가 어떻게 그 지역사회에 영향을 미쳤는지를 조명한다. 이 논문은 18세기 미국 원주민과 유럽 선교사들 간의 복잡한 상호작용을 통해, 신앙과 문화가 어떻게 서로 교차하고 상호 작용하는지에 대한 이해를 넓히는 중요한 학문적 기여를 하고 있다.

4) 〈주님의 길을 예비하라〉

로널드 에드윈 데이비스(Ronald Edwin Davies)는 〈주님의 길을 예비하라: 조나단 에드워즈(1703-1758)의 선교적 사상과 실천〉(Prepare Ye the Way of the Lord : The Missiological Thought and Practice of Jonathan Edwards 〈1703-1758〉)[66] 논문에서 상세한 정보와 분석을 바탕으로 에드워즈의 선교 사상과 실천을 포괄적으로 검토하면서 현대 연구에서 종종 간과되는 측면을 강조한다. 데이비스는 에드워즈의 삶과 저술에서 선교와 선교 사역의 중요성을 강조하며, 에드워즈의 선교 활동 참여가 일반적으로 알려진 것보다 그의 사상에서 더 중심적인 위치를 차지했다고 주장한다.

이 논문은 특히 역사를 세상의 구속과 복음화에 정점을 이루는 신성한 이야기로 보는 그의 관점을 통해 선교가 에드워즈의 신학에서 어떻게 중요한 위치를 차지했는지를 보여 준다. 데이비스는 선교의 중요성에 대한 에드워즈의 신념을 논의하면서, 에드워즈 자신의 선교적 참여, 선교를 그의 사상의 주요 측면과 신학적 통합, 그리고 선교 사업을 위한 그의 실제 전략을 자세히 설명한다.

---

66 Ronald Edwin Davies, "Prepare Ye the Way of the Lord the Missiological Thought and Practice of Jonathan Edwards (1703-1758)"(Thesis, Ph. D.), Fuller Theological Seminary, School of World Mission, 1989). 로널드 에드윈 데이비스는 풀러신학교에서 이 논문으로 박사학위를 받았다.

데이비스는 특히 개혁주의, 청교도, 경건주의 전통에 초점을 맞추어 에드워즈의 신학적 영향을 면밀히 검토한다. 그는 이런 영향이 하나님 나라의 확장을 위한 선교 사역의 필요성에 대한 에드워즈의 견해를 어떻게 형성했는지 탐구하며, 하나님의 주권, 인간의 타락한 본성, 성령의 변화시키는 능력에 뿌리를 둔 선교의 신학적 기초에 대해 고찰한다.

또한, 역사적, 지리적, 교회적, 개인적 요인 등 에드워즈가 선교 비전을 실행하는 과정에서 직면했던 도전과 한계에 대해서도 자세히 살펴본다. 데이비스는 이런 장애물에도 불구하고, 선교에 대한 에드워즈의 헌신은 종말론적 기대, 복음의 진전에서 설교와 기도의 역할에 대한 이해, 하나님의 구속 계획의 성취를 위한 선교 활동의 필요성에 대한 확신에 의해 주도되었다고 주장한다.

끝으로 데이비스는 에드워즈의 선교학적 사상과 실천이 현대 선교에 귀중한 교훈을 제공한다고 제안하며, 선교 활동에서 신학적 깊이, 전략적 계획, 영적 열정의 필요성을 강조한다. 그는 에드워즈의 엄격한 신학적 성찰과 실제적인 선교적 참여의 종합이 교리적 신실함과 하나님의 세계 선교에 대한 적극적인 참여를 통합하는 모델을 제공한다고 평가한다.

7. 요약(Summary)

제2장에서는 에드워즈에 관한 선행 연구를 고찰했다. 에드워즈는 기독교 역사에서 중요한 인물이며, 미국을 넘어 복음주의 세계에서 가장 탁월한 인물이었다. 제2장에서 에드워즈가 중요한 인물이라는 사실을 역사적 평가를 통해 살펴보았다.

또한, 제2장에서는 에드워즈에 대한 기존 연구 동향과 에즈워즈 신학의 선교학적 연구의 필요성, 그에 대한 전기문 고찰과, 선교학 관련 연구를 살펴보았다. 그에 대한 연구는 지금도 계속되고 있다. 하지만, 제2장에서 살펴본 것처럼 대부분 에드워즈에 대한 책들은 그의 생애와 사상, 신학, 대각성 부흥 운동 등을 다루고 있다. 선교사로서의 에드워즈에 대한 연구는 미미하고, 단지 에드워즈의 삶을 다루면서 선교는 한 장을 할애하여 다루고 있음을 볼 수 있다. 그러므로 에드워즈는 우리에게 선교사로 알려지기보다 신학자로, 부흥운동가로, 설교가로 알려져 있다고 할 수 있다. 이런 점에서 21세기 세계 선교가 활발한 이때에 에드워즈를 선교사로 재조명하며 그의 선교신학을 연구하는 것은 중요한 의미를 지닌다.

다음 제3장에서는 방법론(Methodology)을 다룰 것이다. 조지 마즈던과 케네스 라투렛, 랄프 윈터, 폴 피어슨, 맥가브란의 역사 서술 방법론을 기술할 것이다.

제3장

방법론(Methodology)

    제3장에서는 기독교 역사학자들의 역사 서술 방법론(Historiographical Methodology)을 고찰한다. 이를 바탕으로 필자는 복음주의 신학적 관점과 선교학적 관점을 통합하는 '두 렌즈 이론'(Two-Lens Theory)의 필요성을 제안하고자 한다.

    에드워드 할렛 카(Edward Hallett Carr, 1892-1982)[1]는 그의 저서 『역사란 무엇인가』(*What is History*)에서 역사를 "역사가와 그의 사실들 간의 지속적인 상호작용 과정, 현재와 과거의 끊임없는 대화"(History is a continuous process of interaction between the historian and his facts, an unending dialogue between the

---

[1] 에드워드 할렛 카(Edward Hallett Carr, 1892-1982)는 1892년 런던에서 출생했으며, 소련 역사와 역사철학에 대한 그의 작업으로 저명한 영국 역사학자이자 전 외교관이었다. 케임브리지대학교 트리니티대학(Trinity College)에서 교육을 받은 카(Carr)는 영국 외무부에서 경력을 시작했으며, 이는 그의 국제 관계에 대한 현실주의적 관점에 영향을 미쳤다. 카의 주요 저작으로는 자유주의 국제주의를 현실주의적 관점으로 비판한 "The Twenty Years' Crisis, 1919-1939"와 초기 소련 역사에 대한 광범위한 자료로 남은 14권짜리 시리즈 "History of Soviet Russia"가 있다. 그의 가장 영향력 있는 책 『역사란 무엇인가』(*What Is History*)에서는 역사적 서술이 객관적일 수 없다고 주장하며, 역사적 서사가 역사가의 사회적 및 정치적 환경에 의해 형성된다고 주장한다.
카의 유산은 엄격한 역사학적 학문과 광범위한 이론적 분석을 통합한 것으로 그는 역사가 주관적 학문이며, 역사가의 편견에 의해 영향을 받는다고 주장했다. 역사적 해석에서 사회정치적 맥락을 이해하는 것이 중요하다고 믿었다. 그의 작업, 특히 역사학에서는 오늘날까지도 역사와 국제 관계를 공부하는 학생들에게 영향을 미치고 있다. Carr는 1982년에 세상을 떠났으며, 역사와 국제 관계 연구에서 비판적 사고를 자극하고 토론을 유발하는 작업을 남겼다. Britannica, "E.H. Carr," *Britannica*, last modified February 20, 2024, accessed May 1, 2024, www.britannica.com/biography/E-H-Carr.

제3장 방법론(Methodology)   115

present and past)²로 정의했다. 이는 역사가와 사실 간의 관계가 상호 의존적이며, 어느 한쪽을 우위에 두는 것이 불가능하다는 것을 의미한다. 역사가는 사실을 해석하고, 이 해석을 바탕으로 새로운 사실을 창출하는 과정에 지속적으로 참여한다.³ 이런 과정은 역사 연구의 핵심적인 요소로, 과거와 현재의 지속적인 대화를 통해 이루어진다.

조지 마즈던은 역사가의 역할을 다음과 같이 정의한다.

> 저는 역사학자가 기독교 공동체가 방향을 잃지 않도록 돕는 것과 비슷한 역할을 한다고 생각합니다. 저는 제가 자란 문화가 어떻게 그렇게 될 수 있었는지 이해하고, 자기 이해의 한 방식으로 역사를 공부하게 되었습니다. 우리 모두는 우리가 설계하지 않은 세상에서 자라며 온갖 흥미로운 세력에 의해 설계되었습니다. 역사가의 역할은 그런 힘을 파악하고, 사람들이 어떻게 우리가 지금 이 자리에 오게 되었는지 이해하도록 돕는 것이라고 생각합니다.⁴

역사를 기록하는 데 있어서 역사가의 중요성은 자명하다. 역사학자마다 역사를 기술하는 방식은 다양하다. 이는 각자의 성장 배경과 학문적 경험

---

2   Edward Hallett Carr, *What Is History* (New York Vintage, 1961), 35.
3   Edward Hallett Carr, 『역사란 무엇인가』(*What Is History*), 김택현 옮김 (서울: 까치글방, 2004), 50.
4   I see historians as having some sort of role analogous to that of helping the Christian community keep its bearings. I went into studying history as a mode of self-understanding and understanding how the culture that I grew up in got to be the way it was. All of us, we go up in a world that we don't design and it's been designed by all sorts of interesting forces. I see the historian's job is to try to identify those forces and help people to understand how we got to be where we are. Regent College. "George Marsden: The Vital Role of History," May 18, Vancouver, BC, 2017, Posted April 5, 2024, https://www.youtube.com/watch?v=kZkGVBOdg9Q&ab_channel=RegentCollege%28Vancouver%2CBC%29. 필자가 영상의 내용을 Text로 문서화 작업하여 인용한 것이다.

에 따라 역사를 바라보는 관점이 다르기 때문이다. 따라서 역사 서술 방법론에서 역사가의 관점은 매우 중요하다.

제3장에서는 조지 마즈던(George M. Marsden), 케네스 스콧 라투렛(Kenneth Scott Latourette, 1884-1968), 랄프 윈터(Ralph D. Winter, 1924-2009), 폴 피어슨(Paul E. Pierson), 도널드 맥가브란(Donald McGavran, 1897-1990) 등 대표적인 학자들의 역사 서술 방법(Historiography)[5]을 비교 분석한다.

먼저, 복음주의 신학적 관점에서 기독교 역사를 조명한 마즈던의 역사 서술 방법론을 살펴본다. 이어서, 선교학적 통찰을 바탕으로 『기독교 확장 사관』(*A History of the Expansion of Christianity*)을 집필한 예일대 학파 라투렛의 역사관과, 이를 계승하여 문명사적 흐름을 강조한 윈터의 『기독교 문명 운동 사관』(*Perspectives on the World Christian Movement*)을 분석한다. 아울러, 부흥 운동 사관을 제시한 피어슨의 역사 통찰과, 교회 성장의 역사적 패턴을 분석한 맥가브란의 『교회 성장 사관』(*Understanding Church Growth*)을 고찰한다.

---

5   Historiography, the writing of history, especially the writing of history based on the critical examination of sources, the selection of particular details from the authentic materials in those sources, and the synthesis of those details into a narrative that stands the test of critical examination. The term historiography also refers to the theory and history of historical writing. Richard. T. Vann, "Historiography," *Encyclopedia Britannica*, last modified March 14, 2024, accessed May 2, 2024, https://www.britannica.com/topic/historiography.

1. 조지 마즈던의 역사 서술

1) 조지 마즈던 역사관 형성 여정

조지 마즈던(George Mish Marsden)은 1939년 2월 25일 펜실베이니아 해리스버그(Harrisburg, Pennsylvania)에서 태어나 1930-1940년대 전형적인 근본주의 가정에서 성장했다. 그의 가족은 1936년 장로교회에서 나와 그레샴 메이첸(John Gresham Machen, 1881-1937)[6]을 따라 장로교를 탈퇴한 정통주의 장로교회(Orthodox Presbyterians)에 일원이 되었다. 그로 인해 조지 마즈던은 다른 가족들로부터 배척당하며 문화적 긴장과 사회적 고립을 경험했다.[7] 이런 배경은 그가 역사학자로서의 경력을 쌓는 데 중요한 영향을 미쳤다.

조지 마즈던은 자신의 성장 배경을 다음과 같이 밝힌다.

---

[6] 그레샴 메이첸(Gresham Machen)은 볼티모어(Baltimore)의 저명한 가정에서 태어났으며 메이첸은 이후 존스 홉킨스대학교(Johns Hopkins University), 프린스턴신학교(Princeton Theological Seminary), 마르부르크와 괴팅겐대학교(the universities at Marburg and Göttingen)에서 공부했다. 20세기 초 미국에서 가장 영향력 있는 신학자 중 한 명이다. 그는 근본주의 신학의 대표적인 인물로서, 성경의 무오성과 기독교 교리의 정통성을 옹호했다. 그는 또한 자유주의 신학과 현대주의 신학에 대해 강력하게 비판했다.
그레샴 메이첸은 프린스턴신학교에서 신학을 가르쳤으며, 웨스트민스터신학교의 설립자 중 한 명으로 그는 또한 「기독교 변호」라는 기독교 잡지를 창간하여 근본주의 신학의 입장을 대변하기도 했다. 그는 자유주의 신학과 현대주의 신학을 비판했으며, 이런 신학들은 성경의 권위를 약화시키고 기독교 교리를 훼손한다고 주장했다. 그의 신학은 오늘날에도 여전히 많은 신학자에게 영향을 미치고 있다. 그의 저서는 근본주의 신학의 고전적인 작품으로 여겨지며, 그의 신학적 논쟁은 오늘날에도 여전히 중요한 의미를 가지고 있다. Britannica, "John Gresham Machen American Theologian," *Britannica*, last modified March 25, 2024, accessed April 10, 2024, https://www.britannica.com/biography/John-Gresham-Machen.

[7] George M. Marsden, "Introduction: Reformed and American," in *Reformed Theology in America*, ed. David F. Wells (Grand Rapids, Mich: Baker Books, 1997), 2-10, Marsden.

저는 해리스버그(Harrisburg) 근처에 있는 펜실베이니아주 미들타운(Middletown)에서 자랐어요. 아버지는 그곳에서 목회를 하셨고 이후 임원이 되셨죠. 아버지는 정통주의 장로교회 선교부 총무였어요. 그래서 저는 정통 장로교 환경에서 자랐어요. 또한, 19세기에 지어져 여러 세대에 걸쳐 대대로 내려온 아주 오래된 집에서 자랐어요. 그래서 저는 역사에 둘러싸여 있었지만 제가 가장 잘 아는 역사는 정통 장로교가 떠난 역사였습니다. 주요 장로교회. 그래서 제가 자랄 때 그런 분위기였어요. 그리고 저는 기독교 학교를 다녔고 그 점이 강조되었죠. 설교에서 끊임없이 강조되는 주제였죠. 그래서 저는 그것에 흥미를 느꼈어요. 저는 그것에 매료되었죠. 저는 성장하면서 본질적인 믿음이나 헌신이 있었던 것 같아요. 하지만, 질문도 많았죠. 그리고 저는 펜실베이니아에 있는 하버퍼드대학(Haverford College)이라는 세속적인 대학에 진학했어요. 그래서 저는 현대 최고의 학문을 접하게 되었죠.[8]

조지 마즈던은 하버퍼드대학(Haverford College)[9]에서 개방적인 인본주의(Humanism)와 자신이 자란 정통주의 장로교(Othodox Presbyterians) 신앙 사이

---

8   I grew up in Middletown, Pennsylvania, which is near Harrisburg. And my father had been the pastor there, and then he became an executive. He was the mission secretary for the Orthodox Presbyterian Church. And so I grew up in an Orthodox Presbyterian situation. I also grew up in a home that was very old, it was built in the 19th century and had been a family home for many generations. So I was surrounded by history, but the history that I knew best was the history that had shaped the Orthodox Presbyterians leaving. The main Presbyterian Church. And so that was part of my atmosphere when I was growing up. And I was, we had a Christian school and that was emphasized. It's constantly an issue in sermon. So I was intrigued by that. I was gripped by it. I think I had an essential faith or commitment. as I was growing up, but I also had a lot of questions. And I went to a secular college, Haverford College in Pennsylvania, wonderful place. And so I was confronted by the best of contemporary learning. Marsden, interview.
9   Haverford College is a private coeducational higher education institution located in Haverford, Pennsylvania, near Philadelphia. It was founded in 1833 by the Society of Friends (Quakers) as a men's school, known initially as the Haverford School Association, marking the first college established by Quakers. It opened its doors to non-Quakers in the

의 지적 대립을 경험하며 학문을 시작했다.

조지 마즈던은 기독교 대학보다 학문적으로 더 권위 있는 기관을 선택하라는 아버지의 조언에 따라 하버퍼드대학에서 고등교육을 시작했다. 퀘이커교(Quakers)에 뿌리를 둔 하버퍼드대학은 조지 마즈던에게 정통 장로교에서 자란 것과는 상반되는 폭넓은 인문학적 교육을 제공했다. 이런 환경에서 그는 보수적인 종교적 배경과는 극명하게 대조되는 개방적인 경건주의(Pietism)와 인본주의(Humanism)을 접하게 되었다.[10]

하버퍼드대학을 졸업하고 그는 신앙에 대한 더 깊은 이해를 위해 웨스트민스터신학교(Westminster Theological Seminary)에 진학했다. 조지 마즈던은 웨스트민스터신학교에서 신학적 이해가 더 깊어졌다. 그곳에서 그는 자신의 신앙적 의문을 탐구하며 학문적 방향성을 확립했다. 이곳에서 그는 코넬리우스 반 틸(Cornelius Van Til, 1895-1987)[11]의 전제주의 변증학(Presuppositional

---

late 1850s and became formally recognized as a college. While it no longer has formal ties with the Society of Friends, it maintains collaborative programs with nearby Bryn Mawr College, also founded by Quakers, as well as with Swarthmore College and the University of Pennsylvania. Haverford started admitting women as first-year students in 1980. The college offers bachelor's degrees with a strong emphasis on academics, requiring courses in natural science, history, social science, literature, and aesthetics, and a significant number of its graduates pursue postgraduate studies.

하버퍼드대학은 필라델피아 인근 펜실베이니아주 하퍼포드에 위치한 사립 남녀공학 고등교육 기관이다. 1833년 친구들의 모임(퀘이커교)에 의해 남자 학교로 설립되었으며, 처음에는 하버퍼드학교 협회로 알려지면서 퀘이커교가 설립한 최초의 대학으로 기록되었다. 1850년대 후반에 퀘이커가 아닌 사람들에게도 문호를 개방하여 공식적으로 대학으로 인정받게 되었다. 더 이상 퀘이커교와 공식적인 관계를 맺고 있지는 않지만, 역시 퀘이커가 설립한 인근 브린모어대학, 스와스모어대학 및 펜실베이니아대학과 협력 프로그램을 유지하고 있다. 하버퍼드는 1980년에 여학생을 입학시키기 시작했다. 이 대학은 자연 과학, 역사, 사회 과학, 문학, 미학 등 학문에 중점을 둔 학사학위를 제공하며, 졸업생 중 상당수가 대학원 과정을 진학한다. Britannica, "Haverford College," *Britannica*, last modified April 25, 2024, accessed April 27, 2024, https://www.britannica.com/topic/Haverford-College.

10 Maxie Byrd Burch, *Doing History from the Inside: An Examination of Evangelical Historiography* (Baylor University, 1994), 28-29.

11 반 틸은 미국의 개혁파 기독교 신학자이자 철학자로, 주로 미국 펜실베이니아주 필라

Apologetics)에 참여했는데, 이는 신앙과 지적 탐구의 통합에 대한 그의 접근 방식에 큰 영향을 미쳤다.[12] 이 훈련을 통해 그는 자신의 뿌리 깊은 종교적 신념과 지적인 도전을 탐색하고 조화시킬 수 있는 능력을 갖추게 되었다.

이후 조지 마즈던은 예일대학교에서 미국학 분야의 대학원 과정을 수학하며, 신학과 역사학의 교차점에 대한 이해를 더욱 심화시켰다. 그는 예일대학교에서 다양한 역사적 방법론과 지적 담론을 접할 수 있었다. 예일대학교에서의 시간은 그의 역사적 관점, 특히 종교 및 지성사에 대한 접근 방식을 발전시키는 데 결정적인 역할을 했다. 예일대학교는 웨스트민스터신학교에서의 경험과는 대조적인 엄격한 학문적 환경을 제공함으로써 미국 종교 역학에 대한 그의 이해에 깊이와 복잡성을 더했다. 그의 아버지의 갑작스러운 사망과 같은 개인적인 위기를 겪은 후, 교회 캠프에서의 영적 경험을 통해 회복하고, 하나님의 창조 목적을 연구하는 역사학자로서의 길을 선택했다.[13]

2) 학문적 배경이 역사관에 미친 영향

고등교육 기관을 통한 조지 마즈던의 학문적 여정은 그의 역사관에 큰 영향을 미쳤다. 하버퍼드대학에서의 교육은 그에게 비판적 사고와 폭넓은 인문학적 연구를 소개했고, 이는 그가 자신의 근본적인 종교적 신념에 의문을 제기하고 비판적으로 분석하는 데 도움이 되었다.

델피아에 있는 웨스트민스터신학교에서 강의했다. 그는 '장로교 신학'과 '방어적 변증학'에서 중요한 인물로, 특히 '전제주의 변증법'(Presuppositional Apologetics)을 개발하여 널리 알려졌다. 이 변증법은 기독교 세계관을 변호하고 비기독교적 세계관을 비판하는 방법론으로, 기독교의 근본적인 전제를 수용하지 않고는 일관된 이성적 이해나 지식이 불가능하다고 주장한다. 반 틸의 접근 방식은 신학적으로 깊은 영향을 미쳤으며, 특히 개혁파 신학과 변증학에 있어서 중요한 기반을 마련했다. 반 틸의 책 『변증학』이 CLC에서 2012년에 출간되었다.

12 Maxie Byrd Burch, *Doing History from the Inside*, 30-31.
13 Maxie Byrd Burch, *Doing History from the Inside*, 31-33.

이런 비판적 자세는 훗날 그가 신앙과 이성, 교회와 사회의 교차점을 탐구하는 역사 분석에 필수적이었다.

웨스트민스터신학교에서 반 틸의 신학적 엄격함과 변증학을 접하면서 조지 마즈던은 하나님의 섭리와 성경에 근거한 세계관의 렌즈를 통해 역사를 바라보는 견고한 틀을 갖추게 되었다. 이런 신학적 관점은 그의 후기 저작을 형성하는 데 중추적인 역할을 했으며, 그는 종종 미국 역사의 세속화에 반대하고 공공 및 학문 영역에서 종교적 영향에 대한 보다 미묘한 이해를 옹호했다.

예일대학교의 다양한 지적 환경은 조지 마즈던에게 신앙과 역사에 대한 학문적 고찰을 통합하도록 도전했고, 그 결과 그는 역사 연구에 있어 더욱 미묘하고 균형 잡힌 접근 방식을 채택하게 되었다. 이 균형은 그의 작품에서 명확히 드러나며, 마즈던은 역사 학문의 경험적 요구와 종교적 신념이 제공하는 신학적 통찰력 사이에서 신중하게 탐구한다. 이런 경험을 통해 그는 종교적 신념을 역사 분석의 핵심 요소를 파악하는 독특한 역사 접근 방식을 개발하였고, 이는 미국 종교사 연구 및 미국의 정체성과 문화 형성에서 기독교의 역할을 이해하는 데 중요한 기여를 했다.

3) 조지 마즈던의 주요 저서에 나타난 역사 이해

조지 마즈던(George M. Marsden)은 주로 미국의 종교 역사와 문화에 대해 연구하는 뛰어난 역사학자이다. 그의 접근 방식은 종교와 문화의 상호작용을 중심으로 미국 역사를 깊이 이해하는 데 초점을 맞춘다.

조지 마즈던은 특히 기독교 정통파와 복음주의의 역사에 대해 광범위하게 글을 썼으며, 그의 연구는 종교적 신념이 미국 사회와 문화에 어떻게 영향을 미쳤는지를 탐구한다. 그의 대표적인 세 권의 저서를 살펴보자.

(1) 『근본주의와 미국 문화』

『근본주의와 미국 문화』(Fundamentalism and American Culture)[14]는 조지 마즈던의 가장 유명한 작품으로, 20세기 초 미국에서 기독교 근본주의의 발전과 그 영향력을 분석한다. 이 저서는 미국에서의 근본주의 운동의 역사를 심도 있게 다루며, 이 운동이 미국 사회와 문화에 어떤 영향을 미쳤는지에 대한 깊이 있는 통찰을 제공한다. 이 책을 통해 미국 내 종교적 다양성과 복잡성을 더 깊이 파악할 수 있다. 그의 분석은 미국 사회에서 종교가 차지하는 자리와 그 변화하는 역할을 명확히 보여 주며, 미국 종교 역사의 중요한 측면을 밝히는 데 기여했다.

『근본주의와 미국 문화』에서 조지 마즈던은 다음과 같은 주요 주제들을 다룬다.

첫째, 근본주의의 시작: 조지 마즈던은 미국에서 근본주의가 어떻게 시작되었는지를 다룬다. 이는 대체로 19세기 말기의 지적·사회적 변화에 대한 반응으로서, 과학적 이론들과 자유주의 신학에 대한 반발로부터 비롯되었다.

둘째, 근본주의자들의 주요 신조: 근본주의자들이 고수한 주요 신조들을 설명하며, 그들이 왜 이런 신조들을 강력히 옹호했는지를 분석한다. 이

---

14 George M. Marsden, *Fundamentalism and American Culture* (Oxford University Press, 1980). 조지 마즈던의 『근본주의와 미국 문화』는 1980년에 처음 출판되었다. 이 책은 미국의 종교적 근본주의(Fundamentalism)의 기원과 발전을 다루며, 특히 19세기 말부터 20세기 초반에 걸친 미국 문화와 종교에 미친 영향을 중점적으로 조명한다. 이 책은 이후 여러 차례 재판되었으며, 조지 마즈던이 추가 연구와 사회문화적 변화를 반영하여 개정판을 발행하기도 했다. 이 책은 미국 복음주의와 근본주의에 대한 이해를 넓히는 데 크게 기여한 학문적 작업으로 평가받는다. *Fundamentalism and American Culture*는 미국 내 근본주의 운동의 역사적 맥락과 그 사회문화적 영향을 종합적으로 분석하며, 이 주제에 대한 깊이 있는 통찰을 제공하는 중요한 학문적 업적으로 평가받고 있다. 이 책은 미국의 종교적 다양성을 이해하고 미국 사회에서 종교적 신념이 어떻게 진화해 왔는지를 파악하는 데 필수적인 자료로 인식되고 있다.

들은 성경의 무오성, 창조론, 예수의 동정녀 탄생과 육체적 부활 등을 핵심 신앙 진리로 삼았다.

셋째, 사회적·정치적 영향: 근본주의 운동은 미국의 교육 체계, 법률, 정치에 깊숙이 영향을 미쳤다. 조지 마즈던은 특히 1920년대의 스코프스 재판(Scopes Trial)[15]을 포함하여 과학과 종교의 충돌이 어떻게 공론화 되었는지를 다룬다.

넷째, 근본주의에서 복음주의로의 발전: 조지 마즈던은 근본주의가 어떻게 현대 복음주의로 발전했는지 추적한다. 이 과정에서 복음주의가 근본주의보다 더 포용적이고 다양한 접근을 취하게 된 배경과 동기를 분석한다.

다섯째, 미국 사회와 문화에 미친 영향: 조지 마즈던은 근본주의가 미국 사회와 문화에 미친 영향을 폭넓게 조명한다. 그 영향력은 정치적 정체성 형성, 교육 정책, 사회적 가치관에 이르기까지 다양한 영역에서 나타나고 있다.

---

15 Scopes Trial, (July 10–21, 1925, Dayton, Tennessee, U.S.), highly publicized trial (known as the "Monkey Trial") of a Dayton, Tennessee, high-school teacher, John T. Scopes, charged with violating state law by teaching Charles Darwin's theory of evolution. The trial's proceedings helped to bring the scientific evidence for evolution into the public sphere while also stoking a national debate over the veracity of evolution that continues to the present day. In March 1925 the Tennessee legislature had passed the Butler Act, which declared unlawful the teaching of any doctrine denying the divine creation of man as taught by the Bible. 스코프스 재판(1925년 7월 10-21일, 미국 테네시주 데이턴)은 찰스 다윈의 진화론을 가르치면서 주법을 위반한 혐의로 기소된 테네시주 데이턴의 고등학교 교사 존 T. 스코프스에 대한 재판('원숭이 재판'으로 알려짐)으로 세간의 주목을 받은 재판이다. 이 재판의 절차는 진화에 대한 과학적 증거를 공론화하는 데 도움이 되었으며, 오늘날까지 계속되고 있는 진화의 진실성에 대한 전국적인 논쟁을 촉발시켰다. 1925년 3월 테네시주 의회는 성경이 가르치는 인간의 신성한 창조를 부정하는 교리를 가르치는 것을 불법으로 선언하는 버틀러 법을 통과시켰다. Britannica, "Scopes Trial," *Britannica*, 2024, accessed May 3, 2024, https://www.britannica.com/event/Scopes-Trial.

(2) 『조나단 에드워즈 평전』

조지 마즈던은 『조나단 에드워즈 평전』(Jonathan Edwards: A Life)[16]에서 미국의 위대한 신학자이자 목사인 에드워즈의 생애를 다룬다. 그는 에드워즈의 사상과 신학이 미국 종교와 문화에 어떻게 깊은 영향을 끼쳤는지 분석하며, 에드워즈의 사상, 목회, 그리고 그의 시대와의 상호작용을 자세히 탐구한다.

조지 마즈던은 『조나단 에드워즈 평전』을 통해 복음주의적 관점에서 세계를 바라보는 역사학적 접근을 선보이며, 깊이 있는 학문적 탐구와 대중적 서술을 결합한다. 그의 저술은 역사가의 신앙과 학문적 연구가 어떻게 상호작용할 수 있는지를 보여 주는 데 중점을 둔다. 조지 마즈던은 에드워즈의 삶을 세심하게 맥락화하여, 그의 사상과 18세기의 사회적·철학적·종교적 움직임 간의 복잡한 상호작용을 분석한다. 또한, 그는 에드워즈의 글, 서신, 설교 등 일차 자료를 광범위하게 사용하여 신학과 철학, 사회적 인물로서의 에드워즈를 다각도로 조명한다.

조지 마즈던의 내러티브는 독자가 복잡한 역사적 개념을 쉽게 이해하도록 돕고, 균형 잡힌 묘사를 통해 에드워즈를 신화화하거나 단순화하지 않으며, 신앙과 학문 사이의 긴장을 조명한다.

그의 접근 방식은 신학, 철학, 문화 연구의 통찰을 역사적 분석에 통합하여, 단순히 사건을 기록하는 것이 아니라 종교적 경험의 본질, 복음주의의 발전, 교회와 국가의 관계 등을 세밀히 조명한다. 이런 접근은 조지 마즈던의 학문적 및 사회적 영향력을 분명히 보여 주며, 그의 연구는 복음주의가 미국 문화에 미친 영향에 대한 이해를 심화시키고, 종교적 신념과 현대 세계 사이의 복잡한 상호작용을 밝혀 낸다. 이런 조지 마즈던의 분석은 현대 미국 사회에서 여전히 관련성이 높은 논의를 제공하며, 종교와 공공

---

16 Marsden, *Jonathan Edwards: A Life*.

생활의 관계에 대한 현재의 대화에 중요한 통찰을 제공한다.

조지 마즈던의 『조나단 에드워즈 평전』은 에드워즈의 기독교 신앙을 바탕으로 한 역사적 사실과 사건들을 해석하며, 도덕적, 영적 교훈을 도출하려는 노력을 보여 준다. 그는 역사 서술을 통해 과거와 현재, 미래 사이의 연속성을 탐색하고, 역사 연구를 단순한 과거 사건의 기록을 넘어 우리가 살아가는 세계를 보다 깊이 이해하는 수단으로 전환시키려 한다. 이로써 『조나단 에드워즈 평전』은 복음주의적 역사 서술의 높은 기준을 제시하며, 역사학 분야뿐만 아니라 넓은 문화적 대화에 기여한다. 이 책은 신학적 깊이와 철학적 통찰력을 통해 역사학적 서술을 넘어서, 종교와 문화, 정치의 상호작용을 해석하는 새로운 방법을 모색한다.

조지 마즈던의 저작은 미국 기독교 역사에 대한 그의 전문성을 넘어, 인문학과 사회과학 분야의 교차점에서 독창적인 목소리를 내고 있다. 그는 『조나단 에드워즈 평전』을 통해, 복잡한 역사적 인물을 다루는 데 있어 균형과 공정성을 추구하며, 에드워즈의 사상과 그의 시대를 현대적인 관점에서 재해석한다. 이로써 조지 마즈던은 역사적 사실을 넘어 인간의 삶과 사상의 깊이를 탐색하는 데 기여하며, 역사학이 현대 사회에서 중요한 역할을 수행할 수 있음을 입증한다.

조지 마즈던은 복음주의적 관점을 통해 역사 서술을 학문적 탐구와 신앙의 깊이 있는 결합으로 전환시켜, 복잡한 역사적 사실과 인물들에게 생명을 불어넣는 탁월함을 보여 준다.

(3) 『미국 계몽주의의 황혼』

『미국 계몽주의의 황혼: 1950년대와 자유주의 신념의 위기』(The Twilight of the American Enlightenment: The 1950s and the Crisis of Liberal Belief)[17]에서는 1950년대 미국의 지적 및 문화적 풍경을 조망하면서, 당시 자유주의 신념 체계가 직면한 위기를 조명한다. 조지 마즈던은 이 시기를 통해 현대 미국 사회의 많은 문화적 분열과 정치적 대립의 뿌리를 추적한다.

1950년대 미국은 2차 세계대전 이후 낙관주의가 우세했으나, 자유주의 신념의 위기를 경험했다. 조지 마즈던은 『미국 계몽주의의 황혼』에서 이 시기의 지적 흐름과 문화적 다양성, 종교의 복귀, 자유주의 가치의 도전을 분석한다. 계몽주의적 낙관주의의 쇠퇴와 문화적 다원주의가 대두되면서, 냉전의 불안과 실존주의 철학은 기존 가치 체계에 의문을 제기했다. 미국 사회는 전통적 가치와 신념의 분열을 경험하고, 매스미디어와 도시화가 진행됨에 따라 불안과 소외감을 느끼는 사람들이 증가할 것임을 내다 보았다.

조지 마즈던은 이 책을 통해 자유주의 신념의 한계를 지적하고, 종교적 우파의 부상과 공공 생활에서 종교의 지속적 중요성을 인정하려 한다. 그는 1950년대의 세속적 자유주의가 사회적·정치적 영역에서 종교의 역할을 재정의하는 데 기여했음을 설명한다. 이 책에서 미국 사회의 다양성과 복잡성을 수용하는 방향으로의 변화와 종교 및 세속적 가치의 상호작용을 조명하며, 미국의 정체성과 문화적, 정치적 대화에 깊은 영향을 미치는 역사적 사건의 중요성을 강조하고 있다.

---

17 George Marsden, *The Twilight of the American Enlightenment: The 1950s and the Crisis of Liberal Belief* (Basic Books (AZ), 2014).

3) 조지 마즈던 역사 서술 방법

조지 마즈던의 역사 서술 방법은 그의 깊이 있는 신학적 이해와 복음주의적 세계관에 근거를 두고 있다. 그는 역사를 단순한 사건의 나열이 아닌, 성경적 섭리와 하나님의 창조 질서를 반영하는 깊은 해석의 과정으로 본다. 그는 자신의 기독교 신앙을 역사 연구에 적극적으로 적용하면서, 복음주의적 가치를 중심으로 역사를 해석한다.

조지 마즈던은 자신의 세계관을 명확하게 인식하고, 이를 통해 문화적 편향과 자신의 편견을 인식하는 것을 중요하게 여긴다. 역사학자로서 그는 역사적 사실과 증거를 신중하게 평가하되, 역사가 세속적인 관점만을 반영하는 것이 아니라 하나님의 섭리 아래에서 일어나는 사건으로 해석해야 한다고 주장한다. 이런 접근법은 세속 역사가들과 구분되는 독특한 복음주의 역사가의 시각이라고 할 수 있다.

조지 마즈던은 역사를 통해 인간의 도덕적·문화적 성취와 한계를 폭넓게 조망하고자 하는 기독교 역사가의 노력을 반영하며, 그는 역사 연구를 통해 더욱 균형 잡힌 역사 인식을 추구하면서 인간과 문화를 더 깊이 이해하고자 한다. 조지 마즈던의 서술 방법은 역사적 뿌리의 중요성을 간과하지 않으며, 지배적인 사회적, 종교적 가정의 역사적 뿌리를 조사하여 이를 시험해 봄으로써, 단순한 슬로건이나 신화를 진실로 변모시키는 데 가치가 있다고 생각한다.

또한, 그는 역사 서술에 있어 복음주의적 신앙을 중심으로 이야기를 풀어나가는 것이 중요하다고 강조하며, 역사가가 자신의 신앙에 근거하여 역사적 사실과 사건을 해석하고, 이를 통해 보다 깊은 종교적, 도덕적 교훈을 도출할 수 있다고 보았다. 그는 신앙이 단순히 개인적 영역에 국한되지 않고, 학문적 연구와 깊은 연관을 가지며 이를 통해 보다 넓은 세계관을 형성할 수 있다고 보았다.

조지 마즈던의 역사 서술은 종교와 문화의 상호작용을 분석하고, 신학적 깊이와 철학적 분석을 통해 복잡한 사상을 정밀하게 탐구한다. 그는 폭넓은 문헌 활용과 다양한 시각의 통합을 추구하며, 현대적 관련성을 강조함으로써 역사적 사건이 현재와 미래에 끼치는 영향을 중요시한다. 특히, 인물 중심의 접근법을 통해 에드워즈와 같은 중요한 인물들의 생애와 사상을 탐구하고, 그들이 살았던 시대의 문화적 맥락과 그들의 사상이 현대 사회에 어떻게 영향을 미쳤는지를 깊이 있게 분석한다.

조지 마즈던은 복음주의적 역사 서술 방법을 통해 역사가의 신앙과 학문적 작업이 어떻게 서로 상호작용할 수 있는지를 보여 주며, 이를 통해 과거와 현재, 미래 사이의 연속성을 탐색한다. 그의 접근 방식은 역사 연구를 단순한 과거 사건의 기록을 넘어, 우리가 살아가는 세계를 보다 깊이 이해하는 수단으로 전환시키려는 노력의 일환이다. 그는 종교적 신념이 역사적 사건을 해석하고 그 의미를 평가하는 데 중요한 역할을 할 수 있음을 보여 주며, 이런 관점에서 역사적 사건과 인물을 조망하는 것은 학문적 연구와 신앙적 실천이 조화를 이루는 복음주의적 역사 서술의 탁월한 예로 평가된다.

4) 조지 마즈던의 『조나단 에드워즈 평전』 이해

조지 마즈던은 『조나단 에드워즈 평전』(*Jonathan Edwards: A Life*)에서 에드워즈를 당시의 역사적 맥락 관점에서 보았다. 그의 방법론에는 에드워즈의 삶과 업적, 그리고 그가 살았던 더 넓은 역사적 배경에 대한 철저한 조사가 포함하고 있다. 그는 에드워즈를 실존 인물로 묘사하는 것을 목표로 하며, 특히 그의 가족 생활과 18세기의 지정학적 환경의 맥락에서 그의 종교적 관점을 진지하게 이해하고자 한다. 또한, 그는 에드워즈를 미화된 인물로 그리기보다 그 시대의 시각으로 재현하려고 노력했다.

조지 마즈던은 에드워즈가 설교자이자 신학자로서뿐만 아니라 초기 미국 역사와 서양 철학에서 중추적인 인물임을 강조한다. 그는 에드워즈가 당시의 종교적, 문화적 지형에 미친 강력한 영향력을 기술하고 있다.

이 책에서 에드워즈에 대한 조지 마즈던의 관점은 다면적이며, 그는 에드워즈를 뛰어난 기독교인이자 위대한 미국인으로 보고, 그의 삶과 업적이 문명과 문화에 상당한 영향을 미쳤다고 평가한다. 역사에 대한 그의 공헌에는 에드워즈의 신학 사상에 대한 포괄적인 이해, 대각성 운동에 대한 그의 역할, 미국 복음주의 발전에 대한 영향력 등이 포함된다. 조지 마즈던의 연구는 균형 잡힌 시각을 유지하며, 에드워즈의 삶과 시대의 중요성을 편견 없이 조망하려는 노력을 보여 준다.

5) 조지 마즈던이 인터뷰에서 밝힌 에드워즈 이해

아래 내용은 조지 마즈던(George M. Marsden)이 〈아볼로스 워터드〉(Apollos watered)에 출연하여 트래비스 마이클 플레밍(Travis Michael Fleming)과의 인터뷰 영상에 나온 내용을 필자가 텍스트(Text)로 요약한 것이다. 인터뷰 주제는 〈신앙과 역사를 통한 여정: 조지 M. 마즈던의 조나단 에드워즈 이해〉(A Journey through Faith and History: George M. Marsden on Jonathan Edwards)였다.[18] 이 인터뷰에서 조지 마즈던이 에드워즈를 어떻게 이해하는지에 대한 내용을 요약하면 다음과 같다.

에드워즈에 대한 조지 마즈던의 학술적 연구는 그의 인터뷰를 통해 역사적 인물이자 신학자인 에드워즈가 현대의 문제에 대해 어떻게 말할 수 있는지에 대한 사려 깊은 관점을 제공한다. 조지 마즈던은 에드워즈와 같은 역사적 인물을 그가 살았던 시대적 맥락 안에서 이해하는 것이, 그의

---

18   Marsden, interview. https://www.youtube.com/watch?v=mS38pedeyXk

공헌을 온전히 파악하고 그가 오늘날의 신학적 논의에 미치는 영향을 정확히 인식하는 데 있어 얼마나 중요한지를 강조한다.

그는 특히 위계질서나 평등과 같은 사회구조와 가치의 맥락에서 역사적 인식과 현대적 인식의 차이를 강조한다. 위계적 관점이 규범이었던 시대에 살았던 에드워즈는 필연적으로 그런 렌즈를 통해 세상을 바라볼 수밖에 없었다고 지적한다. 이런 접근 방식은 에드워즈를 시대에 맞지 않는 사상을 가진 구시대적 인물이 아니라, 오늘날에도 여전히 공감을 불러일으킬 수 있는 방식으로 신앙, 도덕, 사회에 대한 끊임없는 질문에 관여한 인물로 이해하는 데 도움이 된다.

조지 마즈던은 이런 역사적 공감을 통해 모든 역사적 인물, 그리고 실제로 현대의 사상가들도 각자의 맹점과 한계를 가지고 있음을 인정하면서, 에드워즈의 모든 견해를 지지하지 않을지라도 그로부터 배울 수 있다고 설명한다.

또한, 그는 에드워즈와 벤자민 프랭클린(Benjamin Franklin, 1706-1790)의 유산 사이의 유사점을 찾아내어 현대의 가정, 특히 영적이고 관계적인 것보다 물질적이고 기술적인 것을 더 중시하는 가정을 성찰하는 데 활용한다. 조지 마즈던은 에드워즈가 강조한 하나님 중심의 현실관과 올바른 질서에 대한 사랑에서 물질주의와 기술 중심의 근대성에 대한 균형 잡힌 시각을 발견한다. 그는 에드워즈가 특히 문화적 기독교가 사라지고 있는 이 시대에 진정한 기독교가 어떤 모습인지 명확히 하는 데 도움을 줄 수 있다고 믿는다.

조지 마즈던은 연구를 통해 현대 시대의 교회와 복음주의 기독교의 발전을 이해하고자 했으며, 문화적 변화가 신앙에 어떤 영향을 미쳤는지를 고민했다. 그는 빌리 그레이엄(Billy Graham, 1918-2018)과 같은 인물의 영향력과 변화하는 종교적 표현의 지형에 대해 고찰하면서 교회 중심적인 신앙에서 보다 정치적이고 문화적인 신앙으로의 전환에 대해 이야기한다.

인터뷰에서 조지 마즈던은 에드워즈의 사상을 번역하는 사람으로서 이 중요한 역사적 신학자의 통찰을 21세기의 도전과 질문과 대화로 이끌어 내고자 노력한다. 그는 에드워즈를 오늘날 세계에서 신앙과 실천의 복잡성을 탐색하는 데 지침을 제공할 수 있는 인물로 묘사하며, 문화적, 정치적 분열을 초월하고 기독교의 핵심 덕목과 진리에 초점을 맞춘 기독교에 대한 이해를 옹호한다.

6) 조지 마즈던 방법론 요약 및 평가

조지 마즈던의 역사 서술 방법론을 정리하면 다음과 같다. 조지 마즈던의 역사 서술 방법은 심오한 신학적 이해와 복음주의적 세계관을 통합한다. 그는 역사를 단순히 일련의 사건이 아니라 성경의 섭리와 하나님의 창조 질서를 반영하는 과정으로 해석하며, 기독교 신앙을 역사 연구에 적극적으로 활용하고 복음주의적 가치관을 중심으로 해석한다.

조지 마즈던의 방법론에서 자신의 세계관을 인식하는 것은 문화적 편견과 개인적 편견을 인정하는 데 매우 중요한 부분이다. 역사학자로서 그는 역사적 사건을 세속적인 관점이 아닌 하나님의 섭리 아래에서 바라보아야 한다고 강조한다. 이런 접근 방식은 사건을 신적 질서의 표현으로 파악함으로써 세속적 역사가들과 차별화되며, 이는 역사에 대한 독특한 복음주의적 관점을 제공한다.

조지 마즈던은 기독교 역사학적 렌즈를 통해 인간의 도덕적·문화적 업적과 한계를 조명하고자 했다. 그의 역사 서술 방법은 역사적 담론을 형성하는 데 있어 복음주의 신앙을 우선시하며, 역사가의 신앙이 역사적 사실과 사건을 심오하게 해석하고 그로부터 더 깊은 종교적, 도덕적 교훈을 이끌어낼 수 있음을 보여 준다. 이 방법에는 종교적, 문화적 상호작용에 대한 신학적, 철학적 분석이 포함되며, 광범위한 문헌과 관점을 활용하여 현대적 관련성을 높인다.

특히, 그의 전기문 『조나단 에드워즈 평전』에서는 에드워즈와 같은 중요한 인물을 역사적·문화적 맥락에 배치하여 그들의 생각과 삶이 현대 사회에 어떤 영향을 미쳤는지 분석한다. 그의 접근 방식은 과거에 대한 통찰력을 제공할 뿐만 아니라 과거·현재·미래 사이의 연속성을 탐구하여, 역사 연구가 어떻게 복음주의 기독교 신앙의 렌즈를 통해 현대 세계에 대한 이해를 심화시킬 수 있는지를 보여 준다.

조지 마즈던이 복음주의 신학의 관점에서 에드워즈를 한 시대의 중요한 역사적 인물로 평가하며 내러티브적 방식으로 서술한 작업은 주목할 만한 업적이다. 그는 에드워즈를 단순한 철학자나 신학자로 한정 짓는 세속적 이해의 틀을 넘어서, 하나님의 섭리 안에서 그의 삶과 사역을 해석하려는 신학적 시도를 통해 새로운 해석의 지평을 열었다.

그러나 복음주의 신학의 렌즈만으로는 에드워즈의 전 인격과 사역을 온전히 조망하는 데 한계가 존재한다. 에드워즈는 단지 신학자와 목회자로서만이 아니라, 선교사로서도 깊은 헌신을 보인 인물이기 때문이다. 따라서 그를 보다 포괄적이고 통합적으로 이해하기 위해서는 복음주의 신학의 관점에 더하여 선교학적 관점이 병행되어야 한다.

이에 본서는 복음주의 신학과 선교학이라는 두 렌즈를 통해 에드워즈의 선교학적 유산이 더욱 분명히 드러날 수 있음을 제안한다. 아울러 본서는 선교학적 관점에서 역사를 기술한 기독교 역사가들의 서술 방식을 고찰함으로써 에드워즈에 대한 해석의 폭을 넓히고자 한다. 특히, 예일대학교 학파에 속하는 조지 마즈던과 더불어, 케네스 스콧 라투렛, 그의 영향을 받은 랄프 윈터와 도널드 맥가브란, 그리고 선교학적 시각으로 기독교 역사를 해석한 폴 피어슨의 역사 서술 방법론을 고찰할 것이다.

2. 케네스 스콧 라투렛의 역사 서술

1) 라투렛 역사관 형성 여정

라투렛(Kenneth Scott Latourette, 1884-1968)의 신앙 형성과 학문적 배경은 깊이 연관되어 있으며, 그의 역사관에 결정적인 영향을 미쳤다. 그의 역사관이 형성된 여정을 살펴보자.

라투렛은 1884년 미국 오리건(Oregon)에서 태어났다. 그의 조부모는 깊이 있는 침례교 신앙을 가진 사람들이었으며, 특히 그의 조부는 신앙적인 목적으로 미국 서부 오리건으로 이주한 경건한 선교사 가문 출신이었다.[19] 이런 배경은 라투렛이 선교와 역사에 대한 깊은 관심을 갖게 하는 영적 기반이 되었다.

라투렛의 부모님은 오리건시(Oregon City)에서 변호사이자 은행원으로 일했다. 또한, 침례교회에서 활발한 신앙생활을 하며, 특히 무디(D.L. Moody)의 영향을 받아 가정에서도 굳건한 신앙의 실천을 했다.[20] 이런 환경에서 성장한 라투렛은 신앙의 실천과 학문적 열정을 겸비하게 되었으며, 이는 그의 역사 연구에 중요한 토대가 되었다.

라투렛은 린필드대학(Linfield College)에서 자연과학을 전공하며 학문적으로 우수한 성취를 이루었고, 이후 예일대학교(Yale University)로 전학하여 역사학 전공으로 학사(B.A.), 석사(M.A.)와 박사(Ph.D.)학위를 취득했다.

---

19 Kenneth Scott Latourette, *Kenneth Scott Latourette: Historian and Friend."* in *Frontiers of the Christian World Mission since 1938; Essays in Honor of Kenneth Scott Latourette.* , ed. Wilber Christian Harr (New York: Harper, 1962).

20 William Richey Hogg, "Kenneth Scott Latourett 1884-1968 Interpreter of the Expansion of Christianity," in *Mission Legacies: Biographical Studies of Leaders of the Modern Missionary Movement*, ed. Gerald H. Anderson et al., vol. No. 19, *American Society of Missiology Series* (Maryknoll, New York: Orbis Books, 1994), 417.

그는 대학생 시절에 학생자원운동(Student Volunteer Movement, SVM)에 참여함으로 선교 경력을 쌓기 시작했다.[21] SVM 운동은 라투렛에게 해외 선교에 대한 관심을 촉발시키는 결정적인 계기가 되었으며, 궁극적으로 선교사로서의 헌신을 확고히 하는 데 계기가 되었다.

이런 배경은 그가 예일대학교에서 역사와 선교학 교수로 재직하는 동안 그의 학문적 접근 방식에 영향을 미치게 된다. 역사 연구에서 신앙적 관점을 통합하는 그의 접근법은 기독교 역사 연구에 있어 중요한 전환점이었다. 이를 통해 그는 기독교의 선교적 확장을 보다 폭넓은 역사적 맥락 속에서 이해하고 설명하려는 학문적 노력을 기울였다.

라투렛은 '중국의 예일'(Yale in China) 프로그램과의 연결을 통해 선교 활동에 참여하며, 중국 문화와 언어를 습득하면서 선교 경험을 쌓았다. 그러나 이질에 걸려 건강상의 문제로 인해 중국에서 미국으로 철수하게 되었다. 그는 중국 선교 경험을 통해 미국과 서구 유럽인들이 중국에 대해 더 연구할 필요성을 느꼈으며, 이를 통해 기독교의 확장 중요성을 인식하게 되었다.[22] 중국에서의 선교 활동을 마친 후 미국으로 돌아와 리드대학(Reed College)과 데니슨대학교(Denison University)에서 학자로서의 길을 걷기 시작했다. 이 시기에 그는 『중국의 발전』(Development of China) 등의 저서를 출판하며 학계에 자신의 이름을 알렸다.[23]

이런 학문적 여정은 라투렛이 예일대학교로 복귀하는 과정에서 그의 학문적 역량을 더욱 강화하는 계기가 되었다. 그는 예일대학교에서 선교학 교수로서 명예를 얻으며, 기독교 역사에 대한 방대한 연구를 진행했다. 그

---

21 Hogg, in *Mission Legacies: Biographical Studies of Leaders of the Modern Missionary Movement*, 417.
22 Kenneth Scott Latourette, *Beyond the Ranges: An Autobiography* (Grand Rapids, Mich.: William B. Eerdmans Pub. Co., 1967), 44.
23 Hogg, in *Mission Legacies: Biographical Studies of Leaders of the Modern Missionary Movement*, 417.

의 연구는 선교와 역사가 결합된 새로운 학문적 통찰을 제공했으며, 특히 『기독교 확장사』(*A History of the Expansion of Christianity*)와 『혁명 시대의 기독교』(*Christianity in a Revolutionary Age*)와 같은 저서들은 세계 기독교의 역사적 확장과 영향력에 대한 심오한 이해를 제시했다.

예일대학교 재직 기간에 라투렛은 신앙적 신념과 학문적 열정이 융합된 교수법으로 학생들에게 깊은 영향을 미쳤다. 그의 강의는 단순히 역사적 사실을 전달하는 것을 넘어, 학생들이 역사 속에서 신앙과 삶을 어떻게 통합할 수 있는지에 대한 깊은 성찰을 유도했다. 또한, 그는 학부 학생들과의 깊은 유대를 중요하게 여겼으며, '켄 아저씨'(Uncle Ken)라는 애칭으로 불리며 많은 사랑과 존경을 받았다.[24]

라투렛은 독신으로 살면서 역사가이자 『기독교 확장사』의 저술가로서, 기독교의 단일성과 선교에 대한 깊은 이해를 전 세계에 전파하는 데 일생을 바쳤다. 그의 저서들은 세계 기독교의 역사적 맥락을 선교학적 관점에서 재해석하는 중요한 학문적 기여를 했다.[25]

이 모든 것이 라투렛의 역사관 형성에 결정적인 영향을 미쳤다. 그는 역사를 단순한 과거의 기록이 아니라, 신앙과 사상, 문화가 상호작용하는 살아 있는 현장으로 바라보았다. 선교사로서의 경험과 학자로서의 훈련은 그에게 역사 속에서 기독교의 역할을 보다 깊이 이해하고 분석할 수 있는 독특한 능력을 부여했으며, 이는 그의 많은 저술을 통해 세계적으로 인정받는 학문적 업적으로 남아 있다.

---

24 Hogg, in *Mission Legacies: Biographical Studies of Leaders of the Modern Missionary Movement*, 416.

25 Hogg, in *Mission Legacies: Biographical Studies of Leaders of the Modern Missionary Movement*, 420-25.

2) 라투렛의 주요 저서에 나타난 역사 이해

(1) 『중국 기독교 선교역사』

라투렛의 『중국 기독교 선교역사』(*The History of Christian Missions in China*)[26]는 중국에서의 기독교 선교 활동을 광범위하게 조사한 학문적 작업으로 이 책은 중국에 기독교가 도입된 초기 시기부터 1929년 당시의 현대에 이르기까지, 중국 내 기독교 선교의 역사를 전반적으로 다룬다.

이 책은 초기 네스토리우스파(Nestorius)와 로마가톨릭(Roman Catholic) 선교사들의 활동에서부터, 개신교(Protestant) 선교사들의 19세기 및 20세기 초의 선교 활동에 이르기까지 다양한 기독교 단체의 중국 내 역할을 상세히 기술하고 있다. 라투렛은 선교사들이 중국의 사회, 문화, 종교적 맥락 속에서 어떻게 활동했는지, 그리고 중국 사회와의 상호작용을 통해 어떤 영향을 받고 주었는지를 분석한다.

라투렛은 선교의 역사를 단순히 기독교 전파의 역사로 제한하지 않고, 서구와 중국의 문화적 교류의 일환으로 보았다. 그는 또한 중국 사회 내에서 기독교가 경험한 변화, 발전, 그리고 때로는 저항을 강조함으로써 선교 활동이 상호 문화적 상호작용의 한 형태라는 것을 보여 준다.

(2) 『기독교 확장사』

라투렛의 『기독교 확장사』(*A History of the Expansion of Christianity*)[27]는 1937년부터 1945년까지 총 7권으로 출간된 케네스 스콧 라투렛의 기념비적인 시리즈인 『기독교 확장사』로, 거의 2천 년에 걸친 기독교의 확산에 대한

---

26 Kenneth Scott Latourette, *A History of Christian Missions in China* (New York: Macmillan Co., 1929).

27 Kenneth Scott Latourette, *A History of the Expansion of Christianity* (New York: London, 1937).

광범위한 역사를 다루고 있다. 이 작품은 기독교가 어떻게 유대교의 작은 종파에서 세계적인 종교로 성장했는지를 세심하게 연구한 서사를 제공하며, 포괄적인 범위와 학문적 세부 사항을 기록하고 있다. 각 권은 특정 시기의 중요한 선교적 사건들, 지역별 기독교의 성장, 그리고 그 과정에서의 사회적, 정치적, 경제적 상호작용을 상세히 분석하고 있다.

- 제1권 시작부터 기원후 500년까지[28]

이 책은 로마 제국의 전성기와 쇠퇴기 동안 지중해 유역과 그 너머에서 기독교 공동체가 형성된 과정을 기술한다. 라투렛은 초대 교회 교부들, 로마 제국의 개종, 야만 부족의 기독교화에 대해 조명한다.

- 제2권 천 년의 불확실성: 기원후 500년부터 1500년까지[29]

라투렛은 암흑기 교회의 역할, 비잔틴제국의 기독교, 기독교 서구의 진화에 대해 자세히 설명한다. 이슬람의 출현과 그것이 기독교에 미친 영향, 십자군 전쟁에 대해서도 자세히 살피고 있다.

- 제3권 3세기에 걸친 진보: 기원후 1500년부터 1800년까지[30]

이 책에서는 종교개혁의 지각 변동, 가톨릭 반종교개혁, 신대륙에서의 기독교 교파 통합과 확장에 대해 기술한다.

---

28 Kenneth Scott Latourette, *The Beginnigs to AD 500, vol. 1, 7 vols., A History of the Expansion of Christianity* (New York ; London: Harper & Brothers, 1937).

29 Kenneth Scott Latourette, *The Thousand Years of Uncertainty, A.D. 500-A.D. 1500, vol. 2, 7 vols., A History of the Expansion of Christianity* (New York ; London: Harper & Brothers, 1938).

30 Kenneth Scott Latourette, *Three Centuries of Advance, A.D. 1500-A.D. 1800, vol. 3, 7 vols., A History of the Expansion of Christianity* (New York ; London: Harper & Brothers, 1939).

- **제4권 위대한 세기: 유럽과 미국: 기원후 1800년부터 1914년까지** [31]

 라투렛은 미국과 유럽의 부흥과 아프리카, 아시아, 오세아니아에 수많은 선교부가 설립된 '위대한 세기'를 집중 조명하며 선교사들의 노력에 초점을 맞춘다.

- **제5권 위대한 세기: 아메리카, 오스트랄라시아(오스트레일리아와 뉴질랜드 지역), 아프리카: 기원후 1800년부터 1914년까지** [32]

 이 책은 미주, 오스트랄라시아, 아프리카에서 선교 운동이 미친 영향에 대해 자세히 살펴보고, 이 지역에서 기독교의 문화적, 사회적 영향에 대해 논의함으로써 앞의 책을 보완하고 있다.

- **제6권 위대한 세기: 아시아와 아프리카: 기원후 1800년부터 1914년까지** [33]

 라투렛은 기독교 선교에 대한 토착민의 반응, 식민주의의 상호작용, 독립적인 민족 교회의 탄생에 초점을 맞추어 아시아와 아프리카 대륙을 다루고 있다.

---

31 Kenneth Scott Latourette, *The Great Century in Europe and the United States of America A.D. 1800-A.D. 1914*, vol. 4, 7 vols., *A History of the Expansion of Christianity* (New York ; London: Harper & Brothers, 1941).

32 Kenneth Scott Latourette, *The Great Century in the Americas, Australia, Asia, and Africa, A.D. 1800-A.D. 1914*, vol. 5, 7 vols., *A History of the Expansion of Christianity* (New York ; London: Harper & Brothers, 1943).

33 Kenneth Scott Latourette, *The Great Century in Northern Africa and Asia, A.D. 1800-A.D. 1914*, vol. 6, 7 vols., *A History of the Expansion of Christianity* (New York ; London: Harper & Brothers, 1944).

• 제7권 폭풍을 뚫고 전진하다: 기원후 1914년에서 1960년[34]

이 마지막 권에서는 세계대전의 여파와 1945년 이후 급격한 탈식민지화 과정에서 기독교의 위상을 평가한다. 세속화, 공산주의, 민족주의의 부상 등 기독교가 직면한 도전에 대해 논하고 있다.

라투렛의 방법론적 접근은 기독교를 단순히 종교적 현상이 아니라 사회·문화·정치 영역에 영향을 미치고 상호작용하는 운동으로 보는 데 초점을 맞추는 것이 특징이다. 그의 연구는 신앙의 역사를 형성하는 데 있어 비서구 기독교인의 역할을 강조하며 전통적인 선교역사에서 중요한 변화를 예고한다. 이 시리즈는 기독교의 역사를 깊이 있게 이해하는 데 필수적인 참고 자료로, 기독교가 다양한 문화적 맥락에서 어떻게 퍼지고, 적응하고, 때로는 변형되었는지에 대한 포괄적인 개관을 제공한다.

라투렛은 기독교의 역사를 교회의 내부 역사뿐만 아니라, 사회적·문화적·정치적 요인과의 관계 속에서 이해할 것을 주장한다.

(3) 『기독교의 역사』

라투렛의 저서 『기독교의 역사』(*A History of Christianity*,[35] 1953년 출판, 1975년 개정)는 기독교의 시작부터 20세기까지의 발전을 폭넓게 다룬다. 이 책은 기독교의 발생, 로마제국에서의 성장, 중세 동안의 변화, 종교개혁, 그리고 신세계로의 확장에 이르기까지 기독교의 역사를 연대기적으로 추적한다.

라투렛은 기독교가 다양한 문화권에서 어떻게 수용되고 변형되었는지, 그리고 이런 과정에서 기독교가 사회와 문화에 미친 영향을 상세히 설명

---

[34] Kenneth Scott Latourette, *Advance through Storm, A.D. 1914 and after, with Concluding Generalizations*, vol. 7, 7 vols., *A History of the Expansion of Christianity* (New York ; London: Harper & Brothers, 1945).

[35] Kenneth Scott Latourette, *A History of Christianity*, 1st ed. (New York: Harper, 1953).

한다. 그는 또한 현대 시대에서 기독교가 직면한 도전과 다양한 기독교 전통 간의 상호작용을 조명한다. 이 책은 기독교의 역사를 단순히 연대기적 사건의 나열로 제한하지 않고, 사회·정치·경제적 맥락 속에서 종교적 움직임을 평가하는 깊이 있는 접근을 제공한다. 라투렛은 이 책을 통해 독자들에게 기독교가 인류 역사 속에서 어떻게 형성되고 발전해 왔는지 이해할 수 있는 통찰력을 제공하고 있다.

(4) 『혁명 시대의 기독교』

라투렛의 저서 『혁명 시대의 기독교: 19세기와 20세기의 기독교 역사』 (*Christianity in a Revolutionary Age: A History of Christianity in the 19th and 20th Centuries*)는 기독교의 최근 역사 특히, 혁명적인 변화가 일어난 시기의 역사를 다룬다. 이 책은 5권으로 구성되어 있으며, 이 시대에 기독교가 겪은 광범위한 변화들을 다룬다. 각 권은 18세기 말부터 20세기 중반까지의 특정 지역이나 주제를 다루고 있다. 이 책은 이 시기의 주요 사건들과 함께 기독교가 이런 변화에 어떻게 반응했는지, 또한 변화하는 사회와 문화 속에서 기독교가 어떻게 발전했는지를 탐구한다.

아래는 각 권의 주제와 핵심 내용을 간단하게 요약한 것이다.

• 제1권 19세기 유럽: 개신교와 동방정교회[36]

19세기 유럽의 개신교 및 동방정교회의 변화와 산업혁명과 국민국가의 등장이 기독교에 미친 영향, 종교개혁 후속 발전, 그리고 식민주의 시대의 선교 활동에 대해 조명한다.

---

36 Kenneth Scott Latourette, *The Nineteenth Century in Europe: The Protestant and Eastern Churches*, 1st ed., vol. 1, 5 vols., *Christianity in a Revolutionary Age, a History of Christianity in the 19th and 20th Centuries* (Grand Rapids, Michigan: Zondervan Publishing House, 1958).

• 제2권 19세기 유럽: 로마가톨릭교회[37]

로마가톨릭교회가 19세기에 경험한 다양한 변화에 집중한다. 교황권의 발전과 대립, 그리고 근대 세계에서 가톨릭교회의 위치 재정립에 대한 분석을 포함하고 있다.

• 제3권 19세기 유럽 밖의 지역: 아메리카, 아프리카, 아시아, 오세아니아[38]

유럽 외 지역, 특히 아메리카, 아프리카, 아시아, 오세아니아에서의 기독교 확산을 기록하고 있다. 이 시기에 식민주의와 선교 활동이 어떻게 결합되었는지, 그리고 이런 과정에서 발생한 문화적 교류 및 충돌을 다룬다.

• 제4권 20세기: 분열된 교회[39]

20세기에 나타난 교회들 사이의 분열을 다룬다. 세계대전, 신학적 분쟁, 그리고 교회 간의 분열이 가져온 종교적·사회적 변화들을 검토한다.

---

37 Kenneth Scott Latourette, *The Nineteenth Century in Europe: Background and the Roman Catholic Phase*, [1st ed., vol. 2, 5 vols., *Christianity in a Revolutionary Age, a History of Christianity in the 19th and 20th Centuries* (Grand Rapids, Michigan: Zondervan Publishing House, 1959).

38 Kenneth Scott Latourette, *The Nineteenth Century Outside Europe: The Americas, the Pacific, Asia, and Africa*, 1st ed., vol. 3, 5 vols., *Christianity in a Revolutionary Age, a History of Christianity in the 19th and 20th Centuries* (Grand Rapids, Michigan: Zondervan Publishing House, 1961).

39 Kenneth Scott Latourette, *The Twentieth Century in Europe: The Roman Catholic, Protestant and Eastern Churches*, 1st ed., vol. 4, 5 vols., *Christianity in a Revolutionary Age, a History of Christianity in the 19th and 20th Centuries* (Grand Rapids, Michigan: Zondervan Publishing House, 1961).

• 제5권 20세기: 재결합과 도전에 맞선 교회[40]

20세기 후반의 기독교, 특히 에큐메니컬 운동과 교회들 간의 재결합 노력, 그리고 현대 사회와 문화적 도전들을 직면한 교회의 반응에 초점을 맞춘다. 또한, 냉전, 탈식민화, 세계화가 기독교에 미친 영향을 분석한다.

라투렛은 세계 곳곳에서 일어난 정치적·사회적·경제적·지적 변화를 분석하며, 그 변화들이 기독교 교회, 신학, 선교 활동에 미친 영향을 평가한다. 그는 산업혁명, 식민지 해방, 냉전의 시작과 같은 중대한 사건들이 전 세계적인 기독교 공동체에 어떤 도전과 기회를 제공했는지 보여 주고 있다.

(5) 『산맥 너머: 자서전』

라투렛의 『산맥 너머: 자서전』(*Beyond the Ranges: An Autobiography*)[41]은 그의 신앙과 학문의 여정을 조명하며, 이 두 경로가 어떻게 그의 역사적 연구와 기독교 선교에 대한 이해에 기여했는지를 보여 준다. 오리건(Oregon)에서의 경건한 유년 시절은 그의 신앙적, 학문적 기반을 마련했고, 예일대학교에서의 경험은 그의 연구 방향에 결정적인 영향을 미쳤다.

선교사로서 중국에서 보낸 시간 동안 그는 후속 연구와 저술을 하는 데 깊은 통찰력을 얻었다. 라투렛은 자신이 역사학자로서의 경력을 통해 종교적 신념과 학문적 엄격함이 어떻게 조화를 이루는지 설명하며, 자신의 신앙이 학문적 작업을 어떻게 형성하고 지원했는지를 성찰한다. 그의 인생을 통해 만난 사람들과 그들이 그의 학문적 및 신앙적 여정에 미친 영향

40　Kenneth Scott Latourette, *The Twentieth Century Outside Europe: The Americas, the Pacific, Asia and Africa: The Emerging World Christian Community*, 1st ed., vol. 5, 5 vols., *Christianity in a Revolutionary Age, A History of Christianity in the 19th and 20th Centuries* (Grand Rapids, Michigan: Zondervan Publishing House, 1962).

41　Latourette, *Beyond the Ranges: An Autobiography*.

도 평가한다. 이 자서전은 라투렛의 개인적인 삶과 학문적 업적을 통해 기독교 역사를 이해하고 가르치려는 그의 평생 헌신을 보여 주고 있다.

3) 라투렛 역사 서술 방법

(1) 기독교 확장 사관

라투렛은 기독교 역사학의 거장으로, 그의 책 『기독교 확장사』(*A History of the Expansion of Christianity*)는 기독교 역사를 가장 포괄적으로 다룬 책 중의 하나로 평가된다.

이 책은 7권(제1권: 1937년, 제2권: 1938년, 제3권: 1940년, 제4권: 1941년, 제5권: 1943년, 제6권: 1945년, 제7권: 1945년 출판)으로 구성되어 있으며, 기독교의 초기부터 20세기까지의 역사를 다루고 있다. 이 책에는 그의 역사관이 잘 반영되어 있다. 그의 역사관의 중요한 관점은 예수 그리스도가 중심에 있다는 점이다. 라투렛의 역사관은 예수 그리스도가 역사의 중심이며, 예수 그리스도를 통해 하나님의 주권과 섭리를 이해할 수 있다고 본다.[42]

기독교 역사학에 대한 라투렛의 방법론적 공헌을 그의 대표작인 『기독교 확장사』에 초점을 맞추어 살펴보자. 라투렛의 역사 서술 접근 방식에는 몇 가지 특징이 있다.

첫째, 글로벌 및 기독교 확장사 관점이다. 라투렛은 기독교 역사를 서구적 서술에 국한하지 않고, 전 지구적 차원을 강조하는 넓은 시야로 보았다. 그는 아시아, 아프리카, 아메리카 대륙의 기독교 발전을 통합하여 기독교의 확장에 대한 보다 총체적인 관점을 제공한다. 이런 접근 방식은 당

42　이찬우, 『프론티어 선교학』(*A frontier missiology: missiography of Interserve*) (서울: CLC, 2020), 58.

시 역사 연구에 널리 퍼져 있던 서구 중심주의에 도전한 것으로, 그의 연구는 세계 기독교 역사학의 선구적인 노력이라 할 수 있다.

둘째, 사회, 문화, 정치적 맥락의 통합 관점이다. 라투렛은 교회가 주도하는 운동에만 집중했던 동시대 많은 학자와 달리, 기독교를 더 넓은 사회적·문화적·정치적 맥락에 놓고 보았다. 그는 산업혁명, 식민주의, 세계대전과 같은 세계적인 사건이 기독교의 확산과 적응에 어떤 영향을 미쳤는지를 분석했다. 이 방법론을 통해 라투렛은 기독교 선교와 토착 문화 간의 상호작용을 강조하면서 종교의 확장에 대해 보다 미묘한 이해를 할 수 있었다.

셋째, 다양한 출처의 사용이다. 라투렛의 역사학은 편지, 일기, 교회 기록, 공식 문서 등 다양한 자료를 광범위하게 사용한다. 이 방대한 자료는 그의 이야기를 더욱 풍성하게 해 주었고, 기독교 역사를 상세하고 다면적으로 묘사할 수 있도록 했다. 그의 작업은 광범위한 원본 문서, 고대 문헌, 선교 보고서, 개인 서신, 공식 기록 등 다양한 자료를 사용한다. 이는 그의 서술에 신뢰성을 부여하고, 다양한 시각과 목소리를 포함시키는 데 기여하고 있다.

넷째, 라투렛의 역사 서술 방법의 핵심은 기독교의 확산을 하나님의 사명 일부로 보는 선교학적 틀이다. 이런 관점은 역사적 사실뿐만 아니라 영적 역동성에 대한 그의 세심한 관심이 반영되어, 역사는 단순한 인간 행동의 집합이 아니라, 하나님의 역사라는 그의 견해를 보여 준다.

다섯째, 연대기 및 주제별 구조로 본다. 그의 글은 일반적으로 명확한 연대기적 구조 속에서 주제별 탐구로 보완되었다. 이를 통해 그는 기독교의 발전을 선형적인 타임라인에서 논의하는 동시에, 기술 변화의 영향이나 교회 역사에서 여성의 역할과 같은 특정 주제를 탐구할 수 있었다.

이런 방법론적 특성은 라투렛이 기독교의 방대한 문화적 영향력과 다양한 글로벌 맥락에 적응하는 능력을 인정하는 포괄적이고 포용적인 기독교 역사 접근법에 대한 헌신을 보여 준다. 그의 연구는 교회사의 범위를 전 세계 기독교 운동을 포괄하도록 확장했을 뿐만 아니라, 다음 세대의 역사가들에게 높은 학문적 기준을 제시했다.

4) 라투렛 방법론 요약 및 평가

라투렛의 역사 서술 방법론은 선교학적 렌즈를 통해 기독교 역사를 확장 사관으로 조명하여 세계사와 기독교 역사를 분리해서 보지 않고 거대한 하나님의 역사로 보았다. 글로벌 선교학적 관점을 가진 라투렛은 기독교의 확장에 대한 파노라마적 관점을 강조하며 서구 중심의 서술에 도전하고 비서구 기독교 공동체의 기여와 경험을 인정하는 거시적 안목으로 기독교 역사를 이해했다.

라투렛은 기독교 선교를 더 넓은 사회적·문화적·정치적 맥락에서 바라보며, 기독교 운동과 그 운동이 전개된 역사적 시대 사이의 상호 영향을 기록한다. 이 접근법은 기독교와 산업화, 식민주의와 같은 주요 역사적 사건 사이의 상호작용을 강조하며, 변화하는 세상 속에서 교회가 적응하고 영향력을 발휘하는 모습을 보여 준다.

라투렛의 역사학에는 기독교의 확장을 신성한 목적의 성취로 보는 신학적 이해가 담겨 있으며, 역사적 담론에 영적인 차원을 통합한다. 그의 광범위한 연구를 이런 핵심 방법론적 원칙으로 압축함으로써, 우리는 기독교의 역사적 발전의 복잡성과 세계 문화 및 사회에 대한 지속적인 영향을 이해하는 데 여전히 중요한 접근 방식인 선교학적 역사학에 대한 그의 독특한 공헌을 유산으로 받았다.

3. 랄프 윈터의 역사 서술

1) 랄프 윈터 역사관 형성 여정

랄프 윈터(Ralph D. Winter, 1924-2009)는 20세기 기독교 선교 분야에서 독보적인 인물로, 선교 전략과 교육에서 그의 혁신적인 기여는 오늘날에도 여전히 폭넓은 영향력을 미치고 있다. 선교학과 기독교 지도자로 지상명령을 수행하는 데 복음적 접근에 많은 기여를 한 인물로 인식되고 있다.[43] 그의 삶은 기독교 신앙의 깊은 탐구와 학문적 엄격함, 그리고 실천적 선교의 결합이 특징이다.

랄프 윈터는 1924년 캘리포니아(California)주 로스앤젤레스(Los Angeles)에서 태어났다. 그는 어릴 때부터 지적 호기심과 영적 발달을 촉진하는 환경에서 자랐다.[44] 그는 레이크에비뉴 회중교회(Lake Avenue Congregational Church)에서 신앙생활 하면서 선교관련 저명한 사람들과 자연스럽게 만남이 이루어졌다. 풀러신학교의 설립자 찰스 풀러(Charles E. Fuller, 1887-1968)[45]도 이 교회를 다녔으며, 그의 아들 다니엘 풀러(Daniel Fuller)는 평생

---

43 Greg Howard Parsons, *Ralph D. Winter: Early Life and Core Missiology* (Pasadena, CA: William Carey International University Press, 2012), 1.
44 Parsons, *Ralph D. Winter: Early Life and Core Missiology*, 33-37. 그는 아버지 휴고 윈터 (Hugo Winter)와 어머니 헤젤 패터슨(Hazel Patterson Winter) 사이에서 둘째 아들로 태어났다. 그의 형은 폴(Paul)이고 동생은 데이비드(David)이다. 그의 부모님은 복음주의 신앙을 가진 사람들이었으며, 그는 이 신앙을 물려 받았다.
45 찰스 풀러(Charles E. Fuller, 1887-1968)는 1887년 4월 25일 로스앤젤레스에서 태어났다. 원래 감귤 농부였던 그는 1917년에 회심 경험 후 설교자의 길로 들어섰다. 1925년에 라디오 방송 사역을 시작한 풀러는 1937년까지 전국적으로 방송되는 〈올드 패션드 리바이벌 아워〉(Old Fashioned Revival Hour)를 창립하여 매주 2만 명에게 복음을 전한 설교자로 전 세계 수백만 명에게 복음을 전했다. 그는 미국 종교 방송과 신학교육에 큰 영향을 미쳤다. 1947년에는 캘리포니아 파사데나(Pasadena, California)에 풀러신학교를 설립하여 복음주의자들을 위한 교육과 선교 사역을 위해 훈련시켰다. 그의 라디오 전도 및 교육 노력은 그를 20세기 미국 기독교에서 핵심 인물로 만들었으며,

영적인 친구가 되었다. 윈터와 다니엘 풀러는 고등학교 때부터 만나 네비게이토 모임에 함께 참석하며 둘도 없는 가까운 사이가 되었다.[46]

랄프 윈터는 캘리포니아공과대학(California Institute of Technology, Caltech)에서 공부하다가 신앙적 소명을 느끼고 UC버클리(University of California, Berkeley)로 전학하여 학부 과정을 마쳤다. 이후 그는 컬럼비아신학교(Columbia Theological Seminary)에서 신학교육을 이어가며 선교사로서의 기초를 닦았고, 코넬대학교(Cornell University)에서 인류학박사학위를 취득하며[47] 선교 전략 개발에 필수적인 문화적 감수성과 학문적 깊이를 겸비했다.

랄프 윈터는 과테말라(Guatemala)에서 10년간 선교 활동을 하면서 마야 원주민을 대상으로 기독교 전파에 헌신했다. 그가 선교사로 봉사했던 과테말라의 문화와 사회구조에 초점을 맞춘 그의 박사학위 연구는 기독교 선교가 다양한 문화적 맥락에서 어떻게 더 효과적으로 통합될 수 있는지에 대한 그의 이해를 심화시켰다. 이 시기에 그는 인류학적 지식을 활용하여 문화적으로 적합한 선교 전략을 개발하고 실천했다. 또한, 랄프 윈터는 사역현장에서 신학교육을 받을 수 있는 신학연장교육(TEE: Theological Education by Extension) 과정을 개발하여 효과적인 사역을 수행했다.[48]

랄프 윈터는 풀러신학교 세계선교대학원(School of World Mission at Fuller Theological Seminary) 원장인 도널드 맥가브란(Donald Mcgavran)의 초청을 받

특히 신복음주의(neoevangelicalism)의 발전에 큰 영향을 미쳤다. 찰스 풀러는 1968년 3월 18일 소명을 다하고 하나님의 부르심을 받아 글렌데일 포레스트 론(Forest Lawn)에 안장되었다. 임윤택은 열정적인 복음 전도자 찰스 풀러의 삶과 선교를 분석하여 풀러의 전기문을 출판하고 소개했다. 임윤택, 『풀러』(아이러브처치, 2009), 242-46.

46 Parsons, *Ralph D. Winter: Early Life and Core Missiology*, 42-45.
47 임윤택, 『랄프 윈터의 기독교 문명 운동사』(고양: 예수전도단, 2013), 22.
 Parsons, *Ralph D. Winter: Early Life and Core Missiology*, 48-79. 랄프 윈터의교육에 대한 자세한 것은 이 책을 참조하라.
48 Ralph D. Winter, 『랄프 윈터의 비서구 선교 운동사』(*The 25 Unbelievable Years: 1945-1969*), 임윤택 옮김 (고양: 예수전도단, 2012), 34-35.

아 1966년부터 1976년까지 10년 동안 교수 사역을 했다. 그는 풀러에서 강의하는 동안 수많은 선교사로부터 배운 것을 문서화하여 출판하고 배포하는 일을 하기 위해 윌리엄캐리출판사(William Carey Library)를 설립했다. 또한, 그는 미국국제선교학회(American Society Missiology)를 공동으로 설립하고 당시 하계국제연구소(Summer Institute in International Studies)라 불리던 퍼스펙티브 연구 프로그램(Perspectives Study Program)을 시작했다.[49]

랄프 윈터는 1974년 로잔 세계복음화대회(Lausanne 1974)에서 '10/40 창'을 소개하며, 전 세계적으로 선교 사역의 새로운 방향을 설정하는 데 큰 역할을 했다. 그가 주창한 모달리티(Modality)와 소달리티(Sodality) 개념[50]은 기존 기독교 공동체와 다양한 문화와 사회에 기독교를 전파하는 데 초점을 맞춘 선교 사역의 구분을 제공하며, 선교 전략에 있어 혁신적인 사고를 가져왔다. 랄프 윈터는 로잔에서 열린 세계복음화국제대회에서 발표한 논문을 통해 복음이 전파되지 않은 변방 지역에 특별히 관심을 가질 것을 촉구하며, 제3세계 선교의 역할을 강조했다.[51] 이와 관련해서 출판된 책이 『랄프 윈터의 비서구 선교 운동사』이다.

랄프 윈터는 예일대학교 라투렛의 역사관을 이어받아 문명 운동사로 역사를 기술하는 독특한 시각을 가졌으며, 1976년부터 1990년까지 미국세계선교센터(USCWM, 현재 Frontier Ventures)의 최고 책임자로, 1997년까지는 윌리엄캐리국제대학교(William Carey International University) 총장으로, 2009년 하나님의 부

---

49 Winter, 『랄프 윈터의 비서구 선교 운동사』, 35.
50 랄프 윈터는 기독교 역사 해석에 '두 조직체 이론'(Two Structures Theory)을 주장했다. 이 이론에 따르면 두 가지 주요 조직체 유형이 있는데, 하나는 '모달리티'이고 다른 하나는 '소달리티'이다. 모달리티 조직체는 교회나 가족, 사회공동체와 같이 자동적으로 회원 자격이 주어지는 구조이다. 여기서는 추종자의 역할이 중요하다. 반면 소달리티 조직체는 수도원과 같이 명확한 의지와 헌신을 통해 회원 자격을 얻어야 하는 구조로, 이 경우에는 지도자의 역할이 더욱 중요하다. 임윤택, 『랄프 윈터의 기독교 문명 운동사』, 197-98.
51 Winter, 『랄프 윈터의 비서구 선교 운동사』, 35.

르심을 받을 때까지 최전방 선교의 최고 책임자로서 자신의 사명을 다했다.[52]

랄프 윈터는 2009년 5월 20일 파사데나(Pasadena)에서 기독교 선교의 이론과 실천에 지대한 영향을 끼친 유산을 남기고 세상을 떠났다. 윈터의 사후에도 그의 이론과 실천은 기독교 선교학 분야에서 지속적으로 연구되고 확장되고 있으며, 그의 비전은 오늘날에도 전 세계적으로 기독교 단기 선교 방식에 혁신적인 변화를 가져오고 있다. 그의 업적은 선교사와 학자들에게 계속해서 도전과 영감을 주고 있으며, 그의 삶은 깊은 신앙과 뛰어난 학문적 업적의 결합으로 기억된다.

2) 랄프 윈터의 역사 서술 방법

(1) 라투렛 역사관의 영향

랄프 윈터의 역사 이해는 라투렛의 영향을 많이 받았다. 랄프 윈터는 예일대학교의 역사가였던 라투렛의 역사관을 바탕으로 『기독교 확장사』를 학문적 출발점으로 삼고, 그 연장 선상에서 선교역사를 기술하려고 했다. 그는 라투렛을 독보적인 존재라고 생각하며 존경하고 따랐다.

랄프 윈터는 『비서구 선교 운동사』 1970판 서문에서 다음과 같이 말했다.

> 나는 라투렛을 존경한다. 그는 실로 독보적이었다. 우리는 감히 그를 흉내 낼 수 없다. 이 기간에 관해 기록한 그의 역사를 그대로 반복할 수도 없다. 하지만, 우리는 사실에 기초하며 낙관적인 라투렛의 역사관을 견지하면서, 역사를 계속 기록해 나갈 수 있다. 라투렛의 역사관에는 아주 특별한 점이 있다. 그것은 바로 기독교 운동의 기본 구조를 탄탄하게 기술한다는 점이

---

52 Winter, 『랄프 윈터의 비서구 선교 운동사』, 35.

다. 교회 역사를 기술하면서 그는 여러 교회와 교단의 흥망성쇠 과정을 기술하는 것만으로 만족하지 않고, 기독교 운동의 토대가 되는 하부 구조를 섬세하게 그려 냈다. 기독교 운동의 원인과 조직체들을 전반적으로 재고하는 이 시점에서, 라투렛이 기술하는 기독교 운동의 하부 구조에 관한 관점은 우리에게 결정적인 도움을 제공할 것이다.[53]

랄프 윈터가 라투렛의 역사 서술을 이어갔지만, 그만의 독창적인 역사관을 가지고 있었다. 그는 라투렛의 『기독교 확장사』를 발판 삼아 맥가브란의 『교회 성장학』, 린 손다이크(Lynn Thorndike, 1882-1965)[54]의 『중세 문명 운동사』를 접목하여 기독교 문명 운동 사관을 정립하였다는 점이 높이 평가된다.

(2) 기독교 문명 운동 사관

풀러신학교와 윌리엄캐리대학교 교수이자 미주장신대 선교학과 박사원장인 임윤택 박사는 랄프 윈터의 〈문명 운동사〉에 관한 윈터 박사의 핵심 사상을 요약 정리했다. 『세계 기독교 문명의 토대: 퍼스펙티브스 후속 과정』(Perspectives on the World Christian Movement: A Reader)[55]을 중심으로 참고가

---

53 Winter, 『랄프 윈터의 비서구 선교 운동사』, 15-16.
54 린 손다이크(1882-1965)는 매사추세츠(Massachusetts)주에서 태어난 저명한 역사학자로, 중세 역사와 과학 역사에 대한 그의 연구로 유명하다. 웨슬리안대학교(Wesleyan University)와 컬럼비아대학교(Columbia University)에서 공부한 그는 이후 컬럼비아대학교에서 역사 교수로 재직하면서 1950년까지 활발히 교육과 연구 활동을 했다. 그의 대표작은 A History of Magic and Experimental Science(1923)라는 저서로, 초기 박사 논문 주제에서 발전하여 중세부터 17세기까지 과학과 마법의 역사적 발전을 탐구한다. 그의 엄격하고 헌신적인 학문적 태도는 많은 학생에게 영감을 주었으며, 그의 연구는 지속적으로 학문적 연구에 기여하는 많은 학생을 육성하는 데 중요한 영향을 미쳤다. Carl B. Boyer, and Marjorie N. Boyer, "Lynn Thorndike (1882–1965)," *Technology and Culture*, 7 (1966): 391-94, Johns Hopkins University Press, https://muse.jhu.edu/pub/1/article/894584.
55 Ralph D. Winter, and Steven C. Hawthorne, *Perspectives on the World Christian Movement: A Reader* (Pasadena, Calif.: William Carey Library, 1981).

되는 자료들을 번역하여 하나로 묶어『랄프 윈터의 기독교 문명사』라는 제목으로 편집하여 출간했다.

임윤택은 랄프 윈터 역사 서술 방법의 두 가지 업적을 '글로벌 문명사'(Global Civilization)와 '기독교 문명 운동사'(World Christian Movement)로 보았다.[56]

역사를 문명사 관점으로 해석하는 랄프 윈터(Ralph D. Winter)와 스티븐 호돈(Steven C. Hawthorne)이 편집한『세계 기독교 문명의 토대: 퍼스펙티브스 후속 과정』은 선교학의 광범위한 텍스트 모음이다. 이 책은 선교에 대한 다양한 관점을 제공하는 주요 자료로, 선교학을 공부하는 학생들, 교회 지도자들, 선교사들에게 깊이 있는 선교 이론과 실제를 이해할 수 있는 풍부한 자료를 제공한다.

이 책은 성경적 근거, 역사적 배경, 문화적 고려사항, 선교 전략, 그리고 세계적인 교회 운동에 대한 심도 있는 논의를 포함한다. 선교 활동의 복잡성과 중요성을 탐구하며 여러 선교학자들의 기고를 통해 선교의 다양한 측면을 다룬다. 또한, 전 세계적인 기독교 운동에 대한 광범위한 시각을 제공한다. 랄프 윈터의 주요 관심사는 선교 전략과 문화 간 교회의 역할이었다. 그는 선교 활동을 통해 문화와 사회가 변화하는 과정을 중시하며, '문명 운동'(Civilization Movement)이라는 개념을 통해 기독교 선교가 각 문화 내에서 어떻게 발전해 왔는지를 분석했다. 랄프 윈터의 역사관은 선교 활동을 중심으로 역사를 해석하는 데 초점을 맞춘다.

랄프 윈터는 기독교 운동을 세계 문명이라는 더 넓은 역사적 맥락 속에서 파악한다. 그는 기독교의 확산을 기독교가 들어온 사회의 문화적, 정치적, 경제적 조건과 분리해서 이해할 수 없다고 주장한다. 윈터는 '문명 운동'이라는 용어를 사용하여 기독교가 여러 대륙으로 확산되면서 가져온 심오한

---

56 임윤택.『랄프 윈터의 기독교 문명 운동사』, 20.

변화를 설명한다. 윈터는 기독교 선교의 미래를 이해하는 데 있어 '미전도 종족'(Unreached Peoples)에 초점을 맞추는 것이 중요하다고 보았다. 그는 기독교 운동에서 세계 교회의 역할을 강조하며, 주로 서구 선교지에서 보다 다양하고 전 세계적으로 상호 연결된 선교지로의 전환을 강조한다.

(3) 라투렛과 랄프 윈터의 역사 서술 방법 비교

라투렛은 기독교 역사를 확장사 관점에서 해석했다. 그의 주요 작업은 기독교가 어떻게 전 세계로 확산되었는지, 다양한 문화와 사회에서 어떤 방식으로 받아들여졌는지를 추적하는 데 중점을 두었다. 그의 접근은 기독교가 특정한 사회적·문화적·정치적 맥락에서 어떻게 형성되고 변형되어 왔는지에 대한 광범위한 개요를 제공한다. 라투렛은 기독교의 역사를 선교의 성공적인 확장으로 보며, 이를 통해 기독교의 보편적 진리와 영향력을 강조했다.

이에 반해 랄프 윈터는 기독교 역사를 문명사 관점에서 바라보았다. 그는 기독교를 문명의 발전에 기여한 중요한 요소로 보았으며, 그 영향력이 사회, 문화, 정치적 구조뿐만 아니라 과학, 예술, 경제 발전에 이르기까지 광범위하게 미쳤음을 주장했다. 윈터는 기독교를 문화적인 동력으로 이해하며, 세계 문명의 역사 안에서 기독교가 중추적인 역할을 수행한 방식으로 보았다. 이는 기독교의 복음이 단순히 지리적으로 확산되는 것을 넘어, 문명의 발전과 형성에 깊이 관여하고 있다는 것을 의미한다.

라투렛의 역사 서술 방법이 기독교의 보편적 진리를 전파하는 선교 활동에 초점을 맞춘다면, 윈터의 역사 서술 방법은 기독교가 전 세계 문명의 형성에 어떻게 기여했는지를 강조한다. 라투렛의 확장사 접근법은 기독교 선교의 지리적 확산과 그 영향을 미쳤는지에 관심을 가지는 반면, 윈터의 문명사 접근법은 기독교의 깊이 있는 사회문화적 영향과 그것이 세계 각 문화와 문명에 끼친 변화의 양상을 조명하고 있다. 윈터는 라투렛의 역사관 기초를 발판삼아 기독교가 단순히 확산된 종교가 아니라, 각 문명과 문화의 발전에 근본적인 기여를 한 역동적인 힘으로 보았다.

3) 랄프 윈터 방법론 요약 및 평가

케네스 스콧 라투렛의 방대한 기독교 역사에서 깊은 영향을 받은 랄프 윈터의 역사 서술 방식은 기독교 선교 운동을 세계 역사 발전의 광범위한 맥락에 포함시키는 기독교 문명사 중심의 내러티브를 제시한다. 윈터는 기독교가 단순히 지리적 확산을 추적하는 데 그치지 않고, 다양한 문화의 진화와 구조에 필수적으로 기여함으로써 문명 내에서 변혁적 힘으로서의 기독교 역할을 강조했다.

윈터의 역사학은 세계 기독교 운동의 역동성을 사회적·문화적·정치적 요인의 복잡한 상호작용 속에 위치시킴으로써 전통적인 교회사와 차별화되며, 기독교의 영향력이 교회의 경계를 넘어 세계 문명 발전의 영역으로 확장되고 있다고 주장한다. 윈터의 학문적 서술은 본질적으로 기독교가 문명 속에 통합되는 복잡한 패턴을 인식한다. 그는 미전도 종족 또는 미전도 종족과 관련된 기독교 운동을 이해하는 것이 필수불가결하다고 강조하며, 상호 연결된 글로벌 선교 환경으로의 전환을 강조한다. 윈터는 선교역사학 분야에서 문명의 기원과 변화 속에서 기독교의 역할에 대한 섬세한 이해를 제시하며, 세계 문명 역사의 흐름 속에서 선교적 노력이 문화와 사회 변화의 촉매제로서 어떤 역할을 했는지에 대한 총체적인 관점을 제시한다.

4. 폴 피어슨의 역사 서술

1) 폴 피어슨 역사관 형성 여정

폴 피어슨(Paul E. Pierson)은 기독교 신앙에 깊은 뿌리를 둔 가정에서 태어났으며 보수적인 침례교 환경에서 성장했다. 그의 부모님은 그리스도의 복음과 선교의 중요성을 강조하며 자녀들을 양육했다.[57] 폴 피어슨은 화학공학을 공부하던 UC 버클리에서 로버트 보이드 멍거(Robert Boyd Munger, 1910-2001) 목사를 만나면서 예수 그리스도의 주되심의 중요성을 깨닫고, 성경 공부 그룹 활동을 통해 신앙에 더 깊이 몰두하게 되었다.[58]

폴 피어슨은 신앙적 고민 끝에 그리스도를 전적으로 받아들이고, 멍거 목사의 조언을 받아 선교사로서의 분명한 소명을 기다리며 공부에 전념했다.[59] 대학 시절 아내가 될 로즈마리(Rosemary)를 만나 결혼했으며, 선교사의 부르심을 받아들여 프린스턴신학교(Princeton Theological Seminary)에서 신학 교육을 이어 갔다. 그곳에서 그는 존 맥케이(John A. MacKay, 1889-

---

[57] Paul E Pierson, "My Pilgrimage in Mission," *International Bulletin of Missionary Research* 24, no. 2 (2000): 71.

[58] Pierson, "My Pilgrimage in Mission," 71. Paul Pearson was significantly influenced by Robert Boyd Munger. Munger met Pearson while he was studying chemical engineering at UC Berkeley and was instrumental in helping him realize the importance of the Lordship of Jesus Christ. Munger taught Pearson how to deepen his faith in a personal and practical way, which led him to become more involved in Bible study groups. This experience inspired Pearson to deepen his faith and become more involved in church and missionary activities.
폴 피어슨은 로버트 보이드 멍거(Robert Boyd Munger)로부터 상당한 영향을 받았다. 멍거 목사는 피어슨이 UC 버클리에서 화학공학을 공부할 때 만나 그를 예수 그리스도의 주되심의 중요성을 깨닫게 하는 데 큰 역할을 했다. 멍거는 피어슨에게 신앙을 개인적이고 실천적인 방식으로 심화할 수 있는 방법을 가르쳤으며, 이는 피어슨이 성경 공부 그룹 활동에 더 깊이 몰두하게 만드는 계기가 되었다. 이 경험은 피어슨이 그의 신앙을 심화하고 교회 및 선교 활동에 더욱 적극적으로 참여하도록 영감을 주었다.

[59] Pierson, "My Pilgrimage in Mission," 71.

1981)와 오토 파이퍼(Otto Piper, 1881-1961) 등 유명한 교수들에게 배움을 얻었다.[60]

폴 피어슨은 1956년 미국장로교 선교부(Presbyterian Board of Foreign Mission)의 지원으로 브라질에 파송되어 코룸바(Corumba)에서 목회 활동을 시작했다. 현지에서의 선교 경험은 그에게 복음의 변혁적 능력을 목격하게 했다. 그는 현지 신학교에서 선교역사를 가르칠 기회를 얻었으나, 교육 과정의 상황화를 강조하는 그의 노력은 현지 교회와 북미 선교사 사이의 긴장을 초래했다.[61]

이후 미국으로 돌아온 그는 프린스턴에서 학위를 마쳤고, 포르투갈에서 교수직을 맡았으나 뜻하지 않게 풀러신학교 세계선교대학원 학장직을 수락하게 되었다.[62] 그곳에서 그는 교회 성장학이 주목받는 가운데, 선교학의 본질적 기능과 다양한 학문적 영역의 통합을 이끌었다.

---

60 Pierson, "My Pilgrimage in Mission," 71-72. Paul Pierson gained significant theological and missiological insights from John A. MacKay and Otto Piper, which shaped his own approach to scholarship and ministry. MacKay influenced Pierson with a strong focus on social justice and peace, highlighting the importance of addressing societal issues through a theological lens, and emphasizing eschatology that encouraged active participation in God's mission on earth. Piper contributed by teaching Pierson to interpret the Bible in a contemporary context and to integrate faith with scientific understanding, enhancing his methodological approach to theological debates and his practical engagement with missionary work. These influences enriched Pierson's theological framework, enabling a holistic integration of faith and action in his career.
폴 피어슨은 존 맥케이와 오토 파이퍼로부터 중요한 신학적, 선교학적 통찰을 얻었으며, 이는 자신의 학문과 사역에 대한 접근 방식을 형성하는 데 큰 영향을 미쳤다. 맥케이는 사회 정의와 평화에 중점을 두고 신학적 렌즈를 통해 사회 문제를 해결하는 것의 중요성을 강조하고 지상에서의 하나님의 선교에 적극적으로 참여하도록 장려하는 종말론을 강조하면서 피어슨에게 영향을 미쳤다. 파이퍼는 피어슨에게 성경을 현대적 맥락에서 해석하는 방법을 가르치며, 신앙과 과학적 이해를 통합하는 데 초점을 맞추었다. 그는 또한 신학적 논쟁에 대한 방법론적 접근과 선교 사역에 대한 실천적 참여를 강화하는 데 기여했다. 이런 영향은 피어슨의 신학적 틀을 더욱 풍성하게 만들어, 그의 사역에서 신앙과 행동의 총체적인 통합을 가능하게 했다.
61 Pierson, "My Pilgrimage in Mission," 72-74.
62 Pierson, "My Pilgrimage in Mission," 74.

역사학자로서 선교역사를 가르치며 기독교 선교 운동의 중요성을 강조했던 폴 피어슨은 다양한 교단의 학생들과의 교류하며 선교에 대한 신학적 기초를 굳건히 하고, 모든 문화에서 하나님을 찬양하는 교회의 역할을 강조했다. 그는 부흥을 통해 시작되는 선교의 동기를 발견하고 이를 선교 운동의 시작으로 보았다.[63] 폴 피어슨은 신앙의 성장과 학문적 성취, 그리고 선교 활동이 유기적으로 결합된 모범적인 선교사이다.

필자는 풀러 선교대학원에서 폴 피어슨 교수로부터 기독교 운동사 과목을 수강한 마지막 제자가 되었다.

2) 폴 피어슨 역사 서술 방법

(1) 기독교 선교 운동사 관점

폴 피어슨(Paul E. Pierson)의 대표작인 『선교학적 관점에서 본 기독교 선교 운동사』(*The dynamics of Christian Mission History Through A Missiological Perspective*)[64]는 제목에서 알 수 있듯이 기독교 역사를 선교학적 관점으로 기독교 선교 운동사를 조명하고 서술했다. 풀러신학교의 폴 피어슨의 제자 임윤택은 이 책을 번역·출판하면서, 기독교 역사를 문명사 관점에서 본 랄프 윈터 박사의 추천사를 넣었다. 랄프 윈터의 추천사는 폴 피어슨이 어떤 기독교 역사관을 가지고 이 책을 저술했는지를 잘 보여 준다.

랄프 윈터는 이 책을 다음과 같이 평가했다.

---

63 Pierson, "My Pilgrimage in Mission," 74-75.
64 Paul Everett Pierson, *The Dynamics of Christian Mission: History through a Missiological Perspective* (Pasadena, CA: William Carey International University Press, 2009). 이 책은 풀러신학교 임윤택 교수가 기독교문서선교회(CLC)에서 『선교학적 관점에서 본 기독교 선교 운동사』로 번역하여 출판하여 한국 독자들에게 소개했다.

이 책에서 피어슨은 교회사의 중요한 장면마다 새로운 선교학적 통찰을 제공한다. 역사를 움직였던 여러 요소를 선교학적 관점에서 분석하고, 하나님의 백성들이 성장하고 확장해 나가는 내면에 있는 선교학적 원리들을 명쾌하게 밝혀 냈다. 나는 폴 피어슨을 탁월한 역사가로 인정한다. 그에게는 선교학적 통찰들이 가득하다. 그는 여기서 역사를 통해 일어난 기독교 선교 운동의 성장과 확장 과정을 탁월한 내러티브로 그려 냈다. 그의 역사 방법은 진솔하다. 친숙하게 기술했지만, 탁월한 정보 자료를 바탕으로 정리되어 신뢰도가 높다. 이것은 선교 운동사의 기본 교과서가 되기에 충분하다.[65]

랄프 윈터는 폴 피어슨이 기독교 역사를 선교학적 관점에서 분석하고 통찰하여 기독교 선교 운동사를 조명하였다고 평가했다. 랄프 윈터가 기독교 역사를 문명사적 관점에서 해석하고 서술했다면, 폴 피어슨은 선교학적 관점에서 기독교 선교 운동사를 서술했다. 폴 피어슨에게 직접 배운 임윤택은 이 책을 번역하면서, 역자 서문에서 폴 피어슨의 기독교 '선교 운동 사관'을 다음과 같이 소개하며 추천하고 있다.

이 책에서 피어슨은 선교 운동에 나타난 선교학적 원리들을 정리해 준다. 우리로 과거, 현재, 그리고 미래에 일어날 기독교 신앙 운동의 선교학적 원리들을 배울 수 있게 해 준다. 그리고 이 선교적 원리들을 오늘의 선교 전략으로 적용하여 선교 운동이 확산될 수 있도록 독려한다. 우리보다 먼저 당대를 풍미한 수많은 선교운동가의 삶을 본받아, 이 시대를 향한 하나님의 선교적 사명을 순종할 수 있게 한다.[66]

---

65 Pierson, 『선교학적 관점에서 본 기독교 선교 운동사』, 9.
66 Pierson, 『선교학적 관점에서 본 기독교 선교 운동사』, 22.

폴 피어슨은 선교학적 관점에서 기독교 선교 운동사를 분석하고 조명했다. 그는 선교 운동에 관한 역사 연구를 통해 중요한 선교 원리를 발견했다. 그의 주장은 선교 운동은 부흥 운동의 결과로 나타난다는 것이다. 그는 하나님의 선교에 응답한 창조적 소수를 통해 선교 운동이 태동된다고 역설한다. 피어슨은 하나님과 철저하게 동행했던 사람들을 통해 역사적으로 선교 운동이 이어져 왔다고 주장한다.[67]

그러면서 그는 자신만의 독특한 선교학 이론들을 발견해 냈다. 이 이론들은 폴 피어슨의 기독교 '선교 운동 사관'을 형성하는 핵심 요소들이다. 폴 피어슨은 아홉 가지 '선교 운동 사관'을 형성하는 아홉 가지 이론을 창안해 냈다.[68]

이 이론들은 '변두리 이론'(Periphery theory), '두 조직체 이론'(Two structures), '핵심 인물 이론'(A key leader theory), '새로운 리더십 개발 양식 이론'(New Leadership Patterns Theory), '새로운 신앙생활 양식 이론'(Spiritual Dynamics Theory), '새로운 신학적 돌파 이론'(Theological breakthrough theory), '부흥과 확장 이론'(Renewal and Expansion Theory), '역사/상황적 조건 이론'(Historical/contextual conditions theory), '선교 정보 확산 이론'(Information distribution theory)이다.

폴 피어슨은 기독교 역사를 기독교 운동사 관점으로 보는 새로운 지평을 열었다. 그는 기독교 운동사 관점으로 역사 서술을 했으며, 자신이 개발한 아홉 가지 선교 이론을 바탕으로 세계 각국에서 일어나는 선교역사를 선교 운동사 관점으로 이해하고 해석했다. 모든 선교 운동에 아홉 가지 이론이 모두 적용되는 것은 아니지만, 어떤 선교 운동은 여러 가지 이론이 적용되기도 하고, 하나의 이론만 적용되기도 한다.

---

67 Pierson, 『선교학적 관점에서 본 기독교 선교 운동사』, 5.
68 Pierson, 『선교학적 관점에서 본 기독교 선교 운동사』, 17-20.

또한, 폴 피어슨은 부흥 운동이 선교 운동과 연결된다고 보는 시각을 가졌다. 그는 세계 각국에서 일어난 부흥 운동 연구를 통해 부흥 운동이 선교 운동으로 연결되고 있음을 보았다.

3) 폴 피어슨 방법론 요약 및 평가

폴 피어슨은 『선교학적 관점에서 본 기독교 선교 운동사』에서 선교학의 렌즈로 역사를 재해석하여 기독교 선교 운동을 역사적 담론의 중심에 놓았다. 그의 관점은 기독교 운동의 역동성을 단순히 사건의 연대기적 전개가 아니라, 시간을 통해 드러난 일련의 선교학적 원리로 인식한다는 점에서 혁신적이다.

폴 피어슨의 역사 서술 방법론은 기독교 운동의 성장과 확장을 뒷받침하는 선교학적 원리에 초점을 맞추는 것이 특징이다. 그는 부흥 운동을 선교 운동의 촉매제로 파악하며, 이런 영적 열정의 고조가 기독교 신앙 전파에 필수적이라고 제안한다. 피어슨은 그의 연구를 통해 선교 운동이 종종 하나님의 선교적 부르심에 대한 창조적 소수의 응답에서 비롯되며, 그 결과 신성한 목적과 깊이 연결된 개인들에 의해 형성된 중요한 역사적 연속성을 지니고 있음을 분명히 밝히고 있다.

폴 피어슨은 기독교 선교 운동의 형성 요소를 식별하고 분석하는 선교학적 프레임워크를 사용하여 기독교의 역사적 지형을 묘사한다. 이런 접근 방식은 역사적 진보가 본질적으로 하나님의 선교와 연결되어 있으며, 따라서 기독교 역사에 대한 모든 이해에는 교회의 선교 추진력과 전략에 대한 분별력 있는 분석이 포함되어야 한다는 깊은 신념을 반영하고 있다.

또한, 폴 피어슨의 역사학은 학문적 엄밀성으로 풍부한 역사적 데이터를 일관된 내러티브로 종합하여 출처 자료에 대한 높은 충실도를 유지한다. 그의 연구는 선교학적 통찰력뿐만 아니라 선교 운동 연구의 기초 텍스트로서도 유용성이 높다고 평가받으며, 학문과 실제 선교 전략 모두에 크게 기여하고 있다.

선교 운동의 역사적 발전을 이해하기 위한 그의 아홉 가지 이론적 틀은 변두리 이론, 두 구조 이론, 핵심 지도자 이론, 새로운 지도력 패턴 이론, 영적 역동성 이론, 신학적 돌파구 이론, 갱신과 확장 이론, 역사적/상황적 조건 이론, 정보 확산 이론 등의 핵심 이론을 통합하여 기독교 선교역사를 종합적으로 학문적으로 정리한 것이다.

폴 피어슨의 역사학적 접근법은 기독교 선교 운동을 영적 각성과 불가분의 관계에 있는 현상으로 학문적으로 요약하며, 다양한 사회문화적 맥락과 시대를 통해 기독교의 확장을 뒷받침하고 있다. 그의 관점은 전 세계의 부흥과 선교적 노력의 상호 연관성을 강조하면서, 기독교 역사를 이해하는 새로운 지평을 제시한다.

5. 도널드 맥가브란 역사 서술

1) 맥가브란 역사관 형성 여정

도널드 앤더슨 맥가브란(Donald Anderson Mcgavran, 1897-1990)은 1897년 12월 15일 인도 다모(Damoh, India)에서 3대째 선교사로 헌신한 가정에서 태어나 성장했다.[69] 그의 어린 시절은 부모님과 선교사 공동체의 영향을 많이 받았으며, 이는 교회 성장과 선교 연구에 평생을 헌신할 수 있는 밑거름이 되었다. 맥가브란의 기독교에 대한 헌신은 어린 시절, 특히 1911

---

69   Vern Middleton, *Donald Mcgavran, His Early Life and Ministry: An Apostolic Vision for Reaching the Nations ; A Biography* (Pasadena, CA: William Carey Library, 2011), 1-3.

년 아버지가 지역교회에서 목회하도록 가족이 이사한 오클라호마주 툴사(Tulsa, Oklahoma)에서 세례를 받으면서 확고해졌다.[70]

선교와 신학에 대한 그의 교육 여정은 미국에서 시작되어 1920년 버틀러대학교(Butler University)에서 학사학위(B.A.)를 받았고,[71] 1922년 예일신학대학원(Yale Divinity School)에서 루터 웨이글(Luther Allan Weigle, 1880-1976)[72] 교수의 지도로 기독교 교육학을 전공하여 B.D.(Bachelor of Divinity)를 받았다. 맥가브란은 웨이글 교수로부터 수업 준비와 진행 방식에 대한 교육 철학에 영향을 받았다.[73]

맥가브란이 예일대학교에서 공부하던 당시, 안식년을 맞아 선교학 교수로 떠오르는 젊은 케네스 스콧 라투렛이 있었다. 맥가브란은 라투렛에게 직접적인 배움의 기회는 없었지만 라투렛의 『기독교 확장사』는 맥가브란에게 역사를 보는 시각에 중요한 영향을 미쳤다.[74] 그는 라투렛으로 부터 역사를 보는 새로운 안목을 갖게 되었으며, 이것이 그의 교회 성장학 이론의 발판이 되었다.[75]

---

70 Vern Middleton, *Donald Mcgavran, His Early Life and Ministry*, 5.
71 Vern Middleton, *Donald Mcgavran, His Early Life and Ministry*, 6.
72 Luther Allan Weigle(1880-1976) was a prominent American religious educator and theologian noted for his significant contributions to Christian education and Bible translation. He graduated from Wesleyan University and Yale University, later becoming the dean of Yale Divinity School where he focused on theological education and research. Weigle chaired the translation committee for the Revised Standard Version of the Bible, released in 1952, which became a key and widely used Bible translation. His leadership helped modernize religious education and increase Bible accessibility. Weigle authored several theological texts and books on religious education, impacting many Christian educators and theologians. He is remembered for his pivotal role in shaping religious education practice and understanding. Anonymous, "Luther Allan Weigle," *Biola University*, accessed May 2, 2024, https://www.biola.edu/talbot/ce20/database/luther-allan-weigle.
73 Gary Lynn McIntosh, *Donald A. Mcgavran: A Biography of the Twentieth Century's Premire Missiologist* (USA: Church Leader Insights U.S.A., 2015), 67-68.
74 Gary Lynn McIntosh, *Donald A. Mcgavran*, 68.
75 정용암, 『도널드 맥가브란의 개종신학』, 34.

맥가브란은 1922년 8월 29일, 선교사로 헌신한 마리아 엘리자베스 하워드(Mary Elizabeth Howard, 1898-1990)와 결혼했으며, 선교대학(College of Missions in Indianapolis)에서 석사학위(M.A.)를 취득했다.[76] 이후 그는 1935년에 컬럼비아대학교(Columbia University)에서 교육학박사학위(Ph.D.)를 취득했다.[77] 1923년 연합기독교선교회(United Christian Missionary Society) 소속으로 인도로 돌아온 맥가브란은 1954년 미국으로 돌아갈 때까지 본격적인 선교 사역을 감당하게 되었다.

맥가브란은 인도에서 사역하는 동안 전도와 교회 리더십에 직접 참여했다. 이 경험을 통해 그는 특정 문화적, 사회적 맥락에서 지속 가능한 성장을 위한 전략을 이해하고 실행하는 데 초점을 맞춘 교회 성장 원칙을 정립하는 계기가 되었다. 그는 복음과 문화적 역동성의 교차점을 찾았으며, 교회가 공통의 민족적, 사회적 배경을 가진 사람들 사이에서 더 빠르게 성장한다는 '동질집단 원리'(Homogeneous Unit Principle)를 발견했다. 인도에서의 경험은 선교 사역과 교회 성장에 대한 그의 관점에 깊은 영향을 미쳤다. 선교 사역의 실제적, 교육적 측면에 대한 맥가브란의 깊은 참여는 이후 교회 성장 운동을 근본적으로 형성한 그의 이론적 공헌의 서막이었다. 1954년 미국으로 돌아온 맥가브란은 교회 성장 연구를 정식 학문 분야로 발전시키는 데 중요한 역할을 했다.

맥가브란은 1965년 9월, 당시 풀러신학교 총장인 데이비드 허바드(David Hubbard)의 초빙을 받아 풀러신학교 선교대학원(SWM)의 초대원장이 되었다.[78] 그는 현장에서 은퇴했지만, 풀러에서 현장과 학문의 경험을 살려 교

---

76 Vern Middleton, *Donald Mcgavran, His Early Life and Ministry*, 10-11.
77 George G. Hunter III, "Donald A. Mcgavran 1897-1990 Standing at the Sunrise of Missions," in *Mission Legacies: Biographical Studies of Leaders of the Modern Missionary Movement*, ed. Gerald H. Anderson et al., vol. No. 19, *American Society of Missiology Series* (Maryknoll, New York: Orbis Books, 1994), 516.
78 Vern Middleton, *Donald Mcgavran, His Early Life and Ministry*, 285.

회 성장과 선교의 학문적 토대를 바탕으로 후진 양성에 헌신했다. 맥가브란(Donald Anderson Mcgavran)의 풀러신학교 세계선교대학원 재직 기간은 그의 경력에서 중요한 부분이었으며, 그의 사역과 선교학에 대한 학문적 공헌이 크게 발전하는 계기가 되었다.

맥가브란의 지도 아래 SWM은 빠르게 성장하여 전 세계에서 가장 영향력 있는 선교학센터 중 하나로 자리 잡았다. SWM은 엄격한 학문적 탐구와 실용적인 선교 전략을 통합하여 전 세계의 다양한 선교 활동에 영향을 미쳤다. SWM은 맥가브란이 개척한 교회 성장학이 복음주의자들 사이에서 지배적인 선교 방법론이 되어 전 세계 선교 전략에 영향을 미쳤다.

앨런 티펫(Alan Tippett), J. 에드윈 오르(J. Edwin Orr), 찰스 크래프트(Charles H. Kraft), 랄프 윈터(Ralph D. Winter), 피터 와그너(Peter Wagner), 아서 글라서(Arthur Glasser) 등 저명한 인물들로 구성된 SWM의 교수진은 신학적 깊이와 실제적인 전도 전략을 결합한 교회 성장에 대한 포괄적인 이해를 키우는 데 중요한 역할을 했다.[79] 풀러에서 맥가브란은 복음주의적 열정과 학문적 연구 사이의 간극을 메우며 선교학을 학문적 분야로 발전시키는 데 중요한 인물로서 자신의 유산을 확고히 했다.

도널드 맥가브란은 기독교 선교 이론과 실천에 영구적인 족적을 남긴 영향력 있는 경력을 쌓은 후, 1990년 7월 10일 캘리포니아주 알타데나(Altadena, California)에서 세상을 떠났다. 인도의 선교 문화에 심취했던 어린 시절부터 중요한 학문적 공헌에 이르기까지, 그의 일생은 기독교 선교 역사에서 중요한 한 페이지를 장식했다.

---

79   정용암, 『도널드 맥가브란의 개종신학』, 49.

2) 맥가브란의 저서에 나타난 역사 이해

도널드 맥가브란(Donald Anderson Mcgavran)의 주요 저서들은 그의 교회 성장 사관을 집약적으로 반영하고 있으며, 방법론적이고 데이터 기반의 접근법을 통해 교회 확장을 이해하고 촉진하는 방법을 제시한다.

- 『하나님의 가교』(The Bridges of God, 1955)[80]
이 책은 맥가브란의 이론에 있어 기초적인 텍스트로, 복음을 전하기 위해 기존의 사회적 네트워크와 문화적 연결을 활용하는 개념을 소개한다. 맥가브란은 효과적인 복음 전파가 이런 가교(Bridge)를 이용하여 동질집단 내에서 더 쉽고 자연스러운 전환을 촉진할 수 있다고 주장한다. 이 개념은 전략적인 참여를 강조하며, 복음 전파를 기존 사회구조와 연결한다.

- 『교회는 어떻게 성장하는가』(How Churches Grow, 1959)[81]
맥가브란은 여기에서 교회 성장의 경험적 분석을 확장하며, 그의 이론을 뒷받침하는 사례 연구와 통계적 증거를 제시한다. 그는 교회 성장 전략을 효과적으로 구현하기 위해 지역 문맥과 문화적 역학을 이해하는 것이 중요하다는 점을 강조한다. 이 작업은 교회가 전략적으로 성장을 생각하게 하며, 정보에 기초하여 결정을 내리도록 한다.

---

80   Donald Anderson McGavran, *The Bridges of God* (Friendship Press, 1955).
81   Donald A. McGavran, *How Churches Grow* (London: World Dominion Press, 1959).

- 『교회 성장의 이해』(Understanding Church Growth, 1970)[82]

교회 성장 운동의 선구자로 알려진 맥가브란은 방법론적 접근을 통해 교회 성장의 패턴과 기독교의 효과적인 전파를 분석하는 데 중점을 두었다. 그의 대표작인 『교회 성장의 이해』는 교회가 수적으로나 영적으로 성장하는 방법에 대한 그의 이론과 원칙을 종합적으로 조명한다. 이 책은 교회 성장, 전도, 선교 전략에 대한 도널드 맥가브란의 광범위한 연구와 중요한 사상을 요약한 그의 대작으로 인정받고 있다.

- 『교회를 성장시키는 방법』(How to Grow a Church, 1973)[83]

이 실용적인 가이드는 맥가브란의 이론적 틀을 지역교회 지도자들이 실행할 수 있는 실천적인 전략으로 변환한다. 이는 교회 성장 원칙이 이론적일 뿐만 아니라 실행 가능해야 한다는 그의 믿음을 반영하는데, 단계별 과정을 제공함으로써 맥가브란은 학문적 선교학과 현장의 교회 활동 사이의 간극을 연결한다.

- 『교회 성장과 기독교 선교』(Church Growth and Christian Mission, 1965)[84]

이 책은 맥가브란이 편집한 것으로, 교회 성장을 촉진할 수 있는 선교 전략에 대해 더 깊이 탐구한다. 명확한 전략적 목표와 일치하는 선교는 교회 구성원과 참여를 효과적으로 증가시킬 수 있다고 논의한다. 맥가브란의 전략 계획에 대한 강조는 그의 전반적인 견해를 반영하며, 선교 사역이 의도적이고 결과 지향적이어야 한다고 주장한다.

---

[82] Donald A. McGavran, *Understanding Church Growth* (Grand Rapids: Eerdmans Publishing Company, 1970).

[83] Donald A. McGavran, and Win Arn, *How to Grow a Church* (Glendale, Calif.,: Regal Books, 1973).

[84] Donald Anderson McGavran et al., *Church Growth and Christian Mission*, ed. Donald Anderson McGavran, ed. 1st (New York: Harper & Row, 1965).

- 『미래 선교의 핵심 과제』(*Crucial Issues in Missions Tomorrow*, 1972)[85]

선교의 미래 도전과 기회를 예상하며, 맥가브란은 교회 성장 전략이 어떻게 발전해야 하는지 주요 이슈를 다룬다. 이 저서는 그의 선구적인 접근 방식을 보여 주며, 인구 통계, 정치, 기술의 글로벌 변화가 기독교 확산에 어떤 영향을 미칠지를 조명한다.

맥가브란의 저서들은 전통적인 방법에서 보다 더 전략적인 접근으로의 전환을 보여 준다. 그의 연구는 측정 가능한 결과, 전략적 계획 및 문화적 감수성에 중점을 두며, 교회 성장 운동의 토대를 마련할 뿐만 아니라 교회 확장과 선교 사역을 오늘날 현 시대에서 어떻게 접근해야 하는지에 대한 더 넓은 시각을 갖도록 영향을 미쳤다. 이런 그의 저서들은 다양한 문화적 맥락에서 교회를 성장시키기 위한 풍부하고 상세한 청사진을 제공하며, 전도의 열정과 방법론적 전략을 조화롭게 통합하고 있다.

3) 맥가브란 역사 서술 방법

도널드 맥가브란(Donald Mcgavran)은 교회 성장 운동의 창시자로, 역사를 통해 교회 성장의 패턴을 분석하고 이해하는 데 주력했다. 그의 역사관은 기독교 교회의 성장과 확산에 주목하며, 특히 '인간집단'에 대한 선교 전략을 강조한다.

임윤택은 『선교학적 관점에서 본 기독교 선교 운동사』 역자 서문에서 맥가브란을 풀러 선교학의 DNA 출발점으로 보고, 그의 역사관을 예일대 라투렛의 확장사관에서 시작해 폴 피어슨의 사관까지 연결해서 다음과 같이 정리했다.

---

[85] Donald A. McGavran, *Crucial Issues in Missions Tomorrow* (Chicago: Moody Press, 1972).

맥가브란의 사관은 예일대학교 교수였던 라투렛의 교회 확장 사관에서 출발했다. 1955년 라투렛은 교회 성장학의 출생 증명서라는 맥가브란의 『하나님의 가교』(Bridge of God)에 추천사를 썼다. 1968년, 맥가브란은 오르(Edwin Orr) 교수에게 선교역사를 교회 성장 사관으로 가르쳐 달라고 부탁했다. 오르는 옥스퍼드 출신으로, 웨일즈 부흥 운동을 비롯한 전 세계 부흥 운동 연구에 있어 당대 최고의 학자였다. 오르는 교회 성장을 부흥 운동의 산물로 확신했기에, 성장 사관에 부흥 사관을 기본으로 삼았다. 오르의 부흥 사관은 교회 성장학을 비롯한 선교학 전반에 지대한 영향을 미쳤다.

여기에 칼텍과 코넬대 출신 랄프 윈터가 가세했다. 그는 선교역사 가운데 중세 수도원에 대해 주목했다. 그리고 미전도 종족을 선교하기 위한 소달리티 개념과 저 유명한 '두 조직체 이론'을 발전시켰다. 그의 중세 수도원 연구는 UCLA 역사학 교수였던 린 화이트(Lynn White)의 도움을 받았다고 한다. 1980년, 드디어 프린스턴 출신의 피어슨 박사가 등장했다. 그는 프린스턴에서 마펫 선교사로부터 아시아 선교 운동사적 관점을 배웠으며, 친구인 리처드 러블레이스(Richard Lovelace)의 갱신 운동 개념을 첨가했다. 그래서 폴 피어슨은 갱신 운동, 대각성 운동과 부흥 운동을 상호 호환적으로 사용한다.[86]

저명한 기독교 역사가인 케네스 스콧 라투렛(Kenneth Scott Latourette)은 맥가브란의 관점에 큰 영향을 미쳤다. 다양한 문화적, 역사적 맥락을 통해 신앙의 확산을 기록한 라투렛의 방대한 『기독교 확장사』는 맥가브란의 교회 성장 사관의 연구 배경의 발판이 되었다.

교회의 양적 성장에 대한 맥가브란의 관심은 라투렛의 광범위한 역사 서술의 구체적인 적용으로 볼 수 있으며, 특히 특정 인구 또는 인간집단(peoples groups) 내에서 수적 증가로 이어지는 선교 사역의 전략적 요소를

86　Pierson, 『선교학적 관점에서 본 기독교 선교 운동사』, 21-22.

강조한다. 맥가브란은 교회 성장이라는 렌즈를 통해 교회 역사를 분석했으며, 특히 기독교 신자 증가로 이어진 패턴과 방법에 주목했다.

맥가브란은 전체집단이 함께 개종하여 교회가 빠르게 성장하는 동질집단 원리(Homogeneous Unit Principle) 방식에 초점을 맞췄다. 문화적 장벽을 최소화하고 특정 동질집단을 대상으로 전도할 때 교회가 더 빨리 성장한다는 것이다. 그는 기독교의 확산이 동질적인 민족 및 사회집단 내에서 자연스러운 사회적 네트워크를 활용할 때 가장 성공적이었다고 주장했다. 이 개념은 전통적인 개인 개종 노력에서 벗어난 것이었다.

기독교 확장의 역사적 역동성에 대한 라투렛의 강조는 맥가브란이 선교 활동에서 전략적이고 측정 가능한 성과에 초점을 맞추는 데 도움을 주었으며, 선교 활동의 성공을 영적 회심뿐만 아니라 지속 가능한 교회 개척과 성장으로 평가할 수 있는 맥락을 마련하는 데 도움이 되었다. 이런 역사적 통찰과 전략적 선교 방법론의 결합을 통해 맥가브란은 역사적 흐름에 대한 깊은 이해를 바탕으로 선교 현장에서 가시적인 성과를 달성하는 데 실질적으로 초점을 맞춘 내러티브를 만들 수 있었다.

맥가브란은 이런 교회 성장 사관을 바탕으로 자신만의 독특한 교회 성장학 이론을 정립했다. 그는 교회의 성장을 하나님의 뜻이라고 보고, 하나님의 뜻은 지상명령을 수행하는 것이라고 여겼다. 이 지상명령을 통해 복음이 전파되는 것이 하나님의 영광을 드러내는 것이므로 교회 성장학 이론을 통해 복음을 효과적으로 전하는 것이 중요하다고 보았다.

교회 성장 사관은 맥가브란이 남긴 대표적인 유산이다. 그는 한 세대의 교회 성장 학자들이 관심을 가져야 할 네 가지 질문을 던진다.[87]

---

[87] Hunter III, in *Mission Legacies: Biographical Studies of Leaders of the Modern Missionary Movement*, 517.

첫째, 교회 성장의 원인은 무엇인가?
둘째, 교회 성장의 장애물은 무엇인가?
셋째, 어떤 종족 가운데 기독교 신앙을 이끌어내는 운동의 요인들은 무엇인가?
넷째, 교회 성장의 재생산 원리는 무엇인가?

이런 질문을 가지고 현장을 조사하고 적용시키는 과정에서 맥가브란은 교회 성장학의 이론을 찾아내고 정립했다.

4) 도널드 맥가브란 방법론 요약 및 평가

도널드 맥가브란의 교회 성장 관점의 역사학적 방법은 선교적 실용주의와 방법론적 분석을 혼합한 통합적 학문적 접근법이다. 그의 역사 서술은 가족 선교사 혈통의 형성적 영향과 정식 교육을 통한 지적 발달에 뿌리를 두고 있으며, 맥가브란의 역사학은 기독교의 확장에 대한 맥락적 이해, 특히 인도에서 선교사로 사역하는 동안 경험적 관찰에서 도출한 개념인 '동질집단 원리'의 렌즈를 통해 분명하게 드러난다.

그의 이론적 토대는 케네스 스콧 라투렛 등의 영향을 받았으며, 선교 현장에서 데이터에 기반한 전략적 참여를 강조한 맥가브란의 선교학적 실천을 통해 더욱 정교해졌다. 이런 접근 방식은 단순한 수적 성장을 넘어 신앙 전파에 있어 문화적 통합과 집단 정체성이 갖는 광범위한 의미를 고려하기 위해 전도의 민족·사회적 역학에 대한 인식이 필요하다.

교회 성장 사관에 대한 맥가브란의 학문적 서술은 측정 가능한 결과와 '인간집단'의 전략적 동원의 필요성을 강조한다. 풀러신학교 선교대학원에서 그의 이론이 체계적인 학문으로 발전한 중요한 시기로, 앨런 티펫(Alan Tippett)과 피터 와그너(Peter Wabner) 같은 인물에게 영향을 미치고 교회 학문과 현장 전략을 연결했다. 학문적 담론에서 맥가브란의 접근 방식은 기독교 선교의 성공을 영적 회심이 아닌 지속 가능한 교회 설립과 성장으로 평가하는 목표 지향적 선교학으로의 역사학적 패러다임 전환을 가져왔다.

맥가브란의 학문적 내러티브는 교회 확장의 역사적 진행 과정을 방법론적으로 탐구하여 다양한 문화적 지형에 걸친 성장 패턴을 이해하고 적용하고자 했다. 따라서 맥가브란의 교회 성장 사관은 선교 전략의 효과성, 성장 장애물의 식별, 선교 이론을 현대 교회의 도전에 적용하여 궁극적으로 기독교 선교의 세계적 실천을 강화하고자 하는 학문적 틀로서 그 유산을 남겼다.

6. 요약(Summary)

제3장에서는 방법론(Methodology)을 기술했다. 조지 마즈던(George M. Marsden)과 케네스 스콧 라투렛(Kenneth Scott Latourette), 랄프 윈터(Ralph D. Winter), 폴 피어슨(Paul E. Pierson), 그리고 도널드 맥가브란(Donald Mcgavran)의 방법론은 기독교 역사에서 복음주의 및 선교학적 역사 서술의 스펙트럼을 제공한다. 조지 마즈던의 복음주의 역사 서술 방법은 역사가 하나님의 섭리를 반영하는 청교도와 복음주의 기독교 관점을 통합하는 것이 특징이다. 에드워즈에 대한 그의 중요한 연구는 엄격한 역사적 방법론과 신학적 통찰력을 결합하여 이런 접근 방식의 모범을 보여 준다.

한편, 라투렛과 랄프 윈터는 역사학적 대화를 선교학적 영역으로 확장한다. 라투렛의 역사 서술 방법론은 기독교 역사를 전 세계적 범위에서 기독교의 확장을 하나님의 중요한 역사로 강조하고, 비서구 기독교 내러티브를 통합한다. 랄프 윈터의 역사 서술 방법론은 기독교 선교를 세계 문명의 맥락에 놓고, 기독교의 지리적 확산보다는 문화적 변혁에 대한 기독교의 역할을 강조한다.

폴 피어슨은 선교학적 렌즈를 통해 기독교 운동의 역동성에 초점을 맞추고, 부흥 운동을 선교 노력의 핵심 동력으로 강조하며 하나님의 선교를 진전시키는 데 있어 충성스러운 소수 핵심 인물의 역사적 역할을 강조한다. 도널드 맥가브란의 역사 서술 방법론은 기독교 역사를 교회 성장 사관의 렌즈로 보았으며, 전략적 전도를 사회문화적 맥락에 맞추고 교회 확장을 지속 가능한 성장과 데이터를 비교 분석하여 교회 성장 관점을 적용함으로써 새로운 지평을 열었다.

조지 마즈던의 관점은 역사적 사건에 대한 신학적 깊이를 제공하는 반면, 라투렛, 윈터, 피어슨, 맥가브란은 기독교가 세계 문명과 문화에 미친 영향을 고려하는 더 넓은 관점을 제시한다. 이들의 방법론은 기독교 역사학의 다면적 특성을 강조하며, 신앙 중심의 관점과 세계적인 선교학적 통찰력을 통합함으로써 역사 분석이 더욱 풍성해질 수 있음을 보여 준다. 조지 마즈던은 복음주의 신학의 관점에서 에드워즈를 깊이 있게 조명해 왔다.

그러나 에드워즈를 균형 있게 이해하기 위해서는, 복음주의 신학의 관점에 더하여 선교학적 관점을 보완적으로 적용할 필요가 있다. 이에 필자는 '두 렌즈 이론'(Two-Lens Theory)을 제안한다. 에드워즈와 같은 인물을 분석하고 기독교 선교역사를 종합적으로 고찰하기 위해서는 복음주의 신학적 통찰과 선교학적 통찰, 두 관점 모두 요구된다. 이런 두 렌즈를 통합하는 방법론을 바탕으로, 에드워즈의 선교신학을 보다 심층적으로 조명하고자 한다.

다음 제4장에서는 에드워즈 선교의 역사적 맥락으로 시대적 배경과 그의 삶과 사역을 고찰할 것이다.

제4장

조나단 에드워즈 선교의 역사적 맥락

제4장에서는 조나단 에드워즈 선교의 역사적 맥락으로서 시대적 배경과 그의 삶의 여정을 기술한다. 한 인물을 논하는 데 있어서 역사적 배경을 연구하는 것은 그의 삶과 사역을 이해하는 데 대단히 중요하다. 제4장에서는 에드워즈가 어떻게 목회자로, 부흥신학자로, 그리고 인디언 선교사로 준비되고 헌신하게 되었는지를 조명한다.

에드워즈는 18세기 인물이다. 따라서 에드워즈의 18세기 시대적 배경을 살펴보고, 그가 어떤 신앙적 배경과 가문에서 자랐는지에 대한 생애사적 이해를 로버트 클린턴(Robert Clinton)의 6단계 이론을 통해 기술하고자 한다.

1. 조나단 에드워즈 시대적 맥락과 신앙의 변화

1) 시대적 맥락

조나단 에드워즈는 청교도의 후예이다. 청교도들은 어른을 공경하는 것을 사회 중요한 지표로 생각했다.[1] 또한, 청교도들은 하나님의 절대주권을

1　Kenneth P Minkema, "Old Age and Religion in the Writings and Life of Jonathan Edwards," *Church History* 70, no. 4 (2001): 675.

믿는 칼빈의 신학을 따르는 자들이다. 그뿐만 아니라 청교도들은 가정 교육과 신앙을 우선시했다. 1620년, 그들은 신앙의 자유를 갈망하며 메이플라워(Mayflower)호를 타고 신대륙으로 향했고, 그곳에 신앙 중심의 새로운 공동체를 세웠다.²

〈그림 6〉 청교도들의 신대륙 도착³

뉴잉글랜드(New England)는 칼빈의 가르침을 따르는 청교도들이 종교적인 망명으로 세워졌다. 뉴잉글랜드의 많은 지도자는 대학에서 고등교육을

---

2   William Warren Sweet, 『美國 敎會史』(*The Story of Religion in America*), 김기달 옮김 (서울: 보이스사, 1994), 69-74. 청교도 이주민은 계속 증가했다. 1629년 약 900명, 1630년 2000명, 그리고 1640년까지 추산되기를 20,000명이 대서양을 건너 신대륙에 정착했을 것이다.

3   Richard Cornish, 『성경과 함께 읽는 기독교 역사 100장면』(*5 Minute Church Historian*), 이혜림 옮김 (서울: 도마의길〈웅진씽크빅〉, 2010), 219. 청교도들은 수많은 어려움을 이겨 내고 신대륙에 도착했다. 미카엘 펠리체 코르네(Michael Felice Corne, 1803-1875)가 그린 그림으로 백악관에 보관되어 있다. 코르네는 이탈리아 화가이자 조각가로 주로 종교적인 작품을 많이 남겼다.

받은 사람들로서 교육을 중요시했다.[4] 청교도들의 교육에 대한 열정은 대학의 설립으로 이어졌다. 그들은 1636년에 하버드대학을 세웠고, 1701년 예일대학을 설립했다. 대학을 설립한 목적은 국가와 교회를 섬기는 사람들을 훈련하기 위함이었다.[5] 당시 목회자는 존경을 받았으며, 영적 문제를 해결하는 목회자의 권위가 있었다.

〈지도 1〉 1696년 뉴잉글랜드 지도[6]

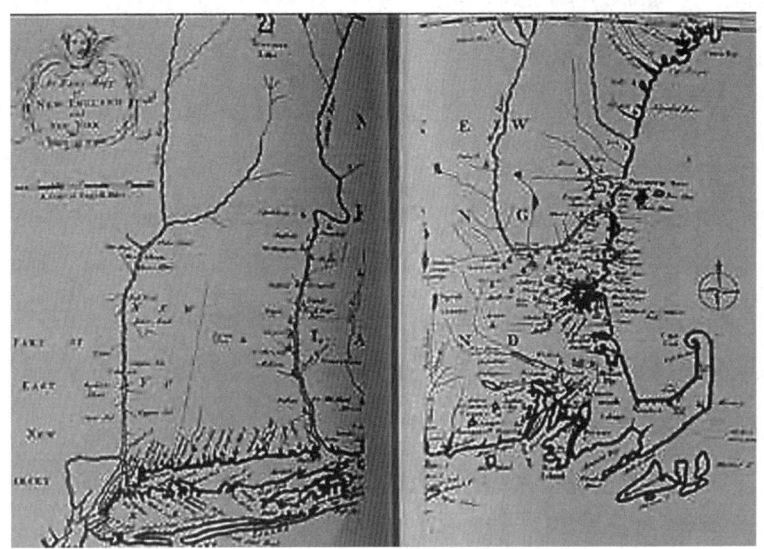

---

4 Cornish, 『성경과 함께 읽는 기독교 역사 100장면』, 219-20. 청교도는 지성을 존중했다. 초기 이민자들은 교육 수준이 높은 사람들이었으며, 교육을 대단히 중요하게 여겼다. 청교도들은 어머니가 자녀에게 읽고 쓰는 법을 가르치면서 가정에서부터 교육이 시작되었다. 중등 교육에서는 대학 공부를 준비하는 단계로 고전을 배웠다. 청교도들은 하나님의 은혜가 지성을 통해 마음으로 오기 때문에, 공부하지 않고 성경을 가르치는 것은 직무 유기로 여길 만큼 배우는 일을 중요하게 생각했다.
5 Cornish, 『성경과 함께 읽는 기독교 역사 100장면』, 219. 청교도들은 신세계를 건설하기 위해서 먼저 대학을 세워 영적 지도자를 양성했다.
6 Marsden, *Jonathan Edwards: A Life*, X.

하지만, 청교도들이 신앙으로 세운 뉴잉글랜드 지역을 중심으로, 인접한 미국 식민지들은 17세기 말엽과 18세기에 접어들면서 신앙적으로 나태하고 안일해졌다. 계속해서 유입되는 여러 종류의 이민자들을 뉴잉글랜드 방식으로 통제하기 어려웠다.

이민 1세대나 2세대의 후손들은 선조와 똑같은 신앙 양식을 보존할 수도 없었다. 탐험심과 모험심을 발휘하여 새롭게 이주하는 자녀들을 청교도 부모들은 막을 길이 없었고, 한 번 이주해 가면 이들은 신앙적으로 느슨한 삶을 즐기기 시작했다.[7] 영국에서는 50년 전만 해도 엄청나게 영향력을 행사하던 기독교가 점점 힘을 잃어 가고 있었다.

〈그림 7〉 청교도들의 초기 모습[8]

---

7   정준기, 『청교도 인물사』 (서울: 생명의말씀사, 1996), 257.
8   Mark A. Noll, 『미국·캐나다 기독교 역사』(*A History of Christianity in the United States and Canada*), 최재건 옮김 (서울: CLC, 2005), 62.

기독교가 새로운 세상에서 의미를 가지려면 정통 칼빈주의 신학의 경직성을 버리고 훨씬 더 자유로운 신학을 추구해야 한다고 사람들은 믿고 있었다. 개척 초기 청교도 전통을 따랐던 신대륙의 기독교는, 17세기 말에 이르러 점차 침체되기 시작했고 심지어는 청교도의 옛 신앙이 더 이상 신대륙의 삶을 지배하지 않는 것처럼 보였다.[9]

17세기 말 18세기 초 신대륙 뉴잉글랜드의 시대의 상황은 몇 가지로 요약할 수 있다. 그것은 신앙의 다양성, 세속화 현상, 합리적인 신앙, 그리고 형식적인 신앙이다.

2) 신앙의 변화

(1) 신앙의 다양성

에드워즈는 신앙의 다양성이 존재한 시대에 살았다. 18세기 뉴잉글랜드는 신앙의 다양성이 특징이었다.[10] 미국 교회는 종종 유럽 교회의 연장선으로 간주되지만, 이는 다소 단순화된 관점이다. 실제로, 대서양을 사이에 둔 미국과 유럽 사이에는 상당한 차이가 존재한다. 대서양을 건너온 이주민들은 종교적, 경제적, 정치적 동기를 모두 갖고 있었다. 17세기와 18세기에 미국으로 건너온 이민자들은 대부분 정치적, 경제적, 종교적 관점에서 급진적 성향을 지닌 사람들이었다. 이런 배경은 미국 교회가 유럽 교회와는 구별되는 독특한 발전 경로를 걸어 왔음을 시사한다.[11]

9　박용규, 『근대 교회사』 (서울: 총신대학출판부, 1997), 217.
10　Sidney M Houghton, 『복음적 개혁 신앙의 관점에서 본 기독교 교회사』(Sketches from Church History), 정중은 옮김 (서울: 도서출판 나침판, 1988), 311. 미국에 건너온 유럽인들은 다양한 신앙을 가진 사람이었다. 루터교, 칼빈주의자, 장로교파, 독립파, 퀘이커파, 로마가톨릭, 중생파(New Born), 형제파(Dunkers), 신파(New Light), 언약파(Covenanters), 브라운파(Brownist), 분리파(Seceders) 등으로 이들은 신앙보다 경제적인 것에 더 비중을 두었다.
11　Sweet, 『美國 敎會史』, 16-18.

폴 피어슨(Paul E. Pierson)[12]은 이것이 미국 교회의 특성을 결정했으며, 유럽 교회와 미국 교회의 차이를 다양성의 관점에서 조명했다.[13]

폴 피어슨은 대서양을 건너 미국에 온 사람 중 명목상의 기독교인이 많았다고 다음과 같이 말한다.

> 돈을 벌기 위해 대서양을 건넌 사람들은 명목상의 기독교인이었다. 이론적으로, 소수의 유대인을 제외하면 유럽에서 건너온 사람들은 모두 다 '기독교인'이었다. 99퍼센트가 기독교인이었다. 하지만, 미국에 와서 교회에 출석한 사람들은 6.9퍼센트에 불과했다. 다시 말해, 미국 이민자들은 유럽에서 이미 신앙과 교회를 포기하고 떠났던 사람들이었다.[14]

유럽과 미국의 다른 점은 다양성이다. 유럽은 지역에 따라 교단이 결정되었다. 독일은 루터교였고, 스코틀랜드나 북아일랜드는 장로교였으

---

12 Pierson, *The Dynamics of Christian Mission History Through A Missiological Perspective*. 폴 피어슨(Paul E. Pierson)은 1927년 2월 13일 미국 서부 캘리포니아 Los Angeles에서 태어났다. 1945년 미 해군에서 전기 기술병으로 2년간 군 복무했다. 1949년 UC Berkeley에서 화학공학으로 학위(B.S.)를 받았다. 그 후 1954년 프린스턴신학교(Princeton Theological Seminary)에서 신학석사(Th.M.)를 받고 하나님의 부르심에 순종하여 1956년부터 1970년까지 14년간 브라질 선교에 헌신했다. 브라질 선교를 마치고 이듬해 1971년 프린스턴신학교에서 교회사 전공으로 박사학위(Ph.D.)를 취득했다. 박사학위를 받은 후 1971년에서 1973년까지 포르투칼 리스본대학교에서 교수로 사역했다. 그 후 미국으로 돌아와 1973년에서 1980년까지 프레이저노 제일장로교회에서 목회자로 사역을 했다. 목회 사역을 하던 중 1980년 제3대 풀러신학교 선교대학원 원장에 취임하여 1993년까지 사역했다.
그의 주요 저서로는 *A Younger Church in Search of Maturity:Presbyterianism in Brazil(1910-1959), Themes from Acts, Emerging Streams of Church and Mission, The Good News of the Kingdom, Dynamics of Christianmission:History through a Missiological Perspective* 등이 있다.

13 Pierson, *The Dynamics of Christian Mission: History through a Missiological Perspective*, 208-209.

14 Pierson, *The Dynamics of Christian Mission: History through a Missiological Perspective*, 209.

며, 잉글랜드는 대부분 성공회였다. 그러나 미국에 건너온 사람들은 교단도 다양했다. 이로 인해 유럽이 누렸던 종교의 통일성이 무너졌다. 북미에는 다양한 교단이 존재했으며, 성공회(Anglicans), 장로교(Presbyterians), 퀘이커교(Quakers), 침례교(Baptists), 회중교회(Congregationalists), 그리고 감리교(Methodists) 신자들이 모두 이웃하며 공존했다.

유럽에서는 지역에 따라 하나의 교회가 존재했다면, 미국에서는 '교단'이라는 용어가 특정 단체를 지칭하는 명칭이나 특정 교회를 지칭하는 것이 되었다.[15] 교단의 정체성과 사역을 계속하기 위해서는 같은 전통을 가진 교회들이 하나의 조직으로 연결되면서 교단이 형성되었다. 이뿐만 아니라, 토착적인 교단들도 생겨났다. 교단의 중요한 역할은 자신의 신학을 정립하고, 목회자를 양성하며, 선교 사역에 참여하도록 하는 것이었다.[16] 이렇게 다양한 교단이 이웃하여 공존하는 18세기 미국 교회는 새로운 상황을 맞이했다.

(2) 세속화 현상

에드워즈가 살던 18세기는 또한 세속화 현상이 두드러지게 나타났다. 청빈한 신앙의 기치를 내걸고 신대륙에 자리잡은 청교도들의 신앙이 시간이 지날수록 점점 신앙의 열기가 식어 갔으며, 세속의 물결이 범람했다. 남부 버지니아(Virginia)에서 영국성공회가 세속화에 물들었고 시간이 지남에 따라 북부의 뉴잉글랜드도 이 같은 현상이 가속화되었다.[17] 세속향락이 주민들의 관심거리가 되고 교회 출석이 감소되기 시작했다.[18] 이뿐 아니라 신대륙이 이민이라는 특성이 있었기 때문에 여러 인종이 여러 교파로 혼합되어 각 교

15　Pierson, *The Dynamics of Christian Mission: History through a Missiological Perspective*, 209.
16　Pierson, *The Dynamics of Christian Mission: History through a Missiological Perspective*, 209.
17　채천석, 『부흥 사상가 조나단 에드워즈』 (서울: 한국강해설교학교출판부, 2003), 29.
18　김의환, 『基督 敎會史』 (서울: 총신대학교출판사, 2002), 378.

파들은 민족별로 정돈되었고 아울러 각 종족 간의 마찰이 생겨났다.

〈지도 2〉 영국인들의 버지니아 도착을 묘사한 지도[19]

그리고 신대륙은 서인도 제도와 경제적으로 밀접하게 연결되어 무역과 해운업이 발달했으며, 풍부한 산림 자원으로 인해 조선업이 발달하여 선박을 영국과 유럽에 수출했다. 땅이 비옥하여 식량은 풍성했다. 자연의 풍성함으로 사냥과 낚시를 즐기는 것이 보편화되었다.

결국, 이런 경제적 팽창은 종교적 열정을 냉각시키고 세속화의 과정을 촉진시켜, 청빈한 신앙의 기치를 내걸고 건너온 청교도들의 신앙이 점점 식어갔다. 18세기 초 막바지에는 뉴잉글랜드의 청교도주의가 그 길을 잃은 것처럼 보였다. 미국 식민지의 물질적인 풍요로움이 더해지면서 신앙에 대한 관심도 점차 약해졌다.[20]

---

19 Noll, 『미국·캐나다 기독교 역사』, 64. 존 화이트(John White)가 초기 영국인들의 버지니아 도착 정경을 묘사한 것으로 17세기 초에 이 해안에 접근했던 유럽인들의 낯선 느낌을 담고 있다.
20 McGrath et al., 『조나단 에드워즈 길라잡이』, 26.

(3) 합리적 신앙

에드워즈의 시대 특징 중 또 하나는 합리주의[21] 신앙이다.

윌리스턴 워커(Williston Walker)는 그 당시 상황을 다음과 같이 기록하고 있다.

> 구대륙에서 신앙이 좋았던 많은 교인이 신대륙에서 신앙의 끈을 붙들지 않았거나, 거리상의 이유로 그렇게 할 수 없었다. 국교회 교파들은 또한 구성원의 신앙적 열기가 식기도 하고, 반대자들이 확산됨으로써 곤란을 겪었다. 더욱이 합리주의와 이성의 시대에 이신론의 효력이 교회 안에서 감지되기 시작했고, 교회 밖의 많은 사람은 종교에 무관심하거나 적대적 태도를 보이기까지 했다. 이민으로 인해 교회는 성장했지만, 점점 더 많은 주민들이 종교와 아무런 상관이 없게 되었다.[22]

이 합리주의 사상 중 하나가 이신론(Deism)이다. 이들이 믿는 하나님은 인격적인 하나님이 아니라 창조주가 너무 완벽하게 세상을 만들어 놓았기 때문에 간섭하지 않으며, 스스로 돌아가게 만들어 놓았다는 것이다. 창조주가 인간에게 이성을 허락하셨기에 스스로 문제를 해결하도록 했다는 사

---

21 김의환, 『기독 교회사』 (서울: 성광문화사, 1986), 326-29. 18세기 합리주의는 인간의 이성과 경험을 지식의 근원으로 삼고, 종교적 권위나 전통에 의존하지 않으며 비판적 사고를 통해 진리를 추구하는 사상적 운동이다. 합리주의자들은 인간의 이성을 신뢰하며, 이성을 통해 세상과 인간을 이해할 수 있다고 주장했다. 그들은 경험과 관찰을 통해 얻은 지식을 중시했으며, 비판적 사고와 논리적 추론을 통해 진리를 밝혀낼 수 있다고 믿었다. 참된 지식은 계시에 의해서가 아니라 연구에 의해서 얻어진다고 강조했다. 자연신학이 계시신학을 대체한 것이다. 이런 사상은 신앙에 큰 타격을 가져왔다. 신의 섭리나 계시를 받아들이지 않음으로 예수를 하나님의 아들보다 모범적인 도덕선생으로 보게 되었고, 기독교를 구원의 종교가 아니라 하나의 도덕종교로 보았던 것이다. 에드워즈는 이런 신학으로부터 교회를 보호하려고 노력했다.

22 Williston Walker, 『기독 교회사』(*A History of the Christian Church*), 송인설 옮김 (서울: 크리스챤다이제스트, 2005), 641.

상이었다. 이런 사상이 그 당시 유럽뿐 아니라 영국 식민지에도 그 영향이 미치고 있었다.[23]

또한, 18세기 초에는 영국의 계몽주의로 인해 다분히 지적인 종교가 식민지인 미국에 풍미하기 시작했다. 계몽주의자들은 이성과의 조화 속에서 하나님, 자유, 그리고 영생에 대한 신앙은 유지했다고 하겠지만, 기독교 교리주의와 가톨릭주의, 그리고 개신교의 정통주의는 거부했다. 계몽주의자들은 그런 것들을 인간에게서 합리주의적 기능을 빼앗아 가는 영적인 어둠의 세력으로 간주했다. 그들은 인간 본성의 선함과 계몽된 이성의 원리에 대한 근본적인 확신 때문에 낙관적인 견해가 있었다.[24]

이런 합리주의 사상은 성경의 권위에 대한 신앙을 손상시키고, 성경 비평과 감상주의적 경건주의를 조성했다. 비종교인들은 성경에 무관심하게 되었고 뉴잉글랜드 교회 그리스도인들은 신앙과 삶이 일치하지 않는 사람들이 많아지게 되었다.

(4) 형식적 신앙

에드워즈가 살던 18세기는 세속화와 더불어 또 하나의 문제는 형식적인 신앙이었다. 처음에 웨스트민스터 신앙고백(The Westminster Confession of Faith)을 받아들이고 언약신학을 강조한 신대륙에 이주한 청교도들은 이 세상에 성경의 법에 따라 거룩한 공동체를 건립하려고 힘썼다. 교회는 거듭난 신자들로만 구성하는 것을 기본으로 삼았다. 교회의 구성원이 되려면 먼저 깊은 신앙적 체험을 요구했다. 하지만, 시간이 지남에 따라 그 자녀들이 부모의 신앙을 따르기를 공공연히 거부했다. 그래서 점차 교회의

23　Roland Herbert Bainton, 『세계 교회사』(Christendom a Short History of Christianity and Its Impact on Western Civilzation), 이길상 옮김 (고양: 크리스챤다이제스트, 2004), 392-93.
24　채천석, 『부흥 사상가 조나단 에드워즈』, 29.

수가 줄어들게 되었다.[25] 회심의 체험을 교회 회원권의 조건으로 삼던 관행이 뉴잉글랜드 지역에서 점점 사라지게 되었다. 그래서 대다수 사람은 이 반쪽 관계에 만족하며 주님과의 온전한 관계가 멀어짐으로써 형식적인 신앙생활을 하게 되었다.

당시 목회자였던 윌리엄 쿠퍼(William. Cooper, 1730-1779)[26]는 18세기 교회의 상태와 성도들의 형식적 신앙을 다음과 같이 밝히고 있다.

> 그러나 종교개혁 당시, 모든 교회가 오랫동안 영적으로 침체되어 열매 없는 세월을 보내왔는지요!
>
> 황금빛 소나기는 멈추었고 성령의 역사는 그친 결과 복음은 두드러진 성공을 전혀 거두지 못했습니다. 회심의 사례는 드물며, 그마저도 의심스러운 경우가 많았습니다. 하나님을 향해 거듭나는 자녀들이 극소수이며, 그리스도인들은 옛날처럼 선포되는 말씀으로 인해소생되거나 뜨거워지거나 생기를 얻는 일이 사라졌습니다.[27]

가장 심각한 문제는 도덕적, 영적인 문제였다.[28] 도덕이 무너지고 형식적인 신앙은 영적 타락으로 자연스럽게 이어졌다. 따라서 청교도의 순수한 신앙 정신은 사라지고 시대는 죄악으로 부패하게 되었다. 교만, 세상

---

25 심창섭·채천석,『원 자료 중심의 근·현대 교회사』(서울: 솔로몬, 1999), 254.
26 Jonathan Edwards,『부흥론』(*The Great Awakening*), C. C. Goen 편, 양낙흥 옮김 (서울: 부흥과개혁사, 2005), 190. William Cooper는 1712년 하버드를 졸업했으며 1716-1743년에 보스턴에 있는 브래틀 스트리트교회에서 벤자민 쿨먼의 협동 목사였다.
27 Jonathan Edwards,『부흥론』, 280. 쿠퍼가 *The Distinguishing Marks of a Work of the Spirit of God* 서문에서 쓴 내용이다. 1741년 9월 10일 조나단 에드워즈가 예일대학교 졸업식 설교에서 처음 전한 말씀인데 같은 해에 보스턴의 윌리엄 쿠퍼가 '대폭 증보'하여 서문을 첨가해 출판했다.
28 Marsden,『조나단 에드워즈 평전』(*Jonathan Edwards: A Life*), 한동수 옮김 (서울: 부흥과개혁사, 2006), 38.

중심, 위선, 형식주의, 불결, 예배의 타락 등이 사회 곳곳에 만연하게 되었다. 이런 영적 부재 현상은 중부와 남부 식민지에서 더욱 심했다. 이곳의 수많은 이주자에게 신앙은 중요한 관심사가 되지 못했으며, 심지어 성직자에게 사례비를 지급하는 것조차 주저했다.

이런 가운데, 노샘프턴의 솔로몬 스토다드(Solomon Stoddard, 1643-1729) 목사는 중생한 체험이 없더라도 타락하지 않은 '가견적 성도'는 성찬에도 참여시켜야 한다고 주장하며 '중도 언약'(Half-Way Covenant)을 허용했다.[29] 그러나 이는 오히려 뉴잉글랜드 교회의 복음적 교리에 더욱 혼란과 무질서를 부채질했다. 아울러 일반 성직자들은 교회 일보다 사냥, 경마, 초대받는 일 등에 더 신경을 썼고, 신도들은 명목상의 헌신만을 했다.

결국, 신앙의 순수성을 외치며 신대륙에 들어온 청교도들은 100년의 역사가 흐르면서 교회는 경제적 팽창으로 인해 세속화되고, 신앙은 형식화되자 새로운 각성이 요구되는 시점에 도달했다. 그리하여 식민지 시대의 종교적 상황에서 새로운 부흥이 요청될 때, 하나님은 그 시대에 필요에 따라 영적 지도자를 세우셨다.[30]

하나님은 18세기 세속화와 합리화, 그리고 신앙이 형식화되어 가는 시점에서 한 핵심 인물을 세우시고, 그를 통해 역사하셨다.[31] 그가 바로 조나단 에드워즈이다. 영적 대각성 운동을 주도한 에드워즈는 청교도 신앙이 기울어져 가는 영적 침체에 빠져 있던 시기에 태어났다.[32] 폴 피어슨(Paul

---

29 Patrick Pang, *A Study of Jonathan Edwards as a Pastor-Preacher* (Fuller Theological Seminary, Doctor of Ministry Program, 1991), 68. 스토다드는 성찬을 개종 의식으로 보는 이전의 선례를 깨뜨렸고, 그리스도를 고백하고 스캔들에서 자유로운 모든 사람은 회심을 위한 도구로 성찬에 참여해야 한다고 생각했다. 보다 포괄적인 교회론은 언약 갱신을 수정하여 이를 교회 밖 사람들의 개종을 위한 사건으로 전환시켰다.
30 심창섭·채천석, 『원 자료 중심의 근·현대 교회사』, 254.
31 Pierson, 『선교학적 관점에서 본 기독교 선교 운동사』, 18.
32 Lloyd-Jones, 『청교도 신앙』, 497. 로이드 존스는 그 당시 교회가 생명이 없는 상태로 오랫동안 지속되고 있을 때 조나단 에드워즈가 나타난 사실을 인식하는 것이 대단히

E. Pierson)의 역사 상황적 조건 이론에 따르면, 교회의 부흥과 확장은 역사적 상황 조건이 맞을 때 일어난다.[33] 하나님께서는 영적으로 기울어져 가는 18세기 초에 부흥 운동의 핵심 인물인 에드워즈를 사용하여 영적인 각성을 일으키셨다.

그러면 부흥 운동의 주역이 된 에드워즈의 생애사적 배경을 살펴보자.

2. 조나단 에드워즈의 생애사적 배경

에드워즈는 하나님께서 준비하신 인물이다. 그는 목회자이자 부흥 운동의 주역이며, 많은 저술을 남긴 저술가요, 인디언 원주민 선교사로 많은 업적을 남겼다. 하지만, 그것은 그의 삶의 결과일 뿐이다. 에드워즈의 삶은 그의 업적, 그 이상이었다.[34]

그의 생애를 살펴보면 우리는 그의 사역과 결과가 그의 삶과 인격에서 자연스럽게 흘러나온 결과물이라는 사실을 알게 된다.

풀러신학교의 리더십 교수였던 로버트 클린턴(Robert Clinton)은 "성숙한 사역은 성숙한 인격에서 흘러나온다"(Mature ministry flows from a mature character)[35]라고 했다. 한 사람의 인격은 하루아침에 이루어지는 것이 아니

중요하다고 말한다. 솔로몬 스토다드가 사역할 때 산발적인 역사는 있었지만, 확산되지 않았고 교회는 형식적인 신앙 상태로 남아 있었다.

33 Pierson, 『선교학적 관점에서 본 기독교 선교 운동사』, 19.
34 Matthew Ryan Martin, "Jonathan Edwards' Life: More Than a Sermon" (Liberty University, 2003), 4-5. 이 논문은 에드워즈의 설교와 사역보다 삶을 더 깊이 조명하고 있다.
35 J. Robert Clinton, *The Making of a Leader* (Colorado Springs, Colo.: NavPress, 1988), 167. 원문은 다음과 같다. "Mature ministry flows from a mature character, formed in the graduate school of life. Ministry can be successful through giftedness alone; but a leader whose ministry skills outstrip his character formation will eventually falter. A mature successful ministry flows from one who has both ministry skills and character that has been mellowed, developed, and ripened by God's maturity processing. Character formation is

라, 인생의 희노애락을 통해 일생 동안 이루어지는 훈련이다. 사역은 단순한 방법이 아니라 인격을 통해서 이루어지는 것이다. 이런 관점에서 볼 때, 에드워즈의 사역을 살펴보기 전에 그의 생애를 조명하는 것은 매우 중요한 일이라 할 수 있다.

제4장에서는 에드워즈가 어떤 가문에서 태어나 성장했는지, 선조들로부터 받은 신앙적 유산과 교육 배경, 그리고 회심 체험을 고찰한다. 더불어 노샘프턴교회에서의 목회 사역, 제1차 대각성 운동의 경험, 스톡브리지에서의 인디언 선교 사역, 그리고 뉴저지대학 학장으로서의 마지막 사역까지 그의 생애 전반을 살펴보고자 한다. 특히, 제4장에서는 로버트 클린턴(Robert Clinton)의 지도자 발달 6단계 이론을 바탕으로, 에드워즈의 생애를 구조적으로 조명함으로써 그의 사상과 사역이 어떻게 형성되고 발전해 갔는지를 통합적 시각에서 조명하고자 한다.

로버트 클린턴은 한 사람이 지도자로서 발전하는 단계를 여섯 가지로 나누었다. 이 발전 단계는 구체적으로 개인의 삶을 특징짓는 각 단계를 의미한다.[36] 그 여섯 단계는 다음과 같다. '정지 단계', '인성 개발 단계', '사역 단계', '인격 성숙 단계', '수렴 단계', '회상 단계'이다.[37]

제1단계는 '정지 단계'로 특정 개인을 향한 하나님의 섭리가 드러나는 단계이다. 하나님께서 가정, 환경 또는 역사적인 사건을 통해 주권적으로 역사

---

fundamental. Ministry flows out of being. 성숙한 사역은 생의 높은 수준에서 형성된 성숙한 인격에서 흘러나온다. 사역은 개인의 달란트만으로도 성공할 수 있다. 그러나 사역 기술이 인격 형성보다 앞서는 지도자의 사역은 결국 와해되고 만다. 성숙하고 성공적인 사역은 사역의 기술과 함께 하나님께서 요구하시는 성숙 단계를 통해 녹아지고 개발되어 무르익은 인격이 함께할 때 이루어진다. 인격 형성이 더 우선적이다. 사역은 인격에서 흘러나온다.

36 임윤택, 『디아스포라 설교신학』 (서울: CLC, 2009), 67.
37 Robert Clinton, 『영적 지도자 만들기』(The Making of a Leader), 이순정 옮김 (서울: 베다니출판사, 2008), 77.

하신다. 리더십의 기반을 제공하는 정지 단계는 출생과 함께 시작된다.

제2단계는 '인성 개발 단계'로 하나님과 개인적인 만남의 단계이다. 이 단계를 거치면서 리더는 하나님을 개인적으로 사모하며, 지도자의 소양과 인격이 개발된다. 소명을 인식하고 하나님을 위한 사역을 시작하게 된다. 이 단계에서 리더의 잠재력이 드러난다.[38]

제3단계인 '사역 단계'는 사역을 통해 기여하는 단계이다. 성장하는 지도자는 다른 사람들에게 기여하기 시작한다. 성령의 은사를 개발하고, 효과적인 사역을 위해 훈련을 받는다. 하나님께서는 지도자의 인격 안에서 역사하신다. 하나님의 사역은 지도자의 인격을 통해 이루어지는 것이다.[39]

제4단계인 '성숙 단계'는 지도자가 자신의 사역 중 만족을 주는 성령의 은사가 어떤 것들인지를 파악하고, 그 은사들을 사용하는 단계이다. 자신의 사역을 가장 효과적으로 사용하기 위해 사역의 우선순위를 정하는 단계이다. 리더는 이 단계를 통해 무엇을 할 것인지와 하지 않을 것인지를 결정한다.[40]

제5단계인 '수렴 단계'는 하나님께서 지도자에게 주신 은사에 적합하고, 사역 경험에 맞는 역할로 인도하여 그의 사역을 극대화하는 단계이다. 인격적인 성숙과 사역의 성장이 어우러져 절정을 이루는 황금기를 맞는다. 지도자는 자신의 역량을 최대로 발휘할 수 있는 직책과 역할을 찾아야 한다.[41]

제6단계인 '회상 단계'는 전 생애를 통한 사역의 열매와 성장이 하나로 융화되어 인정받는 시기이다. 이때 지도자는 광범위한 영역에 걸쳐 간접적인 영향력을 행사하게 된다. 하나님께 영광을 돌리며 그분을 높이는 단계이다.[42]

---

[38] Clinton, 『영적 지도자 만들기』, 78.
[39] Clinton, 『영적 지도자 만들기』, 79.
[40] Clinton, 『영적 지도자 만들기』, 80.
[41] Clinton, 『영적 지도자 만들기』, 81.
[42] Clinton, 『영적 지도자 만들기』, 82.

필자는 로버트 클린턴의 여섯 단계 이론을 따라 에드워즈의 생애 여정이 어떠한 단계를 거치며 형성되어 갔는지를 통합적으로 조명하고자 한다. 이를 통해 에드워즈의 삶을 단순한 연대기적 서술이 아닌, 하나님께서 주권적으로 이끄신 사역적 형성 과정으로 해석하고자 한다. 특히 각 단계에서 나타나는 지성, 신앙, 사역, 고난, 소명 등의 요소들이 어떻게 통합되어 갔는지를 살펴봄으로써, 에드워즈의 삶 속에 드러난 하나님의 섭리와 선교학적 통찰을 밝히고자 한다.

〈지도 3〉 에드워즈와 연관된 주요 장소들[43]

---

43 Murray, *Jonathan Edwards: A New Biography*, 192. Principal places connected with Jonathan Edwards.

1) 제1단계 신앙의 뿌리: 에드워즈의 계보와 가정 배경

(1) 조나단 에드워즈의 계보

에드워즈는 청교도의 후예이다. 청교도들은 신앙의 자유를 찾아 신대륙으로 건너온 사람들이다.[44] 에드워즈의 조상들은 뉴잉글랜드에 가장 먼저 정착한 자들이었다. 에드워즈의 증조부 윌리엄(William Edwards)은 18세의 젊은 나이에 영국을 떠나 토마스 후커(Thomas Hooker, 1586-1647)[45] 목사와 그의 교인들과 함께 신대륙으로 건너왔다. 이는 신앙의 자유를 찾아 떠난 대담한 결정이었다. 에드워즈의 가정은 당시의 사회적, 영적 정예 계층인 뉴잉글랜드 귀족으로 여겨졌으며, 청교도 중심의 세계관과 진지한 영

---

[44] Noll, 『미국·캐나다 기독교 역사』, 60-61. 마크 놀은 청교도의 특징을 네 가지로 정의했다.
첫째, 청교도들은 인간은 반드시 구원을 위해 하나님을 의지해야 한다고 믿었다.
둘째, 청교도들은 성경을 강조했다. 성경을 최고의 권위로 믿었다.
셋째, 청교도들은 하나님이 통일된 전체로서 사회를 창조하셨다고 믿었다. 교회와 국가, 즉 개인적인 것과 공적인 것은 서로 무관한 삶의 영역들이 아니라 상호보완적이며, 하나님의 창조행위와 계속되는 섭리에 의해 밀접하게 결속되는 것이었다.
넷째, 청교도들은 하나님이 항상 언약을 통해 사람들과 함께 일하신다고 믿었다. 즉, 그들은 하나님의 언약신학을 믿었다.
그들은 하나님이 세상으로 접근한 일들을 통해 성경이 언약들의 기간과 조건들을 설명한다고 믿었다. 개인의 구원은 하나님이 그리스도를 믿는 자에게 그리스도의 구원 사역의 공로를 부여하시는 '은혜 언약'을 통해 이루어지는 것이라고 믿었다.

[45] Thomas Hooker, born in 1586 in England and died in 1647 in Hartford, Connecticut, was a key British American colonial clergyman, often called "the father of Connecticut." He established one of the first major colonies in Hartford, seeking independence from Puritan sects in Massachusetts. A proponent of universal Christian suffrage, Hooker significantly influenced the early development of colonial New England as a distinguished theologian and orator. After facing opposition for his Puritan views in England and fleeing to Holland, he immigrated to Massachusetts Bay Colony in 1633. In 1636, Hooker led his followers to Connecticut, founding Hartford and serving as its pastor until his death. Britannica, The Editors of Encyclopedia. "Thomas Hooker," *Encyclopedia Britannica*, 13 Mar. 2024, https://www.britannica.com/biography/Thomas-Hooker. Accessed 30 March 2024.

적 신념을 이어받았다.

이런 배경은 에드워즈의 신앙과 삶 전체의 형성에 커다란 영향을 끼쳤다.[46] 에드워즈의 뿌리는 뉴잉글랜드의 개척자들, 즉 토머스 후커(Thomas Hooker, 1586-1647), 토마스 셰퍼드(Thomas Shepard, 1605-1649),[47] 존 코튼(John Cotton, 1585-1652)[48] 등 제1세대 청교도 지도자들의 세계관에 기반을 두고 있다. 가장 철저하고 진지한 청교도들의 영적 혈통을 그대로 물려받은 에드워즈는 청교도 중의 청교도였다. 에드워즈의 계보는 뉴잉글랜드의 귀족 가문이었다.[49]

에드워즈 가문의 남성들은 뉴잉글랜드 사회에서 중추적 역할을 했다. 증조부 윌리엄은 직업이 통장수[직물이나 천을 다루는 직업]였으며, 그의

---

46 양낙홍, 『조나단 에드워즈 생애와 사상』, 113.
47 Thomas Shepard (1605-1649) was a notable American Puritan minister in early colonial New England. Born in Towcester, Northamptonshire, Shepard faced early life hardships, including the loss of both parents, and was raised by his grandparents and an older brother. His academic pursuits were encouraged by his schoolteacher, leading him to Emmanuel College, Cambridge, at fifteen. Shepard began his career as a schoolteacher's assistant in 1627 and later became a minister. His Puritan sermons and practices drew the ire of Archbishop William Laud, leading to a prohibition on his preaching. Following the death of his eldest son, Shepard emigrated with his family to Massachusetts in colonial America in 1635. Equalibra, "Thomas Shepard," *Equalibra*, accessed March 30, 2024, https://equalibra.org/en/author/thomas-shepard/.
48 John Cotton was a prominent Puritan leader in New England and served as the "teacher" of the First Church of Boston from 1633 until his death in 1652. Born in 1585 in England, he studied at Trinity College, Cambridge, and became the vicar of St. Botolph's in Boston, Lincolnshire. Over 21 years, he adopted Puritan views, leading to conflicts with the Church of England's practices. Facing legal repercussions for Nonconformism, he emigrated to Massachusetts Bay Colony in 1633. In America, Cotton's influence was immense in shaping both the civil and ecclesiastical spheres of theocratic New England. Britannica, The Editors of Encyclopedia. "John Cotton," *Encyclopedia Britannica*, 23 Feb. 2024, https://www.britannica.com/biography/John-Cotton. Accessed 30 March 2024.
49 Douglas A. Sweeney, and Owen Strachan, 『하나님을 사랑한 사람, 조나단 에드워즈』 (*Jonathan Edwards Love of God on Beauty*), 김찬영 옮김 (서울: 부흥과개혁사, 2012), 31.

아들 리처드 에드워즈(Richard Edwards, 1629-1693)는 상인으로 성공했다.[50] 리처드 에드워즈는 개인적인 시련을 겪었으나,[51] 리처드는 이를 극복하고 40세에 재혼하여 다섯 자녀를 두었다. 경건하고 학식 있는 그는 법률을 공부하여 1708년에 '여왕의 변호사'로 임명되는 영예를 안았다.[52]

(2) 조나단 에드워즈의 부모

티모시 에드워즈(Timothy Edwards, 1669-1758)는 그의 아버지 리처드 에드워즈의 높은 인품과 경건함을 본받아 훌륭한 그리스도인으로 성장했다. 대학 진학을 위해 신학을 준비하던 시절까지 아버지의 영향 아래에서 자랐다.[53] 이런 가정 환경은 티모시뿐만 아니라 그의 아들 조나단 에드워즈에게도 직접적인 영향을 끼쳤으며, 조나단은 청교도 전통의 엄격함과 경건함을 계승하면서도 자신만의 신학적, 선교적 기여를 통해 가문의 명성을 확장시켰다.

티모시는 자신의 영역, 곧 가정과 교회에서 존경받는 인물이었고, 아들 조나단은 아버지를 그대로 본받았다.[54] 티모시는 당시 뉴잉글랜드의 유일한 고등교육 기관이었던 하버드대학 출신이었다. 1686년 하버드에 입학한 티모시는 재학 중에 장차 아내가 되는 에스더 스토다드(Esther Stoddard, 1673-1770)를 만났다.

---

50 양낙홍, 『조나단 에드워즈 생애와 사상』, 114.
51 Marsden, *Jonathan Edwards: A Life*, 22. 그의 아내 엘리자벳은 정신질환을 앓고 있었다. 엘리자벳이 정신질환을 앓고 있을 뿐만 아니라 아내의 계속되는 분노, 폭력, 협박 등으로 어려움을 겪었다. 이런 일들이 조나단 에드워즈가 본성을 부정적으로 평가한다는 비판을 받는 데 영향을 끼쳤다고 볼 수 있다. 조지 마즈던은 그의 가문의 내력을 알면 조나단 에드워즈의 입장을 충분히 이해할 수 있다고 평가했다.
52 Marsden, *Jonathan Edwards: A Life*, 23.
53 Marsden, *Jonathan Edwards: A Life*, 23.
54 Marsden, *Jonathan Edwards: A Life*, 43. 조지 마즈던은 에즈워드가 결국 아버지를 능가했지만, 그가 성공할 수 있었던 이유는 아버지 티모시의 세심한 지도와 지속적인 영향력 덕분이었다고 말한다.

<그림 8> 부친 티모시 에드워즈[55]

<그림 9> 외조부 솔로몬 스토다드[56]

스토다드의 가문은 뉴잉글랜드의 최고 명문 가문 중 하나였다. 에스더의 부친 솔로몬 스토다드(Solomon Stoddard, 1643-1729)[57]는 1669년 매사추세츠

---

[55] Timothy Edwards, born on May 14, 1669, in Hartford, Connecticut Colony, was the son of Richard Edwards and Elizabeth Tuttle. He married Esther Stoddard on November 6, 1694, in Northampton, Massachusetts Bay Colony. Together, they had at least 2 sons and 11 daughters. Timothy Edwards passed away on January 27, 1758, in East Windsor, Connecticut, at the age of 88 and was buried in South Windsor, Connecticut Colony. FamilySearch, "Timothy Edwards," FamilySearch, last modified September 1, 2023, accessed March 30, 2024, https://ancestors.familysearch.org/en/L78V-7YT/timothy-edwards-1669-1758.

[56] Solomon Stoddard, born on September 26, 1643, in Boston, Massachusetts Bay Colony, married Esther Warham on March 18, 1670, in Northampton, Massachusetts Bay Colony. The couple had at least 8 sons and 7 daughters. By 1672, at the age of 28, Stoddard served as a pastor in Northampton. He passed away on February 11, 1729, in Northampton, at the age of 85, and was buried in Bridge Street Cemetery, Northampton, Massachusetts. FamilySearch, "Solomon Stoddard," FamilySearch last modified September 01, 2023, accessed March 30, 2024, https://ancestors.familysearch.org/en/LZWV-B6T/solomon-stoddard-1643-1729.

[57] Marsden, *Jonathan Edwards: A Life*, 11. 조나단 에드워즈의 외할아버지 솔로몬 스토다드는 초기 미국 종교 역사에서 중요한 인물이다. 그는 50년 이상 매사추세츠주 노샘프턴의 회중교회 목사로 활동하며 공동체의 종교적·사회적 삶의 대변인 역할을 했다. 스토다드는 개종 경험이 없는 사람들도 성찬에 참여할 수 있도록 하는 "Half-Way Covenant"를 지지하는 등, 당시보다 개방적인 성찬례에 대한 개방된 견해를 가지고 있었다.

의 노샘프턴에서 목회를 시작했다. 이 교회는 뉴잉글랜드 전체에서 가장 영향력 있는 교회가 되었다. 솔로몬 스토다드는 "코네티컷 골짜기의 교황"(The Pope of the Connecticut Valley)이라 불릴 정도로 막강한 영향력을 가진 목회자였다.[58] 에드워즈의 어머니 에스더는 솔로몬 스토다드의 4남 5녀 중 둘째 딸이었다. 그녀는 아버지의 영향으로 경건한 집안에서 바른 신앙을 가졌다.

에드워즈의 아버지 티모시는 에스더와 결혼한 지 8일 만에 이스트 윈저 교구 목사로 부임하게 되었는데, 그때가 그의 나이 25세였고, 아내 에스더가 23세였다.[59] 명문가 출신의 에스더는 교양 있고 세련된 여성으로 11남매를 낳았다. 아버지 티모시는 이스트 윈저 회중교회에서 목회했으며, 에드워즈는 이런 아버지를 곁에서 지켜보며 자연스럽게 목회에 대한 여러 측면을 관찰할 수 있었다. 그는 부모님의 영향으로 어려서부터 독서하는 습관이 몸에 배어 있었으며, 이 습관이 그를 하루 13시간 공부하는 사람으로 만들었다.

외조부 솔로몬 스토다드의 설교[60]와 아버지 티모시의 설교는 에드워즈의 삶과 설교에 깊은 영향을 주었다.[61] 전기 작가들은 에드워즈의 삶에 영향을

---

58 Marsden, *Jonathan Edwards: A Life*, 11.

59 Marsden, *Jonathan Edwards: A Life*, 23. 마즈던은 티모시가 1694년 솔로몬 스토다드 둘째 딸 에스더와의 결혼을 허락받음으로써 극적인 신분 상승을 이룰 수 있었다고 했다. 이 시기에 티모시는 노샘프턴학교에서 가르치고 있었기 때문에 스토다드가 그를 잘 알고 있었다.

60 Nichols et al., *A God Entranced Vision of All Things*, 39. 에드워즈는 외조부 솔로몬 스토다드로부터 추수의 계절, 즉 부흥의 시기에 대해 배웠으며, 열정적인 설교자가 되는 법을 배웠다. 에드워즈는 설교를 통해 전 인격이 하나님을 더 깊이 이해하고 하나님을 위해 사는 것을 목표로 삼았다.

61 D. G. Hart, Sean Michael Lucas, and Stephen J. Nichols, 『조나단 에드워즈의 유산』 (*The Legacy of Jonathan Edwards: American Religion and the Evangelical Tradition*), 장호익 옮김 (서울: 부흥과개혁사, 2009), 107-10. 조나단 에드워즈의 설교자로서의 특성을 형성하는 데는 세 가지 주요 영향이 있었다.
첫째, 아버지 티모시 에드워즈(Timothy Edwards)의 영향이다. 조나단이 어린 시절을 보낸 코네티컷 이스트 윈저의 회중교회를 목회한 티모시는 조나단의 설교 철학과 형식을 형성하는 데 중요한 역할을 했다. 티모시는 유능한 설교자로서 성경 본문 해설과 교

미친 두 사람을 공통적으로 언급하는데, 그의 외할아버지 솔로몬 스토다드와 에드워즈의 아버지 티모시 에드워즈를 꼽는다. 그러나 에드워즈에 대한 역사비평적 전기를 쓴 조지 마즈던은 "조나단 에드워즈가 직접 본받으려고 노력했던 사람은 외할아버지 솔로몬 스토다드보다는 오히려 그의 아버지 티모시 에드워즈였다"라고 밝히고 있다.[62]

아버지 티모시 에드워즈는 당대 탁월한 부흥사로서 명성이 잘 알려져 있었지만, 그는 자기를 내세우지 않고 겸손하며, 인격과 언행에 있어 신중하고 절제된 태도를 지닌 인물로 알려져 있다. 에드워즈는 아버지의 이런 성품을 닮았다.

2) 제2단계 지성과 신앙: 교육 배경과 신학적 토대

에드워즈의 어린 시절 배경은 그의 영적 형성과 목회자로 성장하고, 선교사로 쓰임받는 일에 지속적이고 분명한 영향을 미쳤다.[63] 에드워즈는 청교도적 가치를 중심으로 삼은 가정에서 태어나 성장했다. 에드워즈는

리, 적용을 포함한 전통적인 청교도 설교 형식을 따랐다. 티모시는 또한 강단에서 목회자의 가치를 강조하고, 설교를 암기하여 완벽한 형태로 전달하는 방법을 보여 주었다.
둘째, 외할아버지 솔로몬 스토다드(Solomon Stoddard)의 영향이다. 에드워즈의 외할아버지였던 스토다드는 서부 매사추세츠의 교황으로 유명했다. 그는 자기 시대의 설교에 대해 거침없이 말하고, 설교를 읽는 목회자들을 비난했다. 에드워즈는 할아버지 스토다드의 충고를 받아들이고 자신의 설교에 적용한 것으로 보인다.
셋째, 동시대의 설교 지침서의 영향을 받았다. 조나단 에드워즈는 특히 코튼 매더의 『목회 사역 지침』과 존 에드워즈의 『설교』 같은 동시대의 설교 지침서를 모범으로 삼았다. 이런 책들은 조나단이 사역에 대한 가르침을 받거나 개인적으로 읽었던 것이다. 이런 영향들이 조나단 에드워즈의 설교에 영향을 미쳤으며, 그의 설교 스타일과 철학을 형성하는 데 중요한 역할을 했다. 그의 설교는 성경 중심적이고 강렬하며, 인간의 회심과 구원에 대한 깊은 관심을 반영했다. 이를 통해 조나단 에드워즈는 목회자로서의 가치와 영향력을 보여 주었다.

62　Marsden, 『조나단 에드워즈 평전』, 43.
63　Davies, "Jonathan Edwards: Missionary Biographer, Theologian, Strategist, Administrator, Advocate and Missionary," 5.

1703년 10월 5일, 매사추세츠(Massachusetts)주 코네티컷(Connecticut) 식민지의 이스트 윈저(East Windsor)에서 태어났다.[64]

〈그림 10〉 에드워즈가 성장할 시기에 East Windsor House[65]

에드워즈(Jonathan Edwards)는 목사인 아버지 티모시 에드워즈(Timothy Edwards)와 어머니 에스더(Esther) 사이에서 11남매 중 다섯째로 태어났으

---

64 Roy M Paul, *Jonathan Edwards and the Stockbridge Mohican Indians: His Missions and Sermons* (H&E Publishing, 2020), 64.
65 Marsden, *Jonathan Edwards: A Life*, 16. An East Windsor house dating from the era when Edwards was growing up. 에드워즈가 태어날 시기인 1704년, 이스트 윈저는 영국과 프랑스 인디언 사이의 전쟁으로 혼돈스러운 때였다. 코네티컷 하트포드 근처에 있는 이스트 윈저가 비록 국경에서 멀리 떨어져 있었지만, 계속되는 전쟁은 그의 가족들에게 중요한 문제였다. 그의 가족들은 하루에도 몇 번씩 기도자들을 모아 함께 기도했다. 에드워즈가 8세가 되던 해, 아버지 티모시는 집을 떠나 캐나다로 군목으로 파견되었다. 그러나 병세가 악화되어 가정으로 돌아오게 되었다. 아버지 티모시는 가정과 교회에서 존경받는 인물이었다. 그의 아들 조나단은 아버지를 그대로 본받았고, 아버지의 세심한 지도와 지속적인 영향으로 목회자로서, 미래의 선교사로서 성장한 곳이 이스트 윈저이다.

며, 가족 중 유일한 아들이었다.⁶⁶ 티모시는 하버드대학(Harvard College)을 1691년 우수한 성적으로 졸업한 후, 1695년 3월 회중교회에서 안수를 받았다. 에드워즈의 아버지는 그의 영적 성숙과 교육에 많은 관심을 가졌으며, 어머니 역시 매사추세츠(Massachusetts)주 노샘프턴(Northampton) 회중교회 목사 솔로몬 스토다드(Solomon Stoddard, 1643-1729)의 딸로서 신학에 대한 깊은 지식을 가진 여성이었다.⁶⁷ 에드워즈는 이런 배경 속에서 청교도적 경건함과 학문적 열정을 물려받으며 성장했다.⁶⁸

에드워즈의 아버지, 티모시 에드워즈는 61년간 이스트 윈저에서 목회 활동을 하며 자녀에게 강한 영향력을 행사한 인물이었다. 조지 마즈던(George M. Marsden)의 설명에 따르면, 티모시는 엄격한 완벽주의자로서 꼼꼼하고 권위적이었지만, 가족에게는 따뜻한 애정과 훌륭한 보살핌을 제공하는 인물이었다. 이런 아버지의 특성은 에드워즈에게도 깊이 스며들었으며, 그는 아버지로부터 받은 규범과 행동 양식을 자신의 삶에서도 반영했다.⁶⁹

에드워즈는 어린 시절부터 놀이보다 학문에 더 깊은 관심을 가진 아이였다.⁷⁰ 그는 여섯 살 때 라틴어 학습을 시작했고, 열세 살이 되었을 때는 라틴어, 헬라어, 히브리어에 능통했다. 이런 조기 교육은 그가 추후 설교자, 학자, 그리고 위대한 사상가로 성장하는 데 기초가 되었다.⁷¹ 그의 글

---

66 Murray, *Jonathan Edwards: A New Biography*, 9. 에드워즈 위로는 에스더(Esther), 엘리자베스(Elizabeth), 앤(Anne), 마리(Mary) 네 명의 누이가 있었고, 아래로는 여섯 명의 누이가 더 있었다. 에드워즈의 누이들은 모두 키가 6 피터(Six feet)에 달해 티모시의 '6 피터 딸들'로 불렸다. 조나단 에드워즈는 누이들 사이에서 자랐으므로 여성적인 시각을 갖는 데 영향을 받았다고 할 수 있다. 이는 목회와 선교 사역에 있어 여성의 섬세한 감각과 돌봄이 많은 도움이 되었다.
67 Marsden, 『조나단 에드워즈 평전』, 52.
68 정준기, 『청교도 인물사』, 258.
69 Marsden, 『조나단 에드워즈 평전』, 50.
70 Ralph G. Turnbull, *Jonathan Edwards, the Preacher* (Grand Rapids: Backer, 1958), 13.
71 Sweeney, and Strachan, 『하나님을 사랑한 사람, 조나단 에드워즈』, 32. 뉴잉글랜드 식

쓰기 능력 역시 어린 시절 아버지에게서 배운[72] 정확한 표현과 글쓰기 습관은 그의 일생을 통해 지속되었으며, 이것은 그가 공부하는 각 단계에서 큰 이득을 얻게 했다. 에드워즈는 정확하고 일관되며 체계적인 사고를 통해 다수의 저술과 부흥 관련 책을 저술할 수 있는 튼튼한 기반을 마련했다.

〈그림 11〉 조나단 에드워즈의 책상[73]

〈그림 12〉 에드워즈의 독서대[74]

에드워즈는 어린 시절부터 아버지의 엄격한 칼빈주의 신앙과 매주 듣는 설교, 그리고 무엇보다 성경에 대한 깊은 애정을 통해 큰 영향을 받았다.

민지에서 목회자가 되기 위해서는 어린 시절부터 철저한 학문적 준비를 하며 목회자로 성장했던 것이다.

72 Marsden, *Jonathan Edwards: A Life*, 34. 티모시는 유능한 설교자이자 모든 사람에게 높은 기준을 요구하는 엄격한 교사였다. 학식에 대한 그의 명성은 수많은 영적 고전으로 가득찬 그의 서재, 성경에 정통한 지식, 그리고 마을에 사는 많은 소년에게 고전을 가르쳐 대학에 입학하도록 준비시킨 훌륭한 교사였다. 이렇게 성경에 정통하고 학식이 많은 티모시를 아버지로 둔 조나단 에드워즈는 어린 시절부터 아버지의 지적 영향을 받으며 자랐다.

73 Marsden, *Jonathan Edwards: A Life*, 448. 에드워즈는 다양한 주제에 대해 기록한 노트와 종이를 분리 수납할 공간을 만들기 위해 책상의 크기를 늘렸다고 한다. 에드워즈는 하루 13시간 동안 연구에 몰두할 정도로 탐구적이었다.

74 Marsden, *Jonathan Edwards: A Life*, 461. 당시의 독서대는 나무로 만들어졌으며 조절 가능한 경사면을 가진 것이 일반적이었다. 이런 독서대는 장시간 동안 성경을 읽거나 연구하는 데 도움이 되었을 것이다.

그는 가족으로부터 물려받은 청교도의 성경 사랑을 자신의 삶에 깊이 통합시켰으며, 성경을 사랑하는 마음은 그의 수많은 설교와 저작에서 뚜렷이 드러났다. 에드워즈는 아버지 티모시(Timothy)로부터 성경과 웨스트민스터 표준문서(Westminster Standards)에 대한 체계적인 지식을 습득했으며, 이 지식은 그의 설교와 신학적 사고에 큰 영향을 미쳤다.[75]

아버지의 목회 활동을 가까이서 관찰하며 자란 에드워즈는 부흥과 실망, 갈등과 분쟁 등 다양한 교회적 경험을 통해 인생의 역경을 인식하는 법과 대처하는 법을 배웠으며,[76] 신앙에 대한 깊은 이해를 갖게 되었다. 이런 경험은 그가 학문적으로, 영적으로, 감성적으로 균형 잡힌 사람으로 성장하는 데 기여했다. 에드워즈의 성장 과정은 가정에서의 학습과 신앙 훈련, 지성과 영성, 그리고 감성 발달이 어우러진 조화로운 환경 속에서 이루어졌다.

에드워즈는 청교도 명문 가문에서 자란 그의 배경을 바탕으로 학문적 우수성을 보여 주었다. 에드워즈는 1716년 9월 열세 살의 어린 나이에 예일대학(Yale College)에 입학했다.[77] 그는 1720년 예일대학을 수석으로 졸업하고, 1723년 신학 석사학위를 받았다.[78] 그는 형이상학(Metaphysics), 윤리학(Ethics), 자연과학(Natural Sciences), 문학(Literature), 문법(Grammar), 수사학(Rhetoric), 논리학(Logic), 고대 역사(Ancient History), 수학(Mathematics), 지리학(Geography), 천문학(Astronomy) 등 다양한 학문을 섭렵했다.

성경 본문에 대한 이해를 깊게 하기 위해 헬라어(Greek)와 히브리어(Hebrew)를 꾸준히 공부했으며, 존 칼빈(John Calvin, 1509-1564)과 존 오웬(John

---

75　양낙홍, 『조나단 에드워즈 생애와 사상』, 156.
76　Sweeney, and Strachan, 『하나님을 사랑한 사람, 조나단 에드워즈』, 34.
77　Paul, *Jonathan Edwards and the Stockbridge Mohican Indians*, 65.
78　Iain H. Murray, *Jonathan Edwards: A New Biography* (Edinburgh: Banner of Truth Trust, 1987), 55.

Owen, 1616-1683) 같은 개혁주의(Reformed) 및 청교도 신학자(Puritan Theologians)들의 저작을 광범위하게 탐독했다.[79]

〈그림 13〉 예일대학교 초창기 졸업식 모습[80]

이런 폭넓은 지식을 바탕으로 1724년부터 1726년까지 대학 강사로 활동하며 유럽의 학문을 깊이 연구했다. 그는 존 로크(John Locke)의 경험주의 철

---

[79] Benjamin B. Warfield, "Edwards and the New England Theology," *Encyclopedia of Religion and Ethics* 5 (1912): 221-27. Benjamin Warfield was a seminarian at Princeton Theological Seminary and a strong advocate of conservative Reformed theology, especially biblical inerrancy. Warfield studied Edwards' theological legacy and inherited his doctrinal rigor and systematic thinking. Edwards' theological perspective, especially his God-centered worldview and understanding of religious experience, inspired Warfield and influenced his own theological work. Warfield absorbed theological depth and evangelical fervor from Edwards' writings, and Edwards' influence provided an important foundation for Warfield's emphasis on the importance of biblical authority and theological truth in his own work. Warfield played an important role in the development of modern theology, applying Edwards' teachings to a contemporary context.

[80] Marsden, *Jonathan Edwards: A Life*, 88. Drawing of an early Yale Commencement

학과 아이작 뉴턴(Isaac Newton)의 자연과학에 큰 관심을 가졌고,[81] 이를 자신의 개혁신학과 청교도 신학 지식과 결합하여 자신만의 칼빈주의 신학 전통을 재해석하는 작업을 수행했다. 예일대학에서 습득한 학문적 방법론은 그의 후일 설교와 저술에 큰 영향을 미쳤다. 에드워즈의 개인적인 삶과 학문적 성과는 그가 성장한 가정 환경과 예일대학에서의 교육이라는 두 축을 중심으로 이루어졌으며, 이는 그의 사역에 깊은 영향을 미쳤다.

따라서 에드워즈는 지적 훈련과 경건한 신앙 교육을 겸비한 인물로서, 그의 사상과 신학은 이런 복합적인 배경 속에서 형성되었다. 청교도 전통, 로크주의 철학, 그리고 개혁주의 신학은 그의 신학적 토대를 구성하는 핵심 요소로 작용하였다.

3) 제3단계 회심과 부르심: 개인적 체험과 영적 전환

기독교 신앙은 회심 없이는 존재하지 않으며, 회심(Conversion)은 십자가에서 이루어진 그리스도의 구속 사역을 믿고 죄에서 돌이켜 하나님께로 돌아가는 필수적인 과정이다.[82] 회심은 돌이키고(Turning), 회개(Repenting)하고, 고백(Confessing)하고, 믿는(Believing) 놀라운 성령의 역사이다.[83] 에드

---

81 양낙흥, 『조나단 에드워즈 생애와 사상』, 123-24.
82 박응규, "Dialogue on Conversion between Jonathan Edwards and Charles Finney," 「개혁논총」 16 (2010): 285. 성경의 교리와 복음 설교에 있어 회심은 핵심적이고 불가결한 요소로, 교회 역사뿐만 아니라 미국 기독교의 이해에 있어서도 중요한 위치를 차지한다.
83 Alan Richard Tippett, *Introduction to Missiology* (William Carey Publishing, 1987), 74-76. There are two spiritual ways of looking at conversion: as an act of God (the work of the Holy Spirit) and as an act of mankind. If we have said more of the latter in church growth writing it is because the former is part of our basic presuppositional structure. We fully recognize that there could be no real conversion without the activity of the Holy Spirit. The human side of the experience is covered in the Bible by such terms as turning to the Lord, repenting, confessing, and believing–four strong action verbs in a context of acceptance or rejection with eternal consequences. Repeated refusal to respond is sinning against the

워즈(Jonathan Edwards)의 삶을 바꾼 것은 회심이었다. 에드워즈는 하나님과 깊은 만남을 중요시했다.[84]

에드워즈의 전 생애를 통해 모든 상황 속에서 그가 고수한 것은 하나님과의 관계였다.[85] 하나님과의 깊은 만남이 심화된 것은 그의 회심 경험이었다.

조지 마즈던(George M. Marsden)에 따르면, 에드워즈가 체험한 회심의 시작은 심각한 질병을 앓으며 죽음에 직면했을 때였다. 그의 고통은 죽음 자체 때문이 아니라, 영적으로 준비되지 않은 상태에서 죽을지도 모른다는 두려움에서 비롯되었다. 에드워즈는 이후 자신이 회심하지 못했을 때를 하나님께서 자신을 지옥으로 던져버린 것 같다고 회고했다. 그는 일시적으로 하나님과 화해하는 기쁨을 경험했지만, 이내 다시 죄의 길로 돌아섰다고 고백했다.[86]

이런 경험은 에드워즈가 후에 목회자로, 영성과 지성을 겸비한 영적 지도자로 성장하는 데 중요한 계기가 되었다.

---

truth.

84 Nichols et al., *A God Entranced Vision of All Things*, 36. 에드워즈는 그리스도의 아름다움과 탁월함, 성령의 사랑과 달콤한 교제, 하나님의 영광과 위엄을 압도적으로 바라보면서도, 동시에 진노와 심판, 형벌과 공의 또한 신성한 본성을 구성하는 것으로 보았다. 그는 깊은 은혜와 용서, 그리고 죄책감과 회개에 대한 깊은 감각을 가지고 있었다.

85 Davies, "Jonathan Edwards: Missionary Biographer, Theologian, Strategist, Administrator, Advocate and Missionary," 5. Throughout his whole life, in all circumstances, Jonathan Edwards persevered because of his relationship with God.

86 Marsden, *Jonathan Edwards: A Life*, 68.

〈그림 14〉 회심 당시 한적한 곳에서 묵상에 잠긴 에드워즈[87]

영적 각성을 경험한 에드워즈는 영적 삶의 진정한 아름다움과 의미를 깨닫고, 하나님 앞에서 온전한 삶을 추구하는 중요한 자극을 받았다. 조지 마즈던(George M. Marsden)에 따르면, 이 각성은 에드워즈에게 영적 및 지적 차원에서 새로운 전환점을 마련해 주었다.[88] 소년기와 청년기에 걸쳐 하나님에 대한 열정적인 추구와 하나님 나라에 대한 갈망은 그의 영적 삶의 핵심이었다.[89] 초기 신앙의 노력은 일시적인 즐거움을 주었지만, 근본적인 영적 변화 없이 내면의 죄에 반응하는 자신을 발견함으로써 실망감을 느꼈고, 이것이 결국 그를 회심으로 이끄는 갈망으로 전환되었다.

풀러신학교(Fuller Theological Seminary) 교수였던 찰스 크래프트(Charles Kraft)는 역동적 등가(dynamic-equivalence) 모델에서 기독교적 회심은 성경에서 보여 주는 회심과 역동적으로 등가인 오늘의 회심이 이루어져야 한다고 말했다. 이는 외형적인 변화가 아니라, 내면적으로 하나님과의 지속적

---

[87] Gura, *Jonathan Edwards: America's Evangelical*, 142. Edwards in solitary meditation during the time of the conversion.
[88] Marsden, *A Short Life of Jonathan Edwards*, 188.
[89] 양낙홍, 『조나단 에드워즈 생애와 사상』, 147-48.

인 인격적인 만남과 교제 속에서 지속적 결단으로 이루어지는 평생의 과정이다.[90]

에드워즈는 회심을 통해 하나님과의 지속적인 관계를 유지하며, 일생 동안 하나님과 긴밀한 관계 속에서 성장했다. 에드워즈는 학위 과정을 마치고 목회 사역을 준비하기 위해 대학에 2년간 더 머물게 되었는데, 이때가 그의 회심의 시기로 추정된다.

에드워즈가 처음으로 하나님과 영적인 내면의 깊은 기쁨을 발견한 것은 1721년, 즉 그가 18세 되던 해였다. 그는 디모데전서 1장 17절, "만세의 왕, 곧 썩지 아니하고 보이지 아니하고 홀로 하나이신 하나님께 영광이 세세토록 있을지어다. 아멘"을 읽고 있던 중이었다.[91] 이 일을 경험하고 얼마 안 되어 에드워즈는 또 하나의 은혜로운 체험을 하게 된다. 그는 조용한 곳으로 혼자 산책하러 나갔다. 걸으면서 명상을 하던 중, 그는 눈을 들어 하늘과 구름들을 쳐다보았다. 그때 하나님의 영광스러운 위엄과 은혜를 통한 회심을 경험했다.

그는 이 날을 다음과 같이 회고했다.

> 나는 하나님이 얼마나 위대하신 분이신지, 그리고 내가 그분을 즐거워하며 하늘에 계신 하나님의 품에 거하고, 그분께 사로잡혀 살아간다면 얼마나 행복한 사람인지 깊이 묵상하였다. 나는 이 말씀을 거듭해서 읽고 암송하면서, 이전과는 전혀 다른 방식으로, 새로운 감격 속에 기도로 나아갔다.[92]

회심을 경험한 후, 에드워즈는 하나님의 말씀과 기도에 전념했다. 그는 성경 묵상과 연구를 통해 그리스도의 성품, 아름다움, 그리고 은혜로운 구

---

90   Kraft, 『기독교와 문화』, 527.
91   Iain H. Murray, *Jonathan Edwards: A New Biography*, 35.
92   Marsden, *Jonathan Edwards: A Life*, 41.

원의 방법에 대해 깊은 이해를 얻었다. 이런 변화는 어린 시절부터 느꼈던 하나님의 주권 교리에 대한 반감을 해소시켰고, 그의 회심이 하나님의 주권적 은혜임을 확신하게 만들었다. 하나님의 절대주권에 대한 새로운 인식은 그의 신앙과 신학 전반에 중대한 영향을 끼쳤다. 에드워즈는 이 확신을 바탕으로 칼빈주의 신학(Calvinist Theology)의 핵심인 '하나님의 주권과 영광'에 대한 굳건한 믿음을 평생 가지게 되었다.[93]

이 회심 체험은 그가 하나님의 주권에 대한 확고한 신념을 갖고 칼빈주의 사상에 깊이 뿌리를 내리게 하는 결정적 계기가 되었다.[94]

(1) 거룩한 삶을 추구한 에드워즈

에드워즈는 중생을 체험하고 나서 가장 먼저 인생의 목표가 확실하게 바뀌었다. 그는 먼저 거룩에 대한 열망으로 평생 거룩을 추구하며 살았다.[95] 성도다운 성도가 되는 것, 하나님께서 허용하시는 범위 내에서 지상 최고의 그리스도인이 되는 것이 바로 에드워즈의 가장 중요한 인생 목표였다.[96]

회심 후 에드워즈의 인생 목표는 거룩함을 추구하는 것으로 변화되었다. 그는 최상의 그리스도인이 되고자 하는 열망으로 살아갔다. 그는 거룩

---

[93] E Brooks Holifield, *Theology in America: Christian Thought from the Age of the Puritans to the Civil War* (Yale University Press, 2003), 114. 하나님의 은혜로 나타난 이 신적 영광을 전해야 한다는 사명이 목회자이자 신학자로서 에드워즈 삶의 짐이 되어 버렸다. 에드워즈는 칼빈처럼 그리스도의 인격과 사역, 그리스도의 능동적 순종과 수동적 순종, 선지자·제사장·왕의 세 가지 직분, 그리스도의 낮아짐과 높아짐 등 전통적인 개혁주의 기독론의 주제들을 자신의 탁월성, 적합성, 비례의 관점에서 조망하고 결정되는 형태로 생각했다.

[94] Michael Harder, "True Excellency: The Missional Preaching of Jonathan Edwards" (Southeastern Baptist Theological Seminary, 2022), 9.

[95] 양낙흥, 『조나단 에드워즈 생애와 사상』, 147-48.

[96] Jonathan Edwards, 『조나단 에드워즈처럼 살 수는 없을까?』, 백금산 옮김 (서울: 부흥과개혁사, 1999), 32.

한 생활을 위해 자신의 영적인 결심의 중요함을 인식했다. 에드워즈는 회심 후 죄에 대해 더욱 민감해졌음에도 자신 내부의 독선과 교만에 대해 깊이 고민했다.

그래서 그는 1722년, 높은 수준의 영적 거룩함을 유지하는 데 장애가 되는 것들을 극복할 수 있는 결심문(Resolutions, 부록 참조)을 작성하기 시작했다. 에드워즈는 하나님의 영광을 가리는 모든 것으로부터 자신을 지키기 위해 이 결심문을 만들었다. 에드워즈는 결심문에 자신의 결심을 하나씩 추가하다가 드디어 1723년 1월 14일, 아직 스무 살이 되기 전에 자신의 인생 목표와 방향을 정립하는 결심문을 완성했다. 이 결심문은 그의 평생 좌우명이 되었다.[97]

그의 결심문에는 이렇게 적혀 있다.

> 나는 하나님의 도움이 없이는 아무것도 할 수 없음을 알기 때문에, 이 결심문이 하나님의 뜻에 일치하는 한, 그리스도를 위해 하나님의 은혜로 내가 이 결심문을 지킬 수 있도록 내게 능력 주시기를 겸손하게 하나님께 간청하자. 이 결심문을 일주일에 한 번씩 잊지 말고 읽자.

에드워즈는 일생 동안 '열정적으로 거룩을 추구하는 삶'이었으며, '영적 거인이 되고자 한 삶'을 지향했다.[98] 이런 영적 갈망을 실현하기 위해 어떻게 하면 더 거룩해져서 하나님의 자녀이자 그리스도의 제자로서 더 합당한 모습을 갖출 수 있을지에 대한 질문과 투쟁을 밤낮으로 끊임없이 이어갔다.

---

97 Edwards, 『조나단 에드워즈처럼 살 수는 없을까?』, 158.
98 Edwards, 『조나단 에드워즈처럼 살 수는 없을까?』, 32.

그의 결심문 제1번에서 그가 얼마나 치열하게 하나님 앞에서 거룩하게 살려고 했는지가 드러난다.

> 나는 전 생애 동안 하나님의 영광과 나 자신의 행복과 유익과 기쁨에 최상의 도움이 되는 것이면 무엇이든지 하자. 지금 당장이든 아니면 지금부터 수많은 세월이 지나가든지 간에 시간은 전혀 고려하지 말자. 내가 해야 할 의무와 인류 전체의 행복과 유익과 최상의 도움이 되는 것이면 무엇이든지 하자. 내가 부딪히게 될 어려움이 무엇이든지 간에, 또한 그 어려움이 아무리 많고, 아무리 크다 할지라도 그렇게 하자.

에드워즈의 결심문은 대부분이 영적인 것들로부터 마음을 빼앗기지 않으려고 노력하는 것에 초점이 맞춰져 있다. 구체적이고 실제적인 결단과 자신의 결점을 바로잡는 일들과 관련이 많다.[99] 그는 청교도 신앙의 전통에 충실하여 시간 사용에 대해서도 엄격했으며, 한순간의 시간도 낭비하지 말고 할 수 있는 한 최대한으로 시간을 유익하게 사용하고자 결심했다(결심문 제5번). 심지어는 먹고 마시는 일에도 엄격하게 절제했다(결심문 제20번).

예수님의 말씀처럼 "다른 사람을 결코 비판하는 일을 하지 말자"(마 7:1)고 결심했으며(결심문 제31번), 결심문 마지막에는 "내가 하는 모든 일이 다른 사람들에게 유익이 되도록 하겠다"라고 결심했다(결심문 제70번).

에드워즈는 결심문에서 볼 수 있듯이, 자신의 인격을 단련하고 하나님 앞에서 거룩하게 살고자 하는 열망으로 가득 차 있었으며, 그것이 그의 삶의 목표였다. 조지 마즈던은 동시대를 살았던 벤자민 프랭클린(Benjamin Franklin, 1706-1790)과 에드워즈의 삶을 비교하면서 두 사람이 추구하는 것

---

99 Marsden, *Jonathan Edwards: A Life*, 51.

이 확연히 달랐다고 흥미로운 평가를 했다.

그는 다음과 같이 말했다.

> 에드워즈의 결심문은 성공적인 삶을 위한 실천적 훈련의 덕목을 강조한 벤자민 프랭클린의 결심문과는 본질적으로 다르다. 청교도적 경건 훈련이 자아 성찰을 필연적으로 수반하긴 하지만, 에드워즈는 그의 모든 인식의 최우선 자리에 하나님을 두고자 끊임없이 노력했다. 그는 효과적인 삶의 기술보다는 하나님의 법과 성도로서의 의무에 더욱 깊은 관심을 기울였다. 에드워즈가 가장 중시한 것은 정기적인 성경 연구와 기도 시간을 놓치지 않는 것이었으며, 하나님께 향한 마음을 방해하는 모든 욕망을 절제하며 다스리는 일이었다. 실제로 그는 강철 같은 인격을 연마했지만, 그의 궁극적 목표는 자신의 본성적 자아를 복종시켜 하나님의 법과 뜻에 온전히 순종하는 데 있었다.[100]

(2) 기도의 사람 에드워즈

에드워즈는 기도의 사람이었다. 그의 삶 속에서, 영적 생활에 빼놓을 수 없는 요소는 기도 생활이다. 에드워즈는 기도하는 일을 게을리 하지 않았다. 그는 종종 도심의 소란을 벗어나 시내에서 조금 떨어진 허드슨 강변 둑, 한적한 곳에 가서 하나님의 일들을 묵상하고 하나님과 은밀한 대화를 나누는 소중한 시간을 보냈다. 이런 하나님과의 조용한 교제의 시간은 에드워즈에게 경건 생활과 영적 체험의 원천이 되었다.[101] 기도를 통한 하나님과의 지속적인 만남은 부흥의 불길을 준비하는 토대가 되었다.

에드워즈의 영적인 삶은 그의 기도 생활에서도 엿볼 수 있다.

100　Marsden, *Jonathan Edwards: A Life*, 52.
101　양낙홍, 『조나단 에드워즈 생애와 사상』, 152-53.

내가 어디 있든지 간에 거의 계속해서 나는 큰 소리로 기도하곤 했습니다. 기도는 숨 쉬는 것처럼 자연스러웠습니다. 기도하기에 아주 적합지 않은 때를 제외하고는 나는 일반적으로 하루에 세 번 기도함으로써 하나님께 나아가는 것이 가장 좋다고 생각합니다(1723년 5월 6일).[102]

에드워즈가 기도의 사람이라는 것을 잘 보여 주는 것은 1747년, 소위 『기도합주회』(A Humble Attempt)라는 책을 출판한 것에서 잘 알 수 있다. 에드워즈는 개인의 기도 생활뿐만 아니라 교회가 연합하여 기도해야 함을 강조했다. 그는 하나님의 보좌를 움직이는 것은 기도의 능력이라고 믿었다. '기도합주회'는 마치 오케스트라가 각종 악기를 가지고 지휘자의 지휘를 따라 하나의 곡을 합주하듯이, 각종 교파와 교리적 이해가 다른 하나님 나라의 지체들이 함께 영적 각성과 국제적 부흥을 위해 연합하여 한 목소리로 기도하는 것을 의미한다.

『기도합주회』에서 에드워즈가 제안한 것은 부흥이 일어나도록 토요일 저녁이나 주일 아침, 단체로든지 아니면 개인적으로든지 규칙적으로 비상한 기도를 시작하자는 것이었다. 에드워즈에 의해 『기도합주회』라는 이름으로 나오게 된 이 책의 원제목은 다음과 같다.

『성경-종말에 관한 약속과 예언들에 준하여 부흥과 지상에 그리스도 왕국의 확장을 구하는 비상(非常)한 기도 속에서, 하나님의 백성들 가운데 분명한 일치와 가시적 연합을 증진시키기 위한 하나의 겸허한 시도』 (A Humble Attempt to promote an explicit agreement and visible union of God's people through the world, in extraordinary prayer for the revival of religion, and the advancement of Christ's Kingdom on earth, pursuant to scripture promise and prophecies concerning the last time.).

---

102 Edwards, 『조나단 에드워즈처럼 살 수는 없을까?』, 210.

이 책은 역사상 수많은 사람에게 부흥을 위한 긴박한 기도의 필요성을 알리고, 그들을 기도로 인도하는 역할을 했다.[103]

에드워즈는 회심 후 두 가지 큰 변화가 나타났는데, 그것은 바로 성경 말씀이 새롭게 다가온 것과 또 하나는 새로운 기도의 체험을 하게 된 것이었다.[104] 어려서부터 규칙적으로 기도해 오던 에드워즈는 회심 체험 후 더욱 깊이 있는 기도 생활을 했으며, 끈질기게 기도하는 기도의 용사였다. 그는 기도하지 못한 것까지도 회개하며, 좋지 못한 습관까지도 버리려고 노력했다(1723년 5월 19일 일기).[105] 끈질긴 기도는 하나님을 움직이는 열쇠라고 생각했다.

에드워즈는 이런 기도를 통해 일평생 거룩한 삶과 하나님의 영광을 향해 나아갔다. 이런 그의 기도생활이 그의 영적인 삶의 원동력이 되었다.

(3) 말씀의 사람 에드워즈

에드워즈는 하나님의 말씀 사역에 전적으로 헌신한 사람이었다.[106] 에드워즈는 성경 말씀을 사랑하는 사람이었다.

에드워즈의 증손자인 드와이트(Sereno Edwards Dwight, 1786-1850)는 에드워즈가 성경 읽기를 통해 인간의 마음에 대한 인식을 갖게 되었다고 말했다.[107] 그 당시 살아있는 영성의 증거들 가운데 하나로 인정되는 것은 성

---

103 Edwards, 『기도합주회』, 12-14.
104 Edwards, 『조나단 에드워즈처럼 살 수는 없을까?』, 93.
105 Edwards, 『조나단 에드워즈처럼 살 수는 없을까?』, 213. 에드워즈는 하루에 세 번씩 하나님께 기도하려고 했다. 그는 하나님께 전적으로 나아갈 기회를 충분히 만들지 못했음을 돌아보며, 자신의 결심을 지키려고 노력했다.
106 Paul, *Jonathan Edwards and the Stockbridge Mohican Indians*, 63.
107 Michael A. G. Haykin, *Jonathan Edwards the Holy Spirit in Revival: The Lasting Influence of the Holy Spirit in the Heart of Man* (Darlington: Evangelical Press, 2005), 2. 드와이트는 인간의 마음에 대한 에드워즈의 놀라운 통찰력의 세 가지 이유를 "에드워즈의 지각력 있는 성경 읽기, 자신의 마음에 대한 철저한 지식, 그리고 철학에 대한 깊은 이해"라고 말했다.

경에 대한 사랑이었는데, 에드워즈는 당시 모든 책 중 성경을 읽는 것에서 최대의 즐거움을 누렸다. 때때로 성경을 읽는 중에 모든 단어가 그의 마음을 건드리는 것처럼 느껴졌다.

그때의 기쁨을 그는 다음과 같이 적고 있다.

> 그때 나는, 그리고 또 다른 때에도, 그 어떤 책보다도 성경에서 가장 큰 기쁨을 누렸다. 성경을 읽을 때마다, 말씀 하나하나가 내 마음을 깊이 울렸다. 내 마음속 어떤 것과 그 달콤하고도 능력 있는 말씀들 사이에 조화가 이루어지고 있음을 느꼈다. 때로는 구절 하나하나에서 놀라운 빛이 쏟아지고, 신선한 양식이 흘러나오는 듯하여, 더 이상 읽어 나갈 수 없을 때도 있었다. 나는 한 구절에 오래 머물며 그 안에 담긴 경이로움을 음미하곤 했다. 사실상 거의 모든 구절이 신비와 기이한 뜻으로 가득 차 있는 것처럼 느껴졌다.[108]

에드워즈의 전기문을 저술한 이안 머레이는 "에드워즈는 다른 모든 것을 고려하기 이전에 하나님의 말씀에 신실한 사람이었다"[109]라고 말했다. 에드워즈는 성경을 읽는 것을 영적 삶의 가장 중요한 요소로 생각했다. 그래서 그는 성경을 조직적으로 꾸준히, 그리고 열심히 읽고 연구했다.

그의 결심문 제28번에서 그는 이렇게 말한다.

---

108 Jonathan Edwards, *Personal Narrative, in The Works of Jonathan Edwards*, vol. 16, ed. George S. Claghorn (New Haven, CT: Yale University Press, 1998), 797: "I had then, and at other times, the greatest delight in the Holy Scriptures, of any book whatsoever. Oftentimes in reading it, every word seemed to touch my heart. I felt a harmony between something in my heart, and those sweet and powerful words. I seemed often to see so much light exhibited by every sentence, and such a refreshing food communicated, that I could not get along in reading; often dwelling long on one sentence, to see the wonders contained in it; and yet almost every sentence seemed to be full of wonders."

109 Murray, *Jonathan Edwards: A New Biography*, 471.

성경을 아주 꾸준하게, 지속해서 자주 연구하자. 그렇게 해서 깨닫고 쉽게 이해한 지식을 바탕으로 자라가자.

에드워즈는 성경 읽기와 연구를 영적 삶의 가장 중요한 부분으로 여겼다. 그는 자신의 자서전, 결심문, 일기에서 성경 읽기와 묵상, 그리고 그 적용을 일상생활에서 얼마나 중요하게 여겼는지를 발견할 수 있다.[110] 에드워즈는 성경을 자신의 모든 삶의 규칙으로 삼고, 그 기준에 따라 자신의 삶을 평가하고 조정하며, 성경의 가르침에 따라 살기 위해 노력했다.

에드워즈는 지성과 영성의 균형을 갖춘 인물이었다. 그는 뛰어난 지성의 사람이었지만 영성이 지성을 통제한 사람이었다.

어떻게 그것이 가능할 수 있을까?

그것은 성경을 최고의 권위로 두고 하나님 말씀에 복종해야 한다고 믿었기 때문이었다.

이에 대해 로이드 존스는 다음과 같이 말했다.

> 그는 언제나 자기의 철학과 사변을 성경에 굴복시켰고, 그것들을 단순한 종으로 여겼습니다. 어떤 생각이 일어난다 할지라도 성경이 최고의 권위를 차지했습니다. 모든 것이 다 하나님의 말씀에 복종해야 한다고 믿고 있었습니다. 그의 풍부하고 빛나는 재능들은 부수적인 것으로서 항상 종으로 사용되었습니다. 즉, 그 사람은 하나님께서 지배하는 사람이었습니다.[111]

---

110 Jonathan Edwards, *Memoirs of Jonathan Edwards, In: The Work of Jonathan Edwards*, ed. Sereno Edwards Dwight, 1 vols. (Edinburgh: The Banner of Truth Trust, 1974), XX-XXI. 에드워즈의 70가지 결심문이 이곳에 수록되어 있다.
111 Lloyd-Jones, 『청교도 신앙』, 504-05.

이런 성경에 대한 믿음은 그가 철저한 성경적 관점을 가지게 했으며, 철학과 추측을 성경의 권위에 복종시키는 데 유용하게 사용되었다. 에드워즈는 설교가 인간적인 설명을 제공하는 것이 아니라 성경에 담긴 진리를 드러내는 것이라고 강조했다. 그는 성경 말씀이 성도를 변화시키고 생명력을 주는 말씀임을 굳게 믿고 선포했다.

에드워즈의 해박한 성경 지식은 그가 당시 부흥 운동의 반대자들과 광신도들에 대한 정확한 반박을 가능하게 했다. 그의 삶에서 드러나는 것은 하나님께서 그 시대를 위해 에드워즈를 준비시켰다는 사실이다. 그는 경건한 가정에서 태어나 어릴 때부터 신앙생활에 힘썼고, 하나님을 경험하며 하나님의 말씀대로 살려고 끊임없이 기도하며 몸부림치는 삶을 살았다. 이런 그의 삶은 노샘프턴의 목회 활동에 초석이 되었다.

4) 제4단계 부흥과 갈등: 노샘프턴 목회 사역의 명암

(1) 에드워즈의 결혼과 가정

1723년 여름, 에드워즈는 평생의 동반자가 될 사라 피에르폰트(Sarah Pierrepont, 1710-1758)를 만나 그의 삶과 사역에 중요한 순간을 맞이했다. 두 사람의 첫 만남은 에드워즈가 뉴욕의 한 장로교회에서 설교를 마치고 예일대학으로 돌아온 직후 이루어졌다.[112] 당시 사라는 겨우 13살이었다. 이 만남은 에드워즈의 인생에서 중요한 전환점이 되었을 뿐만 아니라 그의 신앙과 사역에도 큰 영향을 미쳤으며, 개인적인 관계와 종교적 소명 사이의 깊은 상호 연관성을 보여 준다.[113]

---

112 Paul, *Jonathan Edwards and the Stockbridge Mohican Indians*, 68.
113 양낙흥, 『조나단 에드워즈 생애와 사상』, 163.

에즈워즈는 그녀에게 깊이 마음을 빼앗겼으며, 자신의 감정을 표현할 유일한 방식으로 헬라어 문법책의 표지에 사랑의 송가를 기록해 둘 정도로 그녀에 대한 애정을 품고 있었다.

> 사람들은 뉴헤이븐에 세상을 만드시고 다스리시는 위대한 분을 사랑하고 있는 한 어린 소녀가 있다고 말한다. 또한, 이 위대한 분은 여러 가지 방식으로 혹은 다른 눈에 보이지 않는 방식으로 이 소녀에게 오셔서 이 소녀의 마음을 아주 달콤한 즐거움으로 가득 채우시는 때가 있다. 그래서 그녀는 하나님을 묵상하는 것 외에는 다른 것들을 거의 할 수 없다.…특히, 이 위대한 하나님께서 자신을 그녀에게 나타내신 후에는 이 소녀는 달콤한 경외감과 고요함과 보편적인 관대한 마음을 가지게 되었다. 그녀는 때때로 이곳저곳을 다니면서 달콤하게 찬양을 부르며 언제나 기쁨과 즐거움으로 충만한 것처럼 보인다. 아무도 그것이 무엇인지 모른다. 그녀는 혼자 숲이나 들판을 거닐기 좋아하며, 눈에 보이지 않는 어떤 분이 언제나 그녀와 함께 대화하는 것처럼 보인다.[114]

이 내용을 통해 사라 피에르폰트(Sarah Pierrepont)는 어릴 적부터 깊은 신앙심과 하나님과의 영적 교제를 중시하는 사람임을 알 수 있다. 에드워즈는 세속적 명예나 부를 따르기보다는, 영적 가치를 우선시하며 목회자의 삶을 택한 사라를 자신의 배우자로 삼기를 희망했음을 밝히고 있다. 사라는 현실 도피적인 경건이 아닌, 현실과 조화를 이루는 실천적인 경건함을 가진 여성이었다. 그녀는 높은 영적 체험과 종교적 감수성을 지니고 있었음에도 불구하고 일상적인 세상 책임을 결코 소홀히 하지 않았다. 에드워즈의 결혼에 대한 흥미로운 책을 쓴 엘리자벳 도즈(Elizabeth Dodds)는 사라가 일상에서도 책임

114　Edwards, and Piper, 『하나님의 영광을 위한 하나님의 열심』, 82-83.

을 다하는 여성임을 다음과 같이 말하고 있다.

> 그녀는 다른 많은 부인들이 헝클어진 머리로 내려올 때에도 아침 식사를 위해 리본으로 머리를 단정히 묶었고, 집에서 직접 만든 버터 블록에 디자인을 찍는 데 시간을 할애했으며, 부엌 문 옆 허브 화분에서 파슬리, 스피어민트, 세이지를 재배해 간단한 요리에 풍성함을 더하는 방법을 알고 있었고, 완두콩 한 그릇이 있으면 햇살 아래 텃밭으로 가져가 재배하는 여성이었다.[115]

〈그림 15〉 사라 피에르폰트(Sarah Pierrepont)[116]

---

[115] Elizabeth Dodds, *Marriage to a Difficult Man, the "Uncommon Union" of Jonathan and Sarah Edwards* (Philadelphia: Westminster Press, 1971), 31. She was the kind of woman who took the trouble to tie her hair with a ribbon for breakfast when many wives came down tousled; who spent an extra minute to stamp a design on a block of home-churned butter; who knew how to give a flourish to simple dishes with parsley, spearmint, or sage, all grown in a square of herbs by the kitchen door; who, when she had a bowl of peas to shell, would take it out into the sunshine to garden.

[116] Murray, *Jonathan Edwards: A New Biography*, 192. Sarah Edwards at the age of 41, a painting attributed to Joseph Badger. Reproduced by courtesy of Yale University Art Gallery, bequest Eugene Phelps Edwards.

사라는 코네티컷(Connecticut)의 명문가에서 자랐으며, 당시 여성들이 받을 수 있는 최고 수준의 교육을 받았다. 그녀는 상류 사회의 사교적 교양을 갖추었다. 그녀는 독서와 기도 등 경건 훈련을 유지하는 한편, 세상 일에도 즐겁고 민첩하게 수행했다.[117] 이처럼 종교적이고 사회적으로 잘 교육받은 사라 피에르폰트는 자신의 가치관을 실천하며 살아가는 모범적인 여성으로서 에드워즈의 영적 파트너일 뿐만 아니라, 당대 사회에서도 존경받는 인물이었다.[118]

에드워즈는 사라 피에르폰트와 1727년 7월 28일, 노샘프턴교회 목사로 취임한 지 5개월 만에 결혼했다. 당시 에드워즈는 23세, 사라는 17세였다. 에드워즈와 사라는 결혼 후 23년 동안 11명의 자녀를 두었는데, 그중 8명은 딸이고 3명은 아들이었다.[119] 밀러(Miller)는 에드워즈와 사라의 결혼과 가정을 다음과 같이 논평했다.

> 그 결혼은 진실하고 깊은 결혼이었으며, 11명의 자녀를 둔 그들은 애정이 넘치는 가정이었다. 딸이 많아 힘들기도 했지만 에드워즈는 집안의 주인이었고 가족들로부터 존경받았다.[120]

에드워즈 부부는 가정에서도 모범적인 부모의 역할을 수행했다. 그들은 자녀들과의 친밀한 관계를 중시했으며, 에드워즈는 바쁜 목회 활동과 하루 13시간씩 학문적 연구에 보내면서도[121] 자녀들과 함께 시간을 보냈다.

---

117 양낙홍, 『조나단 에드워즈 생애와 사상』, 168-69.
118 Sweet, 『美國 敎會史』, 174. 사라는 남편 에드워즈가 가정생활에서 아무런 염려 없이 지낼 수 있도록 했으며, 가정을 온화하고 친절한 분위기를 조성하여 하나의 성소처럼 만들 정도로 탁월하고 경건한 여인이었다. Sweet는 에드워즈를 온전히 이해하려면 먼저 사라를 이해해야 한다고 말한다.
119 Michael Harder, "True Excellency: The Missional Preaching of Jonathan Edwards," 10.
120 Perry Miller, *Jonathan Edwards* (Westport: Greenwood Press, 1977), 202.
121 Sweet, 『美國 敎會史』, 175. 에드워즈는 서재에서 13시간을 보내며 매주 두 편의 설교

그는 아침 기도, 식사 시간, 저녁 시간을 자녀들과 보내는 것을 소중하게 여겼다. 에드워즈는 아내에게는 다정한 연인(a tender of love)이었고, 자녀들이 좋아하는 아버지였다.[122]

가정 내 노동, 예를 들어 나무 자르기, 담장 수리, 정원 가꾸기는 주로 에드워즈가 담당했으며, 집안의 재산 관리는 사라가 주로 맡았다. 사라는 자녀들을 잘 양육하는 데에도 모범을 보여 주었다. 자녀들에게 예절을 가르쳤고 자녀들의 인격을 존중하여 잔소리를 하지 않고 한 번만 말하는 습관이 있었다.[123]

사라는 아내로서 남편이 연구에 몰두할 수 있도록 지원했다. 남편이 생각에 잠겨 있을 때는 식사로 인한 방해를 최소화하는 등의 배려를 아끼지 않았다.[124]

이런 에드워즈 가정의 삶은 신앙과 일상, 학문적 연구가 조화롭게 어우러진 모습을 보여 주었다. 에드워즈는 자녀들뿐만 아니라 그의 아내에게도 든든한 반석이었다. 사라에게 에드워즈는 기댈 수 있는 힘이 되었고, 에드워즈는 사라에게 신학적 도움을 줄 수 있었다.[125]

를 작성했는데, 하나는 주일을 위한 것이고, 다른 하나는 주간 강의를 위한 것이었다. 그에게는 설교 준비와 공부하는 일이 목회적 봉사보다 훨씬 더 중요했다. 그는 심방도 매우 드물게 했다. 그는 심방 목회보다 설교와 교육 목회에 더 치중했다고 볼 수 있다.

122 Dodds, *Marriage to a Difficult Man, the "Uncommon Union" of Jonathan and Sarah Edwards*, 8-9.

123 Dodds, *Marriage to a Difficult Man, the "Uncommon Union" of Jonathan and Sarah Edwards*, 11.

124 Marsden, *Jonathan Edwards: A Life*, 251-52. 사라는 남편 에드워즈에게 존경심을 표했고, 그의 엄격한 식사 습관에 맞게 음식을 해 주었으며, 아플 때는 몸을 돌보아 주었다. 그녀는 몸이 쇠하고 아픈 중에도 일을 했지만 불평하지 않고 언제나 유쾌했다. 자녀들을 양육할 때도 소리를 지르거나 화를 내지 않고, 즐겁게 순종하도록 가르치는 탁월한 사람이었다. 때로는 자녀들에게 단호했지만 온유했으며, 자신의 훈련에 대한 이유를 항상 설명해 주었다. 그 결과, 자녀들은 품행이 뛰어났으며 서로 사이좋게 지냈다. 사라는 특별히 어려운 일이 있을 때만 남편 조나단에게 조언을 구했다.

125 Matthew Ryan Martin, "Jonathan Edwards' Life: More Than a Sermon," 13.

에드워즈 가족은 존경받았으며, 성경의 교훈대로 "아비들아 너희 자녀들을 노엽게 하지 말고 오직 주의 교양과 훈계로 양육하라"(엡 6:4)라는 말씀을 실천하고 보여 준 모범적인 가정이었다. 성경 말씀이 에드워즈 가족의 삶의 핵심이었다.[126] 청교도들은 행복한 가정이 기독교가 가장 신뢰받는 증거 중 하나라고 생각했고, 에드워즈 가정은 그중에서도 비범한 가정이었다.[127]

이런 가정에서 자란 에드워즈의 딸들은 자라서 법률가, 정치인, 대학 학장이 된 목사 사모가 되었고, 아들은 셋이 있었는데, 하나는 법률가, 다른 하나는 정치인, 또 다른 아들은 아버지의 뒤를 이어 목사이자 대학 학장이 되었다. 에드워즈의 손자 손녀는 모두 72명이었으며, 그중 그의 딸 메리가 낳은 에드워즈의 외손자 티모시 드와이트(Timothy Dwight, 1752-1817)[128]는 예일대학의 학장이 되어 예일대학 부흥의 주역이 되었다.[129]

126　Matthew Ryan Martin, "Jonathan Edwards' Life: More Than a Sermon," 14.
127　Helen K Hosier, *Jonathan Edwards: The Great Awakener* (Ohio: Barbour Publishing Inc, 1999), 57.
128　Benjamin Woodbridge Dwight, *The History of the Descendants of John Dwight, of Dedham, Mass*, vol. 2 (JF Trow & son, printers and bookbinders, 1874), 139. 드와이트는 자신이 이렇게 된 것은 모두 어머니 덕분이라고 말했다.
129　양낙홍, 『조나단 에드워즈 생애와 사상』, 172.

〈그림 16〉 노샘프턴교회와 마을 모습[130]

(2) 노샘프턴교회 부흥 경험

에드워즈는 1724년에 석사학위를 받은 후, 1726년부터 미국에서 가장 영향력 있는 솔로몬 스토다드(Solomon Stoddard)의 노샘프턴교회에서 사역을 시작하여, 1729년부터는 후임자로서 본격적으로 목회를 하게 되었다. 에드워즈는 이 교회에서 미국 역사상 가장 위대한 부흥 운동 중 하나로 평가받는 영적 대각성(Great Awakening)의 중요한 인물로 활동했다.

에드워즈는 노샘프턴(Northampton)에서 목회하면서 두 번의 중대한 부흥을 경험했다. 에드워즈의 목회 생애 중 첫 번째 부흥은 1730년대 중반, 노샘프턴교회를 중심으로 코네티컷(Connecticut) 골짜기에서 일어난 놀라운 부흥이었다. 그러나 이 부흥은 오래 지속되지 못했고, 교회는 영적으로 소강 상태에 접어들었다.

신앙적 열정이 점차 식어가고 영적 애착이 약화되는 상황 속에서, 코네티컷의 부흥이 가라앉은 지 5년도 채 되지 않아, 1740년경 미국 전역에

---

130 Marsden, *Jonathan Edwards: A Life*, 292.

걸친 두 번째의 거대한 부흥, 대각성 운동이 일어났다. 이 운동은 영국에서 온 조지 휫필드(George Whitefield, 1714-1770)라는 천부적인 설교자와 에드워즈가 협력하여 진행한 것이 특징이다.[131] 이런 사역은 당시 미국 종교사에 중요한 변곡점을 제공하며, 교회 역사에 길이 남을 부흥을 가져왔다. 부흥 운동에 대해서는 5장에서 자세히 다룬다.

(3) 노샘프턴교회 성찬 논쟁과 결별

에드워즈는 노샘프턴교회(Northampton Church)에서의 목회 사역 가운데 심각한 갈등과 시련을 경험하였고, 이런 긴장과 충돌은 결국 사임이라는 결과로 이어졌다. 노샘프턴교회를 사임하게 된 결정적인 계기는 성찬 참여에 대한 논쟁이었다. 에드워즈는 스토다드 때부터 시행해 오던 성찬 참여 기준을 더욱 엄격하게 제시하며, 교회의 정회원이 되기 위한 필요한 자격 조건을 강화했다. 그러나 이에 대해 교인들은 반대 입장을 보였다.[132]

이 논쟁의 배경은 1630년대 중반, 청교도가 미국에 정착한 후 교회 회원권을 얻기 위해 지원자가 자신의 회심 체험을 회중 앞에서 발표해야 했던 전통에서 비롯되었다. 시간이 지나면서 점차 교회 회원 수 감소로 이어졌고, 유아세례를 받은 사람들이 성인이 되어 명확한 회심 진술을 할 수 없게 되면서, 자신의 자녀에게 세례를 주는 데 어려움을 겪게 되었다.

이에 대한 해결책으로, 매사추세츠(Massachusetts)의 목사들은 1662년 '중도 언약'(Half-Way Covenant)[133]을 도입했다. 이 제도는 정회원이 아니어도

---

131 Marsden, *Jonathan Edwards: A Life*, 202-06. 에드워즈와 휫필드는 1740년, 미국을 순회하며 설교할 때 만났다. 두 사람은 금방 친구가 되었고, 에드워즈는 휫필드의 순회 전도 설교에 함께 했다. 이 두 사람을 통해 대각성 운동이 일어났으며, 에드워즈는 그 유명한 대각성을 촉진시킨 설교인 〈하나님의 진노의 손에 붙들린 죄인들〉(Sinners in the hands of Angry of God)을 엔필드(The town of Enfield)에서 하게 되었다.
132 Matthew Ryan Martin, "Jonathan Edwards' Life: More Than a Sermon," 13-14.
133 Stephen Foster, *The Long Argument: English Puritanism and the Shaping of New England Culture, 1570-1700* (UNC Press Books, 1991), 175-230. '중도 언약'(Half-Way Cove-

자녀들에게 유아세례를 줄 수 있는 권리를 부여했다.[134] 그러나 이 제도는 점차적으로 확대되어 적용되었다.

에드워즈는 이런 변화에 대해 우려를 표하며 교회 회원의 기준을 강화하고자 했으나, 결국 이는 그의 사임으로 이어졌다. 이 사건은 당시 교회사에서 중요한 분기점이 되었으며, 회원 기준과 성찬 참여 자격에 대한 교회의 이해를 재정립하는 계기가 되었다.

뉴잉글랜드(New England)에서 교회 회원권과 성찬 참여권을 확대에 중요한 역할을 한 인물 중 하나는 에드워즈의 전임자이자 외조부인 솔로몬 스

---

nant)은 1662년 뉴잉글랜드 청교도 사회에서 발생한 종교적 규정이다. 당시 교회원이 되기 위해서는 확실한 중생의 체험을 경험해야 했기 때문에 정식 성도의 수가 감소하는 문제가 있었다. 이에 대응하여 만들어진 '중도 언약'은 청교도의 두 번째 세대, 즉 세례는 받았으나 공개적으로 신앙을 고백하지 않은 사람들을 '중도 교회 회원'으로 인정하고, 이들의 자녀에게도 세례를 허용했다. 그러나 '중도 교회 회원'과 그들의 자녀들은 교회에서 신앙생활을 할 수 있었지만 성찬식에는 참여할 수 없었다.

134 Patricia Tracy, *Jonathan Edwards, Pastor: Religion and Society in Eighteenth-Century Northampton*, vol. 2 (Wipf and Stock Publishers, 2006), 10. 패트리샤 트레이시(Patricia Tracy)의 저작은 에드워즈의 목회 사역을 사회사적 관점에서 평가하는 것으로, 그의 신학과 목회가 당시의 사회적 맥락과 어떻게 결합되었는지를 심층적으로 조명하고 있다. 트레이시는 역사적 문헌과 에드워즈의 서면 기록을 면밀히 분석하여, 그의 목회 사역이 노샘프턴에서 어떤 사회적 및 종교적 영향을 미쳤는지 학문적으로 조명한다. 이를 통해 트레이시는 에드워즈의 목회 사역과 신학적 사상이 18세기 북미의 종교와 사회에 끼친 광범위한 영향을 체계적으로 다루고 있다.

트레이시의 책은 학자들, 신학생들, 그리고 역사와 종교에 관심 있는 일반 독자들에게 에드워즈의 신학적 유산과 그것이 현대에 어떻게 영향을 미치고 있는지를 이해하는 데 도움을 준다. 이런 분석을 통해 트레이시는 에드워즈를 단순한 대각성운동의 리더나 신학자의 틀을 넘어서, 그의 시대에 대한 영향력 있는 해석자이자 사회적, 종교적 변화의 중재자로 묘사한다. 그의 설교와 신학적 접근이 성도들의 삶과 사회적 상황에 어떻게 적용되었는지를 드러내며, 에드워즈가 직면했던 도전과 그의 대응이 당시 노샘프턴 사회와 어떻게 상호작용했는지에 대한 이해를 심화 시켜준다.

트레이시의 연구는 에드워즈의 생애를 단순히 통사적으로 서술하는 것을 넘어서, 그의 신학적 사상과 목회적 실천이 18세기 북미 사회와 종교에 끼친 실질적인 영향을 분석함으로써, 에드워즈 연구에 새로운 학문적 차원을 추가한다. 이 책은 에드워즈에 대한 연구뿐만 아니라, 당시의 사회, 문화, 종교적 맥락을 이해하는 데 중요한 자료로서 그 가치를 인정받고 있다.

토다드(Solomon Stoddard)였다.[135]

스토다드는 특별한 생활상의 문제가 없고, 기독교 교리에 대한 기본적인 지식이 있는 사람이라면 중생 여부와 관계없이 완전한 교회 회원권을 얻고 성찬에 참여할 수 있다고 주장했다. 그는 성찬식을 회심을 촉진하는 은혜의 수단으로 보았고, 심지어 중생하지 않은 사람들도 성찬에 참여함으로써 회심의 은혜를 받을 가능성이 있다고 생각했다.

스토다드는 개인적으로 하나님의 은혜를 체험했다고 고백하는 이들과, 하나님의 구원 능력에 대한 일반적인 믿음을 고백하는 이들 간의 구별을 두지 않았다.[136] 그는 노샘프턴교회에서 오랜 기간 동안 목회하며 '중도 언약'의 범위를 넓혔고, 생활에 큰 문제가 없고 기독교 교리에 대한 어느 정도의 이해가 있는 사람들도 교회 회원이 될 수 있도록 했다.

에드워즈는 초기에는 노샘프턴교회에서 시행되던 기존의 교회 정회원권 관행을 수용했다. 그러나 1744년, 그는 교회 회원 자격에 대한 중대한 입장 변경을 제안했다. 에드워즈는 기독교적 은혜와 경건의 고백, 그리고 그에 상응하는 외적인 증거가 없는 이들에게는 더 이상 교회의 정회원권을 부여할 수 없다고 주장했다.[137]

에드워즈는 교회 회원 중에 은혜를 받았다고 고백하는 이들의 삶이 그 고백을 뒷받침하지 못하는 모습을 보며 회의감을 느꼈다. 하지만 그들의 생활에 특별한 문제가 없었기 때문에 출교시키는 데 어려움이 따랐다. 에드워즈는 교회가 너무 낮은 기준으로 정회원권을 부여한 것이 문제의 원인이라고 결론지었다. 그에게 있어 참된 회심을 경험하지 못하고 은혜의 역사를 제대로 경험하지 못한 이들이 교회의 정회원으로서 권리를 누리며

---

[135] Charles Randolph Coney, *Jonathan Edwards and the Northampton Church Controversy: A Crisis of Conscience?* (The University of Texas at Arlington, 1989), 30-69.
[136] Lloyd-Jones, 『청교도 신앙』, 589.
[137] Murray, *Jonathan Edwards: A New Biography*, 271-76.

성찬에 참여하는 것은 받아들일 수 없는 일이었다.

이런 에드워즈의 제안은 교회 내에서 큰 논란을 일으키며 그의 목회 방향에 결정적인 영향을 미쳤다.[138]

<그림 17> 1749년에 발간된 『겸허한 질의』 초판 표지[139]

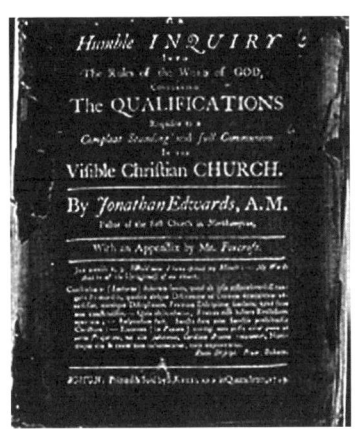

에드워즈는 성찬 참여에 대한 기준을 두고 교인들과의 갈등이 깊어져, 결국 1749년 4월, 자신의 목회 철학과 교회 정책에 관한 저서, 『가견적 기독교 교회에서 완전한 회원권과 성찬 참여 자격에 관한 하나님 말씀의 규

---

138 Nichols, 『조나단 에드워즈의 생애와 사상』, 131. 에드워즈가 해고당한 사건을 이해하기 위해서는 노샘프턴교회 전임자인 솔로몬 스토다드의 견해를 이해할 필요가 있다. 스토다드는 성찬을 회심을 위한 성례로 보았다. 그는 성찬을 그리스도을 공개적으로 고백하고, 보이는 성도가 된 사람들로 제한하기보다는 참여를 원하고 유아로서 세례를 받았던 사람들에게 열어 놓았다. 이는 성찬에 참여함으로써 그들이 그리스도께 나아올 수 있을 것이라는 희망에서였다. 에드워즈는 처음부터 스토다드의 입장과 일치하지 않았다. 하지만, 그는 성찬과 관련하여 자신의 입장을 밝히는 데 상당한 시간이 걸렸다. 마침내 에드워즈는 성찬에 참여하는 사람을 엄격히 제한하는 의견을 피력했다. 그는 성찬에 참여하려면 반드시 교회, 즉 보이는 교회의 일원이 되어야 함을 강조했다. 그러나 중직자들은 에드워즈의 가르침에 부담을 느꼈고, 이것이 갈등의 원인이 되었다.

139 양낙흥, 『조나단 에드워즈 생애와 사상』, 606.

칙들에 대한 겸허한 질의』(*A Humble Inquiry into the Rules of the Qualifications Requisite to a Complete Standing and Full Communion in the Visible Christian Church*)를 출판했다.

이 저작은 기독교 교회에서 성찬에 참여할 자격이 있는 이들을 명확히 구분하기 위한 목적으로, 정교한 논리와 깊이 있는 신학적 분석을 바탕으로 작성된 논문이다. 에드워즈는 완전한 회원 자격을 갖춘 이들, 즉 교회가 신앙적으로 가견적이고 경건하며 은혜로운 삶을 산다고 판단하는 사람들만이 성찬에 참여할 수 있어야 한다고 주장했다.

에드워즈는 성찬에 대한 자신의 견해를 밝힌 책을 교회 회원들이 읽고, 그들이 원한다면 교회를 떠날 것임을 밝혔다. 그러나 에드워즈는 교인들의 지지를 얻지 못했고, 1750년 6월 22일, 노샘프턴(Northampton)에서 개최된 결정적인 공회에서 그의 사임이 확정되었다. 공의회 이후 열린 공동의회에서는 230명의 성인 남자 회원 중 단 23명만이 에드워즈를 지지했다.[140] 결국, 에드워즈는 23년간 목회했던 사랑받던 교회를 떠나야 했다.[141] 이 사건은 교회사에서 중요한 전환점으로 기록되며, 교회의 회원권 및 성찬 참여 기준에 대한 이해를 새롭게 정립하는 계기가 되었다.

---

140 Samuel Hopkins, *Memoirs of the Rev. Jonathan Edwards* (J. Black, 1815), 143-47. 사무엘 홉킨스의 증언에 따르면, 하나님은 조나단 에드워즈가 노샘프턴교회에서 해임된 후 시련을 겪는 동안 그를 부양해 주셨다. 스코틀랜드의 친구들은 그의 역경 소식을 듣고 아낌없이 재정적 지원을 보냈다. 또한, 노샘프턴의 충성스러운 추종자들 중 해임에 반대했거나 중립을 지킨 소수의 신도들은 재정적으로 그를 지원하겠다는 의사를 밝히며 별도의 교회로 남아 사역해 줄 것을 촉구했다. 그러나 에드워즈는 자신이 계속 남아 있으면 마을의 분열을 조장하고 잠재적 이익보다 더 큰 해를 끼칠 수 있다고 생각하여 이를 거절했다. 친구들의 우려를 해소하기 위해 그는 1751년 5월 15일에 모인 교회 평의회의 조언을 구하기로 동의했다. 에드워즈와 그의 추종자들에 대한 소문과 근거 없는 비난에 동요한 마을 사람들은 공의회 참여를 거부했다. 결국, 공의회는 에드워즈에게 자신의 판단에 따라 스톡브리지에서 새로운 사명을 수락하고 그곳에서 사역할 것을 권고하여 평화롭게 문제를 해결할 수 있었다.

141 Lloyd-Jones, 『청교도 신앙』, 495.

1750년 7월 1일, 노샘프턴교회에서의 마지막 고별 설교에서 그는 "하나님 앞에서 결코 양심에 부끄러울 것이 없다"고 말했으며, 심판 날에 "성도들도 또한 하나님 앞에 결산해야 할 것이니 답변을 준비해야 한다"라고 말했다.[142] 결국, 에드워즈는 청교도 정신을 이어받지 못한 젊은이들과의 마찰과 성찬식 참여에 관한 규정의 선포로 인해 노샘프턴교회를 사임하게 되었다.

노샘프턴에서의 목회 사역은 에드워즈에게 있어 영광과 고통이 교차하는 시기였다. 대각성의 물결을 이끌었던 신앙의 지도자였던 그는, 결국 성찬 논쟁으로 인해 교회와 결별하는 아픔을 겪었다. 그러나 이 부흥과 갈등의 경험은 이후 그의 선교적 시야와 신학적 성숙을 더욱 깊이 있게 형성하는 토대가 되었다.

---

142 Jonathan Edwards, *A Farewell Sermon Preached at the First Precinct in Northampton, on the First Sabbath after His Dismission from the Pastoral Office There*, on 2 Corinthians 1:14, preached July 1, 1750; first printed by Daniel Wright & Co., Northampton, 1751; reprinted in *The Sermons of Jonathan Edwards: A Reader*, ed. Wilson H. Kimnach, Kenneth P. Minkema, and Douglas A. Sweeney (New Haven: Yale University Press, 2008), pp. 212–41.

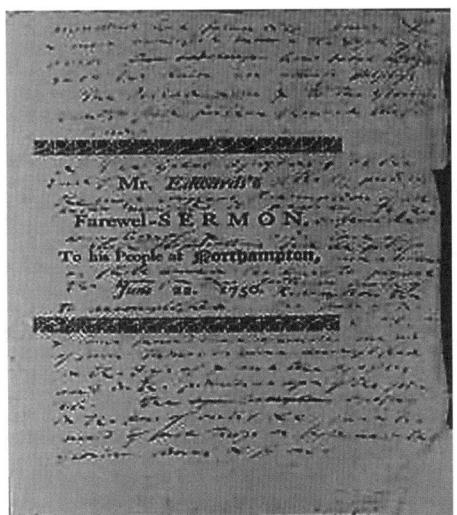

〈그림 18〉 노샘프턴교회 고별 설교 겉표지[143]

5) 제5단계 변방에서의 소명: 스톡브리지 인디언 선교

에드워즈는 소수의 지지자들로부터 노샘프턴에서 새로운 교회를 개척하라는 권유를 받았으나, 그는 노샘프턴에 머물며 소수의 지지자를 인도하는 것보다는 새로운 사역지인 스톡브리지로 이주하는 것을 더 원했다.[144] 에드워즈는 1751년, 매사추세츠주 스톡브리지로 이주하여 현지 회

---

143 Marsden, *Jonathan Edwards: A Life*, 484. 에드워즈는 고별 설교 표지를 『구속사』 노트의 일부로 재활용했다.

144 Marsden, *Jonathan Edwards: A Life*, 364-65. Marsden explains Edwards' friends were organizing a movement to start a new local church with him, but Edwards had no intention of starting a new church in Northampton, although he kept the possibility open at the urging of loyal supporters and his two daughters. Marsden was apparently a little apprehensive about moving his family to the border town of Stockbridge. He suggested that an ad hoc council of ministers be convened to meet in May to discuss what to do. In the end, Edwards said he would rather go to Stockbridge than remain in Northampton and be led by a small group of supporters. The council met as scheduled and recommended that Edwards accept the call to Stockbridge.

중교회의 목사로 부임했고, 동시에 모히칸 인디언을 대상으로 한 선교 사역을 시작했다.[145]

에드워즈는 스톡브리지에서 인디언 선교를 시작했고, 이때 『의지의 자유』(Freedom of Will), 『원죄』(Original Sin), 『하나님이 세상을 창조한 목적』(Concerning the End for Which God Created the World), 『참된 미덕의 본질』(The Nature of the Virtue) 등 중요한 저서를 저술했다.[146]

스톡브리지에서 선교는 선교 자금을 대부분 영국의 기부자들로부터 받았는데, 선교협회는 그곳에 부흥하는 교회를 세우고 인디언 원주민 어린이들을 위한 기숙사를 세우기를 원했다. 에드워즈는 신실하게 사역을 수행했고 자신의 집을 학교로 만들어 우수한 교육을 제공했다.[147] 에드워즈는 스톡브리지에서 인디언의 인권변호 사역과 설교 사역, 교육 사역, 그리고 인디언의 인권 보호를 위해 대서양을 넘나드는 편지를 자주 썼다.

에드워즈는 스톡브리지에서 선교 사역을 하는 동안 가장 생산적이고 놀라운 작품들을 남겼다.[148] 미국 교회사를 저술한 스위트(Sweet)는 스톡브리지에서 보낸 이 시기를 에드워즈의 '지능적 활동의 수확기'라고 표현했다.[149] 하나님의 놀라운 은혜와 섭리로 그는 스톡브리지에서 소중한 유산을 남겼다.

---

[145] George M. Marsden, *Jonathan Edwards: A Life* (New Haven: Yale University Press, 2003), 375. 1649년 영국 의회는 청교도 시대의 흐름 속에서 '뉴잉글랜드의 복음 전파를 위한 협회'(Society for the Propagation of the Gospel in New England)를 설립했다. 이 단체는 뉴잉글랜드 지역, 특히 북미 원주민에게 복음을 전하고 기독교 교육을 제공하기 위해 설립된 선교 후원 기관으로, 이후 조나단 에드워즈가 스톡브리지에서 인디언 사역을 수행할 당시 그의 급여 및 학교 운영비 등을 지원했다.

[146] Nichols, 『조나단 에드워즈의 생애와 사상』, 61. 스토브리지에서 7년 동안 에드워즈는 글을 쓸 수 있는 시간을 가졌고, 이 기간 가장 뛰어난 논문들을 쓸 수 있었다. 그렇다고 해서 그가 사역의 의무를 소홀히 했다는 의미는 아니다.

[147] Nichols, 『조나단 에드워즈의 생애와 사상』, 62.

[148] Nichols, 『조나단 에드워즈의 생애와 사상』, 62.

[149] Sweet, 『美國 敎會史』, 183.

에드워즈는 스톡브리지라는 변방의 땅에서 인디언들을 위한 선교에 헌신하며, 고난과 갈등 속에서도 복음의 본질과 하나님 나라의 확장을 위해 삶을 드렸다. 이 시기는 그의 신학적 통찰과 목회적 헌신이 가장 성숙하게 통합된 시기로 평가되며, 그의 선교신학이 실천 속에서 구체화된 결정적 전환점이었다. 에드워즈의 스톡브리지 선교 사역에 대해서는 제6장에서 더욱 심도 있게 고찰할 것이다.

6) 제6단계 마지막 여정: 뉴저지 학장 부임과 영원한 안식

(1) 학장 아론 버의 갑작스러운 죽음

에드워즈의 스톡브리지(Stockbridge) 인디언 선교 사역은 사위이자 뉴저지대학(New Jersey College)[150] 학장이었던 아론 버(Aron Burr, 1716-1757)의 갑작스러운 사망으로 인해 마감하게 되었다.[151] 에드워즈의 딸 에스더(Esther)와 1752년 여름에 결혼한 아론 버는 당시 36세였고, 에스더는 20세였다.[152] 뉴아크(Newark)의 장로교회 목사이자 대학 학장으로서 에드워즈를 정기적으로 방문했던 버는 젊은 에스더에게 반해 청혼하였고, 두 사람은 나이 차이에도 불구하고 결혼했다.

에즈라 스타일스(Ezra Stiles, 1727-1795)[153]는 아론 버를 "훌륭한 신학자이자 설교자이며, 경건하고 친절하며 유머가 넘치는 사교적인 탁월한 그리

---

150 현재의 프린스턴대학교(Princeton University)이다.
151 Marsden, *Jonathan Edwards: A Life*, 330. 뉴저지대학을 설립하고 초대 학장을 지낸 사람은 조나단 디킨슨(Jonathan Dickinson, 1688-1747)이다. 그는 학교를 설립한 지 얼마 되지 않아 1747년 10월 갑자기 세상을 떠났다. 그 뒤를 이어 아론 버가 2대 학장이 되었고, 에드워즈가 3대 학장으로 지냈다. 초대 학장이었던 조나단 디킨슨과 브레이너드는 인연이 있다. 1746-1747년 겨울, 건강이 안 좋은 브레이너드는 잠시 그의 집에 머무른 적이 있었다. 그후 그는 뉴잉글랜드로 갔다.
152 Gura, *Jonathan Edwards: America's Evangelical*, 211.
153 Ezra Stiles (1727–1795), Yale University's president from 1778 to 1795, expanded its

스도인"이라고 평가했다. 아론 버는 과중한 학교 업무로 건강이 악화되었고, 스톡브리지에서 급히 돌아온 후 여름 더위로 인해 몸이 소진되어 1757년 9월 24일, 41세의 젊은 나이에 세상을 떠났다.[154]

(2) 뉴저지대학의 학장으로 부임

학교 이사회는 에드워즈를 가장 적절한 후임자로 결정하여 에드워즈에게 뉴저지대학의 학장직을 맡아 달라고 청했다.[155] 에드워즈는 고심했다.[156]

에드워즈가 생각하기에 이 중요하고 어려운 직책을 수행하는 데 있어 가장 큰 어려움은 자신의 건강이 좋지 않다는 점과 저술하는 데 차질이 생길 수 있다는 점이었다.[157] 중요한 문제를 결정해야 하는 시점에서 에드워즈는 이 문제를 현명하고 우호적이며 신실한 공의회에 제출하겠다고 뉴저

---

curriculum beyond theological and classical studies to include sciences and law, embracing Enlightenment ideas. He advocated for Native American and African American education, reflecting progressive views on inclusivity. Connecticut History, "Ezra Stiles Captured 18th-Century Life on Paper," *Connecticut History*, last modified March 11, 2022, accessed March 30, 2024, https://connecticuthistory.org/ezra-stiles-captured-18th-Century-life-on-paper/.

154 Gura, *Jonathan Edwards: America's Evangelical*, 214. Gura said Burr contracted malaria and died.

155 Gura, *Jonathan Edwards: America's Evangelical*, 214.

156 Hopkins, *Memoirs of the Rev. Jonathan Edwards*, 174-75. The Rev. Aaron Burr, President of New Jersey College, died on the 24 Sept. 1757; and, at the next meeting of the trustees, Mr. Edwards was chosen his successor; the news of which was quite unexpected, and not a little surprising to him. He deemed himself in many respects to be so unqualified for the situation, that he wondered how gentlemen of so good judgment, and so well acquainted with him, as he knew some of the trustees were, should, think of him. He had many objections in his own mind against undertaking the office, both from, his unfitness, and his particular; circumstances; yet could not certainly determine that it was not his duty to accept it.

157 Jonathan Edwards, "Letter to the Trustees of the College of New Jersey, Oct. 19," *On Wednesday, the 22d of last month, died of inoculation at Nassau Hall, an eminent servant of God, the reverend and pious Mr. Jonathan Edwards, president of the College of New Jersey in WJE: Letters and Personal Writings*, (1757): 16: 725-30.

지대학 이사회에 보내는 편지에 기록했다.[158]

에드워즈는 이런 일로 결정을 내리지 못하다가, 대학 이사회의 끈질긴 초청과 다음해 1758년 1월 4일 스톡브리지의 평의회가 에드워즈에게 뉴저지대학 학장 청빙을 받아들일 것을 결정하자 에드워즈는 이를 수락하고 프린스턴으로 갔다.[159]

에드워즈는 아내와 자녀들을 스톡브리지에 남겨두고 공백 상태에 있는 학장직을 수행하기 위해 먼저 프린스턴으로 갔다. 그는 가족을 떠날 때 마치 자신의 죽음을 예견이라도 한 것처럼 "너희들을 하나님께 의탁한다"라는 말을 남기고 떠났다. 에드워즈가 프린스턴에 도착한 지 얼마되지 않아 그의 아버지 티모시가 하나님의 부름을 받았다는 소식을 접하게 된다. 에드워즈는 큰 힘이 되었던 아버지의 마지막을 함께 하지 못했다.[160]

에드워즈는 프린스턴에 도착하여 곧바로 학장의 업무를 시작했다. 1758년 2월 16일에 평의회가 소집되어 공식적으로 에드워즈를 학장으로 임명했다. 에드워즈는 대학 채플에서 여러 번 설교했으며, 그의 통찰력 있는 강의는 학생들에게 큰 기쁨과 도전을 주었다. 사무엘 홉킨스에 따르면, 에드워즈가 학생들을 만났을 때 학생들은 특별히 에드워즈 학장이 전해준 통찰력과 강의에서 큰 기쁨과 유익을 얻었다. 학생들은 강의에 대해 최고로 만족했고 놀라워했다.[161]

전임 학장인 아론 버의 갑작스러운 죽음으로 인해 학생들은 충격을 받았으며 학교 분위기가 어수선하고 침울해 있었는데 에드워즈의 부임과 그의 통찰력 있는 강의는 학생들에게 큰 유익이 되었다. 에드워즈는 가족을

---

158 Edwards, "Letter to the Trustees of the College of New Jersey, Oct. 19," 16: 729.
159 Marsden, 『조나단 에드워즈 평전』, 708.
160 Marsden, 『조나단 에드워즈 평전』, 708.
161 Hopkins, *Memoirs of the Rev. Jonathan Edwards*, 186. His arrival at Princeton was to the great satisfaction and joy of the college. And indeed all the best friends to the institution, and to the interest of religion, were highly gratified and pleased with the appointment.

떠나 혼자 왔지만 하나님의 임재를 즐기면서 새로운 업무에 적응해 나갔다.[162] 그의 아내 사라는 봄에 가족들을 데리고 이사할 준비를 하면서 아직 스톡브리지에 있었다. 두 딸이 아버지를 보살피기 위하여 프린스턴에 왔다. 에스더가 두 자녀와 함께 그곳에 있었고 루시도 함께 있었다. 에드워즈는 손주들과 종종 시간을 보내기도 했다.

(3) 천연두 예방 접종과 생의 마지막 여정

에드워즈는 프린스턴에서 가족들의 건강을 염려하였다. 그 당시 천연두(Smallpox)가 그 지역에 만연했고 에드워즈는 여행 중에 이 질병에 가까이 노출되어 있었다.[163] 에드워즈는 이 질병의 예방 접종이 약한 병원균이 들어 있어 위험할 수도 있지만 실제로 생존 확률을 향상시켜 주기 때문에 이를 옹호했다. 하지만, 위험을 감수하면서 섣불리 예방 접종을 받지 않았다.

에드워즈의 권유와 설득으로 먼저 프린스턴에 있는 가족들이 예방 접종을 받기로 했다. 훌륭한 의사인 윌리엄 시펀(William Shippen, 1736-1808)은 2월 13일에 온 가족에게 예방 접종을 하고 회복을 지켜보기로 했다. 며칠 동안에는 모든 것이 순조로웠다.[164] 에스더와 아이들은 정상적으로 회복이 되었다. 그러나 얼마 지나지 않아 에드워즈는 입천장과 목에 천연두 증세가 나타났다.[165] 에드워즈는 2차 발열을 막기 위해 필요했던 물약도 삼키지 못한 채 고열에 시달리다가 1758년 3월 22일 천연두 예방 접종 후유증으로 인해 55세의 나이에 하나님의 부름을 받았다.[166]

---

162 Hopkins, *Memoirs of the Rev. Jonathan Edwards*, 187.
163 Hopkins, *Memoirs of the Rev. Jonathan Edwards*, 187. The small-pox had now become very common in the country, and was then at Princeton, and likely to spread.
164 Gura, *Jonathan Edwards: America's Evangelical*, 218.
165 Gura, *Jonathan Edwards: America's Evangelical*, 218.
166 Murray, *Jonathan Edwards: A New Biography*, 441-42. Marsden, *Jonathan Edwards: A*

뉴저지대학 학장으로 그가 부임한 지 두 달만의 일이었다. 인간적으로 볼 때 그의 죽음은 안타까운 일이었다. 아직 할 일이 많은데 하나님이 그를 불러 가셨다. 때로는 하나님의 일하심을 우리는 다 헤아릴 수 없다. 불행하게도 그의 죽음 후에 가족들의 안타까운 소식이 들려왔다. 딸 에스더는 아버지가 하나님의 부름을 받은 지 몇 주 후에 열병에 걸려 1758년 4월 7일 짧은 생을 마치게 되었다. 남편의 죽음 소식과 딸 에스더의 죽음을 접한 사라는 큰 충격을 받았다.

공허함이 밀려왔다고 그 당시의 심정을 이렇게 표현하고 있다.

> 나의 기쁨이 사라졌다. 그와 함께 하나님도 그분의 얼굴을 감추셨다. 이 섭리 속에서 사랑이 보이지 않는다. 모든 것이 내게는 분노요 진노처럼 보인다.
>
> 나의 사랑하는 사람을 따라 죽음의 골짜기로 부르시는 친절한 부르심을 기꺼이 맞이할 것이다. 만일 내가 영광의 직함을 요구할 수 있는 증거를 가졌다면, 이 세상과 내가 사모하던 모든 세속적인 것을 기꺼이 포기할 것이다.[167]

그토록 사랑했던 남편의 장례식에도 참석하지 못한 사라는 이질에 걸려, 같은 해 1758년 10월 2일, 49세의 일기로 하나님의 부름을 받았다.[168]

Life, 493-94.

167 Marsden, 『조나단 에드워즈 평전』, 715.

168 Hopkins, *Memoirs of the Rev. Jonathan Edwards*, 205. Sarah Edwards, the wife of President Jonathan Edwards, passed away shortly after her husband. In September 1758, she traveled to Philadelphia to care for her two orphaned grandchildren following the death of Mrs. Burr. She intended to bring them into her own family. Arriving in good health on September 21, she was quickly struck by a violent dysentery that led to her death on October 2nd, at the age of 48. During her brief illness, she suffered intense pain and spoke little, but on the morning of her death, she expressed a full surrender to God's will and a hope that she could honour Him until her last moment.

사라는 프린스턴에서 그의 남편 에드워즈 곁에 묻혔다. 사라의 신앙과 죽음에 대해 조지 마즈던은 성도가 어떻게 재난을 맞이해야 하는가를 보여 주는 모범으로 기억된다고 평가했다.[169]

에드워즈의 마지막 여정은 사위 아론 버의 갑작스러운 죽음으로 시작되었고, 뉴저지대학 학장으로 부임하며 새로운 소명을 감당하고자 했으나, 천연두 예방접종 후유증으로 인해 짧은 생을 마감하게 되었다. 그는 죽음을 앞두고도 가족을 향한 깊은 사랑과 신앙의 유언을 남겼으며, 그의 삶은 지성과 경건, 헌신과 사랑이 어우러진 고귀한 유산으로 남아, 오늘날에도 많은 이들에게 신앙과 삶의 깊은 본이 되고 있다.

〈그림 19〉 뉴저지대학의 나소 홀과 학장 하우스[170]

---

169 Marsden, 『조나단 에드워즈 평전』, 716.
170 Marsden, *Jonathan Edwards: A Life*, 492. Nassau Hall and the president's house, where the Burr and Edwards lived and Aron Burr and Edwards died.

3. 요약(Summary)

　제4장에서는 에드워즈 선교의 역사적 배경과 에드워즈의 생애를 살펴보았다. 에드워즈는 목회자이자 선교사로 잘 준비된 사람이었다. 에드워즈는 청교도 신앙을 가진 경건한 부모 밑에서 신앙과 좋은 인품을 배웠다. 에드워즈는 어릴 때부터 글쓰기와 읽기 등 학문을 좋아해서 위대한 저술가로서 준비된 사람이었다. 그는 청소년 시절에 하나님을 만나는 회심을 체험함으로 뜨거운 신앙을 가지게 되었으며, 아버지와 외할아버지의 영향으로 목회를 일찍부터 배웠다. 에드워즈는 26세의 젊은 나이에 노샘프턴교회를 담임하여 하나님의 놀라운 부흥을 두 차례나 경험했다.

　에드워즈는 성찬 논쟁으로 정든 노샘프턴교회를 사임하고 스톡브리지 인디언 선교 사역에 자신을 헌신했다. 이것은 하나님의 섭리였다.[171] 그는 인디언 원주민 선교를 감당하면서 열악한 상황에서도 설교와 글쓰기를 중단하지 않았다. 이런 가운데 아론 버가 갑자기 하나님의 부르심을 받아 뉴저지 학장으로 초청받았다. 그러나 불행하게도 그는 천연두 백신 부작용으로 하나님의 부름을 받았다. 그는 목회자로 학자로 선교사로 살았고 한 가정의 모범적인 가장으로 아내를 사랑하고 자녀들을 사랑한 사람이었다.

　다음 제5장에서는 에드워즈와 관련된 부흥 운동과 대각성 운동이 어떠한 역사적 전개 과정을 거쳐 마무리되었는지를 고찰하고, 이와 함께 에드워즈의 부흥신학 정립 및 대각성 운동의 신학적·역사적 특성을 체계적으로 분석한다.

171　Lloyd-Jones, 『청교도 신앙』, 495. 로이드 존스는 에드워즈가 노샘프턴교회에서 해임된 후 인디언이 사는 스톡브리지로 간 것은 하나님의 섭리라고 믿었다. 그 이유를 로이드 존스는 에드워즈가 스톡브리지에 있는 동안 몇 권의 책을 저술했기 때문이라고 했다. 에드워즈가 스톡브리지에서 저술한 책은 『의지의 자유』(*Freedom of Will*), 『원죄』(*Original Sin*), 『하나님이 세상을 창조한 목적』(*Concerning the End for Which God Created the World*), 『참된 미덕의 본질』(*The Nature of the Virtue*) 등이다.

제5장

조나단 에드워즈와 부흥 운동의 역사

제5장에서는 조나단 에드워즈와 부흥 운동에 대한 역사적 맥락을 분석하고 기술한다. 선교 운동은 부흥 운동에서 시작되는 것임으로[1] 부흥 운동과 대각성 운동을 고찰하는 것이 중요하다.

에드워즈는 부흥 운동에 큰 영향을 미친 핵심 인물이다. 그는 노샘프턴교회에서 사역하는 동안 두 차례의 부흥 운동을 주도했다.

첫째, 1730년대 중반, 노샘프턴교회를 중심으로 코네티컷 골짜기에서 일어났던 놀라운 부흥이다.

둘째, 1740년경, 영국에서 건너온 조지 휫필드(George Whitefield, 1714-1770)와 연합하여 경험한 부흥인데, 이것을 대각성 운동(The Great Awakening)[2]이라 부른다.

대각성 운동은 18세기 초 미국 식민지에서 종교적 열정의 쇠퇴와 도덕적 해이에 대한 대응으로 볼 수 있다. 매사추세츠주 노샘프턴에서 교인들

---

[1] Pierson, *The Dynamics of Christian Mission: History through a Missiological Perspective*, 230.
[2] 1740년부터 1742년 사이, 조나단 에드워즈와 조지 휫필드가 주역이 되어 일어난 제1차 대각성 운동을 의미한다. 본 저서에서 언급하는 대각성 운동은 제1차 대각성 운동을 의미한다.

의 영적 무관심을 인식한 에드워즈는 열정적인 설교와 강렬한 정서적 체험을 통해 신앙에 활력을 불어 넣었다.

부흥 운동은 선교 운동으로 확산된다. 그러므로 에드워즈의 선교를 이해하기 위해서는 그의 부흥 운동을 살펴보는 것이 중요하다.

풀러신학교 선교학 교수였던 폴 피어슨(Paul E. Pierson)은 선교 운동과 부흥 운동과의 관계를 강조하며 다음과 같이 말했다.

> 선교 운동은 부흥 운동에서 출발한다. 이런 까닭에 선교에 관심을 가진 사람은 누구나 부흥 운동에도 관심을 가져야 한다. 우리가 속해 있는 단체들은 대부분 부흥 운동의 결과로 형성되었다. 그러나 부흥 운동이 언제나 선교 운동으로 연결되는 것은 아니지만, 선교 운동으로 연결되지 못한 부흥 운동은 활기를 잃고 침체되어 사라진다. 이것은 역사적으로나 신학적으로 볼 때 정확한 통찰로 보인다. 다른 말로 설명해 보자.
>
> 어떤 특정 개인이나 집단이 어떤 경험을 하였다고 할지라도 선교하지 않으면 '부흥'이라 부를 수 없을 것이다. 성령은 위로하시고, 능력을 주시며, 또한 신자들을 훈련하신다. 성령께서 능력을 부어 주시고 훈련하시는 이유는 분명하다. 선교를 통하여 교회와 세상 역사 속에서 하나님의 뜻을 이루시기 위함이다. 그런 까닭에 선교와 성령은 분리될 수 없다. 선교로 연결되지 못한 부흥은 바람직하지 않다.³

부흥이 없이는 선교도 없다. 뜨거워진 가슴은 선교를 지향한다. 대부분의 선교 단체는 부흥의 결과로 생겨난 것이다. 이런 점에서 에드워즈의 부흥 운동, 즉 대각성 운동을 살피는 것은 의미 있는 일이다.

---

3 Pierson, 『선교학적 관점에서 본 기독교 선교 운동사』, 484. 폴 피어슨은 선교학적 관점에서 기독교 선교 운동사를 분석하여 9가지 선교 이론을 정립했다.

부흥은 시간과 공간 속에서 일어나는 특성이 있으므로, 자연스럽게 시간의 추이에 따라 발생하고 성장하며 쇠퇴의 길을 걷게 된다.[4] 코네티컷 부흥과 대각성 운동도 시간과 공간 속에서 일어난 하나님의 역사이다. 에드워즈는 이 사실을 염두해 두고 부흥 운동을 기술하고 있다.

그러므로 제5장에서는 에드워즈가 주도했던 코네티컷 부흥 운동과 대각성 운동이 어떻게 시작되고 성장했으며, 확산되었고 쇠퇴했는지를 고찰하고, 에드워즈의 부흥신학 정립 및 대각성 운동의 신학적·역사적 특성을 체계적으로 분석한다.

1. 코네티컷 부흥 운동의 역사적 개요 및 분석

에드워즈는 코네티컷 부흥 운동을 주도했다. 이 부흥 운동은 1730년대 중반 노샘프턴교회를 중심으로 코네티컷 골짜기에서 일어났던 부흥이다. 에드워즈가 목요 강좌에서 구속에 대한 강좌를 한 이후 몇 년이 지나서 노샘프턴과 주변 교회에서 부흥이 일어나기 시작했다. 마을의 많은 사람이 회심을 경험했고, 각성의 계절이 찾아왔다.[5] 그러면 코네티컷 부흥 운동이 어떻게 시작되어 진행되고 확산되었으며, 쇠퇴하였는지를 살펴보자.

1) 『놀라운 회심의 이야기』 분석

에드워즈가 부흥과 관련하여 제일 먼저 쓴 책이 『놀라운 회심의 이야기』(A Faithful Narrative)이다. 이 책의 원 제목은 『뉴잉글랜드의 노샘프턴과

---

4   Jeremy C. Jackson, 『현대인을 위한 교회사』(No Other Foundation the Church through Twenty Centuries), 김재영·홍치모 옮김 (서울: IVP 한국기독학생회출판부, 1998), 289.
5   Nichols, 『조나단 에드워즈의 생애와 사상』, 52.

인접한 햄프셔의 타운과 마을에서 수백 명을 회심케 하신 하나님의 놀라운 회심의 이야기』(*A Faithful Narrative of the Surprising Work of God in the Conversion of Many Hundred Souls in Northampton, and the Neighbouring Towns and Villages of Hampshire in New England*)이다.

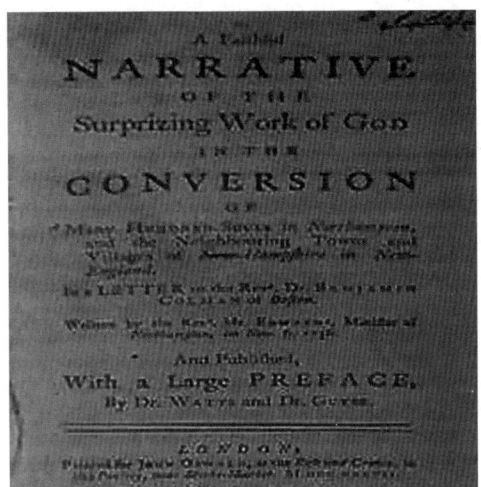

〈그림 20〉『놀라운 회심의 이야기』 표지[6]

이 책에서 에드워즈는 1734-1736년 사이에 노샘프턴교회 중심으로 일어난 코네티컷 부흥 운동을 자세히 관찰하고 기록하고 있다.[7] 부흥 운동에 관한 놀라운 이야기는 에드워즈가 보스턴의 벤자민 콜만(Benjamin Coleman, 1673-1747) 목사에게 당시 부흥의 전개 상황을 전하는 편지를 보내면서 시

---

6 Nichols, 『조나단 에드워즈의 생애와 사상』, 89.
7 Nichols, 『조나단 에드워즈의 생애와 사상』, 104. 이 책은 1730년대 중반에 일어난 코네티컷 부흥을 담은 책으로 회심의 본질과 변화된 삶에 대한 놀라운 통찰력을 제공해 준다. 이것은 에드워즈의 사상과 저술에서 상당 기간 주도했던 주제이기도 했다.

작되었다.⁸ 벤자민 콜만은 이 편지를 읽고 내용을 영국의 비국교 지도자인 존 가이즈(John Guyse, 1680-1761)에게 전달했고, 가이즈는 이것을 아이작 왓츠(Isaac Watts, 1674-1748)에게 알렸다.

왓츠는 자신의 설교를 통해 이 부흥 소식을 전하였고, 교인들은 이에 큰 관심을 보이며 더 많은 정보를 원했다. 그래서 가이즈는 런던 교인들의 요청을 에드워즈의 삼촌 윌리엄 윌리엄스(William Williams, 1665-1741)에게 전달했고, 윌리엄스는 이 요청을 노샘프턴의 조카 에드워즈에게 전해주었다. 이로 인해 에드워즈와 콜만 사이에 여러 통의 서신이 오가며 부흥에 대한 자세한 내용이 전달되었다.⁹

처음에는 대폭 축소된 분량으로 출판했다. 그 후 런던에서 열렬한 요청으로 인해 콜만은 여러 가지 이유로 이 책의 발간을 연기하다가 에드워즈의 편지 원본을 왓츠와 가이즈에게 보냈다. 결국, 에드워즈가 콜만에게 보낸 장문의 편지는 1737년 10월 12일, 왓츠와 가이즈가 긴 서문과 제목을 붙여 런던에서 출판했다. 이 책은 미국보다 영국에서 먼저 출판되었다.¹⁰ 이 책을 통해 뉴잉글랜드 노샘프턴 지역에서 일어난 코네티컷 부흥 운동이 영국에까지 알려지게 되었다. 그리고 에드워즈의 명성이 대서양을 넘어 영국까지 알려지게 되었다.¹¹

---

8   Nathan Friend, "Inventing Revivalist Millennialism: Edwards and the Scottish Connection," *Journal of Religious History* 62, no. 1 (2017): 52. Between 1736 and 1738, several evangelical ministers published Edwards's narrative of a revival at Northampton, Massachusetts. Benjamin Colman (1673-1747) published an abridged account of the narrative in Boston in 1736, appended to William Williams's sermon, "The Duty and Interest of a People." Isaac Watts (1674-1748) and John Guyse (1680-1761) published an unabridged account in London and Edinburgh in 1737.
9   Murray, *Jonathan Edwards: A New Biography*, 117-22.
10 Jonathan Edwards, 『놀라운 부흥과 회심 이야기』, 백금산 옮김 (서울: 부흥과개혁사, 2006), 18.
11 Nichols, 『조나단 에드워즈의 생애와 사상』, 52. 『놀라운 회심의 이야기』(*A Faithful Narrative*)를 출판함으로써, 에드워즈는 작가이자 목사로서 대서양을 넘나드는 명성을

그러면 이 책에 기록된 코네티컷 부흥 운동이 어떻게 시작되고 확산되었으며 마무리되었는지를 살펴보자.

2) 코네티컷 부흥 운동 성장 단계

코네티컷 부흥 운동은 에드워즈의 말씀 사역의 결과다. 코네티컷 부흥 운동은 영적인 갈망과 말씀을 사모하는 데서 시작되었다. 에드워즈가 목회하던 노샘프턴의 영적 분위기는 어두웠다. 젊은이들은 신앙에서 점점 멀어지고 술에 취하여 방탕한 생활을 하고 있었고, 성적 문란으로 하나님이 세운 가정들이 위기를 맞이하게 되었다.[12]

외조부 스토다드의 후임으로 노샘프턴교회를 담임목사직을 계승한 에드워즈는, 그 당시 상황을 다음과 같이 서술하고 있다.

> 그 당시 대부분 사람은 신앙적인 일에 아주 무감각했으며 다른 관심사를 추구했습니다. 외조부가 돌아간 직후 신앙에 아주 무감각한 시기가 되었습니다. 수년 동안 마을의 젊은이들이 크게 방탕해졌습니다. 상습적으로 함께 돌아다니며, 술집에 출입하며, 음란한 행동을 하는 젊은이가 많았습니다. 일부 젊은이는 자신들의 행동으로 다른 젊은이들을 크게 부패시켰습니다. 젊은이들은 수시로 남녀가 함께 모여 떠들고 즐기면서 이것을 '즐거운 모임'이라고 불렀습니다. 때로 그들은 밤을 꼬박 새면서 집에 들어가지 않았습니다. 참으로 마을의 가정 질서가 무너졌습니다.[13]

얻게 되었다.
12 William Warren Sweet, *The Story of Religion in America* (Grand Rapids: Baker, 1950), 129.
13 Edwards, 『놀라운 부흥과 회심 이야기』, 36.

이처럼 영적으로 암울한 상황 가운데 에드워즈는 하나님의 말씀으로 잠들어 있는 영혼을 일깨웠다. 그는 믿음과 회개를 강조하고, 거룩한 삶을 추구할 것을 설교를 통해 강력하게 도전했다. 젊은이들의 마음은 조금씩 움직이기 시작했고, 영적인 거룩함을 추구하는 마음이 살아나고 있었다.

그러던 중 1733년 12월 에드워즈가 목회하고 있던 노샘프턴교회의 젊은이들 사이에 놀라운 부흥의 전조가 보이기 시작했다. 젊은이들이 이전과 달리 신앙적인 문제에 관심을 가지기 시작했다. 그들은 목사의 설교 말씀에 귀를 기울이고 진지한 사람들로 변화되기 시작했다.[14]

에드워즈는 새 각성이 시작된 분위기를 다음과 같이 기록하고 있다.

> 1733년 말경, 우리 청년들 사이에 보통 때와는 아주 달리 고분고분하고 충고에 귀를 기울이는 현상이 나타났다. 그 전에 그들은 오랫동안 주일 저녁 예배 후와 목요일 저녁 강의 후에 자기들끼리 어울려 떠들고 즐기는 관례를 가지고 있었다. 그러나 한 번은 주일 강의 전에 설교를 통해 그런 습관이 좋지 못한 성향을 가진 것임을 보여 주면서 그런 일들을 시정하라고 설득했다. 그리고 가장들에게 자기의 가정을 잘 다스리고, 그런 시간들에 자녀들을 집에 머무르게 할 것을 서로 합의하라고 촉구했다.
>
> 그리고는 그 다음날 서로서로의 마음을 알아 보도록 이웃끼리 몇몇 그룹으로 모임을 가져 보라고 제안했다. 그것은 그대로 시행되어 마을 전체가 그 제안에 따랐다. 그러나 부모들은 그 일에 대해 아무런 조처를 취하지 않았다. 젊은이들은 설교에서 들은 말씀에 설복되었다고 인정하며 주어진 충고를 따르겠다고 선언했다. 그리하여 그들은 즉시, 그리고 거의 예외없이 순종하는 모습을 보였다. 그 후부터 그런 무질서는 철저히 시정되었다.[15]

---

14 양낙홍, 『조나단 에드워즈 생애와 사상』, 229.
15 Jonathan Edwards, 『놀라운 회심의 이야기』(*A Faithful Narrative of the Surprising Work of God in the Conversion of Many Hundred Souls in Northampton, and the Neighbouring*

이런 가운데 영적인 일에 대한 관심을 가지게 된 결정적인 사건이 발생했다. 1734년 봄, 한 젊은이가 갑자기 병으로 세상을 떠난 사건과 한 젊은 기혼 여성이 죽는 일이 발생했다.[16] 이 두 젊은이의 갑작스러운 죽음은 젊은이들에게 충격이었으며, 이 사건은 젊은이들이 신앙 문제에 관심을 가지게 되는 계기가 되었다. 그때 일어난 사건을 통해 에드워즈는 젊은이들의 영혼에 각성이 일어났다고 말한다.

에드워즈는 그때의 사건을 다음과 같이 기록하고 있다.

> 이듬해인 1734년 4월, 한 젊은이가 한참 꽃필 나이에 아주 갑작스럽게 충격적으로 죽었습니다. 이 젊은이는 급성 늑막염에 걸려 이내 곧 정신나간 상태에 빠졌다가 거의 이틀 만에 죽었습니다. 이 사건은 많은 젊은이에게 큰 영향을 주었습니다. 연이어 한 젊은 기혼 여성이 죽었습니다. 이 여성은 병들기 전에 자기 영혼의 구원 문제로 상당한 노력을 하고 있었으며, 병이 시작될 때 구원의 문제로 큰 고통 가운데 있었습니다.
>
> 그러나 죽기 직전에 이 여성은 하나님이 자신에게 구원의 사랑을 베풀어 주셨다는 만족스러운 증거를 얻었습니다. 그래서 그녀는 위로가 충만한 가운데, 다른 사람들에게 아주 열렬하고도 감동적으로 경고와 충고를 하면서 죽었습니다. 이 일로 인해 많은 젊은이가 영적으로 더욱 진지해졌습니다. 그리고 사람들의 마음 속에 분명히 신앙에 대한 관심이 더욱 많이 나타나기 시작했습니다.[17]

Towns and Villages of Hampshire in New England), 양낙흥 옮김 (고양: 크리스챤다이제스트, 2002), 45.

16 Edwards, 『놀라운 회심의 이야기』, 45-46.
17 Edwards, 『놀라운 부흥과 회심 이야기』, 42.

코네티컷 부흥이 일어난 두 번째 요인은 알미니안주의(Arminianism)[18]와 관련이 있다. 이 무렵 노샘프턴 지역에 알미니안주의로 인해 큰 소란이 일어나기 시작했다.[19] 당시 철저한 칼빈주의적 청교도들이 살던 노샘프턴 지역에 서서히 알미니안주의적 교회가 들어오면서 이 지역의 신앙생활에 큰 위기가 찾아오게 되었다. 에드워즈는 하나님의 주권 사상을 믿는 칼빈주의가 약해지는 것은 기독교의 생존 자체와 직결된 문제라고 생각했다.

그러던 중 1731년 7월, 에드워즈는 보스턴의 "위대한 목요 강좌"(Great Thursday Lecture)[20]에서 설교해 달라는 초청을 받았다. 보스턴에는 이미 계몽주의 신학과 알미니안주의가 들어와 있었다.[21] 이런 심각성을 인식한 에

---

18 Nichols, 『조나단 에드워즈의 생애와 사상』, 181. '알미니안주의'라는 용어는 제이콥 알미니우스(Jacobus Arminius, 1560-1609)에서 유래한 말이다. 그는 처음에 칼빈주의를 따랐으나, 예정론과 속죄에 관한 칼빈주의자들의 견해에 의문을 갖기 시작한 화란 신학자이다. 그의 추종자들은 '항의'(Remonstrance, 1610)를 표명했는데, 그것은 구원에 있어서 인간의 책임과 자유의지를 강조한다. '항의'는 다섯 가지 요지로 구성되어 있고, 그것은 돌트 대회(Synod of Dort, 1618)에서 반박되었다. 돌트 대회에서 칼빈주의 신학자들의 그룹은 '항의'의 다섯 가지 요지를 각기 반박하면서, 칼빈주의자들의 가르침의 요약으로서 대중적인 두음문자인 TULIP으로 요약된다.
19 Edwards, 『놀라운 회심의 이야기』, 46.
20 Nichols, 『조나단 에드워즈의 생애와 사상』, 51-52. 이 강좌는 뉴잉글랜드 청교도 전통의 일환으로, 주중에 진행되는 종교적 집회였다. 이 모임을 통해 목회자들은 동료 목회자들에게 봉사할 수 있는 기회가 되었으며, 목회자들은 서로에게 배울 수 있는 기회이기도 했다. 목요 강좌에서 설교하는 것은 그 목사의 중요성을 인정하는 것이며, 신학적이고 중대한 주제들을 다루는 기회로서 많은 청중에게 영향을 미치는 중요한 행사였다. 니콜라스는 초청을 받은 에드워즈는 긴장 할 수밖에 없었다고 하면서 세 가지 이유를 말한다.
첫째, 에드워즈는 전임자 스토다드가 워낙 유명했기 때문에 그의 능력에 상응해야만 하는 부담이 있었다.
둘째, 예일대학을 졸업한 에드워즈는 참석하는 대부분 목회자들이 하버드대학교 출신이라 부담이 있었다.
셋째, 알미니안주의의 위세가 계속해서 가중되고 있으므로, 모임에 온 목회자들은 이 주제에 관하여 에드워즈가 어떻게 생각하고 있는지를 듣고 싶었을 것이다. 하지만, 에드워즈의 구속에 대한 강의는 모든 도전을 능가할 정도로 뛰어났으며 책으로 출판할 수 있을 만큼 청중들의 인정을 받았다.
21 Nichols, 『조나단 에드워즈의 생애와 사상』, 180-81. 1731년 보스턴 강연에서 〈구속의

드워즈는 고린도전서 1장 29-31절[22]의 말씀을 통해 〈구속의 역사 안에서 영광을 받으신 하나님〉(God Glorified in the work of Redemption, by the Greatness of Man`s Dependence upon Him, in the whole of it)이란 제목으로 하나님의 말씀을 선포했다.[23] 에드워즈는 구원이 오직 하나님의 주권적 은혜에 달려 있는 것이며, 오직 하나님께만 영광을 돌려야 한다는 칼빈주의의 가르침을 강조하며 알미니안주의를 경계했다.[24]

역사 안에서 영광을 받으신 하나님〉(God Glorified in the Work of Redemption, by the Greatness of Man`s Dependence upon Him, in the Whole of it)을 설교했던 때부터 에드워즈는 의지에 관한 어거스틴주의와 칼빈주의의 이해를 열렬히 지지하는 사람이었다. 바로 이 견해가 영국과 미국에서의 청교도 사상과 글, 설교를 지배하고 있었다. 그러나 18세기 초에 청교도들 사이에서 이 교리에 관한 하나 됨에 금이 가고 잠재적인 분열의 조짐을 보이기 시작했다. 보스턴의 찰시 촌시와 하버드대학의 총장인 존 레베렛과 같은 저명한 목회자들은 알미니안 원리를 주창하며 뉴잉글랜드와 회중교회에 영향을 미쳤다.

22 바울은 이 본문에서 인간은 스스로 자랑할 만한 근거를 갖고 있지 않다는 것을 가르치고 있다. 에드워즈도 이 본문 말씀을 통하여 인간은 전적으로 하나님을 신뢰해야 함을 강조한다.
[고전 1:29-31, 개역개정] 이는 아무 육체라도 하나님 앞에서 자랑하지 못하게 하려 하심이라. 너희는 하나님께로부터 나서 그리스도 예수 안에 있고, 예수는 하나님께로서 나와서 우리에게 지혜와 의로움과 거룩함과 구속함이 되셨으니, 기록된 바 자랑하는 자는 주 안에서 자랑하라 함과 같게 하려 함이라.
[1 Corinthians 1:29-31, NIV] 29 so that no one may boast before him. 30 It is because of him that you are in Christ Jesus, who has become for us wisdom from God—that is, our righteousness, holiness and redemption. 31 Therefore, as it is written: "Let the one who boasts boast in the Lord.
23 Nichols, 『조나단 에드워즈의 생애와 사상』, 75-76. 이 설교의 대부분은 본문에 나오는 교리를 설명한다. 청교도의 전통을 따르는 에드워즈는 교리를 설명하고, 예증하며 증명하면서 일련의 주요 요지와 부요지들을 제공한다. 마지막으로 청교도적 적용을 제시한다. 교리 단락처럼, 이 부분도 교리의 의미와 사람들의 삶 속에서 일어나야 하는 차이들을 청중들에게 설명할 때 상당한 요지를 담고 있다. 구속의 역사 속에서 하나님의 목적은 궁극적으로 "인간이 스스로 영광을 받을 수 없으며 오직 하나님만이 영광을 받으셔야 한다"는 것을 에드워즈는 주목한다. 그 다음 인간들로 하여금 전적으로 하나님을 의존하게 만드심으로써 이 목적을 이루셨음을 에드워즈는 지적한다.
24 Jonathan Edwards, 『(예일대 에드워즈 결정판 전집 위원회가 선정한) 조나단 에드워즈 대표 설교 선집』, ed. Wilson H. Kimnach, Douglas A. Sweeney, and Kenneth P. Minkema, 백금산 옮김 (서울: 부흥과개혁사, 2005), 164-65. 에드워즈가 알미니안주의를 경

알미니안주의 문제의 심각성을 인식한 에드워즈는 자신이 사역하던 노샘프턴교회에서도 〈오직 믿음으로 의롭게 됨〉(Justification by Faith alone)[25]이라는 말씀으로 성도들에게 이신칭의에 대한 말씀을 선포했다.[26] 이 설교가 1734년과 1736년 사이에 노샘프턴에서 일어난 놀라운 회심을 불러일으키는 계기가 되었다. 이 설교가 부흥의 불씨를 당겼고[27] 부흥의 촉매 역할을

계한 내용은 다음과 같다.
"절대적으로 하나님께 의존하는 것을 반대하는 교리나 신학 체계는 하나님의 영광을 손상시키며, 구속 계획을 왜곡하는 것입니다. 이런 체계는 어떤 면에서 피조물을 하나님의 위치에 놓는 것이며, 인간을 성부·성자·성령의 위치로 높이는 것입니다. 그들은 구속받은 자가 하나님께 의존해야 한다는 것을 인정하더라도, 모든 것을 절대적으로 의존하는 것은 부인합니다. 즉, 그들은 어떤 것에 대해서는 하나님께 의존하지만, 다른 것에 대해서는 의존하지 않습니다. 구속주의 선물과 구속주를 받아들이는 것에는 하나님께 의존하지만, 구속주 안에 있는 유익을 얻는 일에 있어서 하나님께 절대적으로 의존하는 것은 부인합니다. 우리에게 아들을 주시는 성부와 우리 구속을 위해 일하시는 성자에게는 절대적으로 의존하지만, 우리를 회심시키고 그리스도 안에 있게 하시는 성령에 대해서는 전적으로 의존하지 않습니다. 은혜의 수단에 대해서는 하나님께 의존하지만, 은혜의 수단이 가져다주는 유익과 성공에 전적으로 의존하지는 않습니다.
거룩함을 얻고 거룩하게 살아가기 위해 부분적으로 하나님의 능력에 의존하지만, 순수하게 하나님의 주권적인 의지에 대해서는 의존하지 않습니다. 하나님의 은혜를 받는 것은 우리의 아무런 공로 없이 하나님의 값없는 은혜로 된다는 것을 인정하지만, 하나님의 은혜의 어떤 탁월함에 끌리거나 감동받지는 않습니다. 그리스도를 통해 우리가 영생을 얻고 그리스도께서 우리를 위해 영생을 사셨다는 점에서는 부분적으로 그리스도께 의존하지만, 첫 번째 언약처럼 우리가 영생을 얻게 되는 의는 여전히 우리 안에 있다고 생각합니다. 방법이 무엇이든지 간에 우리가 모든 것을 전적으로 하나님께 의존하며, 모든 것이 하나님께로부터(of him), 하나님을 통해(through him), 하나님 안에(in him) 있다는 것을 주장하지 않는 체계는 복음의 계획과 음조에 맞지 않으며, 복음의 영광과 광채를 빼앗아 가는 것입니다."

25 다섯 편의 설교, 〈오직 믿음으로 의롭게 됨〉(Justification by Faith alone), 〈하나님의 나라로 침노해 들어감〉(Pressing into the Kingdom of God), 〈룻의 결단〉(Ruth's Resolution), 〈죄인들의 정서에 나타난 하나님의 정의〉(The Justice of God in the Damnation of Sinners), 〈예수 그리스도의 탁월성〉(Excellency of Christ)은 4년 뒤인 1738년 『여러 중요한 주제에 대한 설교: 영혼들의 영원한 구원에 관하여』(Discourses on Various Important Subjects, Nearly Concerning the Great affair of the Soul's Eternal Salvation)라는 제목으로 출판되었다.
26 Edwards, 『놀라운 회심의 이야기』, 47.
27 D. Jeffrey Bingham, 『교회사의 보화』, 박명준 옮김 (서울: IVP, 2006), 196.

했다.[28] 따라서 이 코네티컷 부흥 운동의 시작은 이신칭의에 근거한 하나님의 말씀을 통해 일어났던 것이다.

3) 코네티컷 부흥 운동 확산 단계

에드워즈의 이신칭의에 대한 설교는 신학적 논쟁을 촉발했으며, 교회 안팎에서 다양한 반응을 불러일으켰다. 특히, 설교자가 강단에서 논쟁적인 주제에 개입한다는 비판을 받았다. 이런 비판에도 불구하고, 어떤 사람들은 이 가르침이 시의적절하고 영적으로 유익한 것으로 평가했다. 이신칭의의 설교가 가져온 영적 방향은 그 지역 사회에서 눈에 띄는 하늘의 축복으로 나타났으며, 주민들은 이 가르침을 통해 깊은 영적 만족을 경험하게 되었다.[29]

에드워즈는 마을 사람들이 영적인 일에 열심이었다고 말하며 다음과 같이 기록했다.

> 모두가 자기 영혼을 위한 기회를 열심히 포착하려 했다. 그리고 종교적 목적을 위해 개인 집에서 아주 자주 함께 모이는 시간을 가졌다. 그런 모임이 예고되면 그 집은 만원 사례를 이루었다. 남녀노소를 막론하고 마을 주민들 중 영원한 세계의 위대한 일들에 대해 무관심한 채로 남아 있는 자는 하나도 없었다.
> 가장 허영심 많고 허술한 삶을 살았던 자들, 체험적이고 생명력 있는 신앙을 가장 경솔하게 생각하고 말하던 자들이 이제 일반적으로 가장 커다란 각성 속에 놓이게 되었다. 그리고 회심의 역사가 아주 놀라운 방식으로 진행

---

28 강웅산, "조나단 에드워즈의 부흥 이야기와 부흥신학," 「신학지남」 78, no. 3 (2011), 153.
29 Edwards, 『놀라운 회심의 이야기』, 47.

되면서 그 수는 점점 늘어났다. 영혼들이 집단으로 예수 그리스도께 몰려왔다. 날이면 날마다, 그리고 여러 달 동안 계속해서 죄인들이 흑암으로부터 놀라운 빛으로 나오는 명백한 증거들이 발견되었다. 그들은 무시무시한 함정과 진흙탕에서 벗어나 반석 위에 서게 되었으며, 그 입술로 하나님께 드리는 찬송을 부르고 있었다.[30]

1735년 봄과 여름, 성령의 역사가 뜨겁게 일어나 하나님의 임재가 온 동네와 교회에 충만하게 나타났다. 이런 놀라운 은혜의 역사는 주변 마을로 확산되기 시작했다. 부흥은 노샘프턴을 넘어 햄프셔 군 전체로 확산되었고 나아가 매사추세츠주와 코네티컷주의 다른 지역들로 확산되었다.

이 놀라운 부흥이 절정에 이르렀을 때의 상황을 에드워즈는 이렇게 말했다.

> 이런 하나님의 역사가 진행되면서 참된 성도의 수가 늘어남에 따라 곧 마을에 영광스러운 변화가 생겼습니다. 그리하여 봄과 여름, 마을은 하나님의 임재로 충만했습니다. 일찍이 그때처럼 사랑과 기쁨, 그러면서도 고뇌로 충만한 적이 없었습니다. 거의 모든 집에 놀라운 하나님이 임재의 증표가 있었습니다. 부모는 자녀의 거듭남을, 남편은 아내의 거듭남을, 아내는 남편의 거듭남을 기뻐했습니다.
>
> 그때 하나님의 성전에서도 하나님의 임하심이 있었습니다. 주의 날은 기쁨의 날이 되었고, 주님의 전은 사랑스러웠습니다. 공적 예배는 아름다웠습니다. 예배드리는 회중은 생기로 넘쳤으며, 모든 사람이 예배에 집중하며 목사의 입에서 나오는 하나님의 말씀을 생수를 마시듯 받아들였습니다. 하나

---

30 Edwards, 『놀라운 회심의 이야기』, 49.

님의 말씀을 듣는 성도들은 수시로 눈물을 흘렸습니다.[31]

에드워즈가 주도한 코네티컷 부흥 운동은 놀라웠다. 이 놀라운 부흥의 역사는 뉴잉글랜드 지역뿐만 아니라 다양한 지역에서 각성이 일어나고 있었다. 윌리엄 테넌트(William Tennent, 1673-1746)[32] 목사에 따르면, 산맥(The Mountains) 지역에서는 존 크로스(John Cross, 1690-1782)[33] 목사 주도로 큰 부흥이 일어났고, 길버트 테넌트(Gilbert Tennent, 1703-1764)[34] 목사 주도로 다른 지역에서 상당한 부흥이 일어났다. 그리고 프레링하이즌(Theodorus Jacobus Frelinghuysen, 1691-1747)[35] 목사 주도로 또 다른 지역에서 부흥이 일어났다. 이 모든 사례들은 성령의 역사가 특정 지역에 국한되지 않고 다양한

---

31 Edwards, 『놀라운 부흥과 회심 이야기』, 20.
32 B. K. Kuiper, 『世界 基督 敎會史』(The Church in History), 김해연 옮김 (서울: 성광문화사, 1997), 420-21. 윌리엄 테넌트(1673-1746)는 아일랜드에서 태어나 미국으로 이주한 후, 펜실베이니아 네샤미니(Neshaminy)에서 장로교 목사로 활동하며 네 아들을 두었다. 그의 아들들은 길버트(Gilbert), 윌리엄 주니어(William Jr.), 존(John), 찰스(Charles)이다. 윌리엄 테넌트는 뉴저지의 로건 인 밸리(Logan Inn Valley)에 위치한 테넌트(Tennent) 가문의 "목회자 학교" 또는 "로그 칼리지"(Log College)라 불리는 사설 신학교를 설립하여, 대각성 운동을 지지하고 선교사들을 양성하는 데 크게 기여했다.
33 존 크로스(John Cross, 1690-1782)는 윌리엄 테넌트, 길버트 테넌트(Gilbert Tennent), 프레링하이즌(Theodorus Jacobus Frelinghuysen) 목사와 함께 18세기 중반 미국에서 일어난 대각성 운동의 주요 설교자였다. 크로스 목사는 잉글랜드에서 태어나 어린 나이에 미국으로 이주하여 펜실베이니아주 필라델피아에서 윌리엄 테넌트 목사에게 신학을 배우고 목사로 안수받았다. 1739년, 크로스 목사는 뉴저지주 뉴브런즈윅으로 이주하여 목회를 시작했다. 그는 강력한 설교와 개인적인 상담을 통해 많은 사람을 회개시켰다. 그의 부흥 운동은 뉴저지 지역을 넘어 펜실베이니아, 뉴욕, 메릴랜드 등 다른 지역으로 확산되었다.
34 Kuiper, 『世界 基督 敎會史』, 421. 길버트 테넌트(1703-1764)는 William의 아들이자 Log College의 유명한 졸업생 중 한 명으로, 대각성 운동의 선구자 중 한 명이며, 열정적인 설교로 미국 동부에서 부흥을 일으켰다.
35 Kuiper, 『世界 基督 敎會史』, 420. 프레링하이즌(1691-1747)은 독일에서 태어나 네덜란드에서 경건주의 영향을 받았으며 개혁교회의 목사로서 뉴저지에서 활동했다. 그는 탁월한 설교자였으며, 대각성 운동에 영향을 미친 초기 복음주의자로서, 개인적 회심과 경건한 삶을 강조했다.

곳에서 활발히 일어나고 있음을 보여 준다. 에드워즈는 이 놀라운 역사를 비범한 하나님의 역사로 보았다.[36]

에드워즈는 코네티컷 부흥의 특별한 점을 몇 가지로 평가했다.

첫째, 코네티컷 부흥은 빈부귀천을 막론하고 모든 계층에 영향을 끼친다는 점에서 특별했다.

둘째, 코네티컷 부흥은 수적인 면에서 남녀노소를 막론하고 엄청난 회심자의 수가 늘었다는 점에서 특별했다. 이 부흥 기간 동안 에드워즈가 목회하던 노샘프턴교회는 약 6개월 동안 성인 300명이 회심했으며, 노인과 아이들, 청년들까지도 회심과 부흥을 경험했다.

셋째, 코네티컷 부흥은 사람들이 변화하는 속도가 매우 갑작스럽다는 점에서, 그리고 죄에 대한 각성과 은혜에 대한 체험의 정도가 아주 컸다는 점에서 특별했다.

넷째, 코네티컷 부흥은 확산의 정도에서 이웃 서른두 개 마을까지 크게 영향을 미쳤다는 점에서 특별했다.[37]

코네티컷 부흥은 하나님의 놀라운 역사였다. 하나님은 부흥을 통하여 하나님의 은혜와 능력을 매우 비범하고도 놀라운 방식으로 잠자고 있는 교회를 깨우고 각성시키며, 불신자들과 신앙의 열정이 식어진 사람들을 놀라게 하시고 깨닫게 하셨다.[38] 코네티컷 부흥은 하나님의 놀라운 역사로 개인과 가정과 교회 이웃 마을까지 확산되었다. 이 부흥 운동은 코네티컷 주 32개 마을로 확산되었으며, 에드워즈가 부흥이 확산된 지역의 지명을

---

36 Edwards, 『놀라운 회심의 이야기』, 54.
37 Edwards, 『놀라운 부흥과 회심 이야기』, 22.
38 James Buchanan, 『성령의 사역, 회심과 부흥』(*The Office and Work of the Holy Spirit*), 신호섭 옮김 (서울: 지평서원, 2006), 440.

언급하고 있는 것을 보면,[39] 이 부흥이 얼마나 놀라운 성령의 역사가 있었는지를 알 수 있다.

4) 코네티컷 부흥 운동 쇠퇴 단계

놀라운 성령의 역사가 있는 곳에 사탄의 역사도 있기 마련이다. 부흥의 불길이 약해지자 사탄의 역사가 강하게 나타나기 시작했다. 1735년 5월 말, 부흥의 열기가 점점 식어가던 무렵, 부흥을 방해하는 사탄의 역사가 일어났다. 에드워즈는 부흥 운동을 방해한 사탄의 역사를 기록하고 있다.[40]

첫째, 한 우울증 환자의 자살이다. 부흥이 확산되고 있는 가운데 마을의 한 사람이 자살한 사건이 발생했다. 이 사람은 지성과 엄격한 도덕성과 종교성을 가진 신사였으며 마을에서 존경받는 사람이었다. 그가 죽은 이유는 우울증 때문이었다. 그의 어머니도 우울증으로 죽었고, 집안은 심한 우울증 성향을 가지고 있었다.[41]

이 사람은 자신의 영혼 상태에 대해 관심을 가지고 있었지만 자신이 구원받을 수 있다는 소망을 갖지 못했다. 그는 점점 더 낙심했고 우울증에 완전히 사로잡히게 되었다. 마귀가 기회를 잡고 그를 절망적인 생각으로 몰아갔다. 그는 지옥의 공포를 느끼면서 두려움에 사로잡혀 밤에 잠을 잘 수 없었고 정상적인 생활을 할 수 없게 되어 자살을 하게 되었다.[42]

이 소식은 마을 사람들에게 큰 영향을 미쳤고 충격이었다. 경건한 사람들도 자살 충동을 느꼈다. 이런 일이 있은 후, 노샘프턴에서는 회심의 역

---

39 Edwards, 『놀라운 부흥과 회심 이야기』, 50-55.
40 Edwards, 『놀라운 회심의 이야기』, 60-61.
41 Edwards, 『놀라운 회심의 이야기』, 116-17.
42 Edwards, 『놀라운 부흥과 회심 이야기』, 152.

사가 약해졌으며, 생기 있는 신앙의 열기도 점점 시들게 되었다.[43]

둘째, 부흥을 방해한 사건은 직통 계시를 받았다고 하는 두 사람이 광신에 빠진 일이다. 한 사람은 서필드(Suffield)에 있었고, 또 한 사람은 사우스 해들리(South Hadley)에 있었다. 특히, 사우스 해들리에 있는 사람의 행동이 큰 소란을 일으켰다.[44] 그는 하나님께 직통 계시를 받았다고 생각했고, 우울증과 절망적인 형편에 빠진 가난한 사람에게 접근하여 시편 116편 4절을 인용하며 하나님께 기도하면 해결될 것이라고 말했다. 그는 경건한 사람으로 알려졌지만, 자기 망상에 빠져 오류를 범하게 되었다.[45] 이 일은 결국 부흥의 쇠퇴를 가져오는 결과를 낳았다.

젊은 두 사람의 갑작스러운 죽음과 알미니안주의를 경계하는 이신칭의의 말씀으로 코네티컷 부흥은 시작되었다. 이 부흥의 불길은 남녀노소를 불문하고 모든 계층의 사람들까지 회심하게 했으며, 인근 마을까지 번지게 되었다. 수많은 사람이 교회로 찾아오게 되었고 가정도 교회도 마을 전체도 하나님의 임재로 가득하게 되었다. 회중들은 구원의 기쁨과 감격으로 떠들고 잡담하는 대신 하나님의 말씀을 나누었다. 이런 놀라운 부흥은 신앙의 활기를 주었다.[46]

그러나 부흥이 있는 곳에 사탄의 역사도 강하게 일어났다. 우울증 환자의 죽음과 직통 계시를 받았다고 하는 사람의 소란으로 인해 부흥의 불길은 쇠퇴하게 되었다. 하나님의 말씀으로 강력한 성령의 부어주심으로 시

---

43 Edwards, 『놀라운 회심의 이야기』, 188.
44 Edwards, 『놀라운 회심의 이야기』, 117-18.
45 Edwards, 『놀라운 부흥과 회심 이야기』, 153.
46 James Buchanan, 『성령의 사역, 회심과 부흥』, 440. 종종 하나님께서는 자신의 선하신 뜻 가운데 교회의 역사를 통해 하나님의 은혜와 능력을 매우 비범하고도 놀라운 방식으로 나타내기를 기뻐하신다. 부분적으로 선잠을 자고 있는 교회를 깨우고 각성시키거나 불신자들과 부정적인 자들을 놀라게 하시고 깨닫게 하시기 위해 그렇게 하신다.

작된 코네티컷 부흥 운동은 사탄의 방해로 점점 힘을 잃어가게 되었다. 그러나 분명한 것은 코네티컷 부흥은 하나님의 놀라운 역사였다.[47]

2. 대각성 운동의 발전 단계별 심층 분석

에드워즈는 두 번째 부흥을 경험했다. 노샘프턴교회 중심으로 코네티컷 부흥 운동은 오래 지속되지 못했다. 교회는 영적으로 소강 상태에 빠졌으며 신앙의 열정은 식어가고 신앙심도 점점 약해지고 있었다.[48] 1739년 에드워즈는 하나님의 성령이 부어주실 것에 대한 새로운 영적 기대감을 가지게 되었다.[49] 성령의 강력한 역사로 일어난 두 번째 부흥은 1740년부터 1742년까지 지속된 부흥으로 제1차 대각성 운동이라 부른다. 그러므로 이 책에서 말하는 대각성 운동은 제1차 대각성 운동을 의미한다.

에드워즈를 논할 때, 18세기에 일어난 그의 부흥 운동, 즉 대각성 운동은 매우 중요하며 에드워즈의 사역 중에서도 중요한 위치를 차지한다. 에드워즈의 대각성 운동은 식민지 전체에 영향을 미칠 정도로 광범위하게

---

47 Edwards, 『놀라운 회심의 이야기』, 121-22. 하나님의 역사에 사용된 사람들의 비천함과 연약함이 편견을 불러일으키는 원인이 되었을 수 있다. 그러나 하나님은 이 역사를 통해 자신의 고유한 일임을 분명하고 경이롭게 드러내셨으며, 모든 영광을 자신의 전능함과 주권적인 은혜로 돌리셨다. 부수적인 상황과 수단, 인간의 무가치함에도 불구하고, 하나님이 이 일을 행하시는 데 기뻐하셨다.
48 정부흥, 『조나단 에드워즈의 생애』(서울: CLC, 1999), 81-82.
49 Murray, *Jonathan Edwards: A New Biography*, 159-60. 휫필드가 이 마을을 방문하기 전인 1740년 봄, 이 마을에는 눈에 띌 정도의 변화가 있었다. 젊은 사람들 사이에 좀 더 진지하고 신앙적인 대화가 오고 갔으며, 그들 가운데 자리 잡고 있던 나쁜 행위들이 사라졌다. 자신들의 영혼 구원을 위해 목사에게 찾아가 의논하는 일이 흔하게 되었고, 신앙에 대단한 관심을 보이는 사람들도 있었다. 이런 현상은 휫필드가 오기 전까지 계속되었다.

일어났으며 뉴잉글랜드 지역에 깊은 영향을 미쳤다.[50] 하나님은 청교도 신앙이 점점 퇴색해가는 시대에 에드워즈를 사용하여 다시금 영적 대각성 운동을 통해 진정한 부흥이 무엇인지를 보여 주고 있다. 대각성 운동이 어떻게 시작되어 성장했으며, 확산되었고 쇠퇴했는지 살펴보자.

1) 대각성 운동 성장 단계

에드워즈는 코네티컷 부흥을 경험한 이후 노샘프턴교회를 목회하면서 말씀강해를 통해 회심 이후에 어떻게 살아야 하는지에 대해 연속 설교를 했다.

대각성 운동이 일어나기 전, 연속 설교를 통해 하나님의 말씀에 교회 회중들이 집중하도록 했다. 1738년 고린도전서 13장에 관한 연속 강해 설교를 했고, 1739년에는 하나님의 구속사에 관해 연속 강해 설교를 했다. 이 설교를 통해 종말에 부어주실 하나님의 성령을 기대하게 했다.

이런 기대 속에 1740년경 두 번째 부흥이 뉴잉글랜드 전역에서 새로운 대각성 운동이 일어났다. 이 대각성 운동에 중요한 역할을 한 사람이 조지 휫필드(George Whitefield, 1714-1770)[51]였다. 조지 휫필드는 영국에서 건너온 순회 설교자(Itinerant preacher)로 천부적인 설교자였다. 휫필드는 그때에 자신이 설립한 고아원을 위한 모금 목적으로 순회하면서 설교를 했다.

---

50 Noll, 『미국·캐나다 기독교 역사』, 127.
51 Noll, 『미국·캐나다 기독교 역사』, 128. 조지 휫필드는 18세기에 세계적으로 가장 크게 명성을 떨친 인물이었다. 휫필드는 국교회의 목회자로 안수를 받았고, 1720년대와 1730년대에는 존 웨슬리와 찰스 웨슬리 형제와 함께 옥스퍼드 홀리 클럽(Holy Club)에 참여하며 영적 운동에 협력하기도 했다. 휫필드는 1738년에 조지아를 방문하여 고아원 설립을 지원하였고, 1739년 다시 미국을 방문하여 설교자로서의 명성을 얻었다. 1740년 가을에는 뉴잉글랜드에서 하루에 8천 명이 넘는 청중에게 한 달 이상 설교하며, 미국 기독교 역사상 가장 중요한 대각성 운동을 촉발시킨 인물로 평가받고 있다. 그는 조나단 에드워즈와 함께 대각성 운동의 주역으로 쓰임 받았다.

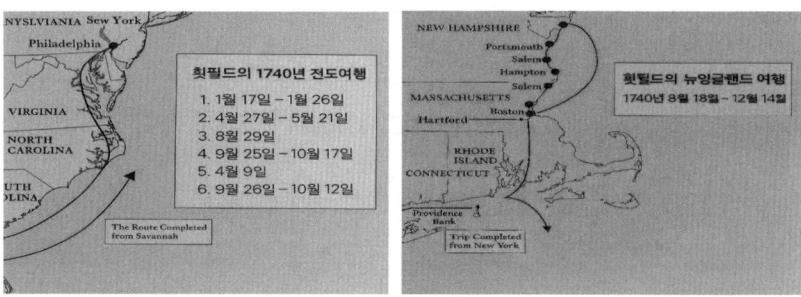

<지도 4> 1740년 휫필드의 미국 전도 여행 행선지[52]

조지 휫필드는 1738년부터 1770년까지 미국을 일곱 번 방문해, 그때마다 식민지 전역을 순회하며 설교했다. 그는 남부 조지아(Georgia)에서 출발해 북동부의 보스턴(Boston)까지 여행하며 순회 설교를 했다. 휫필드가 집회를 인도하는 곳마다 놀라운 부흥의 역사가 일어났다.[53] 이안 머레이(Iain Murray)는 대각성 운동 시기에 에드워즈와 휫필드의 우정과 만남은 "나누어진 두 강줄기가 합쳐지는 것"으로 그 파급 효과를 묘사했다.[54]

휫필드의 합류로 뉴잉글랜드 지역에서 대각성 운동이 강력하게 촉진되었으며, 부흥의 불길이 절정으로 타오르게 되었다.[55]

---

52 Noll, 『미국·캐나다 기독교 역사』, 131. 조지 휫필드는 동시대의 그 누구보다 더 많이 미국 식민지를 방문했다. 그는 1740년, 가장 중요한 대각성 운동에 불을 지핀 인물로서 조나단 에드워즈와 함께 대각성 운동의 중요한 역할을 감당했다.
53 양낙흥, 『조나단 에드워즈 생애와 사상』, 311-12. 1738년 2월, 휫필드는 워터커호를 타고 미국 조지아로 갔다. 웨슬리 형제가 조지아에서 실패하고 돌아온 지금, 선교의 미래는 휫필드에게 달려 있었다. 그는 활동 반경을 넓혀 1739년 두 번째 방문에서는 필라델피아로부터 뉴욕까지, 그리고 다시 남부로 갔다. 이는 조지아에 있는 자신의 고아원을 위한 모금을 하기 위해서였다. 그의 설득력이 얼마나 대단했던지, 인색하기로 소문난 벤자민 프랭클린이 호기심에서 휫필드의 설교를 들으러 갈 때 절대 호주머니에 돈을 넣고 가지 말라고 친구들에게 충고했다고 한다.
54 Murray, *Jonathan Edwards: A New Biography*, 156. "The friendship of Whitefield and Edwards, which dates from this period, was certainly the joining of two hitherto separate 'branches' of this river."
55 Kenneth Scott Latourette, *A History of Christianity*, ed. Ralph D Winter, vol. 2 (Harper

〈그림 21〉 조지 휫필드의 야외 설교[56]

2) 대각성 운동 확산 단계

에드워즈와 휫필드의 만남은 대각성 운동을 확산시키는 데 중요한 역할을 했다. 에드워즈는 1740년 2월 12일 조지 휫필드에게 초청의 편지를 보내 노샘프턴교회를 방문해 줄 것을 요청했고, 에드워즈의 초청에 휫필드는 기쁜 마음으로 응답했다.[57] 휫필드의 합류로 대각성 운동의 영향력은 더욱 커졌다.[58]

    & Row New York, 1975), 959.
56 Gura, *Jonathan Edwards: America's Evangelical*, 142. Whitefield preaching to a large gathering outdoors, Whitefield was one of first itinerant preachers and pioneered the idea of holding service of outside meetinghouse if the crowds so demanded.
57 Murray, *Jonathan Edwards: A New Biography*, 157-59.
58 Sweet, 『美國 敎會史』, 177.

에드워즈와 휫필드는 서로 다른 점이 많았다. 휫필드는 성격이 유쾌하고 지칠 줄 모르는 에너지와 25,000명이 들을 수 있는 우렁찬 목소리를 가졌으며, 원고 없이도 청중을 본문의 주제에 빠지게 할 수 있을 만큼 전달력이 탁월한 설교가였다.[59] 이와 반대로 에드워즈는 논쟁에 강했고, 항상 진지했으며, 어떤 문제를 결정하는 데 있어서 신중한 사람이었다. 휫필드는 대중 설교가라면, 에드워즈는 진리를 변증하는 변증가라고 할 수 있다.[60]

하나님은 에드워즈와 휫필드에게 서로 다른 은사를 주었다. 이들이 거주하는 나라도 달랐다. 그러나 하나님은 공간을 초월해서 에드워즈와 휫필드를 대각성 운동에 크게 사용하셨다.

이 두 사람이 서로 달랐음에도 불구하고 하나님께 쓰임 받은 이유가 무엇일까?

조지 마즈던(George Marsden)은 두 사람이 쓰임 받은 이유를 다음과 같이 말한다.

> 서로의 차이점에도 불구하고 두 사람은 서로를 존경했으며, 많은 공통점을 갖고 있었다. 두 사람 모두 깊이 열정적이었을 뿐만 아니라 동일한 관심사, 즉 하나님께서 영혼들을 구원하시고 그들을 하나님 나라로 인도하시기 위해 진정한 복음 설교를 사용하신다는 것에 열정적이었다. 두 사람은 지나칠 정도로 영적이었으며, 더 높은 목적에 대한 열망과 모든 세속적인 것을 내던져 버리고자 하는 열정에 있어서 거의 스파르타 사람 같았다. 두 사람은 모두 겸손할 뿐만 아니라 자신들의 설교를 통해 볼 수 있는 하나님의 경이로우심에 크게 기뻐했다.[61]

59　Marsden, *Jonathan Edwards: A Life*, 206.
60　Noll, 『미국·캐나다 기독교 역사』, 132.
61　Marsden, *Jonathan Edwards: A Life*, 206.

하나님을 향한 열정과 영혼에 대한 뜨거운 사랑, 겸손한 두 사람의 공통점 앞에서 나이 차이도, 성격도, 은사도 문제가 되지 않았다. 오히려 하나님은 합력하여 선을 이루어 두 사람을 대각성 운동에 귀하게 사용하셨다. 대각성 운동의 변호자인 에드워즈와 대각성 운동의 위대한 설교자 휫필드의 역사적인 만남은 부흥이라는 하나님의 열망아래 하나가 되어 연합 사역을 펼치는 의미를 더했다.

에드워즈의 초청으로 조지 휫필드는 1740년 10월 17일 노샘프턴에 도착하여 4일 동안 머물면서 네 번의 설교를 했다. 휫필드는 금요일과 토요일에 각각 한 번씩, 주일에는 두 번 설교했다. 그가 설교 때마다 회중들은 하나님의 부어주시는 성령의 은혜를 경험했다. 휫필드는 그날의 집회에서 부어주시는 은혜를 일기에 기록했다. 조지 휫필드의 일기에는 노샘프턴교회 담임목사인 에드워즈를 비롯하여 모든 성도들이 하나님의 말씀을 들으며 흐느껴 울고 있었다고 기록하고 있다.[62]

조지 휫필드의 방문으로 뉴잉글랜드는 다시금 부흥의 불길에 휩싸이게 되었다. 휫필드의 설교를 듣고 사람들은 각성했으며, 부흥의 불길이 계속해서 타오르게 되었다. 부흥이 일어나면 사람들은 거룩함과 경건함을 추구하게 된다. 부흥의 불길은 계속 타올라 1741년 봄에는 하나님을 갈망하며 거룩한 삶을 추구하고 경건 생활에 대한 관심이 최고조에 이르게 되었다.

62　George Whitefield, 『(조지 휫필드의) 일기』, 엄경희 옮김 (서울: 지평서원, 2005), 654-55. 휫필드가 그때의 상황을 다음과 같이 그의 일기에 기록하고 있다.
"오후 4시에 에드워즈의 회중에게 설교를 했다. 나는 두려움과 떨리는 마음을 가지고 말씀을 시작했으나, 하나님께서 나를 도와 주셨다. 회중 가운데 메마른 눈은 거의 볼 수 없었다. 나는 천상적인 영광을 감격스럽게 바라보며 어느 정도의 애절함을 가지고 말씀을 전할 수 있었다. 주님의 임재하심으로 새로워지는 때가 임하고 있는 것 같았다"(1740년 10월 18일 일기).
"오늘 아침 설교를 하는데 훌륭한 에드워즈는 나의 설교를 듣는 동안 내내 흐느껴 울었다. 사람들도 동일하게 감동을 받았고, 오후에는 그 능력이 이보다 더 크게 증대했다. 우리 주님께서 좋은 사람을 끝까지 보존하셨던 것 같다. 내가 도착한 이래 4개의 모임이 너무도 은혜롭게 함께 진행되었다"(1740년 10월 19일 일기).

〈그림 22〉 대각성 시기에 교회로 몰려드는 군중[63]

부흥의 불길이 휫필드의 설교로 점화되어 에드워즈의 설교 사역에 불을 붙였다. 1741년 5월, 에드워즈의 설교를 통한 전도 운동이 믿지 않는 자들을 구원으로 인도하면서 교회 회중이 점점 증가했다. 이 부흥의 불길은 에드워즈의 말씀 사역을 통해 계속해서 번져 나갔다. 에드워즈가 1741년 7월 8일 코네티컷주 엔필드(Enfield)에 초청받아 전한 말씀은 그의 가장 유명한 설교로 남아 있다.

에드워즈는 엔필드에서 〈하나님의 진노의 손에 붙잡힌 죄인들〉(Sinners in the Hands of an Angry God)이란 제목으로 신명기 32장 35절[64] 말씀을 전했다.

---

63 Gura, *Jonathan Edwards: America's Evangelical*, 142. A crowd of people during the Great Awakening, singing on their way to a meetinghouse, presumably to hear a revival sermon.

64 [신 32:35] 그들이 실족할 그때에 내가 보복하리라. 그들의 환난 날이 가까우니 그들에게 닥칠 그 일이 속히 오리로다. It is mine to avenge; I will repay. In due time their foot will slip; their day of disaster is near and their doom rushes upon them (Deu 32:35).

〈그림 23〉 설교 〈하나님의 진노의 손에 붙잡힌 죄인들〉의 기념비[65]

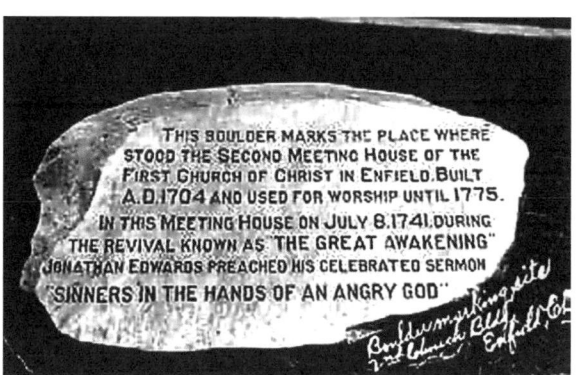

엔필드는 그동안 성령의 어떤 역사도 경험하지 못한 지역이었다. 에드워즈는 평상시와 마찬가지로 영원한 심판에 대해 설교하며 지옥의 고통을 설명했다. 에드워즈는 휫필드처럼 목소리가 우렁차지 않았다.[66] 그런데도 이 설교를 들은 수많은 사람은 자신의 죄를 각성했다. 이 설교는 대각성 운동의 기폭제 역할을 했다. 에드워즈는 생생한 그림을 그리듯 실감 나는 예화를 들어 말씀을 전했다.

에드워즈는 인간의 지식이나 이성을 의지하는 것은 마치 지옥 불 위에 매달린 거미와 같이 위험하다고 말하며, 회중들의 회개를 촉구했다. 그의 설교 내용이다.

---

65 Edwards delivered 'Sinners in the Hands of an Angry God' at Enfield's second Meetinghouse on July 8, 1741. While the second Meetinghouse no longer exists, its location is marked by an engraved stone on the west side of Route 5 (Enfield Street), just a few feet south of the intersection with Post Office Road. Enfield Historical Society, "Jonathan Edwards," Enfield Historical Society, accessed May 1, 2024, https://enfieldhistoricalsociety.org/old-town-hall/jonathan-edwards-and-sinners-in-the-hands-of-an-angry-god/.

66 김홍만, "조나단 에드워즈와 제1차 영적 대각성," 「신학지평」 19, no. (2008): 227-28.

하나님의 진노는 악인들을 향해 불타고 있고, 악인들의 멸망은 언제든지 일어날 수 있습니다. 지옥은 준비되어 있고, 불은 예비되어 있으며, 용광로는 지금 뜨겁게 달구어져 악인들을 받을 준비를 하고 있고, 불꽃은 지금 크게 이글거리고 있습니다. 번쩍이는 칼은 뽑혀 악인들의 머리를 겨누고 있으며, 지옥은 악인들의 아래에서 입을 벌리고 있습니다. …

그러므로 불신자들은 하나님의 손에 붙잡혀 지옥의 뚜껑 위에 매달려 있습니다. 그들은 지옥 불에 들어갈 일을 했고, 이미 그렇게 선고를 받았습니다. 하나님은 아주 무섭게 분노하고 계시며, 그들에 대한 하나님의 분노는 실제로 지옥에서 하나님의 진노를 고통스럽게 경험하고 있는 사람에 대한 것만큼이나 큽니다. …

오, 죄인들이여!

여러분이 처해 있는 무서운 위험을 생각해 보십시오. 여러분이 하나님의 손에 매달려 있는 곳은 진노하는 큰 용광로요, 넓고 바닥이 없는 구덩이이며, 진노의 불로 충만한 곳입니다. 하나님의 진노는 지옥에 있는 저주받은 많은 사람에게 타오르듯 여러분에게 대해서도 타오르고 있습니다. 여러분은 가느다란 실에 매달려 있는데, 하나님의 진노의 불이 타오르면서 매 순간 그 실을 끊어 태워버리려 하고 있습니다. …

세상에서 오래 살았지만, 아직 오늘까지 거듭나지 못하고, 이스라엘 나라 밖의 사람으로 있으며, 아무것도 한 것이 없고, 오직 진노의 날에 받을 진노만을 쌓고 있는 분이 이곳에 많이 있지 않습니까? …

여러분은 자신을 돌아보며 깊은 잠에서 철저하게 깨어날 필요가 있습니다. 여러분은 무한하신 하나님의 무서운 진노를 감당할 수 없습니다.[67]

---

[67] Jonathan Edwards, *Jonathan Edwards on Knowing Christ* (Edinburgh: Banner of Truth Trust, 1990), 183-87.

에드워즈의 생생한 설교를 들은 청중들은 지옥의 공포에 두려움으로 몸부림쳤고, 어떤 사람들은 지옥 불에 떨어지지 않기 위해 교회 기둥을 잡기도 했다.[68]

이 설교로 인해 영적인 침체에 빠져 있던 사람들은 눈물을 흘리며 회개했고, 교회가 각성했다. 이 대각성 운동을 통해 죄인들이 각성하고, 교회는 부흥하게 되었다. 집회 중에는 사람들의 외침이나 기절, 경련 같은 일들이 자주 일어났다. 집회를 마치고도 밤새 기도하는 일이 일어났다.

에드워즈의 설교[69]는 엔필드에서 놀라운 부흥 운동을 촉발시켰다.[70] 이 부흥 운동은 식민지 전역에 걸쳐 영향을 미쳤으며, 모든 계층에게 영향을 주었다. 개인들은 자신의 죄에 대한 회개와 영혼의 심연을 경험했다. 많은 사람이 '선택받은 자'가 되기를 갈망했으며, 이런 열망은 영적 갱신으로 이어졌다. 영적 혼수상태는 갱신된 영성 앞에서 퇴색했다. '신앙'이라는 개념은 단순히 형식적인 의미를 넘어서 그리스도에 대한 전심전력의 헌신으로 재정립되었다.

---

68 오덕교, 『청교도 이야기』 (서울: 이레서원, 2001), 299.
69 Paul Helm, "조나단 에드워즈, 뉴잉글랜드의 신학자," 『인물로 본 기독 교회사(하)』, ed. John D. Woodbridge (서울: 도서출판 횃불, 1993), 169. 에드워즈의 설교 특징은 기존 부흥 운동 설교자들과 달랐으며, 충실한 성경 해석과 교리에 기초하여 양심에 호소하며 실천을 강조하며, 논리 정연하게 전달했다.
70 Nichols, 『조나단 에드워즈의 생애와 사상』, 201. 니콜라스는 에드워즈의 엔필드에서 행한 〈하나님의 진노의 손에 붙잡힌 죄인들〉 설교가 청중들에게 자신들의 진정한 상태를 깨닫게 했으며, "아마도 미국 역사상 그 어느 설교도 에드워즈의 이 설교보다 더 큰 영향을 끼치지 못했을 것이다"라고 평가했다.

3) 대각성 운동 쇠퇴 단계

이 대각성 운동은 점차 확산되었지만, 부흥에 회의적인 사람들의 비난과 지나친 열광주의로 인해 점점 쇠퇴했다. 그 중심에는 길버트 테넌트(Gilbert Tennent, 1703-1764)[71]와 제임스 데이븐포트(James Davenport, 1716-1757), 그리고 찰스 촌시(Charles Chauncy, 1705-1787)가 있었다.

길버트 테넌트의 설교는 하나님의 신성, 주권, 순수성, 그리고 법의 엄격함과 같은 신적 특성에 대한 그의 깊은 확신을 강렬하게 표현하는 것이 특징이었다. 그는 또한 하나님의 거룩함, 죄에 대한 미움, 정의, 그리고 저주받은 자들에 대한 진리와 권능을 강조했다. 이런 설교는 종종 감정적으로 격동된 예배로 이어졌으며, 울음소리, 탄식, 흐느낌과 같은 영적 고통의 물리적 표현이 흔했다. 때로는 이런 감정의 분출로 인해 설교가 중단되기도 했다. 회중들의 감정적 소진으로 인해 계획되지 않은 철야 기도회가 길어졌고, 이는 사람들이 집으로 돌아갈 힘이 없었기 때문이었다.

이 기간 동안 환상과 황홀경을 경험한 이들이 나타났으며, 일부 참가자들은 그들의 행동이 직접적인 신의 영감에서 비롯되었다고 주장하며 기이한 행동을 보였다. 시간이 지남에 따라 이 부흥 운동은 감정주의로 점차 기울어지며 종교적 경험의 성격과 수용이 변화하는 모습을 보였다. 부흥

---

[71] Pierson, 『선교학적 관점에서 본 기독교 선교 운동사』, 452-54. 길버트 테넌트의 부친은 윌리엄 테넌트이다. 그는 북부 아일랜드 출신으로 청교도 경건주의 사상을 수용했다. 그는 네 아들과 함께 미국으로 건너와 펜실베이니아에 작은 신학교 '통나무대학'(Log college)을 설립했다. 그는 자신의 네 아들과 함께 20여 명의 젊은이들을 목회자로 훈련시켰다. 이 통나무대학은 뉴저지대학으로 개명되었고 프린스턴으로 이전했다. 아들 길버트 테넌트는 대각성 운동에서 감정적이고 열정적인 설교로 강단에서의 진정성과 회심의 중요성을 강조했으며, 그의 메시지는 많은 사람에게 영적 각성을 가져다 주었다. 그는 또한 교회의 형식주의와 영적 무관심에 반대하는 강력한 목소리를 냈다. 그는 회심하지 않은 목사들이 교회와 신자들에게 어떤 위험을 초래할 수 있는지를 비판했다. 그는 대각성 운동 시기에 교회 개혁에 대한 논쟁을 촉발시켰으며, 그의 형제들과 마찬가지로 대각성 운동의 확산에 중요한 역할을 했던 인물이다.

운동은 분명, 통제 불능의 상태에 처할 위험이 있었다.[72]

이런 가운데, 1740년에 길버트 테넌트가 행한 〈회심하지 못한 사역의 위험〉이라는 설교는 부흥에 반대하는 목회자들을 회심하지 못한 목사들이라고 비난함으로써 적지 않은 반감을 일으켰고, 결국 구파(Old Light)의 신파(New Light)에 대한 반발을 야기시켰다.[73]

대각성 운동이 쇠퇴하는 또 다른 원인은 제임스 데이븐포트(James Davenport)의 지나친 열광주의였다. 1741년 여름, 이런 대각성 운동에 찬물을 끼얹는 사건들이 발생했다. 데이븐포트도 회심하지 않은 목사들을 비난하여 가는 곳마다 분개와 반대를 야기시켰다. 데이븐포트의 이런 행동은 대각성 운동에 방해가 되었고, 부흥에 대한 부정적인 생각과 적개심을 품게 만들었다. 이 일로 인해 많은 사람이 거짓된 열심에 빠져들게 되었다.[74]

길버트 테넌트와 제임스 데이븐포트 같은 순회 전도자들의 지나친 행동은 반부흥 운동으로 나타났다. 이로 인해 미국의 회중교회는 신파(New Light)와 구파(Old Light)로 나뉘었다.[75] 부흥을 찬성하는 신파와 부흥을 반대하는 구파의 갈등이 생겨났다.[76] 신파와 구파는 칼빈주의 신학을 가지고 있었지만 부흥을 보는 견해가 달랐다. 신파는 부흥을 하나님의 주권적인 역사로 보았고, 구파는 부흥 운동을 반지성주의로 간주했다.

신파 내에서도 열광주의가 있었다. 열광주의는 질타의 대상이 되었다. 구파는 성령의 초자연적인 역사를 인정했지만, 광적인 흥분은 성령의 역사와는 거리가 멀다고 주장했다. 또한, 회심은 항상 가시적으로 나타나지

---

[72] Jonathan Edwards, *The Works of Jonathan Edwards*, ed. C. C. Goen (New Haven: Yale University Press, 1972), 78-79.

[73] 피영민, "조나단 에드워즈를 중심으로 본 부흥과 종교적 감정의 관계,"「성경과 신학」(1994): 206.

[74] Iain H. Murray, 『성경적 부흥관 바로 세우기』(*Pentecost-Today? The Biblical Basics for Understanding Revival*), 서창원 옮김 (서울: 부흥과개혁사, 2001), 210.

[75] Latourette, *A History of Christianity*, 960.

[76] Sweet, 『美國 敎會史』, 180.

않는다고 주장하며 부흥을 반대했다.[77] 이런 가시적 현상은 부흥을 반대하는 사람들에 의해 반박되기도 했고, 가시적인 현상을 지나치게 강조하는 사람들에 의해 대각성 운동의 열기가 식어지는 원인이 되기도 했다.

반부흥 운동의 대표적인 사람이 찰스 촌시(Charles Chauncy, 1705-1787)였다. 그는 1742년 〈열광주의를 서술하고 경계함〉이라는 설교를 통해서 부흥 운동에 나타나는 감정주의를 비판했다.[78]

촌시는 이어서 1743년에 『뉴잉글랜드 종교 상태에 대한 시기 적절한 사색』(Seasonable Thoughts on the State of Religion in New-England)이라는 책을 발간하여 부흥 운동에 대해 반박했다.[79]

---

77 채천석,『부흥 사상가 조나단 에드워즈』, 66.
78 양낙홍,『조나단 에드워즈 생애와 사상』, 319. 찰스 촌시(Charles Chauncy)는 부흥 운동의 결과들을 개탄하는 결의안을 통과시킨 장본인이다. 1743년 5월 보스턴의 구파 회중교회 목사들이 모여 부흥 운동을 반대하는 결의안을 통과시켰다. 그 모임에는 매사추세츠주 목사 200명 이상 중 70명만 참석했으며, 더군다나 그 결의안에 가표를 던진 사람은 38명뿐이었다. 그들은 이 사실을 감추기 위해 결의안에 대표 한 사람만 서명하게 했다. 목사들이 대거 부흥에 반대한다는 인상을 주기 위한 것이었다. 촌시는 자기 나름대로 많은 반증을 열심히 모았다.
"나는 반경 300마일 이상의 지역들을 돌아다니면서 그 지역 내에 있는 아주 많은 마을과 그 인근 코네티컷 지역의 대부분의 목사들과 많은 신자를 접했고, 그들 중 일부와는 서신 왕래를 가졌습니다. 그리하여 단지 소문으로 듣는 것보다는 훨씬 더 나은 증거들을 가능한 한 많이 수집함으로써 일의 진상을 파악하고자 했습니다."
그 책에서 촌시는 강한 감정에 압도된 사람들의 비명과 고뇌에 관한 정보를 제시하면서, 휫필드, 테넌트, 데이븐포트 등이 그런 끔찍한 감정들을 불러일으키는 역할을 했다고 독설을 퍼부었다. 촌시는 대각성의 약간의 좋은 일이 일어난 것은 인정하지만, 극단적인 몇몇 사례를 볼 때 나쁜 것이 훨씬 많았다고 주장했다.
79 오덕교,『청교도 이야기』, 300.

⟨그림 24⟩ 노년의 찰스 촌시(Charles Chauncy)[80]

촌시는 기도할 때 울고, 넘어지고, 큰 소리를 내는 행동을 교회를 혼란에 빠뜨리는 마귀의 궤계라고 논박했다. 그러자 신파는 신자들이 자신이 믿음이 있을 때를 정확히 알 수 있다고 주장하였고, 회심자들에게 신자의 의무를 강조하는 신학자들을 율법주의라고 비난했다.[81]

이런 신파와 구파의 논쟁 속에서 에드워즈는 부흥 운동을 반대하는 구파에게는 부흥 운동을 변호하였고 열광주의자들에게는 극단적인 행동을 경고했다. 하지만, 그 결과 에드워즈는 신파의 열광주의자들과 구파의 부흥을 반대하는 자들로부터 동시에 공격을 받았다.[82]

휫필드의 설교로 점화된 부흥의 불꽃에 힘입어 뉴잉글랜드 전역에서 제1차 대각성 운동이 일어났으며, 거의 모든 사람이 이 부흥의 물결을 경험

80　Marsden, *Jonathan Edwards: A Life*, 270. 찰스 촌시(Charles Chauncy, 1705-1787)는 반부흥주의 대표 인물로 부흥 운동 반대 결의안을 통과시킨 장본인이다. 촌시는 대각성 운동이 지나치게 흘러가는 것을 경계했다. 그는 순회 설교자들이 지나친 방식으로 설교하고, 저속하게 감정에 호소하고 대중을 흥분시키며, 이것을 성령의 사역의 증거로 생각하도록 충동하는 것이라고 생각했다.

81　Alan Heimert, and Perry Miller, *The Great Awakening: Documents Illustrating the Crisis and Its Consequences*, *The American Heritage Series* (Indianapolis: Bobbs-Merrill, 1967), 510.

82　Edwards, *The Works of Jonathan Edwards*, 115-16.

했다. 하지만, 구파와 신파 사이의 찬반 갈등이 깊어지면서 점차 부흥의 열기도 식어 갔다. 대각성 운동은 1744년을 기점으로 논란과 양극화 속에서 마무리되었으며, 부흥의 열기가 식어 가면서 종결되었다.

3. 에드워즈의 부흥신학 정립의 역사적 맥락

에드워즈는 부흥을 변호하는 탁월한 부흥신학자요 체험신학자였다.[83] 하지만, 에드워즈의 부흥 운동에 대한 호의적인 반응에 반대 의견을 가진 자들도 있었다. 특히, 찰스 촌시(Charles Chauncy)를 비롯한 일부는 이 부흥 운동에 대해 강한 비판을 제기했다. 이들 비판자들은 부흥 집회 중 나타난 특수한 현상들이 기독교에 대한 대중의 인식에 부정적인 영향을 끼쳤다고 주장했다. 그들은 이런 현상이 청중들 사이에서 모방과 집단적 광란의 결과라고 주장했다. 따라서 이들은 대각성 운동의 여러 현상들을 성령의 작용으로 보기보다는 인간적인 반응으로 해석했다.

반면 에드워즈는 자신의 설교와 저술을 통해 대각성 운동 중 나타난 현상들이 성령의 진정한 작용임을 상세하게 논증하려고 노력했다. 이를 통해 그는 부흥 운동 내에서 성령의 역할을 부흥신학의 체계적인 구조로 정립했다.ㅋ

폴 피어슨(Paul Everett Pierson)의 '선교 운동 사관' 이론 중 '새로운 신학적 돌파 이론'(Theological Breakthrough)이 있다. 이 이론은 성경적 신앙 원리 가운데 전에 잘 알려지지 않았던 새로운 신학적 원리를 발견하는 것이다.[84] 에드워즈는 부흥의 결과로 나타난 신학적 갈등을 성경적 원리에 입각하여

---

83 Lloyd-Jones, 『청교도 신앙』, 511.
84 Pierson, 『선교학적 관점에서 본 기독교 선교 운동사』, 18.

적극적으로 변호하며 새로운 부흥신학 이론을 정립했다. 그는 갈등 상황을 부흥에 관한 저술을 통해 신학적 돌파를 이루었고, 그 결과 부흥신학이 확립되었다.

에드워즈의 저술을 통해 그가 어떻게 정면으로 이 위기 상황을 돌파하며 부흥 운동을 변호했는지, 진정한 신앙과 거짓된 신앙을 어떻게 구별했는지, 그리고 그의 부흥론에서 부흥 운동의 주요 특징이 무엇인지를 분석할 필요가 있다.

1) 에드워즈의 부흥 운동 변호

폴 피어슨은 부흥신학을 가장 탁월하게 신학적으로 분석한 리처드 러블레스(Richard Lovelace)[85]를 소개하면서, 그가 주장한 부흥신학의 필요성을 다음과 같이 역설한다.

> 나쁜 신학이 문제다. 완고한 조직도 문제다. 이들은 부흥 운동을 가로막는 장애물을 만들어 부흥을 방해한다. 과도하게 성직자 중심으로 이루어진 조직 구조는 평신도의 신앙 표현을 저지하고 부흥을 방해한다. 믿음으로 말미암는 은혜로 얻는 구원과 기독론이 분명하지 않는 신학, 그리고 율법적인 신학은 부흥을 방해하고 부흥의 싹을 자른다. 바른 부흥신학이 필요하다. 러블레이스의 기본 이론은 이렇다. 부흥이 시작되면, 부흥은 기존 조직 구조와 신학에 변화를 요구한다. 하지만, 전통적인 교회의 조직 구조

---

[85] Pierson, 『선교학적 관점에서 본 기독교 선교 운동사』, 485. 러블레스는 탁월한 부흥신학자로 부흥 운동을 분석한 *Dynamics of Spiritual Life: An Evangelical Theology of Renewal*을 저술했다. 그는 프린스턴 출신으로 고든콘웰신학대학원 교수이다. 러블레이스의 부흥신학은 성경에서 출발한다. 구약에 나탄한 요시야와 히스기야가 주도했던 부흥 운동을 탐구했다. 그는 역사적으로 신학적 개혁, 종교 구조의 개혁, 그리고 영적 재활성화 사이의 상관관계가 있음을 학문적으로 이론화했다.

와 신학은 아주 견고하여 쉽게 변할 수 없다. 그런 까닭에 신학과 조직 구조는 언제나 부흥의 가장 큰 걸림돌이 된다.[86]

에드워즈는 부흥을 변호하는 일이 시급함을 인식했다.[87] 그는 부흥을 변호하면서 부흥신학을 정립했다. 부흥 운동에 대한 이분법적 해석이 팽배해 있던 시기에, 처음에는 부흥에 대한 저술을 의도하지 않았다. 그러나 부흥의 본질에 대한 정확한 이해가 절실히 필요하다고 인식하고 부흥 운동과 관련된 현상들을 문서화 작업을 했다.

이 문서화 작업을 통해 결국 부흥신학을 정립하는 일이 되었다. 에드워즈는 부흥 운동에 대한 반대파의 오해와 비판적인 반응에 대응하기 위해 저술 활동을 시작했다. 그는 부흥에 대한 비판적 시각과 오해로 인해 부흥 운동이 직면한 여러 문제점과 부작용을 해명하고자 했다.

부흥 운동에 전면적으로 반대하는 집단은 전통적인 신앙을 주장하는 칼빈주의자들이었으며, 이 구파는 부흥에 대해 비판적이었다. 그들은 감정적인 표현과 혁신을 거부했으며, 당시의 종교적 현상에 대해 광범위한 반론을 제기했다. 에드워즈는 이런 반대 의견에 대응하여 부흥을 옹호할 필요성을 느꼈다. 동시에, 신파 내의 극단적인 열광주의자들로부터도 부흥을 변호할 필요도 느꼈다. 이들은 과도한 감정 표출에 치우쳐 있었기 때문이었다.[88]

에드워즈의 주된 관심사는 오로지 하나님의 영광과 교회의 유익에 있었다. 그는 논쟁을 원치 않았으나, 진리를 변호하기 위한 필연적 수단으로서

86　Pierson, 『선교학적 관점에서 본 기독교 선교 운동사』, 486.
87　Lloyd-Jones, 『청교도 신앙』, 515. 에드워즈는 1740년대 부흥기에 나타났던 현상들에 주목하고 이런 현상이 극단적으로 치우치는 것과 부흥 자체를 반대하는 자들에 대한 변호의 필요성을 인식했다.
88　Lloyd-Jones, 『청교도 신앙』, 513.

부흥 현상을 글로 기록하는 방식을 택하였다.[89] 그의 저술은 부흥 운동의 신학적 옹호뿐만 아니라, 당대 교회 내 갈등과 장면에 대한 세심한 분석을 제공했다.

제1차 대각성 운동은 비록 부흥에 대한 찬반 대립으로 막을 내렸지만, 에드워즈에게 있어서는 부흥을 변호하고 부흥신학을 정립하는 중요한 계기가 되었다. 에드워즈는 코네티컷 부흥 운동을 자세히 기록한 책을 낸 바 있다. 에드워즈는 대각성 부흥 운동 이후 부흥에 대한 다양한 견해가 있음을 감지하게 되었다.

이로 인해 열광주의가 등장하는 한편, 반대로 부흥 자체를 부인하는 사람도 생겨났다. 이런 상황에서 에드워즈는 부흥에 대한 올바른 이해를 돕기 위해 세 권의 중요한 책을 출판했다. 1741년에 『성령의 역사 분별 표지』(The Distingushing Marks), 1742년에 『부흥에 관한 고찰』(Some Thoughts Concerning the Revival), 1746년에 『신앙과 정서』(The Religious Affection)를 출판했다.[90]

---

89 Lloyd-Jones, 『청교도 신앙』, 513.
90 강웅산, "조나단 에드워즈의 칼빈주의 부흥 이해," 『조직신학 연구』 8, no. (2006): 75. 이 세 권의 책은 부흥과개혁사에서 번역·출판되었다. The Distingushing Marks는 『성령의 역사 분별 방법』이란 제목으로 출판되었는데, 이는 마치 에드워즈가 방법론을 제안하고 있는 것처럼 오해할 소지가 있다. 이 글에서 에드워즈의 의도는 단지 성령의 사역의 특징들을 열거, 분석, 설명함으로써 성령의 사역을 변론하는 데 있으므로, '성령의 역사의 특징들'로 번역되는 것이 더 적절하다. Some Thoughts Concerning the Revival은 『균형 잡힌 부흥론』으로 출판되었으나, '부흥에 대한 고찰'로 번역하는 것이 의미를 더 명확하게 전달할 수 있다. The Religious Affection은 종교적 감정론이라는 제목으로 출판되었는데, 강웅산 교수는 '신앙의 감화'로 번역하는 것이 옳다고 보았다. 그리고 『노샘프턴에 있는 수백 명의 회심 속에서의 하나님의 놀라운 사역에 관한 충실한 서술』(Faithful Narrative on the Surprising Work of God in the Conversion of Many Hundred Souls in Northampton), 1741년에 The Distingushing Marks, 1742년에 Some Thoughts Concerning the Revival, 이 세 권은 Jonathan Edwards 전집 7권 "The Great Awakening WORKS"으로 발간되었으며, 부흥과개혁사에서 『부흥론』이란 제목으로 양낙흥이 번역하여 한국에 소개했다.

(1) 『성령의 역사 분별 표지』(The Distingushing Marks)[91]

〈그림 25〉 1741년 발간된 『성령의 역사 분별 표지』 표지[92]

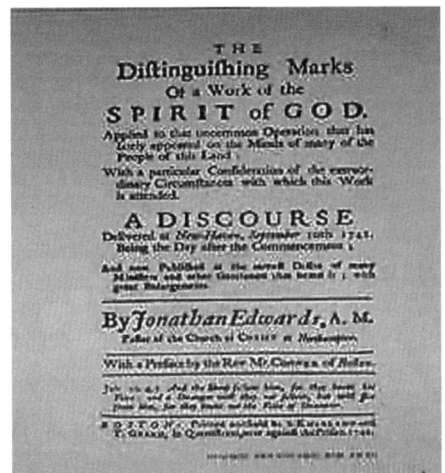

먼저 에드워즈는 1741년에 『성령의 역사 분별 표지』(The Distingushing Marks)[93] 책을 출판했다. 이 책의 초판의 원래 제목은 『성령의 역사의 분별

---

91 Jonathan Edwards, 『성령의 역사 분별 방법』(The Distinguishing Marks of a Work of the Spirit of God, Applied to That Uncommon Operation That has "Lately Appeared on the Minds of Many of People of this Land: With a Particular Consideration of the Extraordinary Circumstances with Which This Work Is Attended), 노병기 옮김 (서울: 부흥과개혁사, 2004).
92 양낙흥, 『조나단 에드워즈 생애와 사상』, 354.
93 이 책은 총 4부로 구성되어 있으며, 대각성 운동에 대한 비판적인 반부흥주의자들과 극단적인 열광주의자들 사이에서 성령의 진정한 역사를 밝혀내고자 하는 목적을 가지고 있다. 조나단 에드워즈는 예일대학교의 졸업식에서 요한일서 4장을 본문으로 당시 뉴잉글랜드에서 격렬한 논쟁의 중심이 된 이 문제를 다루었으며, 이를 바탕으로 한 내용을 출판했다.
제1부에서는 요한일서의 특정 본문에 대한 분석을 제시한다.
제2부에서는 성령의 역사를 식별하는 데 있어 결코 증거가 될 수 없는 아홉 가지의 부정적 증거를 검토한다.
제3부에서는 성령의 작용을 확인할 수 있는 긍정적 증거 다섯 가지를 제시한다.
제4부에서는 현재 일어나고 있는 부흥이 실제로 성령의 역사임을 성경적 분별 기준에 따라 명확히 하는 실천적 적용을 다룬다.

표지: 특히, 부흥에 동반된 특별한 상황을 고려하여 최근 이 지역의 많은 사람의 마음 속에 나타났던 비범한 일에 대한 적용』(The Distinguishing Marks of a Work of the Spirit of God, Applied to That Uncommon Operation That has "Lately Appeared on the Minds of Many of People of this Land: With a Particular Consideration of the Extraordinary Circumstances with Which This Work Is Attended)이다.

에드워즈는 이 책에서 부흥 시 발생하는 강력한 체험, 특히 부흥에 대한 열광주의적인 극단으로 인해 초래되는 여러 가지 현상들을 보고 부흥 자체까지 반대하는 것은 잘못된 것임을 밝히고 있다. 오히려 성경이 말하는 참된 성령의 역사에 대한 증거를 살펴볼 때, 지금 일어나고 있는 부흥은 성령의 역사에 의한 참된 부흥임을 강조했다. 이 저술로 인해 에드워즈는 공식적으로 뉴잉글랜드 사회에서 신파(New Light)의 대표자로 인식되기 시작했다. 찰스 촌시(Charles Chauncy)를 포함한 구파(Old Light)는 에드워즈를 비롯한 신파 인사들을 극단적인 광신도로 낙인찍으며, 기존의 청교도 사회의 질서에 대한 위협으로 간주하고 비난했다.[94]

그러나 에드워즈는 성경이 말하는 참된 성령의 역사에 대한 증거를 살펴볼 때, 지금 일어나고 있는 부흥은 성령의 역사에 의한 참된 부흥임을 강조했다. 에드워즈는 성령의 역사 분별 방법의 가장 확실한 기준은 성경이며, 특별히 요한일서 4장을 근거로 제시하고 있다.[95]

반부흥파에 대한 적용에서는 현재의 부흥이 성령의 작용임을 분명히 밝히고, 중립파에 대한 적용에서는 부흥에 대한 지지와 반대의 입장을 분명히 할 것을 촉구하며, 친부흥 파에 대한 적용에서는 부흥의 열기가 식지 않도록 지속적인 노력을 기울일 것을 권면한다.

94 강웅산, "조나단 에드워즈의 칼빈주의 부흥 이해," 75.
95 Edwards, 『성령의 역사 분별 방법』, 47-48.

(2) 『부흥에 관한 고찰』(Some Thoughts Concerning the Revival)

〈그림 26〉『부흥에 관한 고찰』 표지[96]

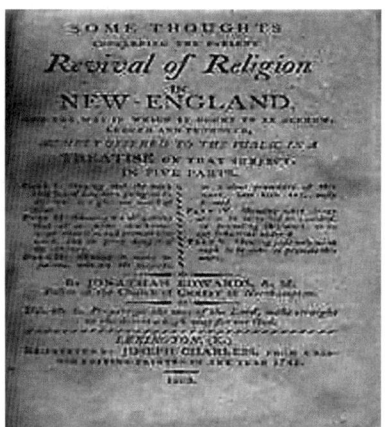

에드워즈가 부흥에 관련하여 두 번째 출판한 책은 『부흥에 관한 고찰』(Some Thoughts Concerning the Revival)이다. 이 책은 부흥과개혁사에서 『균형 잡힌 부흥론』[97]이라는 제목으로 출판되었다. 이 책에서 에드워즈는 참된 부

---

[96] Lexington, "[Religion] Edwards, Jonathan Some Thoughts Concerning the Present Revival of Religion in New England and the Way in Which It Ought to Be Acknowledged and Promoted, Humbly Offered to the Public in a Treatise on That Subject in Five Parts," *Walkabout books* accessed March 30, 2024, https://www.walkaboutbooks.net/pages/books/14915/religion-Jonathan-Edwards/some-thoughts-concerning-the-present-revival-of-religion-in-new-england-and-the-way-in-which-it?soldItem=true.

[97] Jonathan Edwards, 『균형 잡힌 부흥론』(Some Thoughts Concerning the Revival), 양낙흥 옮김 (서울: 부흥과개혁사, 2005). 이 책은 부흥에 대한 올바른 이해를 돕는 데 많은 도움을 준다. 이 책의 장점은 조나단 에드워즈가 참된 부흥이 무엇인지, 거짓 부흥이 무엇인지를 성경적으로 정확히 진단하고 있다는 점이다. 우리는 부흥의 외적 현상에 쉽게 속을 수 있으며, 감정적 요소에 치우치기 쉽다. 그러나 이 책은 부흥에 대한 올바른 이해를 돕는 데 중요한 역할을 한다. 단점이라고 한다면, 당시의 시대적 배경과 부흥 운동에 대한 선이해 없이는 이 책의 내용을 이해할 수 없다는 것이다. 이 책이 본서 논문과 연관되는 점은 부흥의 특성을 논할 때 도움을 준다는 점이다. 그리고 적용 부분에서 종교 다원주의와 다문화 속에서 올바른 분별법의 기준을 제시한다는 점이다.

흥이 무엇인지, 거짓 부흥이 무엇인지를 성경적으로 잘 진단하며, 부흥에 대한 올바른 이해를 돕기 위해 논증한다.

에드워즈는 부흥 운동의 지지자들과 반대자들이 저지를 수 있는 오류들을 지적하며, 부흥 운동이 바람직한 방향으로 진전될 수 있도록 공동의 노력을 강조한다. 에드워즈에 따르면, 부흥 운동에 가장 큰 해를 끼친 것은 구파의 반대보다는 신파 내부의 극단적인 열광주의자들의 무절제한 행위였다. 이 책에서 그는 부흥의 순수성을 변호하고, 지속적인 부흥을 도모하는 이유를 제시하며, 부흥신학의 기초를 마련했다.

이 책은 총 5부로 구성되어 있으며, 에드워즈는 부흥의 반대주의자들과 부흥 광신주의자들 사이의 문제점들을 식별하고, 균형 잡힌 부흥 이론을 제시하는 것을 목적으로 한다.

제1부에서 제3부까지는 부흥 반대론에 대한 대응으로 구성되어 있다.[98]

---

[98] Edwards, 『균형 잡힌 부흥론』, 55-264.
제1부에서 에드워즈는 부흥은 하나님의 역사이며 성령의 역사임을 분명히 밝히고 있다. 그러면서 부흥을 반대하는 사람들이 사용한 잘못된 기준 세 가지를 지적한다.
① 사후 판단하지 않고 미리 판단하는 것은 잘못이다.
② 성경 대신 다른 것으로 판단하는 것은 잘못이다.
③ 부분으로 전체를 판단하는 것은 잘못이다.
제2부에서 에드워즈는 부흥을 반대하거나 중립적인 자세를 취하지 말고 찬성하고 추구할 것을 권면하고 있다. 부흥에 반대하는 것은 위험하며, 부흥을 증진시키기 위해 힘써야 한다고 강조한다.
제3부에서 에드워즈는 부흥에 대한 열 가지 부당한 비난에 대한 답변을 통해 부흥을 변호하고 있다. 그것은 다음과 같다.
① 청중의 지성보다 감정에 호소한다는 비난에 대한 답변
② 위로가 아니라 두려움을 준다는 비난에 대한 답변
③ 어린이에게 지옥불 이야기를 한다는 비난에 대한 답변
④ 신앙적인 문제에 너무 많은 시간을 보낸다는 비난에 대한 답변
⑤ 설교를 너무 자주 한다는 비난에 대한 답변
⑥ 신체적 현상을 너무 많이 일으킨다는 비난에 대한 답변
⑦ 다른 사람을 보고 따라 하도록 방치했다는 비난에 대한 답변
⑧ 말을 너무 많이 한다는 비난에 대한 답변
⑨ 모임 시 찬양을 너무 많이 부른다는 비난에 대한 답변
⑩ 어린이들이 성경을 읽고 기도한다는 비난에 대한 답변이다.

제4부는 열광주의에 대한 반론을 다룬다.[99]

제5부는 참된 부흥을 유지하기 위한 권면으로 이루어져 있다.[100] 에드워즈는 부흥을 증진하기 위해 수행해야 할 활동들은 두 가지로 보았다.

첫째, 부흥의 장애물을 제거하는 것
둘째, 부흥을 직접적으로 촉진하는 구체적인 조치들

에드워즈는 부흥 반대론자들, 일반 대중, 목회자들, 대학 교수들, 부유한 사회 지도층, 그리고 모든 성도들이 부흥 운동을 지원하기 위해 수행해야 할 역할들을 상세하게 강조했다.

(3) 『신앙과 정서』(The Religious Affection)

에드워즈가 부흥과 관련하여 펴낸 세 번째 책은 1746년에 펴낸 *The Religious Affection*으로 이 책은 한국말로 다양하게 번역되었다. 서문강은 『신앙과 정서』[101]로 번역했고, 양낙홍은 『종교적 정서』[102]라고 했으며, 강웅

에드워즈는 부흥에 반대하고 비난하는 자들에게 구체적으로 조목조목 성경을 근거로 반박하면서, 부흥은 하나님의 역사이며 성령의 역사라는 사실을 변호했다.
99 Edwards, 『균형 잡힌 부흥론』, 266-420. 제4부에서 에드워즈는 부흥을 증진시키기 위해 피해야 할 일들을 서술하고 있다. 그것은 열광주의가 범하는 세 가지 오류로 영적 교만, 잘못된 신앙적 관점, 그리고 영적 체험에 대한 무지이다. 또한, 세 가지 특수한 오류를 지적 하였는데, 그것은 다른 사람을 회심하지 않았다고 비난하는 오류, 평신도 설교와 관련된 오류, 그리고 찬양과 관련된 오류를 다루었다.
100 Edwards, 『균형 잡힌 부흥론』, 421-79. 5부에서 에드워즈는 부흥의 걸림돌을 제거해야 함과 동시에 부흥을 위해 직접 해야 할 일들이 있음을 기술하고 있다. 부흥 반대주의자들이 할 일, 나이 든 사람들이 해야 할 일, 목사들이 해야 할 일, 대학 교수들이 해야 할 일, 부자나 사회 지도층이 해야 할 일, 모든 성도가 해야 할 일을 제시하고 있다.
101 Jonathan Edwards, 『신앙과 정서』(*Religious Affection*), 서문강 옮김 (서울: 지평서원, 2004).
102 Jonathan Edwards, 『종교적 정서』(*Religious Affection*), 양낙홍 옮김 (서울: 분도출판사, 2007).

산은 『신앙의 감화』[103]라고 했다. 에드워즈는 회심했다고 생각했던 자신의 교인들 중 많은 사람이 실제로 회심하지 않았음을 보았다. 그래서 그는 부흥 운동이 일어난 후, 진정한 기독교의 표징이 무엇인지, 특히 우리 자신뿐만 아니라 다른 사람들에게서 찾을 수 있는 것이 무엇인지 질문하면서 '신앙과 정서'에 관한 책을 썼다.

에드워즈는 부흥을 통해 회심하였다고 하는 사람들의 신앙이나 행동을 보며, 이들이 바른 신앙의 소유자인가에 대한 의구심이 들었다. 그리고 이들을 계속 성찬에 참여시킬 것인가에 대한 고민이 생겼다. 그래서 에드워즈는 이 책에서 신앙의 감화가 있는 사람이 진정한 신앙인 것으로 규정했다.

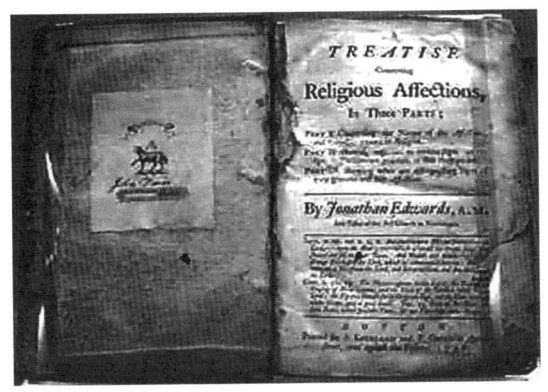

〈그림 27〉『신앙과 정서』초판 표지[104]

에드워즈는 이 책에서 참된 신앙, 즉 신앙의 감화에 의한 행동과 그렇지 못한 상황적, 충동적, 주변적 행동들을 구분해 제시했다.[105] 에드워즈는

---

103 강웅산, "조나단 에드워즈의 칼빈주의 부흥 이해."
104 Justin Taylor, "The Religious Affections" by Jonathan Edwards: A Q&A on an Evangelical Classic," *TCG*, last modified September 21, 2016, accessed March 30, 2024, https://www.thegospelcoalition.org/blogs/evangelical-history/the-religious-affections-by-jonathan-edwards-a-qa-on-an-evangelical-classic/.
105 Edwards, 『신앙과 정서』(*Religious Affection*). 에드워즈는 제3부에서 참된 정서의 12가

상황과 충동에 의한 행동은 진정한 회심으로 인정할 수 없으며, 그런 행동을 하는 사람들이 성찬을 받는 것은 합당하지 않다는 것이다.[106]

에드워즈는 『신앙과 정서』(The Religious Affection)를 통해 참된 기독교 정서를 소개함으로써 참된 신앙과 거짓 신앙을 분별할 수 있는 표본을 제시했다는 점에서 그의 탁월성이 돋보인다. 많은 신학자가 기독교에 대한 사변적이고 이론적인 지식에 있어 탁월성을 가지는 것으로 그치지만, 에드워즈는 기독교의 진리들을 마음으로 혹은 영으로 이해하고 체험한 신학자라는 점에서 탁월하다. 에드워즈는 영성과 지성을 겸비한 자로서, 자신의 깊은 신앙적 체험을 정밀한 언어로 형상화하여 후대에 남겨 준 점이 위대한 것이다. 이런 그의 글을 통해 에드워즈는 뉴잉글랜드의 주된 대변인으로 등장했으며, 종교개혁 이후 종교적 체험과 체험적 종교의 가장 중요한 해석자 중 한 사람이 되었다.

이런 점에서 이 책은 에드워즈의 부흥신학을 정리하는 최종적인 결정판이라고 할 수 있다. 참된 부흥과 그렇지 않은 현상들을 판가름하는 근거를 어디에 두며 어떤 형태의 부흥을 권장해야 하는지에 대한 교과서와 같다고 할 수 있다.[107]

지 표지를 제시했다. 12가지 내용은 각주 469를 참조하라.
106 강웅산, "조나단 에드워즈의 칼빈주의 부흥 이해," 76.
107 강웅산, "조나단 에드워즈의 칼빈주의 부흥 이해," 76-77.

〈표 6〉 에드워즈의 부흥에 관한 주요 저서[108]

출년도	원 제목(번역본 제목)
1737	A Faithful Narrative of the Surprising Work of God in the Conversion of Many Hundred Souls in Northampton, and the Neighbouring Towns and Villages of Hampshire in New England (『놀라운 회심의 이야기』)
1741	The Distinguishing Marks of a Work of the Spirit of God, Applied to That Uncommon Operation That has Lately Appeared on the Minds of Many of People of this Land: With a Particular Consideration of the Extraordinary Circumstances with This Work Is Attended (『성령의 역사 분별 표지』)
1742	Some Thoughts Concerning the Present Revival of Religion in New England (『부흥에 관한 고찰』)
1746	A Treatise Concerning Religious Affections (『신앙과 정서』)

부흥을 변호하는 이 저술들을 통해 우리는 에드워즈에게 부흥이 얼마나 중요한 주제였는가를 알 수 있다. 부흥이 그의 신학의 중심 주제는 아니더라도, 부흥에 대한 중요한 저술들을 통해 에드워즈의 부흥신학이 반영되었음을 확인할 수 있었다. 이런 점에서 에드워즈의 부흥신학은 단번에 형성된 것이 아니라, 에드워즈의 글들이 횟수를 더하면서 그의 부흥에 대한 이해도와 신학도 성숙해져 갔다고 볼 수 있다. 에드워즈에게 부흥이란 주제는 단순히 주변적이거나 상황에 따라 변론하는 것이 아니라, 그의 전체 신학과 분리할 수 없는 칼빈주의 신학을 반영하는 관계가 있음을 입증하는 것임을 보여 준다.[109]

---

[108] 에드워즈는 부흥 운동의 주역으로서 어떻게 시작되고 어떻게 마무리되었는지를 직접 목격했다. 그리고 부흥 운동에 대한 부작용도 목격했으며, 반대하는 자들에게 변호도 해야 했다. 그래서 그는 부흥에 관한 책을 저술하게 되었고, 이것이 부흥신학을 정립하는 계기가 되었다.
[109] 강웅산, "조나단 에드워즈의 칼빈주의 부흥 이해," 78.

2) 에드워즈의 부흥 운동에서의 진위 판별

영적 부흥과 관련하여 에드워즈는 하나님의 은혜를 방해하려는 사탄의 전략을 지적했다. 그는 사탄이 하나님의 일을 직접 막을 수 없을 때, 진정한 부흥을 모방하여 참된 부흥을 희석시키거나 음해하는 방법을 사용한다고 주장했다. 진정한 성령의 움직임이 아니라 인간의 계획에 의해 조직된 부흥은 겉모습만 그럴듯한 거짓 부흥이 될 위험이 있다.[110] 에드워즈는 이런 관점을 통해 영적 부흥의 진정성을 분별하는 신학적 틀을 제시하며, 성령의 참된 역사와 외형적 감정적인 부흥을 구별하려는 그의 통찰을 보여준다.

1740년에 시작된 대각성 초기의 성령의 사역은 대단히 순수하고 영광스러웠으며, 그 진행도 빨랐다. 그러나 시간이 지나면서 거짓된 부흥의 요소들이 섞이기 시작했고, 이는 성령의 참된 역사의 불을 끄는 역할을 했다. 이에 대해 에드워즈는 다음과 같이 서술하고 있다.

> 그러나 후반부인 1742년에는 상황이 달랐습니다. 사역이 더 순수하게 계속된 것은 우리가 외부의 오염에 물들 때까지였습니다. 우리 교인들은 다른 곳의 사역에 대해 소문을 듣게 되었고, 그들 중 일부는 직접 그것을 보기도 했습니다. 다른 지역에서는 여기보다 훨씬 더 가시적인 요란함이 있었습니다. 그리고 외부로 드러나는 모습들이 훨씬 비범했습니다.
> 그리하여 우리 교인들은 다른 지역에서 일어난 일들이 우리 가운데 있었던 것들보다 훨씬 뛰어나다고 생각해서 다른 지역에서 이곳을 찾아온 어떤 사람들이 하는 말과 과시적 행동에 감탄을 금치 못했습니다. 황홀경과 격렬한

---

110 Iain H. Murray, 『부흥과 부흥주의』(Revival and Revivalism: The Making and Marring of American Evngelicalism 1750-1858), 신호섭 옮김 (서울: 부흥과개혁사, 2005), 17.

감정, 그리고 열심과 소위 '그리스도를 위한 담대함'에서 그들이 우리 교인들을 훨씬 능가한다는 사실을, 더 큰 은혜의 성취와 천국과의 친밀함 때문이라고 우리 교인들은 생각했습니다. 그들과 비교할 때 우리 교인들은 스스로의 눈에 아무것도 아닌 것 같아 보였기 때문에 그들에게 순복하고 그들의 행동을 따를 준비가 되어 있었습니다. 그들이 말하고 행한 모든 것이 당연히 옳다고 생각했던 것입니다.

이 일들은 사람들에게 이상한 영향을 주었으며, 그들 다수에게 깊고도 불행한 결과를 가져왔습니다.[111]

그러면 놀라운 부흥에 참된 것과 거짓된 것이 어떻게 공존하며, 왜 이를 분별해야 하는지, 그것을 분별하는 특징들이 무엇인지 살펴보도록 하자.

(1) 참 신앙과 거짓 신앙의 공존 양상

뉴잉글랜드에서의 부흥 운동은 교회의 대규모 각성과 신앙의 재생을 가져왔지만, 이는 단일한 성격의 움직임이 아니었다. 실제적인 영적 열정뿐만 아니라 속임수의 요소도 함께 나타났다. 이런 현상은 진리가 존재하는 곳에 거짓도 나타나는 불가피한 양상을 보여 준다. 부흥을 지지하는 그룹은 열광적인 경향으로 치우쳐 있었으며, 대표적인 인물로는 제임스 데이븐포트가 있다.

반면에 부흥에 대한 회의적인 입장을 취한 반부흥주의자들은 찰스 촌시를 중심으로 형성되었다. 이 두 태도는 부흥 운동의 장애로 작용했다. 에드워즈는 부흥 기간 중에 발생한 긍정적이고 영광스러운 사건들을 축하하는 것과 동시에 부정적이고 사악한 측면을 인지하고 이에 대항하는 것이

---

111 Edwards, 『놀라운 회심의 이야기』, 137.

모두 어려운 작업이라고 했다.[112]

에드워즈는 교회 안에 이런 것들이 섞여 있으며 다음과 같이 말했다.

> 하나님의 교회 안에 그렇게 선한 것과 그렇게 악한 것이 함께 섞여 있다는 것은 참으로 신비한 일입니다. 그러나 큰 부흥의 시기에 그 정도의 거짓이 참 종교와 섞여 있어야 한다는 것은 새로운 일이 아닙니다. 요시야 통치 시대에도 그랬고(렘 3:10, 4:3), 세례 요한의 사역 기간에도 그랬으며(요 5:35), 예수 그리스도의 설교 아래서도 그랬고, 사도 시대에도 그랬으며, 교황으로부터 종교개혁이 일어났을 때도 그랬습니다. 그것은 봄철의 과일나무와 마찬가지로 큰 부흥의 시기에 눈에 보이는 교회에 있었던 것처럼 보입니다. 모두 공정하고 아름답고 풍성한 열매를 약속하는 것처럼 보입니다. 그러나 이 모습의 대부분은 짧은 지속 시간이며 일반적으로 열매의 일부만 성숙에 도달합니다.[113]

구약성경과 신약성경에서도 이런 일을 번번이 나타나는 일이었다고 에드워즈는 성경적인 증거를 제시하며, 심지어 종교개혁 시대에도 이런 일은 있었다고 말한다. 참과 거짓이 구분되지 않고 혼합되어 있으므로 마귀는 오히려 핍박보다는 이 방법을 사용하여 교회에 큰 상처를 주었다고 에

---

112 Edwards, 『신앙과 정서』, 16.
113 Jonathan Edwards, *The Religious Affections*, ed. John E. Smith, in *The Works of Jonathan Edwards*, vol. 2 (New Haven: Yale University Press, 1959), 85. It is truly mysterious, that so much that is wrong should be allowed to remain in the church of God. That much false should mingle itself with true religion, at a time of great revival, is, however, no new thing. This was the case in the reign of Josiah, (Jer. 3: 10, and 4:3;) during the ministry of John the Baptist, (John, 5: 35;) under the preaching of Jesus Christ; in the days of the apostles; and at the time of the reformation from Popery. It appears to have been in the visible church, in times of great revival, as it is with fruit-trees in the time of spring: all appears fair and beautiful, promising abundance of fruit; but much of this appearance is of short continuance, and in general only a small part of the fruit arrives at maturity.

드워즈는 주장한다.

> 참된 신앙과 거짓 신앙이 구분되지 않고 혼합되어 있으므로 마귀는 이제 껏 그리스도의 목적과 그리스도의 나라에 반하여 최대의 유익을 얻었습니다. 기독 교회가 최초로 설립된 이래 있었던 모든 신앙 부흥에도 불구하고 마귀의 세력이 만연된 것도 대체로 이런 방법으로써 분명해집니다. 마귀는 사도 시대와 그 이후에도 유대인과 이방인의 핍박보다는 이런 방법으로 기독교의 목적에 훨씬 더 큰 상처를 주었습니다. 사도들은 자신들의 모든 서신에서 유대인과 이방인의 핍박보다 마귀의 방법에 훨씬 더 많은 관심을 보이고 있습니다. 사탄은 이 방법을 통하여 로마교회의 잔혹하고 피 흘리는 박해보다도 열 배나 더 왕성하게 루터나 츠빙글리 등등의 사람들이 시작한 종교개혁의 확산을 막았고, 종교개혁에 수치스러운 일을 들여 놓았습니다.[114]

이런 방법으로 사탄은 뉴잉글랜드교회의 신앙부흥을 압도했으며, 사탄은 이런 것을 너무 잘 알기 때문에 교회 가운데 참된 것과 거짓된 것을 섞어 놓는다는 것이다.

---

114 Edwards, *The Religious Affections*, 85. It is by mixing counterfeit with true religion, that the devil has always gained the greatest advantage against the cause of Christ. It is by this means principally that he has prevailed against all general revivals of religion since the founding of the Christian church. By this he injured the cause of Christianity in the apostolic age, and in the period immediately succeeding, much more than by all the persecutions of both Jews and heathens; by this he prevailed against the reformation, begun by Luther, Zwingli, and others, far more than by all the bloody persecutions of the Church of Rome; by this, about a hundred years ago, he prevailed against New England, quenching the love and marring the joy of her espousals; and I have had sufficient opportunity of perceiving clearly, that by this he has prevailed against the late great revival of religion amongst us, so happy and promising at its commencement. Here he has most evidently gained his main advantage against us, and by this he has foiled us.

여기에 사탄의 교묘함이 나타납니다. 그는 신앙의 정서가 많이 생각되고 일반적으로 사람들이 이 주제에 대해 잘 알지 못하는 것을 보았지만, 밀 사이에 가라지를 뿌리고 거짓 정서를 하나님의 성령의 역사와 혼합함으로써 자신의 목적을 가장 잘 달성할 수 있다는 것을 알고 있었습니다. 그는 이것이 많은 영혼을 파멸시키고 성도들을 혼란스러운 광야에 빠뜨리고 단기간에 모든 신앙을 불명예스럽게 만들 수 있는 방법이라는 것을 알았습니다.

그러나 이제 이런 거짓된 정서의 결과가 드러나고, 많은 사람에게 훌륭한 신앙의 모습으로 비치며 크게 존경받던 감정들 중 일부가 실제로는 아무런 본질이 없다는 사실이 분명해지면, 마귀는 즉시 다른 방식으로 역사합니다. 그는 종교적 정서와 감정을 모두 해롭고 의심스러운 것으로 간주하거나, 오히려 적극적으로 반대해야 한다는 인식을 사람들 사이에 퍼뜨리고, 이를 정착시키는 것이 자신에게 유리하다고 판단합니다. 마귀는 이런 전략이 신앙을 생명력 없는 형식으로 전락시키고, 경건의 능력과 진정한 은혜의 역사를 몰아내는 가장 효과적인 방법임을 잘 알고 있기 때문입니다.[115]

---

[115] Edwards, *The Religious Affections*, 87. Herein appears the subtlety of Satan. While he saw that religious affections were much thought of, and that people in general were ill-informed upon this subject, he knew that he could best accomplish his ends by sowing tares amongst the wheat and mingling false affections with the work of the Spirit of God. He saw that this was a likely way to ruin many souls, and to entangle the saints in a perplexing wilderness, and in a short time to bring all religion into disrepute. But now, when the consequences of these false affections appear, and it has become very apparent that some of those emotions which made a fine show, and were by many persons greatly admired, were in reality nothing, the devil sees it to be his advantage to go another way to work, and to endeavor, to the utmost of his power, to propagate and establish a persuasion, that all affections and emotions of the mind, with respect to religion, are to be disregarded, or rather opposed, as having a pernicious tendency. This he knows is the likeliest way to reduce all religion to a mere lifeless formality, and effectually to banish the power of godliness and everything that is truly gracious.

(2) 참 신앙과 거짓 신앙의 분별의 필요성 고찰

참과 거짓을 섞어 놓는 방법을 사용하여 사탄은 성도들을 좌절시키며, 부패한 혼합물로 신앙을 모호하게 만들고 변형시키며, 신앙 정서를 퇴화시키고, 성도들의 마음을 미혹하고 혼돈하게 하며, 큰 곤란과 유혹에 빠지게 하고, 헤어 나오지 못하게 한다.

이뿐만 아니라 사탄은 공개적으로 대적을 강하게 부추기고, 각종 무기로 무장시키고, 하나님을 섬긴다는 구실 아래 악을 행하게 하고, 제약 없이 열정적으로 죄를 짓게 한다. 그리고 사탄은 그리스도의 양 떼를 흩어지게 하고, 하나님을 향한 열심이라는 생각으로 열정적으로 서로 대적하게 하여 점차 신앙이 헛된 말싸움으로 전락하게 만든다. 이 틈을 타서 사탄은 자신이 아는 방법에 따라 양쪽 모두 극단으로 치닫게 만들어, 바른 길에서 멀어지게 한다. 이 혼돈의 틈을 타서 사탄은 자신의 유익을 증대시키고 수많은 방법으로 자신의 뜻을 성취할 기회를 얻는다는 것이다.[116]

그러므로 교회는 신앙이 크게 부흥할 때 참된 신앙과 거짓된 신앙과의 사이를 분별하는 법을 배워야 한다고 에드워즈는 주장한다. 만일 그렇지 않다면 두려운 결과가 온다는 것이다.

이 문제의 시급성과 분별의 필요성에 대해 에드워즈는 다음과 같이 말한다.

> 신앙이 부흥하는 동안 그 대의를 옹호하기 위해 종사하는 사람들은 일반적으로 위험에 가장 적게 노출될 것 같은 곳에서 오히려 가장 많이 노출됩니

---

[116] Jonathan Edwards, 『영적 감정을 분별하라』(*The Experience That Counts!*), 김창영 옮김 (서울: 생명의말씀사, 2001), 8-9. 이 책은 조나단 에드워즈(1703-1758)의 고전 『신앙과 정서』에 관한 논문의 요약본으로, 출판(An abridged version of the classic 'A treatise concerning religious affections' by Jonathan Edwards, A.M.(1703-58), published by The Banner of Truth Trust, Edinburgh, EH12 6EL, U.K.)한 것을 생명의말씀사에서 번역 출판한 것이다.

다. 그들이 전적으로 그들 앞에 나타나는 반대에 집중하는 동안, 교회의 대적은 그들이 인식하기도 전에 뒤에서 치명적인 칼을 들이댑니다. 그는 아무런 저항도 받지 않으니, 여유롭게 공격하여 더 깊은 상처를 입힙니다. 이런 계절에 그리스도의 친구들은 원수의 일을 하고 하나님의 백성은 흩어지고 종교는 헛된 소란을 일으킵니다.

그리스도인이라고 공언하는 이들은 정반대의 길을 걷는 당으로 나뉘어 올바른 길을 거의 포기할 때까지 분열합니다. 하나님의 백성의 신뢰는 흔들리고 그들의 마음은 의심으로 혼란스러워지며 이단, 불신앙, 무신론이 해외로 퍼져 나갑니다. 종교가 크게 부흥할 때마다 그랬듯이, 우리가 구원의 경험과 애정, 그리고 그것들을 위조한 수많은 공정한 쇼와 그럴듯한 겉모습을 구별하는 법을 배울 때까지는 아마도 그렇게 될 것입니다.[117]

우리는 신성한 것들에 대한 견해에서 발생하는 마음의 모든 감정을 거부하고 정죄해서는 안 되지만, 마치 참 종교는 정서로 전혀 구성되지 않는 것처럼, 반면에 우리는 종교의 것들에 영향을 받은 모든 사람이 참 은혜를 받았으며 하나님의 성령의 역사로 구원의 대상인 것처럼 모든 것을 승인해서는 안 된다. 우리는 참된 종교적 영향과 거짓 종교적 영향을 분별하기 위해 노

---

117 Jonathan Edwards, *Treatise Concerning the Religious Affections* (New York: American Tract Society, 1800), 7. During revivals of religion, those persons who are engaged to defend its cause, are, in general, most exposed where they are least apprehensive of danger. While they are wholly intent upon the opposition which presents itself before them, the grand enemy of the church comes behind, and gives them a fatal stab before they perceive it. As he is not opposed by any guard, he strikes at his leisure, and wounds the deeper. At such seasons, the friends of Christ do the work of enemies, the people of God are scattered, and religion degenerates into vain jangling. Professing Christians are divided into parties, each taking an opposite course, until the right path is nearly forsaken. The confidence of the people of God is shaken, and their minds perplexed with doubts, while heresy, infidelity and atheism spread themselves abroad. As it has been, so it probably will be, whenever religion is greatly revived, till we have learned to distinguish between saving experience and affections, and those numerous fair shows, and specious appearances, by which they are counterfeited.

력해야 합니다.[118]

그리고 참된 신앙으로부터 분별되지 않은 이런 모조품의 엄청난 영향력에 직면하게 되어 평범한 하나님의 백성들은 신앙에 마음을 두지 못하고, 자신의 발을 어디에 두어야 할지, 또 무엇을 생각해야 할지 모릅니다. 그리고 많은 사람이 신앙에 무슨 대단한 것이 있겠느냐 하며 회의에 빠집니다. 그리하여 이단과 불신앙과 무신론이 크게 만연하게 됩니다. 그러므로 우리가 크게 관심을 가져야 할 것은 온 힘을 다해 참된 신앙이 어디에 있는지 명백하게 분별하며 그것을 정립하고 확정하는 것입니다.[119]

그러나 먼저 생각할 일은 자기가 신앙적 정서를 가지고 있다는 사실만으로 자족해서는 안 될 것입니다. 그것보다 더 위험한 일은 신앙에 있어서 정서가 아무런 역할도 하지 못하는 것인 양 모든 정서의 존재나 효용성을 부정하고 정죄하는 일입니다. 그러나 신앙적인 감동을 받는 사람이라면 누구든지 참된 은혜를 받았거나 하나님의 성령으로부터 구원하시는 감동을 받은 사람으로 무조건 인정해 버리는 일은 더욱 위험한 일일 것입니다. 옳은 방식은 신앙적 정서들의 진위를 구분해 내는 일입니다. 곧 그 정서가 어떤 유형의 정서인지 분별해야 된다는 것입니다.[120]

---

118 Edwards, *The Religious Affections*, 85. let him not conclude, from this circumstance, that his affections are truly gracious; for though, as already observed, we ought not to reject and condemn all emotions of the mind arising from a view of divine things, as though true religion did not at all consist in affection; so, on the other hand, we ought not to approve of all, as though everyone who was affected by the things of religion had true grace, and was the subject of the saving influences of the Spirit of God.
119 Edwards, 『신앙과 정서』, 23.
120 Edwards, 『신앙과 정서』, 76.

(3) 참 신앙과 거짓 신앙의 분별법

위 사례에서 볼 수 있듯이, 진정한 성령의 사역을 잘못 이해할 경우, 가장 열성적인 부흥운동가라고 자처하는 이들이 오히려 거짓된 부흥의 선두에 서게 될 수 있다. 그들은 성경적 근거 없는 부흥 운동의 파급 효과를 살리기 위해 수단과 방법을 다 동원하고 질서와 규칙의 중요성을 최소화하며, 하나님의 사역과 사탄의 사역을 분별할 필요성에 대해서는 회의적인 반응을 나타냈다.

이에 대해 에드워즈는 참과 거짓, 외식적인 신자와 진실한 신자, 성경적인 것과 비성경적인 것을 분별하지 못하면, 마귀에게 복음의 확산을 가로막는 유리한 고지를 내어 주게 된다고 판단했다.

그리하여 그는 성령의 역사의 특징들, 부흥에 대한 고찰, 신앙의 감화 글들을 통해 성령의 참된 사역과 거짓된 사역을 옳게 분별할 것을 주장하였고, 그 결과를 가지고 신앙 부흥의 순수성을 시험하도록 했다.

특별히 『신앙과 정서』에서 "참된 신앙은 거룩한 정서 안에 존재한다"라고 하면서 정서[121]를 강조했다. 진정한 부흥은 단지 겉으로 나타나는 감정의 고저나 일시적인 감정의 강도로 분별할 수 있는 것이 아니라 그 영혼에 부은바 된 하나님의 은혜가 그의 삶을 통하여서 열매를 맺는 것으로 분별할 수 있음을 의미하는 것이다. 에드워즈는 『신앙과 정서』 제3부에서

---

121 Edwards, 『신앙과 정서』, 31-32. 에드워즈는 "정서란 다름 아닌 영혼의 성향과 의지의 보다 활발하고 두드러진 활동이다"라고 정의했다. 그러면서 하나님께서는 사람의 영혼에 두 가지 기능을 부여하셨는데, 그 하나는 '지각'하고 사변할 수 있는 기능으로, 이를 통해 여러 가지 사물을 분별하여 살피고 판단한다고 한다. 그것을 '지성'이라고 부른다. 또 다른 기능은 살피고 생각하는 것들에 관하여 어떤 식으로든 마음이 기울어지게 하는데, 이것을 '성향'이라고 부른다. 그 성향에 의해 결정되고 지배받는 작용에 대해서 말할 때는 '의지'라고 부르며, 또 이 기능의 실행과 관련하여 이런 '마음'을 종종 '감정'이라고 부른다. 이 기능의 실행에는 대상을 보고 찬동하는 방향으로, 또는 거부감을 나타내는 방향으로 간다는 것이다. 그러므로 에드워즈는 영혼의 의지와 정서들이 서로 다른 기능이 아니라, 정서와 의지는 본질적으로 구별되지 않으며, 의지의 단순한 행동이나 영혼의 성향은 같다고 보았다.

이 참되고 은혜롭고 거룩한 정서들의 두드러진 표지들을 제시했다.[122]

---

122 Edwards, 『신앙과 정서』(*Religious Affection*). 에드워즈는 이 책 3부에서 참된 정서 12가지 두드러진 표지를 제시했다.
   ① 에드워즈는 신령과 은혜의 참된 정서들은 마음에 미치는 신령하고도 초자연적인, 그리고 신적 감화와 작용에서 온다는 것이다. 다시 말해서 성령의 영향이야말로 은혜로운 종교적 정서의 원천이라 주장한다.
   ② 에드워즈는 은혜로운 정서는 신적인 것들 자체가 지닌 초월적인 탁월성과 감정이지, 이기심이나 자기사랑이 아니라는 것이다. 에드워즈는 신앙적 정서들의 출처를 두 가지로 분별한다. 하나는 하나님의 영광이요, 다른 하나는 인간의 이기심이다. 오늘날 많은 그리스도인이 주님을 사랑하고, 또 많은 목회자가 그리스도를 사랑해야 한다고 가르치는 일차적인 동기가 무엇인가?
   자신의 유익을 위해서인가?
   하나님의 영광을 위해서인가?
   자신에게 무엇을 해 주었기 때문이라고 한다면 그것은 참된 은혜의 결과가 아니요, 그 사람의 참된 은혜를 체험한 사람이 아니다. 아직 회심의 은혜를 받지 못한 사람들의 하나님에 대한 사랑은 자기이익의 동기에서 비롯되기 때문이다.
   ③ 참된 신앙적 정서는 하나님의 일들의 도덕적 탁월성의 사랑스러움에 근거한다. 하나님께 속한 일들의 도덕적 탁월성의 아름다움과 선함 때문에 그것들을 사랑하는 것이 모든 거룩한 정서의 최초의 시작과 샘 근원이 된다. 에드워즈는 '거룩'을 강조하는데, 그것은 "선한 사람이 가진 모든 참된 덕, 즉 하나님에 대한 사랑, 인간들에 대한 은혜로운 사랑, 정의, 자비, 동정심, 온유함과 유순함을 망라한다"고 보았다. 그는 "하나님의 거룩한 영광을 알지 못하는 사람은 하나님의 자비와 은혜의 참된 영광도 전혀 알 수가 없으며, 그 사람들은 하나님의 성품의 탁월하심의 발로인 그런 속성들의 영광에 대해 전혀 알지 못한다"고 보았다.
   ④ 은혜로운 정서는 신적인 것들을 적절하게 영적으로 이해할 수 있도록 조명받은 마음에서 생긴다.
   ⑤ 은혜롭고 신령한 정서들은 신적인 것의 실상과 확실성에 대해 가지는 논리적이고도 거룩한 확신에 따라 나타난다.
   ⑥ 은혜로운 정서는 복음적인 겸손을 수반한다.
   ⑦ 은혜로운 정서는 성품의 변화를 수반한다.
   ⑧ 은혜로운 정서가 거짓된 정서와 다른 것은 은혜로운 정서는 어린양과 비둘기 같은 예수 그리스도의 심령과 성품을 향해 있고, 또 그런 성품들을 지니고 있다는 것이다.
   ⑨ 은혜로운 정서는 부드러운 마음과 그리스도인다운 자애로움을 수반한다.
   ⑩ 은혜롭고 거룩한 정서들이 거짓된 정서와 구별되는 또 다른 요점은 아름다운 대칭과 균형을 가지는 것이다.
   ⑪ 은혜로운 정서와 거짓된 정서의 큰 차이는 은혜로운 정서가 고양되면 될수록 신령한 성취를 향한 영적 갈망이 더 커지는 반면, 거짓된 정서는 그 자체에 만족하여 안주한다.

에드워즈는 영적 체험에 있어 분별력의 필요성을 강조하면서 하나님의 지혜에 복종하고 성경을 최종적인 기준으로 삼을 것을 주장했다. 그는 황홀경이나 영적 체험을 마귀의 소행으로 여기는 일부 정통주의자들이 성령의 역사를 부정할 위험에 대해 경고하면서, 이런 체험들을 악마적인 것으로 치부하지 말 것을 촉구했다. 동시에, 이런 영적 충동을 맹목적으로 따르려는 광신자들에게도 주의를 당부하면서, 종교적 체험을 평가할 때 신학적 경계와 교리적 정직성의 중요성을 강조했다.

에드워즈는 편협한 사상을 가진 사람들을 모두 비판하고, 칼빈주의 관점에서 부흥 운동을 보았다. 그는 부흥 운동을 비판하는 구파들과 구원의 표징만을 찾는 열광주의적인 부흥운동가들을 모두 잘못된 것으로 동일시했다. 그가 말하는 참된 신앙인은 진리에 대한 믿음과 마음의 책임성 있는 성향을 포함한다. 즉, 단순한 감정주의나 지성주의도 아니고, 하나님의 거룩한 탁월성을 아는 지식과 감정이 잘 조화된 사람을 말한다. 그는 언제나 두 측면을 검토했으며, 신앙적 감성이 구원과 회심의 부속물로서 반드시 필요한 것이라고 주장하면서 동시에 이성의 각성을 통해 자신의 마음이 변화되었음을 함께 강조한다.

---

⑫ 은혜롭고 거룩한 정서는 그리스도인의 실천하는 삶에 적용하여 반드시 열매를 맺게 한다. 거룩한 감정들은 그 감정들을 경험하는 주체인 성도에게 영향력과 효력을 미치게 되며, 그 결과로 기독교의 원리와 전체적으로 일치하고, 그 원리에 따라 규정되는 행위는 성도가 일생 동안 실천하고 마땅히 행해야 한다.

4. 대각성 운동의 역사적 평가

에드워즈의 코네티컷 부흥 운동과 대각성 운동은 비록 여러 가지 문제와 갈등을 야기했지만 분명한 하나님의 역사였다. 부흥에 대한 문제와 갈등은 에드워즈에게 부흥신학을 정립할 수 있는 계기가 되었다. 완전한 부흥 운동은 없다. 부흥 운동은 일반적인 특성과 오류가 있다. 에드워즈의 대각성 운동에도 그 특성이 있다. 이제 부흥 운동의 일반적인 특성과 오류, 에드워즈의 대각성 운동이 지닌 신학적·역사적 특징이 무엇인지를 구체적으로 분석해 보고자 한다.

1) 부흥 운동의 특성과 오류

폴 피어슨은 "부흥 운동은 그 특성이 있다. 역사상 부흥 운동은 선교 운동과 긴밀한 관계를 맺고 있기 때문이다"[123]라고 말했다. 초대 교회는 오순절 성령의 역사로 태어났다.

사도행전 2장에 보면 교회가 탄생하면서 놀라운 일들이 일어났다. 모든 것이 새롭게 변했다. 교회는 성령의 능력으로 첫 사랑을 회복하고 새로운 활력을 찾는다. 누가는 사도행전 2장에서 이런 현상을 기록하고 있다. 성도들 간에 강력한 코이노니아가 형성되었고 하나가 되었다. 성도들은 서로 통용했다. 사도들의 가르침이 있었고, 깊은 기도가 있었다. 서로를 뜨겁게 사랑하는 하나 됨이 있었다. 하나님의 음성을 듣고 순종하는 열정이 있었다. 폴 피어슨은 이것이 '전형적인 부흥의 특성'이라고 표현했다.[124]

---

123 Pierson, 『선교학적 관점에서 본 기독교 선교 운동사』, 481.
124 Pierson, 『선교학적 관점에서 본 기독교 선교 운동사』, 481.

부흥 운동이 언제나 문제가 없는 것은 아니다. 부흥 운동이 언제나 완벽한 것은 아니다.

다년간의 선교 경험과 연구를 통해 『선교학적 관점에서 본 기독교 선교 운동사』를 쓴 피어슨은 이점에 대해 다음과 같이 말했다.

> 우리가 부흥 운동을 기술하면서, 그 부흥 운동이 거의 완벽한 것처럼 묘사하기도 한다. 부흥 운동은 안과 밖 어디나 거친 부분이 없고, 부패한 인간 냄새가 없는 것으로 그리기도 한다. 우리는 완벽을 기대해서는 안 된다. 완벽한 부흥 운동이란 없기 때문이다. 성령께서 완벽한 사람을 통해서 역사하시는 것이 아니라, 결함이 많은 인간을 통해 일하시기 때문이다. 그런 까닭에 성령의 모든 역사는 완벽하지 못하고, 간혹 안팎으로 번잡하기도 하다. 우리는 비현실적인 기대를 해서는 안된다. 부흥 운동이 일어나면 모든 것이 완벽하게 되고 부흥 운동에 참여하는 모든 사람들이 완벽하게 순종하게 될 것이라고 착각해서는 안 된다.[125]

사도행전에 나오는 초대 교회의 모습도 완벽하지 않았다. 우리가 잘 아는 대로 사도행전의 초대 교회 모습 속에서 성령의 강력한 역사도 있었지만, 아나니아 삽비라의 사건도 있었다. 그들은 공동체를 속이고 성령을 속이려 했다. 그 결과 그들은 죽임을 당했다. 이 일은 초대 교회 성도들에게 충격이었으며 거룩한 경각심을 일깨워 주었다. 성령의 참된 사역과 함께 거짓된 사역도 존재한다는 것을 단적으로 보여 주는 예라 할 수 있다.

에드워즈가 경험한 부흥도 마찬가지였다. 하나님의 강력한 성령의 역사가 있었지만 동시에 부흥 운동을 가로막는 일도 있었다. 데이븐포트는 열광주의로 빠졌다. 그는 사람의 얼굴만 봐도 그 사람이 개종한 사람인지 아

---

[125] Pierson, 『선교학적 관점에서 본 기독교 선교 운동사』, 482.

닌지를 알 수 있다고 주장하기도 했다. 그는 부흥 운동에 대한 사람들의 불신을 초래했다. 부흥 운동을 비판한 사람들은 데이븐포트의 오류를 보고 부흥 운동이 가져온 놀라운 변화를 인정하지 않았다.

어느 부흥 운동이든지 완벽할 수는 없다. 오류가 있기 마련이다. 그렇다고 해서 우리는 부흥 운동이 가져온 놀라운 일들을 부인해서는 안 된다. 우리는 "성령께서 하시는 부흥 운동에 참여하고 있다면, 원수의 반격에 놀라지 말 것이며 우리 동료나 나 자신의 어떤 행동 때문에 낙심해서는 안 된다"[126]는 폴 피어슨 말에 귀를 기울일 필요가 있다.

2) 대각성 운동의 특성 분석

대각성 운동은 하나님의 주권적인 역사였다. 대각성 운동이 일부 열광주의자들에 의해 쇠퇴의 길로 들어섰지만, 그런데도 이것은 분명 하나님의 역사였다.[127] 분명한 하나님의 역사 속에서 우리는 부흥 운동의 특성을 찾아볼 수 있다. 에드워즈의 부흥 운동에도 그 특성이 있다. 그러면 대각성 운동의 특성이 무엇이었는지를 네 가지로 살펴보고자 한다.

---

126 Pierson, 『선교학적 관점에서 본 기독교 선교 운동사』, 483.
127 Jonathan Edwards, *The Works of Jonathan Edwards, Vol. 2, Religious Affections*, ed. John E. Smith (New Haven: Yale University Press, 1959), 95. 에드워즈는 "*Religious Affections*"에서 부흥 운동이 하나님의 진실한 역사임을 입증하려고 노력했다. 그는 참된 종교가 단순한 지적 동의나 의식적 행위를 넘어서는, 인간 본성의 핵심에 자리 잡은 습관적인 정서적 성향이라고 주장했다. 에드워즈는 대각성 운동을 지지하면서, 종교적 성향과 정서의 복잡하고 풍부한 특성을 자세히 묘사했다. 에드워즈에 따르면, 참된 영성은 하나님에 대한 진심 어린 애정과 애착의 여러 '표식 또는 징표'들로 구별될 수 있다. 이런 표식들은 목회자와 신자들이 개인의 종교적 애정이 실제로 변화되었는지를 분별하는 데 도움이 되는 기준으로 제시되었고, 진정한 영적 변화와 겉으로 드러나는 종교적 감정 사이를 구분하는데 중요한 역할을 하며, 에드워즈는 이를 통해 종교적 체험의 진정성을 평가하는 기준을 제공하고자 했다.

첫째, 부흥 운동은 하나님의 주권적 역사라는 것이다.
둘째, 부흥 운동은 인간의 능력이 아니라 성령의 역사라는 점이다.
셋째, 죄의 각성이 있었다는 것이다.
넷째, 부흥 운동은 영광스러운 하나님의 역사라는 점이다. 이 네 가지 점을 좀 더 구체적으로 살펴보자.

(1) 하나님의 주권적 역사

부흥은 하나님의 주권적인 역사이다. 이안 머레이는 그의 책『부흥과 부흥주의』(Revival and Revivalism) 서론에서 부흥관을 역사적으로 세 시기로 구분하여 각 시기별로 부흥관을 정의했다.[128] 첫 번째 시기 1620년부터 1858년까지의 부흥관은 하나님의 주권으로 일어난 유일한 견해라고 했다. 머레이가 말한 첫 번째 시기에 대각성 운동이 일어났다.

에드워즈의 대각성 운동의 첫 번째 특징은 무엇보다 하나님의 주권적 역사였다. 머레이는 하나님의 주권과 부흥에 관하여 언급하면서 세 가지를 말했다.

> 하나님은 선택하시는 도구에 관하여 주권적이시다. 하나님은 부흥의 목적에 관하여 주권적이시다. 하나님은 부흥이 시작되는 시간에 관하여 주권적이시다.[129]

피어슨은 아홉 가지 선교 운동의 이론 중에서 일곱 번째 항목에서 부흥 운동은 하나님의 역사라고 했다.[130]

---

128 Murray,『부흥과 부흥주의』(Revival and Revivalism: The Making and Marring of American Evngelicalism 1750-1858), 19-23.
129 Murray,『성경적 부흥관 바로 세우기』, 105-09.
130 Pierson,『선교학적 관점에서 본 기독교 선교 운동사』, 19.

에드워즈에게 있어서 부흥은 하나님의 주권적 역사이다. 에드워즈는 "우리에 대한 하나님의 역사하심은 값없이 베푸시는 주권적 은혜의 영광스러운 승리에 대한 증거이다"[131]라고 했다. 에드워즈는 죄인의 회심에서 그 회심을 향한 성령의 능력과 은혜의 작용이 직접적으로 역사한다고 믿었다. 따라서 구원과 회심의 주체는 인간이 아니라 주권적으로 역사하시는 하나님이시다.[132] 에드워즈는 로마서 9장 18절을 바탕으로 한 〈하나님의 주권〉이라는 설교에서 인간이 구원을 받기 위해 하나님께 의지해야 하며 인간의 구원이 하나님의 섭리 가운데 있음을 강조했다.[133]

고린도전서 1장 29-31절 본문을 중심으로 에드워즈는 〈구속의 사역을 통해 영광 받으시는 하나님〉(God Glorified in the Work of Redemption)이란 설교에서도 에드워즈는 하나님의 주권적 역사를 강조했다. 에드워즈는 하나님의 구속 사역은 절대적인 하나님의 주권이며, 인간은 구원에 있어서 자신의 의를 내려놓고 하나님을 전적으로 의지할 수밖에 없는 존재라고 보았다. 피조물인 우리는 구원을 받기에 부적격한 자이며, 하나님만이 구원을 베푸시는 유일한 분이시므로 그분만을 의지해야 한다는 것이다.[134]

---

131 Murray, 『성경적 부흥관 바로 세우기』, 109.
132 박용규, 『근대 교회사』, 228.
133 Jonathan Edwards, *Selected the Works of Jonathan Edwards*, vol. 1, *The Works of Jonathan Edwards* (Pensylvania: The Banner of Truth Trust, 1974), 203-31.
134 Edwards, *Selected the Works of Jonathan Edwards*, vol. 1, 147-62.

에드워즈는 청교도 신앙을 이어받은 칼빈주의자였다.[135] 모든 칼빈주의자들과 마찬가지로 에드워즈의 사상의 중심 원리는 하나님의 주권이다.[136] 에드워즈는 회심을 통해 칼빈주의 사상인 하나님의 절대주권 사상에 대한 확신을 가지게 되었고, 부흥 운동을 통해 인간은 구원에 있어서 하나님의 절대주권을 의존해야 한다는 것을 다시 한번 강조했던 것이다. 이런 하나님에 대한 인간의 절대의존 사상은 에드워즈 신학과 신앙의 근간을 이루고 있다.[137]

따라서 에드워즈의 대각성 운동의 특성은 하나님의 주권적인 역사였던 것이다.

(2) 성령의 강력한 역사

에드워즈의 대각성 운동의 두 번째 특성은 성령의 역사이다. 부흥은 인간이 만들어내는 어떤 것이 아니라 성령의 역사이다. 성령의 놀라운 역사는 통상적이고 일상적인 방법을 뛰어넘어 모든 부류의 사람들에게 거룩한

---

135 Conrad Cherry, *The Theology of Jonathan Edwards: A Reappraisal* (Indiana University Press, 1990), 3. Edwards was a Calvinist theologian. As a Calvinist theologian, Edwards claimed the heritage of his New England forefathers. His Puritan tradition was clearly derived not only from Calvin but also from the reformers in the German province of the Rhineland. But Edwards was willing "to be called a Calvinist in the strictest sense of the word." And his thought was filled with the same visions that had captivated the imagination of Calvin as well as the Puritans: the sovereignty and freedom of God; historical drama as the story of man's tragic fall and God's new purpose to save him; the frailty and unworthiness of man in comparison with God's justice and mercy; and the personal and social value of a disciplined, "holy," life of "practical".

136 Marsden, *Jonathan Edwards: A Life*, 4-5. The central principle in Edwards' thought, true to his Calvinistic heritage, was the sovereignty of God. The triune eternally loving God, as revealed in Scripture, created and ruled everything in the universe. If the central principle of Edwards' thought was the sovereignty of God, the central practical motive in his life and work was his conviction that nothing was more momentous personally than one's eternal relationship to God. In his sermons and writings he turned his immense intellectual for understating humans' eternal destinies, as defined by his biblicist and Calvinistic heritage.

137 J. I. Packer, *A Quest for Godliness: The Puritan Vision of the Christian Life*, 1st U.S. ed. (Wheaton, Ill.: Crossway Books, 1990), 31.

감화(Affecting)를 가져오는 비상함을 가져왔다.[138] 부흥 운동은 교회공동체와 성도들의 영적인 삶에 생기를 불어넣고 소생시키는 비상한 성령의 역사이다.[139]

성령의 부어주심과 그에 대한 인식은 어떤 변증학으로도 설명할 수 없으며, 부흥 운동에 있어서 성령의 역사를 언급하지 않고는 설명이 불가능한 것이다.[140] 따라서 부흥은 성령의 역사이다. 부흥의 주체는 인간이 아니라 성령이다. 인간은 부흥에 주체가 아니므로, 부흥이 일어날 때 단지 어떤 일이 일어났음을 인식할 뿐이다.[141]

에드워즈 부흥은 인위적인 방법이나 인간의 수단으로 되어지는 것이 아니라 성령의 부어주심이라고 보았다.[142] 에드워즈는 사람들의 본성을 바꾸고, 사람들의 마음에 역사하시는 것은 성령의 역사이며, 구원받은 사람들이 모든 고난을 견디고 이겨내며 모든 것을 포기하고 기쁨으로 살아갈 수 있는 것은 분명한 성령의 증거라고 보았다.[143]

에드워즈는 뉴잉글랜드와 인근 지역에 일어난 대각성 운동은 성령의 역사라고 보았다. 에드워즈는 대각성 운동이 여러 가지 많은 오류가 있었음에도, 부흥을 경험한 사람들이 하나님의 말씀에 귀 기울이고 엄숙하고 점잖은 태도로 하나님에 대한 공적 예배와 신앙의 의무를 행하는 경향이 그 증거라고 했다.[144] 성령의 역사로 사람들은 영적 감각을 회복했으며, 많은

---

[138] 강웅산, "조나단 에드워즈의 부흥이야기와 부흥신학," 150.
[139] Packer, *A Quest for Godliness*, 450.
[140] Lloyd-Jones, 『청교도 신앙』, 520.
[141] Packer, *A Quest for Godliness*, 522.
[142] Lloyd-Jones, 『청교도 신앙』, 521-22. 부흥(Revival)은 갱신(Renewal)이 아니다. 에드워즈에게 있어서 부흥은 '성령의 부어주심'이다. 부흥은 하나님이 주최가 되지만, 갱신은 인간이 주최가 되는 것이다. 따라서 부흥은 성령이 우리에게 임하는 것이요. 우리에게 일어난 것이며, 우리는 행위의 주체가 아니다. 우리는 그저 어떤 일이 일어났다는 것을 자각할 따름이다.
[143] Edwards, *Selected Works of Jonathan Edwards*, vol. 1, 173-74.
[144] Edwards, 『균형 잡힌 부흥론』, 109-10.

사람이 신비한 체험을 하고, 도덕적으로 새롭게 살려고 하는 결단을 하게 되었고, 우울증도 극복했다. 하나님은 성령의 역사를 통해 하나님의 비상한 방법으로 하나님의 백성 가운데 믿음과 신앙을 회복시키셨다.[145] 따라서 에드워즈에게 있어서 부흥은 분명한 성령의 역사였다.

(3) 죄에 대한 각성의 역사

에드워즈의 대각성 운동의 세 번째 특성은 죄의 각성이다. 부흥은 죄의 각성을 동반한다. 부흥이 오면 하나님의 새로운 비전과 하나님의 거룩하심과 세상을 향한 하나님의 목적을 알게 된다.[146] 부흥이 임하면 새로운 비전도 보고, 하나님의 거룩하심도 알게 되며, 하나님의 목적도 알게 되지만, 이에 앞서 일어나는 것이 죄의 각성이다. 에드워즈 시대의 부흥의 특성은 무엇보다도 죄에 대한 각성이었다.[147]

성령은 사람들로 하여금 죄를 각성하게 한다. 사람들은 성령의 역사로 회심 이전에 거의 예외 없이 깊은 죄의 각성을 경험했다. '죄에 대한 깨달음'(Conviction of sins)이 회심과 부흥의 필수적 요소였다. 부흥이 임하면 죄의 각성이 자연스럽게 따라오는 것이다. 죄의 각성은 사람들을 완전히 변화시켰다. 세속적인 것에서 영적인 것에 관심을 가지게 만들었고, 사람들의 언행을 완전히 바꾸어 그리스도 안에서 새로운 변화된 사람이 되었다.

에드워즈는 『균형 잡힌 부흥론』에서 대각성 운동을 통해 세 종류의 사람들이 경험한 죄의 각성을 소개하고 있다.

---

145 Murray, *Jonathan Edwards: A New Biography*, 173-75.
146 Pierson, 『선교학적 관점에서 본 기독교 선교 운동사』, 489.
147 Nichols, 『조나단 에드워즈의 생애와 사상』, 93. 부흥은 '하나님의 임재로 충만한 시간'이다. 그러나 에드워즈는 이 각성의 시간이 '슬픔으로 가득한 시간'을 포함한다고 말한다. 따라서 에드워즈는 부흥은 슬픔의 눈물이 기쁨의 눈물과 조화를 이루며, 이런 슬픔은 죄에 대한 각성과 그 결과로 나타나는 것으로 보았다.

첫째, 부흥은 영적으로 무감각한 자들을 영적으로 크게 각성시켰다. 이 땅의 것에만 관심을 가지는 사람들이 진지하고 사려 깊은 사람들로 변화되었으며 구원에 대한 관심을 가지게 되었다는 것이다.

그리고 에드워즈는 부흥을 통해 사람들이 죄의 독약 같은 성격과 결과에 대해 깨닫게 되었으며, 죄책과 하나님의 진노 아래 놓여 있다는 것과 하나님과의 화해 없이는 살아갈 수 없다는 예민한 영적 감각을 가지게 되었으며, 죄 짓는 것을 두려워하게 되었고 많은 죄인과 허영심이 강한 사람들이 각성하였다고 기록하고 있다.[148]

둘째, 부흥 운동으로 젊은이들이 영적으로 크게 각성하였다는 것이다. 죄의 각성이 일어나기 전에는 젊은이들이 떠들고, 어울려 다니기를 좋아하고, 환락과 쾌락, 음란한 것들을 좋아했으며, 설교를 들으려고 하지 않았고, 단속을 해도 소용이 없었다. 그런데 부흥을 통해 죄의 각성이 일어나자 젊은이들은 변화되기 시작했다. 그리고 귀부인들도 변화되어 허영심을 버리고 육신을 죽이며 겸손한 삶을 살게 되었다.

이뿐만 아니라 죄의 각성으로 관계들이 회복되었으며, 서로를 용납하게 되었다. 이전에 자신들이 영혼에 대해 소홀히 했던 것을 각성했으며, 무가치한 것을 추구했던 것을 각성하였고 영원한 것을 사모하는 사람들로 변화 되었다.[149]

셋째, 각성은 새로운 회심자만이 아니라 기존 신자들을 영적으로 각성시켰다고 에드워즈는 기록하고 있다. 부흥을 통해 죄의 각성이 일어나자 사람들은 선술집에서 만나거나 쓸데없는 모임을 갖는 대신에 어디에서나 성경을 읽고 기도하며 찬송 부르며 하나님의 일들과 말씀으로 대화의 주제가 바뀌었다.

---

148 Edwards, 『균형 잡힌 부흥론』, 110-11.
149 Edwards, 『균형 잡힌 부흥론』, 111-15.

이런 일들이 남녀노소를 막론하고 모든 계층의 사람들에게 일어났던 것이다. 젊은이들이 시시한 세상 즐거움 대신에 그리스도 예수 안에 있는 거룩한 즐거운 기쁨과 보혈의 구속을 찬양하는 것에 관심을 가지게 되었다.[150]

(4) 하나님의 영광스러운 역사

에드워즈의 대각성 운동의 네 번째 특성은 부흥이란 하나님의 영광스러운 역사이다. 부흥은 세상에서 하나님의 모든 역사들 중 가장 영광스러운 역사이다.[151]

에드워즈는 부흥을 하나님의 영광스러운 역사로 보았다. 에드워즈는 『균형 잡힌 부흥론』 제1부에서 당시 뉴잉글랜드에서 일어나고 있는 비범한 역사 즉 부흥은 몇 가지 측면에서 영광스러운 하나님의 역사라고 주장한다.[152]

첫째, 부흥은 아주 위대하고 경이롭고 극히 영광스러운 하나님의 역사라는 것이다.
둘째, 부흥은 구속적인 측면에서 영광스러운 하나님의 역사라고 말한다.
셋째, 부흥은 정도 면에서 영광스러운 하나님의 역사이다.
넷째, 부흥은 범위 면에서 영광스러운 하나님의 역사이다.
다섯째, 부흥은 회심자의 양적 면에서 영광스러운 하나님의 역사이다.
여섯째, 부흥은 하나님의 능력 면에서 영광스러운 하나님의 역사이다.

---

150 Edwards, 『균형 잡힌 부흥론』, 115-16.
151 Murray, 『부흥과 부흥주의』(*Revival and Revivalism: The Making and Marring of American Evngelicalism 1750-1858*), 450.
152 Edwards, 『균형 잡힌 부흥론』, 138-42.

일곱째, 부흥은 성도의 신앙적 체험 면에서 영광스러운 하나님의 역사이다.

에드워즈에게 있어서 부흥은 하나님의 영광스러운 역사였다. 에드워즈는 하나님은 부흥을 통해 영광을 받으시는 분이며, 하나님은 부흥을 주관하시는 분이라고 믿었다. 에드워즈는 부흥은 인간의 노력이나 인위적인 것으로 되는 것이 아니라 하나님의 절대주권을 의지하는 것이며, 이런 부흥을 통해 하나님의 영광이 드러난다고 믿었다.[153]

따라서 에드워즈에게 대각성 운동의 특성은 하나님의 절대주권이며, 성령의 놀라운 역사였으며, 죄의 각성이 동반된 사건이었으며, 하나님의 영광스러운 역사였다.[154]

5. 요약(Summary)

제5장에서는 에드워즈가 주도한 코네티컷 골짜기 부흥과 대각성 운동의 전개 양상을 중심으로, 그 확산과 쇠퇴의 과정을 고찰했다. 아울러 에드워즈의 부흥신학이 형성된 배경과 함께, 그가 주도한 부흥 운동의 주요 특징을 분석했다.

---

153   강웅산, "조나단 에드워즈의 칼빈주의 부흥 이해," 84.
154   Nichols, 『조나단 에드워즈의 생애와 사상』, 106. 니콜라스는 에드워즈의 부흥을 평가하면서 다음과 같이 말했다. "하나님이 당시에 놀랍게 역사하셨고, 우리도 사람들에게 임한 대규모의 부흥을 상당히 지적할 수 있다. 하지만, 궁극적으로 그 경주는 단번에 마쳐지는 단거리 경주가 아니라는 사실이다. 전 과정을 끈기 있게 달리는 것이 중요하다. 즉, 우리의 삶 속에서 역사하시는 하나님의 무한하신 은혜와 놀라운 자비를 천천히 끊임없이 깨달으며, 이기적이고 불평하는 방식으로 자기 자신을 위한 것들을 축적하는 것이 아니라, 하나님의 놀라우신 역사에 대한 살아 있는 간증으로 삶을 살아가는 것이 중요하다."

에드워즈는 두 차례의 중요한 부흥 운동을 경험하면서 영적 각성과 성령의 역사라는 긍정적인 열매를 보았으나, 동시에 부흥 운동의 과정에서 발생한 다양한 부작용도 목격했다. 이런 부작용에 직면한 에드워즈는 부흥의 본질과 성격을 신학적으로 체계화할 필요성을 느꼈고, 이에 대한 신학적 작업을 통해 부흥 운동의 역사적, 신학적 의미를 심도 있게 분석했다.

에드워즈는 부흥 운동에 대한 논란과 오해를 바로잡기 위해 세 권의 주요 저작을 집필했으며, 이를 통해 부흥신학의 핵심을 체계적으로 정리했다. 그의 부흥신학은 하나님의 주권적인 역사와 성령의 사역을 중심으로 발전되었으며, 그는 부흥이 단순한 감정적 흥분이 아니라 죄의 각성과 하나님의 영광을 추구하는 과정임을 강조했다.

다음 제6장에서는 에드워즈의 스톡브리지 인디언 선교에 대해 고찰한다.

제6장

조나단 에드워즈의 스톡브리지 인디언 선교

제6장에서는 조나단 에드워즈가 스톡브리지(Stockbridge)에서 수행한 원주민 선교 활동을 중심으로 그의 선교사적 역할을 선교학적 관점에서 분석한다. 에드워즈는 7년에 걸쳐 원주민 선교를 담당하며, 대각성 운동 이후 미국 원주민 사이에서 복음을 전파하는 데 중추적인 역할을 했다. 이 시기에 개신교 선교 활동은 미국 식민지에서 크게 확대되었다.

스톡브리지에서의 선교 활동은 에드워즈의 신학적 통찰과 실천적 접근을 모두 반영하며, 그의 선교 사상을 깊이 있게 이해할 수 있는 기회를 제공한다. 제6장에서는 스톡브리지 선교지에서의 원주민 선교 상황, 선교 동기, 실행 방법, 목표 설정, 그리고 이런 선교 활동이 지닌 의미와 선교적 사상을 체계적으로 고찰한다.

이를 통해 에드워즈가 어떻게 원주민 선교의 전략을 개발하고 실천했는지, 그리고 그의 방법이 어떻게 당시와 이후의 선교 활동에 영향을 미쳤는지를 분석한다.

1. 에드워즈의 인디언 선교 사역 이해

1) 스톡브리지 인디언 선교 상황 이해

스톡브리지(Stockbridge)¹는 선교지였다. 에드워즈의 인디언 선교지는 스톡브리지였다.² 스톡브리지는 국경선을 넘어 미국의 가장 먼 끝자락에 위치해 있었다. 스톡브리지는 매사추세츠(Massachusetts) 서부의 험준한 산악지대로서 노샘프턴(Northampton)에 비하면 마치 땅끝처럼 아득하게 느껴지는 곳이었다.³ 이 마을이 세워진 배경에는 "인디언을 성공적으로 복음화하려면 영국의 기준에 따라 정착시키고 문명화시켜야 한다"는 생각이 깔려 있었다.⁴

스톡브리지는 인디언을 문명화하여 복음화하고 정치적 목적으로 그들의 충성을 확보해야 하는 목적을 가지고 세워진 마을이었다. 따라서 스톡브리지는 영국인과 인디언이 평화롭게 더불어 사는 미래의 선교지에 대한 모범이었다.⁵ 스톡브리지는 약 이삼백 명의 모히칸(Mohicans)⁶ 인디언이 모여 살

---

1   Hopkins, *Memoirs of the Rev. Jonathan Edwards*, 168. The Indian paission at Stockbridge, a town in the western part of Massachuset's Pay, sixty miles from Northampton.
2   Hart, Lucas, and Nichols, 『조나단 에드워즈의 유산』, 74. 스톡브리지는 1734년에 정착이 시작되었고, 공식적으로는 5년 후 아메리카 원주민 선교지로 확정되었다. 에드워즈가 1751년 이곳에 도착했을때, 이 마을은 250명의 모히칸족이 있었고, 이들은 '스톡브리지 인디언'으로 지칭되었다.
3   Winslow, *Jonathan Edwards 1703-1758*, 248.
4   George M. Marsden, 『조나단 에드워즈와 그의 시대』(*A Short life of Jonathan Edwards*), 정상윤 옮김 (서울: 복있는사람, 2009,), 197.
5   Marsden, 『조나단 에드워즈 평전』, 545.
6   Paul, *Jonathan Edwards and the Stockbridge Mohican Indians*, 41-43. 모히칸족은 아메리카 원주민 부족으로, 자비로운 '위대한 신의 영'과 주변의 타락에 책임이 있는 악령을 모두 믿는 유일신교를 믿었다. 모히칸족은 영적 민족이었으며, 매일 실천하고 대대로 전해 내려오는 일종의 교리문답과 종교적 질서에 대한 규칙을 가지고 있었다. 모히칸족의 역사가 아우파트무트 추장(Chief Hendrick Aupaumut)에 따르면, 하늘과 땅의 모든 것의 창시자인 Waun-theet Mon-nit-toow, 즉 위대한 선한 영(Great Good Spirit)과

앉으며, 이들은 이제 살아남기 위해 영국 보호 아래 들어가기를 원했다.

〈그림 28〉 스톡브리지 인디언 원주민[7]

1730년, 벨처(Belcher) 주지사는 원주민을 위한 선교 기관 설립을 제안했고, 모히칸족은 후에 에드워즈의 제자가 되는 사무엘 홉킨스(Samuel Hopkins)에게 선교사 파견을 요청했다. 뉴잉글랜드 매사추세츠(New England Massachusetts) 선교위원회는 예일대학교(Yale University) 졸업생인 존 사전트(John Sergeant, 1710-1749)를 선교사로 임명하여 파견했다.[8]

Mton-toow라는 악한 영(Wicked Spirit)의 존재를 믿었다. 악한 영은 해악을 행하기 좋아하며, 사람을 선동하고 거짓말을 하며, 싸우고 도둑질 하고, 미워하고 살인하고, 시기하고 악의를 품게 한다. 또한, 국가 간에 전쟁을 일으키며 선한 영이 준 우정을 깨뜨린다. 그들은 선한 영으로 말미암아 자신들의 부족이 유지된다고 믿었으며, 좋은 날을 보기 원한다면 선을 행하여야 한다고 여겼다. 에드워즈가 스톡브리지에서 이들을 대상으로 선교했다. 모히칸족은 역사적으로 허드슨강(Hudson River) 상류 계곡에 거주했던 동부 알곤키안 아메리카 원주민 부족을 지칭한다. 이 부족은 스스로를 "Muh-he-con-neok"(결코 가만히 있지 않는 물의 사람들)이라고 불렀다.

7 Murray, *Jonathan Edwards: A New Biography*, 385. North American Indians, from an engrating by John Boydell, 1775. 존 보델이 1775년 판화로 그린 것이다.
8 Marsden, 『조나단 에드워즈 평전』, 546-49. 사전트는 첫 번째 선교사로 스톡브리지에

1736년부터 1739년 사이에 매사추세츠 선교위원회는 모히칸족을 위한 스톡브리지(Stockbridge) 정착지를 건설하고, 뉴잉글랜드에서 네 가족을 그곳으로 보냈다. 선교위원회는 원주민이 영국인의 원칙에 따라 생활하는 방법을 배움으로써 보다 효과적으로 복음을 전달할 수 있을 것이라는 생각했다. 이는 문명화와 복음화를 동시에 달성하려는 의도였다.

따라서 정부는 원주민에게 강변의 가장 좋은 땅을 할당했고, 영국인 가족들은 목초지가 있는 언덕 위에 정착하도록 했다.[9] 이 정착지는 처음에는 주로 모히칸족으로 구성되었으나, 시간이 지남에 따라 다른 부족들도 그곳에 정착하기 시작했다.[10] 원주민은 강가에 풍부한 땅을 할당받았고, 그들의 자녀들은 교육을 받을 것을 약속받았다.[11]

스톡브리지에 도착한 사전트는 인디언과 가까운 평지에 사택을 짓고 정착했다. 사전트는 인디언과 우호적인 관계를 맺으며 성공적인 사역을 했다. 사전트는 보스톤의 콜만(Benjamin Coleman, 1673-1747)을 중심으로 한 매사추세츠 인디언 문제 위원회뿐 아니라, 런던에 본부를 둔 복음 전도 협회의 지지를 받았다.

영국의 비국교도 목사인 아이작 홀리스(Issac Hollis, 1701-1774)는 부유한 사람으로 사전트의 후원자가 되었다. 사전트는 인디언들의 생활 습관을 개선하기 위해 영국이 산업과 농업을 가르쳐야 한다고 생각했다. 특별히 다양한 부족의 인디언 어린이를 위한 기숙사 학교를 지어 어릴 때부터 철저하게 기

임명된 사람으로, 선교사 겸 목사였으며 헌신적인 사람이었다. 그는 에브라임 윌리엄 딸 아비가일과 결혼했다. 아비가일은 지적이고 매력적인 여자로 상류 사회의 고상함을 갖추고 있었다. 사전트는 인디언과 우호적인 관계를 맺으며 성공적으로 사역을 잘 감당했다. 아이작 홀리스의 도움으로 기숙사 학교를 설립하였고, 겔리그를 교장으로 모셔왔다. 하지만, 안타깝게도 사전트는 열병과 후두암에 걸려 1749년 여름, 39세의 나이로 주님의 부름을 받았다.

9   Marsden, *Jonathan Edwards: A Life*, 376.
10 Marsden, *Jonathan Edwards: A Life*, 375.
11 Marsden, *Jonathan Edwards: A Life*, 375-76.

독교적이고 유럽적인 생활 방식으로 훈련받을 수 있도록 했다.[12]

아이작 홀리스의 후원으로 사전트는 1748년에 12명의 인디언을 위한 학교를 시작할 수 있었다.[13] 사전트는 코네티컷 뉴잉턴(Newington)의 마틴 켈로그 대위(Captain Kellogg)의 도움을 받아 열두 명의 아이에게 공부하는 방법과 열심히 일하는 태도를 훈련시켰다. 켈로그는 어린 시절 디어필드 포로 생활을 하면서 인디언 언어를 익혔기 때문에 인디언과 소통하고 교육하는 데 적합한 사람이었다.

이 귀중한 재능으로 그는 뉴잉글랜드 중부 지역에서 인디언 통역 업무를 맡아 왔다.[14] 사전트는 모히칸들이 기증한 땅에 일부 건축을 하고 기숙사 학교를 열어 켈로그를 불러왔던 것이다. 기숙사 학교는 영국인 입장에서 볼 때 인디언 남자들에게 가장 취약한 것으로 생각되던 농경생활을 훈련하는데 역점을 두었다. 왜냐하면, 인디언 남자들은 대부분의 농사일을 여성들에게 떠맡겼기 때문이다.[15]

사무엘 홉킨스의 증언에 의하면 이곳에서 남녀 인디언 아이들에게 의식주를 제공하고 실질적으로 도움이 되는 것을 가르쳤다. 남자 아이들은 목축업이나 기계 기술, 여자아이들은 여성들의 일을 배우게 했다.[16]

12　Marsden, *Jonathan Edwards: A Life*, 377-78.
13　Hart, Lucas, and Nichols, 『조나단 에드워즈의 유산』, 75-76. 이 학교는 일차적으로 언어, 문화, 종교, 그리고 식민지 생활 양식을 모호크족에게 훈련시키는 것이지만, 짧은 역사에도 불구하고 잘못된 경영과 횡령과 투쟁해야 했다. 이런 문제들이 있는 가운데 스톡브리지의 첫 선교사이며 교회와 학교의설립자인 존 사전트는 에브라임 윌리엄스 대령의 딸, 아비가일 윌리엄스와 결혼했다.
14　Marsden, *Jonathan Edwards: A Life*, 378.
15　Marsden, *Jonathan Edwards: A Life*, 378.
16　Hopkins, *Memoirs of the Rev. Jonathan Edwards*, 169-70. For this end, a house for a boarding-school, which was projected by Mr. Sergeant, who erected on a tract of land appropriated to that use by the Indians at Stockbridge: where the Indian children, male and female, were to have been clothed and fed, land instructed by proper persons in useful learning. The boys were to have been taught husbandry or mechanic trades, and the girls all sorts of women's work.

기숙사 학교가 세워지고 사역이 진행되는 가운데 갑자기 사전트는 열병과 후두암에 걸려 39세의 젊은 나이에 하나님의 부름을 받았다. 그가 세상을 떠날 당시 스톡브리지에는 218명의 인디언이 살고 있었는데, 그 가운데 125명이 세례를 받았고 42명이 성찬에 참여할 수 있는 교인이 되었다. 켈로그 대위가 지도하는 기숙사 학교 외에 또한 티모시 우드브리지가 지도하는 55명의 학생이 있는 학교도 있었다. 네 가정으로 시작한 영국인 가정도 열 가정으로 늘어났다.[17]

사전트의 갑작스러운 죽음으로 인디언 선교 사역에 위기를 맞이하게 되었다. 문제는 영국과 미국의 확장기 동안 어느 곳에서나 볼 수 있었던 선교회와 인디언 원주민과의 갈등이었다. 정착민들은 선교에 호의적이긴 했지만, 그들의 소유지와 경제적인 문제, 그리고 가족들의 안전이 우선이었다. 인디언 원주민은 공동소유에 익숙해져 있기 때문에 개인주의적인 영국식 생활습관을 받아들이는 데 거부감이 있었다.

〈그림 29〉 존 사전트(John Sergeant, 1710-1749)[18]

---

17 Marsden, *Jonathan Edwards: A Life*, 378.
18 Gura, *Jonathan Edwards: America's Evangelical*, 142. Missionary in Stockbridge.

그런데도 인디언 원주민은 자신들의 요구가 관철되려면 영국식 규율을 따라야 했고, 뉴잉글랜드인들은 이런 인디언의 약점을 이용했던 것이다. 인디언이 가장 불만을 품은 대상은 에브라임 윌리엄스 일가에 대한 것이었다. 에브라임의 사위였던 사전트가 그동안 중재 역할을 잘 해 주었는데 그가 죽음으로 인디언이 윌리엄스 대지주와 그의 아들들에 대한 불신이 증폭되어 갔다.

이런 상황에서 1750년 윌리엄스 일가는 존 사전트를 대신할 후보를 찾고 있었다. 사전트의 미망인 아비가일은 예일대 졸업생인 에즈라 스타일즈(Ezra Stiles)을 관심을 가지고 초빙하려 했지만, 그는 신앙적인 면에서 노선을 달리하고 있었다. 에즈라 스타일즈는 당대에 유행하던 이신론(Deism)적 경향을 가지고 있었다.

그는 또한 성경에 대해서도 의심을 품었다. 칼빈주의 교리를 고수한 윌리엄스 집안하고는 신앙적으로 맞지를 않았다. 그리고 사전트의 지위를 이어받기 위해서는 에즈라가 보스턴에서 위원회의 조사를 받아야 했는데, 위원회가 이단교리에 대해 매우 예민했기 때문에 에즈라의 신앙적 견해를 용납할 수 없었으며 이로인해 에즈라의 평판이 좋지 않았을 것이다.[19]

이런 상황에서 에드워즈는 스톡브리지에 갔다. 1750년-1751년 겨울, 에드워즈가 스톡브리지에 방문했을 때 윌리엄스 가문은 심하게 반대했다. 특히, 아비가일(Abigail)의 오빠 에브라임 윌리엄스 주니어 대위(Captain Ephraim Williams Jr.)의 반대가 심했다. 그는 에드워즈가 스톡브리지 선교지에 선임되는 것을 결사적으로 반대했다.[20]

조지 마즈던은 윌리엄스가 에드워즈를 반대한 이유를 네 가지로 꼽았다.[21]

---

19 Marsden, *Jonathan Edwards: A Life*, 380.
20 Paul, *Jonathan Edwards and the Stockbridge Mohican Indians*, 91.
21 Marsden, *Jonathan Edwards: A Life*, 380-81.

첫째, 에드워즈는 사교적이지 못하고 성경을 가르치는 데 능하지 못하다는 것이다.

둘째, 에드워즈는 고집이 있어 로마교회의 교리를 조금 각색한 것과 같은 자신의 교리에 전적으로 동의한 사람 외에는 어느 누구도 천국에 들어갈 수 없다고 말한다는 것이다.

셋째, 에드워즈는 너무 나이가 많아 인디언 언어를 배울 수 없다는 것이다.

넷째, 군인들의 성찬에 대한 에드워즈의 원리들을 이해할 수도 없고 동의할 수도 없다는 것이다. 에브라임 윌리엄스 주니어가 이렇게 반대한 것은 사실상 이권 문제였다.[22]

인디언 식민지 개척 가정의 리더인 에브라임 윌리엄스는 스티븐 니콜스(Stephen Nichols)의 말에 따르면 내세보다는 이 세상 것들에 더 사로잡혀 있던 사람이었다.[23] 그는 군인 출신으로 무정한 땅 투기꾼이었다.[24] 그는 또한 에드워즈를 노샘프턴에서 물러나도록 문제를 일으킨 인물이기도 했다.[25]

---

22 Hart, Lucas, and Nichols, 『조나단 에드워즈의 유산』, 76. 에브라임 윌리엄스와 결혼한 아비가일은 그의 아버지처럼 스톡브리지를 발전시키고, 윌리엄스 가정의 재산을 늘리는 목적을 달성하는 것이었다.
23 Hart, Lucas, and Nichols, 『조나단 에드워즈의 유산』, 75.
24 Nichols et al., *A God Entranced Vision of All Things*, 47-48. Williams devoted his energies to acquiring land and wealth. He also oversaw the mission school, which was established at Stockbridge for the evangelization and education of Mohawks. Williams and his appointed schoolmaster Martin Kellogg, however, viewed the school as providing labor to work the land. This led to yet another drawn-out controversy as Edwards tried to wrest control of the school from Williams. Williams retaliated by boycotting the church and smearing Edwards's name, even accusing him of embezzlement. In time, Edwards was fully exonerated as Williams was shown to be embezzling funds and abusing his position. In the meantime, the disillusioned Mohawks left Stockbridge, leaving Edwards no choice but to close the school.
25 Nichols et al., *A God Entranced Vision of All Things*, 47.

그래서 에드워즈가 스톡브리지에 오는 것을 반대할 수밖에 없었다. 그의 반대에도 불구하고 스톡브리지의 대다수가 에드워즈를 지지하였기 때문에 결국 그도 공개적으로 반대하는 것을 자제했다. 한편으로는 에드워즈가 스톡브리지에 거주함으로써 해당지역의 땅값이 상승하는 효과를 가져오는 것이므로 그렇게 반대할 이유가 없었던 것이다.

에브라임 윌리엄스는 에드워즈를 스톡브리지의 목회자로 지명하는 것은 반대했지만, 에드워즈의 부임은 인정했던 것이다. 그 이유는 에드워즈로 인해 어느 정도 자신의 명성에 유리하게 작용하고 그 과정에서 땅값이 오를 것을 기대했기 때문이다.

에브라임 윌리엄스 주니어 대위와는 달리 아비가일은 열린 사람으로 에드워즈를 학식있고 공손하며 대화에 언제나 열려 있고, 생각했던 것보다 훨씬 관대한 사람으로 받아들였다. 스톡브리지 선교사로 간 에드워즈가 처한 선교지의 현실은 기존의 인디언이 따르던 샤머니즘적인 종교의 문제, 프랑스인들과 영국인들의 제국주의적인 식민지 쟁탈을 위한 군사적·정치적 문제, 윌리엄스가의 이권 문제까지 개입된 열악한 상황이었다.[26] 이렇게 열악한 상황 속에서 에드워즈는 스톡브리지에서 사역하게 된다.

알렉산더 알렌(Alexander V. G. Allen, 1841-1908)에 따르면 에드워즈가 스톡브리지에 백인 정착민들 목회와 동시에 스톡브리지 인디언 선교사 자격으로 그곳에 간 것이다. 이 두 가지 임무 중에서 에드워즈에게 백인들을 위한 목회보다는 오히려 인디언을 위한 선교사가 더 주된 임무였다.[27]

그렇다면 에드워즈는 윌리엄스 가문의 반대에도 불구하고 어떻게 스톡브리지로 가게 되었는가?

---

[26] 지의정, "조나단 에드워즈(Jonathan Edwards)의 인디언 선교에 대한 목회상담적 평가," 「신학과 실천」 (11 2019): 523.

[27] Alexander VG Allen, *Jonathan Edwards: The First Critical Biography, 1889* (Eugene, OR: Wipf and Stock Publishers, 2008), 278.

그가 인디언 선교 사역에 참여하게 된 동기는 무엇이었는지를 고찰할 필요가 있다.

2) 스톡브리지 인디언 선교 동기 이해

폴 피어슨(Paul E. Pierson)은 청교도들에게 있어서 하나님의 영광은 근간을 이루는 정신이자 근본적 동기라고 했다.[28] 청교도 신앙을 이어받은 에드워즈에게 있어서 삶의 목표는 하나님의 영광을 위한 것이었다. 에드워즈에게 있어서 선교의 동기도 하나님의 영광이었던 것이다. 따라서 에드워즈가 스톡브리지로 간 것은 선교를 통해 하나님의 영광을 드러내고자 간 것이 아니고 사역지를 잃어서 어쩔 수 없이 갔다거나, 도피처를 찾아서 조용히 글을 쓰기 위해 간 것이 아님을 논증할 필요가 있다.

위에서 살펴본 것처럼 윌리엄스 가문과 에드워즈의 관계가 갈등과 원만하지 못했음에도 불구하고 왜 에드워즈는 스톡브리지로 갔는지 의문이 생기는 것은 당연하다. 에드워즈에 대해 친숙하지 못한 사람들은 친구이든 대적자이든 간에 미국의 가장 위대한 신학자요, 철학자로 인정받는 에드워즈가 노샘프턴교회에서 해임된 것을 지적할 것이다.[29] 그래서 어쩔 수 없이 스톡브리지 인디언 사역을 하게 되었다고 주장할 것이다. 노만 패팃(Norman Pettit, 1927-2018) 같은 학자는 에드워즈가 "대체로 갈 곳이 없어서" 선교사가 되었다고 주장해 왔다.[30]

28　Pierson, 『선교학적 관점에서 본 기독교 선교 운동사』, 448.
29　Hart, Lucas, and Nichols, 『조나단 에드워즈의 유산』, 76.
30　Norman Pettit, *The Great Awakening in New England* (University of Chicago Press, 1960), 112-13. 그는 미국 종교 역사가로서 대각성 운동에 대한 연구로 업적을 남겼지만, 에드워즈가 목회에 실패하고 다른 교회 청빙을 받지 못했기 때문에 선교사로 간 것이라고 주장했다.

하지만, 우리는 에드워즈가 단순히 사역지를 잃고 또 다른 사역지를 찾아야 하는 절박한 상황에서 스톡브리지로 갔다고 보기는 어렵다.[31]

에드워즈가 스톡브리지로 사역지를 옮긴 것은 노샘프턴 목사직에서 해임된 것과 연관 있다는 사실에는 이의를 제기할 사람은 없을 것이다. 에드워즈는 노샘프턴교회에서 23년간 목회하였는데 전임자이자 외할아버지인 솔로몬 스토다드의 성찬에 대한 의견을 달리해 엄격한 견해를 고수했던 것이다.[32]

1750년 6월, 성찬에 대한 논쟁이 극에 달하여 투표 결과 에드워즈는 23년간(1727-1750) 사역을 해 오던 교회를 떠나게 되었다. 분명한 것은 에드워즈가 다른 사역지가 필요했던 것이다. 사실 에드워즈의 평소 성격과 태도는 선교사로 자연스럽게 맞지 않는 부분이 있었다. 그는 은둔적이고 다소 강박적인 사람이었다.[33]

이런 환경적 상황과 성격적 부분이 있음에도 불구하고, 에드워즈가 스톡브리지로 간 것은 갈 곳이 없어서가 아니었다.[34] 스톡브리지로 가기로 결심하기 전, 에드워즈는 최소한 세 곳 이상의 청빙을 받았다. 그중 두 곳은 뉴잉글랜드 지역의 교회로, 에드워즈가 설교자로서 환영받는 안정적인

---

31 Marsden, *Jonathan Edwards: A Life*, 364. Edwards traveled to Stockbridge, Massachusetts, for his new ministry after being dismissed from the Northampton church. There, Edwards was asked if he would be willing to serve as a minister of the Church of England while also settling as an Indian missionary. Edwards was interested but cautious. This may have been because he was unsure of his ministerial gifts. Edwards remained there, preaching to both whites and Indians, and accepted the formal invitation to settle there.
32 Marsden, *Jonathan Edwards: A Life*, 11.
33 Marsden, *Jonathan Edwards: A Life*, 61-62.
34 Hart, Lucas, and Nichols, 『조나단 에드워즈의 유산』, 77-78. 니콜라스는 에드워즈가 미국 역사상 가장 위대한 신학자·철학자라는 명성을 얻게 해 준 글을 쓸 수 있는 시간을 얻기 위해 스톡브리지에갔다는 것도 잘못된 해석이라고 주장한다. 오히려 니콜라스는 스톡브리지에서 에드워즈가 사역하는 동안 무엇을 저술했느냐보다 에드워즈가 스톡브리지에서 인디언 가운데 그들과 함께 무엇을 했는지에 초점을 맞춰야 한다고 말한다.

목회지로 보장된 자리였다. 노샘프턴의 성도 중에는 에드워즈를 쫓아 내는 것을 반대하여 그곳에서 새로운 교회를 시작하자고 간청하기도 했다.[35] 그러나 에드워즈는 거절했다.[36]

이후 스코틀랜드(Scotland)에서도 사역 제안이 있었다.[37] 에드워즈는 스톡브리지로 이주한 후에도 버지니아(Virginia) 루넨버그(Lunenburg)로부터 청빙을 받았다.[38] 분명한 것은 에드워즈에게는 여러 선택의 길이 분명히 있었다. 혹자들이 주장하는 것처럼 갈 곳이 없어 부득불하게 갔다는 것은 설득력이 떨어진다. 에드워즈는 다른 편한 자리가 있었음에도 불구하고 스톡브리지 인디언 선교지를 택한 것은 그곳에서 하나님의 새로운 과업을 기대했기 때문이다.[39]

조나단 깁슨(Jonathan Gibson)은 에드워즈의 삶과 행동을 형성한 신학적 패러다임이 선교가 하나님의 영광을 위한 절대적 중심이 되는 것으로 보았다[40]는 말이 설득력을 얻는다.

스톡브리지에 도착하기 오래전부터 에드워즈는 미국 원주민 인디언 가운데 행하신 일이 세상 끝에 있을 성령의 큰 사역의 '전조'일 수 있다고

---

35 Marsden, *Jonathan Edwards: A Life*, 364-65.
36 Marsden, *Jonathan Edwards: A Life*, 365. Masden explains Edwards' friends were organizing a movement to start a new local church with him, but Edwards had no intention of starting a new church in Northampton, although he kept the possibility open at the urging of loyal supporters and his two daughters. Masden was apparently a little apprehensive about moving his family to the border town of Stockbridge. He suggested that an ad hoc council of ministers be convened to meet in May to discuss what to do. In the end, Edwards said he would rather go to Stockbridge than remain in Northampton and be led by a small group of supporters. The council met as scheduled and recommended that Edwards accept the call to Stockbridge.
37 이상현, 『조나단 에드워즈의 신학』 (서울: 부흥과개혁사, 2008), 497.
38 Jonathan Edwards, *Letter to Reverend John Erskine*, WJE: *Letters and Personal Writings* (Northampton August 31, 1748), 16:356. Winslow, *Jonathan Edwards 1703-1758*, 243.
39 Kenneth P Minkema, "Jonathan Edwards: A Theological Life," *The Princeton Companion to Jonathan Edwards* (2005): 12.
40 Gibson, "Jonathan Edwards: A Missionary?," 377-98.

생각해 왔다. 에드워즈가 인디언 선교에 관심을 가지게 된 것은 스토다드와 브레이너드의 자극 때문이었다.[41]

에드워즈는 노샘프턴교회에서 사역을 할 때부터 선교에 관심이 있었고, 선교일에 참여해 왔다.[42] 에드워즈가 선교에 관심[43]을 가지게 된 것은 1730년 중반으로 거슬러 올라간다. 에드워즈가 처음으로 인디언 선교에 관련된 것은 1734년이었다. 에드워즈의 인디언 선교에 대한 관심은 매사추세츠 서부 지역에 거주하고 있었던 후사토닉 인디언(Housatonic Indians)에 관한 문제로, 존 스토다드(John Stoddard)의 노샘프턴 집에서 모이는 모임에 참석하면서 시작된 것이다.

이 모임으로 인해 '스톡브리지 선교'(Stockbridge Mission)가 시작되었다.[44] 그 결과로 에드워즈의 목사관에서 공부했던 존 사전트(John Sergeant)를 첫 선교사로 보내기로 결정한 것이다.[45] 다른 초기의 인디언 선교사들은 에드워즈의 목사관에서 공부하거나 에드워즈와 함께 교회에 다녔다. 선교에 대한 에드워즈의 관심은 소극적인 것이 아니었다. 이 때문에 보스턴의 선교회 위원들은 에드워즈를 선교사 훈련자로 인식하고 있었다.[46]

---

41 Michael McClymond, and Gerald McDermott, 『한 권으로 읽는 조나단 에드워즈 신학』 (*The Theology of Jonatha Edwards*), 임요한 옮김 (서울: 부흥과개혁사, 2015), 702.

42 Paul, *Jonathan Edwards and the Stockbridge Mohican Indians*, 92.

43 David J. Bosch, 『변화하고 있는 선교』(*Transforming Mission*), 장훈태·김병길 옮김 (서울: CLC, 2010), 215-24. 보쉬는 그의 명저인 이 책의 4장에서 사도 바울의 선교 동기를 다루면서 세 가지를 제시했다. 그것은 관심, 책임, 감사이다. 이방인들이 우상에서 돌아서서 살아계신 하나님께 돌아오는 것, 즉 구원을 받는 것에서 관심이 유발되었다고 했다. 에드워즈의 경우도 데이비드 브레이너드의 생생한 인디언 선교 이야기를 듣고 그의 일기를 통해 선교에 관심을 가지게 되었다. 브레이너드를 통해 인디언이 주께로 돌아와 하나님께 영광을 돌리는 이야기에 끌려 그의 인디언 선교에 대한 관심이 더해진 것이다.

44 Davies, "Prepare Ye the Way of the Lord the Missiological Thought and Practice of Jonathan Edwards (1703-1758)," 178.

45 Davies, "Prepare Ye the Way of the Lord the Missiological Thought and Practice of Jonathan Edwards (1703-1758)," 178.

46 이상현, 『조나단 에드워즈의 신학』, 480.

또한, 에드워즈는 1743년부터 1747년대 중반까지 스톡브리지 기숙학교의 후원자였고,[47] 노샘프턴교회 성도들은 1740년대 중반에 에드워즈의 관심대로 스톡브리지의 사역을 크게 지원했다. 이 모든 일은 에드워즈가 노샘프턴교회를 사역할 때 이미 시작된 일이었다.[48] 이처럼 에드워즈는 17년 동안 스톡브리지 인디언 선교와 깊은 인연을 맺어 온 것이다.

따라서 노샘프턴교회를 사임하고 갈 곳이 없어 어쩔 수 없이 스톡브리지로 갔다는 것은 타당하지 않다. 에드워즈가 스톡브리지로 가게 된 것은 에드워즈의 선택이었고 인디언 선교사가 되기를 원했기 때문이다.[49] 따라서 17년 동안 관심을 가졌던 스톡브리지 인디언 선교지를 간 것은 하나님이 주신 기회였으며, 그는 하나님의 섭리로 받아들이고 그곳으로 간 것이 자연스러운 일이라고 할 수 있다.

또한, 에드워즈가 인디언 선교에 연결된 것은 데이비드 브레이너드(David Brainerd, 1718-1747)와 관련이 있다.[50] 에드워즈가 관심이 있었던 증거는, 자신의 건강도 돌보지 않고 헌신적으로 선교했던 브레이너드의 생애와 일기를 출판한 것에서 찾을 수 있다. 그가 인디언 선교에 관심이 있었는데, 하나님은 이때 브레이너드를 만나게 하신 것이다.

브레이너드는 카우나우믹(Kaunaumeek) 지역에서 인디언 원주민 선교 활동을 하던 중 열악한 환경과 과로로 인해 몸이 쇠약해졌고, 결국 폐결핵으로 악화된 상태에서 에드워즈의 집에서 머물게 되었다. 이때 에드워즈는 브레이너드와 많은 대화와 교제를 나눌 수 있었다.

47　Jonathan Edwards, *Letters and Personal Writings* (*WJE Online Vol. 16*), ed. George S. Claghorn (New Haven, CT: Yale University Press, 1957), 16:18-19.
48　Hart, Lucas, and Nichols, 『조나단 에드워즈의 유산』, 77.
49　McFadden, "Amidst the Great Darkness the Practical Missiology of Jonathan Edwards at Stockbridge, 1751-1758," 3.
50　Davies, "Prepare Ye the Way of the Lord the Missiological Thought and Practice of Jonathan Edwards (1703-1758),"178.

더글라스 스위니(Douglass Sweeney) 교수의 말대로 에드워즈는 브레이너드의 멘토였다.[51] 병마와 사투하던 브레이너드는 1747년 10월 9일, 헌신적으로 간호하던 에드워즈의 딸 제루사와 에드워즈의 가족들을 떠나 하나님의 품에 안기게 된다.

에드워즈는 브레이너드 선교사의 헌신적인 선교적 삶을 통해 하나님의 영광을 드러내고 있음을 보았다.[52] 자신의 건강도 돌보지 않으면서 하나님의 영광을 위해 자신을 드린 그의 삶은 에드워즈에게 있어서 큰 도전이자 감동이었다. 에드워즈는 브레이너드를 만나면서 인디언 선교에 구체적으로 관심을 가지게 된 것이다.

브레이너드는 에드워즈에게 인디언 선교의 중요성을 보다 확고하게 일깨워준 인물이었다. 에드워즈는 브레이너드의 죽음을 통해 인디언에게 복음을 전해야 한다는 것을 인식했다.[53] 에드워즈가 브레이너드의 삶을 책으로 출판한 것은 그가 인디언 선교에 관심이 있었다는 분명한 증거가 되는 것이다.

따라서 어떤 이들의 말처럼 에드워즈가 위안을 구하거나 노샘프턴에서 도피하기 위하여 스톡브리지 선교지로 갔다는 생각하는 것은 잘못된 오해이다. 오히려 어떤 면에서 스톡브리지는 찰스 채니(Charles Chaney)의 표현대로 그에게 '생지옥'이었는지도 모른다. 비록 에드워즈는 선교의 중요성을 확신했고 인디언에 대한 애정 어린 마음도 품게 되었지만 그곳에서의 생활은 어려웠던 것이다.[54]

---

51 Sweeney, and Strachan, 『하나님을 사랑한 사람, 조나단 에드워즈』, 135.
52 Earl Ronald MacCormac, *The Transition from Voluntary Missionary Society to the Church as a Missionary Organization among the American Congregationalists, Presbyterians, and Methodists* (Yale University, 1961), 222. 에드워즈는 이방인들에게 복음이 전파되는 길을 여는 것을 하나님의 특별하고 영광스러운 일로 보았다.
53 McFadden, "Amidst the Great Darkness the Practical Missiology of Jonathan Edwards at Stockbridge, 1751-1758," 3.
54 McClymond, 『한 권으로 읽는 조나단 에드워즈 신학』, 710.

스티븐 닐(Steven Neill)의 말처럼, "선교 사역은 이 세상에서 가장 어려운 일이다."[55] 만일 에드워즈가 자신의 위안이나 구하고 조용한 장소만을 원했더라면 그는 그곳에 가지 않았을 것이다. 왜냐하면, 그 당시 스톡브리지는 식민 정착민들과 원주민 인디언의 갈등으로 혼란스러웠기 때문이다.

또한, 에드워즈가 스톡브리지로 이주한 것은 인디언 선교 활동에 별다른 관심을 기울이지 않고 주로 자신의 지적 연구에 몰두하여 신학 및 철학 논문 작성에 많은 시간을 할애했다는 인상을 흔히 받아 왔다.[56] 에드워즈가 학문적 연구를 좋아하고 홉킨스(Samuel Hopkins)가 말한 대로 학문적 연구에 몰두하는 경향이 있는 것은 부인할 수 없다.[57]

그러나 에드워즈가 스톡브리지 선교지로 이주한 이유가 그를 미국 역사상 가장 위대한 철학자요 신학자라는 명성을 얻게 해 준 『의지의 자유』, 『원죄』 등과 같은 글을 쓸 수 있는 시간을 확보하기 위해서라는 것은 잘못된 해석이다.[58]

물론, 에드워즈의 저작이 스톡브리지에 있는 동안 크게 증가한 것은 사실이다. 왜냐하면, 교인이 400여 명이 넘고 목회 부담이 많았던 노샘프턴에 비해, 스톡브리지는 150명 정도로 에드워즈가 오랫동안 간절히 원했던 연구할 시간을 확보할 수 있었기 때문이다.

그러나 스티븐 니콜스(Stephen J. Nichols)가 말한 대로 에드워즈가 단순히 글 쓸 시간을 얻기 위해 스톡브리지에 갔다는 견해는 에드워즈의 사상과 행동을 이해하는데 인디언 사역 7년 동안의 기간의 가치를 놓치고, 에드워즈가 행한 스톡브리지 인디언 사역의 중요성을 간과하는 일이다.[59] 에드

---

55 Stephen Neill, *Call to Mission* (Philadelphia: Fortress Press, 1970), 24.
56 Henry Bamford Parkes, "Jonathan Edwards: The Fiery Puritan" (1931): 213.
57 Hopkins, *Memoirs of the Rev. Jonathan Edwards*, 108.
58 Hart, Lucas, and Nichols, 『조나단 에드워즈의 유산』, 77.
59 Hart, Lucas, and Nichols, 『조나단 에드워즈의 유산』, 78.

위즈가 스톡브리지에서 있는 동안 무엇을 저술했는가 하는 입장이 아니라 에드워즈가 스톡브리지에서 모히칸 인디언을 위해 무엇을 했는지 입장에서 살펴보아야 할 것이다.[60]

이상에서 살펴본 것처럼 에드워즈가 스톡브리지 선교를 가게 된 동기는 단순히 사역지가 없어 간 것도 아니고, 위안을 구하거나 도피처로 간 것도 아니며, 글을 쓰기 위해 시간을 확보하려 간 것도 아니었다. 우리가 살펴본 것처럼 인디언 선교에 대한 에드워즈의 관심은 꾸준히 있었다고 보는 것이 타당하다.[61]

에드워즈는 목회에서도 그랬고, 두 차례 부흥을 경험하면서도 그랬으며, 인디언 선교를 통해서도 하나님의 영광을 드러내고자 했다. 에드워즈는 오랫동안 인디언 선교에 관심을 가져왔으며, 하나님의 섭리로 브레이너드를 만나게 되어 인디언 선교에 더 관심을 갖게 되었다.

에드워즈는 하나님께서 행하시는 인디언 선교야말로 마지막 시대를 예비하는 선구적이고 준비적 단계라고 확신하고 있었다. 그러므로 에드워즈의 스톡브리지 선교는 어느 날 갑자기 일어난 일이 아니라, 17년 동안 관심을 가져온 결과였다. 그리고 브레이너드의 헌신적인 삶과 선교 사역을 통해 깊은 감명을 받고, 평소에 관심이 있었던 인디언 선교에 대한 실천이었다.

하나님이 하시는 일에는 실수가 없으시다. 에드워즈가 노샘프턴교회를 떠나게 된 것은 유감스러운 일이지만, 결과적으로 볼 때 그것은 자신과 교

60　Murray, *Jonathan Edwards: A New Biography*, 394-95. 머레이는 인디언 사이의 선교 사업에 대한 에드워즈의 관심을 보여 주는 또 하나의 요점은 그가 언젠가 소년이 선교사가 되기를 희망하면서 9살짜리 아들 조나단 주니어(Jonathan Jr.)를 기드온 하울리(Gideon Hawley)와 함께 수스케하나 강변(On the Susquehanna River)에 오노호콰티아(Onohoquatia)로 보내 모호크어를 배웠다는 것이라고 주장한다.

61　Davies, "Prepare Ye the Way of the Lord the Missiological Thought and Practice of Jonathan Edwards (1703-1758)," 9.

회를 위해서 축복이었는지도 모른다.

사무엘 홉킨스(Samuel Hopkins)는 에드워즈의 스톡브리지로 간 것을 다음과 같이 하나님이 하신 일이라고 평가한다.

> 그렇게 그의 정직함과 신실함이 노샘프턴에서 충분히 시험을 받은 후, 하나님은 그에게 폭풍이 지나간 후 더욱 달콤하고 평온한 피난처를 제공해 주었다. 그리고 그곳에서 그는 하나님이 그에게 맡기신 중요한 일을 추구하고 완성할 수 있는 더 좋은 기회를 얻었다. 그래서 자신의 판단뿐만 아니라 다른 사람들의 판단에서도 더 이상 쓰임받지 못한 것처럼 그의 유용성이 끊어진 것처럼 보였을 때, 그는 그 어느 때보다도 더 큰 일의 기회를 찾게 되었다.[62]

에드워즈는 노샘프턴을 떠남으로써, 그처럼 오랫동안 자신을 괴롭혔던 교회 안팎의 적대적인 사람들로부터 벗어나 회복의 기회를 맞이했다. 그뿐만 아니라 자신의 사상을 체계화하고 정리할 수 있는 시간적 여유도 생긴 것이다. 결국, 그가 노샘프턴교회 목회를 마감하고 스톡브리지로 인디언 선교 사역을 위해 부임한 것은 찰스 채니(Charles Chaney)의 말대로 하나님의 영광을 드러내기 위한 하나님의 섭리였다.[63]

이제 하나님의 섭리에 따라 부임한 에드워즈가 스톡브리지에서 수행한 선교 사역에 대해 자세히 고찰해 보자.

---

[62] Hopkins, *Memoirs of the Rev. Jonathan Edwards*, 172. Thus, after his uprightness' and faithfulness had been sufficiently tried at Northampton, his divine Master provided for him a quiet retreat, which was rendered the more sweet by the preceding storm; and where he had a better opportunity to pursue and finish some important work which God had for him to do: so that when in his own judgment, as well as that of others, his usefulness seemed to be cut off, he found greater opportunities of service than ever.

[63] 양낙홍, 『조나단 에드워즈 생애와 사상』, 671-73.

2. 에드워즈의 인디언 선교 사역 고찰

스톡브리지는 선교지였다. 에드워즈는 1751년부터 1758년까지 스톡브리지에서 인디언 선교 사역에 헌신하였다. 에드워즈는 1751년 6월 1일 스톡브리지 선교사로 부임했다. 하나님의 섭리로 그곳에 도착한 에드워즈는 만만치 않은 스톡브리지의 현실을 만나게 된다. 밖으로는 프랑스와 인디언 동맹 간의 전쟁으로 어수선했고[64] 내부적으로는 윌리엄스 가문의 착취와 분쟁으로 선교 사역을 감당하는 데 어려움이 많았다. 뉴잉글랜드 이주민들과 이미 그곳에 살고 있는 원주민들과 관계도 좋지 않았다. 조지 마즈던은 이것이 가장 치명적인 실수라고 보았다.[65]

밴 엥겐은 『개혁하는 선교신학』(Transforming Mission Theology) 제14장에서 이주민 선교신학을 다룬다. 이주민은 "파트너, 동역자, 열국을 향한 하나님의 선교에 참여하는 자"이며 "이주민은 인류 역사의 창조에 기여하고 모든 민족에게 하나님의 은혜를 전하는 도구"라고 정의한다.[66]

---

64 Hopkins, *Memoirs of the Rev. Jonathan Edwards*, 170-71.
65 Marsden, 『조나단 에드워즈 평전』, 37. 프랑스와의 전쟁 직후, 식민지 국경 지대에 인디언의 무서운 침공이 있었다. 1675-1676년 동안 가장 많은 사상자를 낸 필립 왕의 전쟁은 평화로운 관계와 성공적인 선교를 이룰 수 있는 기회를 날려 버렸다. 생존한 인디언 가운데 많은 사람이 프랑스 군대와 가톨릭 예수회선교회로 들어갔다. 프랑스 이주민들은 그 수가 적어 인디언을 쫓아 내지 않았기 때문에, 그들과 대체로 좋은 관계를 유지하였고 선교 사역도 더 효과적으로 할 수 있었지만, 뉴잉글랜드 이주민은 그렇지 못했다.
66 Charles E. Van Engen, 『개혁하는 선교신학』(Transforming Mission Theology), 임윤택·서경란 옮김 (서울: CLC, 2021), 397-418. 밴 엥겐은 하나님의 선교 도구로 이주민에 관한 성경적 관점 네 가지 역할을 제시하고 있다.
첫째, 모든 민족들을 향한 하나님의 선교에 참여하도록 동기를 부여하기 위해서다.
둘째, 모든 민족을 향한 하나님의 선교 대리인으로서의 이주민의 역할이다. 셋째, 이주민은 모든 민족을 향한 하나님의 선교의 수단이다.
넷째, 이주민은 모든 민족을 향한 하나님의 선교의 목표이다.
밴 엥겐은 이 네 가지 역할을 이해할 때 교회가 베드로전서 2장에 표현된 대로 "왕같은 제사장", "거룩한 나라", "하나님의 소유된 백성"으로 표현된 선교적 비전을 더 이해하

에드워즈가 스톡브리지에 갔을 때 먼저 온 이주민들은 이 역할을 잘 하지 못했다. 하나님의 은혜를 전하는 도구가 되지 못하고, 오히려 착취와 탐욕으로 원주민들의 파트너가 되지 못하고 신뢰를 얻지 못한 상황이었다.

〈그림 30〉 스톡브리지 에드워즈 가족 주택[67]

이런 상황 속에서 에드워즈는 대가족을 부양해야 하는 현실적인 부담감도 가중되었다. 스톡브리지에서 에드워즈 가족의 생활은 힘들었다. 사라와 딸들은 실크 종이로 장식 달린 부채를 만들어서 가족의 생계를 도왔다. 이렇게 내우외환으로 스톡브리지에서의 에드워즈는 선교 사역을 감당하기가 쉽지는 않았다. 안팎으로 어려움이 있었음에도 에드워즈가 선교의 사명에 열렬히 헌신하는 것을 막지는 못했다.[68] 에드워즈는 하나님의 섭리에 따라 스톡브리지 선교지로 오게 되었으며, 그곳에서 선교사로서의 사명을 묵묵히 수행하며 선교 사역을 감당했다.

게 될 것이라고 보았다.
67 Murray, *Jonathan Edwards: A New Biography*, 371.
68 McClymond, 『한 권으로 읽는 조나단 에드워즈 신학』, 711.

그러면 에드워즈가 스톡브리지에서 감당한 선교 사역을 살펴보자. 대부분의 역사가들이나 연구자들은 에드워즈의 스톡브리지 인디언 사역을 비중 있게 다루지 않고 무시하거나 간과했다. 오히려 그들은 에드워즈가 스톡브리지에 머물면서 쓴 저술들에 더 관심을 보이고 있다. 그 이유는 에드워즈가 인디언 언어를 배우지 못했기 때문에 그의 사역도 제한적일 수밖에 없었다는 것이다.[69]

하지만, 이런 평가는 에드워즈가 스톡브리지에서 펼친 선교 사역을 살펴보면 잘못된 것임을 알 수 있다. 에드워즈의 스톡브리지 선교 사역을 연구했던 스티븐 니콜스(Stephen Nichols)는 "에드워즈의 스톡브리지 사역은 대부분의 역사가들이나 연구자들에게 흔히 무시되거나 심지어 버려졌다"[70]고 안타까움을 나타냈다.

에드워즈의 인디언 선교 사역이 비록 역사가들이나 연구가들의 관심을 덜 받았지만, 그의 인디언 선교 사역은 결코 무시할 수 없는 중요한 사역들이었다. 레이첼 힐러(Rachel Margaret Wheeler)는 〈희망에 기대어 살다: 마히칸족과 선교사들, 1730~1760〉(*Living Upon Hope: Mahicans and Missionaries, 1730-1760*) 논문에서 3장 전체를 할애하여 에드워즈의 스톡브리지 선교 사역을 비중 있게 다루었다.[71] 그는 스톡브리지 인디언과 에드워즈를 다루면서 에드워즈의 역할을 다섯 가지로 조명하고 있다.

그는 에드워즈가 스톡브리지에서 설교자, 선교사, 교사, 목사, 대변자로 사역했음을 강조하고 있다. 이런 점에서 볼 때 에드워즈가 스톡브리지 선교지에서 헌신한 사역은 선교사로서 다양한 역할을 감당했다고 볼 수 있다. 그러므로 선교지인 스톡브리지에서 보낸 7년은 더 많은 관심과 연구가 필요한 부분이며 에드워즈의 사역에 있어서 무시될 수 없는 중요한 부

---

69 Hart, Lucas, and Nichols, 『조나단 에드워즈의 유산』, 81.
70 Hart, Lucas, and Nichols, 『조나단 에드워즈의 유산』, 89.
71 Wheeler, "Edwards as Missionary," 133-211을 참고하라.

분을 차지한다고 볼 수 있다.

필자는 에드워즈가 스톡브리지에서 헌신한 다양한 역할을 세 가지 측면에서 고찰하고자 한다. 에드워즈의 7년 동안의 스톡브리지 인디언 선교 사역은 크게 세 가지로 정리할 수 있다. 그것은 인디언의 권익과 권리를 위해 불의와 싸우는 일과, 인디언의 문맹을 깨우치기 위해 학교를 통해 교육시키는 사역과 하나님의 말씀을 전하는 설교 사역이었다.

1) 대변자로서의 인디언 선교사

폴 히버트(Paul G Hiebert)는 현지인을 억압하고 우월 의식을 가진 식민 정책과 관련하여, 현지인이 선교사를 순수하게 받아들이지 못하는 이유를 다음과 같이 말했다.

> 식민 정책과 연관되는 것은 세계 많은 지역의 문을 열어 주는 방편이었다. 그러나 현지인들이 선교사를 순수한 '선교사'로 인식하는 것을 어렵게 만들었으며, 현지 문화와 정치 제도와 밀착되지 못하고 거리감 있는 복음을 전하게 만들었다. 이런 지역에서 시작된 교회들은 종종 현지인을 압박하기 위한 식민 정부의 도구로 낙인찍혔다. 그래서 현지인들은 선교사를 추종하는 현지 그리스도인에 대해 식민적 전초 기지를 제거하여 민족 자치 정신과 민족주의 정신을 고취하는 데 걸림돌이라고 여겼다.[72]

순수하지 못한 동기를 가지면 현지인들은 선교사들을 불신하게 된다. 에드워즈가 선교한 스톡브리지 선교지의 인디언도 윌리엄스 일가 선교사들을 불신하게 되었던 것이다. 에드워즈는 그들과의 신뢰를 회복하고 그

---

[72] Hiebert, 『선교와 문화 인류학』, 367.

들의 입장과 이익을 위해 싸우고 사역을 감당한 인디언 선교사였다.

폴 히버트는 선교사가 메시지를 전달하려면 현지인들과 신뢰 관계의 중요성을 강조했는데 그는 다음과 같이 말한다.

> 사람을 설득하려면 먼저 자기 자신을 극복해야 하며, 사랑과 신뢰를 바탕으로 관계를 세워 나가야 한다. 사람들이 전달자를 불신한다면, 전달자가 전하는 메시지도 불신할 것이다.[73]
>
> 선교사와 현지 비그리스도인의 관계는 선교 사역에서 가장 중요한 핵심이다. 이 관계는 가장 오해되기도 하고 오용되기도 한다. 양자 관계의 특징은 교회의 사회구조에서 생기는 문제라기보다, 선교사와 현지 비그리스도인이 서로를 부정적으로 판단하고 부정적인 자세를 취했기 때문에 일어난다. 선교사는 관계를 새롭게 만들어 내는 사람들이다.[74]

에드워즈는 인디언과 신뢰 관계에서 사역하려고 노력했다. 에드워즈의 인디언 선교 사역 중의 하나는 인디언의 권익과 보호하는 일이었다.[75] 에드워즈가 인디언 권익을 위해 사역을 하려면 신뢰 관계 없이는 어려운 일이었다.

노샘프턴의 복잡한 목회 현장을 떠나, 에드워즈는 1751년 6월에 스톡브리지에 도착했다. 하지만, 이곳은 편안한 곳이 아니었다. 스톡브리지는 프랑스와 인디언 동맹과의 식민지 전쟁에서 생겨난 난민들과 병사들로 가득했다. 게다가 선교는 에드워즈를 노샘프턴교회에서 몰아내는 데 앞장선 윌리엄스 가문과의 거듭된 분쟁으로 인해 엉망이 된 상황이었다.[76]

---

73 Hiebert, 『선교와 문화 인류학』, 356.
74 Hiebert, 『선교와 문화 인류학』, 365.
75 Paul, *Jonathan Edwards and the Stockbridge Mohican Indians*, 92. 에드워즈는 스톡브리지에서 영국인과 모히칸 회중들을 위한 목회 사역을 잘 감당했을 뿐만 아니라 인디언의 권리(Indians' rights)를 보호하기 위해서도 싸워야 했다.
76 이상현, 『조나단 에드워즈의 신학』, 481.

인디언 선교사로서 그동안 사역을 감당했던 사람은 존 사전트(John Sergeant)였다. 사전트는 스톡브리지 인디언의 호감을 잃게 만드는 두 가지 선택을 했다. 그는 1739년 최초의 '모범' 가족 중 하나였던 에브라임 윌리엄스(Ephraim Williams)의 딸인 아비가일(Abigail) 윌리엄스와 결혼하면서 인디언을 소외시켰다.

에드워즈는 인디언이 "사전트가 아비가일과 결혼하기 전까지는 아주 잘했지만, 그 이후에는 그에게 큰 변화가 생겨 완전히 다른 사람이 되었다"라고 생각했다고 보고했다. 그들은 아비가일을 '교만하고 탐욕스러우며 믿을 수 없는 사람'으로 여겼다. 또한, 그녀는 아이작 홀리스(Isaac Hollis)의 자금에 대한 재정적 통제권을 상당 부분 맡았던 것으로 보이며, 돈에 대해 더 대담해졌다.[77]

사전트는 1749년 갑작스럽게 하나님의 부름을 받았다. 그가 죽음으로 기숙사 학교의 통제권은 자연스럽게 윌리엄스 가족에게 넘어갔다. 1749년 12월, 윌리엄스 대령은 뉴잉글랜드 회사의 보스턴선교회로부터 기숙학교 완공을 위한 기금을 지원받았다. 마틴 켈로그(Martin Kellogg)는 스톡브리지 소년들과 함께 돌아와 기숙학교를 완공했다.[78]

사전트의 갑작스러운 죽음은 또한 그가 남기고 간 218명의 모히칸족 인디언에게는 큰 혼란과 불신을 야기시켰다. 모호크족은 당시 기숙학교에서 자녀를 교육시켜 준다는 약속을 믿고 왔지만, 윌리엄스 가문의 조종을 받으며 사전트의 미망인 아비가일로부터 후원을 받고 있던 마틴 켈로그(Martin Kellogg)는 그 약속을 지키지 않았다. 게다가 켈로그가 모호크족이 신뢰하는 자신의 후임자 기드온 홀리(Gideon Hawley)의 의견도 무시하자 모호크족 절반이 그곳을 떠나게 되었고, 1753년 말에는 모호크족 전체

---

77 Wheeler, "Edwards as Missionary," 141.
78 Wheeler, "Edwards as Missionary," 141.

가 그곳을 떠나게 되었다.[79]

스톡브리지에서 그에게 맡겨진 첫 번째 과제는 영국인들이 인디언의 땅을 빼앗고 인디언의 주민 모임(Town Meeting) 참여권을 박탈하지 못하도록 하는 일이었다. 이 일에는 인디언이 겪고 있던 학대와 멸시에 직면하여 선교지의 인디언을 지켜야 한다는 과제도 포함되어 있었다.[80] 에드워즈는 어려운 사역을 물려 받았고 인디언의 권익과 보호를 위해 일하는 것이 하나의 사역이 되었다. 에드워즈는 정착민들이 행하는 불의를 간과할 수 없었다.[81]

에드워즈는 스톡브리지에서 인디언 문제의 수호자로 활동했으며, 그의 과제 중 하나는 윌리엄스 가문과의 복잡한 관계를 관리하는 것이었다. 윌리엄스 대령은 마을 사회자로서 인디언과 토지 분배 문제로 종종 충돌했고, 에드워즈는 인디언이 대령에 대해 부정적인 의견을 가지고 있음을 보고했다.[82] 에드워즈는 스톡브리지의 교육 인프라와 인력 관리에도 도전을 받았으며, 특히 선교회 리더십[83]과 협력해야 했다. 스톡브리지의 복잡한 사회적 동맹에서 에드워즈는 인디언의 권리를 옹호하는 데 헌신했고, 이를 통해 행정가로서의 역량을 발휘했다.[84]

---

79 이상현, 『조나단 에드워즈의 신학』, 481.
80 이상현, 『조나단 에드워즈의 신학』, 54.
81 Marsden, 『조나단 에드워즈 평전』, 586-87.
82 Gibson, "Jonathan Edwards: A Missionary?," 393.
83 Marsden, *Jonathan Edwards: A Life*, 375. Gibson. John Sergeant was the first missionary at Stockbridge, managing Indian schools and missionary activities with his wife, Abigail. They received support from the New England missionary association, and Abigail later became the head of a girls' boarding school. These schools were initially funded by British sponsors and later by state funds. Upon Edwards' arrival in Stockbridge, he raised concerns about the Sergeants' mission approach and financial management, which led to tensions. Edwards reported that the Sergeants were unfair in land distributions with the Indians, and this conflict extended to Edwards' efforts to reform the educational and financial administration of the schools.
84 Gibson, "Jonathan Edwards: A Missionary?," 394.

에드워즈는 자기 세력 확대를 위해 스톡브리지 선교 사역을 뒤에서 조종하고 있는 탐욕스러운 백인들에 맞서 인디언을 보호하는 일에 상당한 시간과 노력을 기울였다.[85] 사람들의 비방에도 불구하고 에드워즈는 이들의 권익을 위해 런던과 보스턴에 수많은 서신을 보내 인디언을 위해 인디언의 교육권과 재판권을 호소했다. 또한, 매사추세츠 의회 의장에게 편지를 보내, 의회가 후사토닉족(백인들이 스톡브리지에 사는 인디언에게 붙여준 이름)과의 조약 내용을 준수할 것을 촉구하기도 했다.

1755년 에드워즈가 자신의 친구이자 서신 왕래를 자주 하던 존 어스킨(John Erskine, 1703-1768)에게 보낸 편지에서 위험에 처한 스톡브리지의 상황을 설명하면서 기도 부탁을 한 내용을 보면, 에드워즈가 얼마나 인디언의 권익을 위해 노력했는지를 알 수 있다.

> 첫 번째 식민지 정착이 이루어진 이래 아메리카에서 영국의 지배에 대해 가장 위태로운 시기였다. 어두운 구름이 우리 뒤에 드리워진 것 같다. 우리는 친구들의 기도가 필요하다.[86]

역사학자 라이온 마일즈(Lion G. Miles)는 개척민들이 아메리카 인디언에게 땅을 사고, 알게 모르게 그들을 뉴잉글랜드 밖으로 이주시킨 것에 관심을 가졌는데, 그의 연구를 보면 에드워즈가 인디언의 권익을 보호하고 그들을 위해 얼마나 노력했는지를 알 수 있다고 했다. 마일즈는 1759년부터

85　Hart, Lucas, and Nichols, 『조나단 에드워즈의 유산』, 97. 에드워즈는 아메리카 인디언의 문화에 깊은 관심을 기울였고, 특별히 인디언의 정체성 중에 토지의 중요성을 인식하고 있었다. 에드워즈는 아메리카 인디언의 이익을 가장 먼저 고려했다. 에드워즈가 평지에서 인디언과 함께 살았던 것은 에드워즈가 그들을 존중했다는 분명한 증거이다. 게다가 에드워즈는 다른 영국인들과 달리 그 시대에 만연했던 인디언에 대한 착취를 거부했다 오히려 에드워즈는 자신의 이익만을 추구하는 사람들을 공개적으로 책망하기도 했다.

86　Hart, Lucas, and Nichols, 『조나단 에드워즈의 유산』, 81.

1774년 사이에 "대단위 토지 탈취"에 대해 언급하고 있다. 재미있는 것은 에드워즈가 사역했던 1751년에서 1758년까지의 기간은 침묵하고 있다는 것이다. 이것은 에드워즈의 감시 때문에 토지 착취가 거의 없었음을 보여주고 있다. 또한, 이는 스톡브리지 인디언을 대하는 에드워즈의 태도를 증거하는 것이다.[87]

에드워즈가 스톡브리지 인디언을 대하는 태도는 그의 전임자 존 사전트나 다른 정착민들이 산등성이나 또는 인디언의 천막과 오두막집에서 떨어진 곳에 집을 마련한 것과 달리, 인디언이 사는 평지에 사택을 둔 것에서도 분명히 볼 수 있다. 에드워즈는 인디언 사이에서 살았던 최초의 정착민이 되었다. 그는 날마다 인디언에게 노출되며, 그들과 상호작용하면서 살았던 것이다.[88] 에드워즈의 이런 모습은 예수께서 보여주신 성육신적 선교사역[89]의 본을 따르는 것이었으며, 참된 선교사의 모습이라 할 수 있다.

---

87 Lion G Miles, "The Red Man Dispossessed: The Williams Family and the Alienation of Indian Land in Stockbridge, Massachusetts, 1736-1818," *The New England Quarterly* 67, no. 1 (1994): 46-76.
88 Marsden, 『조나단 에드워즈 평전』, 567. 에드워즈의 가족들은 스톡브리지를 좋아했다. 노샘프턴에서의 긴장과 고통의 시간을 지나 모처럼 이곳에서 평안을 되찾았다. 인디언도 에드워즈 가족을 좋아했다. 자녀들도 인디언과 잘 어울렸다. 스무살이 된 딸 에스더는 인디언 남자들의 도움을 받아 스키도 즐겼다. 여섯살 난 조나단 에드워즈 주니어는 인디언 놀이친구가 있었는데, 집 밖에서 함께 놀 때는 영어를 사용하지 않았다. 그는 인디언 아이들과 친구가 되고 인디언 말을 배우려고 노력했다. 그 결과 어린 아들 조나단 주니어는 인디언 언어를 거의 완벽하게 구사 할 수 있었다. Edna Gerstner, 『조나단 에드워즈의 영적 생활』(*Jonathan and Sarah an Uncommon Uion*), 황규일 옮김 (서울: CLC, 1999), 24. 이런 점에서 에드워즈 가족은 현지인들과 함께 어울리고 배우고 사랑하는 마음을 가진 성육신의 태도를 가졌던 것이다.
89 Paul G. Hiebert and Eloise Hiebert Meneses, 『성육신적 선교 사역』(*Incanational Ministry*), 안영건·이대헌 옮김 (서울: CLC, 1998), 415-16. 폴 히버트는 성육신 선교와 관련하여 다음과 같이 말한다. "선교 사역에 있어 우리는 성경 본문과 인간적 상황을 넘어서는 이해를 해야 할 것이다. 우리는 사람들의 다양한 삶의 현장 속에서 거룩한 계시를 선포해야 한다. 바로 이 부분에서 성육신은 우리가 사역에 입할 때 좋은 모델이 된다. 완전하신 창조주께서 불완전한 인간을 구원하시기 위해 인간의 몸을 입고 성육신하신 것처럼 , 거룩한 계시도 인간의 언어와 문화 속에서 육신을 입어야 만 한다. 예수 그리스도께서 특정 시대와 환경 속에서 생활하시기를 선택하셨던 것처럼 , 우리의

폴 히버트(Paul G. Hiebert,)는 성육신적 태도에 대해 다음과 같이 말했다.

> 궁극적으로 동일화는 단지 우리가 현지인들처럼 살거나 현지 사회 구조에 속한다고 이루어지는 것은 아니다. 동일화는 현지인을 향한 우리의 태도에서 시작된다. 그들의 주거 양식에 따라 살고, 그들의 권위 아래 일하며, 우리 자녀를 그들의 자녀와 결혼시킨다 해도 우리가 거리감과 우월감을 가지고 있다면 그들은 곧 알아챌 것이다.
>
> 반대로 외국 양식의 주택에 살고 외국 음식을 먹을지라도 현지인들을 참으로 사랑한다면 그 역시 알아챈다. 현지인들을 참으로 사랑한다면 그들을 존중하며 우리의 돈과 물건뿐 아니라 지위와 지도력도 그들에게 맡길 것이다. 그리고 현지인들을 어린아이처럼 대하거나 미개인처럼 무시하지 않을 것이다.
>
> 또한, 참된 사랑은 우리에게 주어진 복음의 좋은 소식을 그들에게 전하고자 하는 깊은 욕구를 일으킬 것이다. 태도면에서 동일화되는 것은 다른 모든 동일화의 기본이다. 이상하게 들리겠지만, 현지인들을 참으로 사랑하고 우리와 동일한 사람으로 본다면 생활 양식과 역할의 차이가 그다지 중요해 보이지 않는다. 그들과 우리를 하나로 묶는 기본 연결 고리가 생기기 때문이다.[90]

에드워즈는 성육신적 태도를 가지고 인디언을 이해하려고 했고, 그들을 그리스도의 사랑으로 대했다. 인디언을 대하는 에드워즈의 태도는 그 당시 영국인 정착민들이 아메리카 인디언을 식민주의 관점에서 본 것과 대조를 이룬다고 할 수 있다.

폴 히버트는 성육신적 접근 방법을 다음과 같이 제안한다.

사역도 우리가 섬기는 사람들의 삶의 상황 속으로 성육신 되어야만 한다."
90 Hiebert, 『선교와 문화 인류학』, 152.

사역에 대한 이런 성육신적 접근은 우리의 형편에 따라서가 아닌 사역 대상들이 처해 있는 형편 속에서 그들을 만나야 한다는 것을 의미한다. 만일 사역자가 무리사회의 구성원들이 이해하는 언어를 이용해서 복음을 전하고자 한다면, 먼저 그들이 세상을 보는 방식에 대해 배워야만 한다. 그들의 문화를 우리 문화로 대체하려 해서는 안 된다. 그렇게 하는 것은 무리사회의 정체성과 존엄성을 파괴하려는 것과 같다.[91]

에드워즈는 스톡브리지 인디언을 위해 자신이 할 수 있는 모든 것을 시도했다. 에드워즈는 종종 그들에게 자신의 집을 개방해 가르쳤다. 이 일은 목회 사역 외에 사역이었고 보상도 없는 일이었음에도 불구하고 섬긴 것이다. 심지어는 인디언의 부족 회의 장소로 자신의 집을 내주기도 했다. 그리고 그들이 학교의 후원자인 아이작 홀리스를 불신하고 추장이 그 지역을 떠나게 되었을 때도 에드워즈는 인디언 모호크족이 그들을 떠나더라도 아이들은 맡기고 떠나라고 간청까지 했던 것이다.[92]

사실 이렇게 스톡브리지에 문제가 발생한 원인은 윌리엄스 가족에게 있었다. 윌리엄스 가족은 에드워즈와는 달리 인디언의 입장에서 일한 것이 아니라 그들은 철저히 땅과 경제적 이익에 관심이 있었던 것이다. 그들은 인디언을 윤리적으로 대우하지 않았고, 자신들의 탐욕을 채우는 데 바빴던 것이다. 스티븐 니콜스는 이런 윌리엄스 가족의 일로 인해 인디언들에 대한 복음화 기회를 상실했다고 평가했다.[93]

원래 청교도들의 정신은 선교 사역을 통해 원주민을 개종시키고 복음화하는 것이었다. 하지만, 백인들은 땅에 대한 탐욕으로 청교도 정신을 망각

---

91 Hiebert and Meneses, 『성육신적 선교 사역』, 84.
92 Hart, Lucas, and Nichols, 『조나단 에드워즈의 유산』, 87.
93 Hart, Lucas, and Nichols, 『조나단 에드워즈의 유산』, 87.

하고, 원주민들을 착취하기 시작한 것이다.[94]

에드워즈는 자신들의 사리사욕을 위해 인디언 원주민을 속여 땅을 빼앗는 윌리엄스 가문에 비해 힘은 없었지만, 인디언의 권리를 위해 싸웠다. 그리고 에드워즈는 당대에 현실적인 문제에 깊이 관여하며 해결하려고 노력한 선교사였다. 이것은 그가 전임 사역지인 노샘프턴에서의 쓰라린 경험으로 인해, 현실적인 문제들을 가장 우선순위에 두기로 결심했다는 조지 마즈던의 말이 옳을지도 모른다.[95]

스톡브리지에서 에드워즈는 모든 현실적인 문제를 스스로 해결해야만 했다. 이런 문제들을 해결하기 위해서 그는 많은 편지를 쓰는 수고를 해야 했다. 에드워즈는 인디언의 어려움을 정확히 파악하기 위해, 그들과 서툰 인디언 언어로 소통하면서 그들의 필요를 보스턴의 선교회에 알리는 노력을 했다. 에드워즈는 그 당시 만연한 인디언 착취를 거부했으며, 자신의 이익만을 추구하는 사람들을 공개적으로 책망했다.[96]

이처럼 에드워즈는 예수 그리스도의 삶처럼 불의 앞에서 용감했으며, 약한 자들의 입장에서 그들의 권익을 위해 싸우고 보호해 주는 한 선교사로의 삶을 산 것이다. 그들을 사랑하고 품는 선교사의 마음이 아니면 할 수 없는 일이었다.

이런 에드워즈의 인디언에게 약속된 토지 보호와 기독교 교육을 받을 권리를 옹호한 노력으로 에드워즈는 스톡브리지에서의 선교 사업을 만족할 만한 수준은 아니지만, 스톡브리지 인디언에게 중요한 결과를 가져다주었다. 스톡브리지 인디언에게 뉴잉글랜드 방식으로 그들의 권리를 부여한 선교회의 원래 구조와 결합한 결과, 모히칸 땅의 소외를 늦추는 데 성공했다. 쉽지 않은 세월이었지만, 스톡브리지의 모히칸 부족은 1750년대

---

94 Pierson, 『선교학적 관점에서 본 기독교 선교 운동사』, 447.
95 Marsden, 『조나단 에드워즈 평전』, 562.
96 Hart, Lucas, and Nichols, 『조나단 에드워즈의 유산』, 97.

초까지 대부분 이 지역을 떠난 비선교 부족에 비해 훨씬 더 오랫동안 부족의 땅에 남을 수 있었다.[97]

에드워즈는 인디언의 어려움을 정확히 파악하기 위해 그들과 서툰 인디언 언어로 소통하면서 그들의 필요를 보스턴의 선교회에 알리는 노력을 했다. 에드워즈는 그 당시 만연한 인디언의 착취를 거부했으며, 자신의 이익만을 추구하는 사람들을 공개적으로 책망했다.

이처럼 에드워즈는 예수 그리스도의 삶처럼 불의 앞에서 용감했으며 약한 자들의 입장에서 그들의 권익을 위해 싸우고 보호해 주는 한 선교사로의 삶을 산 것이다. 그들을 사랑하고 품는 선교사의 마음이 아니면 할 수 없는 일이었다. 에드워즈는 그들을 긍휼히 여기는 아버지의 마음을 가졌으며 그것은 기독교 정신을 보여 주는 사랑이었다.[98]

이런 일이 가능한 것은 그가 현지인들의 신뢰를 받았기 때문이다. 전임자들은 현지인들을 착취하려 했기 때문에 불신을 야기시켰지만, 에드워즈는 자신의 이익을 위해서가 아니라 현지 인디언의 이익을 위해서 일했던 것이다. 에드워즈는 약한 자들을 위한 대변인으로 인디언의 권익을 위해 사역한 선교사였다.

에드나 거스트너(Edna Gerstner, 1914-1999)[99]는 『조나단과 사라: 흔치 않은 결합』(*Jonathan and Sarah: An Uncommon Union A novel based on the family of Jona*

---

97 Wheeler, "Edwards as Missionary," 286.
98 Hosier, *Jonathan Edwards: The Great Awakener*, 157.
99 Edna Gerstner는 『조나단과 사라: 흔치 않은 결합』(*Jonathan and Sarah: An Uncommon Union A novel based on the family of Jonatha Edwards* ⟨*The stockbridge Years, 1750-1758*⟩) 이라는 제목의 책을 저술하여 가족 관계와 개인 저술의 렌즈를 통해 조나단 에드워즈의 삶을 친밀하게 들여다볼 수 있는 기회를 제공한다. 이 작품은 특히 에드워즈가 노샘프턴교회에서 파면된 후부터 사망할 때까지의 기간에 초점을 맞추고 있으며, 에드워즈와 그의 가족의 일상적인 경험, 도전, 영적 통찰을 탐구하고 있다. 거스트너는 일기와 편지를 바탕으로 대각성 운동의 저명한 신학자이자 헌신적인 남편, 아버지, 선교사로서의 에드워즈의 모습을 그려 낸다.
이야기는 에드워즈가 아들과 함께 아메리카 원주민을 대상으로 선교 활동을 펼친 파

than Edwards 〈*The stockbridge Years, 1750-1758*〉)이라는 흥미로운 책을 썼다. 거스트너는 에드워즈와 그의 부인 사라가 스톡브리지에서 선교사로서 살았던 가족들의 삶을 그려냈다.

거스트너는 에드워즈가 인디언의 존경을 받았으며, 에드워즈 덕분에 스톡브리지 상황이 많이 좋아졌다고 다음과 같이 묘사하고 있다.

> 인디언 원주민들은 이 새로운 선교사를 존경했다. 그가 나그네와 같은 삶 속에서 우리의 육체가 현재 겪고 있는 많은 고통을 가르쳐 주는 사역을 통해 인디언들의 영혼을 위해 일하는 동안, 그는 그들이 중요하게 생각하는 것을 공평한 마음으로 들어주었고, 그들은 이와 같은 기회를 포착했다. 그들이 꿈에도 이루지 못했던 스톡브리지 상황이 좋아지는 많은 변화를 보게 되었다.[100]

2) 교육자로서의 인디언 선교사

두 번째 스톡브리지에서의 에드워즈 사역은 교육 선교였다. 에드워즈는 스톡브리지에서 교육을 통한 선교의 중요성을 강조했다.[101] 에드워즈는 '유용한 지식으로'(in useful knowledge) 아이들을 교육하고, '참된 개신교 신

트너십과, 에드워즈 가정을 특징짓는 강한 가족 유대감 및 가정생활을 강조하고 있다. 그 시대에 흔한 비극과 고난에 직면했음에도 불구하고, 에드워즈 가족의 회복력과 굳건한 신앙은 그들의 영적 유산의 증거로 묘사한다. 거스트너의 책은 조나단 에드워즈의 삶의 개인적인 측면에 관심이 있는 사람들에게, 그의 업적의 역사적·신학적 중요성을 보완하는 '내부자' 관점을 제공하는 풍부한 설명으로 평가받고 있다. 이 책은 기독교문서선교회(CLC)에서 『조나단 에드워즈의 영적 생활: 조나단과 사라의 신앙과 선교』라는 이름으로 출판되었다.

100 Gerstner, 『조나단 에드워즈의 영적 생활』, 21.
101 Marsden, 『조나단 에드워즈 평전』, 560. 에드워즈는 인디언이 아이들을 사랑하는 것을 알았다. 에드워즈는 교육이야말로 무지와 사악한 노예 제도로부터 자녀들을 보호해 줄 것이라고 믿었고, 교육이 참된 유익을 얻을 수 있는 하나님의 말씀의 빛으로 인도해 주는 좋은 수단이라는 점을 생각했다.

앙'(true Protestant religion)을 가르치는 것이 '영국의 이익을 위해'(in the British interest) 인디언을 지키기 위해 '하나님의 섭리가 남긴 유일한 수단'이라고 보았다.[102]

에드워즈의 교육은 인디언이 영어를 배우고, 성경을 배우게 하는 것이었다. 에드워즈가 스톡브리지 인디언에게 성경을 가르쳐야 한다는 것은 문명인이든 야만인이든 모든 사람을 하나님의 영광스러운 공동체에 포함시키는 것은 선교의 중요한 부분이었다.[103] 선교사로 에드워즈의 목표는 구원이었다. 그는 이 구원의 목표를 이루기 위해 교육을 수단으로 삼았다.[104] 에드워즈는 인디언 원주민이 올바른 교육을 받기만 하면, 그들에게 잠재적 능력이 있다고 믿었다.[105]

에드워즈는 대부분 식민지 사람과 마찬가지로 인디언 언어를 '야만적'이며, '지나치게 불모지여서 도덕적이고 신성한 것을 표현하기에 매우 부적합하다'라고 생각했다. 그는 학교에서 영어를 가르치는 방법에도 문제가 있었다고 보았다. 아이들은 그런 표식을 보고 소리를 내는 법만 배울 뿐, 소리의 의미를 이해하지 못하기 때문에 읽는 데 아무런 이익도 즐거움도 없었다. 그래서 에드워즈의 '이해 없는 학습'에 해당하는 암기식 교육을 배제했다.[106]

에드워즈는 아메리카 원주민들에게 복음을 전하며, 이들의 '어둠'을 '빛'으로 변화시키고자 했다.[107] 그의 교육 방식은 단순 암기가 아닌, 깊은 이해와 대화에 중점을 두었으며,[108] 특히 인디언 아이들에게 글쓰기와 음

---

102 Wheeler, "Edwards as Missionary," 156.
103 Njoto, "The Redemption Discourse and Edwards the Missionary," 66.
104 McFadden, "Amidst the Great Darkness the Practical Missiology of Jonathan Edwards at Stockbridge, 1751-1758," 6.
105 Marsden, 『조나단 에드워즈 평전』, 565.
106 Gibson, "Jonathan Edwards: A Missionary?," 394.
107 Njoto, "The Redemption Discourse and Edwards the Missionary," 60.
108 Kenneth P Minkema, "Informing of the Child's Understanding, Influencing His Heart,

악 등을 가르쳤다.[109] 에드워즈는 교육이 사회 변혁의 도구이자 선교의 핵심이라고 보았으며, 이를 통해 원주민들의 생활 방식을 문명화하는 데 기여하고자 했다.[110] 그의 접근은 선교와 교육이 정치적 영역을 넘어서는 깊은 변화를 가져올 수 있다는 믿음에 기반했다. 에드워즈의 이런 비전은 당시 선교 및 교육관행에 대한 혁신적인 시도로 여겨질 수 있다.[111] 에드워즈는 현실적인 문제를 해결하는 일뿐만 아니라, 교육의 중요성을 인식하고 선교 사역을 수행했던 것이다.

예일대학교 신학부에서 해리 스타우트(Harry S. Stout) 교수 지도 아래 S.M.T 학위 논문을 받은 이안 맥페던(Ian D. McFadden)이 쓴 논문 〈1751-1758년 암흑기 스톡브리지에서 조나단 에드워즈의 실제적 선교〉(*Amidst the Great Darkness: The Practical Missiology of Jonathan Edwards at Stockbridge, 1751-1758*)는 제목에서 알 수 있듯이, 1751-1758년 뉴저지 학장으로 가기 전까지 스톡브리지(Stockbridge)에서 사역한 에드워즈의 실제적인 선교를 다루고 있다.[112]

맥페던은 어둠 속에 있는 인디언 원주민을 대상으로 한 선교 활동에서 실제적인 선교학적 접근 방식을 다루고 있다.[113]

---

and Directing Its Practice: Jonathan Edwards on Education," *Acta Theologica* 31, no. 2 (2011): 31-50. 에드워즈는 암기에 의한 영어 학습 시스템을 비판하며, 체험적 학습 방식을 옹호했다. 그의 수업 방식은 진리를 추구하는 학생과 교사 간의 상호관계를 강조했다. 에드워즈는 스톡브리지 미션스쿨에 재직하는 동안, 노래, 이야기, 질문, 대화 등을 활용한 교육 방법을 사용하여 교육적 분위기를 조성했다. 그의 접근 방식은 암기보다는 이해를 강조하는 것이 특징이었으며, 당시 부족한 교육 관행을 개선하기 위해 노력했다. 에드워즈는 아이들의 지적 교육과 영적 교육 모두에 초점을 맞춘 그리스도를 중심으로 한 종합적인 커리큘럼을 지향했다.

109 Gibson, "Jonathan Edwards: A Missionary?," 395.
110 Njoto, "The Redemption Discourse and Edwards the Missionary." 60.
111 Njoto, "The Redemption Discourse and Edwards the Missionary." 61.
112 McFadden.
113 맥페던의 논문을 통해, 에드워즈가 스톡브리지에서 실시한 선교 활동이 단순한 설교 이상이었음을 알 수 있다. 그의 접근 방식은 교육, 언어 학습, 설교, 그리고 문화적 행

이안 맥페던(Ian D. McFadden)은 에드워즈의 인디언 원주민 선교 사역을 크게 네 가지 관점을 가지고 접근하고 있다.

첫째, 교육 선교로 교육의 관점에서 에드워즈의 선교 사역을 조명하고 있다. 에드워즈는 인디언 아이들의 교육을 선교의 성공에 있어 가장 중요하다고 보았다. 그는 특히 기독교 원칙과 영어 교육을 통해 아이들을 변화시키고, 기독교 생활을 준비시킬 수 있다고 믿었다. 에드워즈는 스톡브리지의 학교를 이런 변화를 달성하기 위한 기반이라고 생각했으며, 아이들이 읽고 쓰는 것뿐만 아니라 기독교 교리와 가치를 이해하고 존중하도록 가르치는 데 중점을 두었다.[114]

둘째, 언어 훈련으로 교육에 필수인 언어에 대한 중요성을 기술하고 있다. 언어는 에드워즈의 선교학적 노력에서 중요한 역할을 했다. 에드워즈는 원주민 아메리칸들이 성경과 기독교 문헌에 접근할 수 있도록 영어 학습을 지지했다. 그는 영어가 복음을 효과적으로 전달하고, 원주민 아메리칸들을 기독교 및 문명화된 사회로 통합하는 데 필수적이라고 생각했던 것이다.[115]

동 변화라는 네 가지 주요 영역을 아우르는 종합적인 전략을 포함하고 있다. 이런 전략들은 서로 상호작용하며, 원주민 아메리칸들의 구원이라는 궁극적인 목표를 향해 나아갔다. 에드워즈의 선교 활동은 단지 영혼의 구원에만 초점을 맞춘 것이 아니라, 교육을 통한 지식의 습득, 언어 학습을 통한 의사소통의 향상, 그리고 문화적 행동 변화를 통한 사회적 통합을 포함하는 보다 넓은 범위의 변화를 추구했던 것이다. 이런 종합적 접근 방식은 오늘날에도 선교 활동에 중요한 통찰력을 제공한다. 에드워즈의 실천적인 선교학적 전략은 문화적 감수성과 상호작용, 교육의 중요성, 그리고 사회적 변화를 통한 복음의 전파라는 현대 선교의 핵심 원칙들과 어우러진다. 논문 "1751-1758년 암흑기 스톡브리지에서 조나단 에드워즈의 실제적 선교"는 에드워즈의 선교 활동이 당시와 미래 세대에 어떻게 영향을 미쳤는지, 그리고 그의 접근 방식이 오늘날에도 여전히 관련성이 있는지에 대한 깊은 이해를 제공해 준다는 점에서 의미가 있다.

114 McFadden, "Amidst the Great Darkness the Practical Missiology of Jonathan Edwards at Stockbridge, 1751-1758," 9-74.
115 McFadden, "Amidst the Great Darkness the Practical Missiology of Jonathan Edwards at

셋째, 설교 사역이다. 설교는 에드워즈의 선교 전략의 핵심이었다. 에드워즈는 원주민 인디언 청중에게 접근하기 위해 자신의 설교 스타일을 단순화하고, 언어 격차를 해소하기 위해 통역사를 활용하여 설교 방식을 조정했다. 이 접근 방식은 기독교 메시지를 명확하고 효과적으로 전달하여 원주민 아메리칸들을 전환과 구원으로 이끌기 위한 것이었다. 에드워즈의 선교에 있어서 언어는 복음을 전하는 수단으로 설교를 통해 복음을 전달하는 것이었다.[116]

넷째, 행동 양식과 문화의 변혁 선교로 에드워즈의 원주민 선교에서 행동과 문화 변혁의 관점에서 조명하고 있다.[117] 에드워즈는 원주민 아메리칸들의 행동과 문화를 변화시키는 데 노력했다. 그는 그들의 애정과 행동을 그가 고려한 기독교 문명과 정체에 맞게 전환시키고자 했다. 이 선교학적 접근의 한 측면은 단순히 영적으로 전환시키는 것뿐만 아니라, 그들을 기독교 생활 방식으로 통합시키는 것이었다.[118]

맥페던은 에드워즈의 스톡브리지 선교 사역의 네 가지 관점의 핵심을 '교육'으로 보았다. 에드워즈는 인디언 선교 사역을 효과적으로 감당하기 위해서는 교육이 우선되어야 함을 염두해 두었다.[119] 그 당시 미국 역사학자 해리 스타우트(Harry S. Stout)는 "17세기 문화권에서 뉴잉글랜드보다

Stockbridge, 1751-1758," 32-44.
116 McFadden, "Amidst the Great Darkness the Practical Missiology of Jonathan Edwards at Stockbridge, 1751-1758," 52-74.
117 McFadden, "Amidst the Great Darkness the Practical Missiology of Jonathan Edwards at Stockbridge, 1751-1758," 6.
118 McFadden, "Amidst the Great Darkness the Practical Missiology of Jonathan Edwards at Stockbridge, 1751-1758," 74-91.
119 McFadden, "Amidst the Great Darkness the Practical Missiology of Jonathan Edwards at Stockbridge, 1751-1758," 9.

더 문맹률이 높은 곳은 없었다"[120]라고 주장했다. 이런 점에서 청교도 설교자들은 교육의 중요성을 인식하고 있었다.[121]

에드워즈는 인디언들이 자녀를 사랑하며, 그 자녀들을 노예 제도로부터 보호할 수 있는 길은 교육뿐이라고 믿었다. 에드워즈는 교육이야말로 참된 유익을 얻을 수 있는 하나님의 말씀의 빛으로 그들을 인도하는 가장 좋은 수단이라고 확신했다.[122]

에드워즈는 인디언 선교에 있어서 그들이 글을 읽고 쓰는 능력이 효과적인 선교의 열쇠라고 생각했다.[123] 에드워즈는 인디언이 하나님의 말씀을 읽고 이해할 필요가 있다고 느꼈다. 그가 생각한 것은 그들에게 영어를 가르치는 일이었다. 에드워즈는 영어 교육이 중요한 이유는 인디언이 성경을 접할 수 있는 기회라고 생각했기 때문이다.[124] 왜냐하면, 그 당시 그 지역 인디언어로 번역된 성경이 전혀 없었기 때문이었다.[125] 따라서 에드워즈는 인디언에게 진정한 변화가 일어나려면 그들이 영어에 능숙해져야 한다고 믿었던 것이다.[126]

에드워즈는 인디언의 문화를 낮게 평가했지만, 그들이 가지고 있는 잠재력은 높이 평가했다.[127] 따라서 그들에게 영어를 가르치고, 영어를 통해 하나님의 말씀을 가르치면 그들의 삶과 문화에도 변혁이 일어날 것이라고 생각했다.

---

120 Harry S Stout, *The New England Soul: Preaching and Religious Culture in Colonial New England* (New York: Oxford University Press, 1986), 32.
121 McFadden, "Amidst the Great Darkness the Practical Missiology of Jonathan Edwards at Stockbridge, 1751-1758," 10.
122 Marsden, 『조나단 에드워즈 평전』, 560.
123 Marsden, 『조나단 에드워즈 평전』, 563.
124 McFadden, "Amidst the Great Darkness the Practical Missiology of Jonathan Edwards at Stockbridge, 1751-1758," 34.
125 Marsden, *Jonathan Edwards: A Life*, 389.
126 Marsden, 『조나단 에드워즈 평전』, 563-64.
127 Marsden, 『조나단 에드워즈 평전』, 564.

그러면 교육의 중요성, 즉 영어를 가르치는 것의 중요성을 인식했다면 어떻게 가르칠 것인가?

에드워즈가 관심을 가진 주제는 바로 인디언을 가르치는 방법이었다.[128] 에드워즈는 스톡브리지에서 영국인들이 인디언에게 영어를 가르치는 일반적인 방법에 변화를 주기 원했다. 에드워즈가 영어를 배우는 인디언 학생들을 보니 그들은 읽기와 책에 써 있는 대로 발음하는 법을 배우지만, 자기들이 하는 말이 무슨 뜻인지 전혀 알지 못했다. 또한, 자기들이 읽는 것에 대한 재미와 흥미도 없어 보였고, 학교를 떠날 때는 곧바로 잊어버렸다. 이런 방법에 에드워즈는 개선책을 마련했다.[129]

에드워즈는 그 당시 가장 좋은 방법으로 통했던 암기 학습 대신, 이야기를 강조하는 새로운 학습법을 시도했다. 에드워즈는 교육이 더 이상 아무런 기쁨이나 유익을 주지 못하는 지루하고 싫증나는 일이 되지 않도록 했던 것이다.[130]

그래서 에드워즈는 기계적으로 언어를 배우는 데서 실제적으로 배우도록 했다. 에드워즈의 방법은 단어를 설명해 주고 교사가 "그 단어들로 아이들과 대화를 해야 한다"는 것이었다. 교사는 자신이 가르친 것에 대해 질문하고 아이들은 자유롭게 대답하고 궁금한 것은 질문하도록 독려해야 한다는 것이었다. 자신이 그랬던 것처럼, 어릴 때부터 생각하게 하고 사색하는 데 익숙해지도록 도우며, 이런 욕구를 키워 주어야 한다는 것이다.

에드워즈는 인디언 아이들이 성경 이야기가 이들의 관심을 끌 수 있는 가장 좋은 수단이라고 믿었다.[131] 아이들은 복잡하지만, 재미있는 성경의

---

128 Marsden, *Jonathan Edwards: A Life*, 389.
129 Marsden, 『조나단 에드워즈 평전』, 564.
130 이상현, 『조나단 에드워즈의 신학』, 482.
131 Marsden, *Jonathan Edwards: A Life*, 389.

구속역사[132]를 배울 수 있다고 믿었다. 에드워즈는 읽기뿐만 아니라 철자법과 산수의 기초도 배워야 할 것을 제안했다. 또한, 타고난 재능이 있는 아이들은 계속 공부해야 하며, 학교는 주기적으로 학부모와 추장을 초청하는 공적인 모임을 가져야 함을 주장했다. 그리고 노래를 가르치면 인디언에게 개화된 태도를 가르치는 데 도움을 줄 것이라고 생각했다.[133]

에드워즈의 이런 교육 방법에서의 변화는 학교를 따분한 곳이 아니라 매력적이고 재미있는 곳이라는 인식을 심어주는 데 목표를 두었던 것이다. 그리고 영국인 정착민 아이들과 인디언 아이들 사이의 두 문화적 간격을 이어 주는 방법도 고안해서 적용했다.

그것은 영국인 자녀 중 일부를 인디언 학교에 다니게 함으로써 영어가 살아있는 언어가 되도록 하는 것이었고, 나아가 인디언 자녀들을 1년간 최고의 영국인 집에서 살도록 해서 영어를 배우게 했던 것이다. 에드워즈는 말로만 하는 것이 아니라, 적어도 인디언 아이 한 명을 자기 집에서 기숙하게 했던 것이다.[134]

---

[132] Robert Gordon Lee, *Edwards on Education: A Content Analysis of the Philosophy of Education of Jonathan Edwards with Implications for Christian Educators* (Southeastern Baptist Theological Seminary, 2023), 140. 로버트 고든 리(Robert Gordon Lee)는 에드워즈의 교육 철학에 대한 내용 분석과 기독교 교육자를 위한 논문에서 에드워즈의 교육이 구속역사와 연관있음을 주장한다. 에드워즈는 모든 과목이 그리스도의 구속 이야기와 연관되어 있다고 가르친다(Edwards teaches that all subjects are related to the redemptive story of Christ). 에드워즈는 다양한 학문 분야를 서로 분리된 것이 아닌, 창조주 하나님의 성품을 그의 피조물에게 나타내기 위해 존재하는 통일된 우주의 일부로 보았다. 에드워즈에 따르면, 모든 풀잎, 역사적 사건, 자연의 패턴, 그리고 궁극적으로 모든 원자는 하나님에 대한 어떤 것을 소통하기 위해 존재한다. 이런 소통은 그리스도 안에서 이루어진 구속의 역사를 통해 절정에 달하며, 에드워즈 자신의 역사 교육 과정도 이와 같은 내러티브 패턴을 따랐고, 논쟁적인 사고 체계가 아니었다. 그는 각 과목을 하나님의 구속 계획의 틀 안에 위치시켰으며, 교사와 학생 모두에게 주어진 사건, 설계, 공식 또는 문학적 유형이 어떻게 그리스도의 구속사역에서 드러나는 하나님의 선하심의 진리를 보여 주고, 전달하고, 예시하는지를 고려하도록 요구했다.
[133] Marsden, *Jonathan Edwards: A Life*, 390.
[134] Marsden, *Jonathan Edwards: A Life*, 390.

에드워즈가 이렇게 스톡브리지에서 인디언 사역을 하면서 교육에 관심을 가지고, 교육의 방법을 제시하여 재미있게 배울 수 있도록 한 것은 인디언 아이들에게서 무한한 잠재성을 보았기 때문이다. 에드워즈는 인디언이 분별력이 있기 때문에 올바로 교육을 받기만 하면 그들에게 무한한 능력이 있다고 믿었던 것이다.[135]

에드워즈는 교육을 통해 그들이 복음을 받아들이는 데도 효과적이라고 믿었으며, 교육과 복음의 결합이 인디언을 계몽하는 열쇠라고 확신했던 것이다. 이런 이유 때문에 목회 사역에 중점을 두면서도 학교 사역을 효과적으로 수행해 나감으로써 인디언 선교를 위한 새로운 연결 고리로 활용했던 것이다.[136]

3) 설교자로서의 인디언 선교사

에드워즈는 설교자로서 인디언 선교사로 사역했다. 에드워즈와 사라 가족의 스톡브리지에서의 삶을 잘 그려낸 에드나 거스트너(Edna Gerstner, 1914-1999)는 설교자로서, 선교사로서 인디언들은 그를 존경했다고 다음과 같이 표현했다.

> 설교를 마친 후에 인디언은 묵묵한 얼굴로 그들의 이불을 들고 조나단 에드워즈의 주변에 몰려들었다. 인디언은 이 새로 온 선교사를 존경했다. 그가 나그네와 같은 삶 속에서 우리의 육체가 현재 겪고 있는 많은 고통을 가르쳐 주는 사역을 통해 인디언의 영혼을 위해 일하는 동안 그는 그들이 중요하게 생각하는 것을 공평한 마음으로 들어주었고, 그들은 이와 같은

---

135 Marsden, *Jonathan Edwards: A Life*, 390.
136 Marsden, *Jonathan Edwards: A Life*, 390.

기회를 포착했다. 그들이 꿈에도 이루지 못했던 스톡브리지 상황이 좋아지는 많은 변화를 보게 되었다.[137]

에드워즈의 설교에는 성도를 영원한 본향으로 인도하는 열정이 담겨 있다.[138] 스톡브리지에서 에드워즈의 관심은 설교자로서 인디언에게 복음을 전하는 일이었고, 이것을 가장 중요한 사역으로 인식했다.[139] 에드워즈는 영혼에 대한 관심과 그들을 구원으로 이끄는 열정이 있었다.[140]

앞에서 살펴본 것처럼, 에드워즈는 인디언의 입장에서 그들의 권익을 위해 바쁜 중에 수많은 편지를 써서 선교회에 보냄으로 중요한 사역을 감당했다. 7년간 스톡브리지에서 인디언 사역을 하는 동안 이 일은 계속되었고 인디언에 대한 학대와 착취를 보고 이에 대해 항의하고 바로잡으려

---

[137] Gerstner, 『조나단 에드워즈의 영적 생활』, 21.
[138] Hart, Lucas, and Nichols, 『조나단 에드워즈의 유산』, 101. 조나단 에드워즈의 설교 방법을 연구한 리처드 베일리는 에드워즈의 설교를 분석하고 에드워즈가 세 가지 측면에서 열정에 이끌렸다고 주장한다.
첫째, 에드워즈는 많은 계몽주의의 지지자들과 다르게 신적계시와 인간의 이성 사이의 관계를 이해하고 있다.
둘째, 에드워즈는 천년왕국의 시작을 열망하며 거룩한 사명의 성취를 소망했다. 그 결과 에드워즈는 설교 구성에 현대적 모델을 사용했고 설교의 구성을 수정했다.
셋째, 에드워즈는 자신의 감정적 신학에 근거하여 양떼를 영원한 본향으로 인도하기 위해 설교를 열정적으로 준비하고 선포했다.
[139] McFadden, "Amidst the Great Darkness the Practical Missiology of Jonathan Edwards at Stockbridge, 1751-1758," 52-74. 설교의 중요성은 에드워즈가 그의 메시지를 전달하는 데 사용한 방법론에서도 분명히 드러난다. McFadden은 에드워즈가 설교를 준비하고 전달하는 과정에서 언어와 문화적 차이를 극복하기 위한 전략을 채택했다고 주장한다. 에드워즈는 원주민 인디언의 이해를 돕기 위해 간결하고 명확한 언어를 사용했으며, 그의 메시지가 청중에게 효과적으로 전달될 수 있도록 신중하게 구성된 설교를 선보였다.
[140] Hart, Lucas, and Nichols, 『조나단 에드워즈의 유산』, 112. 에드워즈를 통해 열정적으로 영혼을 이생의 고통으로부터 영원한 기쁨으로 인도하는 것을 목표로 삼았다. 그는 자신의 사역 아래 있는 사람들이 영원한 주거지를 예비하도록 지도하고, 천국의 상태를 예비하도록 설교를 구성했다. 이를 통해 에드워즈는 하나님의 나라 도래를 확신하고, 양 떼를 준비시켰다.

고 노력했던 것이다.

그리고 학교 사역에 깊이 관여하여, 요즘말로 하면 눈높이 교육을 통해 교육의 혁신을 가져왔다. 그 당시 학생들이 지루하게 느낀 암기식 교육을 지양하고, 실제로 도움이 되는 질의 응답으로 학생들의 참여과 창의성을 개발해 주는 방식을 도입하여 학생들이 재미있게 배우도록 했다.

하지만, 에드워즈에게 있어서 더 중요한 사역이 있었다. 그것은 하나님의 복음을 전하는 설교 사역이었다. 인디언에게 말씀을 가르쳐야 이들이 복음의 빛을 보고 새로운 삶을 살 수 있다고 믿었기 때문이었다. 에드워즈는 말씀의 사람이었다.[141] 영어를 가르치고 교육한 것도 하나님의 말씀을 듣고 읽을 수 있도록 하기 위함이었다. 하나님의 말씀이 아니면 사람이 변화될 수 없기 때문에 말씀을 전하는 설교 사역은 에드워즈에게 있어서 가장 중요한 사역이었다.[142]

이런 점에서 에드워즈가 스톡브리지에서 행한 설교 사역은 그의 선교 사역에서 간과할 수 없는 매우 중요한 사역이었던 것이다. 그는 매주 스톡브리지에 거주하는 백인들뿐만 아니라 인디언에게 말씀을 전하는 설교 사역을 감당했던 것이다. 따라서 스톡브리지에서 그가 행한 설교를 살펴보는 것은 그의 선교와 선교 사상을 이해하는 중요한 일이라 할 수 있을 것이다.

---

141 McFadden, "Amidst the Great Darkness the Practical Missiology of Jonathan Edwards at Stockbridge, 1751-1758," 38.
142 Hiebert and Meneses, 『성육신적 선교 사역』, 414. 폴 히버트는 선교학적 통찰을 견지하려면 인류학적 통찰을 가져야 한다고 했다. 그 첫 번째가 성경을 강조했다. 선교의 기초는 성경이기 때문에 새로운 방법을 동원해서 성경을 살펴보아야 하며, 우리는 젊은 개종자들이 스스로 성경을 연구할 수 있도록 격려해야 한다고 했다. 비록 그들의 문화적 선입견들에 의해 흠이 있지만 그들 스스로 성경을 이해하는 신학적 이해를 만들어야 한다. 그럼으로써 성경을 더욱 풍성하게 이해하고 따를 수 있는 방법을 찾아 서로 듣고 서로의 통찰을 나눌 수 있는 해석학적 공동체를 형성해야 한다.

에드워즈는 스톡브리지에서 영국인들과 인디언에게 두 그룹에게 따로 말씀을 전했다.[143] 제럴드 맥더모트(Gerald. McDermott)는 에드워즈가 "1758년 1월에 프린스턴으로 떠날 때까지 7년 동안 대부분 주일에 네 번의 예배를 인도했으며, 두 번은 인디언을 위한 예배였고, 두 번은 백인 회중을 위한 예배였다"라고 했다.[144]

에드워즈는 스톡브리지에서 통역을 통해 말씀을 전했다.[145] 인디언에게 통역을 맡은 사람은 존 와와움페쿠우나운트(John Wauwaumpequunnaunt)로 영어를 읽고 쓰는 능력이 뛰어났으며 탁월한 통역가였다. 에드워즈는 존에 대해 "어떤 면에서 비범한 사람"이라고 평가했으며, 성경과 신학을 이해하는 능력에 깊은 감명을 받았다. 에드워즈는 그 어떤 인디언보다 이런 능력이 뛰어나다고 믿었기 때문에 학교의 통역사로도 소개해 주었다.[146]

에드워즈는 인디언 청중들을 배려하면서 말씀을 전했다. 에드워즈는 약 1,200편의 설교 중 1751년과 1758년 스톡브리지 7년 사역 동안 스톡브리지 인디언에게 233번의 설교를 했고, 스톡브리지의 영국 회중에게 165편의 설교를 했다고 레이첼 휠러는 계산했다.[147]

---

143 Wheeler, "Edwards as Missionary," 162. 1751년 1월부터 1758년 1월까지 7년 동안 조나단 에드워즈는 스톡브리지와 모호크 인디언이 모인 회중 앞에서 최소 226번 강단에 섰는데, 에드워즈가 스톡브리지에 없었던 1751년 3월과 7월 사이의 4개월을 빼면 한 달 평균 2.8번이 된다. 이 숫자는 날짜가 명시되어 있고 인디언에게 설교한 것으로 특별히 기록된 모든 설교를 세어 계산한 것이다. 이것은 인디언을 위해 작성된 설교의 수가 아니며, 이전에 작성되어 스톡브리지에서 인디언 회중을 위해 설교된 것으로 표시된 설교와 스톡브리지를 위해 작성한 두 번 설교된 설교를 포함하기 때문이다. 그리고 그의 설교 기록이 없는 1757년의 11개월을 포함하지 않으면 월 평균은 3.26회로 증가한다. 이 강단에서 에드워즈는 스톡브리지 이전의 설교 노트에서 20번을 다시 설교했다. 나머지 206회 동안 에드워즈는 새로운 노트에서 설교했다(단, 10회 정도는 스톡브리지 노트에서 다시 설교한 것이다).

144 이상현,『조나단 에드워즈의 신학』, 481.

145 McFadden, "Amidst the Great Darkness the Practical Missiology of Jonathan Edwards at Stockbridge, 1751-1758," 38.

146 Marsden,『조나단 에드워즈 평전』, 568.

147 Rachel Wheeler, "Edwards as Missionary," *The Cambridge Companion to Jonathan Ed-*

그중에 20번만 이전에 설교했던 것들이고, 187번 정도는 새로운 설교였다. 이는 에드워즈가 단순히 이전 설교를 반복하는 것이 아니라, 인디언 청중들에게 맞는 그들의 수준에서 이해할 수 있는 설교를 했다는 반증이 된다. 에드워즈는 영국인들에게 했던 노샘프턴의 설교를 단순히 반복하지 않았다. 오히려 에드워즈는 이야기와 생생한 비유들을 들어 있는 주제들을 선택했다.[148] 이는 그의 설교 방식에서 많은 변화가 일어났다는 것이며, 새로운 문화에 새로운 설교를 했다는 것이다.[149]

노샘프턴과 스톡브리지는 문화적 환경이 다르다. 에드워즈는 인디언 원주민에게 설교를 하는 데 새로운 도전을 직면했다. 이는 설교 방식에 불가피한 변화를 줄 수밖에 없다. 말씀을 듣는 회중이 다르기 때문이다. 에드워즈는 이런 문화적 차이에서 오는 설교 전달 방식에서 다르게 해야 함을 인식했던 것이다.[150]

한 동료 선교사가 에드워즈의 설교 개요에 대해 회고한 바에 따르면, "인디언에게 에드워즈는 평이하고 실제적인 설교자였다. 에드워즈는 강단에서 형이상학적인 지식을 뽐내지 않았다.[151] 에드워즈가 사용한 문장들

---

wards (2007): 204, 13-14.
148 Wheeler, "Edwards as Missionary," 163. 스톡브리지 인디언에게 설교할 때 칼빈주의의 기본 설교는 변하지 않았지만, 설교의 수사법, 스타일, 주제는 바꾸었다. 에드워즈는 회중이 특별히 필요로 하는 것에 맞춰 설교를 조정했다. 스톡브리지에서 그는 은유와 이미지에 더 많이 사용했다. 에드워즈는 신약성경의 비유를 바탕으로 씨 뿌리는 사람, 어부, 씨앗이 자라기에는 너무 메마른 땅, 마르지 않는 강물이 공급하는 나무, 나그네의 길을 가로막는 가시나무와 가시덤불에 대해 설교했다. 에드워즈는 청중들의 머리가 아닌 가슴에 다가가려고 노력했다.
149 Wilson H Kimnach, "Preface to the Period," vol. *WJE: Sermons and Discourses 1743-1758* (New Haven: Yale University Press, 2006), 25:41.
150 Michael Harder, "True Excellency: The Missional Preaching of Jonathan Edwards," 64.
151 Wheeler, "Edwards as Missionary," 165. 스톡브리지의 교장 기드온 하울리는 "인디언에게 그는 평범하고 실용적인 설교자였으며, 어떤 경우에도 강단에서 형이상학적인 지식을 보여 주지 않았다"라고 회고하면서 그의 문장은 간결하고 의미가 가득했으며, 그의 전달은 진지하고 자연스러웠다고 했다.

은 구체적이면서도 의미가 풍부했으며, 그의 설교는 수수하고 자연스러웠다."¹⁵² 이처럼 에드워즈는 그들이 알아듣고 이해할 수 있는 눈높이 설교를 통해 인디언과 명료하고 효과적으로 소통을 한 것이다.

에드워즈는 스톡브리지 인디언에게 설교의 변화를 주었다. 왜냐하면, 스톡브리지 인디언의 제한적인 성경 지식으로 설교를 이해할 수 있는 폭이 좁았기 때문이었다. 그래서 에드워즈는 노샘프턴에서 했던 설교와는 다른 방식으로 인디언에게 설교했다.¹⁵³

이는 설교방법의 변화로 인디언과 더 나은 소통을 하기 위한 것이었다.¹⁵⁴ 스톡브리지에서 그의 설교는 형이상학적 추론에서 벗어나 은유, 이미지, 내러티브에 의존하는 방향으로의 결정적인 전환을 보여 준다. 설교 스타일의 변화는 에드워즈가 설교방법론을 복음 메시지 상황에 맞추어 바꾸었다는 것이다.¹⁵⁵ 이런 변화는 새로운 청중의 요구를 반영하는 것이기도 하지만, 설교자의 성숙을 반영하는 것일 수도 있다.¹⁵⁶

이 기간에 에드워즈는 대부분 요약 설교를 했으며, 완전한 원고는 몇 개만 남아 있다.¹⁵⁷ 에드워즈는 스톡브리지의 인디언 선교사로서 이들에게 교육과 복음만이 변화시킬 수 있는 길이라고 확신했기 때문에, 그의 설교는 복음을 알지 못하는 사람들에게 복음을 전하는 것에 초점을 두었다. 그래서 에드워즈는 복음에 대해 거의 알지 못하는 사람들에게 복음을 설명

---

152 Marsden, 『조나단 에드워즈 평전』, 569.
153 Michael Harder, "True Excellency: The Missional Preaching of Jonathan Edwards," 2.
154 Jonathan Edwards, *The Works of Jonathan Edwards. Vol. 25, Sermons and Discourses, 1743-1758* (Edited by Wilson H. Kimnach. New Haven, CT: Yale University Press, 2006), 40, 46.
155 Timothy Keller, *Preaching: Communicating Faith in an Age of Skepticism* (Penguin, 2016), 102. 켈러는 에드워즈를 문화에 맞게 설교 방법을 조정한 설교의 모델로 보았다. 그는 에드워즈의 현장에 맞추는 설교 조정이 문화를 넘나들려는 명백한 시도를 보여 준다고 주장한다.
156 Wheeler, "Edwards as Missionary," 166.
157 Hart, Lucas, and Nichols, 『조나단 에드워즈의 유산』, 89.

해 주기 위해 주로 마태복음과 누가복음을 설교했다.[158] 특별히, 예수님의 비유 말씀을 통해 평이하면서도 효과적으로 말씀을 전했던 것이다.[159]

에드워즈는 스톡브리지에 있는 동안 비유를 통해 몇 개의 연속 설교를 했다.[160] 그것은 마태복음 13장의 비유 설교와 하나님의 속성에 대한 설교, 그리스도의 신성과 인성의 연합에 대한 기독론에 대한 설교였다.[161]

우리는 에드워즈가 그의 연속 설교에서 비유를 효과적으로 사용하고 있음을 볼 수 있다.[162] 에드워즈는 설교에서 자연 속에서 많은 은유와 유추를 끌어내 사용함으로 인디언의 감성에 호소하고 있다. 하나님의 자비와 속성에대한 설교에서 에드워즈는 "하나님의 선하심은 한량없이 넘쳐흐르는 강과 같다"는 표현을 사용하여 인디언의 감성을 자극하고 있음을 볼 수 있다.[163]

---

[158] Marsden, *Jonathan Edwards: A Life*, 393.
[159] Wheeler, "Edwards as Missionary," 167. 에드워즈가 인디언에게 전한 설교는 신약성경 본문에서 마태복음과 누가복음에 대한 비유가 많이 인용되었다. 이 설교들은 에드워즈가 특정 교리를 설명하기 위해 비유와 성경 이야기를 사용했다. 이는 에드워즈가 이야기와 이미지의 힘을 이해했음이 분명하다. 스톡브리지 설교에는 종종 비유와 은유가 지배적인데, 이는 그가 이 방법이 특히 인도하는 청중에게 적합하다고 믿었다는 것을 의미한다.
[160] Marsden, *Jonathan Edwards: A Life*, 393.
[161] Marsden, *Jonathan Edwards: A Life*, 394.
[162] Wheeler, "Edwards as Missionary," 167. 에드워즈의 가장 강력한 설교 시리즈 중 두 가지는 마태복음에 나오는 어부와 그물과 씨 뿌리는 자의 비유이다. 다른 하나는 누가복음 13장 7절이다. 에드워즈는 이 본문에 대해 자세히 설명했다. "땅을 깎아라"라는 본문을 설명하며 "하나님께서 섭리 안에서 한 백성을 취하여 다른 사람들과 다르게 만드는 것은 마치 과수원에서 농부가 울타리를 치는 것과 같다"고 설명했다. 이 설교는 "복음 아래 살면서 많은 고통을 받는" 죄인들을 "열매를 맺지 못하는 불모의 나무"에 비유하여 지옥의 불을 지피기 위해 버림받아 마땅한 존재라고 설명하며 비유를 이어간다. 또 다른 설교는 마태복음 7장 24-27절을 인용하여 구원의 희망을 단단한 기초 위에 지은 집에 비유한다. 반석 위에 지어진 집은 홍수에도 무너지지 않지만, 모래 위에 지어진 집은 홍수가 나면 무너진다. 에드워즈는 "사람들이 천국에 갈 수 있다는 소망에 대해서도 이와 같다"라고 설명한다.
[163] Wheeler, "Edwards as Missionary," 135.

요한복음 15장 포도나무의 비유 설교에서는, "그리스도는 모든 영적 생명과 양분의 원천"이라고 표현하고 있으며, 성경을 태양에 비유하여 설명함으로써 인디언이 쉽게 이해하고 알아들을 수 있도록 설교했다. 그는 "우리는 하나님의 말씀과 빛 앞으로 와서 즐기라고 초청받았습니다. 이 빛은 태양 빛보다 천 배나 더 밝습니다"[164]라고 설교했다.

에드워즈는 또한 인간의 생명의 위기와 덧없음, 임박한 하나님의 진노와 심판에 대해서도 설교를 했다. 특별히 인디언 초기 설교에서, 노샘프턴에서 한 것처럼 인디언의 죄와 허물을 강조했다. 그러나 그들의 죄 목록은 제시하지 않았다. 인디언은 창조주 대신 피조물을 섬겼으므로, 에드워즈와 대부분 그리스도인들은 이것을 사악한 우상 숭배로 간주했다. 에드워즈와 개신교 선교사들은 인디언과의 공통 기반을 가진 접촉점을 찾지 못했다.[165]

이런 접촉점을 찾는 데 어려움이 있었음에도 불구하고 에드워즈는 인간의 원죄와 하나님의 진노와 심판 등 칼빈주의의 기본 교리들을 강조하면서도 하나님의 자비와 사랑을 강조했다.[166] 심판과 자비는 에드워즈의 모든 설교와 신학에 서로 연관되어 있었다. 에드워즈는 하나님이 사랑이시지만, 그 사랑을 거절하고 사탄의 법 아래 사는 자들에게는 진노의 하나님

---

164 Hart, Lucas, and Nichols, 『조나단 에드워즈의 유산』, 90.
165 Winslow, *Jonathan Edwards, 1703-1758*, 29.
166 Wheeler, "Edwards as Missionary," 168-69. 에드워즈는 인도하는 회중에게 칼빈주의를 설교했다. 에드워즈는 인디언에게 인류가 원래의 거룩한 상태에서 타락하고 거룩한 상태로부터의 타락과 그에 따른 인류의 타락을 설명했다. 에드워즈는 인간의 이성이 죄인을 구원의 길로 단 몇 발자국이라도 구원을 향해 나아가지 못하게 하며 비참함과 영원한 저주에서 그들을 구해줄 구세주가 필요하다는 것을 명확히 했다. 그는 그리스도의 모든 충분함, 그의 죽음과 부활의 능력에 대해 자세히 설명했다. 구원을 받을 자격이 없음에도 불구하고 인간의 죄를 속죄하기 위한 부활에 대해 자세히 설명했다. 에드워즈는 스톡브리지 설교에서 인간의 노력의 불충분함과 인간 마음의 부패에 대해 광범위하게 언급했지만, 죄인에 대한 하나님과 그리스도의 사랑과 죄인을 멸망에서 구원하시려는 하나님의 사랑에 대해서는 그와 동등하거나 더 큰 힘으로 강조했다.

이라고 소개했다. 하나님은 또한 무한히 자비로우셔서 많은 자에게 구원을 주시기 위해 고난을 받으셨다.

에드워즈가 인디언에게 심판과 진노보다는 그들을 구원하는 하나님의 사랑과 자비를 강조했음을 스톡브리지에서의 설교에서 보여 준다. 에드워즈의 스톡브리지에서 설교를 연구한 레이첼 휠러(Rachel Wheeler)에 따르면, 에드워즈가 인디언에게 그들을 구원하시려는 그리스도의 열망에 대해 강조한 반면, '영국인' 회중에게는 하나님의 진노에 대해 경고하는 일에 훨씬 시간을 많이 했음을 지적하고 있다. 에드워즈는 인디언에게 하나님의 심판보다 초대를 강조했다.[167]

에드워즈는 인디언에게 하나님의 선택이 피부색이나 국적에 따라 하지 않음을 강조했다.[168] 또한, '모든 민족에게 베풀어지는 용서'가 있다는 사실을 인디언에게 확신시켰다.[169] 에드워즈는 자신의 신학을 바꾸지는 않았지만, 특히 아들을 내어 주셔서 고난받고 십자가에 죽게 하신 하나님의 자비와 긍휼을 동시에 강조했던 것이다. 이것을 두고 조지 마즈던은 "칼빈주의 복음주의의 논리를 반영한 것일 수도 있고, 의도적으로 설교 전략에 변화를 준 것일 수도 있다"라고 평가했다.[170]

에드워즈는 스톡브리지에서 인디언 선교사로서 복음을 인디언들에게 전하는 일에 헌신했다. 에드워즈에게 있어서 선교를 가리키는 용어는 '복

---

[167] Wheeler, "Edwards as Missionary," 181.
[168] Wheeler, "Edwards as Missionary," 181. 에드워즈는 인디언을 향한 설교에서 하나님의 공의를 어느 정도 부드럽게 표현했다. 그리스도는 모든 사람을 위해 죽으셨다고 강조했다. 에드워즈는 인디언에게 하나님의 선택은 피부색이나 국적에 달려 있지 않으며, 그리스도는 한 민족만을 위해 죽지 않으셨으므로 모든 민족에게 용서 받을 수 있다고 했다. 가난하거나 복음에 무지한 사람들도 있지만, 모두가 하나님의 선택된 백성이 될 수 있다. 그리스도께서는 죄인들을 고난을 받으시며 어떤 민족이든 자신을 내어 주셨다. 그리스도께서는 민족을 차별하지 않으셨다.
[169] 이상현, 『조나단 에드워즈의 신학』, 485-86.
[170] Marsden, 『조나단 에드워즈 평전』, 569-70.

음 전파'이다.[171] '선교'라는 단어를 쓰지 않더라도 '복음 전파'라는 말로써 선교에 대한 열정을 보여 주고 있다. 에드워즈가 스톡브리지에서 전한 첫 번째 설교를 보면 복음을 강조한 사실을 분명히 알 수 있다. 그가 첫 번째로 택한 설교본문은 사도행전 11장 12-13절이었다.

에드워즈는 이 본문으로 베드로가 고넬료를 만난 사건을 강해하면서 복음을 강조하고 있는 것을 볼 수 있다. 이 설교에서 에드워즈는 베드로가 고넬료 가족에게 복음을 전한 것처럼 인디언 가족들에게 복음을 전하기 위하여 왔음을 분명히 했다. 그리고 이 복음을 통해 구원을 받게 됨을 강조했다. 에드워즈가 복음을 강조한 사실은 그가 행한 고별 설교에서도 나타나고 있다.

에드워즈는 1758년 1월 히브리서 13장 7-8절을 본문으로 고별 설교를 했다. 그는 이 설교에서 '복음에 합당하게 사는 것을 소명으로 살 것'을 강조했다. 에드워즈의 설교는 단순히 교리 전달을 넘어서 청중의 마음과 영혼에 깊은 영향을 미치려는 시도로서 그의 설교가 가진 변화의 힘을 보여 준다. 이것은 에드워즈가 7년 동안 스톡브리지에서의 설교의 의도를 요약한 것이라고 스티븐 니콜스는 평가했다.[172]

에드워즈가 인디언에게 복음을 강조한 사실은 그의 설교에서뿐만 아니라 신앙고백 문서에서도 알 수 있다. 스톡브리지에 있을 때 에드워즈는 인디언의 젊은이 코넬리우스와 메리의 주례를 했다. 이들이 공개적으로 신앙고백한 문서에 보면 에드워즈가 스톡브리지 인디언에게 얼마나 복음적인 삶을 강조했는지를 알 수 있다.

신앙고백문의 일부 내용을 인용해 보면 다음과 같다.

---

171 McClymond, 『한 권으로 읽는 조나단 에드워즈 신학』, 698.
172 Hart, Lucas, and Nichols, 『조나단 에드워즈의 유산』, 90-91.

나는 이제 나의 부모가 세례받을 때 하나님께 나를 드렸던 것처럼, 하나님 앞과 그 백성 앞에서 나를 엄숙하게 하나님께 나 자신을 드립니다. 나는 진정으로 하나님을 나의 분깃으로 삼고 하나님을 나의 가장 위대하고 달콤하신 선으로 인정합니다. 나는 이제 엄숙하게 그리스도께 굴복합니다.

나는 죄를 인식하고, 그분이 나의 곤궁함을 보시기 바라며, 의가 부족하여 얼마나 비참하며, 어떤 자비도 바랄 수 없으며, 다만 하나님께서 영원히 나를 버리시기에 합당하나 예수그리스도는 구주로서 충분하심을 인정합니다. 나는 죄가 나에게 짐만될 뿐이므로 죄를 미워하기를 바라며, 공개적으로 모든 죄의 길을 포기합니다. 나는 내 삶을 바쳐 죄와 싸우고 대항하기를 원합니다.

나는 이제 거룩한 삶을 부지런히 찾고 구하는 데 나 자신을 바치며, 거룩한 삶에 굶주리며 목마르며 기뻐하기를 바랍니다.

하나님을 섬기는 것과 나를 거룩하게 하시며 거룩한 삶을 살게 하시는 성령의 인도하심과 지도하심에 굴복하며, 그리스도 안에서 마음에 기쁨으로 내 형제로 연합하기를 소망하는 그리스도의 백성들에게 가입하기를 원합니다. 나는 총체적인 사죄를 믿으며, 선한 삶을 유지하며, 내가 이 교회에 다니는 동안 교회의 다스림에 복종할 것을 약속합니다.[173]

에드워즈는 인디언 선교사로서 가장 중요하게 생각한 부분은 복음을 전하는 것이었다. 그는 설교를 통해서 그들에게 복음을 전했다. 재미있는 사실은, 에드워즈는 영국인들에게 전하는 방식과 인디언에게 전하는 방식이 달랐고, 그 내용에 있어서도 선교적인 상황을 고려해서 전달했다는 것이다. 그는 비유를 통해서 인디언에게 복음을 전달했으며, 그들이 알아들을 수 있는 방법으로 평이하게 복음을 전달했던 것이다.

---

173 Hart, Lucas, and Nichols, 『조나단 에드워즈의 유산』, 94-95. 재인용.

이런 점에서 에드워즈는 청중에 따라 복음을 전하는 선교사이자 목사였다.[174] 또한, 하나님의 진노와 심판을 전하기는 했지만 하나님의 자비와 사랑을 더 강조함으로 인디언으로 하여금 구원에 대한 열망을 품게 했다.

에드워즈는 인디언 선교사로 그들이 복음을 듣고 구원받는 것뿐 아니라 삶 속에서도 복음의 합당한 삶을 살기를 원했다. 에드워즈는 설교가 스톡브리지에서의 선교 활동에서 단지 하나의 요소가 아니라, 그의 전략에서 가장 핵심적인 요소 중 하나였음이 명확하다. 설교를 통해 에드워즈는 원주민 아메리칸들과 깊은 소통을 시도했으며, 그들의 삶과 신앙에 긍정적인 변화를 끌어내려고 노력했다. 이는 설교가 단순한 단어의 전달을 넘어서, 신앙과 삶의 변화를 가져올 수 있는 강력한 도구로서의 역할을 수행했음을 보여 준다.[175]

그러면 에드워즈가 이렇게 복음을 강조한 이유는 무엇인가?

에드워즈에게 있어서 선교의 목표와 의미는 무엇이었는지 살펴보자.

3. 에드워즈의 인디언 선교 사역 목표와 의미

1) 인디언 선교 사역의 목표: 하나님의 영광

청교도 신앙이 함축된 웨스트민스터(Westminster) 요리문답의 첫 번째 질문과 답은 다음과 같다.

문: 사람의 제일되는 목적이 무엇인가?

---

174 박응규, "조나단 에드워즈의 인디안 선교와 개혁 신앙,"「한국 개혁신학」17 (2005): 84.
175 McFadden, "Amidst the Great Darkness the Practical Missiology of Jonathan Edwards at Stockbridge, 1751-1758," 91.

답: 사람의 제일되는 목적은 하나님을 영화롭게 하는 것과 영원토록 그를 즐거워하는 것이다.

하나님께 영광을 돌린다는 것은 하나님의 인격과 아름다움이 실제로 드러나게 살아가는 것이다.[176] 하나님의 영광은 청교도들의 근간을 이루는 정신으로, 청교도 신앙을 이어받은 에드워즈에게도 하나님의 영광이 우선이었다. 그의 삶을 통해 하나님의 영광을 드러내는 것이 목표였다. 이런 목표는 노샘프턴에서 목회할 때나 스톡브리지에서 인디언 선교 사역을 감당할때나 변함이 없었다.

그러면 에드워즈가 말하는 하나님의 영광의 개념은 무엇일까?

에드워즈는 어떻게 하나님의 영광을 이해했을까?

우리는 먼저 에드워즈가 말하는 하나님의 영광을 이해해야 할 필요가 있다.

(1) 에드워즈의 하나님 영광 개념 이해

존 파이퍼의 『하나님의 영광을 위한 하나님의 열심』(*God's Passion for His Glory*) 제2권에 에드워즈의 천지 창조의 목적에서 하나님의 영광이 무엇인지를 심도 있게 조명한다. 에드워즈는 하나님의 영광을 하나님의 내적 충만함이 외적으로 드러나는 현상으로 파악했다. 이 영광은 창조된 세계를 통해 하나님의 성품과 본질이 나타나는 것이며, 피조물, 특히 인간이 하나님의 충만함을 인식하고 이에 응답하는 방식에서 특히 두드러진다.[177]

에드워즈는 하나님의 영광을 창조의 최종적인 목적으로 보았으며, 모든 창조적 행위가 궁극적으로 하나님의 영광을 드러내는 것을 목표로 한다고

---

[176] Pierson, 『선교학적 관점에서 본 기독교 선교 운동사』, 448.
[177] Jonathan Edwards and John Piper, 『하나님의 영광을 위한 하나님의 열심』(*God's Passion for His Glory*), 백금산 옮김 (서울: 부흥과개혁사, 2011), 343.

주장한다.[178] 성경에서 하나님의 영광은 종종 빛으로 비유되며, 이는 하나님의 선하심, 기쁨, 행복, 그리고 선을 상징적으로 표현한다.[179] 에드워즈에 의하면, 하나님의 영광은 또한 하나님의 능력, 지혜, 그리고 성품이 창조적으로 효과적으로 나타나고 피조물에게 전달되는 것을 포함한다. 하나님을 최고로 존중하고 사랑하며 즐거워하는 피조물의 적절한 반응 또한 하나님의 영광을 나타내는 데 중요한 부분이다.[180]

이런 이해는 에드워즈의 전체 신학적 사고에서 중심적인 위치를 차지하며, 그의 깊은 관심은 인간의 최고 목표가 하나님의 영광을 드러내고 이에 기뻐하는 것임을 강조한다. 하나님의 영광은 하나님의 지성, 덕, 그리고 행복이 피조물에게 나타나는 방식에서 종합적으로 이해될 수 있으며, 이는 하나님의 무한한 지식과 거룩함, 그리고 기쁨을 포함한 하나님 자신의 완전한 특성들을 나타낸다.[181]

에드워즈에 따르면, 하나님의 영광은 창조의 최종 목적이다. 이는 에드워즈가 하나님의 영광을 어떻게 이해했는지를 보여 주며, 하나님의 영광이 그의 신학적 사고와 신앙생활에서 중심적인 역할을 했음을 보여 준다. 하나님의 영광을 향한 그의 깊은 관심은, 인간의 최고 목표가 하나님의 영광을 드러내고 이에 기뻐하는 것이다.

(2) 에드워즈가 본 하나님의 영광과 인간의 기쁨의 상호관계

에드워즈는 하나님의 영광과 인간의 기쁨 사이에 존재하는 불가분의 관계를 신학적으로 통찰하였다. 그는 인간 존재의 궁극적인 목적이 하나님을 영화롭게 하는 것과 동시에, 그분 안에서 최고의 기쁨을 누리는 데 있

---

[178] Edwards, and Piper, 『하나님의 영광을 위한 하나님의 열심』, 305.
[179] Edwards, and Piper, 『하나님의 영광을 위한 하나님의 열심』, 299.
[180] Edwards, and Piper, 『하나님의 영광을 위한 하나님의 열심』, 344.
[181] Edwards, and Piper, 『하나님의 영광을 위한 하나님의 열심』, 344.

음을 강조한다. 이 관점에서 영광의 목적은 인간의 진정한 기쁨과 상충되는 것이 아니라 오히려 일치하며, 하나님의 영광이 가장 풍성하게 드러날 때 인간은 가장 깊은 기쁨을 누리게 된다고 주장한다. 그는 "하나님이 세상을 창조하신 궁극적인 목적은 자신의 영광을 드러내는 데 있으며, 이는 피조물의 기쁨을 통해 성취된다"라고 주장한다. 이런 주장은 하나님의 자기 중심성이 인간의 자아를 부정하는 것이 아니라, 오히려 인간이 진정한 자아를 실현할 수 있는 기반이 됨을 보여준다.[182]

이런 기쁨은 단지 감정적인 반응이나 만족이 아니라, 존재론적인 궁극성에 근거한 기쁨으로, 하나님을 존재의 가장 근본적인 선으로 인식할 때 자연스럽게 흘러나오는 것이다. 에드워즈에 따르면, 하나님께서 자신을 영화롭게 하시는 방식은 곧 신자들이 하나님을 기뻐하도록 창조된 존재로 살도록 하는 것이며, 이것은 신자들이 하나님을 인식하고 사랑하고 기뻐할 때 가장 잘 드러난다.[183]

이 개념은 존 파이퍼에 의해 "하나님을 영화롭게 하는 삶은 곧 하나님을 즐거워하는 삶"이라는 기독교 희락주의(Christian Hedonism)의 원리로 계승되었다. 존 파이퍼는 "하나님은 우리가 그분 안에서 가장 깊이 기뻐할 때 가장 영광을 받으신다"(God is most glorified in us when we are most satisfied in Him)라고 기독교 희락주의를 정의한다.[184]

따라서 에드워즈의 사상은 인간의 존재론적 기쁨이 단지 감정적 만족이 아닌, 하나님의 본성과 목적 안에서 실현되는 것임을 논증함으로써, 하나님의 영광과 인간의 기쁨이 본질적으로 하나임을 명확히 한다.

---

182 Jonathan Edwards, *The End for Which God Created the World*, in John Piper, *God's Passion for His Glory* (Wheaton, IL: Crossway, 1998), 119.

183 Edwards, *The End for Which God Created the World*, in John Piper, *God's Passion for His Glory*, 120-121.

184 John Piper, *God's Passion for His Glory* (Wheaton, IL: Crossway, 1998), 35-36.

(3) 에드워즈의 선교 사역 목표

에드워즈는 하나님의 영광을 선포하는 것이 세계 선교의 핵심으로 보았다. 에드워즈는 세계 선교를 모든 민족으로 기쁘게 하는 하나님의 영광을 위한 열정이라고 표현하면서 다음과 같이 주장한다.

> 만일 하나님의 영광을 드러냄과 인간 영혼의 깊은 기쁨이 하나라면, 세계 선교는 하나님의 영광을 모든 미전도 족속에게 선포하는 것이며, 완전한 순종적인 삶을 기뻐함으로써 하나님을 찬미하는 예배자들을 불러 모으는 것이다.[185]

그러므로 에드워즈의 인디언 선교는 하나님의 영광과 분리해서 생각할 수 없다. 에드워즈는 7년 동안 인디언 선교사로서 인디언의 영혼 구원을 위해 하나님의 영광을 위하여 복음을 전파하는 것을 목표로 삼았다.[186]

이 목표를 이루기 위해 에드워즈는 교육(Education)과 언어 훈련(Language Training), 설교(Pteaching)와 행동, 문화의 변혁(Behavioral-Cultural Transformation) 프로그램(programs)으로 사역했던 것이다.[187]

---

[185] Edwards, and Piper, 『하나님의 영광을 위한 하나님의 열심』, 66-67. "그 영광을 열방 중에 선포할지어다"(시 96:3)라는 것은 지상명령을 말하는 한 가지 방식이고 "열방은 기쁘게 즐겁게 노래할지니"(시 67:4)는 또 다른 표현 방식이다. 이것은 한 가지 목적을 가지고 있다. 즉, 열방의 기쁨 속에서 하나님은 영광을 받으신다는 것이다. 사도 바울이 하나님의 영광과 열방의 기쁨을 성육신의 목적을 말하는 "이방인으로 그 긍휼하심을 인하여 하나님께 영광을 돌리게 하려 함이라 기록된바 그러므로 내가 열방 중에서 주께 감사하고 주의 이름을 찬송하리로다 함과 같으니라 또 이르되 열방들아 주의 백성과 함께 즐거워 하라"(롬 15:8-10). 이 대목에서도 하나님의 영광과 기쁨이 나타나 있다. 다시 말하면, 하나님을 기쁘게 하는 것과 하나님께 영광을 돌리는 것은 하나이며, 바로 이 하나의 목적이 세계 선교의 목적이라는 것이다.

[186] Hart, Lucas, and Nichols, 『조나단 에드워즈의 유산』, 90-91.

[187] McFadden, "Amidst the Great Darkness the Practical Missiology of Jonathan Edwards at Stockbridge, 1751-1758," 6.

이 네 가지는 서로 독립적인 것이 아니라 상호협력적이며 유기적인 관계로 연결되어 있다. 에드워즈는 교육 없이 선교는 불가능한 것으로 보았고, 이 교육을 위해서 언어 훈련, 즉 영어 교육이 필요함을 강조했다. 이것은 결국 하나님의 말씀을 잘 이해할 수 있게 해주고, 하나님의 말씀이 삶과 문화를 변화시킨다고 보았다. 따라서 에드워즈의 인디언 원주민 선교의 궁극적인 목표는 하나님의 말씀을 통한 인디언의 영혼 구원에 있었다.[188]

에드워즈는 스톡브리지에서 인디언을 기독교 교육을 하는 데 있어 영어 습득이 중요하다고 믿었다. 그는 성경 접근과 기독교적 예절을 갖춘 문명화된 방법으로 영어를 보았다. 에드워즈는 성공적인 선교를 위해 원주민 언어에 대한 더 큰 개방성을 인정했으며, 원주민들이 성경을 접하고 영국 기독교인들과 상호작용할 수 있도록 영어 교육을 중시했다. 에드워즈는 단순한 언어 습득을 넘어 인디언의 구원을 목표로 하며, 이 과정에서 영어는 핵심 도구로 사용되었다.[189]

에드워즈에게 있어서 영어 교육은 하나님의 영광을 드러내기 위한 복음을 효과적으로 전하는데 필요한 수단이었다. 영어 교육 자체가 목적이 아니었다. 에드워즈는 특별히 어린이 교육(Children Education)에 관심을 가졌으며, 이들에게 영어를 가르치는 것을 강조했다.

에드워즈에게는 인디언 원주민들에게 있어서 학교와 교육이 가장 시급한 것으로 보았기 때문이다. 언어 훈련은 타 문화권에 들어가는 전략이었으며, 언어를 배울 때 설교를 효과적으로 이해하게 되고, 설교를 이해함으로써 하나님의 말씀에 대한 사모함과 구원에 이르는 길이 가깝다고 본 것이다. 에드워즈는 영어를 가르치는 것이 목적이 아니라 그들의 구원이 목

---

[188] McFadden, "Amidst the Great Darkness the Practical Missiology of Jonathan Edwards at Stockbridge, 1751-1758," 6.

[189] McFadden, "Amidst the Great Darkness the Practical Missiology of Jonathan Edwards at Stockbridge, 1751-1758," 33-34.

표였다. 영어는 목표를 이루는데 중요한 도구였을 뿐이다.[190]

에드워즈의 선교는 교육과 언어, 설교를 통해 삶과 문화의 변혁을 가져오고, 궁극적으로는 그들을 구원하여 하나님의 영광을 드러내는 일에 초점을 맞추고 있다. 이것은 에드워즈의 사상과도 일치한다. 그의 관심은 모든 피조물이 회복되어 하나님의 영광을 드러내는 것이었다. 에드워즈는 하나님은 사랑이시며, 그의 사랑은 계시를 통해 인간에게 전달되기 때문에 선교적 사역이야말로 하나님께 영광 돌리는 가장 주된 것으로 믿었다. 또한, 인간이 죄를 자각하고 하나님께 돌아오는 것이 구속 역사의 주된 내용이라고 인식했다.[191]

그러므로 우리가 하는 모든 일은 하나님의 영광(고전 10:31)이어야 한다. 선교도 결국 복음 전파요 영혼을 구원하여 하나님의 영광을 드러내는 일이다. 이 선교 사역을 효과적으로 하기 위해서 교육도 필요하고, 언어 훈련도 필요하고 설교도 필요한 것이다. 에드워즈에게 있어서 그의 삶도, 선교의 동기도, 선교의 목표도 하나님의 영광이었던 것이다.

2) 인디언의 선교 사역의 의미

에드워즈는 스톡브리지의 선교사였다. 데이비드 브레이너드의 삶을 통해 깊은 감명을 받은 에드워즈는 노샘프턴교회에서 해임된 이후 스톡브리지로 가서 7년간 선교사로 다양한 역할을 감당했다.

그러면 에드워즈에게 있어서 인디언 선교는 어떤 의미가 있는가?

에드워즈의 인디언 선교 사역을 세 가지 측면에서 그 의미를 고찰하고자 한다.

---

190 McFadden, "Amidst the Great Darkness the Practical Missiology of Jonathan Edwards at Stockbridge, 1751-1758," 41.
191 박응규, "조나단 에드워즈의 인디안 선교와 개혁 신앙," 72.

〈지도 5〉 뉴잉글랜드의 아메리칸 인디언 선교[192]

(1) 선교적 안목 제시

에드워즈의 인디언 선교는 신대륙에 이주한 청교도들에게 새로운 선교적 안목을 열어 주었다.[193] 에드워즈의 인디언 선교는 선교역사의 과도기 속에서 펼쳐졌다. 당시 식민지 사회에서 인디언은 대개 복음 전파의 대상으로 간주되기보다는, 식민 개척과 영토 확장의 장애물 혹은 문명화의 대상으로 여겨졌다. 뉴잉글랜드의 많은 청교도들은 인디언의 회심보다는 개종과 문명화에 더 관심을 기울였으며, 복음주의적 선교 정신은 제한적으로만 구현되고 있었다.

이런 역사적·사회적 배경 속에서, 에드워즈는 초기에는 인디언 선교에 간접적으로 관여하였으나, 1747년 인디언 선교사 데이비드 브레이너드와의

---

192 Ruth Tucker, *From Jerusalem to Irian Jaya* (Grand Rapids, Mich.: Zondervan, 1983), 87.
193 David William Kling, and Douglas A Sweeney, *Jonathan Edwards at Home and Abroad: Historical Memories, Cultural Movements, Global Horizons* (Univ of South Carolina Press, 2003), 267.

깊은 영적 교류를 통해 선교의 본질에 대한 인식을 새롭게 하게 된다.[194]

브레이너드는 인디언 선교에 온몸을 바쳐 섬기다가 결핵으로 29세의 젊은 나이에 사망했지만, 그의 경건한 삶과 선교적 헌신은 에드워즈에게 지대한 영향을 끼쳤다. 에드워즈는 브레이너드가 남긴 일기와 서신, 그리고 자신의 관찰을 바탕으로 『데이비드 브레이너드의 생애와 일기』를 집필하여 1749년에 출간하였다.[195] 이 책은 단순한 전기(biography)를 넘어 인디언 선교의 영적 의미와 선교사로서의 고난과 헌신, 그리고 하나님의 섭리를 조명한 선교학적 텍스트였다. 에드워즈는 이 책을 통해 인디언도 하나님의 형상대로 지음받은 존재로서 회심의 가능성을 지닌 존재임을 주장하며, 인디언 선교의 정당성과 필요성을 교회에 각인시켰다.[196]

브레이너드의 일기는 곧 미국 내 청교도들과 유럽 복음주의자들에게 깊은 감동을 주었고, 윌리엄 캐리(William Carey), 헨리 마틴(Henry Martyn), 데이비드 리빙스턴(David Livingstone) 등 19세기 복음주의 선교사들에게도 큰 영향을 미쳤다. 따라서 에드워즈는 단지 브레이너드의 삶을 정리한 편집자에 머물지 않고, 브레이너드의 사역을 통해 인디언 선교의 신학적 정당성을 천명하고, 당시 청교도 공동체 안에 복음 중심의 선교적 자각을 불러일으킨 인물이었다. 이 책을 통해 인디언 선교에 관심을 고조시켰으며, 인디언 선교의 중요성을 일깨워 주었다. 에드워즈의 이런 선교적 안목은 식민지 시대에 복음주의 선교 운동의 중요한 전환점이 되었으며, 오늘날까지도 복음주의 선교학의 중요한 고전으로 평가받고 있다.

---

194 George M. Marsden, *Jonathan Edwards: A Life* (New Haven: Yale University Press, 2003), 323–32, 383–87.

195 Jonathan Edwards, *The Life of David Brainerd*, ed. Norman Pettit, *The Works of Jonathan Edwards*, vol. 7 (New Haven: Yale University Press, 1985).

196 Philip F. Gura, *Jonathan Edwards: America's Evangelical* (New York: Hill and Wang, 2005), 165–67.

〈지도 6〉 식민지 미국의 초기 지도[197]

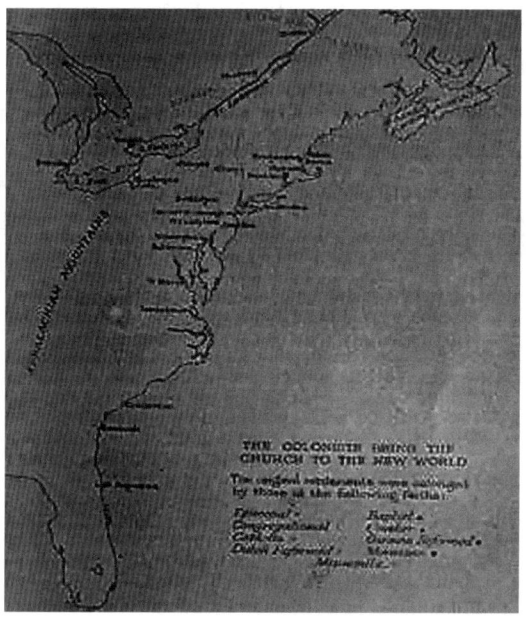

(2) 칼빈주의적 선교관

에드워즈는 개신교적 특성(the Protestant consciousness)을 반영하는 선교의 장을 열어주었다. 이전의 선교는 기독교 국가의 식민지 건설과 맞물려 일어난 경우가 많았다. 미개한 민족을 개화시키고 그들의 삶을 개선하는 것에 초점이 맞추어져 있었다. 그러다 보니 명목상의 그리스도인을 양산하는 결과를 낳았다. 그러나 에드워즈는 접근 방법이 달랐다.

에드워즈는 인디언을 이방인이요, 열등한 종족이라고 경시했던 당시의 서구인들과는 다른 견해를 가지고 있었다.[198] 에드워즈는 우월 의식으로

---

197 Kuiper, 『世界 基督 敎會史』, 407.
198 Wheeler, "Edwards as Missionary," 285-86. 스톡브리지에서 재임하는 동안 조나단 에드워즈는 특히 선교 사업과 인디언 문제 전반에서 나타나는 세속주의의 증가와 참된 종교에 대한 소홀함을 막고자 노력했다. 에드워즈는 사전트와 마찬가지로 인디언 개

접근한 것이 아니라, 성경적 관점으로 선교를 접근했다.[199]

에드워즈의 신학적 헌신과 선교 사역은 칼빈주의적 전통에 뿌리를 두고 있었다. 선교 현장에서의 경험은 그의 신앙에 대한 깊이와 이해의 범위를 확장시켜 주었다. 그의 초기 신학교육이 원죄의 철저한 실재를 강조한 것에서 출발했다면, 선교사로서의 경험은 이런 교리적 확신을 인간 평등의 열정적인 주장으로 전환시키는 계기가 되었다.[200]

에드워즈의 설교는 미국 원주민에게 복음을 전하는 것이 기독교인의 의무라는 점을 강조하며, 기독교적 은혜와 구원의 메시지를 모든 인간에게 전달해야 한다는 그의 신학적 확신을 반영한다. 그의 신학적 저작과 설교는 단지 신학적 논의의 탁월함을 넘어, 그의 사상이 당대 사회적 맥락에

종자들의 급진적인 변화를 기대했다. 그의 설교, 편지, 신학 논문은 모두 이런 목적에 맞춰져 있었다. 에드워즈는 선교 사역을 시작하기 훨씬 전부터 헌신적인 칼빈주의자였지만, 선교지에서의 경험은 그의 성직자로서의 역할을 하게 되었다. 젊은 시절부터 그는 원죄의 실체를 의심한 적이 없었지만, 선교사로 활동하는 동안 이런 믿음은 다소 냉담한 교리 진술에서 인간의 평등에 대한 열정적인 확증으로 바뀌었다.

스톡브리지 초기 설교에서 에드워즈는 아메리칸 인디언을 "문명 국가라기보다는 짐승처럼 사는 야만적인 민족"이라고 언급했지만, 후에는 그는 그들을 특별한 보살핌과 양육을 받아야 할 소외된 형제로 여기게 되었다. 원죄에 관한 논문에서 에드워즈는 유럽인들이 가진 모든 장점은 전적으로 하나님의 은혜에 기인하며, 이 은혜는 인디언에게도 똑같이 제공된다고 주장하면서 유럽 문화의 고유한 우월성에 대한 관념을 거부했다. 그의 설교는 미국 인디언에게 복음의 빛을 전하는 것이 영국인의 기독교적 의무임을 분명히 했다.

199 Arthur F. Glasser, 『성경에 나타난 하나님의 선교』, 임윤택 옮김 (서울: 생명의말씀사, 2006), 13. 아서 글라스는 우리의 선교는 예수 그리스도의 선교에 참여하는 것으로 그 이상도 그 이하도 아니라고 보았다. 예수 그리스도의 선교가 아니면 선교는 식민지 확장과 교세 확장, 종교적 개종, 사회봉사로 전락해 버릴 확률이 매우 높다고 보았다. 이런 것들은 진정한 의미의 선교라 할 수 없으며 선교가 그리스도 중심으로 될 때 만이 성경적인 선교라고 보았다. 글라서는 복음의 중심은 예수 그리스도만이 주님이시라는 것과 믿음과 회개로 그분께 나오는 사람들을 생명으로 들어갈 수 있게 하는 것이라고 주장한다. 에드워즈는 인디언 선교를 하면서 그들을 우월 의식이 아닌 하나님의 백성으로 생각하고 모두 예수 그리스도를 구속을 통해 구원받아야 할 대상으로 보았다. 이런 점에서 그는 글라스가 말한 대로 예수 그리스도의 선교에 참여한 것이다.

200 Wheeler, "Edwards as Missionary," 285.

깊숙이 뿌리내렸음을 보여 주는 증거로 평가된다.[201]

에드워즈의 선교신학과 사회적 관심은 그의 학문적 업적과 함께 신학과 사회의 상호작용을 규명하는 중요한 사례를 보여 주었다. 그의 저작은 신학적 통찰과 사회적 감수성이 어떻게 통합되어, 복음의 보편적 전파를 촉진할 수 있는지를 보여 준다. 이를 통해, 에드워즈는 기독교 신학의 범위를 확장하고, 모든 인간에게 복음을 전파해야 한다는 칼빈주의 신학적 의무를 강조하는 한편, 인류의 평등과 타락한 인간 본성에 대한 구속 가능성을 주장함으로써 신학적 깊이와 사회적 책임을 견지했다.[202]

에드워즈는 죄 가운데 있는 모든 인간은 다 멸망받을 수밖에 없으며, 그리스도를 통해 구원을 받으며 거룩한 삶을 살 수 있다는 칼빈주의적 신학의 토대 위에서 선교가 이루어져야 함을 보여 주었다.[203]

따라서 에드워즈는 제국적인 선교가 아닌, 죄인이 하나님의 은혜로만 구원을 얻게 하는 선교를 지향할 수 있는 교리적 근거를 제시한 점에서 개신교의 특성을 반영하는 선교의 장을 열었다는 데 의미가 있다.

(3) 이중 문화 가교 역할

도널드 맥가브란(Donald Anderson Mcgavran, 1897-1990)[204]은 이중 문화의 가교 역할을 현지인과 좋은 관계를 유지하며, 관계를 맺는 인종과 문화적 한계를 건너게 하는 "하나님의 가교"(The Bridges of God)로 보았다. 맥가브란은 가교 역할이 하나님 나라를 세우는 중요한 역할이며 복음을 전파하고 교회를 세우고, 하나님의 사랑을 세상에 드러낸다고 했다.[205]

---

201 Wheeler, "Edwards as Missionary," 286.
202 Wheeler, "Edwards as Missionary," 286.
203 박응규, "조나단 에드워즈의 인디안 선교와 개혁 신앙," 88.
204 맥가브란의 삶과 사역은 Vern Middleton와 Gary Lynn McIntosh의 쓴 전기문을 참고하라. Middleton, McIntosh.
205 McGavran, *The Bridges of God*, 12.

하나님께서 전 세계 복음을 전할 임무를 교회에 부여하셨다. 복음 전파는 사람과 사람, 집단과 집단을 연결해 주는 가교를 통해 가능하다.[206] 가교 역할은 하나님 선교의 중심이며, 교회는 모든 민족을 위한 교회가 되는 데 중요한 역할을 한다. 따라서 맥가브란은 "교회는 가교 역할을 감당할 사람들을 양성하고 지원해야 하며, 다양한 문화적 배경을 가진 이들을 존중해야 한다"고 강조하며, 문화 간 가교의 중요성을 역설하였다.[207]

에드워즈의 인디언 선교는 인디언 문명과 기독교 문명의 가교 역할을 했다는 점에서 의미가 있다. 에드워즈는 인디언과 상호 인격적 관계에서 사역을 했으며, 정착민들과 원주민 인디언 사이의 가교 역할을 감당했다.

폴 히버트(Paul G. Hiebert)[208]는 선교사가 복음을 전할 때 주로 두 가지 영향을 받는다고 했다. 그것은 "복음의 내용을 한 문화에서 다른 문화로 번역하는 선교사와 현직 지도자의 능력과 복음을 전하는 일을 담당한 사람들이 맺은 관계의 수준이다"[209]라고 했다. 또한, "복음 전달은 선교사들과 그들이 섬기는 사람들 사이의 상호 인격적 관계에 달려 있다. 한 문화 속의 사람들과 다른 문화 속의 사람들 간의 이 '관계'가 이중 문화의 가교이

---

206 정용암, 『도널드 맥가브란의 개종신학』, 124-25.
207 McGavran, *The Bridges of God*, 102.
208 폴 히버트(Paul G. Hiebert, 1932-2007)는 히버트 박사는 인도 선교사의 아들로 태어났으며 대를 이어 인도에서 6년간 선교사로 헌신했다. 미네소타대학에서 인류학박사학위를 받고 워싱턴대와 풀러신학교(1977-1990년), 트리니티신학대학교에서 17년간 인류학과 남아시아문화 등을 강의했다. 히버트는 선교학과 문화인류학의 복음주의적 통합을 시도하면서 세계관과 문화를 선교학의 주요 주제로 다루었다. 『선교와 문화 인류학』(*Anthropological Insights for Missionaries*, 1986)을 통해서 비판적 상황화(Critical Contextualization)을 말하였고, 『인식론적 전환의 선교학적 의의』(*Missiological Implications of Epistemological Shifts*, 1999)를 통해 비판적 실재론(Critical Realism)를 말했다. 또한, 『21세기 선교와 세계관의 변화』(*Transforming Worldviews*, 2008)를 통해 세계관의 변화로서의 회심을 말했다. 비판적 실재론은 인식론 모델이고, 비판적 상황화는 문화인류학적 모델이다. 데이비드 헤셀 그레이브·데렐 화이트맨 박사 등과 함께 하나님의 말씀과 문화, 선교학적 상황화 상관 연구로 유명하다. 저서로는 『선교와 문화인류학』, 『인류학적 접근을 통한 선교현장의 문화 이해』, 『민간 종교의 이해』 등이 있다.
209 Hiebert, *Anthropological Insights for Missionaries*, 319.

다"라고 말했다.[210]

이중 문화 가교를 위해 폴 히버트는 현지인과 좋은 관계를 맺어야 함을 다음과 같이 강조한다.

> 선교사와 현지인이 건강하게 관계를 맺으려면, 살아가고 일하고, 놀고 예배하는 것에 대한 새로운 패턴, 즉 새로운 문화 틀을 만들어 나가야 한다. 이중 문화는 배경이 전혀 다른 사람들이 만드는 것이기 때문에 두 문화 요소 모두로 구성된다.[211]
> 사람을 설득하려면 먼저 자기 자신을 극복해야 하며, 사랑과 신뢰를 바탕으로 관계를 세워 나가야 한다. 사람들이 전달자를 불신한다면, 전달자가 전하는 메시지도 불신할 것이다.[212]
> 선교사와 현지 비그리스도인의 관계는 선교 사역에서 가장 중요한 핵심이다. 이 관계는 가장 오해되기도 하고 오용되기도 한다. 양자 관계의 특징은 교회의 사회구조에서 생기는 문제라기보다, 선교사와 현지 비그리스도인이 서로를 부정적으로 판단하고 부정적인 자세를 취했기 때문에 일어난다. 선교사는 관계를 새롭게 만들어 내는 사람들이다.[213]

이중 문화를 이어줄 가교를 세우는 일은 선교에서 중요한 과업이다.[214] 선교사는 문화 중개인의 역할을 해야 한다. 폴 히버트는 이중 문화 속에서 선교사는 문화 중개인으로서의 역할을 강조하면서 다음과 같이 주장한다.

---

210 Paul G. Hiebert, 『(인류학적 접근을 통한) 선교현장의 문화 이해』(*Anthropological Reflections on Missiological Issues*), 안영권·김영동 옮김 (서울: 조이선교회출판부, 1997), 195.
211 Hiebert, 『선교와 문화 인류학』, 321.
212 Hiebert, 『선교와 문화 인류학』, 356.
213 Hiebert, 『선교와 문화 인류학』, 365.
214 Hiebert, 『선교와 문화 인류학』, 322.

이중 문화 공동체는 두 세계가 만나는 곳이다. 자신의 본래 문화에 젖어 있는 사람들로 구성되지만, 이곳에서는 두 관념이 서로 만나고 교환된다. 이런 문화 가교 역할을 담당하는 사람을 문화 중개인이라고 한다. 달러를 다른 통화로 바꾸는 환전상처럼, 문화 중개인은 두 문화가 소통하는 데 반드시 필요하다. 선교사도 그런 문화 중개인이라고 할 수 있다.[215]

폴 히버트(Paul G. Hiebert)는 다양한 문화 속에서 그리스도인들이 각자의 문화적 환경에 맞게 복음의 메시지를 정립하고 발전시켜야 할 필요성을 인지 했다.[216] 인디언 선교에 있어서 복음 전도는 문화적 환경과 밀접한 관련성을 맺으면서 전개되었다. 저주에서 구속으로 기독교 신앙 안에서의 성장은 인디언에게 정착민들의 문화를 접하는 기회가 된 것이다.[217]

찰스 크래프트(Charles Kraft)[218]는 성경적인 기독교인들은 개방적인 마음 자세를 견지하게 된다고 했다.

---

215 Hiebert, 『선교와 문화 인류학』, 322.
216 김경철, "폴 히버트의 비판적 실재론에 근거한 초문화 신학에 대한 고찰," 한국 개혁신학 30 (2011): 198-209. 폴 히버트는 문화적 차이를 넘어서도 신학적 다양성을 허용하는 방안을 모색했다. 그는 초문화 신학의 네 가지 기본 원칙을 제시했다. 그것은 성경적 근거와 문화 초월, 역사와 기록론, 그리고 성령의 인도이다.
217 박응규, "조나단 에드워즈의 인디안 선교와 개혁 신앙," 96.
218 『기독교 문화인류학』(Anthropology For Christian witness)의 저자 찰스 크래프트(Charles H. Kraft)는 1932년 미국 코네티컷에서 출생했다. 그는 휘튼대학에서 인류학 학사학위(B.A.)를 받았고, 애쉬랜드신학대학에서 신학석사(B.D.) 받았으며 하트포드대학원에서 박사학위(Ph.D.)를 받았다. 그는 1955년 목사 안수를 받았으며, 1957년 나이지리아 북동부의 부족그룹에서 선교사로 교회 개척 사역을 했다. 3년간 교회개척 사역을 하면서 10배의 성장을 경험했다. 그 후 그는 미시간주립대학과 UCLA 학부에서 각각 5년간 언어학과 아프리카 언어를 가르쳤다. 그는 아서 글라서 박사가 풀러신학교 선교대학원에 교수로 오기 1년 전에, 1969년부터 풀러신학교 선교대학원 교수로 임용되었다. 그는 풀러에서 문화인류학과 커뮤니케이션, 세계관, 영적 전쟁, 내적 치유, 아프리카 지역 코스와 개종, 상황화 신학과 관련된 과목을 강의했다. 그는 자신의 전문 분야에서 30권 이상의 책과 수많은 글을 썼다. 그는 심층 치유, 구원 및 영적 전쟁에 중점을 둔 내적 치유 사역의 대표로, 수천 명의 사람을 예수 그리스도 안에서 영적·정서적 자유로 인도하는 사역을 하고 있다.

첫째, 성경에 대한 자료와 그에 대한 해석은 인간에 의해 달라질 수 있기 때문이다.

둘째, 인류학적인 이해와 관점은 성경의 자료에 대한 새로운 통찰들을 개발할 수 있기 때문이다.

셋째, 인류학적 이해와 관점을 통한 타 문화적 신학은 복음주의자들에게 익숙하지 않은 방식으로 어떤 특정한 성경 진리들을 정리하려고 시도할 수 있기 때문이다.

넷째, 신약성경 안의 기독교는 보수적이 아니라 변혁과 다양성에 대해 역동적이고, 수용적이고, 위험을 감수하려는 욕구가 있기 때문이다.

다섯째, 위의 모든 논지는 성경적으로 진실한 기독교인은 폐쇄적인 마음을 갖지 않았다는 확신이 있기 때문이다. 성령께서는 한 사람 한 사람을 개인적으로, 또 집단적으로 성장하도록 인도하시기에, 성경적인 기독교인들은 변혁과 다양성에 대해 열려 있어야 되기 때문이다.[219]

스톡브리지 영국 정착민들은 그들의 문화를 존중하지 않았고, 인디언 문화를 존중하지 않음으로써 문화적 충돌과 의견 충돌이 많았다. 모히칸 족은 땅과 마을 통치권을 가지고 있었지만, 영국 정착민들은 인디언 없는 공동체를 원했다. 영국 정착민들은 인디언을 장애물로 생각하고 쫓아 냈으며, 그들의 사회 구성원으로 받아들이지 않았다. 그 결과, 인디언은 자기 문화의 정체성을 잃어버리게 되었다. 이것은 문화적 다양성을 존중하지 않고 단일 문화를 강요했을 때 발생하는 비극임을 잘 보여 준다.[220]

찰스 크래프트(Charles Kraft)는 단일문화 관점을 다음과 같이 설명한다.

---

219 Kraft, 『기독교와 문화』, 93-105.
220 Wheeler, "Edwards as Missionary," 284-85.

단일문화적 관점이란, 단일문화적인 사람들이 자신들이 소유하고 있는 문화적 세계관을 통해 실재(Reality)를 바라보는 것을 의미한다. 단일문화적인 사람들은 오직 자신의 세계관적 관점만 가지고 사물에 대해 설명한다. 그런 사람들은 단지 자신들이 자라면서 배운 방법을 통해서만 해석하고 평가한다.[221]

찰스 크래프트(Charles Kraft)는 이런 단일문화주의 특징을 다음과 같이 일곱 가지로 설명한다.[222]

① 단일문화주의는 고지식한 자문화 중심주의이다. 그렇기 때문에 자문화 중심적인 사람은 다른 사람들이 소유하고 있는 관점에 대해 정당한 평가를 내릴 수 없게 된다.
② 단일문화적 관점은 절대적이다. 단일문화권인 사람들은 자신이 속한 사회의 관점을 절대적인 것으로 간주한다.
③ 단일문화적 시각은 순수 실재론의 주를 이룬다. 다른 인식의 타당성이나 옳을 가능성을 인정하지 않는다.
④ 단일문화권 사람들은 자신들이 우월하기 때문에 자신들이 취한 관점들이 최종적 관점이라고 생각한다.
⑤ 단일문화적 사람들은 다른 사람들의 방식을 존중하지 않는다.
⑥ 그렇게 비난하는 것은 자신이 배운 문화적 가치들로 판단하는 단일문화적 습관에서 기인한다.
⑦ 단일문화적 시각을 가진 사람들은 자신들의 방식과 다른 사람들의 방식을 대조하기 위해 경멸적인 용어를 사용하곤 한다.

---

221 Charles H. Kraft, 『기독교 문화인류학』(*Anthropology for Christian Witness*), 안영권·이대헌 옮김 (서울: CLC, 2010), 157.
222 Kraft, 『기독교 문화인류학』, 157-63.

찰스 크래프트는 단일문화적 관점 대신 타 문화적 관점을 제시한다. 타 문화적 시각은 우리의 설명을 초월하는 하나님, 그리고 우리가 인식하는 실재보다 큰 실재가 존재한다고 생각하는데, 이 시각은 세 가지 원리에 기초하고 있다.[223]

첫째 원리는 모든 사람들이 옳다고 여겨지는 것과 그렇다고 여겨지는 것이 존재한다는 것이다. 어떤 문화도 모든 인생의 문제에 대해 만족할 만한 답변을 제공하지 못한다. 어떤 문화이든 완전한 것은 없으며, 흠이 있기 마련이다.

둘째 원리는 대부분 삶의 문제를 해결하는 데 동일한 효과로 발휘하는 많은 접근 방법이 있다는 것을 인정하는 것이다.

셋째 원리는 사회문화적 적합성의 원리(Relevance Theory)이다. 이 원리는 비록 완전한 문화는 존재하지 않지만, 각각의 문화는 적합하고 존중되어야 한다는 것이다. 각각의 사회문화적 체계의 적합성을 인정함으로써, 우리는 다른 사람들과 그들의 문화와 생활 방식을 존중할 수 있다.

에드워즈가 스톡브리지에서 선교사로 활동한 시기는 영국 문화가 인디언 문화를 대체하고 말살하고 동화시키는 이런 흐름의 맥락에서 바라볼 필요가 있다. 이런 상황속에서도 영국 정착민들과 달리, 에드워즈는 인디언 선교지 상황과 청중들의 입장을 존중하며 진행했다. 이것은 에드워즈가 그들의 문화를 존중하였기 때문에 가능한 일이었다.[224]

---

223 Kraft, 『기독교 문화인류학』, 166-70.
224 Hart, Lucas, and Nichols, 『조나단 에드워즈의 유산』, 97. 에드워즈는 아메리카 인디언의 문화에 깊은 관심을 가졌으며, 인디언의 정체성 중 토지의 중요성을 인식하고 있었다. 그는 외국인 혐오증과 윤리 중심의 태도를 피했다. 에드워즈는 아메리카 인디언의 이익을 가장 먼저 고려하는 모습을 보여 주었다. 에드워즈가 평지에서 인디언과 함께 살았던 것은 에드워즈가 그들을 존중했다는 분명한 증거이다.

에드워즈는 그들의 문화를 존중하면서도 성경적인 진리를 고수하였고 전달 방법에 있어서는 유연성과 융통성이 있었다.[225] 에드워즈는 인디언의 상황을 고려하여, 다양한 비유나 시각적 이미지를 활용하여 말씀을 역동성 있게 전달했다. 이는 인디언 문화를 열린 마음으로 대함으로써, 그들이 기독교 문명에 대한 거부감을 완화해 주는 가교 역할을 한 것이다.

문화적 차이는 전달자에게도 영향을 미치지만 메시지에도 영향을 미친다. 각자는 자신의 방식으로 세상을 보고 자신의 언어와 문화의 지배를 받는다. 서로 다른 문화가 마주하고 소통하는 것은 쉬운 일이 아니다.[226] 각자의 문화에 대한 존중이 없으면 복음 전파는 어렵게 된다.[227]

에드워즈는 원주민의 문화적 관습과 전통을 존중하면서, 기독교 메시지를 전달하는 방법을 찾았다. 그는 전통적인 원주민의 신념과 가치를 기독교 교리와 통합하려고 시도함으로써, 문화적 차이를 연결하는 선교 전략을 개발했다. 이런 접근은 문화적 적응이 선교 활동의 성공에 얼마나 중요

---

[225] 박응규, "조나단 에드워즈의 인디안 선교와 개혁 신앙," 99.
[226] Paul G. Hiebert, *Anthropological Insights for Missionaries* (Grand Rapids, Mich.: Baker Book House, 1985), 141.
[227] Hiebert, *Anthropological Insights for Missionaries*, 141. 문화적 차이는 여러 가지 방식으로 메시지에 영향을 미칠 수 있다. 폴 히버트는 문화적 차이가 메시지에 미치는 영향을 네 가지로 설명한다.
첫째, 메신저가 사람들이 이해할 수 있는 커뮤니케이션 형식을 사용하지 않으면, 메시지를 수신하지 못한다. 인디언 마을 주민에게 스와힐리어로 말하거나 리말 춤을 추는 것은 사람들이 거부하거나 익숙하지 않은 의사소통 방식이라면 아무런 소용이 없다.
둘째, 사람들이 최소한의 왜곡으로 메시지를 이해할 수 있도록 메시지 자체를 번역해야 한다. 여기에는 원본과 비슷한 의미를 가진 현지어로 번역하는 것뿐만 아니라, 해당 문화의 더 넓은 맥락에서 그 단어의 의미가 왜곡되지 않는지 확인하는 것도 포함된다.
셋째, 메시지를 현지 문화에 맞게 문맥화해야 한다. 교회 건물, 예배 형식, 리더십 스타일은 문화적 패턴에 맞게 조정되어야 한다. 출생 의식, 결혼식, 장례식 및 기타 의식은 토착적이면서도 기독교적이어야 한다.
넷째, 사람들은 성경이 그들의 특정한 역사적, 문화적 배경에서 그들에게 말하는 신학을 개발해야 한다.

한지를 보여 준다. 에드워즈의 선교 활동은 초기 미국 선교 활동에서 문화적 교류와 적응의 중요한 사례를 제공한다. 그는 이중 문화[228] 속에서 그는 원주민의 문화와 언어를 이해하고 존중하려는 노력을 기울였으며, 이는 그의 선교 방식에 반영했다. 이런 접근 방식은 당시로서는 비교적 진보적인 태도로, 서로 다른 문화 간의 소통과 이해를 촉진하는 선교학적 전략으로 평가받을 수 있다.

4. 에드워즈의 선교 사상

에드워즈의 선교 사상 연구는 그가 18-19세기 선교 활동의 불씨를 지피는 데 중요한 역할을 했음에도 불구하고 상대적으로 소홀히 다루어져 왔다. 에드워즈는 스톡브리지에서 선교사로 활동했으며, 그의 생애와 일기는 선교의 역사에 큰 영향을 미쳤다.

박응규는 개혁 신앙의 관점에서 에드워즈의 아메리카 원주민 선교를 재조명하였다. 그는 에드워즈의 선교신학이 그의 개혁신학적 배경에서 어떻게 실행되는지를 살펴보았으며, 청교도들의 아메리카 원주민 선교에 대한 접근 방식을 검토하고, 존 엘리엇(John Elliott), 데이비드 브레이너드(David Brainerd), 존 사전트(John Sargent)와 같은 선교사들의 이야기를 통해 에드워

---

[228] Hiebert, *Anthropological Reflections on Missiological Issues*, 195-98. 폴 히버트는 이중 문화를 "다른 두 문화적 배경의 사람들의 상호 속에서 일어나는 새로운 문화"라고 정의했다. 이중 문화적 상호작용은 두 문화적 맥락의 접점에서 발생하는 새로운 문화적 현상으로, 선교학과 인류학적 관점에서 볼 때 복음 전파의 효과성에 중대한 영향을 미친다. 이중 문화는 서로 다른 문화적 가치와 실천 사이에서 발생하는 긴장과 협상의 결과로 보며, 이는 선교사와 현지인 사이의 교류와 적응을 통해 형성된다. 폴 히버트는 이중 문화에 있어서 중요한 것은 선교사와 현지인 사이의 관계성으로 보았다. 선교의 맥락에서 이중 문화는 복음이 현지 문화로의 통합과 양측 간의 관계 구축에 있어서 중요한 역할을 한다고 할 수 있다.

즈의 선교 활동을 연구하였다.[229]

에드워즈에게 선교는 하나님께 영광을 돌리고 죄인들을 회심시키는 구속 사역의 핵심적인 부분이었다. 그는 아메리카 원주민의 회심이 하나님의 주권을 확장하는 수단으로 작용할 수 있음을 강조하면서, 동시에 예정론이 선교 활동을 저해할 수 있다는 인식도 제기했다. 에드워즈의 인류학적 견해는 모든 인류가 평등하며 본질적으로 부패했다는 점에서, 그가 스톡브리지에서 행했던 것처럼 모든 인간에게 복음을 전파하는 것을 권장하는 선교의 중심 동기가 되었다.

에드워즈의 종말론적 관점, 특히 천년기에 대한 그의 견해는 선교 활동이 천년왕국의 도래를 앞당길 수 있는 중요한 수단임을 시사한다. 그의 신학에서, 하나님의 주권과 인간의 헌신적인 선교 활동은 상호 모순되지 않으며, 오히려 선교 활동은 하나님의 나라와 주권의 확장을 위한 필수적인 방법으로 이해된다. 따라서 에드워즈의 선교 사상은 그의 신학적 토대 위에서 선교 활동의 중요성을 강조하며, 하나님의 영광과 인류의 구원을 위한 근본적인 노력으로서 선교의 필요성을 주장하는 것으로 해석될 수 있다.[230]

1) 구속사에 나타난 선교 사상

에드워즈에게 선교는 하나님의 영광을 드러내고 인간을 구속하는 핵심적 사역이었으며, 아메리카 원주민의 회심을 통한 하나님의 주권 확장의 수단으로 간주되었다.[231] 에드워즈의 선교 사상은 그의 저서에 잘 나타나 있다. 에드워즈는 선교 사역을 통해 하나님의 나라와 주권의 확장을 촉진

---

229 박응규, "조나단 에드워즈의 인디안 선교와 개혁 신앙," 71-104.
230 Han, "Jonathan Edwards in Korea: A History of the Reception of Jonathan Edwards," 396.
231 박응규, "조나단 에드워즈의 인디안 선교와 개혁 신앙," 71-104.

하는 중요한 방법으로 보았으며, 그의 저술과 설교는 그의 선교적 열정과 기독교 전파에 대한 깊은 관심을 반영한다.

1739년에 설교한 내용이 사후인 1774년에 출판된 『구속 사역의 역사』(*A History of the Work of Redemption*)에서, 그리고 여러 저작에서, 그는 기독교의 역사적 확산을 신학적으로 분석하고, 로마 제국, 콘스탄틴 시대, 그리고 그 이후의 복음 전파의 역사를 서술한다.[232] 그는 로마 제국 시대부터 다양한 지역과 민족에 이르기까지 복음이 전파된 역사적 확산을 기술하고 있다.[233]

에드워즈는 복음이 모든 민족과 나라에 전파되면서, 유대인의 개종과 사회적 변화를 가져오며, 결국 적그리스도의 멸망과 사탄의 종말로 이어질 것으로 보았다. 그는 뉴잉글랜드와 중부 식민지에서 시작된 부흥 운동이 남부 식민지를 넘어 전 세계적으로 기독교를 전파하는 동력이 될 것으로 내다봤다.[234]

에드워즈는 복음이 신속하고 점진적으로 확산되어 모든 민족과 나라에 도달할 것이라고 예견했다. 이 확산은 회심자들을 통해 연쇄적으로 더 많은 회심자를 낳게 하며, 이는 유대인들의 개종과 이방 사회의 변화를 가져올 것이다. 에드워즈는 이 과정은 최종적으로 적그리스도의 멸망과 사탄

---

232 Jonathan Edwards, *A History of the Work of Redemption*, in *The Works of Jonathan Edwards*, vol. 9, ed. John F. Wilson (New Haven, CT: Yale University Press, 1989), 237-43.
233 Edwards, *A History of the Work of Redemption*, 250-51, 63-64.
234 Edwards, *A History of the Work of Redemption*, 282-85. 에드워즈는 동인도 제도(East Indies), 프루멘티우스(Frumentius), 이베리아인(Iberians) 아라비아(Arabia), 고트족(Goths), 페르시아인(Persians), 스키타이인(Scythians), 부르고뉴인(Burgundians), 아일랜드인(Irish), 스코틀랜드의 일부 야만인(some barbarous people in Scotland) 등 다양한 지역과 민족 사이에서 기독교가 어떻게 전파되었는지 언급한다. 그의 설교와 저술은 복음이 "현재까지" 어떻게 미국 인디언, 무스코비의 지배하에서 "그레이트 타르타르의 대부분," 그리고 "동인도의 이교도들" 사이에서 전파되었는지를 포함하여, 기독교 전파의 성공 사례를 기록하고 있다.

의 왕국의 종말로 이어질 것으로 보았다.²³⁵

에드워즈는 1739년의 설교에서, 1734년과 1735년에 코네티컷 계곡에서 일어난 부흥을 회상하며, 이를 "뉴잉글랜드 지역에 최근에 있었던 하나님의 성령의 영광스러운 부어주심"(*The Spirit of God [being] gloriously poured out for the wonderful revival and propagation of religion*)이라고 묘사했다.²³⁶ 그러나 그는 1734년과 1735년의 사건을 이 영광스러운 부으심과 직접 연결시키지 않는다. 에드워즈는 1740년 조지 휫필드(George Whitfield)의 순회 설교로 시작되어 1742년에 정점에 이른 때에 『균형 잡힌 부흥론』(*Some Thoughts Concerning the Revival*)에 대해 글을 썼으며, 이 부흥 운동이 미국뿐만 아니라 전 세계적으로 복음을 전파하는 원동력이 될 것이라는 낙관적인 비전을 제시한다.²³⁷

그의 희망은 이 부흥 운동이 뉴잉글랜드와 중부 식민지에서 이미 강력했던 것이 남부 식민지로 퍼져 나가고, 궁극적으로 전 세계적으로 많은 사람을 기독교로 이끌 것이라는 것이다.

2) 『기도합주회』에 나타난 선교 사상

에드워즈의 선교 사상은 1747년에 쓴 『기도합주회』(*A Humble Attempt*)에 잘 나타난다. 에드워즈는 스코틀랜드 목사들의 세계에 그리스도의 왕국이 오기를 위한 연합기도 요청을 지지하며, 전 세계적인 부흥과 회심을 통해 천년왕국을 맞이할 것이라는 희망을 표현했다.²³⁸

---

235 Edwards, *A History of the Work of Redemption*, 320-27.
236 Edwards, *A History of the Work of Redemption*, 286.
237 Edwards, *A History of the Work of Redemption*, 324.
238 Jonathan Edwards, *Apocalyptic Writings*, ed. Stephen J. Stein, *The Works of Jonathan Edwards*, vol. 5 (New Haven: Yale University Press, 1977), 317,18,21.

에드워즈는 이런 중대한 변화가 점진적으로 일어날 것임을 인정하면서, 천년왕국의 도래를 위해서는 250년도 짧은 시간이 될 것이며, 이는 2000년까지 특별한 진전과 신적인 개입이 필요할 것임을 제안했다.[239] 이 제안은 그가 기도의 힘과 그것이 이런 거대한 영적인 운동을 시작할 수 있는 능력에 대한 그의 믿음을 뒷받침하고 있다.

인디언 사이에서의 선교 사역에 대한 에드워즈의 우선 순위는 그가 알미니안주의(Arminianism)에 대한 반박인 『의지의 자유』(*The Freedom of the Will*, 1754)와 같은 중요한 신학적 저작들을 미루면서 데이비드 브레이너드(David Brainerd)의 일기를 편집하고 출판함으로써 분명해졌다.[240] 이는 그가 기도와 선교 사역을 장려하기 위해 일기를 얼마나 중요하게 생각했는지를 보여 준다.

에드워즈의 신학과 실천에서 세계 선교가 중심적인 부분으로, 그리스도의 왕국을 전진시키고 천년왕국을 이끌어 내는 필수적인 활동임에도 불구하고, 현대 에드워즈 연구에서는 이런 측면을 종종 간과하거나 무시해왔다. 그의 선교 노력에 대한 영향력은 『데이비드 브레이너드의 생애와 일기』와 같은 저작을 통해 직접, 그리고 『기도합주회』(*A Humble Attempt*)에서 기도합주회를 통해 간접적으로 보여 준다.

5. 요약(Summary)

제6장에서는 에드워즈가 스톡브리지에서 전개한 인디언 원주민 선교의 다각적인 측면을 탐구했다. 제6장에서는 에드워즈의 선교적 접근, 동기

---

239 Edwards, *Apocalyptic Writings*, 411.
240 Jonathan Edwards, *The Works of Jonathan Edwards*, ed. Paul Ramsey, 8 vols. (New Haven: Yale University Press, 1957), 3-4.

부여, 사역의 실천, 목표 설정 및 그의 선교 활동이 원주민 사회에 끼친 깊은 의미에 대한 분석을 했다.

에드워즈는 노샘프턴을 떠나 스톡브리지로 옮겨 간 배경을 비롯하여, 그의 선교적 동기와 실천이 당시 원주민과 정착민 간의 갈등 상황에서 어떻게 중재자 역할을 수행했는지를 서술했다. 그는 원주민의 권익을 보호하고 교육의 중요성을 강조하며, 복음 전파를 통한 영적 구원을 목표로 삼았던 것으로 나타난다.

에드워즈가 스톡브리지에서 구현한 선교 방식은 예수 그리스도의 성육신 사역에 뿌리를 두고 있었다. 그는 하나님의 말씀을 원주민들에게 전파함으로써 그들의 삶에 변화를 가져왔고, 이는 당시 식민 사회에 긍정적인 영향을 미쳤으며, 원주민 문화와 기독교 문명 간의 가교 역할을 수행함으로써 선교 사역의 새로운 장을 열었다는 점에서 의미가 있다.

제6장에서 조명된 에드워즈의 선교 활동은, 그가 단순히 신학자, 사상가, 부흥운동가, 목회자의 역할에 머물지 않고, 복음을 전하는 선교사로서의 소명을 실제로 감당했음을 보여 준다. 그의 스톡브리지에서의 인디언 선교는 청교도적 선교적 안목을 제시하고, 개신교의 교리적 기초를 통한 선교적 접근을 강화하며, 원주민 문화와의 조화를 추구하는 선교적 모델을 제시함으로써, 그의 유산이 지니는 중요한 의미를 명확히 하고 있다.

다음 제7장에서는 에드워즈와 선교 정보 확산에 관하여 조명할 것이다.

제7장

조나단 에드워즈와 선교 정보 확산

제7장에서는 조나단 에드워즈와 선교 정보 확산에 대해 조명하며, 선교학적 관점에서 그의 선교 정보 확산과 그 영향력을 데이비드 브레이너드(David Brainerd, 1718-1747)의 삶과 일기를 중심으로 분석하고 고찰한다.

〈그림 31〉 데이비드 브레이너드(David Brainerd)[1]

에드워즈는 선교 정보 확산에 크게 공헌한 사람이다. 에드워즈의 선교 정보 확산에 대해 논할 때 불가분의 관계에 있는 사람이 브레이너드이다. 브레이너드는 에드워즈로 하여금 인디언 선교에 관심을 가지게 했으며 그의 삶과 남겨진 일기는 당대뿐만 아니라 수많은 사람에게 감동과 도전을

---

1 David Brainerd, *The Life and Diary of David Brainerd: With Notes and Reflections* (Reada-Classic. com, 2010).

주었다. 그뿐만 아니라 젊은이들로 하여금 세계 선교에 자발적으로 헌신하도록 보이지 않는 영적인 도전을 주고 있다. 따라서 제7장에서는 선교 정보 확산에 중요한 역할을 한 브레이너드의 삶과 그의 불후의 명작인 일기에서 드러난 그의 고난과 신앙을 분석하며, 에드워즈와의 관계를 통해 세계 선교에 있어 하나님의 섭리를 심도 있게 탐구한다.

1. 데이비드 브레이너드의 생애 분석

1) 회심 경험 전의 브레이너드

데이비드 브레이너드는 1718년 4월 20일, 미국 코네티컷주 해덤(Connecticut, Haddam)에서 아버지 헤즈키아 브레이너드(Hezekiah Brainerd)와 어머니 도로시 호바트(Dorothy Hobart) 사이에 셋째 아들로 태어났다. 브레이너드의 아버지 헤즈키아는 영국 왕에게 임명을 받은 코네티컷 지방의 입법 의원이었고, 가족의 영적인 건강을 위해 개인의 금식 날짜를 정할 정도로 엄격한 청교도 신앙을 가지고 있었다.

이런 아버지 밑에서 자란 브레이너드가 아홉 살이 되던 해, 아버지는 46살의 나이로 하나님 품으로 돌아갔다. 그의 어머니도 청교도 신앙을 이어받은 제레미야(Jeremiah)의 딸로 태어나, 어릴 때부터 믿음의 가문에서 철저한 신앙 훈련을 받고 자랐다.[2]

불행하게도 그의 어머니도 아버지가 세상을 떠난 지 5년 후, 브레이너드가 열네 살이 되던 해에 세상을 떠났다.[3] 어머니가 세상을 떠난 후, 브레

---

2   John Piper, 『고난의 영웅들』, 이용중 옮김 (서울: 부흥과개혁사, 2008), 12.
3   John Piper, 『고난의 영웅들』, 150.

이너드는 극심한 슬픔과 우울증에 시달렸다. 어린 나이에 부모를 잃은 그는 정신적 충격으로 인해 평생 우울증으로 시달리게 된다. 그는 자신의 일기 첫머리에 이렇게 적고 있다.

"어린 시절부터 나는 활발하기보다는 온순하고 우울한 편이었다."[4]

2) 회심을 경험한 브레이너드

어머니가 세상을 떠난 후, 브레이너드는 해덤에서 제루사 누나가 사는 코네티컷강 건너편 이스트 해덤(East Haddam)으로 이사하여 함께 살았다. 브레이너드는 열아홉 살 되던 해, 해덤에서 몇 마일 떨어진 곳 더럼(Durham)으로 이사하여 1년 동안 농사일을 했다. 하지만, 그는 농사에 별 관심이 없었고, 일반 교양 교육에 관심을 가지고 있었다. 그는 사색적이었고 학구적이었다.[5] 그는 농장에서 1년 만에 해덤으로 돌아와 예일대학 입시 준비를 했다.

이때가 1738년 여름, 브레이너드가 스무 살이 되던 해였다. 그는 아직 회심의 경험이 없었다. 그는 그해 성경을 두 번 통독하면서 자신의 신앙이 율법적이며 하나님의 은혜보다 자신의 인간적인 노력에 의존하고 있다는 사실을 더 분명하게 깨닫기 시작했다. 그는 "내 모든 그럴듯한 겉모습은 하나님의 영광을 추구하는 갈망에 바탕을 둔 것이 아니라 자기 의에 불과한 것"임을 깨닫게 되었다. 이전에 그는 한 번도 하나님의 영광을 위해 기도한 적이 없었다고 고백한다.[6]

---

4   David Brainerd, and Jonathan Edwards, 『데이비드 브레이너드 생애와 일기』, 윤기향 옮김 (서울: 크리스챤다이제스트, 1984), 101.
5   John Piper, 『고난의 영웅들』, 151.
6   Brainerd, and Edwards, 『데이비드 브레이너드 생애와 일기』, 134.

그러던 어느 날, 브레이너드에게 거듭남의 날이 찾아왔다. 스물한 살 되던 해, 어느 날 그는 해 뜨기 전 기도하려고 한적한 곳을 찾았다. 어둡고 울창한 숲을 거닐던 중, 형언할 수 없는 영광을 경험한 것이다.

그때의 경험을 그는 그의 일기에서 이렇게 적고 있다.

> 형언할 수 없는 영광이 내 영혼의 지각이 활짝 열리는 것 같았다. 그것은 내가 하나님에 대해 가진 새로운 내적 인식 혹은 자각이었다. 이전에 한 번도 경험한 적 없고, 비슷한 기억조차도 전혀 없었던 경험이었다. 그래서 나는 우두커니 서서 놀라워하며 경배했다. (중략)
>
> 내 영혼은 그토록 영광스러운 신적 존재를 보게 되어 말할 수 없는 기쁨으로 기뻐했고, 그분이 영원토록 만유보다 높으신 하나님이라는 사실에 마음속으로 기쁘고 흡족했다. 내 영혼은 탁월하신 아름다우심, 위대하심과 그 밖의 다른 탁월한 속성에 완전히 매료되어, 적어도 처음에는 나 자신의 구원에 대해서도 전혀 생각하지 않았고, 나 같은 하찮은 피조물은 존재도 거의 의식하지 못할 정도로 하나님 안에 깊이 잠겼다.
>
> 그렇게 하나님은 내게 당신을 찬양하고, 당신을 보좌에 좌정하시게 하여, 먼저 그의 나라를 구하는 마음을 주셨다. 즉, 우주의 왕이시며 주권자이신 하나님의 영예와 영광을 주되고 궁극적인 목표로 삼은 것을 진심으로 소망하는 마음을 주셨다. 이것이 예수 그리스도께서 가르쳐 주신 신앙의 기초다. 나는 마치 별천지에 와 있는 것 같았다. 온 세상이 전적으로 그리스도의 의로 말미암아 이 구원의 길을 따르지 않는 것이 신기했다.[7]

에드워즈는 이때 브레이너드의 일기 원고 위에 다음과 같이 적었다.

---

7 Brainerd, and Edwards, 『데이비드 브레이너드 생애와 일기』, 138-40.

1739년 7월 12일 주일, 데이비드 브레이너드에게 영원히 기억될 날.

그는 하나님의 은혜를 경험했고, 이 경험은 그가 학문의 길에서 멀어져 절망의 순간에 있을 때에도 이겨낼 수 있는 힘이 되었다.[8]

3) 예일대학 입학과 좌절

브레이너드는 하나님의 은혜를 경험하고 목회 사역을 준비하기 위해 예일대학에 입학했다. 하지만, 학교생활은 어려움의 연속이었다. 선배들의 괴롭힘과 신앙적인 분위기가 없었고, 공부는 어려웠다. 게다가 몸은 홍역에 걸려 입학한 첫해에 몇 주 동안 집에 내려가 있어야만 했고 폐결핵까지 걸려 피를 토할 정도로 건강이 악화되어 공부를 중단할 수밖에 없었다.[9]

이듬해 학교에 돌아왔을 때 학교 분위기는 많이 달라져 있었다. 영적인 분위기가 형성되었던 것이다. 그 이유는 순회 설교자인 휫필드(George Whitefield)가 예일대학에 와서 말씀을 전하고 영적 분위기가 형성되었기 때문이었다. 이런 분위기는 브레이너드가 원하는 분위기였다.

그런데 학생들과 교수들 간에 예기치 못한 문제가 발생했다. 실제로 영적으로 각성한 학생들과는 달리 교수들과 교직원들은 영적으로 잠들어 있었다. 자연스럽게 이들 사이에는 갈등이 생기게 되었다. 이런 와중에 1741년 목회자 겸 부흥사인 길버트 테넌트(Gilbert Tennent)와 에벤에셀 펨버턴(Ebenezer Pemberton), 제임스 데이븐포트(James Davenport)는 불같은 뜨거운 설교로 학생들의 불만에 불을 지폈다.[10]

8　John Piper, 『고난의 영웅들』, 153.
9　Brainerd, and Edwards, 『데이비드 브레이너드 생애와 일기』, 154.
10　John Piper, 『고난의 영웅들』, 154.

예일대학은 1741년 졸업식에 에드워즈를 설교자로 초청했다. 학교 측은 에드워즈가 교수와 교직원의 입장에서 이 문제를 해결해 주기를 기대했다. 하지만, 에드워즈는 졸업식장에서 〈성령의 뚜렷한 표지〉라는 제목으로 말씀을 전하면서 교수들과 교직원들에게 실망을 주었으며 그는 학생들 사이에 일어난 영적 각성은 다소 지나친 부분이 있긴 하지만, 참된 성령의 역사라고 주장했다. 에드워즈는 학교 측보다는 학생들을 더 동조했다.

사태가 더 심각하게 되자 학교 대학 이사회에서는 다음과 같이 의결을 발표했다.

> 본교의 어떤 학생이든 직접적으로 학교나 대학 이사, 교수에 대해 위선자 또는 세속적이며 회심하지 못한 사람이라고 비판하게 된다면, 처음에는 강당에서 공개적으로 참회하게 하고, 두 번째는 퇴교 조치한다.[11]

이런 조치가 내려진 가운데 브레이너드에게 퇴교 조치가 내려졌다. 브레이너드가 촌시 휘틀지(Chauncey Whittelsey) 교수에 대해 "그는 자기가 앉는 의자만큼이나 은혜가 없다"고 평하고, "신앙적 열정을 가진 학생들에게 벌금을 부과하는 학장 같은 사람은 왜 하나님이 일찍 데려가지 않으신지 모르겠다"라고 말한 것을 누군가가 엿들은 것이 발단이 되었던 것이다.

이 일로 인해 브레이너드는 우수한 학생이었지만, 불명예 퇴학을 당했다. 그 후 몇 번이나 복학하려고 했지만 뜻대로 되지 않았다.[12]

---

11 John Piper, 『고난의 영웅들』, 155.
12 Marsden, *Jonathan Edwards: A Life*, 330-31. 이 일로 인해 브레이너드는 대학 간 논쟁의 중심에 서 있었다. 브레이너드의 퇴학은 전체 논쟁을 상징하는 시험적인 사례가 되었다. 지난 몇 년 동안 장로교회와 회중교회는 신파와 구파로 심하게 분열되었다. 하버드대학과 예일대학은 구파에 속해 있었으며, 뉴저지로 이주한 잉글랜드 출신 주민들은 신파로서 뉴저지대학을 세웠다. 예일대학 총장 토마스 클랩(Thomas Clap)은 브

4) 선교사로 부름받은 브레이너드

브레이너드는 원래 목회자가 되려고 했지만, 하나님은 그에게 다른 뜻을 가지고 계셨다. 하나님은 그를 목회자보다 선교사로 사용하시려고 그를 광야로 보내셨다. 선교역사에 헤아릴 수 없는 영향력을 발휘하기 위해 브레이너드를 선교사로 부르신 것이 하나님의 뜻이었다.[13]

하나님의 일하심과 섭리는 놀랍다. 하나님은 우리가 확신을 갖지 못하고 분명히 인식하지 못하더라도, 심지어 우리의 실수나 실패를 통해서라도 우리를 인도하신다.[14] 브레이너드는 퇴학을 당해 목회자의 길이 막히기 전에는 결코 선교사가 되고자 하는 마음이 없었다. 상황이 이렇게 되자, 브레이너드는 자신의 인생을 심각하게 고려하지 않을 수 없었다. 그는 상심과 낙심이 되었지만, 신실하신 하나님의 섭리는 새로운 길을 예비하고 있었던 것이다. 인디언 원주민 선교사로의 부르심은 브레이너드에게 있어서 인생의 전환점이 되었던 것이다.

목회자의 길을 포기해야 하는 답답하고 낙심한 마음에 하나님께서는 브레이너드에게 새로운 길을 열어 주셨다. 1742년 여름, 대각성 운동에 신파(New Light)에 속한 목회자들이 브레이너드에게 설교할 권리를 허락해 준 것이다. 브레이너드를 예일대학에 복학시키려고 노력했던 뉴저지의 노

> 레이너드와 같이 하버드대학이나 예일대학 또는 유럽 대학을 졸업하지 않은 사람에게는 안수를 줄 수 없다고 주장했다. 하지만, 신파 장로교회는 뉴저지에서 브레이너드에게 안수를 주었다. 에드워즈는 신파와 구파 중 누가 주도권을 잡느냐의 갈등 속에서 브레이너드의 일기를 편집하여 출판하는 것을 중요하게 생각했던 것이다. 에드워즈는 브레이너드의 퇴학과 관련하여 자세히 알아본 후, 브레이너드가 나이가 어리고 경솔하게 한 것을 인정했다. 하지만, 브레이너드가 철저히 자신의 젊은 날의 과오를 뉘우쳤음에도 불구하고, 클렙과 학교 측이 브레이너드를 복권시키지 않은 것은 잘못이라고 지적했다.

13 Brainerd, and Edwards, 『데이비드 브레이너드 생애와 일기』, 156.
14 Paul Tournier, 『모험으로 사는 인생』(*L'aventure De La Vie*), 정동섭 · 박영민 옮김 (서울: IVP, 2020), 296.

회 지도자인 조나단 디킨슨(Jonathan Dickinson, 1688-1747)은 브레이너드가 선교사로 전환하는 데 결정적인 역할을 했다.

조나단 디킨슨은 자신이 소속된 '스코틀랜드 그리스도전도협회'(Society in Scotland for Propagating Christian Knowledge)에서 브레이너드에게 인디언 선교사로 파송하고 싶다는 제안을 했다. 디킨슨의 제안을 스코틀랜드 그리스도 전도협회는 받아들여, 브레이너드는 1742년 11월 25일에 선교사 자격 심사를 받고 역사적인 인디언 선교사로 임명받았다.[15] 하나님의 은혜로 데이비드 브레이너드는 목회자의 길이 아닌 선교사의 길로 들어선 것이다. 부주의한 말 한마디로 인생이 꼬인 것 같았지만, 하나님은 합력하여 선을 이루시어 후대에 수많은 선교사에게 모범과 도전을 주는 헌신적인 선교사로 브레이너드를 부르시고 사용하신 것이다.

〈그림 32〉 말을 타고 순회 전도하는 데이비드 브레이너드[16]

---

15 Brainerd, and Edwards, 『데이비드 브레이너드 생애와 일기』, 188.
16 Cornish, 『성경과 함께 읽는 기독교 역사 100장면』, 255.

5) 짧지만 강렬했던 인디언 선교 사역

브레이너드의 첫 선교지는 매사추세츠 스톡브리지(Massachusetts Stockbridge)에서 북쪽으로 20마일 떨어진 카우나우믹(Kaunaumeek)에서 생활하는 후사토닉 인디언(Housatonic Indian)이었다. 1743년 1월, 그곳에 도착한 브레이너드는 1년 동안 통역 설교로 말씀을 전했다.[17]

그해 11월 29일 일기에 보면, 브레이너드는 스톡브리지에서 사역하는 존 사전트(John Sergeant)로부터 인디언 언어를 배웠다.

〈지도 7〉 데이비드 브레이너드 시대의 New England[18]

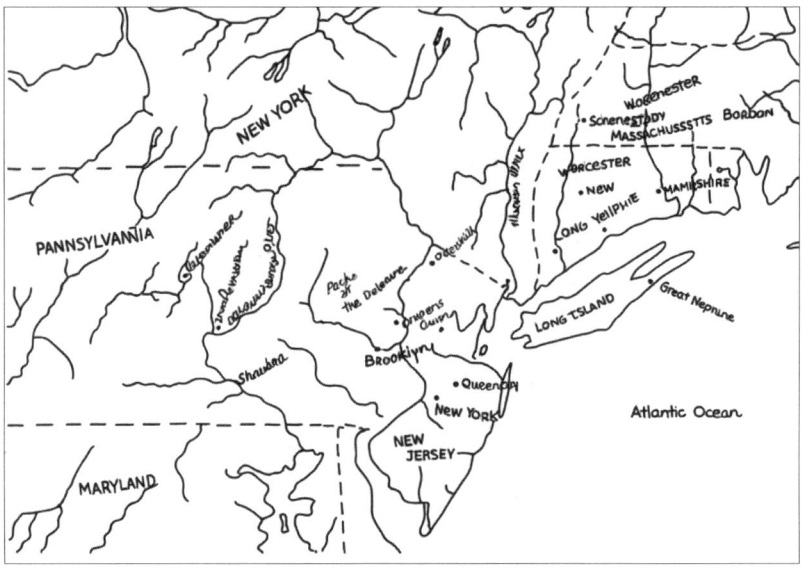

---

17 Murray, 『조나단 에드워즈의 삶과 신앙』, 436.
18 Alicia G. Ruggieri, "A Map of David Brainerd's New England," aliciagruggieri.com, accessed March 31, 2024, https://www.aliciagruggieri.com/resources/a-map-of-david-brainerds-new-england/. This map was based off of an 18-century map in the public domain

브레이너드는 카우나우믹 인디언 아이들을 위한 학교를 세우고, 시편 일부를 번역하는 일을 했다.[19] 그 후, 펜실베이니아(Pennsylvania) 델라웨어(Delaware) 강변에 사는 인디언에게 가라는 명령을 받고, 1744년 5월 1일, 그곳에 정착하게 된다. 그해 5월 말, 브레이너드는 뉴저지 뉴어크(Newark)로 가서 뉴어크 노회의 심사를 받은 뒤 1744년 6월 11일에 안수를 받게 된다.[20]

데이비드 브레이너드는 1년 동안 델라웨어 포크(Delaware Fork) 지역에서 말씀 사역을 하고, 1745년 6월 19일에 뉴저지 크로스윅성(Crossweeksung) 지역의 인디언에게 첫 번째 설교 여행을 떠났다. 그곳에서 하나님의 놀라운 역사로 말미암아 영적 각성과 은혜를 경험하였는데, 그해 믿는 사람들의 수가 130명이나 되었다.[21]

브레이너드의 선교 사역은 놀라운 진보를 보였지만, 그의 건강은 점점 약해져 있었다. 브레이너드는 사역이 많아 병세가 악화될 때까지 인디언 부족들과 함께 지냈다. 브레이너드는 병든 몸을 이끌고 그는 1746년 11월에 엘리자베스타운(Elizabethtown)의 조나단 디킨슨(Jonathan Dickinson)의 집에 도착했다. 거기서 그는 네 달 동안 머물렀다.

브레이너드는 1747년 3월 20일, 인디언 친구들을 마지막으로 방문한 이후, 같은 해 5월 28일 매사추세츠주 노샘프턴에 있는 에드워즈의 집에 도착했다. 그는 여름 동안 보스턴을 여행하고 돌아왔으며, 1747년 10월 9일 에드워즈의 집에서 결핵으로 인해 쇠약해져 결국 29세의 나이로 생을 마감했다. 브레이너드는 짧지만 강렬하고 불꽃 같은 인생을 살았다. 브레이너드가 세상에 알려지고 수많은 사람에게 엄청난 영감과 도전을 준 것은 그의 삶과 일기 때문이다.[22] 에드워즈는 브레이너드의 일기를 읽고 깊

---

19 Brainerd, and Edwards, 『데이비드 브레이너드 생애와 일기』, 228.
20 Brainerd, and Edwards, 『데이비드 브레이너드 생애와 일기』, 252.
21 Brainerd, and Edwards, 『데이비드 브레이너드 생애와 일기』, 376.
22 Ruth Tucker, *From Jerusalem to Irian Jaya*, 90.

은 감명을 받아 이를 출판하게 되었다. 제7장에서는 그 일기의 주요 내용을 보다 깊이 있게 살펴보고자 한다.

〈그림 33〉 인디언에게 설교하는 데이비드 브레이너드[23]

2. 데이비드 브레이너드의 일기 내용 분석

에드워즈는 브레이너드의 삶과 사역을 정리·편집하여 『데이비드 브레이너드의 생애에 대한 기록』(An Account of the Life of David Brainerd)이라는 제목의 전기를 출간했다. 이 일기에 소개된 브레이너드의 삶은 에드워즈가 추구했던 신앙의 열정을 잘 반영한 인물로서, 경건과 영성이 지성을 앞서는 고귀한 삶으로 묘사되고 있다.[24]

---

23 Ruth A Tucker, 『선교사 열전』(From Jerusalem to Iriva Jaya a Biographical History of Christian Missions), 박해근 옮김 (서울: 크리스챤다이제스트, 1991), 114.
24 박웅규, "조나단 에드워즈의 인디안 선교와 개혁 신앙," 76.

브레이너드의 하나님의 일에 대한 전적인 헌신은 진정한 선교사의 귀감이 될 만한 모범이었으며, 임종 직전에 그가 고통 중에도 인디언 선교를 위해 간절하게 기도한 것이야말로 에드워즈의 마음에 크나큰 감동과 도전을 주었다.[25]

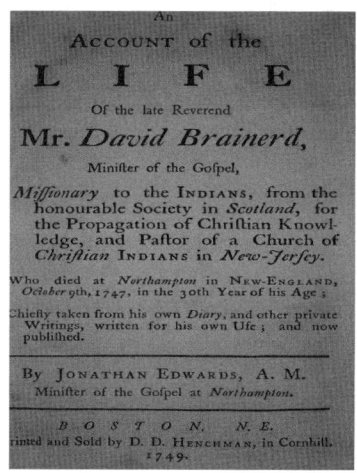

〈그림 34〉 데이비드 브레이너드의 일기 초판 표지[26]

1) 선교사 내면을 조명한 영적 자서전

브레이너드가 남긴 일기에는 그의 출생부터 사역을 위한 공부를 하기까지(1718년 4월 20일-1741년 2월), 신학 공부를 시작할 때부터 설교할 자격을 얻을 때까지(1742년 4월 1일-7월 29일), 목사 안수부터 선교사 임지까지(1742년 7월 30일-11월 25일), 선교사로 임직하던 날로부터 카우나우믹

25　Davies, "Prepare Ye the Way of the Lord the Missiological Thought and Practice of Jonathan Edwards(1703-1758),"188.
26　Log College Press, "David Brainerd(1718-1747)," Log College Press, accessed March 30, 2024, https://www.logcollegepress.com/david-brainerd-17181747.

(Kaunaumeek)에서의 인디언 선교 사역 시작까지(1742년 11월 26일-1743년 3월 31일), 카우나우믹(Kaunaumeek)에 1년 동안의 인디언 사역까지(1743년 4월 1일-1744년 6월 12일), 델라웨어(Delaware)와 휙스(Wycks) 인근에서의 인디언 사역까지(1744년 6월 13일-1745년 6월 18일), 그리고 브레이너드의 일지(1745년 6월 19일-11월 5일, 1745년 11월 24일-1746년 6월 19일), 브레이너드의 공식 일지의 마지막 시점에서 죽음까지(1946년 6월 19일-1747년 10월 9일)를 구분하여 간략한 설명과 함께 일기를 소개하고 있다.

그의 일기에서 우리는 그가 선교 사역을 감당하면서 겪었던 고난과 수고와 말할 수 없는 어려움들, 그리고 하나님 앞에서 몸부림치며 기도하는 모습을 볼 수 있다.

〈표 7〉 데이비드 브레이너드의 일기 연대기[27]

브레이너드 일기 연대기	브레이너드의 일기 내용
1718년 4월 20일-1741년 2월	출생부터 사역을 위한 준비까지
1742년 4월 1일-7월 29일	신학 공부 시작할 때부터 설교할 자격을 얻을 때까지
1742년 7월 30일-11월 25일	목사 안수부터 선교사 임지까지
1742년 11월 26일-1743년 3월 31일	선교사로 임직하던 날로부터 카우나우믹에서의 인디언 선교 사역 시작까지
1743년 4월 1일-1744년 6월 12일	카우나우믹에 1년 동안의 인디언 사역까지
1744년 6월 13일-1745년 6월 18일	델라웨어의 폭스 인근에서의 인디언 사역까지
1745년 6월 19일-11월 5일, 1745년 11월 24일-1746년 6월 19일	브레이너드의 일지
1746년 6월 19일-1747년 10월 9일	브레이너드의 공식 일지의 마지막 시점에서 죽음까지

---

27 Brainerd, and Edwards, 『데이비드 브레이너드 생애와 일기』.

조지 마즈던(George Marsden)에 따르면 이 책은 데이비드 브레이너드의 영적 자서전(Spiritual Autobiography)으로서의 성격을 갖고 있다.[28] 브레이너드의 일기가 기존의 자서전들과 구별되는 주요 특성은 선교사의 내적인 영성에 집중하고 있다는 점이다. 선교 여행과 같은 외적 활동들을 단순한 맥락 혹은 배경으로 제시하며, 실제 내용의 핵심은 선교사의 내면적 영적 성장과 신앙의 심화에 초점을 두고 있다.[29]

이 책의 출판으로 인디언 선교에 자신의 청춘을 다 바치고 29세의 젊은 나이에 하나님의 부름을 받은 브레이너드의 삶이 새롭게 조명을 받게 되었다. 브레이너드의 삶은 많은 사람에게 감동과 영향을 주었으며 선교사로 헌신하도록 만들었다. 『데이비드 브레이너드 생애와 일기』는 선교의 동기를 부여하고 고귀한 내적 삶을 반영하는 소중한 책으로 당시 선교사가 타 문화와 타 민족과의 효과적인 전도와 선교 사역에 임할 수 있도록 안내하는 극소수의 서적 중의 하나였다.[30]

근대 선교의 아버지라 불리는 윌리엄 캐리(William Carey), 영국 케임브리지 출신으로 수학 천재인 헨리 마틴(Henry Martyn), 스코틀랜드에서 목회했던 로버트 맥체인(Robert M. McCheyne)이 그의 책을 읽고 영향을 받았던 것이다.[31] 이 책은 브레이너드가 복음을 전하면서 쓴 일기문으로 원주민 인디언의 삶 속으로 들어가 그가 하나님 앞에 어떤 삶을 살았는지, 기도와 말씀으로 살려고 하는 몸부림치는 처절한 고뇌를 담아내고 있다. 몸이 극도로 쇠약했음에도 불구하고, 다시 하나님의 주시는 힘으로 성령의 능력

---

[28] Marsden, *Jonathan Edwards: A Life*, 331. 에드워즈는 브레이너드를 그리스도인의 모든 특징을 가지고 있으며 『브레이너드의 생애와 일기』는 영적인 형식으로 쓰인 신앙 감정론이라고 평가했다.

[29] 양낙홍, 『조나단 에드워즈 생애와 사상』, 176.

[30] Kling, and Sweeney, *Jonathan Edwards at Home and Abroad: Historical Memories, Cultural Movements, Global Horizons*, 255.

[31] John Piper, *God's Passion for His Glory: With the Complete Text from "the End for Which God Created the World" by Jonathan Edwards* (Wheaton, Ill.: Crossway Books, 1998), 61.

으로 회복되어 말씀을 전하며, 하나님의 영광스러운 역사를 브레이너드의 삶을 통해 우리 삶을 돌아보게 된다.

이 책은 브레이너드의 헌신과 연약함 속에서 하나님께서 어떻게 크신 영광을 드러내셨는지를 보여 주며, 에드워즈는 이를 통해 참된 부흥이 가져오는 진정한 그리스도인의 삶이 무엇인지를 제시한다.

이 저술은 보스턴에서 처음 출판되어 곧 베스트셀러가 되었으며, 무수한 재판과 재인쇄를 거듭했다. 존 웨슬리는 이 책의 요약본을 출판하였고, 19세기 전반 제2차 대각성 때 여러 판을 거듭한 이 책은 미국 안에서뿐만 아니라 해외에서 가장 인기 있는 미국 문헌들 중 하나가 되었다. 많은 선교사가 그 책을 품고 선교지로 나갔다. 에드워즈의 저서들 중 그의 생전에 가장 인기 있던 책으로, 아직도 많은 이에게 영감을 주는 전기물이며, 영혼들의 구원을 위해 자기를 부인하고 세상의 위로를 포기한 생애의 모범으로 남아 있다.

조지 마즈던은 이 책에 대해 다음과 같이 평가했다.

> 현대 전기들과 비교할 때, 에드워즈가 쓴 『데이비드 브레이너드의 생애』의 가장 특징적인 점은 이 책이 한 선교사의 내적인 영적 생활에 초점을 두고 있으며, 그의 여행과 같은 외적인 부분들은 단지 실화를 구성하기 위한 토대로만 사용되었다는 점이다. 에드워즈는 브레이너드 선교 사역의 성과보다는 그 속에 담긴 희생에 더 많은 관심을 보였다. 사실, 브레이너드가 선교 사역의 열매를 아무것도 보여줄 것이 없을 때에도 참고 견딘 그의 삶 자체가 브레이너드의 이야기를 훌륭하게 만드는 요소였다.[32]

---

32 Marsden, 『조나단 에드워즈 평전』, 484.

브레이너드는 인디언 원주민 사역을 하면서 보여지는 위대한 결과물을 남긴 것이 아니다. 그런데도 그의 짧은 삶과 인디언 원주민 사역을 통해 후대에 두고두고 감동을 주고 선교의 도전을 주는 것은 그의 내면적인 삶 때문이다. 그 내면적인 삶은 하나님과의 관계가 사역의 결과물을 내는 것보다 더 중요하고 우선적인 것임을 말해 준다.

그러면 브레이너드의 삶과 일기를 통해 그가 하나님과의 어떤 깊은 내면의 관계를 가졌는지 살펴보자. 브레이너드가 하나님과의 깊은 관계를 가질 수 있었던 것은 그가 당한 고난과 연관이 있다. 그가 당한 고난으로 말미암아 그의 신앙의 고백이 깊이를 더해 간다.

브레이너드가 어떤 고난을 겪었는지, 그가 당한 고난과 신앙을 살펴보자.

2) 고난에 대한 신학적 반응 분석

고난은 실존이다. 고난은 주님을 섬기는 사람들의 사역의 진정성을 나타내는 표식이다. 고난은 우리가 그의 부르심에 따라 살고 있음을 확인하는 증명서와 같다.[33] 우리가 하나님의 종이 되었다고 십자가의 고난을 면제 받은 것이 아니다.[34] 오히려 하나님의 종으로 부르심으로 받았다는 것은 고난이 예견된 삶이다. 브레이너드의 삶은 고난의 삶이었다. 그에게 고난은 인간의 연약한 모습을 통해 하나님의 은혜와 능력을 드러내는 하나님의 도구였다.[35]

33　John Amalraj, Geoffrey W. Hahn, and William D. Taylor, 『영성 훈련』(Spirituality in Mission), 임윤택 옮김 (서울: CLC, 2021), 466.
34　Amalraj, Hahn, and Taylor, 『영성 훈련』, 467.
35　사도 바울은 고난에 대해 빌립보서에 이렇게 고백했다.
　　[빌 1:29] 그리스도를 위하여 너희에게 은혜를 주신 것은 다만 그를 믿을 뿐 아니라, 또한 그를 위하여 고난도 받게 하려 하심이라.

브레이너드의 신앙은 고난을 통해 성장하고 정금같이 되었다. 고난의 신앙을 통과한 욥은 고백했다.

> 그러나 나의 가는 길을 그가 아시나니 그가 나를 단련하신 후에는 내가 정금 같이 나오리라(욥 23:10).

사도 바울도 다음과 같이 말했다.

> 우리가 하나님 나라에 들어가려면 많은 환난을 겪어야 할 것이니라(행 14:22).

사도 바울은 복음을 전하는 사역 가운데 말로 다 표현할 수 없는 고난과 환난을 겪었다. 고린도 교회에 보낸 서신에서 사도 바울은 선교 사역 가운데 겪은 고난과 역경을 토로하고 있으며, 이를 통해 그의 사역이 얼마나 치열한 영적 투쟁의 연속이었는지를 유추할 수 있다.[36]

사도 바울이 복음을 전하면서 당한 고난은 아무도 범접하기 어려울 것이다. 사도행전과 그의 서신서에서 보여 주는 고난과 위험은 상상을 초월하는 것이었다. 우리는 『데이비드 브레이너드의 생애와 일기』를 읽으면서 사도 바울의 고난의 향기를 느끼게 된다. 그의 일기에는 그가 당한 수

---

[36] 사도 바울은 자신이 선교 현장에 겪은 고난을 고린도 교회에 보내는 편지에서 자세히 열거하고 있다.
[고후 11:23-28] 내가 수고를 넘치도록 하고 옥에 갇히기도 하고 더 많이 하고 매도 수없이 맞고, 여러 번 죽을 뻔하였으니 유대인들에게 사십에서 하나 감한 매를 다섯 번 맞았으며 세 번 태장으로 맞고 한 번 돌로 맞고, 세 번 파선하고, 일 주야를 깊은 바다에서 지냈으며, 여러 번 여행하면서 강의 위험과 강도의 위험과 동족의 위험과 이방인의 위험과 시내의 위험과 광야의 위험과 바다의 위험과 거짓 형제 중의 위험을 당하고, 또 수고하여 애쓰고, 여러 번 자지 못하고, 주리며 목마르고, 여러 번 굶고, 춥고 헐벗었노라. 이 일은 고사하고, 아직도 날마다 내 속에 눌리는 일이 있으니, 곧 모든 교회를 위하여 염려하는 것이라.

많은 고난과 고통을 통해 오히려 하나님을 갈망하고 찾아가는 내면의 몸부림이 고스란히 녹아 있다.

브레이너드의 일기에서 우리는 그가 당한 고난과 신앙을 통해 인간의 한계를 넘어 사투하는 모습을 만날 수 있다.

브레이너드가 당한 고난을 그의 일기를 통해 네 가지로 조명하고자 한다.

첫째, 질병을 통한 고난이다.
둘째, 우울증으로 인한 고난이다.
셋째, 외로움으로 인한 고난이다.
넷째, 열악한 환경으로 인한 고난이다.

이런 고난을 통해 브레이너드의 신앙은 정금같이 되었다.

(1) 질병으로 인한 고난과 신앙

브레이너드가 겪은 첫 번째 고난은 질병을 통한 고난이었다. 사도 바울은 하나님이 자신에게 육체의 가시를 주셔서 자만하지 않게 하셨으며(고후 12:7), 이는 내 능력이 약한 데서 온전하게 되며, 이 약함으로 인해 그리스도의 능력이 내게 머물게 하려는(고후 12:9) 하나님의 뜻을 고백하면서 복음을 전했다. 브레이너드에게 있어서도 육체의 가시가 있었다. 그것은 폐결핵으로 피를 토하는 고통이었다.

이처럼 극심한 질병으로 인해 그의 육체는 점점 쇠약해졌지만, 그는 복음 전파의 사명을 결코 멈추지 않았다. 이에 대한 단적인 예는 그의 일기 곳곳에 나타나며, 다음의 인용문들을 통해 그 신앙적 결단과 헌신을 살펴볼 수 있다.

밤이 되면 저는 극도로 쇠약해지고 기운이 없으며, 아픔과 고통이 가득합니다. 지난주와 마찬가지로, 지금은 금요일인데도 이 상태가 계속되어 어떤 일도 할 수 없고, 가족과 함께 기도하는 것도 불가능합니다. 책을 읽거나 명상하거나 기도할 힘도 없기 때문에 모든 생각과 걱정을 내버려두어 마음이 혼란스러워집니다. 저는 마치 모든 재산을 작은 배에 싣고 급류를 따라 표류하는 사람처럼 느껴지며, 불쌍한 주인처럼 해안가에 서서 자신의 손실을 바라보지만 감히 한탄할 수 없습니다. 이런 상황은 제 영혼을 더욱 가라앉히고 신체적 장애를 악화시키기 때문에 저는 사소한 일로 주의를 돌릴 수밖에 없습니다.[37]

몸이 너무 망가져서 피만 계속 나오는데도 말을 타고 몇 시간 동안 비를 맞으며 황량한 광야를 지나갔다.[38]

밤새 식은땀을 흘리다가 오늘 아침에는 핏덩어리를 많이 토해냈다. 몸은 만신창이가 되었고 우울증도 심했다.[39] 격렬한 기침과 심한 열병에 녹초가 되어 어떤 음식에도 식욕이 나지 않았다. 먹은 음식도 식도로 내려가자마자 토해내기 일쑤였고, 침대에 누워서도 가슴과 등의 통증 때문에 거의 편안히 쉬지 못했다. 매일 가까스로 말을 타고 2마일 정도 떨어진 성도들이 사는 곳까지 찾아가, 인디언 마을에 내가 거주할 작은 집 한 채를 짓고 있던 분들을

---

[37] Edwards, *The Life of David Brainerd* (1749), 265. Towards night, I was extremely weak, faint, sick and full of pain. And thus I have continued much in the same state that I was in last week, through the most of this (it being now Friday) unable to engage in any business; frequently unable to pray in the family. I am obliged to let all my thoughts and concerns run at random; for I have neither strength to read, meditate, or pray: And this naturally perplexes my mind. I seem to myself like a man that has all his estate embarked in one small boat, unhappily going adrift down a swift torrent. The poor owner stands on the shore and looks and laments his loss. But alas, though my all seems to be adrift, and I stand and see it, I dare not lament; for this sinks my spirits more and aggravates my bodily disorders! I am forced therefore to divert myself with trifles.

[38] David Brainerd, and Jonathan Edwards, 『데이비드 브레이너드 생애와 일기』(*The Life and Diary of David Brainerd*), 송용자 옮김 (서울: 복있는사람, 2008), 247.

[39] Brainerd, and Edwards, 『데이비드 브레이너드 생애와 일기』, 420.

돌보았다.⁴⁰

브레이너드는 이런 고통 가운데서도 그의 신앙은 오히려 깊어져 갔다. 그는 기도의 끈을 놓지 않았다. 그의 연약한 육신이 하나님께 나아가는 것을 막을 수 없었다. 그는 몸이 쇠약해지면 질수록 더 하나님께 가까이 나아갔다.

질병과 육신의 쇠약함이 그에게는 고난이었지만, 하나님께 나아가는 통로였고, 그는 기도함으로 하늘보좌로 가까이 나아가는 원동력으로 승화시켰다.

> 다시 매우 약해졌음에도 불구하고 은밀한 기도를 통해 어느 정도 도움을 받아 '주 예수님, 오소서'라고 기쁨과 감격으로 외칠 수 있었습니다.
> "주 예수여, 오소서, 빨리 오소서."
> 내 영혼은 살아 계신 하나님을 갈망했습니다. 오, 이것이 필요한 음식보다 얼마나 더 좋은가! 이때 아침이 늦었지만 먹을 기운이 없었습니다. 세상의 음식은 전혀 맛이 없어 보였습니다.
> "오, 가장 달콤한 포도주보다 당신의 사랑이 포도주보다 더 낫습니다!"⁴¹
> 지난밤에는 연구에 몰두하였고 몸도 쇠약했기 때문에 거의 잠을 이루지 못했습니다. 그러나 아직도 나의 마음은 기도와 찬송으로 다소 활기찼습니다. 하나님은 진정한 하나님이시며 영원토록 영광과 찬미를 받으시기에 합당하

40　Brainerd, and Edwards, 『데이비드 브레이너드 생애와 일기』, 430.
41　Edwards, *The Life of David Brainerd*(1749), 278. Was again very weak; but somewhat assisted in secret prayer, and enabled with pleasure and sweetness to cry, "Come, Lord Jesus! Come, Lord Jesus; come quickly" My soul "longed for God," for "the living God". Oh, how much better is this than one's "necessary food"! I had at this time no disposition to eat (though late in the morning); for earthly food appeared wholly tasteless. Oh, how much "better is thy love than wine," than the sweetest wine!

> 신 분이심을 깨달았을 때 참으로 기뻤습니다. 나는 신령한 영광을 즐거워했습니다. 하나님께서는 나를 깨어 있도록 하셨고, 나의 고통과 연약함 중에서도 유익한 시간을 내가 더 많이 갖도록 도와주셨습니다.[42]

바울의 고백대로 브레이너드의 약함이 도리어 강함이 되었으며 이를 통해 브레이너드는 육신은 쇠잔하나 영혼은 날로 새로워지는 은혜를 간구했다. 특별히 브레이너드는 자신의 마지막 시간을 에드워즈의 집에서 보내게 되었는데 극심한 육체의 고통 가운데서도 그가 보여 준 신앙고백은 놀랍다. 딸꾹질이 멈추지 않고 토할 것만 같고 기절할 것 같은 고통이 밀려오자 그는 차라리 죽고 싶다는 생각이 들 정도였다. 그 고통의 순간에도 그의 마음은 하나님을 사모하고 있었고 주님 곁에 있기를 소망했다.

그는 1747년 9월 24일 일기에서 이렇게 적고 있다.

> 몸이 극도로 쇠약해졌습니다. 마치 내가 할 모든 일을 마친 듯했습니다. 겨우 편지 겉봉을 쓸 수 있을 정도의 힘밖에 없었습니다. 2시경에는 너무 연약하고 어지러워서 침대에 누워 있었습니다. 고열로 인하여 밤이 되도록 쉴 수도 없었습니다. 저녁 때에 겨우 깨어 났을 때에 옷가지를 걸쳐 입었습니다. 견디기 힘든 고통을 느꼈습니다. 이상한 딸꾹질이 나왔습니다. 토할 것만 같고 기절할 것만 같은 고통이었습니다. 이 밤의 고통은 더 살아야겠다는 소망을 빼앗아 갔고, 그 이상 어떤 생각도 할 수 없게 만들었습니다. 오직 어서 죽고만 싶었습니다.

---

[42] Edwards, *The Life of David Brainerd*(1749), 282. Enjoyed very little quiet sleep last night, by reason of bodily weakness and the closeness of my studies yesterday: yet my heart was somewhat lively in prayer and praise: I was delighted with the divine glory and happiness, and rejoiced that God was God, and that he was unchangeably possessed of glory and blessedness. Though God "held my eyes waking," yet he helped me to improve my time profitably amidst my pains and weakness.

> 오후 6시경에 이르러서야 겨우 침소에 쉴 수 있었습니다. 그러나 딸꾹질이 멈추지 않아 고통스러웠습니다. 내 심령은 하나님을 향해 속삭이고 있었습니다. "하나님 저는 언제나 하나님 곁으로 갈 수 있습니까"라고 기도했습니다.
>
> 오, 그의 축복받은 모습을 위하여!⁴³

이처럼 그는 육체의 고난이 심하면 심할수록 하나님을 찾았고, 육체의 고통이 가중되면 될수록 천국의 기쁨을 사모했다.

> 하늘에서는 주 외에 누가 내게 있으리요, 땅에서는 주 밖에 내가 사모할 자 없나이다.
> 내 육체와 마음은 쇠잔하나, 하나님은 내 마음의 반석이시요, 영원한 분깃이시라
>
> (시 73:25~26).

시편 기자의 이 고백처럼, 그에게는 주님을 바라보는 것이 유일한 즐거움이었던 것이다.

---

43 Edwards, *The Life of David Brainerd*(1749), 469-70. My strength began to fail exceedingly, which looked further as if I had done all my work: However, I had strength to fold and superscribe my letter. About two I went to bed, being weak and much disordered, and lay in a burning fever till night, without any proper rest. In the evening I got up, having lain down in some of my clothes; but was in the greatest distress that ever I endured, having an uncommon kind of hiccough; which either strangled me or threw me into a straining to vomit; and at the same time was distressed with griping pains. Oh, the distress of this evening! I had little expectation of my living the night through, nor indeed had any about me: and I longed for the finishing moment! I was obliged to repair to bed by six o'clock; and through mercy enjoyed some rest; but was grievously distressed at turns with the hiccough. My soul breathed after God, while the Watcher was with me: "When shall I come to God" even to God, "my exceeding joy"? Oh, for his blessed likeness!

〈그림 35〉 기도하는 데이비드 브레이너드[44]

(2) 우울증으로 인한 고난과 신앙

브레이너드를 괴롭힌 두 번째는 우울증이었다. 브레이너드는 폐결핵이라는 병마와 함께 그를 괴롭히는 것이 있었다. 그것은 심한 우울증이었다. 그는 기질적으로 우울기질이었다. 그는 천성적으로 우울과 낙담에 쉽게 빠지는 기질을 타고 난 것은 부인할 수 없는 사실이다.[45] 그는 조지 마즈던의 말처럼 우울증으로 인해 영적 침체와 영적 암흑기에 빠지기도 하고 강력한 영적 황홀감을 경험하기도 했다.[46]

그는 어릴 때부터 우울증으로 인해 찾아오는 영적 침체로 힘들었지만 영적으로 버림받는 것과 우울증과의 차이를 자신의 경험을 통해 충분히 깨닫게 되었다. 그리고 나중에 이 문제에 대해 에드워즈와 진지하게 토론하면서 그의 증세가 '영적 황폐함'이 아니라 참된 겸손과 거룩한 슬픔으

---

44 Gura, *Jonathan Edwards: America's Evangelical*, 142. Missionary to the Native Americans.
45 Brainerd, and Edwards, 『데이비드 브레이너드 생애와 일기』, 13.
46 Marsden, 『조나단 에드워즈 평전』, 484.

로 나아갈 수 있는 기회라는 것을 알게 되었다.[47] 에드워즈는 브레이너드의 우울증을 언급하면서 설명할 수 없는 패배와 격렬한 고통에 빠지지 않고 하늘의 견고한 빛과 같다고 칭찬했다.[48]

브레이너드는 때로는 높은 영적 기쁨의 정상에 올랐다가 때로는 우울증이라는 깊은 골짜기에 빠졌다.[49] 그는 평생 우울증으로 큰 고난을 겪었다. 브레이너드는 종종 대학을 불명예로 그만둔 것으로 인해 심한 우울과 낙심을 경험했다. 그때 그 일에 가담한 사람들을 생각할 때 우울해졌다고 고백한다.

대학을 불명예스럽게 그만둔 것이 얼마나 그를 낙심시키고 우울하게 했는지, 그는 1742년 7월 3일 일기에 이렇게 적고 있다.

> 제 마음은 다시 낙심된 것 같았습니다. 대학에서 제가 당한 불명예가 반대자들의 입을 열면서 저를 움츠러들게 하는 것 같았습니다. 저는 오직 하나님밖에 피할 곳이 없었습니다. 그분의 이름을 찬송하오니, 제가 항상 그분께 나아가 도움을 구할 수 있기를 바랍니다.[50]

---

47 Marsden, 『조나단 에드워즈 평전』, 484.
48 Cherry, *The Theology of Jonathan Edwards: A Reappraisal*, 38-39. David Brainerd experienced extreme spiritual highs and deep lows akin to depression. However, Edwards focused on principles, light, and habits, emphasizing the sustained patterns of spiritual experiences rather than the transient emotional states. He pointed to the foundational conversion experience and the permanent transformation in a believer's life, distinguishing it from psychological states. The basis of a saint's assurance is the holy principle captured by divine grace, not the believer's subjective feelings. Edwards affirmed that it is God's sustaining power, not our own, that upholds the work of His hands in us.
49 Conrad Cherry, 『(대각성 운동의 기수) 조나단 에드워즈의 신학』, 주도홍 옮김 (서울: 이레서원, 2001), 82.
50 Edwards, *The Life of David Brainerd*(1749), 173. My heart seemed again to sink. The disgrace I was laid under at college seemed to damp me, as it opens the mouths of opposers. I had no refuge but in God only. Blessed be his name, that I may go to him at all times and find him a present help.

이런 우울증과 낙심은 종종 그를 찾아와 괴롭혔다. 어떤 때는 이 우울증과 낙심으로 인해 브레이너드는 자신이 너무 초라하고 살 가치도 없는 존재로 느껴졌으며, 이 경험은 죽음보다 더 괴로운 것이었다고 고백하고 있다. 이런 우울증과 낙심은 그의 사역을 방해하기도 했다.

그는 1743년 1월 23일 주일 일기에 그때의 낙심과 우울증으로 고통당한 심정을 이렇게 기록하고 있다.

> 지금처럼 내가 살아갈 만한 가치도 없다고 느껴 본 적이 없습니다. 만일 하나님께서 허락하시면 가려고 작정한, 인디언들 사이에 들어갈 자격이 없다고 느꼈습니다. 나는 정녕 그들을 마주 대하기가 부끄럽게 여겨졌습니다. 그곳에서 나를 보고자 하는 기대를 많이 가지고 있었기에 더욱 그러했습니다. 내가 그 땅에서 버림받은 존재로 느껴졌습니다. 온 땅이 너무 과분하여, 나 같은 녀석이 오는 걸 참으로 비통해하는 것으로 생각되었습니다. 나는 아프리카의 굉장히 미개한 지역에 가는 일도 부끄러워해야 하는 존재임을 깨달았습니다. 하늘과 땅 사이에 나라는 존재는 아무것에도 쓸모없는 피조물로 여겨졌습니다. 하나님의 존전에서 영혼이 유리된 상태를 온전히 견디어내야 한다는 것, 이것은 죽음보다 더 괴로운 것임을 겪어 보지 않은 사람은 모를 것입니다.[51]

---

[51] Edwards, *The Life of David Brainerd*(1749). Scarce ever felt myself so unfit to exist, as now: I saw I was not worthy of a place among the Indians, where I am going, if God permit: I thought I should be ashamed to look them in the face, and much more to have any respect shown me there. Indeed, I felt myself banished from the earth, as if all places were too good for such a wretch as I: I thought I should be ashamed to go among the very savages of Africa; I appeared to myself a creature fit for nothing, neither heaven nor earth. None knows, but those that feel it, what the soul endures that is sensibly shut out from the presence of God: Alas, 'tis more bitter than death!

브레이너드에게 우울증과 낙심은 정신적으로 가장 고통스러운 것이었다. 이런 우울증은 자신을 사랑할 수 있는 능력도 모두 사라진 초라한 모습으로 만들었다. 어떤 부분의 고백은 너무 암울해서 에드워즈도 그 내용을 생략했다.

이에 대해 조지 마즈던은 다음과 같이 말했다.

> 조나단 에드워즈는 브레이너드의 일기에서 가장 어두운 부분들을 일부 생략하고 편집한 것을 인정했다. 특히, 서스퀘한나(Susquehanna)로의 고독하고 위험한 여행 기간 동안, 종종 성과가 없었던 그의 선교 활동은 브레이너드에게 긴 좌절의 시기를 안겨 주었다.[52]

브레이너드는 종종 자신의 우울증을 일종의 죽음과 같은 것으로 간주했다. 그의 일기에는 죽음을 불행에서의 해방으로 생각하고 죽음을 동경하는 모습이 빈번하게 표현되고 있다.[53] 하지만, 에드워즈는 우울증과 질병의 고통이 심하여 죽음을 갈망했지만 그에게 우울증세로 나타나는 자살충동은 없었다. 그 이유는 브레이너드의 죽음에 대한 소망은 모두 성경적 진리의 테두리 내에 제한되어 있었기 때문이다. "주신 이도 여호와시요 취하신 이도 여호와시니"(욥 1:21)라는 말씀처럼 그는 여러 번 죽기를 소망했지만 오직 하나님이 자기 목숨을 거두어 가시기만을 소망했던 것이다.[54]

그는 우울증으로 인한 정신적 고통이 그의 선교 사역과 복음에 대한 헌신에 많은 장애가 되고 있음을 생각할 때마다 이중, 삼중으로 고통을 받았다. 때때로 그는 우울증으로 나타난 낙심으로 기운을 잃고 더 이상 아무 일도 하지 못했을 때도 있었다.

---

52 Marsden, *Jonathan Edwards: A Life*, 332.
53 Piper, 『고난의 영웅들』, 163.
54 Piper, 『고난의 영웅들』, 165.

1746년 9월 2일 화요일 일기를 보면, 그가 얼마나 힘들었는지를 알 수 있다.

> 오늘 저녁처럼 기운이 없고 지쳐서 앉아 있을 수 있었던 적이 거의 없었습니다. 우울한 상황이었지만, 적들 사이에서 더 나쁜 상황에 처할 수도 있다는 생각에 마음을 진정시키려고 노력했습니다.[55]

이런 우울증으로 인한 극심한 낙심 가운데서도 포기하지 않고 선교 사역을 감당한 브레이너드의 모습은 감동 그 자체이다. 그에게 있어서 세상의 위로를 포기하고, 심지어 십자가에서의 그리스도와 같이 하나님께 버림받았다고 느끼는 지경에 이르는 것은 그도 한 성도라는 증거라는 것이다.[56]

그가 이룬 외적인 사역보다 그의 내면을 솔직히 고백하면서 한 성도로 하나님 앞에서 몸부림치는 모습은 오늘날 선교를 감당하면서 수많은 선교사들이 위안을 얻으며 새 힘을 얻게 되는 원천이라 할 수 있을 것이다.

(3) 외로움으로 인한 고난과 신앙

브레이너드가 겪은 세 번째 고난은 외로움과의 싸움이었다. 전도서에 보면 혼자가 아닌 동역자와 함께하는 것이 큰 힘이 됨을 다음과 같이 말하고 있다.

---

55 Edwards, *The Life of David Brainerd*(1749), 424. I scarce ever was more weak and weary than this evening, when I was able to sit up at all. This was a melancholy situation I was in; but I endeavored to quiet myself with considerations of the possibility of my being in much worse circumstances amongst enemies, etc.

56 Marsden, *Jonathan Edwards: A Life*, 333.

두 사람이 한 사람보다 나음은 그들이 수고함으로 좋은 상을 얻을 것임이라. 혹시 그들이 넘어지면 하나가 그 동무를 붙들어 일으키려니와 홀로 있어 넘어지고 붙들어 일으킬 자가 없는 자에게는 화가 있으리라 또 두 사람이 함께 누우면 따뜻하거니와 한 사람이면 어찌 따뜻하랴, 한 사람이면 패하겠거니와 두 사람이면 맞설 수 있나니, 세 겹줄은 쉽게 끊어지지 아니하느니라.[57]

선교 사역을 하면서 외로움은 피할 수 없는 문제이다. 이 때문에 예수님은 전도를 보낼 때 둘씩 짝을 지어 동역하게 했다. 선교지에서 같이 동역하는 사람이 있다는 것은 큰 축복이다. 특히, 열악한 환경에서 우울 기질의 사람은 외로움이 더할 것이다. 브레이너드는 결혼도 하지 않은 젊은 청년으로 사역을 감당했으니 그 외로움은 더했을 것이다. 그가 사역하면서 대화를 나눌 수 있는 사람이 없다는 외로움을 느꼈는지 그의 일기를 보면 알 수 있다.

1743년 4월 어느 날 밤, 그는 두 낯선 사람이 나누는 불경한 대화를 잠자코 들은 경험을 이야기하며 다음과 같이 적고 있다.

> 오, 누구든 신실한 그리스도인이 내 마음의 고통을 알아주었으면…!

그는 신실한 그리스도인과 마음을 나누기를 원했다. 그러나 이런 대화를 나눌 사람 조차도 없는 외로움을 토로하고 있다. 브레이너드는 병마와 우울증, 그리고 외로움까지 감당해야 하는 고통을 겪었던 것이다.

---

[57] [전 4:9-12] Two are better than one, because they have a good return for their labor: If either of them falls down, one can help the other up. But pity anyone who falls and has no one to help them up. Also, if two lie down together, they will keep warm. But how can one keep warm alone? Though one may be overpowered, two can defend themselves. A cord of three strands is not quickly broken (Ecclesiastes 4:9-12 NIV).

브레이너드는 자신의 마음을 나눌 수 없는 외로운 마음을 이렇게 적고 있다.

> 내가 듣는 말의 대부분은 스코틀랜드 말이나 인디언 말이다. 주변에 마음을 열고 내 영적인 슬픔을 털어놓고 영적인 일들에 대해 대화하면서 충고도 듣고 함께 기도할 수 있을 만한 그리스도인 친구가 없다.[58]

선교지에서 자신의 언어로 '마음을 나눌 수 있는 그리스도인 친구'가 없다는 말에서 그가 얼마나 외로움과 치열한 싸움을 하고 있는지 알 수 있다. 브레이너드는 혼자 말을 타고 수십 마일의 먼 길을 여행하는 것은 외로운 일이었다. 이 여행길은 하나님과 동행하는 길이었지만, 인간적으로는 외로운 싸움이었다. 그는 외로운 여행길에 외로운 믿음의 싸움을 한 믿음의 사람들을 떠올리며 위로를 받곤 했다.

브레이너드의 이런 외로움은 그의 인디언 선교 사역 내내 계속되었다. 1744년 5월 8일의 일기에서 그는 다음과 같이 기록하고 있다.

> 코네티컷의 샤론(Sharon in Connecticut)에서 출발해 약 45마일을 달려 피쉬킬(Fishkill)이라는 마을에 도착해 그곳에 숙소를 잡았습니다. 말을 타고 가는데도 내게는 많은 시간이 소요되었습니다. 달리는 동안 많은 시간을 하나님께서 델라웨어까지 함께해 주시기를 기도하며 보냈습니다. 내가 맡은 일을 생각하면 내 마음은 수시로 침울해지려 했습니다. 나는 어디로 가야 할지 알지 못한 채 홀로 광야를 달리고 있는 것입니다. 하나님의 사람들 중 어떤 사람은 땅굴이나 동굴을 전전하며 살았고, 아브라함은 그가 부르심을 받았을 때, 갈 바를 알지 못하고 나갔다고 생각하니 적잖이 위로가

---

58 Brainerd, and Edwards, 『데이비드 브레이너드 생애와 일기』, 207.

되었습니다.[59]

브레이너드는 선교 사역을 위해 먼 길을 여행하면서 외로움과 싸워야 했다. 더구나 그를 힘들게 했던 것은 자신의 마음을 나눌 수 있는 친구가 없었다는 사실이었다. 모국어로 자신의 마음을 털어놓고 이야기할 사람이 없었다.

허버트 케인(Herbert Kain)은 문화충격의 강력한 원인 중 하나를 언어 문제로 보았다.[60] 선교지에서는 모국어를 사용할 수 없고 현지 언어를 사용해야 하는데, 이에 따른 의사소통 문제로 인해 문화충격을 경험하게 된다. 이로 인해 외로움이 찾아온다. 이 외로움은 어떤 외로움보다 견디기 힘든 일이다.

브레이너드는 선교지에서 자신의 외로운 마음을 다음과 같이 기록하고 있다.

> 제 상황은 하나님 안에 있는 것 외에는 어떤 종류의 위안도 없습니다. 저는 가장 외로운 광야에 살고 있으며, 영어를 할 줄 아는 대화 상대는 단 한 명뿐입니다. 제가 듣는 대부분의 이야기는 하이랜드 스코틀랜드나 인디언의 말입니다. 제게는 마음을 터놓고 영적인 슬픔을 털어놓을 수 있는 동료 그리스도인이 없고, 하늘의 일에 대해 대화하며 달콤한 조언을 구하고 사

---

[59] Edwards, *The Life of David Brainerd*(1749), 249. Set out from Sharon in Connecticut and travelled about 45 miles to a place called the Fishkill and lodged there. Spent much of my time, while riding, in prayer that God would go with me to Delaware. My heart sometimes was ready to sink with the thoughts of my work, and going alone in the wilderness, I knew not where: But still it was comfortable to think that others of God's children had "wandered about in caves and dens of the earth" parenthetical; and Abraham, when he was called to go forth, "went out not knowing whither he went." Oh, that I might follow after God!

[60] Herbert Kane, 『선교사의 생활과 사역』(*Life and Work on the Mission Field*), 백인숙 옮김 (서울: 두란노서원, 1986), 125.

회적인 기도에 동참할 수 있는 사람이 없습니다.[61]

마음을 나눌 수 있는 친구가 없었던 브레이너드는 자신이 얼마나 외로웠는지를 그의 친구 휠록(Eleazar Wheelock, 1711-1779)[62]에게 쓴 편지에서도 알 수 있다.

그는 친구에게 이렇게 편지를 썼다.

자네가 내 글을 다 읽을 때가 되면 지금 내게 길벗이 얼마나 간절히 필요한지 그 어느 때보다 더 잘 알게 될 걸세.[63]

브레이너드는 선교 사역을 하는 동안 혼자였고 외로움의 연속이었다. 이런 그에게 하나님은 마지막 몇 달 동안 에드워즈의 집에서 함께하는 기쁨과 은혜를 누리게 하셨다. 특별히 에드워즈의 딸 제루사가 그를 극진히 간호해

---

[61] Edwards, *The Life of David Brainerd*(1749), 208. My circumstances are such that I have no comfort of any kind but what I have in God. I live in the most lonesome wilderness; have but one single person to converse with, that can speak English:3 Most of the talk I hear is either Highland Scotch or Indian. I have no fellow Christian to whom I might unbosom myself and lay open my spiritual sorrows, and with whom I might take sweet counsel in conversation about heavenly things, and join in social prayer.

[62] Nichols, 『조나단 에드워즈의 생애와 사상』, 200. 휠록은 뉴햄프셔(New Hampshire)에 다트머스대학(Dartmouth College)을 설립한 미국 회중교회 목사이자 교육자였다. 그는 아메리카 원주민의 교육과 선교 사업에 깊이 관여했으며, 교육을 식민지 사회에 통합하는 수단으로 사용하려는 노력으로 유명했다. 휠록은 조나단 에드워즈와 대각성 운동에 함께 참여하며 부흥 운동과 선교 사업에 대한 관심사를 공유하면서 인연을 맺었다. 휠록은 에드워즈의 신학과 부흥 운동 방식에 영향을 받았고, 브레이너드와도 친구로서 서신을 주고받았다. 브레이너드는 휠록이 열망했던 아메리카 원주민을 위한 선교에 헌신한 모범을 보여 준 사람이다. 휠록은 다트머스대학의 전신인 무어 인디언 자선학교(Moor's Indian Charity School)를 설립하여 아메리카 원주민을 기독교 선교사로 교육하는 것을 목표로 삼았다.

[63] Edwards, *The Life of David Brainerd*(1749), 585. I doubt not by that time you have read my journal through you'll be more sensible of the need I stand in of a companion in travel than ever you was before.

주었다. 브레이너드는 제루사와 함께 있을 때의 행복감을 이렇게 표현했다.

> 제루사와 함께 있으면 마치 천국에 있는 것 같다.[64]

하나님께서는 제루사를 통해 브레이너드에게 하늘의 위로를 맛보게 하신 것이다. 하지만, 그는 선교지에서 혼자였고 그 외로움을 도리어 오직 하나님께만 쏟아부었다. 이런 그를 하나님은 끝까지 붙드셨고 인도해 주셨다.

(4) 열악한 환경으로 인한 고난과 신앙

브레이너드가 겪은 네 번째 고난은 열악한 환경이었다. 선교지에서 겪는 어려움 중 가장 현실적으로 닥치는 문제는 열악한 환경 조건이다. 오늘날에도 열악한 환경이 많은데, 18세기 브레이너드가 인디언 선교를 했을 당시에는 얼마나 어려웠을지 상상하기도 힘들다. 그는 사람에게 가장 기본적으로 필요한 의식주 문제로 고통받아야 할 만큼 상황이 어려웠다.

브레이너드는 1743년 첫 선교지인 카우나우믹에서의 생활을 다음과 같이 기록했다.

> 나는 삶은 옥수수와 급하게 만든 푸딩 등으로 대부분의 식단을 구성하는 등 삶의 안락함과는 달리 가난하게 살고 있습니다. 먹는 음식은 대개 끓인 옥수수와 대충 만든 푸딩 정도입니다. 짚더미 위에서 잠을 자며 일은 고되고 매우 힘들어 편히 쉬어 본 경험이 거의 없습니다.[65]

---

64 John Thornbury, 『북아메리카 인디언의 선교사, 기도의 성자 데이비드 브레이너드』, 김기찬 옮김 (서울: 크리스챤다이제스트, 2005), 116.
65 Edwards, *The Life of David Brainerd*(1749), 208. I live poorly with regard to the comforts of life: most of my diet consists of boiled corn, hasty pudding, etc. I lodge on a bundle of

그리고 이 허약한 몸 상태에서는 적절한 음식이 부족해서 적잖이 고생했습니다. 빵도 전혀 없고 어디서 빵을 얻을 수도 없었습니다. 충분한 빵을 구하려면 10마일이나 15마일을 걸어가거나 사람을 보내야 합니다. 더구나 구한 빵이 좀 많다 싶으면 먹기도 전에 곰팡이가 피거나 상할 때도 종종 있습니다. 다행히 하나님의 자비로 인디언의 음식을 약간 얻어다가 그걸로 조그마한 떡도 만들고 튀겨 먹기도 했습니다. 지금의 내 상황에 만족하며 모든 것을 하나님께 맡겼습니다.[66]

이런 열악한 가운데서도 만족하며 하나님께 감사하는 그의 신앙이 놀랍다. 브레이너드는 숲속에서 자주 길을 잃고 추위와 배고픔을 겪었으며, 또 말을 도둑 맞거나 식중독에 걸려 고생하고, 다리가 부러진 일도 있었다. 벽난로에서 나오는 연기 때문에 자주 숨 쉬기가 곤란하여 맑은 공기를 마시려고 추운 밖으로 나와야 할 때도 있었으며, 밤새 잠들지 못하는 어려움들도 있었다.[67]

이런 외적인 환경의 어려움 가운데서도 그는 인내로 극복하며 마음의 평안을 유지하는 신앙의 모습을 보여 주고 있다.

그는 이런 상황을 통해 오히려 하나님 나라를 사모하게 되고, 하나님의 위로를 깊이 경험하게 되었다고 고백한다.

---

straw, and my labor is hard and extremely difficult; and I have little appearance of success to comfort me.

[66] Edwards, *The Life of David Brainerd*(1749), 214-15. And in this weak state of body, was not a little distressed for want of suitable food. Had no bread, nor could I get any. I am forced to go or send ten or fifteen miles for all the bread I eat; and sometimes 'tis moldy and sour before I eat it, if I get any considerable quantity: And then again I have none for some days together, for want of an opportunity to send for it, and can't find my horse in the woods to go myself; and this was my case now: But through divine goodness I had some Indian meal, of which I made little cakes and fried them. Yet felt contented with my circumstances, and sweetly resigned to God.

[67] Piper, 『고난의 영웅들』, 168.

그래서 나는 자주 노출되었고, 때로는 밤새도록 누워 있었지만, 하나님은 지금까지 나를 보호해 주셨으니 그의 이름이 찬송을 받으리라고 믿습니다. 이와 같은 고되고 힘든 일들은 내게 더욱 세상에 대한 애착을 버리게 해줍니다. 그리고 나는 이런 일들이 내게 천국을 더욱 감미로운 곳으로 느끼게 해 줄 것으로 믿습니다.

과거에는 추위와 비에 노출되었을 때 편안한 집과 따뜻한 난롯불 등 외적인 안락함을 생각하며 위로받곤 했지만, 이제는 하나님의 은혜로 이런 것들에 대한 의존도가 줄어들고 하나님께 더 의지하게 되었습니다. 이 세상에서 환난을 예상하며, 환난이 이제는 이상하게 보이지 않습니다. 더 나빠질 수도 있고, 다른 하나님의 자녀들이 겪은 더 큰 시련을 생각하며, 나를 위해 예비된 것이 얼마나 큰지를 깊이 묵상하게 됩니다. 가장 혹독한 시련 속에서도 나를 위로해 주시는 하나님께 영광을 돌리며, 이런 생각을 공포나 우울이 아닌 큰 기쁨으로 받아들입니다.[68]

---

[68] Edwards, *The Life of David Brainerd*(1749), 275. Thus I have frequently been exposed, and sometimes lain out the whole night: but God has hitherto preserved me; and blessed be his name. Such fatigues and hardships as these serve to wean me more from the earth; and, I trust, will make heaven the sweeter. Formerly, when I was thus exposed to cold, rain, etc., I was ready to please myself with the thoughts of enjoying a comfortable house, a warm fire, and other outward comforts; but now these have less place in my heart (through the grace of God) and my eye is more to God for comfort. In this world I expect tribulation; and it does not now, as formerly, appear strange to me; I don't in such seasons of difficulty flatter myself that it will be better hereafter; but rather think how much worse it might be; how much greater trials others of God's children have endured; and how much greater are yet perhaps reserved for me. Blessed be God that he makes the comfort to me, under my sharpest trials; and scarce ever lets these thoughts be attended with terror or melancholy; but they are attended frequently with great joy.

브레이너드의 신앙은 선교 현장에서 겪는 고난을 통해 정금같이 연단되었다. 그는 열악한 환경에서 오는 배고픔, 추위 등 견디기 힘든 고난과 고통 가운데서도 소망을 하나님께 두며, 하나님의 위로를 바라보는 신앙으로 우리에게 큰 감동과 도전을 주고 있다. 그는 그리스도를 위해 고난당함의 유익함과 가치를 아는 사람이었다.[69] 그의 삶은 선교를 헌신하는 자들에게 소망과 새로운 결심을 할 수 있도록 힘을 주고 있는 것이다.

이런 브레이너드의 삶이 그의 일기를 통해 우리에게 큰 감동과 도전을 주는데, 그러면 그가 세상에 알려지게 한 에드워즈와 브레이너드의 관계를 살펴보자.

3. 에드워즈와 브레이너드의 섭리적 만남

기독교 정신의학자 폴 투르니에(Paul Tournier, 1898-1986)는 하나님의 인도하심과 섭리에 대해 다음과 같이 말했다.

> 하나님은 우리를 한 걸음 한 걸음 사건에서 사건으로 인도하신다. 우리는 나중에야 지금까지 걸어온 길을 되돌아보며, 인생의 중요했던 순간을 그

---

[69] 사도 바울은 고린도 교회 보내는 편지에서 그리스도를 위한 고난의 가치를 기술하고 있다.
[고후 6:4-10] 오직 모든 일에 하나님의 일꾼으로 자천하여 많이 견디는 것과 환난과 궁핍과 고난과 매 맞음과 갇힘과 요란한 것과 수고로움과 자지 못함과 먹지 못함과 깨끗함과 지식과 오래 참음과 자비함과 성령의 감화와 거짓이 없는 사랑과 진리의 말씀과 하나님의 능력 안에 있어 의의 병기로 좌우하고 영광과 욕됨으로 말미암으며 악한 이름과 아름다운 이름으로 말미암으며 속이는 자 같으나 참되고 무명한 자 같으나 유명한 자요 죽은 자 같으나 보라 우리가 살고 징계를 받는 자 같으나 죽임을 당하지 아니하고 근심하는 자 같으나 항상 기뻐하고 가난한 자 같으나 많은 사람을 부요하게 하고 아무 것도 없는 자 같으나 모든 것을 가진 자로다.

뒤에 일어났던 모든 일에 비추어 생각해 본다. 아니면 인생의 모든 과정을 살펴보다가, 우리가 알지 못하는 가운데 인도함을 받고 있었다는 것을 하나님이 신비하게 인도해 주셨다는 것을 비로소 느끼게 된다. 우리로 이 사람을 만나게 하고, 저 말을 듣고 저 책을 읽게 하셔서, 이것들이 우리 삶에 결정적인 결과를 낳게 인도하는 분은 바로 하나님이시다.[70]

에드워즈와 브레이너드와의 만남은 하나님의 섭리적인 만남이었다. 두 사람의 관계는 하나님의 섭리적 측면에서 매우 특별하다. 우리가 브레이너드를 이야기할 때 에드워즈를 빼놓을 수 없다. 반대로 에드워즈를 언급할 때 브레이너드를 간과할 수 없다. 두 사람의 섭리적 만남은 세계 선교에 선교 정보 확산의 위대한 유산을 남겼다. 에드워즈는 브레이너드를 만남으로 선교 정보 확산에 크게 기여했다. 이 일을 위해 하나님은 이 두 사람을 미리 만나게 하셨고, 마지막까지 만나게 하셨다.

에드워즈는 브레이너드의 마지막 임종을 지켜본 사람이었으며, 그의 일기를 편집하여 출판한 사람이었다. 이처럼 서로는 밀접한 관계가 있었다. 에드워즈가 아니었다면 오늘날 브레이너드가 세상에 잘 알려지지 않았을 것이다. 왜냐하면, 에드워즈가 『브레이너드의 생애와 일기』를 편집하여 출판하였기 때문이다. 이 두 사람과의 관계를 고찰하는 것은 선교학적으로 의미 있는 일이라 할 수 있다.

브레이너드는 몸이 쇠약해서 폐결핵으로 죽음을 맞이하기까지 선교 사역을 감당하면서, 후대에게 선교사의 귀감이 되고 감동과 도전이 되는 일기를 남겼다. 에드워즈는 이를 출판하여 세상에 알렸으므로, 두 사람은 후대들에게 귀중한 선교적 유산을 남겼다는 데 큰 의미가 있다.

70　Tournier, 『모험으로 사는 인생』, 296.

이제 이 두 인물이 하나님의 섭리 안에서 어떻게 연결되었는지, 그리고 그 만남이 선교 정보의 확산과 세계 선교의 흐름 속에서 어떤 섭리적 의미를 지니는지에 대해 고찰하고자 한다.

1) 예일대학에서의 섭리적 만남

에드워즈와 브레이너드의 간접적인 첫 번째 만남은 1741년 예일대학에서 이루어졌다.[71] 당시 예일대학 졸업식에 에드워즈가 설교자로 초청되었다. 그때 학교의 분위기는 좋지 않았다. 영적 각성을 경험한 학생들과 냉랭한 교수들, 교직원 사이에 갈등이 고조되고 있었기 때문이다. 학교 측에서는 에드워즈가 설교를 통해 학생들의 불 같은 열정을 가라앉혀 주기를 원했다.

그러나 에드워즈는 오히려 학생들의 열정적인 신앙을 성령의 표지로 보면서 동조했다. 이때 브레이너드는 학생으로 에드워즈의 설교를 듣고 있었다.[72] 이것이 이들의 첫 만남이었다. 이날 브레이너드의 가슴은 설렜을 것이다.

두 번째 간접적인 만남은 책을 통해서였다. 사실 어릴 때부터 브레이너드는 에드워즈에 대해 상당히 알고 있었다. 장차 선교사가 될 브레이너드가 고작 10살 때 에드워즈는 노샘프턴에 있는 회중교회의 목회자였고, 브레이너드가 사역을 시작했을 때에는 에드워즈는 설교자와 저술가로 그 능력이 널리 알려져 있었기 때문이다.[73]

브레이너드는 그 당시 잘 알려진 에드워즈의 출판 서적을 꾸준히 읽는 독자였다. 브레이너드는 에드워즈의 하나님의 절대주권과 영광을 추구하

---

71 양낙홍, 『조나단 에드워즈 생애와 사상』, 172.
72 Piper, 『고난의 영웅들』, 155.
73 Thornbury, 『북아메리카 인디언의 선교사, 기도의 성자 데이비드 브레이너드』, 113.

는 칼빈주의적 신학 사상에 동의하며 그를 따랐던 것이다. 브레이너드는 에드워즈의 설교를 즐거워했으며 그의 신학적 관점을 공유했던 것이다.[74]

〈지도 8〉 청교도 신앙의 중심 New Haven[75]

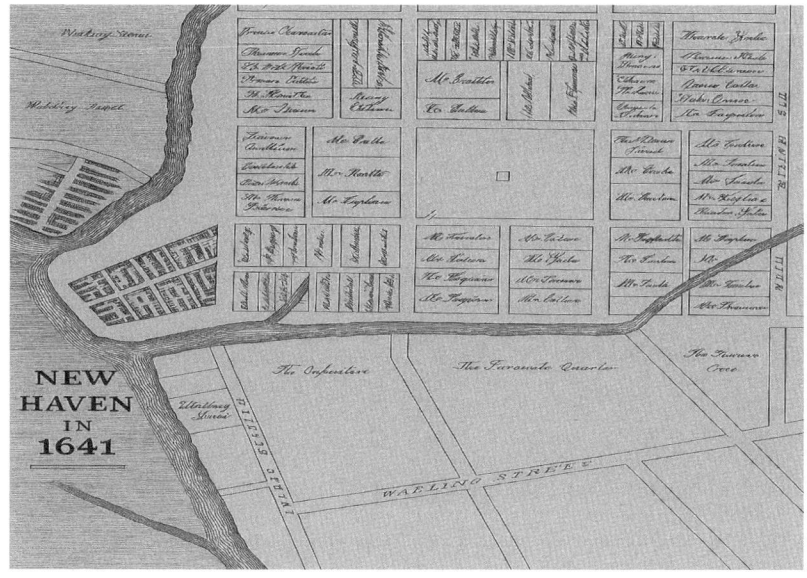

에드워즈와 브레이너드의 실제적 첫 만남은 1743년 뉴헤이븐(New Haven)에서 예일대학의 졸업 기념 예배에 참석했을 때 이루어졌다. 두 사람은 서로 공통점이 많다는 것을 알아차렸고 에드워즈는 브레이너드의 개인적

---

74 Thornbury, 『북아메리카 인디언의 선교사, 기도의 성자 데이비드 브레이너드』, 115.
75 Noll, 『미국·캐나다 기독교 역사』, 69. 코네티컷 뉴헤이븐의 초기 도면에 따르면, 중앙에 타운 광장이 있었고, 그 타운 광장 중심에는 교회가 있었다. 이것은 그 당시 청교도 신앙공동체의 중심이 교회라는 사실을 말해준다. 뉴헤이븐 지역은 신대륙에 설립된 영국 식민지 중 하나였고, 청교도 신앙 중심지로서 중요한 역할을 했다. 또한, 교육에 대한 강조로 1701년에 설립된 예일대학은 청교도 신앙을 바탕으로 한 고등교육 기관으로, 지역 사회의 지식인과 종교 지도자들을 양성하는 중요한 역할을 했다. 조나단 에드워즈는 이 대학에서 교육을 받았고, 데이비드 브레이너드도 이 대학의 학생이었다. 에드워즈가 예일대학 졸업식에 갔을 때 두 사람은 처음 만났다.

헌신과 영적인 이해와 겸손에 강한 인상을 받았다. 이렇게 첫 만남 이후 에드워즈와 브레이너드는 서로의 관계가 영적으로 깊이 통함을 느꼈다.

브레이너드의 삶을 저술한 존 손베리(John Thornbury)는 브레이너드에게 있어서 에드워즈는 신앙의 아버지 같은 존재였고, 브레이너드의 신학 사상과 체험관을 보면 거의 "조나단 에드워즈의 복사판이라고 할 만큼 닮았다"고 했다.[76]

기질적인 면에서도 서로는 비슷했다. 브레이너드는 영적 침체와 암흑기에 빠지기도 하고, 강력한 영적 황홀감을 경험하기도 한 점에서 매우 많이 닮았다. 에드워즈는 우울증의 결과로 찾아오는 마음의 우울함이나 어두운 생각이 매우 해로운 성품이 될 수 있음을 인정했다. 초기 영적 생활에서 브레이너드는 그런 생각을 '영적 황폐함'이라고 생각했었는데 에드워즈와 진지하게 토론하면서 그의 증세가 영적인 황폐함이 아니라 참된 겸손과 거룩한 슬픔으로 나아갈 수 있는 기회라는 것을 알게 되었다.[77]

이처럼 브레이너드는 에드워즈로부터 많은 영향을 받았고, 에드워즈도 나이는 어리지만 브레이너드에 대한 깊은 감명을 받았다.[78]

에드워즈가 브레이너드에 대해 어떤 감동과 인상을 받았는지, 브레이너드의 일기 서문에 그에 대한 평가에 잘 나타나 있다.

> 데이비드 브레이너드는 뛰어난 재능을 타고난 사람이었다. 그를 아는 사람이라면 누구나 쉽게 그 재능을 알아볼 정도였다. 그는 천재적인 통찰력과 명확한 사고력, 면밀한 이성과 정확한 판단력을 지닌 사람이었다. 브레이너

---

76 Thornbury, 『북아메리카 인디언의 선교사, 기도의 성자 데이비드 브레이너드』, 113.
77 Marsden, 『조나단 에드워즈 평전』, 484.
78 Cherry, *The Theology of Jonathan Edwards: A Reappraisal*, 38. One is at first astounded to find that Edwards praises the piety of David Brainerd. Edwards praises his faith because it is "like the steadfast light of heaven, and the permanent principle of that light, though sometimes obscured by clouds, without falling into inexplicable defeat and intense suffering."

드는 인간의 본성에 대한 깊은 통찰력과 분별력을 가진 현명한 사람이었을 뿐만 아니라, 신학적으로도 탁월한 판단력과 지식을 갖추고 있었다. 특히, 내적이고 체험적인 신앙에서 더 탁월했다. 그것이 진리의 빛과 판단에 기반을 둔 이성적이고 성경적인 감정인지, 아니면 변덕스러운 자만심과 상상력에 기초한 열렬한 감정인지를 정확히 구별했다.

브레이너드는 인간이 변덕스럽고 열정적인 감정에 얼마나 취약한지를 잘 알고 있었다. 그런 감정들이 얼마나 널리 퍼져 있으며 얼마나 많은 사람이 그런 감정에 속고 있는지, 그런 감정들이 기독교에 어떤 파괴적 결과와 해를 끼쳤는지도 잘 알고 있었다.

브레이너드는 광적인 종교를 혐오했다. 그는 삶 속에서도, 죽음의 자리에서도 광적인 종교의 거짓을 수없이 입증했다. 그는 광적인 종교적 반응이 일어나면 즉시 그것을 분별했다. 막 싹이 트기 시작한 것이든, 그럴 듯한 가면을 철저히 쓰고 있는 것이든, 그에게는 전혀 문제가 되지 않았다. 그는 거짓과 허영, 상상력이 낳은 광적인 종교가 가져오는 다양한 작용도 가장 탁월하게 묘사했다. 그는 거짓 종교와 참된 경건함의 차이를 입증하는 것에도 남달랐다. 나는 그런 면에서 브레이너드만큼 탁월한 능력을 가진 사람을 본 적이 없다.[79]

에드워즈가 브레이너드를 이렇게 잘 알고 평가했다는 것은 두 사람이 깊은 영적 교제를 나누고 그의 사역에 깊은 관심이 있었다고 볼 수 있다. 우리는 에드워즈가 브레이너드에게 얼마나 강한 호의를 갖고 있었는지 넉넉히 상상할 수 있다.

에드워즈가 브레이너드에게 영적인 위대함과 교리적 건전함을 상징하는 인물이라면, 브레이너드는 에드워즈에게 그리스도인의 모범으로 살아

---

79 Brainerd, and Edwards, 『데이비드 브레이너드 생애와 일기』, 55-56.

있는 표상으로 보였음에 틀림없다.[80]

2) 마지막 미션을 위한 섭리적 만남

브레이너드와 에드워즈가 특별한 것은 브레이너드가 폐결핵으로 인생 마지막을 에드워즈의 집에서 보내게 된 일이다.[81] 이것은 놀라운 하나님의 섭리였다. 브레이너드의 생애에 가장 고통스럽고 힘든 마지막 순간을 함께 하며 지켜본 사람이 에드워즈이다. 브레이너드는 인디언 사역으로 그의 건강은 많이 약해져 있었다.

1747년 5월 말쯤 브레이너드는 금방이라도 쓰러질 것 같은 병약한 몸을 이끌고 하루에 약 30킬로미터(18.7 마일)를 말을 타고 사흘 만에 노샘프턴 에드워즈의 집에 도착했다. 브레이너드는 병약한 몸을 이끌고 3일간 긴 여행으로 인해 거의 기진맥진한 상태였다.

에드워즈는 의사를 불러 그를 진찰한 결과 의사는 몇 달째 계속된 피곤, 고열, 체중 저하, 각혈 등의 증세로 만성 폐결핵 판정을 내렸다.[82] 이렇게 몸이 쇠약했음에도 불구하고 브레이너드는 보스턴을 방문했다.[83] 그것은 후원하는 교회들을 찾아가 선교 보고와 계속적인 인디언 선교에 관심을 가져 달라고 부탁하는 일이었다. 조지 마즈던의 말대로 그의 마지막 보스턴 체류는 그곳에 새로운 선교회를 설립하는 촉매제가 되었던 것이다.[84]

---

80 Thornbury, 『북아메리카 인디언의 선교사, 기도의 성자 데이비드 브레이너드』, 116.
81 Paul, *Jonathan Edwards and the Stockbridge Mohican Indians*, 88.
82 송삼용, 『무릎의 성자 데이비드 브레이너드』 (서울: 넥서스 ;, 2009), 134.
83 Gura, *Jonathan Edwards: America's Evangelical*, 144.
84 Marsden, 『조나단 에드워즈 평전』, 486.

⟨그림 36⟩ 브레이너드가 마지막 순간을 보낸 에드워즈의 저택[85]

브레이너드는 보스턴에 갈 수 없는 몸이었지만, 이때 에드워즈의 둘째 딸 제루사(Jerusha)가 자청하고 나서서 동행하게 된다.[86] 제루사는 신앙이 남달랐다. 아버지 에드워즈는 둘째 딸 제루사에 대해 이렇게 말한다.

> 딸애는 3,4년 동안 1초라도 더 오래 살기를 바라면서 한시라도 선행을 하고 하나님을 향하여 살며, 하나님께 영광 돌리는 일을 하는 것 말고는 인생의 다른 좋은 일을 위하여 살지 않으려 했다.[87]

제루사는 엄숙하고 겸손하고 자기를 부인하는 등 브레이너드와 아주 비슷한 기질을 가지고 있었다. 제루사는 브레이너드가 자신의 집에 머무는 동안 그를 극진히 간호해 주었다. 브레이너드는 헌신적으로 간호해 주는 제루사에 대해 깊은 감동을 받았으며 마음에 큰 위로를 받았다. 브레이너

---

[85] Brainerd, and Edwards, 『데이비드 브레이너드 생애와 일기』, 17. 조나단 에드워즈의 집은 매사추세츠주 노샘프턴에 위치에 있다.
[86] Gura, *Jonathan Edwards: America's Evangelical*, 144.
[87] Thornbury, 『북아메리카 인디언의 선교사, 기도의 성자 데이비드 브레이너드』, 115-16.

드는 "제루사와 함께 있으면 마치 천국에 있는 것 같다"라고 표현할 정도였다. 그러나 안타깝게도 제루사는 브레이너드가 하나님의 부름을 받은 지 넉 달 후에 하나님의 부름을 받게 된다.[88] 에드워즈는 제루사를 브레이너드 곁에 묻어 주었다.[89]

사랑하는 딸을 잃었음에도 불구하고, 에드워즈는 그 슬픔을 뒤로 하고 딸이 헌신적으로 브레이너드를 간호한 것은 그를 하나님의 탁월한 종으로 여겼기 때문이라면서, 그것은 하나님의 뜻이었다고 말한다.[90]

〈그림 37〉 브레이너드와 제루사의 무덤[91]

---

88 Nichols et al., *A God Entranced Vision of All Things*, 49. 에드워즈는 죽어 가는 데이비드 브레이너드를 간병하다가 결국 결핵에 걸려 세상을 떠난 제루사를 위해 장례식 설교를 했다.
89 Marsden, *Jonathan Edwards: A Life*, 328-29. 에드워즈는 두 사람의 영혼이 이미 그리스도 안에서 더없이 행복한 연합을 이루었다고 믿었으며, 육체의 부활을 기대하며 브레이너드 곁에 나란히 안장했다. 브레이너드와 제루사의 사랑 이야기는 많은 추측을 낳았다. 에드워즈의 설명을 통해 두 사람이 영적인 깊은 것들을 나눈 것이지만, 서로가 깊이 존중하고 사랑했음을 알 수 있다.
90 Piper, 『고난의 영웅들』, 187.
91 Marsden, *Jonathan Edwards: A Life*, 329. The graves of David Brainerd and Jerusha Edwards.

3) 세계 선교를 위한 섭리적 만남

브레이너드가 노샘프턴에 온 것은 에드워즈의 생애에 매우 중대한 영향을 끼친 사건이었다.[92] 에드워즈는 브레이너드의 마지막 인생을 함께하게 된 것은 하나님의 섭리로 알았으며, 특별히 그가 남긴 일기를 출판하는 일을 하게 된다. 하나님의 섭리 가운데, 에드워즈와 브레이너드의 이름을 영원히 함께 묶어 주는 사건이 브레이너드가 죽고 난 후에 있었다. 브레이너드가 죽고 난 후, 에드워즈는 브레이너드가 남긴 모든 개인적인 것을 일일이 살폈다. 에드워즈는 하나님이 브레이너드의 생애에 대한 출판을 그의 길에 '예비'하셨다는 사실을 믿었다.[93]

에드워즈는 자신이 소중하게 생각하던 일들을 잠시 접어둔 채 브레이너드의 일기를 편집하여 『데이비드 브레이너드의 생애와 일기』를 출판했다.[94]

1747년 늦은 여름, 에드워즈는 스코틀랜드 친구인 어스킨(Erskine)에게 편지를 보내, '의지의 자유'와 윤리의 기능과 관련한 논문으로 시작하는 '알미니안주의 논쟁에 대한 특별하고도 방대한 작품'을 쓰려고 했다고 말했다. 그런데 그다음 해에 보낸 편지에서 하나님의 섭리가 예상치 못하게 내 앞에 일어나서, 불가피하게 『데이비드 브레이너드의 생애와 일기』를 먼저 써야 할 것 같다고 말했다. 이 계획에 제루사의 죽음이 반드시 그 작품을 완성해야 하겠다는 그의 열정을 증대시켜 주었다.[95]

92　Murray, 『조나단 에드워즈의 삶과 신앙』, 442.
93　Murray, 『조나단 에드워즈의 삶과 신앙』, 444.
94　Edwards, *Letter to Reverend John Erskine*, 16: 249.
95　Marsden, 『조나단 에드워즈 평전』, 480-81. 브레이너드의 생애를 완성하는 것은 알미니안주의의 공격을 연기할 수밖에 없을 만큼 에드워즈는 중요하다고 생각했다. 왜냐하면, 에드워즈는 세계적인 대각성을 가장 중요한 우선순위라고 확신했기 때문이다. 에드워즈는 미국과 영국에서 대각성을 위한 기도합주회를 촉진하고자 할 목적으로 이 책을 완성했다. 에드워즈는 이 일을 하나님의 섭리의 결과라고 보았다.

에드워즈는 설교만 한 것이 아니라, 기독교 신앙을 행동으로 보여 준 것처럼 선교에 대한 그의 관심도 마찬가지였다. 그는 열방을 위해 기도하는 데만 그치지 않고 행동으로 옮겼다. 1734년, 에드워즈는 새로운 선교 단체인 스톡브리지 선교회의 설립에 참여했으며, 17년 후에는 그 자신이 직접 스톡브리지 선교사로 사역하게 된다.[96]

이 얼마나 놀라운 일인가!

브레이너드를 통해 세계 선교에 참여하는 하나님의 섭리가 아니겠는가?

에드워즈가 브레이너드의 일기를 편집하여 출판한 것은, 브레이너드와 그의 짧은 생애가 상징하는 세계 복음화라는 위대한 사역을 위한 헌신이었다. 존 파이퍼의 말대로, 이후 수세기 동안 세계 선교를 위한 이 책의 선교 정보 확산 파급력은 헤아릴 수 없을 만큼 놀랍다.[97]

두 사람의 마지막 만남은 짧은 시간이었지만, 조지 마즈던의 말대로 예상치 못한 하나님의 섭리가 있었다. 브레이너드는 기도에 대한 모범 이상을 보여 주었고, 그의 삶은 하나님의 백성들에게 인디언의 개종을 이루도록 자극을 주었다. 에드워즈는 브레이너드가 인디언 사역에서 거둔 사역의 열매들이 영광스럽고 선교의 선구자로 보았다. 그리고 이것은 복음 전파를 촉진하는 격려가 될 수 있다고 믿었다. 하나님은 선교에 한 사람의 헌신적인 삶을 통해 선교에 불을 지피기를 원했는지도 모른다.

에드워즈와 브레이너드의 만남은 세계 선교에 불을 붙이는 중요한 역할을 했다.[98] 특별히 두 사람의 섭리적 만남은 세계 선교에 있어서 선교 정보 확산이라는 소중한 유산을 남겼다.

96　Davies, "Jonathan Edwards: Missionary Biographer, Theologian, Strategist, Administrator, Advocate and Missionary," 3.
97　Edwards, and Piper, 『하나님의 영광을 위한 하나님의 열심』, 94.
98　Marsden, *Jonathan Edwards: A Life*, 330-31.

에드워즈가 브레이너드를 만나지 못했다면, 브레이너드는 세상에 알려지지 않았을 것이고 그의 일기도 빛을 보지 못했을지도 모른다. 따라서 두 사람의 만남은 하나님의 선교를 위한 예정된 하나님의 섭리의 만남이었고, 세계 선교를 향한 하나님의 열심을 이루고자 후대에 도전을 주는 역사적인 만남이었다. 윌리엄 캐리를 '현대 선교의 아버지'라고 부른다면 에드워즈는 '현대 선교의 할아버지'라 불러야 한다.[99] 브레이너드와의 섭리적인 만남은 에드워즈에게 인디언 선교에 대한 관심과 세계 선교를 위한 하나님의 계획이었다.

4. 요약(Summary)

제7장에서는 브레이너드의 삶과 신앙, 그의 일기, 고난과 에드워즈와의 관계를 살펴보았다. 에드워즈는 브레이너드의 일기를 편집·출판함으로써 선교 정보 확산에 결정적인 공헌을 했다.

브레이너드는 청교도 신앙을 가진 부모님 밑에서 철저한 신앙 훈련을 받고 자랐다. 하지만, 부모님이 일찍 하나님의 부르심을 받음으로 심한 슬픔에 잠기며, 이때의 충격으로 평생 우울증에 시달리게 된다. 그 후 그는 누나 집에서 농사일을 하게 되었지만, 그의 관심은 농사보다 교육에 관심이 있었다. 그는 스무 살 나이에 예일대학 입학 시험을 보게 되고, 스물한 살 되던 어느 날 울창한 숲속을 거닐다 형언할 수 없는 영광을 경험하게 된다. 이때부터 그의 모든 삶은 하나님의 영광을 위해 사는 것이 인생의 목표가 되었다.

99　이상현, 『조나단 에드워즈의 신학』, 490.

예일대학에 다니는 동안 몸이 쇠약하여 한 해를 쉬었다. 다시 돌아온 학교 분위기는 순회 설교자 휫필드의 방문으로 학생들은 신앙적으로 뜨거웠다. 하지만, 교수들은 냉랭했다. 학생들과 교수들 사이의 갈등 속에서 브레이너드가 교수들의 식어진 신앙을 비판한 것이 교수들의 귀에 들어감으로 대학으로부터 퇴교 조치를 받았다. 원래 목회자가 되려고 했지만 길이 막혀 미래를 걱정하는 브레이너드를 하나님은 인디언 선교사의 길로 인도하셨다. 조나단 디킨슨(Jonathan Dickinson)의 소개로 그는 스코틀랜드 그리스도전도협회에서 선교사로 임명받아 인디언 선교 사역의 길로 출발했다.

그는 자신의 몸도 돌보지 않고 열정적으로 인디언 선교 사역을 감당했다. 하나님의 은혜로 놀라운 은혜를 경험하고 사역은 진보했지만 그의 몸은 점점 쇠약해졌다. 그는 1747년 3월 20일에 마지막으로 인디언 친구들을 방문하고 그해 5월에 노샘프턴에 있는 에드워즈의 집을 찾아왔다. 이미 그의 몸은 쇠약해졌고 폐결핵은 힘을 쓸 수 없을 정도로 악화되어 있었다. 결국 그는 29세의 젊은 나이로 1747년 10월 9일 하나님의 부름을 받았다.

그의 짧은 생애가 안타깝지만, 하나님 앞에서 몸부림치며 기도하고 하나님을 열망한 그의 삶은 그의 일기를 통해 세상에 알려지게 되었다. 그의 일기는 한 선교사의 겉으로 보이는 사역이 아니라, 내면적 영적 삶에 있었다. 그는 인디언 선교 사역을 하는 동안 열악한 환경 속에서 질병으로 인한 병약한 우울증과 외로움의 고난을 신앙으로 극복하며 하나님 앞에 기도의 삶을 살았다. 이런 그의 삶은 수많은 사람에게 감동을 주었고 선교의 도전을 주었다. 그는 한 알의 밀알로 썩어 수많은 선교의 열매로 지금도 그리스도인들의 가슴을 울리고 있다. 이는 헌신된 한 성도의 삶이 얼마나 아름다우며 귀한지를 일깨워 준다.

데이비드 브레이너드의 헌신적인 삶이 세상에 드러나게 하는 데 중요한 역할을 한 사람이 에드워즈였다. 이 두 사람의 만남은 하나님의 섭리였고,

선교적으로도 의미가 크다. 두 사람의 섭리적 만남은 선교에 불을 지폈다. 브레이너드와의 만남은 에드워즈 자신에게 깊은 감명을 주었으며, 인디언 선교에 관심을 가지게 했으며 인디언 선교의 중요성을 일깨워 주었다.

하나님은 선교에 헌신한 한 사람의 삶을 통해 시대를 넘어 수많은 젊은 이들의 가슴에 불을 붙였고, 선교에 헌신하게 했다. 두 사람의 만남은 세계 선교역사에 이바지하는 선교 정보 확산의 초석이 되었다.

다음 제8장에서는 에드워즈의 선교학적 유산에 관하여 고찰할 것이다.

제8장

조나단 에드워즈의 선교학적 유산

제8장에서는 조나단 에드워즈의 선교학적 유산을 분석한다. 조지 마즈던은 청교도와 복음주의 관점의 렌즈로 에드워즈를 보았다. 제8장에서는 선교학적 관점의 렌즈를 통해 에드워즈의 선교학적 유산을 조명하고자 한다. 에드워즈는 위대한 신학자이자 대각성 운동을 주도한 목사이며, 부흥 신학자 이상의 인물이었다. 그는 또한 열정을 가진 인디언 원주민 선교사였다.[1]

에드워즈를 깊이 존경하고 연구한 존 파이퍼(John Piper)는 다음과 같이 말했다.

> 에드워즈는 세계 복음화에 깊이 헌신했으며, 매사추세츠(Massachusetts) 노샘프턴(Northampton)의 도덕에 대해 관심을 갖는 것만큼이나 세계 미전도

---

1 Matthew Ryan Martin, "Jonathan Edwards' Life: More Than a Sermon," 19. This thesis, titled "Jonathan Edwards' Life: More Than a Sermon," by Matthew Ryan Martin, was submitted as part of the requirements for graduation in the Honors Program at Liberty University in Spring 2003. The paper focuses on Jonathan Edwards, not merely as the preacher known for the sermon "Sinners in the Hands of an Angry God," but as a godly family man and for his missiological work, which is not commonly highlighted. The thesis explores Edwards' life in depth, including his childhood, conversion, education, pastoral service, family life, trials, and missions work. It emphasizes Edwards' perseverance through personal and ministerial challenges and his significant impact on the Christian faith, portraying him as an outstanding figure in the realms of theology, church leadership, and family life.

종족들 사이에서 하나님 나라의 진전에 대해 많은 관심을 가졌다.[2]

에드워즈는 선교사로서 의미 있는 중요한 유산을 남겼다. 제8장에서는 그의 선교학적 유산을 여섯 가지 측면에서 분석하고, 이를 선교학적 렌즈를 통해 조명하고자 한다.

1. 선교 정보 확산 이론

에드워즈가 세계 선교에 지대한 공헌을 한 것은 선교 정보 확산에 기여한 유산을 남겼다는 점이다. 폴 피어슨(Paul E. Pierson)의 선교 운동의 확산 이론 가운데 아홉 번째 이론이 '선교 정보 확산 이론'(Information Distribution)이다. 이 이론에 따르면 선교 정보의 확산은 선교 운동에 중요한 역할을 감당한다. 새로운 선교 현장에 일어나는 선교지 소식과 부흥 운동에 관한 소식은 다른 곳에서 동일한 선교 운동과 부흥 운동을 촉진시킨다.[3]

1) 브레이너드의 삶과 일기를 통한 선교 정보 확산

에드워즈는 데이비드 브레이너드 사후 그의 일기를 편집하여 출판했으며, 이 결과물은 현재까지 가장 영향력 있는 선교사 전기 중 하나로 평가받고 있다.[4]

---

2 Piper, *God's Passion for His Glory: With the Complete Text from "The End for Which God Created the World" by Jonathan Edwards*, 100.
3 Pierson, 『선교학적 관점에서 본 기독교 선교 운동사』, 19.
4 Davies, "Jonathan Edwards: Missionary Biographer, Theologian, Strategist, Administrator, Advocate and Missionary," 60.

또한, 에드워즈의 이 출판물은 1792년 침례교선교회(BMS: Baptist Missionary Society)와 3년 후 런던선교회(LMS: London Missionary Society)가 창립되는 등 영국에서 근대 선교 운동이 시작되는 데 중대한 영향을 미쳤다.[5]

브레이너드의 일기는 선교 정보 확산에 강력한 영향을 미쳤다. 그의 일기를 읽고 수많은 사람이 선교에 헌신한 것은 선교 정보 확산이 있었기 때문에 가능했다.

윌리엄 워렌 스위트(William Warren Sweet, 1881-1959)[6]는 『미국 교회사』(*The Story of Religion in America*)에서 에드워즈가 브레이너드의 삶과 일기를 출판함으로 선교 사역에 미친 영향력을 다음과 같이 평가했다.

> 브레이너드의 거룩한 성격과 육체적 연약함과 고통에도 불구하고 의무에 대한 절대 순종은 그의 시대에 깊은 인상을 주었다. 그의 사망 후, 곧 조나

---

5   Davies, "Jonathan Edwards: Missionary Biographer, Theologian, Strategist, Administrator, Advocate and Missionary," 60. Ronald Davies said "Mission historians are aware that Edwards's writing were extremely influential in the beginnings of the modern missionary movement in Britain, including the founding of Baptist Missionary Society in 1792 and the London Missionary Society three year later."

6   윌리엄 워렌 스위트는 캔자스(Kansas)주 볼드윈(Baldwin)에서 태어난 감리교 학자이다. 그는 Ohio Wesleyan University, Drew Theological Seminary, 그리고 Crozer Theological Seminary에서 교육을 받았다. 목회 활동을 5년간 한 후, University of Pennsylvania에서 박사학위를 받았으며, 그의 논문 "The Methodist Episcopal Church and the Civil War"(1912)는 그를 "미국 기독교 역사의 대가"로 만들기 시작한 다작의 출판을 시작했다. 그는 Ohio Wesleyan(1911-13), DePauw University(1913-27), 그리고 University of Chicago의 Divinity School(1927-46)에서 교수로 재직했으며, 그의 주된 관심사는 교회 역사에 명성을 부여하는 것으로 세속 역사가들이 그 역할을 더 이상 무시할 수 없게 만드는 것이었다. 그는 일반적인 미국 역사의 집필에 영향을 미치면서, 종교가 가진 종종 간과되는 "문명화 및 문화적 힘"을 강조했고, 개별 사례를 확장하여, 미국과 그 특유의 기독교 형태의 전체 발전 내에서의 위치를 볼 수 있게 함으로써 교파 역사의 집필에도 영향을 미쳤다. 그의 주요 저작으로는 "Religion on the American Frontier"(1931-46), "The Story of Religion in America"(1930; 2nd rev. ed., 1950), "Religion in Colonial America"(1942) 등이 있다. Biblical Training, "William Warren Sweet," Biblical Training, accessed April 8, 2024, https://www.biblicaltraining.org/library/william-warren-sweet.

단 에드워즈는 그의 일기와 함께 그의 생애에 관한 기사를 출판했다. 그런데 그것이 선교 사업을 증진하는 데 굉장한 자극이 되었다. 그리고 이보다 더 큰 종교적 영향을 준 책이 거의 없었다. 진실로 데이비드 브레이너드가 생존하는 것보다 더욱 능력 있는 영향력이 되었다.[7]

브레이너드의 일기는 즉각적으로 영국, 스코틀랜드, 미국 식민지에서 대환영을 받으며 읽혀졌고, 19세기와 20세기 초까지도 선교사와 복음 전도자의 필독서로 알려지게 되었다. 에드워즈가 편집하고 출판한 이 일기는, 18세기 개신교공동체 안에서 선교 열정과 부흥 사역에 대한 헌신을 일깨우는 데 지대한 공헌을 한 것으로 평가된다.

이 일기는 당시 부흥과 인디언 선교에 깊은 영향을 끼쳤을 뿐 아니라, 19세기 개신교 세계 선교에도 더욱 큰 영향을 미쳤다. 19세기에 미국에서 미국 복음화를 위해 미국문서선교회가 활동을 시작했는데 이 선교회는 신앙 서적을 미주 전역에 배포하려고 좋은 서적들을 선택했다. 그중에서도 에드워즈의 브레이너드의 일기가 가장 인기 있는 책이 되었다.

에드워즈가 발간한 데이비드 브레이너드의 전기는 에드워즈가 추구하는 부흥의 관점에서 볼 때, 매우 중요하다. 에드워즈는 브레이너드의 생애를 진정한 부흥을 통해 추구해야 할 참된 신앙인이 삶을 대표할 만한 훌륭한 모범으로 제시한 것이다. 에드워즈는 브레이너드를 부흥이 추구하는, 그리고 신앙적 감화가 정의했던 이상적인 신앙인으로 소개한 것이다.[8] 처음 출판된 이래로 두 세기 반 동안 한 번도 절판된 적이 없는 이 책은 개신교 선교의 귀감이 되었으며, 선교사의 이상형을 제시함으로써 수많은 사람이 선교에 동참하고 헌신하도록 촉매 역할을 했다.[9]

---

7 Sweet, 『美國 敎會史』, 216.
8 강웅산, "조나단 에드워즈의 칼빈주의 부흥 이해," 77-78.
9 Kling, and Sweeney, *Jonathan Edwards at Home and Abroad: Historical Memories, Cultural*

존 파이퍼(John Piper)는 "에드워즈는 데이비드 브레이너드의 전기를 통해 250년 동안 선교 운동에 활력을 불어넣어 왔다"라고 증언한다.[10]

2) 브레이너드의 삶과 일기를 통한 영향력 확산

근대 선교의 아버지라 불리는 윌리엄 캐리(William Carey, 1761-1834)는 에드워즈의 저서를 통해 영향을 받았다.[11] 특히, 에드워즈가 편집한 『데이비드 브레이너드의 생애와 일기』를 성경 다음으로 귀중히 여기며 애독하여 선교에 헌신하게 되었다. 윌리엄 캐리는 선교 열정이 식을 때마다 이 책을 반복해서 읽었고, 자신이 소속된 선교회를 위해 "브레이너드를 자주 참고하자"라는 문구가 포함된 서약서를 입안하기도 했다. 캐리는 브레이너드를 인디언 선교 체험을 이교도들이 문명화되기 전에 그들을 회심시키는 복음의 능력을 보여 주는 본보기로 삼았다.[12]

영국 케임브리지대학 출신으로 선교에 헌신한 헨리 마틴(Henry Martyn, 1781-1812)[13]도 이 책을 통해 헌신한 대표적인 사람이다.[14] 그는 20세 초반

Movements, Global Horizons, 253.

10 Piper, *God's Passion for His Glory: With the Complete Text from "the End for Which God Created the World" by Jonathan Edwards*, 61.

11 Johannes van den Berg, *Constrained by Jesus' Love: An Inquiry into the Motives of the Missionary Awakening in Great Britain in the Period between 1698 and 1815* (Kampen Kok, 1956), 93.

12 McClymond, 『한 권으로 읽는 조나단 에드워즈 신학』, 716.

13 헨리 마틴(Henry Martyn)은 영국성공회 선교사로, 케임브리지대학교에서 학위를 받았고 인도와 페르시아에서 선교 사역을 했다. 그는 열정적인 설교자였으며, 많은 사람을 그리스도께 인도했다. 그는 또한 뛰어난 언어 능력을 가지고 있었으며, 페르시아어 성경을 번역하기도 했다. 그는 30세의 짧은 나이에 폐결핵으로 하나님의 부르심을 받았지만, 그의 선교 사역은 많은 사람에게 영감을 주고 있다. Christian Biography Resources, "Martyn, Henry (1781-1812) Anglican Chaplain in India and Missionary to Muslims," Christian Biography Resources, accessed March 29, 2024, https://www.bu.edu/missiology/missionary-biography/l-m/martyn-henry-1781-1812/.

14 Thornbury, 『북아메리카 인디언의 선교사, 기도의 성자 데이비드 브레이너드』, 135.

에 이 책을 읽으면서 선교사가 될 것을 결심했다. 그는 인도에서 사역하며 지칠 때마다 이 책을 읽으며 선교사의 사명을 고취시켰다.[15]

그 외에도 이 책에 영향을 받은 사람들은 프란시스 애즈베리(Francis Asbury, 1745-1816),[16] 토머스 코크(Thomas Coke, 1747-1814),[17] 로버트 모리슨(Robert Morrison, 1782-1834),[18] 사무엘 밀스(Samuel Mills, 1783-1818),[19] 로버

---

15   정준기, 『청교도 인물사』, 108.
16   프란시스 애즈베리(Francis Asbury, 1745-1816)는 영국 스태퍼드셔(Staffordshire) 출생으로 1771년 미국으로 건너가 복음을 전파했다. '미국 감리교의 아버지'로 불리는 그는 1784년 미국 감리교 첫 번째 감독으로 선출된 이후에도, 1816년 3월 말 세상을 떠날 때까지 선교사로 활동했다. 그는 미국 전역을 여행하며 감리교회를 설립했으며, 강력한 설교와 헌신적인 선교사였다. https://www.bu.edu/missiology/2020/03/20/asbury-francis-1745-1816/
17   Gerald H. Anderson, *Biographical Dictionary of Christian Missions* (New York: Macmillan Reference USA, 1998), 143. 토마스 코크(Thomas Coke, 1747-1814)는 1747년 웨일스 브레컨(Brecon, Wales)에서 태어나 옥스퍼드대학교(Oxford University)에서 학위를 취득하고, 성공회 성직자(Anglican clergyman)로서 사우스 페더튼(South Peterton)에서 활동했다. 그러나 웨슬리주의에 경도되어 성공회에서 해임된 후, 존 웨슬리와 협력하며 감리교 운동에서 중요한 역할을 맡았다. 미국에서 감리교의 확산에 기여했고, 노예제도에 반대하는 입장을 취했다. 그는 감리교 선교 활동의 아버지로 불리며, 생애 마지막까지 선교 사업을 위해 헌신했으며, 인도로 향하던 길에 사망했다. 그의 비전과 노력은 웨슬리안 감리교 선교의 발전에 큰 영향을 미쳤다.
18   Anderson, 473-74. 로버트 모리슨(Robert Morrison, 1782-1834)은 영국 노섬벌랜드(Northumberland)에서 태어나 기초 교육 후 장로교회에 입교하고 선교사를 준비했다. 런던선교회(LMS)에서 선교사로 임명되어 중국어를 배우고 중국으로 건너갔다. 그는 중국에서 신약성경 번역과 중국어-영어 사전 작업 등의 선교 및 문학 활동을 했으며, 중국에서 기독교 선교사 훈련을 위한 기반을 구축하는 데 기여했다. 그는 다양한 중국어 기독교 문서를 번역했고, 중국과 영국 사이의 문화적 가교 역할을 하는 동안 성경 전권 번역을 완성했다. 그의 사후, 그가 세운 토대 위에서 후속 선교사들이 계속해서 활동을 이어갔다.
19   Anderson, 460. 사무엘 밀스(Samuel Mills, 1783-1818)는 미국에서 해외 선교 활동을 주도하는 중요한 인물로, 미국 해외선교위원회(ABCFM)를 비롯해 미국성서공회, 연합외국인선교회 등 다수의 선교 및 자선 단체 설립에 기여했다. 회중교회 목사의 아들로서 선교사의 길을 꿈꾼 그는 윌리엄스칼리지에서 '건초더미기도회'에 참여하며 형제회를 설립했고, 나아가 ABCFM(American Board of Commissioners for Foreign Missions, 이는 1810년에 설립된 미국 최초의 해외 선교 단체로, 해외에서 복음을 전파하고 교회를 세우며, 교육과 의료 서비스를 제공하는 데 목적을 둠)의 설립으로 이어지는 계기를 마련했다. 미시시피 계곡과 뉴욕에서 선교 활동을 한 그는 해방된 흑인 노

트 맥체인(Robert Murray McCheyne, 1813-1843),[20] 데이비드 리빙스턴(David Livingstone, 1813-1873),[21] 아도니람 저드슨(Adoniram Judson, 1788-1850),[22] 앤드류 머레이(Andrew Murray, 1828-1917)[23] 등 헤아릴 수 없을 정도다.[24]

예들을 위한 장소를 찾기 위해 서아프리카로 여행하다 사망했다. 밀스는 뛰어난 리더십으로 단체와 개인이 선교에 참여하도록 동기를 부여했다.

20 로버트 맥체인(Robert Murray McCheyne, 1813-1843)은 스코틀랜드의 복음주의 목사이자 시인으로, 짧지만 영향력 있는 목회 생활로 유명하다. 맥체인은 또한 성경 읽기 계획을 만들어, 많은 크리스천이 성경을 체계적으로 읽는 데 도움을 주었다. 그는 건강이 좋지 않음에도 불구하고 선교에 대한 열정을 가지고 있었으며, 특히 유대인 선교에 관심이 많았다. 그의 목회 및 선교에 대한 접근 방식은 오늘날까지도 많은 사람에게 영향을 미치고 있다. Jordan Stone, "Who Was Robert Murray M'cheyne?," ligonier, last modified July 5, 2023, accessed March 30, 2024, https://www.ligonier.org/learn/articles/missionary-robert-murray-mcheyne.

21 Anderson, 405. 데이비드 리빙스턴(David Livingstone, 1813-1873)은 방앗간에서 일하며 교육을 받은 후, 의학과 신학을 공부하고 런던선교회(LMS)에 의해 아프리카로 파견된 스코틀랜드의 선교사이다. 그는 아프리카 대륙을 탐험하며 복음을 전파했으며, 많은 지리적 발견을 이루었지만 여러 난관에 부딪혔다. 그의 선교 및 탐험 활동은 많은 영웅적인 이야기뿐만 아니라 노예무역에 대한 비판적 시각을 담고 있다. 그는 아프리카에서 사망한 후, 그의 유해는 영국으로 운반되어 웨스트민스터교회에서 장례를 치렀다. 리빙스턴에 대한 해석은 시대에 따라 달라졌으며, 현대 작가들은 그의 복잡한 유산과 아프리카인 동료들의 중요한 역할을 다시 평가하고 있다.

22 Anderson, 345-46. 아도니람 저드슨(Adoniram Judson, 1788-1850)은 매사추세츠주 출신의 선교사로, 브라운대학교와 앤도버신학교를 졸업한 후 선교 활동에 참여했다. 그는 미국 해외선교위원회(ABCFM)의 결성에 기여했으며, 인도로 가서 침례교도가 되어 미국 침례교선교회를 설립하는 데 도움을 주었다. 버마(현재의 미얀마)에서 선교사로 활동하면서 전도, 성경 번역, 사전 작업 등을 했으며, 여러 차례의 고난과 아내의 죽음을 겪었다. 저드슨은 그의 선교 활동과 언어학적 업적으로 기독교계에서 높이 평가받았으며, 아시아에서의 긴 선교 사역 끝에 바다에서 사망했다.

23 Anderson, 481-82. 앤드류 머레이(Andrew Murray, 1828-1917)는 남아프리카의 네덜란드 개혁교회 성직자로, 경건주의를 특징짓는 중요한 인물이었다. 그는 유럽에서 교육을 받고 고향에 돌아와 선교 활동과 목회를 했다. 머레이는 남아프리카 교회의 선교적 확장을 주도했으며, 여러 선교 및 기도 단체를 설립하고 선교 훈련원을 조직했다. 그의 저서는 많은 아프리카 가정에서 널리 읽혔고, 그는 효과적인 전도자로 활약했다. 머레이는 교회를 내향적인 교회에서 선교 기관으로 변화시키는 데 중요한 역할을 했다. 그의 대표적인 저서는 선교에 관한 주제를 다루고 있다. Murray's two most important books are The Key to the Mission Problem (1901) and The State of the Church (1911).

24 McClymond, 『한 권으로 읽는 조나단 에드워즈 신학』, 716.

조셉 콘포티(Joseph Conforti)는 "데이비드 브레이너드의 생애가 미국 선교사들에게 끼친 엄청난 영향력은 '전미 해외선교위원회'가 1817년에 체로키족(Cherokee)[25] 땅에 최초의 인디언 선교 전초기지를 세웠을 때, 선교사들이 그 곳을 브레이너드라고 명명했다는 사실에 집약되어 있다"[26] 고 했다.

에드워즈나 브레이너드는 단명하여 세계 선교 일선에 오랫동안 사역하지는 못했지만, 에드워즈가 남긴 저술로 인하여 세계 선교에 놀라운 역사가 일어난 점을 기억해야 한다. 에드워즈의 『데이비드 브레이너드의 생애』(The Life of David Brainerd)와 『기도합주회』(A Humble Attempt)는 18세기 중반 기도합주 운동과 결합되어, 해외 선교에 대한 뜨거운 열정을 점화시키는 계기가 되었다.[27] 인디언 선교로부터 모든 개신교 교회가 참여하는 세계적 규모의 선교 활동과 미국 내지선교본부가 설립되는 계기가 되었다.

에드워즈는 미국이 해외 선교를 시행할 수 있는 신학적 토대를 제공할 뿐만 아니라 브레이너드의 생애를 통해 선교사의 모델을 제시함으로 현대 선교 운동의 확산에 공헌했다.[28] 또한, 서구의 제국주의적 기독교의 한계를 극복할 수 있는 영적 통찰력과 선교적 계기를 제공했다. 에드워즈는 브레이너드의 삶과 사역을 선구적인 선교사의 모범으로 제시함으로 선교의 지평을 비서구 세계로 확산시키는 데에도 지대한 공헌을 했다.[29]

25　체로키족은 미국 남동부 삼림 지대의 원주민 중 하나이다. 18세기 이전에는 현재 미국 남동부 지역의 강 계곡을 따라 형성된 마을에 집중적으로 거주했다. 체로키 부족은 현재 미국에서 연방 정부가 인정하는 가장 큰 부족 중 하나이다.
26　Joseph A. Conforti, *Jonathan Edwards, Religious Tradition & American Culture* (Chapel Hill: University of North Carolina Press, 1995), 75.
27　Pierson, 『선교학적 관점에서 본 기독교 선교 운동사』, 425.
28　박응규, "조나단 에드워즈의 인디안 선교와 개혁 신앙," 98-99.
29　Kling, and Sweeney, *Jonathan Edwards at Home and Abroad: Historical Memories, Cultural Movements, Global Horizons*, 263.

그러므로 에드워즈가 편집한 데이비드 브레이너드의 삶과 일기는 전세계 선교 정보 확산에 공헌한 소중한 유산이다.

2. 선교 운동의 확산

에드워즈가 남긴 두 번째 유산은 선교 운동의 확산에 기여한 점이다. 그의 부흥 운동은 단순한 교회 내 갱신을 넘어, 교회의 성장과 사회 교육 기관의 발전, 그리고 선교 사역의 세계적 확산으로 이어졌다.

1) 폴 피어슨의 '선교 운동 사관' 아홉 가지

폴 피어슨은 오랫동안 기독교 선교 운동사를 연구하고 강의하면서 아홉 가지 선교 운동사의 선교학적 이론을 정립했다. 폴 피어슨은 『기독교 선교 운동사』(The Dynamics of Christian Mission:History through a Missiological Perspective) 책의 서문에서 아홉 가지 이론을 제시하고 있다.[30]

첫째, '변두리 이론'(Periphery Theory)이다. 부흥과 확장은 대부분 그 시대 교회 권력 구조의 변두리에서 시작된다는 이론이다. 성령께서 전혀 예상치 못한 방법과 사람을 통해 하나님의 역사를 이루어 가신다는 것을 깨닫게 된다.[31]

둘째, '두 조직체 이론'(Two Structures Theory)이다. 두 조직체는 교회 단체와 선교 단체를 의미한다. 교회의 선교를 완수하기 위해 지역교회 조직

---

30 Pierson, 『선교학적 관점에서 본 기독교 선교 운동사』, 17-20.
31 Pierson, 『선교학적 관점에서 본 기독교 선교 운동사』, 17.

과 선교 단체 조직이 모두 다 중요하며, 두 조직체 모두 하나님의 백성들로 구성된 하나님의 교회라는 것이다.[32]

셋째, '핵심 인물 이론'(A Key Leader Theory)이다. 선교 운동을 발기한 인물은 하나님과의 특별한 만남을 체험하고 세상을 향한 하나님의 선교적 열정을 받아 다른 사람들에게 자신이 받은 선교 비전을 나누고 확산시킬 수 있는 능력을 가지고 있는 인물이었다.[33]

넷째, '새로운 리더십 개발 양식 이론'(New Leadership Patterns Theory)이다. 새로운 리더를 훈련하는 새로운 리더십 개발양식을 가지고 있다는 이론이다. 평범한 사람 가운데서 특별한 은사를 가진 사람들을 개발하여 훈련시키면 그들을 통해 효과적인 사역을 감당할 수 있다.[34]

다섯째, '새로운 생활 양식 이론'(Spiritual Dynamic Theory)이다. 부흥과 확장은 대부분 새로운 신앙생활 양식을 수반하며, 부흥과 확장의 잠재적인 원인이 된다.[35]

여섯째, '새로운 신학적 돌파 이론'(Theological Breakthrough)이다. 성경적 신앙 원리 가운데 전에 잘 알려지지 않았던 새로운 신학적 원리를 발견한다.[36]

일곱째, '부흥과 확장 이론'(Renewal and Expansion Theory)이다. 부흥 운동은 선교 운동을 일으키는 원동력이다. 사람들이 자신의 삶 속에서 하나님과 더 깊은 관계를 갖게 되면, 하나님의 더 깊은 은혜를 깨닫게 되고, 주님을 더욱 철저하게 순종하며 따르게 된다.[37]

---

32 Pierson, 『선교학적 관점에서 본 기독교 선교 운동사』, 17.
33 Pierson, 『선교학적 관점에서 본 기독교 선교 운동사』, 18.
34 Pierson, 『선교학적 관점에서 본 기독교 선교 운동사』, 18.
35 Pierson, 『선교학적 관점에서 본 기독교 선교 운동사』, 18.
36 Pierson, 『선교학적 관점에서 본 기독교 선교 운동사』, 18-19.
37 Pierson, 『선교학적 관점에서 본 기독교 선교 운동사』, 19.

여덟째, '역사/상황적 조건 이론'(Historical/Contextual Conditions Theory)
이다. 선교 자체는 변하지 않지만 우리를 통해 하나님의 선교가 이루어지
는 역사적 상황은 계속 변하고 있다. 그러므로 부흥과 확장은 역사적/상
황적 조건이 맞을 때에 일어난다.[38]

아홉째, '선교 정보 확산 이론'(Information Distribution)이다. 새로운 선교
현장에서 일어나는 선교지 소식과 부흥 운동에 관한 소식은 다른 곳에서
동일한 선교 운동과 부흥 운동을 촉진시켰다.[39]

폴 피어슨의 이론에 의하면, 선교 운동은 부흥 운동의 결과로 나타난다.
특이한 점은 선교 운동은 교회 조직 변두리에서 태동되었고, 선교적 소명
에 응답한 사람들은 교회나 사회에서 소외된 창조적 소수였다. 하지만, 이
들은 세상적인 부족함에도 불구하고 하나님의 선교적 소명에 궁극적으로
응답하고 어려움을 이겨낸 사람들이었다. 하나님은 이들을 통해 놀라운
선교의 열매를 거두게 하셨다.

또한, 폴 피어슨은 역사상 선교 운동을 주도했던 지도자들은 하나님과
철저하게 동행했던 신실한 인물들이었다고 말한다. 하나님과 동행하며 깊
은 관계를 맺게 되었을 때, 하나님의 세상을 향한 선교적 열망을 더 가깝
게 느끼게 된다.[40]

(1) 핵심 인물 이론(A Key Leader Theory)

폴 피어슨(Paul E. Pierson)의 선교 운동사에서 제시하는 선교학적 세 번째
이론은 '핵심 인물 이론'(A Key Leader Theory)이다.

폴 피어슨은 다음과 같이 '핵심 인물 이론'을 정의한다.

---

38 Pierson, 『선교학적 관점에서 본 기독교 선교 운동사』, 19.
39 Pierson, 『선교학적 관점에서 본 기독교 선교 운동사』, 19-20.
40 Pierson, 『선교학적 관점에서 본 기독교 선교 운동사』, 16.

모든 선교 운동은 핵심 인물(A Key Leader)이 발기했다. 선교 운동을 발기한 인물은 하나님과의 특별한 만남을 체험하고, 세상을 향한 하나님의 선교적 열정을 받고, 다른 사람들에게 자신이 받은 선교 비전을 나누고 확산시킬 수 있는 소통 능력을 가지고 있었다.[41]

폴 피어슨의 '핵심 인물 이론'에 따르면, 에드워즈는 하나님이 예비한 핵심 인물이다. 에드워즈는 하나님과의 특별한 만남을 경험하였고, 매일 하나님과 동행하며 하나님의 뜻을 따라 살려고 몸부림친 사람이었다. 에드워즈는 부흥 운동을 주도한 핵심 인물이었다. 데이비드 브레이너드의 회심과 그들의 만남을 통해 선교 정보 전파에 결정적 역할을 했다. 브레이너드의 마지막 삶을 에드워즈의 집에서 보낸 것은 우연이 아니다. 선교 정보 확산의 불을 지핀 만남이었다.

특히, 에드워즈는 브레이너드의 일기를 출판함으로써 선교 정보 확산 촉진제 역할의 핵심 인물이 되었다. 이런 상호작용은 하나님의 섭리로 이루어진 것으로 해석할 수 있다.

(2) 부흥과 확장 이론(Revival and Expansion Theory)

폴 피어슨의 선교 운동의 확산 원리 중 일곱째 원리는 '부흥과 확장 이론'(Revival and Expansion Theory)이다. 이 선교 운동 확산 원리에 따르면 교회의 부흥과 확장은 상호 연결되어 있다. 바람직한 부흥 운동은 인간이 주도하는 것이 아니라 하나님께서 주도하시고, 하나님의 역사로 일어난다.

부흥 운동은 새로운 소달리티 운동(Sodality Movement)을 유발한다. 지역 교회에 새로운 활력을 불어넣어 확장하게 된다. 이런 점에서 부흥 운동은 선교 운동을 일으키는 원동력이다. 사람들이 자신의 삶 속에서 하나님과

---

41 Pierson, 『선교학적 관점에서 본 기독교 선교 운동사』, 18.

더 깊은 관계를 갖게 되면, 하나님과 더 깊은 은혜를 깨닫게 되고, 주님을 더욱 철저하게 순종하고 따르게 된다는 것이다.[42] 폴 피어슨의 말처럼 부흥과 확장은 상호 연결되어 있으며, 부흥 운동은 선교 운동과 직결된다.[43] 그는 부흥 운동과 선교 운동의 관계를 다음과 같이 정의한다.

> 선교 운동은 부흥 운동에서 출발한다. 이런 까닭에 선교에 관심을 가진 사람은 누구나 부흥 운동에 관심을 가져야 한다. 우리가 속해 있는 선교 단체들은 대부분 부흥 운동의 결과로 형성된 것이다. 그러나 부흥 운동이 언제나 선교 운동으로 연결된 것은 아니지만, 선교 운동으로 연결되지 못한 부흥 운동은 활기를 잃고 침체되어 사라진다. 이것은 역사적으로나 신학적으로 볼 때 정확한 통찰로 보인다.
>
> 다른 말로 설명해 보자. 어떤 특정 개인이나 집단이 어떤 경험을 하였다고 할지라도 선교하지 않으면 '부흥'이라 부를 수 없을 것이다. 성령은 위로하시고, 능력을 주시고, 또한 신자들을 훈련하신다. 성령께서 능력을 부어주시고 훈련하시는 이유는 분명하다. 선교를 통해 교회와 역사 속에서 하나님의 뜻을 이루기 위함이다. 그런 까닭에 선교와 성령은 나눌 수 없다. 선교로 연결되지 못한 부흥은 바람직하지 않다.[44]

에드워즈는 부흥과 천년왕국을 연결하여 생각하면서, 하나님의 역사 속에서 교회의 영적 각성, 즉 부흥은 선교로 이어진다고 논증했다.[45] 에드워즈는 부흥을 통해 교회와 사회 개혁을 이룰 수 있다는 것을 이해하고 있었다.[46]

---

42 Pierson, 『선교학적 관점에서 본 기독교 선교 운동사』, 19.
43 Pierson, 『선교학적 관점에서 본 기독교 선교 운동사』, 451.
44 Pierson, 『선교학적 관점에서 본 기독교 선교 운동사』, 484.
45 Edwards, *Apocalyptic Writings*, 321.
46 김홍만, "조나단 에드워즈와 제1차 영적 대각성," 230.

에드워즈의 부흥 운동은 교회의 부흥과 확장이 연결되어 있으며, 부흥은 선교로 직결되고 있음을 볼 수 있다. 에드워즈의 부흥 운동 결과로 교회는 놀랍게 성장하였고, 사회적으로 여러 교육 기관들이 설립되었으며, 선교적 확장을 이루었다.

그러면 이제 에드워즈의 부흥 운동이 교회와 사회 전반에 걸쳐 어떻게 확장되었는지를 구체적으로 살펴보자.

2) 교회 갱신과 성장

에드워즈의 부흥 운동은 교회 갱신과 증가를 가져왔다.[47] 젊은이들이 목회자의 길로 들어서고 부흥과 선교에 관심을 가지는 사람들이 많아졌다.[48] "진정한 부흥의 축복이 있음에도 불구하고 불순물이 전혀 섞이지 않는 부흥의 시대는 결코 없었다"는 이안 머레이의 말은 옳다.[49] 그런데도 에드워즈의 부흥 운동은 무엇보다 신앙의 회복을 가져왔다. 신앙의 회복은 새로운 기독교적 경건에 관심을 가지게 하였고, 도덕적 이상에 대한 추구와 하나님의 말씀을 소중히 여기게 되었다.[50]

부흥 운동의 결과로 사람들은 경건한 생활을 추구했다. 사람들은 삶 속에서 하나님과 더 깊은 관계를 가지게 되었고 하나님의 은혜를 사모했다.

---

[47] Noll, 『미국·캐나다 기독교 역사』, 127. 마크 놀은 대각성 운동이 교회의 생활과 미국 사회 전반에 걸쳐 깊은 영향을 미쳤다고 보았다. 특히, 뉴잉글랜드 지역에서는 이 운동이 많은 교회공동체에 새로운 활력을 불어넣었으며, 침례교의 확장에 상당한 촉진제가 되었다. 중부 식민지에서는 장로교와 네덜란드 개혁교회가 부흥 운동 이후 첫 분열을 겪은 뒤에도 빠르게 성장하는 모습을 보였다. 남부 식민지에서는 대각성 운동의 영향력이 마지막으로 도달하면서, 침례교가 새롭게 성장의 기회를 맞이했고 이는 감리교의 대규모 진전을 위한 토대를 마련했다.

[48] Latourette, *A History of Christianity*, 960-61.

[49] Murray, 『부흥과 부흥주의』(*Revival and Revivalism: The Making and Marring of American Evngelicalism 1750-1858*), 201.

[50] 심창섭·채천석, 『원 자료 중심의 근·현대 교회사』, 259.

인간이 주도한 부흥이 아니라 하나님의 역사로 일어난 부흥 운동은 개인의 삶의 변화뿐만 아니라 교회가 확장되는 결과를 가져왔다. 따라서 에드워즈의 부흥은 기존 신자에게는 영적 각성(Awakening)을 가져왔고, 불신자에게는 회심(Conversion)을 가져왔다.[51] 불신자들이 회심하고 하나님께 돌아옴으로 교회의 양적 증가로 나타났다.

부흥 운동의 중심지인 뉴잉글랜드에는 30만 가구가 있었는데, 부흥 운동이 한창 진행되고 있던 1730년대 말 2년 동안 약 25,000명에서 50,000명의 새 교인이 증가했다.[52] 코네티컷에 있는 여러 교회에서는 1739년과 1740년 사이에 매년 평균 8명씩, 1741년과 1742년 사이에 매년 33명씩 늘었다. 중부 식민지의 경우 부흥 운동에 참여한 교회는 참여하지 않은 교회보다 비약적인 수적 성장을 이루었다. 1741년에는 부흥을 찬성하는 목사가 25명, 1758년에는 73명으로 늘어났다.

〈표 8〉 부흥 운동 전후 예배 처소 증가 통계[53]

년도	예배 처소
1660년	154개소
1700년	373개소
1740년	1,176개소
1780년	2.731개소

---

51 강웅산, "조나단 에드워즈의 부흥이야기와 부흥신학," 59.
52 Joseph Tracy, *The Great Awakening: A History of the Revival of Religion in the Time of Edwards and Whitefield* (BiblioBazaar, LLC, 2009), 392.
53 최재건, 『근현대 부흥 운동사』(*A history of modern christian revivals*) (서울: CLC, 2007), 77-78. 위의 표에서 나타난 것처럼 부흥 운동 후 교회가 부흥했으며, 교회 예배당 처소도 확연히 증가한 것을 볼 수 있다.

전체 교인 증가에 따른 예배 처소도 1660년에는 154개소, 1700년에는 373개소였으나, 부흥 운동이 일어난 후인 1740년에는 1,176개소, 1780년에는 2,731개소로 비약적인 성장을 이루었다.[54] 부흥 운동으로 인해 대중적인 교회정치 형태를 가진 회중교회의 급격한 증가도 있었다. 이처럼 조나단 에드워즈의 부흥 운동은 교회의 양적 성장으로 확장되었던 것이다.

3) 사회 교육 기관 성장

에드워즈의 부흥 운동은 교회의 확장에만 머물지 않았다. 사회적 확장으로 이어졌다. 부흥 운동으로 사회복지가 개선되었다. 사소한 범죄에 대한 중형을 선고하던 가혹한 형벌이 완화되었고, 박애주의 정신이 고양되어 많은 자선 단체가 설립되었다. 사회악을 개선하기 위해 많은 복지 단체이 설립되어 병약자, 노약자, 장애인을 돌보았다.

〈표 9〉 부흥 운동 이전에 설립된 대학 기관[55]

설립년도	대학 이름
1636	하버드대학
1693	윌리엄앤메리대학
1701	예일대학

또한, 부흥 운동은 여러 대학들과 기관들의 설립을 가져왔다.[56] 1740년 경에는 그곳에 고등 교육 기관으로서 하버드대학교(Harvard University),[57]

54　최재건, 『근현대 부흥 운동사』, 77-78.
55　대각성 운동 이전에 설립된 대학 기관은 3개 대학뿐이었다.
56　Pierson, 『선교학적 관점에서 본 기독교 선교 운동사』, 454.
57　Williston Walker, 『기독 교회사』(*A History of the Christian Church*), 류형기 옮김 (서울: 한국기독교문화원, 1986), 519. 하버드대학은 교육받은 교직자가 부족하지 않도록 인

윌리엄앤메리대학(The College of William and Mary),[58] 그리고 예일대학교(Yale University)[59]만 있었다.

〈표 10〉 부흥 운동 결과로 설립된 대학 기관[60]

설립년도	대학 이름
1746	프린스턴대학교(구 뉴저지대학)
1755	펜실베이니아대학교
1764	브라운대학교(구 로드아일랜드대학)
1766	러거스대학교(구 퀸스대학)
1769	다트머스대학

재를 양성하기 위해 세워졌다. 존 하버드(John Harvard, 1607-1637)는 런던 출생으로 케임브리지대학을 졸업하고(1631) 반교교, 청교도 목사로 미국으로 건너와(1637) 매사추세츠 찰스타운 제1교회 부목 겸 교사가 되었다가 1년 만에 죽을 때, 그 재산의 반(780 파운드)과 도서 320권을 식민지 회의가 세우기로 결의한(1636) 대학에 기부했다. 대학설립 기금으로 400파운드를 예산한 것으로 보아 그의 기부금은 적은 액수가 아니었다. 1639년, 식민지 회의는 새로 설립된 대학명을 '하버드대학'(Harvard College)이라 했다.

[58] 윌리엄앤메리대학 미국 버지니아주 윌리엄스버그에 위치한 공립 연구 대학으로, 1693년에 설립되었다. 영국 왕 윌리엄 3세와 메리 2세의 허가를 받아 설립된 이 대학은 하버드대학교에 이어 미국에서 두 번째로 오래된 고등 교육 기관이다. 대학의 설립 배경은 버지니아 식민지에서 고등 교육을 제공하고, 신학, 철학, 고전 학문을 가르치기 위해 설립되었다. 당시 유럽의 대학들과 마찬가지로 성직자를 양성하는 것도 중요한 목표 중 하나였다. 윌리엄앤메리대학은 미국 역사에서 중요한 역할을 한 많은 인물을 배출했다. 미국 독립 선언서에 서명한 세 명의 아버지(Thomas Jefferson, James Monroe, John Tyler)를 포함하여 여러 미국 대통령과 최고 법원 판사들이 이 대학에서 교육을 받았다. The College of William & Mary, "History & Traditions," The College of William & Mary, accessed March 28, 2024, https://www.wm.edu/about/history/.

[59] 예일대학교는 1701년에 설립되었으며, 미국에서 세 번째로 오래된 대학이다. 원래 코네티컷의 식민지 입법부에 의해 코네티컷대학(Connecticut college)으로 설립되어 킬링워스(Killingworth) 및 기타 지역에서 운영되었다. 1716년, 학교는 뉴헤이븐(New Haven)으로 이전했고, 1718년에는 학교에 기부금을 낸 영국의 부유한 상인이자 자선가인 엘리후 예일(Elihu Yale)의 이름을 따서 예일대학으로 이름이 바뀌었다. 예일대의 초기 커리큘럼은 고전 연구와 정통 청교도주의에 대한 엄격한 준수를 강조했다. Britannica, "Yale University," Britannica, last modified April 7, 2024, accessed April 8, 2024, https://www.britannica.com/topic/Yale-University.

[60] 최재건, 『근현대 부흥 운동사』, 79. 부흥 운동 영향으로 생겨난 대학 기관

1746년, 부흥 운동 이후 고등 교육 기관 설립의 필요성이 증대되면서 장로교인들에 의해 프린스턴대학교(Princeton University)[61]가 설립되었고, 1755년에는 펜실베이니아의 자선학교와 학술원을 기반으로 펜실베이니아대학교(Pennsylvania University)[62]가 설립되었다. 이어서 1764년에는 침례교인들에 의해 브라운대학교(Brown University)[63]가 설립되었다. 그리고 1766년에는 화란 개혁교회에 의해 러거스대학교(Rutgers University)[64]가

---

[61] 프린스턴대학교는 미국 뉴저지주 프린스턴에 위치한 남녀공학 사립 고등 교육 기관으로, 1746년 뉴저지대학으로 설립되어 미국에서 네 번째로 오래된 고등 교육 기관이다. 아론 버(Aron Burr)의 뒤를 이어 조나단 에드워즈가 3대 학장으로 취임한 대학이다. 학교 이름은 1896년에 프린스턴대학교로 변경되었다. Britannica, "Princeton University," *Britannica*, last modified March 20, 2023, accessed April 8, 2024, https://www.britannica.com/topic/Princeton-University.

[62] 펜실베이니아대학교는 1740년에 자선 학교로 설립되었다. 벤자민 프랭클린과 다른 필라델피아의 주요 인사들의 노력으로 1751년 사학이 되었고, 프랭클린이 초대 이사회 의장을 맡았다. 1755년에는 필라델피아대학 및 아카데미로 인가되었다. Britannica, "University of Pennsylvania," *Britannica*, last modified March 15, 2024, accessed April 8, 2024, https://www.britannica.com/topic/University-of-Pennsylvania.

[63] 브라운대학교는 로드아일랜드주 프로비던스에 위치한 사립 대학교로, 원래 이름은 "The College in the English Colony of Rhode Island and Providence Plantations"였다. 이 학교는 1764년에 설립되었으며, 아이비 리그 학교 중 하나이다. 브라운대학교의 설립은 제1차 대각성 이후의 시기에 해당하지만, 당시의 종교적 분위기와 영적 각성의 영향을 받은 것으로 볼 수 있다.
브라운대학교는 설립 당시 미국에서 가장 초기의 대학 중 하나로, 종교적 관용의 원칙에 따라 다양한 신앙을 가진 학생들에게 교육 기회를 제공했다. 이것은 로드아일랜드(Rhode Island)주의 설립자 로저 윌리엄스(Roger Williams)의 종교적 관용의 정신을 반영하는 것이기도 했다. 대각성 운동이 미국의 종교적 생활에 끼친 영향은 학교 설립의 배경과 그것이 추구한 교육의 자유로운 정신에 간접적으로나마 반영되어 있다. Britannica, "Brown University," *Britannica*, last modified April 5, 2024, accessed April 8, 2024, https://www.britannica.com/topic/Brown-University.

[64] 러거스대학교는 원래 Queen's College로 알려져 있었으며, 1766년 뉴저지주 뉴브런즈윅에서 설립되었다. 이 대학은 미국에서 가장 오래된 대학 중 하나로, 미국 독립 전의 식민지 시대에 설립된 아홉 개의 식민지 대학 중 하나이다. 러거스대학교의 전신인 Queen's College는 주로 네덜란드 개혁교회(Reformed Church in America의 전신)의 지원을 받아 설립되었다. 당시 네덜란드 개혁교회는 자신들의 신학생들을 교육하기 위한 학교의 필요성을 느꼈으며, 이는 다른 종교적 단체들이 자신들의 신학교를 설립한 것과 유사한 동기였다. 식민지 시대의 미국에서는 고등 교육 기관은 매우 제한적

설립되었다.

또한, 1769년에는 회중교회 교인 휠록(Eleazar Wheelock, 1711-1779)[65]에 의해 다트머스대학(Dartmouth College)[66]이 설립되었다.[67] 이처럼 부흥 운동 결과로 기독교는 교회와 국가의 경건한 지도자를 공급하기 위한 고등 교

이었다. 특히, 뉴저지주와 그 주변 지역에서는 접근할 수 있는 대학이 거의 없었기 때문에, 지역 사회와 네덜란드 개혁교회는 자체 교육 기관의 설립이 절실히 필요하다고 느꼈다. Queen's College는 초기에 재정적 어려움과 운영 문제로 인해 몇 차례 문을 닫았으나 교육에 대한 지속적인 필요와 지역 사회의 지원으로 결국 안정적인 기반을 마련할 수 있었다. 1825년, 헨리 러거스(Henry Rutgers)라는 뉴욕 출신의 전직 군인 및 자선가로부터의 기부를 인정하여 이름을 Rutgers College로 변경했다. Rutgers University, "Yesterday and Today," Rutgers University, accessed March 28, 2024, https://www.rutgers.edu/about-rutgers.

65 Ruth Tucker, *From Jerusalem to Irian Jaya*, 94. 휠록(Eleazar Wheelock)은 교육에 의한 선교를 창안했으며, 1733년 예일대를 졸업했다. 그는 인디언 선교에 참여하여 1743년 인디언 청년 샘슨 오쿰(Samson Occum)을 집으로 데려다 4년을 가르쳐 성공하기도 했다. 그의 선교 방법은 인디언과 백인들을 모아 똑같이 훈련시켜 선교에 동참하게 하는 것이었다. 백인들은 인디언 언어와 문화를 배우고 인디언은 백인의 방법으로 교육을 받게 하는 것이었지만 인디언 선교사 후보들에게 더 비중을 두었다. 왜냐하면, 인디언이 문화적 장벽을 극복하기에 더 적합하고, 백인 선교사에 비해 적은 재정적 후원으로 가능했기 때문이다. 하지만, 휠록 자신도 인디언과 그들의 문화에 대한 우월감을 극복하는 데는 한계가 있었다. 인디언을 훈련시켜 선교사로 파송하는 일은 잘 수행했지만, 동등한 입장에서 인디언과 동역하는 것에서는 어려움이 있었다.

66 다트머스대학은 1769년 일레아자르 휠록(Eleazar Wheelock) 목사에 의해 설립되었다. 휠록은 코네티컷에서 목회자이자 교육자였으며, 원주민 아메리칸과 식민지 주민을 위한 교육 기관의 필요성을 인식했다. 그의 초기 교육 활동은 무어의 훈련 학교(Moor's Training School) 설립으로 시작되었는데, 이는 원주민 아메리칸을 교육하고 기독교로 개종시키기 위한 목적으로 1754년에 설립된 학교였다. 다트머스대학의 설립은 미국의 종교적 부흥 운동인 제1차 대각성 운동(First Great Awakening)의 영향 아래 이루어졌다. 휠록 목사는 이런 종교적 부흥의 정신을 교육 분야로 확장하고자 했다. 그는 교육을 통해 사회를 개선하고 신앙을 깊게 할 수 있다고 믿었다. 특히, 그는 원주민 아메리칸 사이에서 기독교 교육을 통한 선교 활동의 중요성을 강조했다. 다트머스대학은 바로 이런 비전 아래 설립되었으며, 원래는 원주민 아메리칸을 위한 학교로 시작되었지만, 점차 다양한 배경을 가진 학생들을 위한 교육 기관으로 발전했다. Britannica, The Editors of Encyclopaedia. "Eleazar Wheelock". *Encyclopedia Britannica*, 20 Apr. 2023, https://www.britannica.com/biography/Eleazar-Wheelock. Accessed 28 March 2024.

67 최재건, 『근현대 부흥 운동사』, 79.

육 시설을 만드는 데 노력했다.⁶⁸ 부흥 운동은 대학 설립으로 인해 교육에 풍성한 결과를 가져왔다.

교회의 부흥과 확장은 상호 연결되어 있다. 바람직한 부흥 운동은 인간이 주도하는 것이 아니라 하나님께서 주도하시고, 하나님의 역사로 일어난다. 부흥과 선교의 확장은 상호작용을 한다. 부흥은 선교로 이어진다.⁶⁹ 부흥 운동은 새로운 소달리티 운동을 유발한다. 지역교회에 새로운 활력을 불어넣어 확장하게 된다. 따라서 폴 피어슨(Paul E. Pierson)의 주장대로 부흥 운동은 선교 운동을 일으키는 원동력이다.⁷⁰

에드워즈의 부흥에 대한 이해는 자연스럽게 인디언 선교로 이어졌다. 인디언에 대한 구원의 열정으로 에드워즈를 비롯한 많은 사람이 인디언 선교에 자신의 생애를 바쳤다.⁷¹

따라서 에드워즈의 부흥 운동은 선교 운동으로 확산되는 데 지대한 공헌을 했다.

3. 선교를 구속사 관점에서 보는 통찰력

폴 히버트(Paul Hiebert)는 성경적 세계관을 기초로 선교를 이해해야 한다고 했다. 이것은 구속사 관점에서 선교를 이해해야 한다는 의미이다.

폴 히버트는 다음과 같이 선교를 이해했다.

---

68 Earle Edwin Cairns, 『서양 기독교사』(*Christianity through the Centuries*), 김기달 옮김 (서울: 보이스사, 1986), 545.
69 임윤택, 『디아스포라 설교신학』, 335.
70 Pierson, 『선교학적 관점에서 본 기독교 선교 운동사』, 19.
71 심창섭·채천석, 『원 자료 중심의 근·현대 교회사』, 258-59.

만일 선교의 근원이 하나님이시라면, 선교에 대한 우리의 이해는 사회 과학의 가정과 범주가 아니라 성경적 세계관의 가정과 범주에 그 기초를 두어야 한다. 우리는 모든 사람이 하나님의 형상에 따라 완전하게 창조되었으나, 개인적으로나 공동체적으로나 죄를 범함으로 사망의 심판 아래 있게 되었다는 것, 그리고 하나님께서 사람의 형상을 입고 이 땅에 오셔서 죄인된 인간들을 위해 대신 죽으심으로 그분을 따르는 자들은 영원한 생명을 얻게 된다는 것을 근거로 선교 사역을 시작해야 한다.[72]

데이비드 보쉬(David J. Bosch) 역시 "선교는 어디로 향해야 하는가"라는 근본적인 질문을 제기하며, 구속사적 관점에서 선교의 중요성을 강조하였다. 그는 성육신, 십자가의 죽음, 부활, 승천, 성령의 오심과 재림 등 기독론적 구속 사건이 서로 불가분의 관계에 있으며, 선교는 이들 사건의 통합적 의미 안에서 이해되어야 한다고 보았다.[73]

보쉬는 이런 인식에 근거하여 선교가 구속사적 관점에 기반하지 않는다면 세상에 온전한 복음을 전할 수 없다고 역설하며 다음과 같이 주장한다.

우리의 선교에서 우리는 성육신하고, 죽으시고 부활하시고 승천하신 그리스도께서 성령으로 우리와 함께 계시면서, 우리를 '그의 승리의 행진의 포로들'로서 그의 미래 속으로 인도하시는 것을 선언한다. 이들 각 사건은 다른 모든 것과 관계한다. 우리가 이것을 견지하지 않는다면, 우리는 세상에 잘라진 복음을 전하게 될 것이다.[74]

---

72 Hiebert and Meneses, 『성육신적 선교 사역』, 413.
73 David J. Bosch, *Transforming Mission: Paradigm Shifts in Theology of Mission* (Maryknoll, NY: Orbis Books, 1991), 512-18.
74 Bosch, *Transforming Mission: Paradigm Shifts in Theology of Mission*, 518.

에드워즈는 세계 선교에 대한 이해를 구속사적 관점에서 접근했으며, 이는 선교학에 중요한 기여를 했다. 그의 유산 중 하나는 선교 활동을 구속사의 틀 안에서 해석하고 이해하는 새로운 시각을 제공한 것이다. 에드워즈는 철저히 하나님의 주권을 인정하는 구속사관을 가지고 있었다.[75]

구속사의 주된 목적은 인류와 세상에 대한 하나님의 형상을 회복시키는 것이다.

에드워즈에게 있어서 구속사는 다섯 가지 중요한 점이 있다.[76]

첫째는 하나님의 모든 원수를 그분의 발 앞에 두는 것이다.
둘째, 타락한 모든 만물을 회복하는 것이다.
셋째, 모든 것을 그리스도 안에서 연합하는 것이다.
넷째, 모든 택한 자의 영광을 완성하고 온전하게 하는 것이다.
다섯째, 하나님의 영광을 성취하는 것이다.

에드워즈는 이것이 하나님의 선교를 구성하는 것으로 보았고, 이 다섯 가지 부분을 정치, 교육, 성경적 복음 전파라는 세 가지 방법으로 참여했다.[77]

에드워즈에 따르면, 하나님의 선교의 첫 번째 부분은 사탄과 그의 수단들, 즉 세상을 창조할 때부터 하나님에게 반역한 존재들을 멸망시키는 것으로 보았다. 에드워즈는 로마 제국을 초대 교회를 박해한 사탄의 "눈에

---

75 Nichols et al., *A God Entranced Vision of All Things*, 52-53. Edwards sees us as helpless, standing before God entirely empty-handed. His emphasis on the sovereignty of God caused him to exalt God in the work of redemption and in sanctification, to come to him and to live for him only through dependence upon him. This crucial aspect of Edwards's legacy is worth remembering.
76 Jonathan Edwards, *A History of the Work of Redemption*, in *The Works of Jonathan Edwards*, vol. 9, ed. John F. Wilson (New Haven, CT: Yale University Press, 1989), 123-26.
77 Njoto, "The Redemption Discourse and Edwards the Missionary." 59.

보이는 왕국"으로 삼아 교회를 박해한 것은 사탄이라고 보았다.[78] 그는 물리적 투쟁이 하나님의 선교에 적절한 참여라고 주장했으며, 이런 투쟁은 영적 진보의 한 형태라고 보았다. 에드워즈는 또한 다양한 이단으로 여겨진 종파들을 사탄이 교회에서 그리스도의 통치를 전복시키기 위해 사용한 수단으로 규정했다.

에드워즈의 역사 철학은 종교적 부흥과 경륜 시대를 하나님의 구속 활동의 궁극적인 표현으로 보며, 구속사는 종교적 부흥과 개인의 영혼에서 나타나는 부흥에 초점을 맞춘다.[79] 그의 접근은 전통적 기독교 구원사 해석과 다르게, 시간 속에서의 신학적인 부흥을 중시하며, 신학과 정치의 상호작용을 강조한다. 이런 견해는 그가 선교의 일환으로 영적·정치적 적들을 멸망시키는 것을 중요하게 여긴 방식에서 드러난다.[80]

에드워즈는 하나님의 섭리가 인디언을 회복하고 보호할 수 있도록 우리에게 남긴 유일한 수단은 기독교를 철저히 가르치고 그들의 자녀를 교육하는 것으로 보았다.[81]

에드워즈는 복음을 복음 전도의 전략적 수단으로 이해하고, 이를 신앙 형성과 선교적 확장의 도구로 활용했다. 에드워즈가 스톡브리지에서 한 일은 가톨릭에 대항하는 정치에도 참여했지만, 그의 목적은 복음 전파였다. 하나님의 선교가 하나님의 모든 원수를 멸망시키는 것이라면, 에드워즈는 인디언 영혼을 구원하는 것이 기독교 선교의 필수적인 단계이며, 오직 복음 전파로만 이루어질 수 있다고 믿었다.[82]

---

78 Jonathan Edwards, *A History of the Work of Redemption*, in *The Works of Jonathan Edwards*, vol. 9, ed. John F. Wilson (New Haven, CT: Yale University Press, 1989), 279.
79 Avihu Zakai, *Jonathan Edwards's Philosophy of History: The Reenchantment of the World in the Age of Enlightenment* (Princeton University Press, 2009), 158-59.
80 Njoto , "The Redemption Discourse and Edwards the Missionary." 55.
81 Jonathan Edwards, *Letters and Personal Writings*, ed. George S Claghorn, vol. Works of Jonathan Edwards, vol. 16 (Yale University Press, 1998), 399-400.
82 Njoto, "The Redemption Discourse and Edwards the Missionary." 63.

에드워즈의 하나님의 선교 두 번째 부분은 타락으로 인한 회복과 관련이 있다. 에드워즈는 세상은 하나님의 빛을 누리도록 창조되었으며, 타락으로 말미암아 어둠의 세상이 되었다고 보았다. 그는 그리스도의 복음이 세상에 비추기 전에 세상은 마귀의 어둠 권세 아래 있었다고 보았다.[83] 에드워즈는 역사의 어둠 속에서, 하나님의 선교가 성취될 때 모든 나라와 민족이 빛과 지식으로 가득 차게 될 것이라고 보았다.[84]

따라서 에드워즈는 빛이신 하나님과 어두움인 마귀 사이의 영적 싸움으로 보았고, 복음에 대한 전체 이해는 빛과 어둠의 관점에서 표현했다. 성육신 이전의 시기를 묘사할 때, 모든 공간은 어두움과 같았다. 그것은 우리가 밤에 보는 달과 별의 빛과 같고, 태양의 빛에 비하면 희미한 빛이다.[85] 그러나 예수 그리스도께서 세상의 빛으로 오심을 통해 자신을 계시하셨다. 그러므로 하나님의 아들이 세상에 온 것은 세상이 빛을 누리기에 합당한 때였다.[86]

에드워즈에게 있어서 하나님의 선교 세 번째 부분은 모든 택한 자의 영광을 완성하고 온전하게 하는 것으로 간주한다. 에드워즈의 선교신학에서 선택받은 자에 대한 이런 점은 그가 역사의 종말을 교회 유지와 구원에 대한 것에서 분명하게 드러난다.[87]

에드워즈는 유대인이든 이방인이든 모든 민족에게 하나님도 없고 소망도 없는 자들이 어떻게 그리스도에 의해 구속되었는지를 알게 하는 것이었다.[88]

83　Jonathan Edwards, *A History of the Work of Redemption*, in *The Works of Jonathan Edwards*, vol. 9, ed. John F. Wilson (New Haven, CT: Yale University Press, 1989), 432-34.
84　Edwards, *A History of the Work of Redemption*, 480-81.
85　Edwards, *A History of the Work of Redemption*, 128-29.
86　Edwards, *A History of the Work of Redemption*, 344.
87　Edwards, *A History of the Work of Redemption*, 508.
88　Edwards, *A History of the Work of Redemption*, 179.

에드워즈에게 있어서 하나님 선교 네 번째 부분은 하나님께서는 하나님께서 모든 민족에게 그리스도만이 유일한 길이며, 기독교 없는 일반 지식에는 소망이 없다는 것을 보여 주는 것이 사명이라고 보았다. 이 사명을 달성하기 위해 책망과 선택조차도 사용했다는 것이다. 그러므로 하나님의 선교에서 빛의 확산은 일반 교육뿐만 아니라 기독교 교육을 통해 이루어지며, 그것은 사람들이 그리스도 안에서 택함받은 자들의 친교에 참여하고 하나님을 알게 하는 교육을 통해 이루어졌다.

에드워즈에게 있어서 하나님의 선교 다섯 번째 부분은 하나님의 영광을 성취하는 것이다.[89] 모든 사람을 그리스도께 불러 모아, 택함을 받은 자를 온전하게 하는 것은 하나님의 영광을 위해 성취되어야 했다. 에드워즈는 이것을 세상을 창조하신 하나님의 주된 목적으로 보았다.[90] 그리고 에드워즈는 하나님의 영광을 계시하는 매체는 성경으로 보았다. 성경은 하나님을 우리에게 계시하고, 그분의 섭리 안에서 영광스러운 소망을 볼 수 있게 하며, 구속자와 그분의 영광스러운 구속을 드러낸다.[91]

에드워즈는 일반 지식은 선교에 필요한 요소이며 하나님의 사명을 완수하는 데 유익한 수단이 될 수 있다고 보았지만, 참된 빛과 구속 진리는 오직 성경을 통해서만 계시된다고 확신했다.[92] 에드워즈는 하나님의 선교에서 하나님의 계획과 성취가 무엇인지 알려 주는 것은 오직 성경 외에는 없다고 믿었다. 세상이 처음에 어떻게 시작되었는지 분명히 보여 주고, 사물의 본질을 알려주는 것은 성경 외에는 아무것도 없다고 보았다.[93]

89　Edwards, *A History of the Work of Redemption*, 125.
90　Marsden, *Jonathan Edwards: A Life*, 4. Edwards emphasized that God's very purpose in creation was the great work of redemption in christ.
91　Edwards, *A History of the Work of Redemption*, 290-91.
92　Jonathan Edwards, "Distinguishing Marks of a Work of the Spirit of God," in *The Works of Jonathan Edwards*, Vol. 4: *The Great Awakening*, ed. C. C. Goen (New Haven: Yale University Press, 1972), 251-252.
93　Edwards, *A History of the Work of Redemption*, 520-22.

따라서 에드워즈는 일반 교육을 제공할 뿐만 아니라 기독교 교육과 성경 교육을 전파하는 일을 중요하게 보았다. 에드워즈는 성경 교육을 통해 흑암에 있는 자들을 구원하고 궁극적으로 하나님의 구원을 이루고 영광을 드러내는 구속사적인 관점에서 선교를 보았던 것이다.

그러므로 에드워즈에게 있어서 선교는 하나님이 구원의 목적을 달성하기 위해 사용하는 주요 수단이었다.[94] 에드워즈에게 있어서 선교는 하나님의 구속 역사를 움직이는 주된 동인이자 관심사였다.[95]

에드워즈는 죄 가운데 있는 모든 인간은 다 멸망 받을 수밖에 없으며, 그리스도 안에 있는 자라야 구원을 얻고 거룩한 삶을 살 수 있다는 구속사적인 관점에서 선교를 보았다. 구원의 사역을 이루기 위해 하나님께서는 선교를 통해 그의 백성들을 부르시며, 성령의 역사하심에 따라 일어나는 부흥이 선교 운동을 촉진시키고 동역을 제공한다고 믿었다.[96] 에드워즈에게 있어서 부흥과 선교는 분리할 수 없는 하나님의 구속 역사였다.

에드워즈는 종말 구조 속에서 부흥 운동은 하나님의 구속 역사를 완성하는 준비 단계로 보았다. 에드워즈는 부흥 운동의 자연스러운 귀결은 선교 운동이라고 확신했다. 에드워즈는 부흥 운동을 주도하면서, 인디언 선교야말로 부흥 역사의 중요한 부분이며, 선교는 인류 역사에서 매우 주요한 위치를 차지하고 있음을 인식하고 있었다. 그에게 있어서 모든 선교적 활동은 하나님의 구속 역사라는 범주 속에서 일어나며 그의 시대 속에서 점진적으로 확장되고 있다고 확신했다.[97]

이런 구속사 관점에서 선교를 보았기 때문에 에드워즈는 인디언 원주민을 대하는 태도가 달랐다. 당시 서구인들은 인디언을 열등한 종족으로 경

---

94 McClymond, 『한 권으로 읽는 조나단 에드워즈 신학』, 698.
95 이병수, "조나단 에드워즈의 부흥과 선교에 대한 연구," 「갱신과 부흥」 20 (2015): 49.
96 이병수, "조나단 에드워즈의 부흥과 선교에 대한 연구," 48.
97 박응규, "조나단 에드워즈의 인디안 선교와 개혁 신앙," 72.

시했지만, 에드워즈는 구속사 관점에서 인디언을 보았다. 에드워즈는 모든 인간은 원죄를 지었기 때문에 동일하게 하나님의 은혜가 절실히 필요한 존재로 보았다.[98] 에드워즈의 이런 구속사에 근거한 인디언 선교는, 인디언으로 하여금 누구든지 죄를 회개하기만 하면 구원받을 수 있다는 소망을 주었다. 예수 그리스도를 통한 구속의 필요성이 에드워즈에게 있어서 선교의 절실함으로 이어진 것이다.

에드워즈의 이런 구속사관은 단순히 선진 문명을 전해 주는 제국주의 선교가 아닌 모든 인간은 죄인이며 하나님 앞에서 동일하게 구원받아야 하는 교리적 증거를 기반으로 하는 선교를 구속사적 관점에서 보는 통찰력과 안목을 열어주었다.

이것이 에드워즈가 선교역사에 남겨 준 또 하나의 소중한 유산이다.

4. 세계 선교를 위한 기도합주회 운동

에드워즈가 세계 선교에 남겨 준 네 번째 유산은 대위임명령의 성취를 위해 연합기도운동을 제안하고 확산시켜 선교 사명을 교회공동체 안에 대중화하는 데 기여한 점이다. 선교의 역사는 성령에 의해 촉발되는 주기적인 부흥을 통해 활력을 얻으며, 성령은 사람들이 부흥을 위해 기도하도록 동기를 부여하는 역할을 한다.[99]

이런 관점은 선교 활동의 전개에 있어 신앙공동체의 기도적 결속을 강조하며, 부흥과 기도의 중요성을 신학적으로 해석하는 데 기여한다. 에드워즈는 평신도들이 부흥을 간절히 구해야 한다는 점을 강조했다. 종교개

---

98 Rachel Wheeler, "Friends to Your Souls": Jonathan Edwards' Indian Pastorate and the Doctrine of Original Sin1," *Church History* 72, no. 4 (2003): 700.
99 Edwards, *A History of the Work of Redemption*, 142-43.

혁 이후 많은 개혁주의 사상가들은 선교가 주로 사도 시대로 제한된 것이라고 믿었다. 에드워즈는 대위임명령을 모든 교인에게 적용하고 이 사명을 보편적 범위를 가진 부르심으로 해석한 최초의 개신교 사상가 중 한 사람이었다.[100]

에드워즈는 기도합주회, 즉 세계 선교를 위한 연합기도 모임을 통해 대위임명령인 선교 사명을 전 세계적으로 알렸다. 기도합주회에서 에드워즈는 교회의 연합기도를 우선순위에 두었고, 설교는 지상에서 성령의 부으심을 촉발시키는 자극으로만 보았다. 에드워즈가 기도를 설교보다 우선순위에 둔 것은 대위임명령인 선교를 하는 데 있어서 기도의 중요성을 강조한 것이다.

1) 기도합주회 운동의 배경

그러면 기도합주회가 어떻게 시작되었는지 그 배경을 살펴보자.

기도합주회의 배경은 에드워즈가 스코틀랜드 교회(Church in Scotland) 지도자들과 서신 교환에서 시작되었다. 에드워즈의 저서 『놀라운 회심의 이야기』(*A Faithful Narrative*)는 스코틀랜드에서도 출판되며, 그의 명성이 대서양을 건너 널리 알려지게 되었다.

1742년 에드워즈는 대서양 건너편 스코틀랜드의 교회 지도자인 복음주의 설교자 존 맥로인(John McLaurin, 1693-1754)[101]과 킬시스의 제임스 로브

---

100 McClymond, 『한 권으로 읽는 조나단 에드워즈 신학』, 700.
101 Marsden, *Jonathan Edwards: A Life*, 334. 존 맥로인(John McLaurin)은 스코틀랜드 개신교 목회자 이자 신학자로 에드워즈와 서신을 교환했다. 에드워즈는 맥로인에게 자신의 신학적 견해를 설명하고 맥로인은 그의 신학에 동의했다. 에드워즈와 맥로인의 서신은 대각성 운동에 대한 중요한 역사적 자료이다. Jonathan Edwards, *The Works of Jonathan Edwards*, ed. Norman Pettit, 17 vols. (New Haven: Yale University, 1988), 1-100을 참고하라.

(James Robe, 1688-1753)[102]와 서신을 주고받았다. 해가 거듭될수록 에드워즈와 서신을 주고받는 사람들이 늘어났다. 그중 중요한 사람이 귀족 가문이었던 존 어스킨(John Erskine, 1703-1768)[103]으로 1747년에 서로 서신을 교환하게 되었다. 그는 법조계에서 일을 하려고 했으나 대학시절 회심을 경험하고 목회의 길로 들어섰다. 에드워즈와의 서신교환은 일생동안 진행되었다.[104]

그 당시 편지를 쓰고 답장을 받으려면 일년이 걸리는 어려움이 있었다. 이런 어려움이 있었음에도 불구하고 에드워즈는 스코틀랜드 사람들과 지속적인 긴밀한 유대관계를 가지고 서신을 왕래했다.[105] 스코틀랜드 사람들의 편지는 에드워즈의 마음을 뜨겁게 했으며 영적 결실로 이어졌다. 국제적인 연합기도회를 위한 유대 관계가 이루어진 것이다. 스코틀랜드 지도자들 한 그룹은 1744년 10월에 그리스도의 나라의 세계적인 확장과 번영(the world-wide extension and prosperity of kingdom of Christ)을 위해 중보기도 연합회(Prayer union for intercession)를 조직했다.[106]

그들은 매주 토요일 저녁, 매주일 아침, 그리고 매분기 첫 화요일 종일 혹은 몇 시간을 "모든 은혜의 하나님께 연합된 특별한 기도를 드리기 위

---

102 Marsden, *Jonathan Edwards: A Life*, 283-84. 제임스 로브(James Robe)는 스코틀랜드 개신교 목사로 에드워즈와 1742년부터 서신을 주고 받았다. Edwards, *The Works of Jonathan Edwards*, 101-200을 참조하라.
103 Marsden, *Jonathan Edwards: A Life*, 329, 62, 427, 37-38, 45. 존 어스킨(John Erskin)은 스콜틀랜드 개신교 목사로 에드워즈와 동갑내기로 평생 서로 서신을 교류했다. Edwards, *The Works of Jonathan Edwards*, 201-30을 참조하라.
104 Murray, 『조나단 에드워즈의 삶과 신앙』, 421-22.
105 Kenneth Scott Latourette, 『基督教史』, 윤두혁 옮김 (서울: 생명의말씀사, 1983), 91. http://www.riss.kr/link?id=M69167.
106 Murray, *Jonathan Edwards: A New Biography*, 293. 스코틀랜드 지도자들이 주도한 중보 기도 운동은 일반적으로 'Concert of Prayer'(기도합주회) 또는 'Scottish Concert for Prayer'(스코트랜드인기도합주회) 명칭으로 알려져 있다.

해" 바치자는 제안을 했다.[107]

그들은 하나님께서 시온에 은혜를 베푸시고, 전 세계 인류에게 긍휼을 베풀며, 모든 교회와 거주지에 성령을 풍성히 부어 주셔서 모든 기독교 국가에서 진정한 신앙을 부흥시키고, 여러 가지 영적 재앙과 불행으로부터 열방을 구원하실 것을 간절히 기도했다. 이는 우리의 영광스러운 구속자의 나라가 누리는 형언할 수 없는 유익으로 인도될 것이라는 신앙적 확신에 근거한다. 이런 기도는 신학적으로 하나님의 영광과 인류에 대한 그분의 계획을 강조하며, 신앙공동체의 행동 지침으로서의 기도의 중요성을 부각시킨다.

이 영향으로 존 웨슬리(John Wesley)는 북미(North America)의 목회자들에게 연합회 가입을 제안하며, 뉴잉글랜드의 에드워즈와 협력하여 "우리가 하나되어 한마음으로 하나님을 찬양하자"(Why should we not all praise God with one heart)고 했다.[108] 존 웨슬리의 의견이 스코틀랜드에 전달되었다. 스코틀랜드 지도자들은 에드워즈에게 연합기도회 모임에 대해 서신을 보내고 답장을 받았다. 그들은 답장을 받자마자 즉시 「기독교 월간 역사」(*Christian Monthly History*) 1745년 11월호에 에드워즈의 편지를 실었다.[109]

에드워즈는 스코틀랜드에서 온 편지를 교인들에게 읽어 주고 그 중요성을 인식하고 계속적으로 기도합주회의 긴급성을 제안했다. 에드워즈는 연합기도회의 중요성을 설교를 통해 알렸다. 기도합주회의 열기가 막 달아오르고 있을 때인 1747년 2월 3일, 에드워즈는 스가랴 8장 20-22절[110]의

---

107 Murray, 『조나단 에드워즈의 삶과 신앙』, 423.
108 Murray, *Jonathan Edwards: A New Biography*, 293.
109 Murray, *Jonathan Edwards: A New Biography*, 293.
110 대한성서공회, 성경전서 (서울: 대한성서공회, 2016).
[슥 8:20-22] 만군의 여호와께서 이르시되 이르는 때에 열읍의 백성이 예루살렘에 와서 만군의 여호와를 앙망하며 기도할찌라. 또 각국의 백성이 예루살렘에 올라와 만군의 여호와를 앙망하며 평화 구하러 올찌라. 만군의 여호와께서 이르시되 이르는 때에 열읍의 백성에서 열 사람이 잡아 이스라엘 사람의 옷깃을 잡고 이르되 우리와 함께 가

본문으로 설교를 했다. 마지막 때에 하나님께서 일으키실 기도 운동에 대한 놀라운 본문을 해석하면서 에드워즈는 기도합주회의 확산이 얼마나 중요한 과업인지를 성경적으로, 신학적으로 면밀하게 드러냈다. 에드워즈는 이것을 확대하여 책으로 출판하기로 결정하였고, 이것은 1748년 1월에야 보스턴의 출판업자의 손에 넘어가게 되었고 바로 그 해 출판되었다.[111]

이것이 에드워즈의 『기도합주회』(*A Humble Attempt*)이다.

2) 기도합주회의 목적: 지상명령 성취

『기도합주회』, 즉 『기독교의 부흥과 지상에서 그리스도의 왕국의 확장을 위한 비상한 기도 가운데, 하나님의 백성들의 분명한 일치와 가시적 연합을 증진시키기 위한 겸허한 시도』(*A Humble Attempt to promote an explicit agreement and visible union of God's people through the world, in extraordinary prayer for the revival of religion, and the advancement of Christ's Kingdom on earth, pursuant to scripture promise and prophecies concerning the last time*)에서 에드워즈는 교회의 중보 기도를 우선순위에 두었다. 설교는 지상에서 성령의 부으심을 촉발시키는 자극으로만 보았다. 에드워즈의 죽음 이후 그의 위상이 더 높아졌는데 그것은 『기도합주회』가 널리 재발행되는 것에서 찾을 수 있다.

이 책에서 에드워즈가 선교와 종말, 그리고 역사에 관하여 견지하고 있던 근본적인 사상은 바로 기도, 부흥, 선교이다. 더 구체적으로 말하면 중

자 우리는 너희 하나님께서 너희와 함께 계심을 들었음이니라 하리라.
[Zechariah 8:20-22, KJV] Thus saith the Lord of hosts; It shall yet come to pass, that there shall come people, and the inhabitants of many cities: And the inhabitants of one city shall go to another, saying, Let us go speedily to pray before the Lord, and to seek the Lord of hosts: I will go also. Yea, many people and strong nations shall come to seek the Lord of hosts in Jerusalem, and to pray before the Lord.

111 Murray, 『조나단 에드워즈의 삶과 신앙』, 427.

보 기도, 영적 각성, 세계 복음화라고 할 수 있다. 이것은 성경에서나 교회 역사에서 입증할 수 있는 패턴이다. 부흥이 오기 전에는 신실한 하나님의 백성들의 중보 기도가 선행되었고, 부흥은 그 결과로서 놀라운 복음의 폭발과 복음의 폭발을 가져왔다는 것이다.

도널드 맥가브란(Donald A. McGavran, 1897-1990)도 에드워즈의 주장과 일치하며 그는 다음과 같이 말했다.

> 복음적 각성은 "그리스도의 교회 내에서의 성령의 활동"이고, 따라서 전능한 하나님의 주도로 이루어지는 것이지만 대개는 그것을 열렬히 간구하는 사람들에게 주어진다. 수많은 사례에서 기도가 신앙의 부흥을 가져왔다. 복음적 각성이 이루어지는 형태는 언제나 동일하다. 즉, 먼저 종종 오랜 기간에 걸쳐 계속되는 열렬한 기도가 있고, 그리고 나서 신앙의 부흥이 일어나는 것이다.[112]

맥가브란(Donald Mcgavran)[113]은 부흥은 하나님의 주도로 이루어지는 것이지만 열렬한 기도 가운데 시작되므로 신앙 부흥은 기도를 통해 시작된

---

112 Donald A. McGavran, 『교회 성장 이해』(Understanding Church Growth), 김종일·이요한·김종일 옮김 (서울: 한국장로교출판사, 1987), 288-89.
113 Hunter III, in *Mission Legacies: Biographical Studies of Leaders of the Modern Missionary Movement*, 516-22. 도널드 맥가브란은 1897년 12월 15일 인도에서 선교사 부모(John Grafton Donald Mcgavran and Helen Anderson Donald Mcgavran) 사이에서 둘째로 태어났다. 그는 어린 시절부터 선교에 대한 열정을 가지고 있었고, 1923년에 아내 메리와 함께 인도로 돌아가 31년간 선교 활동을 했다. 맥가브란은 인도에서 선교 활동을 하면서 교회 성장에 대한 연구를 시작했다. 그는 교회가 성장하기 위해서는 특정한 전략과 방법이 필요하다는 것을 깨달았고, 그의 연구 결과를 바탕으로 "교회 성장"이라는 용어를 처음 사용했다. 맥가브란은 1965년 미국으로 돌아와 풀러신학교에서 교수로 활동했으며, 그는 교회 성장 운동을 주도하며 전 세계적으로 많은 교회 지도자를 양성했다. 맥가브란은 1990년 7월 10일 캘리포니아 로스앤젤레스에서 사망했다. 맥가브란은 컬럼비아대학교(Columbia University, Ph.D.)에서 박사학위를 받았다. 그의 주요 저서로는 *The Bridges of God* (1955), *Understanding Church Growth* (1960), *Church*

다고 보았다.[114] 사람들이 기도에 전념할 때 성령을 받게 되고 성령의 능력으로 하나님의 뜻을 행하는 데 전념하게 된다(행 2:1-4). 이런 과정에서 많은 사람을 그리스도에게로 인도할 수 있게 되고 교회는 성장해 간다.[115]

에드워즈는 일상적인 기도를 넘어서, 교파와 교리적 차이를 초월하여 연합된 비상(非常) 기도를 드려야 한다는 강력한 촉구와 도전, 청원이 필요하다고 보았다. 이 기도의 핵심 주제는 교회의 부흥과 영적 각성, 그리고 세계 복음화와 선교의 완성이다.[116]

부흥과 세계 복음화, 이 두 가지는 결코 분리되지 않고 짝을 이룬다. 연합기도는 한가한 기도나 평상적 기도가 결코 아니다. 비상하게 엎드려서 하나님 앞에 온 교회가 간구할 가장 긴급한 기도이다.

에드워즈는 연합기도의 목적을 이렇게 정의했다.

> 교회가 존재하는 모든 지역에 참된 부흥이 일어나고, 모든 나라가 영적으로 온전치 못한 상태에서 갱신되어 하나님의 말로 다할 수 없는 크신 은혜를 누리고, 온 땅이 그리스도의 영광으로 가득하기 위함이었다.[117]

에드워즈는 기도, 부흥, 그리고 선교의 상호연결성을 이해하였고, 부흥을 위한 기도가 선교 활동에 미치는 중요한 영향을 인식하고 있었다. 이에 따라 그는 지상의 성도들이 기도를 통한 연합을 촉구하며, 이런 기도합주회의 힘이 선교적 부흥을 이끌어 낼 수 있음을 강조했다.

Growth and Christian Mission (1965), *The Great Cities of the World and the Christian Mission* (1970), *The Gospel in America* (1979), *The Christian Mission in the Modern World* (1990) 등이 있다.

114 Donald Anderson McGavran, 『하나님의 선교 전략』, 이광순 옮김 (서울: 한국장로교출판사, 1993), 288.
115 McGavran, 『하나님의 선교 전략』, 297.
116 Edwards, 『기도합주회』, 13.
117 Edwards, *Apocalyptic Writings*, 321.

에드워즈의 이런 접근은 신학적으로 기도가 선교적 역동성에 중요한 역할을 한다는 것을 부각시키며, 신앙공동체의 결속력 강화와 선교적 활력 증진에 기여한다. 에드워즈는 스코틀랜드에서 시작된 기도회를 홍보하고 격려하는 역할을 했다.[118]

에드워즈는 스가랴 8장 20-22절을 본문으로 여러 도시와 나라에 있는 큰 무리가 공동 결의를 하고 연합하여 특별한 기도로 하나님의 은혜로운 임재의 표징과 열매를 허락해 주시기를 구했다.[119] 에드워즈는 이런 기도는 모든 족속(창 12:3), 모든 나라(사 2:2; 렘 3:17), 모든 육체(사 40:5; 시 65;2)를 포함하는 것이다.[120]

3) 기도합주회의 영향력

에드워즈의 기도합주회의 영향력은 스코틀랜드에 계속되었고, 1784년 노팅엄(Nottingham) 목사협회의 연례모임에서 교회 부흥과 복음 전파를 위해 규칙적인 기도모임을 만들기로 결의했다. 1786년에는 중부 지방의 침례교협회도 이런 모임을 하게 되었고, 요크 지방도 합류했다.

---

[118] Jonathan Edwards, *A Humble Attempt to Promote Explicit Agreement and Visible Union of God's People in Extraordinary Prayer, for the Revival of Religion and the Advancement of Christ's Kingdom on Earth, Pursuant to Scripture- Primes and Prophecies Concerning the Last Time, Wje: Apocalyptic Writings and a Humble Attempt* (1747), 5:309-436.

[119] Edwards, *A Humble Attempt to Promote Explicit Agreement and Visible Union of God's People in Extraordinary Prayer, for the Revival of Religion and the Advancement of Christ's Kingdom on Earth, Pursuant to Scripture- Primes and Prophecies Concerning the Last Time*, 5:29-47.

[120] Edwards, *A Humble Attempt to Promote Explicit Agreement and Visible Union of God's People in Extraordinary Prayer, for the Revival of Religion and the Advancement of Christ's Kingdom on Earth, Pursuant to Scripture- Primes and Prophecies Concerning the Last Time*, 5:314.

이미 처음의 기도합주회가 시작된 지 40여 년이 지난 시점에서 다시 기도합주회의 정신을 되살리고, 기도에 헌신하게 하는 지속적인 역할을 담당한 것이 바로 에드워즈의 기도합주회였으며, 이것은 또한 근대 선교 운동의 새벽을 밝히는 역할까지 감당했던 것이다.

폴 피어슨(Paul E. Pierson)은 선교 단체의 필요성을 윌리엄 캐리(William Carey)보다 에드워즈가 먼저 주창한 것이라고 의미 있는 주장을 했다.

> 캐리는 선교 단체의 필요성을 처음으로 천명한 사람으로 알려져 있다. 하지만, 캐리보다 먼저 에드워즈가 선교 단체를 사용하여 전도할 것을 주창했다. 그는 기도합주회를 열었고 이 운동은 유럽과 미국 교회에 지대한 영향을 미쳤다.[121]

기도합주회는 런던선교회(London Mission Society), 침례교선교회(Baptist Mission Society), 스코틀랜드선교회(Scotland Mission Society)의 설립자들과 스코틀랜드의 복음주의자들 가운데 가장 유명한 인물인 토마스 차머스(Thomas Chalmers, 1780-1847)[122]에게도 영향을 주었다.[123]

기도합주회는 또한 개인의 회심과 부흥 운동을 통해 인류 구원에 대한 인간의 공헌을 장려함으로써 제2차 대각성 운동의 부흥 운동을 대중화하는 데 기여했다. 에드워즈가 하나님의 예정과 인간의 전적 타락을 믿었음에도 불구하고, 선교 사역에서 놀라운 역동성을 보여준 것은 매우 가치 있는 유산이 아닐 수 없다. 에드워즈는 세계 선교를 위해 부흥을 갈망하고 기도하는 역동성을 기도합주회에서 잘 보여 주고 있으므로 이 연합기도회는 영국과 미국

---

[121] Pierson, 『선교학적 관점에서 본 기독교 선교 운동사』, 453-54.
[122] 스코틀랜드 개신교 목회자, 신학자, 사회개혁가로 자유교회 설립자이다.
[123] McClymond, 『한 권으로 읽는 조나단 에드워즈 신학』, 717.

에서의 19세기 선교 운동의 성장에 중요한 역할을 했다.[124]

에드워즈의 선교 사상을 담은 기도합주회는 19세기 해외 선교에 결정적인 영향을 미쳤다. 기도합주회는 19세기의 선교사들이 선교지에서 부흥이 일어나도록 갈망하고 추구하는 역할을 했다. 특별히 19세기 프린스턴 신학교 출신의 해외 선교사들은 에드워즈의 이런 선교 사상에 영향을 받았는데, 그중에 존 네비우스(John Nevius, 1826-1893)[125]도 포함되어 있다.

존 네비우스(John Nevius)는 한국장로교회가 정착하는데 상당한 기여를 한 사람으로 선교에 있어서 기도의 중요성을 인식하면서 추수를 위해 기도하고, 추수할 일꾼들을 보내 달라는 것과 성령의 풍성한 은혜를 간구했다.[126]

이것은 그가 프린스턴에서 에드워즈의 기도합주회의 영향을 받은 결과라고 할 수 있다. 이처럼 기도합주회의 영향력은 미국, 유럽을 넘어 전 세계적으로 확장되었다.[127]

에드워즈는 기도합주회를 통해 교회 지도자들과 평신도들을 세계 선교에 적극적으로 참여하도록 독려했으며, 이는 그리스도의 대위임명령을 대

---

[124] 이상현, 『조나단 에드워즈의 신학』, 489.
[125] Pierson, 『선교학적 관점에서 본 기독교 선교 운동사』, 496. 존 네비우스(John Nevius)는 에드워즈의 연합기도 운동에 영향을 받아 *The Prayer-Meeting of the Church* 책을 저술하고 연합기도 운동을 펼쳤다. 네비우스는 19세기 말 중국에서 사역하던 장로교 선교사였다. 그는 프린스턴에서 오늘날 하나님께서 행하시는 기적적인 활동을 부인하던 워필드(Benjamin Warfield, 1851-1921)와 핫지(Charles Hodge, 1797-1878) 교수의 지도를 받으며 공부했다. 그는 중국에서 여러 가지로 사탄의 역사를 경험하고 패러다임의 변화를 가져왔다. 그는 영적 전쟁에 대한 글을 남겼다. 네비우스는 1890년 장로교 선교사들을 위한 수양회에서 선교 사역에 급진적인 아이디어를 제시했으며, 이는 중국에서는 거부되었지만, 한국에서 사역하던 선교사들이 이를 수용함으로써 선교에 큰 변화를 가져왔다. 이렇게 해서 네비우스의 선교 정책이 장로교의 한국 선교 정책이 된 것이다. 그가 제안한 선교 정책은 다음과 같다. 첫째, 교회가 목회자를 후원할 수 있을 때까지 목회자를 두지 말 것. 둘째, 현지 신자들이 건축하기 전까지 건물을 짓지 말 것. 세째, 성경공부를 강조할 것 등이다. 네비우스 정책은 한국 교회가 성장하고 강해지는 데 중요한 역할을 했다.
[126] 김홍만, "조나단 에드워즈와 제1차 영적 대각성," 232.
[127] McClymond, 『한 권으로 읽는 조나단 에드워즈 신학』, 700.

중화하는 데 중요한 역할을 했다. 이런 기도합주회는 세계 선교의 컨텍스트에서 큰 유산으로 평가받으며, 그리스도의 대위임명령에 대한 광범위한 인식과 참여를 촉진시키는 핵심적 수단으로 기능했다.

에드워즈의 이 접근 방식은 선교적 참여를 활성화하고 교회공동체의 선교적 의무를 강화하는 데 기여했다는 점에서 신학적으로 중요하다.

5. 국제 선교 연합 운동의 토대 마련

에드워즈가 세계 선교에 남긴 다섯 번째 위대한 유산은 국제 선교 연합 운동의 토대를 마련하는 데 중대한 기여를 했다는 점이다. 그의 접근 방식에서는 연합 사역의 중요성이 강조되며, 이는 다양한 교회와 선교 기관이 협력하여 보다 효과적인 선교 활동을 수행하는 기반을 제공한다.

에드워즈는 『기도합주회』에서 교회가 흩어져 있다 할지라도 연합 사역을 펼쳐야 함을 다음과 같이 말했다.

> 교회를 구성하고 있는 지체들이 아무리 흩어져 있다 하더라도 교회는 하나이며 한 거룩한 공회이고 한 성이고 한 가족이고 한 몸이다. 바로 이것이 그리스도의 교회의 영광이다. 따라서 교회의 연합과 통일성이 드러나고 가시화되는 것은 바람직한 일이다. 몸 전체의 공동 이익을 위해 교회의 모든 지체는 하나로 행동해야 한다. 또한, 교회는 공통된 머리와 주님을 모시고 있음으로 공동의 번영을 위하여 한 마음으로 의무를 다해야 한다. 교회는 특별히 가족이 되어 아주 밀접하게 연합되어야 하며 많은 점에서 공동의 관심을 추구해야 한다. 특별히 교회가 필요로 하는 것들을 하나님께 구하고 기

도함에 있어서 교회는 연합되어야 한다.¹²⁸

에드워즈는 18세기 자신이 사는 그 시대에 하나님의 사역에서 연합의 중요성을 인식하고 이를 실천에 옮긴 인물이었다. 그는 연합운동이 신앙 공동에 내에서, 그리고 국제적 차원에서 하나님의 뜻을 이행하는 데 필수적임을 깊이 이해하고 있었다. 이런 에드워즈의 통찰력과 실천은 18세기 기독교 사역의 효과를 극대화하는데 중요한 역할을 했으며, 그의 접근 방식은 신학적 연구와 선교 전략 개발에 지속적인 영향을 미쳤다.

에드워즈는 조지 휫필드(George Whitefield)와 연합 사역을 했다. 코네티컷 골짜기의 부흥을 경험했던 에드워즈는 대각성이 일어나기 전에 조지 휫필드에게 도움을 요청했다. 1739년 필라델피아(Philadelphia)와 뉴저지(New Jersey) 지방을 순회하면서 부흥의 불길을 당기고 있는 휫필드에게 편지를 보냈다.

이에 휫필드는 응답하여 1740년 보스턴(Boston)에 도착해서 수많은 사람에게 복음을 전했다. 휫필드의 설교의 영향으로 성령의 강력한 역사가 일어났던 것이다. 이는 연합운동의 결과라고 할 수 있다. 휫필드와 에드워즈는 성격상으로 서로 달랐지만 칼빈주의 신앙과 영혼을 구원하는 열정에 있어서 하나가 되고 연합했던 것이다.¹²⁹

에드워즈는 선교 연합이 중요함을 인식한 통찰력을 가진 사람이었다. 선교는 연합 사역이다. 찰스 밴 엥겐(Charles E. Van Engen, 1948-)¹³⁰은 "선교

---

128 Edwards, 『기도합주회』, 151.
129 Marsden, 『조나단 에드워즈와 그의 시대』, 111.
130 찰스 밴 엥겐(Charles E. Van Engen)은 미국의 선교학자이자 선교사 출신이다. 멕시코 선교사 부모 아래에서 태어나 부모님을 따라 선교 사역을 하다가, 미국 풀러신학교(Fuller Theogical Seminary, M.Div.)와 네덜란드의 화란자유대학교(Vrije Universiteit Amsterdam, Ph.D.)에서 신학을 공부했다. 1988년부터 풀러신학교에서 아서 글라서의 성경적 선교신학(Biblical Theology of Mission) 수업을 이어받아 교수로 재직했다. 현재 LACM(Latin American Ministries) 대표로 섬기고 있다.

는 성부 하나님의 계획에서, 그리고 성자와 성령께서 행하신 일"[131]이라고 했다. 선교는 성부와 성자와 성령의 연합 사역이다. 찰스 밴 엥겐은 그의 저서 『개혁하는 선교신학』(Transforming Mission Theology) 제4부 "선교신학의 목표"(The Goals of Mission Theology)에서 선교 동반자 선교신학(Mission Theology of Mission Partnership)을 논하면서 연합하여 동역해야 함을 강조한다.[132]

밴 엥겐은 세계 기독교에 대한 세계화의 영향을 잘 이해하고 있으며, 이는 선교 파트너십의 선교신학에 대한 그의 이해와 중요성을 인식하고 있다.

밴 엥겐은 우리의 통일성이 예수 그리스도에 기초하고 있으므로 세상 속에서 펼쳐지는 예수님의 선교에 동참하면서 성령께서 주신 독특한 은사를 여러 교회와 단체에 기여하는 데 사용하라고 다음과 같이 주장한다.

> 우리의 하나 됨은 예수 그리스도에 바탕을 두고 있기 때문에, 우리는 세계 복음화를 위해 함께 협력해야 한다. 그리스도의 선교에 참여하면서 서로 사랑과 겸손으로 봉사해야 하며, 우리의 여러 조직과 교회에 성령께서 부어 주시는 독특한 은사를 서로 나누어야 한다. 그리스도의 충만함의 분량에 이를 때까지 우리 모두가 함께 성장해야 한다.[133]

---

[131] Charles E. Van Engen, 『하나님의 선교적 교회』(God's Missionary People: Rethinking the Purpose of the Local Church), 임윤택 옮김 (서울: CLC, 2014), 132.
[132] Charles E. Van Engen, Transforming Mission Theology (William Carey Publishing, 2017), 255-90.
[133] Charles E. Van Engen, Transforming Mission Theology, 255.

밴 엥겐은 사랑과 겸손으로 서로 섬기며, 함께 동역하는 것이 오늘날 우리에게 절실히 필요한 파트너십이라고 강조한다. 이런 선교 동역이 세계 선교에 중대한 변화를 가져오게 될 것이다. 파트너십을 통해 우리가 할 수 있는 것보다 더 많은 것을 성취할 수 있다. 파트너십으로 사역할 때보다 효과적으로 더 멀리 갈 수 있다. 이런 파트너십은 하나님이 기뻐하시는 사역이다.[134]

폴 피어슨(Paul Everett Pierson)도 그의 저서 『선교학적 관점에서 본 기독교 선교 운동사』(The Dynamics of Christian Mission: History through a Missiological Perspective) 제20장에서 청교도 신학의 특징은 파트너십(Partnership) 신학이라고 했다.[135]

그리스도인은 구속 사역을 위해서 하나님과 동역하도록 우리는 부름을 받았고 역사에 나타난 하나님의 구원 계획에 참여하도록 부름을 받았다.

에드워즈는 18세기 스톡브리지 선교 현장에서 그는 파트너십을 가지고 동역하며 연합 사역의 중요성을 인식하고 실천한 사람이었다. 그는 미국을 넘어 대륙 사역자들과 교류하고 연합 사역의 중요성을 강조한 선견지명의 사람이었다. 에드워즈의 연합 사역은 대서양을 가르질러 독일, 스코틀랜드 유럽으로 이어졌다. 에드워즈는 독일 경건주의 선교의 대부격인 프랑케(August H. Francke, 1663-1727)[136]와 서신 교류를 하였고 서로간에 세

---

134 Amalraj, Hahn, and Taylor, 『영성 훈련』, 176.
135 Pierson, 『선교학적 관점에서 본 기독교 선교 운동사』, 447.
136 Marsden, *Jonathan Edwards: A Life*, 194, 201-02. 아우구스트 헤르만 프랑크(August Hermann Francke)는 당시 루터교의 교리중심주의에 대한 반작용으로 영적 갱신에 초점을 맞춘 운동인 독일 경건주의의 핵심 인물이었다. 프랑케와 할레 경건파의 주도아래 독일 섹소니(Sasony) 지방에서 신앙의 능력과 실천의 놀라운 부흥이 일어났었다. 조나단 에드워즈와의 서신 교환과 관련하여, 에드워즈가 도움이 필요한 시기에 스코틀랜드의 지원을 받을 수 있었던 것은 프랑크의 노력과 네트워크를 통해서였다. 따라서 프랑크의 인맥과 영향력은 대서양을 건너 에드워즈의 삶과 사역에 결정적인 역할을 했다.

계 복음화를 위한 기도합주회 운동을 펼친 것은 연합 선교의 모델을 보여주었다.[137]

에드워즈는 국내의 연합을 넘어서 국가 간의 연합을 통해 부흥과 선교를 진행했다. 이는 각국의 신앙공동체가 하나님의 부흥을 위해 공동으로 기도하고, 열방의 구원을 위해 기도하는 국제적 선교 연합의 형태였다. 에드워즈는 스코틀랜드의 복음주의 지도자들과 서신을 교환하며 국제 기도 사역, 즉 기도합주회를 실행했다. 이런 활동은 현대 선교 용어로는 선교의 네트워크를 구축하는 것으로 설명될 수 있으며, 이는 선교와 부흥을 위한 국제적인 협력을 촉진하는 중요한 역할을 했다.

따라서 에드워즈가 남긴 또 다른 중요한 선교적 유산은 국제 선교 연합의 토대를 마련한 것이다.

6. 에드워즈의 순교자적 부르심의 삶

예수 그리스도의 전 생애는 십자가와 순교자의 삶이었다. 이 세상에서 예수 그리스도의 삶은 십자가를 지고 가는 고난과 환난의 연속이었다.[138] 예수 그리스도의 삶은 하나님의 부르심에 순종하는 삶이었다.

에드워즈는 하나님의 부르심에 충실한 삶을 살았다. 에드워즈는 전 생애를 하나님의 영광이라는 하나의 목표를 두고 마지막 숨을 거둘 때까지 주님을 신뢰하며 부르심에 충실했다. 하나님의 부르심은 삶의 모든 영역의 부르심이다. 하나님의 부르심은 삶의 현장에서 복음으로 살아내는 부르심이다. 이런 개념은 신학적으로 하나님의 주권적 의도와 인간의 응답

---

137 김성태, 『세계 선교 전략사』 (서울: 생명의말씀사, 1994), 114.
138 Thomas Kempis, *The Imitation of Christ*, trans. Harold J. Chadwick (Orlando, Florida: Bridge-Logos Publishers, 1999), 112.

사이의 동적 관계를 강조하며, 신앙생활에서의 연속적 순종과 헌신을 중요시한다.

유진 피터슨(Eugene H. Peterson)은 자신의 삶을 돌아보면서 하나님의 부르심은 복음을 삶으로 살아내는 것이라고 다음과 같이 고백한다.

> 나는 복음을 선포하고, 전하며, 그 복음에 열광하는 것만으로는 충분하지 않다는 사실을 깨달았다. 나는 복음을 삶으로 살아내고 싶었다. 거리와 직장에서 복음으로 살아가고, 침실과 부엌에서도, 암과 이혼이라는 현실을 지나며 복음으로 살아가고 싶었다. 자녀를 키우고, 결혼 생활을 이어가며, 복음으로 살아가는 모습을 내 삶에서 직접 보고 싶었다. 삶의 깊이가 더해질수록, 나는 나 자신도 복음으로 살아야 한다는 사실을 더욱 깊이 깨달았다. 그리고 그것이 얼마나 두렵고도 무거운 과제인지 알게 되었다. 나는 그것이 단숨에 이루어지는 일이 아니라, 오랜 시간이 걸리는 긴 순종의 여정임을 깨달았다.[139]

에드워즈의 삶은 죽음의 순간까지 복음에 따라 살아간 부르심의 삶이었으며, 그의 죽음 또한 이런 부르심을 삶으로 실천한 결과로 볼 수 있다. 에드워즈는 생애 동안의 사역과 저술에 비해, 그의 죽음이 비중 있게 다뤄지지 않는 것은 사실이지만, 그의 마지막 행동은 중요한 의미를 지닌다. 그는 천연두 예방 접종을 받음으로써 당시 검증되지 않은 의료적 조치에 대

---

[139] Eugene H. Peterson, *A Long Obedience in the Same Direction: Discipleship in an Instant Society* (Downers Grove, IL: InterVarsity Press, 2000), 189. "It wasn't enough that I could announce the gospel, or preach the gospel, or even get excited about the gospel. I wanted to live the gospel. I wanted to see the gospel lived on the streets and in the workplace. I wanted to see it lived in the bedroom and the kitchen—through cancer and divorce, raising kids and making a marriage work. As I matured, I realized I also had to live it myself, and that was a far more daunting task. I discovered that it takes time."

한 대중의 두려움을 감소시키려는 목적을 가졌다.[140]

예방 접종이 초창기 단계에서 예상치 못한 위험을 수반할 수 있었음에도 불구하고, 그는 이를 자원적으로 수행하였고, 이로 인해 발생한 심각한 후유증으로 인해 세상을 떠났다.[141]

이런 행동은 그의 삶과 신앙에 대한 깊은 헌신을 드러내며, 기독교적 리더십과 희생의 표본을 제시한다.

1) 에드워즈의 종말론적 삶

에드워즈는 죽음을 준비하면서 자신의 전 생애를 헌신하였다. 그는 죽음이 언제 찾아올지 모른다는 종말론적 인식을 가지고 날마다 경건한 삶을 살았다. 조지 마즈던은 에드워즈가 이런 자세로 어떻게 삶을 살아 냈는지를 다음과 같이 설명한다.

---

140 Nichols, 『조나단 에드워즈의 생애와 사상』, 64.
141 Hopkins, *Memoirs of the Rev. Jonathan Edwards*, 188. 에드워즈의 마지막을 지켜보는 사람들은 그의 죽음이 대학과 신앙에 부정적인 영향을 미치지 않을까 염려했다. 에드워즈는 투병 중에 거의 말을 하지 않았지만 그는 임종하면서 "하나님을 의지하십시오. 두려워 할 필요가 없습니다"라고 말함으로써, 그의 죽음이 교육과 종교에 끼칠 부정적인 영향에 대한 우려를 불식시켰다. 그의 마지막 말은 유가족과 친구들에게 큰 위로가 되었으며, 하나님이 그들의 충분하심과 교회에 대한 그의 지속적인 돌봄을 상기시켜 주었다. He said but very little in his sickness; but was an admirable instance of patience and resignation to the last. Just at the close of life, as some persons who stood by, expecting he would breathe his last in a few minutes, were lamenting his death, not only as a great frown on the college, but as having a dark aspect on the interest of religion in general; their surprise, not imagining that he heard, or ever would speak another word, he said, "Trust in God, and ye need not fear.' These were his last words. What could have been more suitable to the occasion! And what need of more! In these is as much matter of instruction and support, as if he had written a volume. This is the only consolation to his bereaved friends, who are sensible of the loss they and the church of Christ have sustained in his death; God is all sufficient, and still has the care of his church.

에드워즈는 평생을 죽음을 준비하는 삶으로 일관하였다. 그는 자주 자신의 회중들에게, 어느 안식일에 편안히 앉아 있는 이들이 다음 주에는 무덤에 누워 있을 수도 있음을 상기시키곤 했다. 하나님의 성령을 거부한 자들에게 인생은 썩은 캔버스를 걷는 것과 같았으며, 그들은 언제라도 자기 죄의 무게에 짓눌려 영원한 지옥으로 추락할 수 있었다. 반면에 하나님의 변혁적인 은혜를 경험한 이들에게 죽음은 그리스도의 영광을 보도록 위로 이끌리는 해방으로 여겨졌다.

에드워즈는 이런 소망을 붙든 채, 자신의 구주께 감사와 찬양, 예배, 그리고 전적인 의존을 끊임없이 실천하려 힘썼다. 비록 그에게 인간적인 결점이 있었을지라도, 그는 날마다 모든 피조물 속에서 그리스도의 사랑을 발견하려 애썼고, 하나님의 계명에 따라 행하며, 죽음을 통해 이루어질 보다 깊은 영적 연합을 기대하며 세속적인 즐거움에 대한 집착을 끊기 위해 힘썼다.[142]

죽음에 대한 바른 인식을 가지고 있었기 때문에 에드워즈는 순교적 삶을 살았다. 에드워즈는 하나님의 부르심과 순종에 응답하여 자신을 기꺼이 드렸다.[143]

---

[142] Marsden, *Jonathan Edwards: A Life*, 490. "Edwards spent his whole life preparing to die. As he often reminded his congregations, those who were sitting comfortably one Sabbath might be in the grave by the next. For those who spurned God's Spirit, life was like walking on a rotten canvas, and at any moment they might suddenly find themselves plunged simply by the weight of their sins into everlasting hell. By contrast, if one had experienced God's transforming work, then death would be a release in which one was borne upward to see Christ's glory. Holding to that hope, Edwards worked constantly to cultivate gratitude, praise, worship, and dependence on his Savior. Whatever his failings, he attempted every day to see Christ's love in all things, to walk according to God's precepts, and to give up attachments to worldly pleasures in anticipation of that closer spiritual union that death would bring.

[143] Marsden, *Jonathan Edwards: A Life*, 490. 삶이 불안하고 집으로 돌아올 때면 또 다른 가족들이 죽지 않기를 바래야 했던 시기에 에드워즈 가족은 놀랍게도 그런 슬픔에서 자유로웠다.

1758년 1월 초에 스톡브리지에서 열린 평의회에서 청빙을 받아들이고 에드워즈는 프린스턴으로 향했다.[144] 프린스턴에 도착한 에드워즈는 곧바로 직무를 시작했다. 그는 채플에서 여러 번 설교했다. 같은 해 2월 16일 평의회가 소집되어 공식적으로 에드워즈는 학장에 취임했다. 3월 초순경 천연두 예방 접종을 받고 폐렴에 걸려 약 2주 동안 극심한 고통을 겪다가 1758년 3월 22일에 죽음을 맞이했다. 이 비극적인 사건에서 가장 슬픈 점은 사망 당시 에드워즈가 아내 사라와 함께하지 못했다는 것이다.[145]

〈그림 38〉 조나단 에드워즈와 그의 아내 사라의 묘지[146]

---

144 Marsden, *Jonathan Edwards: A Life*, 490. 에드워즈가 뉴저지 학장직의 청빙을 받아들였을 때 에드워즈의 부모는 살아 있었다. 아버지는 몸이 약해져 병상에 있다가 1758년 1월 27일 돌아가셨다. 어머니는 건강하여 98세가 되는 1771년까지 장수하다가 하나님을 부름을 받았다.

145 Nichols et al., *A God Entranced Vision of All Things*, 48. He had made the move to Princeton in the middle of winter. Given the difficulties of the travel, and also to allow Sarah to sell property and settle some financial affairs, it was decided that he would go ahead to Princeton and settle the home there and they would reunite in the spring.

146 이성일, "개혁교회 여인들: 사라 에드워즈 2편," last modified March 16, 2014, accessed March 19, 2024, http://jinrichurch.org/bbs/board.php?bo_table=0301&wr_id=4337&page=35. Jonathan Edwards is buried at Princeton Cemetery in Princeton, Mercer County, New Jersey. This is the final resting place for this influential Calvinist theologian and religious leader. Princeton Cemetery has a history of being the burial ground for several notable individuals, including presidents of Princeton University, where Edwards also served before his passing.

2) 에드워즈의 순종적 삶

그리스도인은 하나님과 이웃에 대한 사랑, 그리고 영원에 대한 하나님의 약속을 따라 순종의 삶으로 부르심을 받았다.[147] 에드워즈의 전 생애는 순종의 삶이었다. 그는 언제나 자신을 하나님의 뜻에 굴복하고 순종하는 삶을 우선했다. 그는 자신의 생명을 아끼지 않는 믿음의 모험을 통해 하나님의 뜻을 따르고자 했다.

기독교 정신의학자 폴 투르니에(Paul Tournier, 1898-1986)[148]는 "하나님의 뜻이 무엇인가? 그것은 당신이 그분에게 순종하고 있는가"라고 말했다.[149] 에드워즈는 천연두 백신 예방 접종을 하나님의 뜻으로 받아들였고 순종했다. 에드워즈에게 산다는 것은 믿음으로 선택하는 것이며 그 선택은 하나님의 뜻을 따르는 순종의 삶이었다. 헌신할 가치가 있는 목표에 전심으로

---

[147] Amalraj, Hahn, and Taylor, 『영성 훈련』, 151.
[148] 폴 투르니에(Paul Tournier)는 스위스의 유명한 기독교 정신과 의사로, 1898년 5월 12일에 태어나 1986년 10월 7일에 세상을 떠났다. 그는 의학과 심리학, 신학을 접목한 통합적인 접근 방식으로 잘 알려져 있으며, 특히 개인의 내면과 영적 측면에 초점을 맞춘 '전인적 의학'의 선구자 중 한 명으로 평가받는다. 투르니에는 환자를 단순히 신체적 증상을 가진 대상으로 보는 대신, 정서적, 영적, 사회적 존재로 보아야 한다는 전인적 접근법을제시했다. 이는 신체적 건강뿐만 아니라 전반적인 삶의 질을 향상시키는 데 중요하다고 그는 주장한다. 투르니에는 여러 권의 책을 저술했는데 그의 저서 『깨진 세상에서의 전 인격』(The Whole Person in a Broken World)과 『죄와 은혜』(Guilt and Grace)는 특히 잘 알려져 있으며, 정신과 의사로서 그의 경험과 기독교 신앙에 기반한 통찰을 제공한다.
그는 기독교적인 관점으로 인생을 해석하면서 "인생은 하나님이 지휘하시는 모험"이라고 보았다. 투르니에는 또한 사람들이 자신의 내면세계와 직면할 수 있도록 돕는 상담 기법을 개발했으며, 이는 나중에 심리치료 분야에 깊은 영향을 주었다. 투르니에의 접근법은 정신의학과 심리치료의 영역에서 여전히 중요한 의미를 갖고 있으며, 신앙과 건강, 치유 사이의 관계를 탐색하는 현대 치료자들에게 영감을 주고 있다. 기독교학술원, "폴 투르니에는 인격의학을 주창했던 심리 치료가," 「기독일보」, last modified April 16, 2018, accessed March 29, 2024, https://www.christiandaily.co.kr/news/79803.
[149] Tournier, 『모험으로 사는 인생』, 236.

자신을 바칠 수 있는 자는 복된 자다.¹⁵⁰

에드워즈는 인디언 원주민을 사랑했으며 그들을 살리기 위해 생명을 담보로 자신을 던진 것이다. 에드워즈는 그것이 가치 있는 일이며 하나님의 뜻에 순종하는 것이라고 믿었기 때문이다.

평소 에드워즈의 삶을 보면 언제나 하나님의 뜻에 순종하려고 했다. 그래서 에드워즈는 70가지 결심문을 쓰고 매주 읽고 점검했다. 그의 결심문을 보면 내가 해야 할 의무와 인류의 행복을 위한 것에 도움이 된다면 무엇이든 실천하는 것을 최우선으로 두었다.

그가 쓴 결심문 제1번과 제7번에 그는 다음과 같이 결심했다(에드워즈의 결심문은 부록에 수록했다).

> 나의 전 생애 동안 하나님의 영광과 나 자신의 행복과 유익과 기쁨에 최상의 도움이 되는 것이면 무엇이든지 하자. 지금 당장 하든지 아니면 지금부터 수많은 세월이 지나가든지 간에 시간은 전혀 고려하지 말자. 내가 해야 할 의무와 인류 전체의 행복과 유익에 최상의 도움이 되는 것이면 무엇이든지 하자. 내가 부딪히게 될 어려움이 무엇이든지 간에 또한 그 어려움이 아무리 많고 크다 할지라도 그렇게 하자(결심문 제1번).¹⁵¹

> 만일 내 생애의 최후 순간이라고 가정했을 때, 하기가 꺼려지는 것이라면 절대로 하지 말자(결심문 제7번).¹⁵²

150　Tournier, 『모험으로 사는 인생』, 53.
151　1. Resolved, That I will do whatsoever I think to be most to the glory of God, and my own good, profit, and pleasure, in the whole of my duration; without any consideration of the time, whether now, or never so many myriads of ages hence. Resolved, to do whatever I think to be my duty, and most for the good and advantage of mankind in general. Resolved, so to do, whatever difficulties I meet with, how many soever, and how great soever.
152　7. Resolved, Never to do anything, which I should be afraid to do if it were the last hour of my life.

에드워즈는 결심문 제7번에서, 최후의 순간까지 하기가 꺼려지는 일은 절대로 하지 않기로 결심했다. 그렇다면 그가 천연두 백신을 접종한 것은 자진해서 한 것이 분명하다. 그리고 인류 전체의 행복과 유익이 된다고 믿었기 때문에 실천할 수 있었던 것이다. 그는 조지 마즈던의 말대로, 말과 행동이 일치하는 사람으로 말씀을 전할 때나 생활에서 언제나 변함이 없었다.[153]

그래서 에드워즈는 자신이 인디언의 생명을 구하고자 어려움이 아무리 크다고 할지라도 그것이 하나님의 뜻이라고 믿었기에 기꺼이 순종할 수 있었던 것이다. 그는 죽음조차도 평온하게 받아들일 수 있었다.

사무엘 홉킨스(Samuel Hopkins)는 에드워즈의 죽음을 받아들이는 모습을 다음과 같이 기록하고 있다.

> 그는 마지막 순간까지 이성을 잃지 않고 사용하는 것처럼 보였으며, 모든 것이 마치 "잠자러 가는 것처럼" 침착하고 평온하게 잠들었다. 그를 접종하고 지속적으로 돌본 의사는 이번 사건에 대해 에드워즈 부인에게 보낸 편지에서 다음과 같이 말했다.
>
> "어떤 사람도 그가 한 것처럼, 병의 모든 단계를 통해 하나의 지속적인, 보편적인, 침착하고 쾌활한 체념과 하나님의 뜻에 대한 인내심 있는 복종으로 자신의 모든 직업의 진실성을 더 완전하고 명확하게 증명한 사람은 없었다. 전체를 통해 불만족스러운 표현이나 불평의 최소한의 모습조차 없었다. 그리고 어떤 사람도 그가 한 것처럼 완벽한 고통 없이 이 세상을 떠난 적이 없었다. 가장 적절한 의미에서 말 그대로 그는 정말로 잠이 들었다."[154]

---

153 Marsden, *A Short Life of Jonathan Edwards*, 141.
154 Hopkins, *Memoirs of the Rev. Jonathan Edwards*, 190-91. He appeared to have the uninterrupted use of his reason to the last, and died with as much calmness and composure, to all appearance, as if he had been only going to sleep. …The physician who inoculated

에드워즈는 죽음도 하나님의 뜻으로 받아들였고 순종했다. 그러므로 그는 잠자는 것처럼 죽음을 평안하게 맞이할 수 있었던 것이다.

3) 에드워즈가 가족에게 남긴 유언

에드워즈는 목회 경험과 선교를 모두 경험한 사람으로 뉴저지대학 학장으로 학문성과 현장성을 갖춘 적임자였다. 하지만, 그는 학장으로 사역을 본격적으로 감당하기도 전에 하나님의 부름을 받았다. 그는 그리스도의 사랑과 섬김을 몸소 실천한 사람이었다.

에드워즈는 학생들이 천연두 예방 접종을 두려워하고 있는 것을 알고 겁낼 필요가 없다고 하면서 솔선수범해서 접종을 받았다. 하지만, 유감스럽게 천연두 부작용이 일어나게 되었고 에드워즈는 건강을 회복하지 못하고 하나님의 부름을 받게 되었다.

그는 마지막 임종을 하면서도 사랑하는 가족을 기억하면서 유언을 남겼다. 먼저 그는 아내에 대한 각별한 사랑을 표현하고 있다.

다시 살아나지 못할 것이라는 것을 알았을 때, 에드워즈는 곁에 앉아 있던 루시(Lucy Edwards)를 불러 말했다.

> 사랑하는 루시, 이제 곧 떠나야 하는 것이 하나님의 뜻인 것 같구나. 그러니 사랑하는 내 아내에게 마음을 다해 사랑한다고 전해 주렴. 그리고 우리

---

and constantly attended him has the following words in his letter to Mrs. Edwards on this occasion: Never did, any mortal man more fully and clearly evidence the sincerity of all his professions, by one continued, universal, calm, cheerful resignation, and patient submission to the divine will, through every stage of his disease, than he. Not so much as one discontented expression, nor the least appearance of murmuring through, the whole I And never did any person expire with more perfect freedom from pain: not so much as one distortion; but in the most proper sense of the words, he really fell asleep."

> 사이에 그토록 오래 지속되어 온 남다른 연합이 내가 믿기로는 영적인 것이었기 때문에 영원토록 지속될 것이라고 말해주렴. 또한, 그렇게 큰 시련 가운데서 아내가 기운을 잃지 않고 하나님의 뜻에 기꺼이 순종할 수 있기를 바란다.[155]

에드워즈는 이어서 그의 자녀 열 명에게도 다음과 같은 유언을 남겼다.

> 그리고 내 사랑하는 자녀들에게는 너희가 이제 아버지 없는 아이들로 남게 되었지만, 이것이 너희 모두가 한 분 아버지를 찾는 기회가 되길 바란다. 그분은 결코 너희를 버리지 않으실 것이다.[156]

조지 마즈던이 말한 것처럼 에드워즈는 죽음을 준비하면서 전 생애를 마쳤다. 그는 종종 설교에서 주일 아침에 편안하게 앉아 있는 사람들이 다음 날엔 무덤에 있을 수 있다고 했다. 하나님의 성령을 거슬러 사는 사람들은 죄의 무게로 인해 언제든지 지옥으로 떨어지게 될 것이지만, 은혜를 경험한 사람들에게 죽음은 그리스도의 영광을 볼 수 있게 위를 향해 다시 태어나는 해방이다.[157]

---

155 Marsden, 『조나단 에드워즈 평전』, 711.
156 Marsden, 『조나단 에드워즈 평전』, 712.
157 Marsden, 『조나단 에드워즈 평전』, 707.

4) 에드워즈 죽음의 재해석

역사는 과거와 현재의 끊임없는 대화이다.[158] 역사는 과거와 현재 간의 지속적인 상호작용으로 이해되어야 한다. 이 과정을 통해 그 사건들은 단순한 사실을 넘어서 의미 있는 사건이 된다. 역사적 사건은 과거의 사실과 현재 역사와의 대화를 통해 재해석되어야 한다. 에드워즈의 죽음 역시 현대의 관점에서 재해석되어야 한다.

에드워즈의 죽음에 대해 당시 많은 목회자와 신학자가 그것을 하나님의 섭리에 반한 결과로 해석하며, 하나님이 에드워즈를 죽였다고 생각했다.[159]

이것은 어거스틴(Augustine, 354-430)의 신학적 해석과 관련이 있다. 어거스틴은 하나님의 절대주권을 강조했다. 이런 절대주권 사상이 구원에 관해서뿐만 아니라 삶 속의 모든 것을 포함하는 사상이었다. 이런 신학은 질병의 원인을 규명하거나 치료하는 것을 생각하지 못한 결과를 가져왔다. 다시 말해서 질병은 원인을 규명하고 의술을 사용하여 근절해야 하는 것이라기보다 하나님의 섭리로 해석한 것이다.

어거스틴은 역사상 가장 영향력 있는 신학자 중 한 사람이었지만 질병의 원인을 규명하고 찾아내어 치료해야 하는 것을 인식하지는 못했다. 어거스틴은 전염병과 같은 위험한 실재물이 하나님의 일이므로 그것에 대해 싸울 수도 없다는 것이다. 이런 사상은 존 칼빈(John Calvin, 1509-1564)과 마틴 루터(Martin Luther, 1483-1546)에게도 영향을 미쳐 마틴 루터와 존 칼빈도 치명적인 바이러스, 박테리아 등과 같은 것들에 대하여는 조금도 언

---

158 Carr, 『역사란 무엇인가』, 35.
159 Ralph D. Winter et al., *Perspectives on the World Christian Movement: A Reader*, 4th ed. (Pasadena, Calif.: William Carey Library, 2009), 69.

급하지 않고 침묵하고 있다.[160]

어거스틴의 사상은 신학적인 교리의 기초를 놓는 데는 많은 기여를 했지만 악과 싸워야 할 때는 우리의 손과 발을 묶는 결과를 가져왔다.[161] 어거스틴의 신학적 관점에서 보면 우리가 병든 자를 도와야 한다는 것은 맞지만 위험한 세균을 찾아서 멸하는 의무는 없다는 것이다. 이런 어거스틴의 사상이 18세기 대부분의 목회자에게 큰 영향을 미친 것이다. 청교도 신앙을 가진 18세기 대부분의 목회자는 마틴 루터나 존 칼빈처럼 어거스틴의 신학을 따르는 자들이었다.[162]

어거스틴의 하나님 절대주권 신학에 영향을 받은 이들은 전염병에 대해 하나님의 섭리로만 보았고 전염병의 원인을 규명하고 해결책을 찾아 치료하는 일에는 무관심했던 것이다.

따라서 에드워즈가 스톡브리지에 있는 인디언 원주민을 위해 천연두 백신을 사용하고자 했을 때 매사추세츠주 목회자들은 백신 접종 금지 모임을 결성하고 반대했던 것이다. 그들은 천연두 백신 예방 접종을 하는 것은 하나님의 섭리를 거스리는 것으로 보았던 것이다. 그러나 에드워즈는 인디언 원주민을 사랑하고 의술을 사용해서 그들을 살리는 것이 하나님의 뜻이라고 믿었기에 이를 감행한 것이다.[163]

그러나 불행하게도 그는 천연두 백신 예방 접종을 하다가 감염으로 죽게 되었다. 그러자 어거스틴의 신학에 영향을 받은 그 당시 목회자들은 에드워즈가 하나님의 섭리를 거스렸기 때문에 하나님이 죽이신 것이라고 해

---

160 Ralph D. Winter et al., *Perspectives on the World Christian Movement*, 165.
161 Ralph D. Winter et al., *Perspectives on the World Christian Movement*, 165.
162 Noll, 『미국·캐나다 기독교 역사』, 60.
163 Lloyd-Jones, 『청교도 신앙』, 494. 에드워즈는 탐구적이고 활동적인 생각을 가지고 있었으며 신학뿐 아니라 과학문제들도 관심이 있었다. 그런데 그 관심이 그의 죽음의 직접적인 원인이 되었다.

석했던 것이다.[164] 그 당시 목회자들이 생각하는 하나님의 뜻과 에드워즈가 생각하는 하나님의 뜻은 서로 상충했다. 그 당시 목회자들은 에드워즈를 하나님의 섭리를 거스린 사람으로 보았기 때문에 그의 죽음의 의미를 간과했던 것이다.

우리는 에드워즈의 죽음을 재해석할 필요가 있다. 의학이 발달한 오늘날의 시각으로 볼 때 에드워즈의 천연두 백신 예방 접종을 하나님의 섭리를 따르지 않은 일이라고 보지 않는다. 오히려 선교적 관점에서 보면 선교를 폭넓게 보는 시각을 가졌다고 할 수 있다. 왜냐하면, 오늘날의 선교는 데이비드 보쉬(David J Bosch, 1929-1992)의 주장대로 증거, 봉사, 정의, 치료, 화해, 해방, 평화, 복음, 교제, 교회 설립, 상황화와 그 이상의 것들과 관계된 다면적인 사역이기 때문이다.[165]

랄프 윈터(Ralph D. Winter)도 데이비드 보쉬와 같은 시각을 가졌다. 랄프 윈터는 기독교인이 박테리아 병원균과 싸우는 것도 큰 관점에서 선교라고 보았다.[166]

윈터는 인류 역사를 통해 살육, 질병, 기근, 그리고 전쟁이 끊임없이 일어났다고 지적하면서 하나님께서는 이와 같은 현실과 싸워야 할 사명을 우리 그리스도인에게 주셨다고 주장했다.[167] 또한, 랄프 윈터는 천연두, 조류 독감, 뎅기열 등 다양한 질병을 일으키는 병균을 연구해야 한다고 했다. 왜냐하면, 면역체계가 아무리 좋고 좋은 음식을 먹고 건강할지라도 천연두나 말라리아를 예방할 수 없기 때문이다. 그러므로 랄프 윈터는 이런 총체적인 어

164　Ralph D. Winter et al., *Perspectives on the World Christian Movement*, 165-66.
165　David Jacobus Bosch, *Transforming Mission: Paradigm Shifs in Theology of Mission, American Society of Missiology Series*, vol. no 16 (Maryknoll, N.Y.: Orbis Books, 1991), 512. "Mission is a multifaceted ministry, in respect of witness, service, justice, healing, reconciliation, liberation, peace, evangelism, fellowship, church planting, contextualization, and much more."
166　Ralph D. Winter et al., *Perspectives on the World Christian Movement*, 118.
167　Ralph D. Winter et al., *Perspectives on the World Christian Movement*, 94-95.

려움에서부터 인류를 구출해 내는 과정을 통해 궁극적으로 하나님께서 영광을 받으시고 이것이 곧 기독인의 선교적 사명이라고 보았다.

그의 말을 들어보자.

> 하나님은 사람들의 영혼을 구원하여 영원한 천국으로 보내는 것만 원하시는 것이 아니다. 그분은 자신의 창조물을 전쟁과 질병에서 구출해 내기 원하신다. 이런 구출 과정이 성공할수록 하나님의 영광이 드러나면, 이것이 우리의 선교적 사명이다.[168]

그 당시 이런 생각을 가졌던 에드워즈는 편협한 신학의 한계를 넘어 시대를 앞서가는 사명을 가지고 하나님의 뜻을 실천한 것이다. 그러므로 천연두 백신 접종으로 인한 그의 죽음은 하나님의 섭리를 거스려 죽은 것이 아니라 하나님이 주신 사명을 감당하기 위해 인디언을 사랑한 숭고한 십자가의 순교적 죽음이다.

에드워즈의 죽음을 재해석함에 있어서 초대 교회 순교자 스데반(Stephen)의 죽음을 살펴보면 에드워즈의 죽음이 순교자의 죽음이라는 것이 분명해진다. 사도행전 6장과 7장에 나오는 스데반의 죽음이 그 당시 유대인들에게는 순교가 아니었다. 스데반의 죽음은 하나님의 신성을 모독한 결과였던 것이다. 그래서 그들은 스데반을 돌로 쳐 죽였다. 유대인들의 신학이 스데반을 죽인 것이다. 스데반의 죽음은 그들에게 순교도 아니고 하나님의 뜻을 거슬린 신성 모독죄로 죽은 것에 불과했다.

그러나 스데반은 예수 그리스도의 복음을 위해 죽었으며, 자신을 향해 돌을 던지는 사람들을 온몸으로 끌어안고 사랑했다. 그래서 그는 기꺼이 자신의 생명을 던진 것이다. 스데반의 죽음은 하나님의 신성을 모독한 죽

168　Ralph D. Winter et al., *Perspectives on the World Christian Movement*, 95.

음이 아니라 온몸에 돌을 맞아 피를 흘리고 죽은 순교자의 죽음이었다. 스데반은 최초의 순교자가 되었다.[169]

순교는 그리스도의 복음과 영혼을 위해 자신의 생명을 바치는 것이다. 에드워즈는 인디언의 질병을 치료하기 위해서 십자가의 사랑으로 자신을 던진 것이다. 당시 천연두 백신의 부작용이 있다는 것을 알면서도, 에드워즈는 자신의 몸을 희생하여 인디언이 전염병으로부터 치유받기를 원했다.

에드워즈는 질병과 적극적으로 싸우고 질병의 원인이 되는 것을 찾아내 멸하는 것이 하나님의 뜻으로 보았다. 에드워즈는 질병을 치료하는 일은 하나님의 섭리를 거스리는 일이 아니라 마귀의 일을 멸하는 것으로 생각했다. 하나님의 아들이 나타나신 것은 마귀의 일을 멸하는 것이다.[170]

그래서 에드워즈는 당시 의술이 완전하지 못하더라도 의술을 사용해서 인디언을 살리고자 했던 것이다. 그러므로 그의 죽음은 인디언의 영혼을 사랑하여 자신을 천연두 백신 예방 접종에 던져, 온몸으로 고통을 받아 낸 십자가의 사랑을 실천한 순교적 삶이다.

예수 그리스도는 십자가를 지고 모든 사람을 대신하여 죽으심으로 구원의 길을 열어 주셨다. 에드워즈의 모습은 예수 그리스도의 십자가의 헌신적 사랑을 보여 주었다. 그는 기꺼이 자신을 드림으로 많은 사람을 살리는

---

169 Alvin J Schmidt, *How Christianity Changed the World* (Zondervan, 2009), 19-20. Luke, the writer of the book of Acts, say that Stephen was 'full of God's grace and power, did great wonders and miraculous signs among the people"(Acts 6:8). As the number of Christians grew in Jerusalem, the Jews dragged Stephen before the religious council. Stephen testified to the history of the Jews from Abraham to Jesus, proving that Jesus was the Messiah, a descendant of Abraham. But the Jews rejected his message, called him blasphemous, and dragged him out and stoned him to death. As he lay dying, he prayed, "Lord, do not hold their sins against them." (Acts 7:59-60) Stephen became the first martyr in about A.D. 35, not long after Jesus' resurrection and ascension.

170 [요일 3:8] The one who does what is sinful is of the devil, because the devil has been sinning from the beginning. The reason the Son of God appeared was to destroy the devil's work.(1John3:8, NIV)

헌신과 희생 정신을 보여 준 것은 값으로 따질 수 없는 보석처럼 찬란히 빛나는 유산이다.

7. 요약(Summary)

제8장에서는 에드워즈가 세계 선교에 기여한 선교학적 유산을 고찰하였다. 에드워즈는 부흥운동가이자 저술가이며 선교사로서 후대에 깊은 영향을 미친 인물로, 그가 남긴 소중한 선교학적 유산을 여섯 가지 측면에서 살펴보았다.

첫째, 에드워즈가 세계 선교에 남긴 선교학적 유산은 선교 정보 확산이다. 에드워즈는 데이비드 브레이너드의 삶을 출간하여 선교적 운동을 전 세계적으로 확산시켰다. 새로운 선교 현장에 일어나는 선교지 소식과 부흥 운동에 관한 소식은 다른 곳에서 동일한 선교 운동과 부흥 운동을 촉진시켰다. 이 책은 개신교 선교의 귀감이 되었으며, 선교사의 이상형을 제시함으로 수많은 사람이 선교에 동참하고 헌신하도록 촉매 역할을 했다.

데이비드 브레이너드의 일기를 읽고 수많은 사람이 선교에 헌신했다. 근대 선교의 아버지라 불리는 윌리엄 캐리(William Carey, 1761-1834)는 이 책을 통해 데이비드 브레이너드의 삶에 도전을 받고 인도(India) 선교사로 헌신하여 선교 열정이 식어 갈 때마다 이 책을 반복해서 읽음으로 선교의 열정에 불을 붙였다. 영국 케임브리지대학교 출신으로 선교에 헌신한 헨리 마틴(Henry Martyn)도 20세 초반에 이 책을 읽으면서 선교사가 될 것을 결심하였고, 동인도(East India) 선교 사역을 하면서 지칠 때마다 이 책을 통해 선교사의 사명을 고취시켰다.

그 외에도 프란시스 애즈베리(Francis Asbury), 토머스 쿡(Thomas Coke), 로버트 모리슨(Robert Morrison), 새뮤얼 밀스(Samuel Mills), 프레드릭 쉬바르츠(Frederick Schwarz), 로버트 맥체인(Robert McCheyne) 데이비드 리빙스턴(David Livingstone), 아도니람 저드슨(Adoniram Judson), 앤드류 머레이(Andrew Murray) 등 수많은 사람에게 선교의 도전을 주었다. 에드워즈는 브레이너드의 삶과 사역을 선구적인 선교사의 모범으로 제시함으로 선교의 지평을 비 서구 세계로 확산시키는 데에도 큰 공헌을 했다.

둘째, 에드워즈가 남긴 선교학적 유산은 선교 운동의 확산에 공헌한 점이다. 에드워즈에게 있어서 부흥과 선교는 분리되는 것이 아니라 직결되는 것이었다. 그러므로 에드워즈의 부흥 운동은 선교 운동으로 확산되었다. 부흥 운동의 결과로 교회의 갱신이 일어났으며, 양적으로 증가했다. 부흥 운동은 사회 전반에도 영향을 주었는데, 특별히 교육 기관, 대학들이 많이 설립되는 결과를 가져왔다. 따라서 에드워즈의 부흥 운동은 선교 운동으로 확산되었다.

셋째, 에드워즈가 세계 선교에 남긴 선교학적 유산은 하나님의 구속사 관점에서 선교를 보는 통찰력을 제공했다는 점이다. 에드워즈는 죄 가운데 있는 모든 인간은 다 멸망 받을 수밖에 없으며, 그리스도 안에 있는 자라야 구원을 얻으며 거룩한 삶을 살 수 있다는 구속사적인 관점에서 선교를 보았다. 구원의 사역을 이루기 위해 하나님께서는 선교로 그의 백성들을 부르시며, 성령의 역사하심에 따라 일어나는 부흥이 선교 운동을 촉진시키고 동역을 제공한다고 믿었다. 에드워즈에게 있어서 부흥과 선교는 분리할 수 없는 하나님의 구속 역사였다.

넷째, 에드워즈는 기도합주회 운동을 일으켜 대위임명령, 즉 선교 명령을 대중화하는 데 크게 기여함으로 세계 선교에 중요한 선교학적 유산을 남겼다. 특별히 기도합주회를 통해 스코틀랜드 교회 목회 지도자들과 연합하여 대위임명령을 국경을 넘어서 목회자들과 평신도들이 함께 하는 데

지대한 역할을 했다. 이런 연합기도로 말미암아 부흥과 선교를 위한 기도회가 미국을 넘어 유럽으로 전 세계적으로 확장되었다.

다섯째, 에드워즈가 세계 선교에 남긴 중요한 선교학적 유산은 선교의 국제적 연합의 토대를 마련했다는 점이다. 서신의 왕래가 어려웠던 당시의 시대 상황을 고려하면 쉬운 일이 아님에도 불구하고 에드워즈는 스코틀랜드 목회자들에게 부흥과 선교를 위한 기도회를 통해 선교적 연합을 도모했다는 점은 선교의 네트워크의 중요성을 인식한 통찰력이 아닐 수 없다.

여섯째, 에드워즈는 인디언을 위해 자신을 던진 순교적 삶을 살았다. 에드워즈는 인디언을 위해 자신을 던진 순교적 삶을 살았다. 당시의 대부분 사람들이 예방 접종은 하나님의 뜻을 거슬린다고 하는 신학적 견해보다 에드워즈는 인디언을 위해 십자가의 사랑을 보여 준 순교적 삶은 고귀한 큰 유산이 아닐 수 없다.

에드워즈가 받은 수많은 찬사와 존경은, 그가 남긴 삶과 신앙의 유산이 지닌 깊이와 가치를 여실히 보여주는 증거라 할 수 있다.

스톡브리지에서 에드워즈의 가족의 삶을 저술한 에드나 거스트너(Edna Gerstner, 1914-1999)는 에드워즈에 대한 그의 부인 사라가 딸 에스더(Esther)에게 한 말을 언급하면서 최고의 찬사를 다음과 같이 적으면서 글을 마무리하고 있다.

> 예일대학은 대학교회 창문에 "그는 시대를 움직이는 거룩한 철학자"라고 새겼고 에드워즈가 활동할 당시에는 뉴저지대학이었던 프린스턴대학교는 그의 유해 위에 "두 번째로 죽지 않는 사람"이라고 썼다. 그에 대한 칭찬과 찬사는 끝이 없었다. 특히, 그를 가장 잘 아는 그의 가족이 그에게 보이는 높은 존경심은 아주 놀랄 만한 것이었다. 그의 부인인 사라가 딸 에스더에게 한 말이 이를 잘 집약해 주었다.

"내 남편이며 너의 아버지가 남기고 가신 신앙의 유산과 그가 한 일을 보라. 이 얼마나 귀한 유산인가!"[171]

다음 9장은 결론으로 지금까지의 연구를 요약하고 결론을 도출한 후, 후속 연구에 대한 제언으로 마친다.

---

171 Gerstner, 『조나단 에드워즈의 영적 생활』, 283.

제9장

결론

　제9장에서는 논문의 결론을 기술하고자 한다. 필자는 조나단 에드워즈 선교의 역사적 배경과 선교 운동으로 확산되었던 부흥 운동과 에드워즈의 인디언 스톡브리지 선교 사역, 그리고 브레이너드와 만남을 통한 선교 정보 확산과 에드워즈가 세계 선교에 남긴 선교학적 유산을 연구했다.

　따라서 제9장에서는 지금까지의 연구한 내용을 요약 정리하고 결론을 제시한 후, 후속 연구 분야를 제언함으로 마친다.

1. 요약(Summary)

　본서는 총 아홉 장으로 구성되어 있으며, 각 장을 요약하면 다음과 같다.

　제1장은 서론으로서, 본서의 필요성과 연구의 배경을 제시하였다. 이어서 연구 논지의 핵심을 진술하고, 연구의 목적과 목표를 구체화하였다. 또한, 연구의 학문적 의의를 설명하며, 본서에서 다루고자 하는 핵심 주제를 명확히 하였다. 본서가 다루는 주요 질문들을 체계적으로 제시하였으며, 연구의 범위와 한계를 규정하고, 본서에서 가정하는 것을 기술하였다. 아울러 본서에서 사용되는 주요 용어 개념들을 정의하고, 적용할 연구 방법

론과 연구 개관을 기술하였다.

제2장에서는 조나단 에드워즈의 선교신학을 보다 깊이 있게 이해하기 위해 관련 선행 연구들을 고찰하였다. 먼저, 에드워즈의 역사적 위상을 조명하며, 한 인물로서의 탁월성과 이에 대한 주요 역사학자들의 평가를 검토하였다. 또한, 기존 연구 동향을 분석함으로써, 선교학적 영역에서의 연구가 상대적으로 미진하다는 사실을 지적하고, 이에 대한 학문적 보완의 필요성을 제기하였다. 아울러 에드워즈라는 인물이 역사적으로 어떻게 묘사되어 왔는지를 파악하기 위해 지금까지 출간된 주요 전기문헌들을 개관하였으며, 에드워즈의 선교신학과 관련된 1차 저작들과 이에 대한 학술적 연구 문헌들을 검토하였다.

에드워즈에 대한 연구와 그 영향력은 시대를 초월하여 미국을 넘어 유럽과 아시아까지 확산되고 있다. 그러나 그의 사상에 대한 연구는 주로 인문학, 철학, 신학, 설교학, 부흥신학 등의 영역에서 활발히 이루어진 반면, 선교학적 측면에서는 상대적으로 주목받지 못했으며 연구 또한 미진한 실정이다. 본서는 에드워즈를 사상가, 설교자, 목회자, 저술가로서뿐 아니라, 선교사로서의 정체성과 기여에 대해서도 학문적으로 조명할 필요가 있음을 논증하였다.

제3장에서는 본서의 방법론을 설명하였다. 에드워즈의 삶과 사역을 다루는 역사적 연구의 성격상, 역사 서술 방법론에 대한 고찰이 선행되었다. 이를 위해 복음주의 신학의 관점을 반영한 조지 마즈던의 역사 서술 방법론과, 선교학적 통찰을 바탕으로 기독교 역사를 확장사적 시각에서 조명한 케네스 스콧 라투렛의 방법론을 검토하였다. 더 나아가 라투렛의 관점을 계승하면서 기독교 문명사적 틀로 발전시킨 랄프 윈터의 역사 서술 방법론을 기술하였다.

그리고 라투렛의 영향을 받아 기독교 역사를 기독교 확산과 교회 성장사 관점으로 보는 맥가브란과 기독교 역사를 선교학적 관점에서 기독교

'선교 운동 사관'을 정립한 폴 피어슨의 역사 서술 방법을 기술하였다. 조나단 에드워즈와 같은 중요한 인물을 분석하고 기독교 선교역사를 종합적으로 이해하려면 복음주의 신학적 관점과 선교학적 관점, 두 렌즈가 모두 필요함을 주장하였다.

제4장은 에드워즈 시대의 영적 상태를 분석하고 그의 생애를 고찰하였다. 에드워즈의 생애를 로버트 클린턴의 여섯 단계 원리에 따라 고찰하였다. 그의 가문과 초기 교육, 회심 이후의 경건한 삶, 노샘프턴교회에서의 두 차례 부흥 운동, 성찬 논쟁으로 인한 교회 사임과 인디언 선교사로의 헌신, 그리고 뉴저지대학 학장으로의 부름과 스톡브리지 선교 사역의 마무리 과정을 살펴보았다. 마지막으로, 천연두 백신 접종 후 나타난 합병증으로 하나님의 부르심을 받기까지의 순종적인 생애를 조명하였다. 이런 분석을 통해 에드워즈의 신앙과 선교 사역의 역사적 맥락을 이해 할 수 있었다.

제5장에서는 에드워즈가 주도한 두 번의 중요한 부흥 운동, 코네티컷 골짜기 부흥과 대각성 운동을 분석하였다. 부흥 운동의 전개, 확산, 그리고 쇠퇴 과정을 자세히 조명하였다. 또한, 에드워즈의 부흥신학의 역사적 맥락과 대각성 운동의 역사적 평가를 통해 부흥의 특징과 신학적 의미를 고찰하였다. 에드워즈에게 부흥은 단순히 종교적 열정이 아니었다. 그것은 하나님의 주권적인 역사이며, 성령의 강력한 임재 속에서 죄에 대한 깊은 각성과 하나님의 영광이 드러나는 거룩한 하나님의 역사였다.

부흥 운동에 대한 논란에 대응하기 위해 에드워즈는 여러 저작을 출판하며 부흥신학을 체계화하였다. 이 부흥 운동은 교회공동체를 넘어 사회 개혁과 선교의 확장으로 이어졌으며, 에드워즈의 부흥은 결국 선교와 직결되었음을 알 수 있었다. 이를 통해 에드워즈의 부흥 운동이 선교의 목적을 이루기 위한 하나님의 전략적 방법임을 확인할 수 있었다.

제6장에서는 에드워즈를 선교사로서 조명하면서 스톡브리지 인디언 선교 사역을 중점적으로 분석하였다. 에드워즈가 스톡브리지 선교 사역을 수행할 때 인디언 선교 상황과 스톡브리지에 가게 된 동기와 인디언 선교 사역, 인디언 선교의 목표, 그리고 인디언 선교의 의미와 에드워즈의 선교 사상을 조명하였다.

제6장을 연구하면서 에드워즈가 왜 선교사로 불리어야 하는지를 알게 되었다. 에드워즈는 스톡브리지 인디언 선교 사역을 시작하기 오래전부터 인디언 선교에 관여해 왔으며, 브레이너드와의 만남을 통해 하나님의 섭리로 가게 되었음을 알게 되었다. 또한, 그의 선교 사역은 약자들의 권익을 위해 대변자로서 사역과, 교육 사역, 그리고 말씀을 통한 복음 전파였음을 보게 되었고, 이를 통해 선교 사역이 하나님의 영광을 드러내는 것임을 배울 수 있었다.

인디언 선교를 통해 식민지 지배층과의 불가불 발생하는 인디언과의 마찰에 있어 에드워즈가 완충 역할을 했으며, 에드워즈는 인디언을 하나님의 구속사 안에서 구원받아야 할 대상으로 보는 성경적 구속관이 선교의 기초임을 알고 실천하는 모습을 보여 주었다. 따라서 에드워즈는 당대 뛰어난 신학자요, 사상가요, 부흥운동가일 뿐만 아니라, 그가 왜 선교사라는 직함을 더해야 하는지를 알 수 있었다.

제7장에서는 에드워즈와 선교 정보 확산에 대해 분석하였다. 특히, 데이비드 브레이너드는 에드워즈의 선교 정보 확산에 결정적인 기여를 한 인물로 평가된다. 이에 제7장에서는 브레이너드의 삶의 여정과, 에드워즈가 편집한 그의 일기 내용, 고난 속에서도 드러난 신앙의 여정, 그리고 에드워즈와의 만남과 그 관계를 중심으로 살펴보았다. 아울러 두 인물 간의 상호작용이 서로에게 어떤 영향을 주었는지를 조명하였다.

제7장을 통해 브레이너드의 삶을 깊이 이해하게 되었으며, 그가 인디언 선교사로 헌신하게 된 것은 하나님의 뜻이었음을 보게 되었고, 브레이너

드의 삶을 통해 하나님은 세계 선교 운동을 일으키는 원동력으로 삼았음을 보게 되었다. 브레이너드의 인디언 선교 사역을 통해 그가 자신의 건강조차 돌보지 않고 열정적으로 헌신한 선교사의 내면적 삶이 그의 사역의 외적인 열매보다 훨씬 중요하다는 점을 배우게 되었다.

브레이너드의 사역은 조나단 에드워즈와의 만남을 통해 세상에 알려지게 되었으며, 이는 하나님의 놀라운 뜻 안에서 이루어진 것임을 알게 되었다. 제7장에서 에드워즈가 브레이너드의 삶을 출판하게 됨을 한 개인의 선교 사역뿐만 아니라, 그 사역을 나누는 선교 정보 확산이 얼마나 중요한지를 배웠다.

제8장에서 에드워즈의 선교학적 유산이 무엇인지를 조명하였다. 부흥 운동의 선교적 확산과, 브레이너드의 삶과 사역을 선교사의 모범으로 제시함으로 선교의 지평을 비서구 세계로 확산시키는 선교 정보 확산과 기도합주회를 통해 대위임명령, 즉 선교 명령을 대중화시키는 데 크게 공헌한 점과 국제 선교 연합을, 즉 선교 네트워크를 통해 공헌한 점을 고찰하였다.

스코틀랜드 교회의 목회 지도자들과의 연합을 통한 기도합주회를 통해 목회자와 평신도가 함께 대위임명령을 수행하는 중요한 역할을 한 사례를 기술하였다. 이런 연합기도의 결과로, 부흥과 선교를 위한 기도회가 미국을 넘어 유럽을 포함한 전 세계적으로 확장되었음을 살펴보았다. 또한, 에드워즈가 선교의 국제적 연합을 위한 토대를 마련함으로써 선교에 크게 기여하였다는 점을 논의하였다. 이는 에드워즈의 국제적 선교 협력에 대한 역사적 중요성을 강조하며, 그의 사역이 글로벌 선교 운동에 어떠한 영향을 미쳤는지를 학문적으로 분석한 것이다.

제8장을 통해 에드워즈의 시대를 앞서가는 선교적 통찰력을 볼 수 있었다. 하나님의 선교를 위해서 정보를 공유하고 함께 기도하며 세계 선교를 위한 연합을 도모하는 일은 놀라운 통찰력이다. 기도합주회 운동을 통해

대위임명령을 모든 그리스도인에게 알리며 함께 기도할 것을 요청하고 네트워크를 형성하여 선교 사역을 한 것은 선교의 대중화에 크게 기여한 점과 순교적 삶은 세계 선교에 남긴 소중한 유산이다.

에드워즈는 선교사로서 부흥 운동을 주도하며 선교 운동 확산과 '선교 정보 확산 이론'과 국제 연합기도의 발판을 마련하였고, 선교를 구속사 관점에서 보았으며, 기도합주회를 통해 모든 평신도에게 대위임명령의 중요성을 알리는 데 기여했으며, 희생적인 십자가의 삶을 보여 준 아름다운 선교적 유산을 남긴 미래를 내려다보는 통찰력을 가진 선교사로 자신의 생명을 인디언 원주민 선교의 제단에 바친 순교자였다.

제9장은 결론으로 연구 내용을 요약했다. 이제 결론을 내리고 사역자들과 교회와 후속 연구를 제언하면서 마무리한다.

2. 결론(Conclusion)

본서의 결론은 조나단 에드워즈를 단순한 목회자, 부흥운동가를 넘어선 선교사로서 재평가하며, 신학적 관점과 선교학적 관점의 두 렌즈로 그의 선교 운동 확산, 선교 정보 확산, 국제 기도 운동을 위한 네트워크 구축, 구속사적 선교 해석 및 지상명령의 확산에 대한 기여와 희생적인 순교자로서의 귀중한 선교학적 유산을 남긴 역사적 인물로 인식하는 것이다.

3. 제언(Suggestion)

1) 사역자를 위한 제언

사역자는 성경을 가르치는 자이다. 성경은 하나님의 말씀이다. 하나님의 말씀은 능력있는 말씀이다. 성경 말씀에는 수많은 믿음의 선배들이 기록되어 있다. 믿음의 선배들이 어떻게 살았고 어떻게 신앙을 지키며 하나님 나라를 위해 살았는지 우리는 배우고 본받아야 한다.

히브리서 기자는 말한다.

> 하나님의 말씀을 너희에게 이르고 너희를 인도하던 자들을 생각하며 저희 행실의 종말을 주의하여 보고 저희 믿음을 본받으라. 예수 그리스도는 어제나 오늘이나 영원토록 동일하시니라(히 13:7-8).

이 말씀은 우리에게 두 가지 도전을 준다.

첫째, 주의 깊게 살피고 연구하라.
둘째, 믿음을 본받으라.

말씀은 변하지 않는다. 예수 그리스도는 어제나 오늘이나 동일하신 분이다. 그러므로 우리는 우리의 목회 현장와 선교 현장에서 믿음의 선배인 에드워즈를 연구하고 도전받아야 한다.

첫 번째 도전을 통해 필자는 에드워즈에 대한 깊은 관심을 갖게 되었고, 이후 그의 삶과 사역을 연구하였다. 특히, 노샘프턴교회에서 23년간 담임 목사로 사역을 하고 그의 인생 마지막 7년은 스톡브리지 인디언 선교사로 헌신한 에드워즈의 여정을 고찰하였다. 이번 연구를 통해 확실하게 알게 된 것이 있다. 한 시대의 목회자와 선교사는 하나님이 준비시키고 부르시고 하나님 나라의 복음 전파를 위해 사용하신다는 것이다.

조나단 에드워즈를 택하시고, 능력을 주시고, 말씀을 선포하게 하신 분이 하나님이셨다. 부흥 운동을 통해 에드워즈는 부흥신학을 정립하였는데, 부흥은 하나님의 구속사 안에서 선교를 위한 것이며, 선교는 궁극적으로 하나님의 영광을 위한 것이라는 사실이 이 연구를 통해 확연해졌다. 폴 피어슨의 '핵심 인물 이론'[1]에서 말한 것처럼, 에드워즈는 하나님과의 특별한 만남의 회심을 체험했으며, 세상을 향한 하나님의 열정을 가지고 목회자로서뿐만 아니라 다른 사람들을 선교에 동참시키는 선교사임을 분명히 알게 되었다.

에드워즈는 기도합주회를 통해 목회자들에게 부흥과 선교에 도전을 주었고, 『브레이너드의 삶』을 출판함으로 수많은 젊은이로 하여금 선교에 헌신하도록 했으며, 자신의 인생 마지막을 선교 현장에서 불태우며 선교의 중요성을 인식한 위대한 선교사였음이 이 연구를 통해 분명해졌다.

두 번째 도전은 믿음을 본받으라는 것이다.

그러면 우리는 에드워즈를 통해 무엇을 본받아야 하는가?

18세기 에드워즈가 직면한 영적 상황은 오늘날 우리가 마주하는 현실과 비슷한 상황이었다. 그런데도 에드워즈는 하나님의 부르심에 순종하여 목회자이자 선교사로서 자신의 소명을 충실히 감당하며, 하나님의 영광을 위하여 복음 전파의 사명을 끝까지 수행하였다. 우리는 이런 그의 삶과 헌신에서 본받아야 할 모범을 발견할 수 있다.

이에 에드워즈에게서 본받아야 할 몇 가지 중요한 점들을 구체적으로 제시하고자 한다.

---

1 Pierson, 『선교학적 관점에서 본 기독교 선교 운동사』, 18.

첫째, 에드워즈의 경건생활을 본받아야 한다. 목회와 선교는 프로그램도 아니고 일회성 이벤트도 아니다. 그것은 하나님의 역사이며 사람을 통해 이루시는 하나님의 방법이다. 따라서 목회자와 선교사에게 중요한 것은 하나님과의 관계이다. 하나님과의 깊은 관계 속에서 거룩한 열정이 생기며 영혼을 구원하는 아버지의 마음을 갖게 된다. 목회자나 선교사는 위대해지는 것이 아니라 하나님을 더 높이는 삶을 살아간다.[2]

에드워즈는 자신의 삶을 통해 하나님의 영광을 드러내기 위하여 거룩한 경건을 실천하는 데 지속해서 헌신했다. 그의 노력은 경건한 삶을 영위하기 위한 지속적인 노력과 헌신을 반영하는 것으로, 신학적으로 그의 행동은 하나님에 대한 깊은 헌신과 영적 성장을 추구하는 모습을 보여 준다.

그의 70가지 결심문(부록 참조)을 스무 살이 되기 전에 작성하여 평생 일주일에 한 번씩 읽으며 자신을 하나님 앞에서 점검한 사실은 그가 얼마나 경건한 생활을 하려고 몸부림쳤는지를 알 수 있었다. 오늘날 목회자들이나 선교사들에게 필요한 것은 바로 경건생활이다. 이것이 능력이고 이것이 목회와 선교의 힘이라는 사실을 알고 에드워즈의 삶을 본받을 것을 도전한다.

둘째, 네트워크를 통해 연합하여 정보를 공유하고 협력하는 사역을 본받아야 한다. 이 연구를 통해 우리가 확실히 알게 된 것은 에드워즈는 부흥 운동을 할 때도 당대 가장 영향력 있는 젊은 설교자 휫필드를 초청하여 말씀을 전하게 함으로 부흥 운동에 연합하여 사역을 했다. 그리고 전 세계 부흥과 선교를 위해서 스코틀랜드 목회자들과 연합하여 정보를 교환하고 기도함으로 선교의 연합을 도모하였음을 보았다.

---

2   고창덕, "데이비드 브레이너드의 생애와 사역에 나타난 선교 접촉점 연구" (총신대학교, 2015), 113.

한국인 디아스포라는 전 세계에 흩어져 살아가고 있다. 흩어진 한국인들이 가는 곳마다 교회를 세우고 선교에 앞장서고 있다.[3] 이것은 하나님이 우리 한국 교회와 디아스포라 교회를 통해 전 세계에 복음을 전파하는 축복을 주신 것이다.[4]

하나님께서 이런 선교의 축복을 주셨는데 우리는 보다 효과적인 사역을 감당하기 위해서 서로의 연합과 정보교환의 협력이 필요하다. 선교 단체의 연합과 교회의 연합과 선교사들과의 연합이 더욱 강조할 필요가 있다. 왜냐하면, 우리의 복음 전파는 특정한 교회를 위한 것도, 선교 단체를 위한 것도 아니며 영웅적인 목회자나 선교사를 위한 것은 더더욱 아니기 때문이다.

2) 교회를 위한 제언

교회는 세상을 향한 하나님의 선지자적 음성이다. 이 음성은 세상을 회개시키시고 구원하시고 화해시키시기 위한 것이다.[5]

첫 번째 제언은 부흥을 사모하라는 것이다. 부흥은 선교로 이어지기 때문이다. 부흥은 하나님의 주권적 역사이며 부흥은 성령의 역사로 이루어진다. 한국 교회는 그동안 세계 역사에서 유래를 찾을 수 없을 정도로 급성장한 것이 사실이다. 이것은 하나님의 은혜였다. 하나님을 갈망하는 절박함으로 성도들의 기도 소리가 교회에서 떠나지 않았고, 산마다 기도의

---

3 이재환,『미션 파서블』(서울: 두란노, 2003), 331.
4 김용식,『디아스포라 인 브라질』(서울: 윌리엄캐리, 2009), 17. 김용식 교수는 브라질 한인 디아스포라 선교 운동사를 연구하여『디아스포라 인 브라질』을 발간한 그의 책 서문에서 브라질 한인 이민교회사가 분열이 있었지만 분열로 보지 않고 하나님이 일하시는 선교역사적 관점에서 보는 놀라운 통찰력을 보여 주었다. 그는 이민 교회를 디아스포라를 통해 하나님의 잃어버린 영혼을 구원하시는 하나님의 선교 이야기로 풀어내는 새로운 안목을 제시했다.
5 Hiebert and Meneses,『성육신적 선교 사역』, 413.

소리가 울려퍼졌다. 하나님께서 한국 교회와 전 세계에 흩어진 디아스포라 한인교회들을 사용하여 복음을 전파하게 하신 것은 놀라운 하나님의 역사였다.

1990년대 들어서면서 정체 현상을 겪으며 교회의 기도 소리가 약해졌다. 산상기도도 사라졌다. 교회는 하나님의 주권적인 역사보다 인위적인 방법으로 교회 성장을 이루려고 했다. 이런 현실에 한국 교회는 새로운 부흥과 각성이 필요한 시기에 왔다. 인위적인 교회 성장이 아닌 하나님의 주권적인 역사로 말미암아 부흥을 사모하고 부흥을 위해 기도하며 새로운 하나님의 역사를 기대해야 한다.

제임스 뷰캐넌(James Buchanan)은 다음과 같이 말했다.

> 시기나 장소에 관계없이 어느 나라에서나 참된 신앙과 능력의 부흥이 발생해서 죽지 않는 몇 명의 영혼이 구원의 회심을 경험하기만 한다면, 비록 그런 사건이 세상에서 조롱을 받는다 하더라도 하늘의 천사들에게는 기쁨이 되며 구속자에게는 만족함이 된다는 사실을 우리는 알아야만 한다.[6]

한국 교회와 디아스포라 교회 모두 참된 부흥을 갈망하고 있다. 이런 부흥은 단순한 인간의 노력이 아닌, 하나님의 주권적인 역사와 참된 신학에 기반해야 한다. 조나단 에드워즈가 강조한 것처럼 부흥 운동은 오직 하나님의 주권적 은혜의 역사를 통해서만 이루어질 수 있다.

참된 부흥은 하나님의 주권적인 역사임을 인정하고 성령의 역사로 말미암는다는 사실을 기억해야 한다. 성령의 역사로 죄의 각성이 따르고 자신을 하나님 앞에 거룩한 산 제물로 드리게 된다. 바른 말씀 위에 하늘로부터 임하는 성령의 역사로 평양대부흥이 일어났고 18세기 에드워즈를 통해

---

6 James Buchanan, 『성령의 사역, 회심과 부흥』, 400.

뉴잉글랜드에도 임했다. 조나단 에드워즈는 형식적이고 세속화되어 가는 기독교를 안타깝게 여기고 참된 부흥을 갈망하며 하나님께 나아갔다. 그럴 때 하늘문이 열리고 성령이 공동체 가운데 임했다.

왜 부흥을 갈망해야 하는가?

그것은 부흥은 선교로 이어지기 때문이다. 1882년 미국과 수교가 이루어지면서 하나님은 120년 전에 한민족을 하와이로 이민을 보내셨다. 그들은 교회를 먼저 세웠다.[7] 이어서 멕시코와 유카탄 반도로 보내셨고, 독일에 광부와 간호사를 보내셨다. 그리고 월남전을 통해 아시아에 눈을 뜨게 하시며 원양어업과 사진기술을 통해 아프리카에 진출하게 하셨다.

미국과 호주와 뉴질랜드의 이민을 통해 전세계 170여 개의 나라로 한민족을 흩으셨다. 이는 우리 민족을 들어 세계 선교를 감당하라는 하나님의 놀라운 섭리인 것이다.[8] 이렇게 선교사를 전세계 보내게 된 것은 한국 교회와 디아스포라 교회의 부흥이 있었기 때문이며 이런 부흥이 선교로 이어졌기 때문이다.

이 연구를 통해 에드워즈에게서 우리는 참된 부흥은 선교로 이어짐을 분명히 보았다. 예수님의 대위임명령은 선교였다(마 28:19-20; 막 16:15-18; 행 1:8). 에드워즈는 부흥을 위해서 기도합주회를 열었고 이 기도합주회를 통해 대위임명령의 성취를 위해서 연합기도회를 도모했다. 연합기도회는 기도와 부흥 그리고 선교였다. 에드워즈에게 있어서 부흥과 선교는 연결되어 있다.

---

[7] KCMUSA, 『미주 한인 교회사』(*120th Anniversary History of the Korean Church in America*), (KCMUSA, 2023), 17-18. 최근 재미한인기독선교재단(KUMUSA)는 120년 『미주 한인 교회사』를 출판했다. 이 책에서 미주 디아스포라 최초의 한인교회인 하와이 그리스도 교회(Christ United Methodist Church, 1903 11월 10일 설립)를 필두로 미주 한인교회 120년 발자취를 고스란히 담고 있다.

[8] 이재환, 『미션 파서블』(*Mission possible*), 330.

초대 교회의 부흥은 예루살렘과 온 유대와 사마리아와 로마 선교로 이어졌다. 한국 교회의 부흥도 선교로 이어져 세계에서 두 번째 많은 선교사를 파송하는 나라가 되었다. 이런 역사가 주님 오실 때까지 한국 교회와 디아스포라 교회에 이어지길 기도한다. 그러기 위해서는 무엇보다 한국 교회와 디아스포라 교회가 참된 부흥을 사모하고 갈망함이 필요하다.

두 번째 제언은 다문화 시대 속에서 복음의 접촉점을 모색하고, 이를 복음 전파의 기회로 삼아야 한다는 것이다. 하나님께서 한국 민족을 전 세계에 흩으셨다. 그리고 한국 땅에는 동남아에서 온 노동자들이 많이 들어와 한국 사회도 점점 다문화로 바뀌고 있다. 이민자는 비주류(Minority)로 살아간다. 흩어져 있는 한민족 디아스포라(Korean Diaspora)도, 한국 땅에 온 이민자(Immigrants to Korea)도 소수로 살아간다. 그들은 강자가 아니다.

에드워즈가 사역했던 인디언은 약자들이었다. 그러나 에드워즈는 약자의 입장에서 권익을 보호해 주며 그들에게 복음을 전했다. 이것은 오늘날 다민족 사회에 사는 조국교회와 이민교회가 적용하고 실천해야 하는 일이다. 따라서 이들에 대한 개방적인 자세를 가지고 대하고 복음 전파의 기회로 삼아야 한다.

찰스 크래프트는 성경적 기독교인들은 개방적인 마음 자세를 견지하게 된다고 했다. 그 이유는 신약성경 안의 기독교는 보수적이 아니라 변혁과 다양성에 대해 역동적이고, 수용적이고, 위험을 감수하려는 욕구가 있기 때문이며, 성령께서는 한 사람 한 사람을 개인적으로, 또 집단적으로 성장하도록 인도하시기에 성경적인 기독교인들은 변혁과 다양성에 대해 열려 있어야 되기 때문이다.[9]

에드워즈는 성경적 관점으로 인디언에게 접근했고 하나님의 영광을 드러내는 같은 피조물이라는 개방적인 자세로 접촉점을 찾고 그들을 대했

---

9   Kraft, 『기독교 문화인류학』, 93-105.

다. 우리는 이 점을 배워야 한다. 이민자들은 단순히 도움을 받아야 되며, 교화되어야 할 대상으로만 대하지 말고 상호 존중의 자세가 있어야 한다.[10] 그들도 하나님의 동일한 형상이기 때문이다.

에드워즈의 궁극적 목표는 복음을 전파하여 하나님의 영광을 드러내는 것이었지만, 실제 사역에 있어서는 보쉬(David J. Bosch)가 말한 것처럼 인디언이 착취당하는 것에서 보호해 줌으로 정의를 위해 싸웠고, 그들과 화해를 추구하고 복음을 통해 교제하며 평화를 도모했다.[11]

한국 교회와 디아스포라교회는 개방적인 자세로 다양한 접촉점과 다면적인 사역을 통해 효과적으로 선교 사역을 감당하길 도전한다.

3) 다음 연구를 위한 제언

지금까지 선교학적 관점에서 에드워즈를 연구했다.

선교학적 관점에서 그의 삶과 부흥 운동, 인디언 선교 사역, 브레이너드와의 관계 그리고 선교학적 유산을 연구했다. 이 연구를 통해 에드워즈는 당대 훌륭한 목회자요, 부흥신학자요, 사상가요, 설교가였지만 무엇보다 그는 인디언 선교사라는 것을 확인했다. 하지만, 이 연구는 하나의 의미 있는 시도는 되었지만 부족한 점은 앞으로 이 분야에 더 많은 연구가 진행되어 미진한 부분들이 연구되길 소망한다.

에드워즈의 선교 방법론에 관한 연구가 더 필요하다. 에드워즈를 연구하는 학자들이나 연구자들이 그의 사상이나, 설교, 신학, 부흥 등과 같은 분야에 많은 연구를 하는 것처럼 선교 분야에도 많은 연구가 활발히 진행되기를 바란다.

---

10 고창덕, "데이비드 브레이너드의 생애와 사역에 나타난 선교 접촉점 연구," 117-18.
11 Bosch, *Transforming Mission*, 643.

또한, 에드워즈의 선교와 관련하여 리더십 분야에도 연구가 필요하다. 목회자로서의 리더십 그리고 선교사로의 리더십, 그 당시 선교의 구조적인 어려움이 스톡브리지에 있었지만 어떻게 그의 선교 리더십이 발휘되었는지를 연구하는 것도 의미 있는 분야가 될 것이다.

본서를 마무리 하면서 아쉬움이 남는다. 에드워즈가 인디언 선교 현장에서 전했던 말씀들을 깊이 연구하여 선교적 관점으로 해석하지 못한 아쉬움은 앞으로 해야 할 과제로 남겨둔다. 본서가 에드워즈의 선교를 연구하는 후학들에게 작은 디딤돌이 되기를 소망한다.

Appendix 1

조나단 에드워즈의 결심문

나는 하나님의 도움 없이는 아무것도 할 수 없음을 알고 있기 때문에, 이 결심문이 하나님의 뜻에 일치하는 한, 그리스도를 위해 하나님의 은혜로 내가 이 결심문을 지킬 수 있도록 내게 능력 주시기를 겸손하게 하나님께 간구합니다.

매주 한 번씩 아래 결심문을 읽자.

1. 나의 전 생애 동안 하나님의 영광과 나 자신의 행복과 유익과 기쁨에 최상의 도움이 되는 것이면 무엇이든지 하자. 지금 당장이든, 아니면 지금부터 수많은 세월이 지나가든 간에 시간은 전혀 고려하지 말자.

   내가 해야 할 의무와 인류 전체의 행복과 유익에 최상의 도움이 되는 것이면 무엇이든지 하자. 내가 부딪히게 될 어려움이 무엇이든지 간에, 또한 그 어려움이 아무리 많고 크다 할지라도 그렇게 하자.

2. 위에서 언급한 사항을 잘 지키기 위해, 도움을 주는 어떤 새로운 수단이나 방법을 찾기 위해 계속해서 노력하자.

3. 혹시라도 내가 넘어져 점점 무감각해져서 이 결심문 중의 어떤 내용을 지키지 못하게 된다면, 다시 제정신이 돌아왔을 때, 내가 기억할 수 있는 모든 것을 회개하자.

4. 하나님의 영광에 도움이 되는 것이 아니면, 영혼에 관계된 것이든지, 육체에 관계된 것이든지, 또는 적든지 많든지 간에 어떤 것이라도 절대로 하지 말자. 만일 내가 그런 일을 피할 수 있다면 피하자.

5. 한순간의 시간도 절대로 낭비하지 말고, 그 시간을 가능한 한 최대로 유익하게 사용하자.

6. 내가 살아 있는 동안, 힘껏 살자.

7. 만일 내 생애의 최후 순간이라고 가정했을 때 하기가 꺼려지는 것이라면, 절대로 하지 말자.

8. 모든 면에서, 즉 말과 행동에 있어서 아무도 나처럼 그렇게 악하지는 않는 것처럼, 또한 내가 다른 사람과 똑같은 죄를 범하고, 똑같은 잘못과 실수를 범한 것처럼 행동하자. 다른 사람의 실패를 나 자신의 잘못을 살피는 계기로 삼고, 나의 죄와 비참을 하나님께 고백하는 기회로만 삼자.

9. 매사에 나의 죽음과 죽고 난 뒤에 무슨 일이 일어날지에 대해서 많이 생각하자.

10. 고통스러울 때는 순교의 고통과 지옥의 고통을 생각하자.

11. 해결해야 할 어떤 신학 원리가 있을 때, 만일 상황이 방해하지만 않는다면 그 문제 해결을 위해 내가 할 수 있는 것을 즉시 하자.

12. 만일 내가 교만이나 허영이나 이런 것들을 만족시키기 위해서 어떤 것을 좋아하고 있다면, 즉시 그런 것들을 버리자.

13. 도움과 사랑을 꼭 받아야 할 사람이 누구인지를 찾기 위해 노력하자.

14. 절대로 복수심을 가지고 어떤 일을 하지 말자.

15. 비이성적인 인간에게는 아무리 사소한 화라도 내지 말자.

16. 절대로 다른 사람을 비방하지 말자. 그렇게 하는 것은 다수 간 다른 사람을 불명예스럽게 하는 것이며, 실제로 아무런 유익이 없기 때문이다.

17. 내가 죽게 되었을 때, '그 일을 했었으면 좋았을 텐데' 하고 바라는 것처럼 그렇게 살자.
18. 내가 최고로 헌신한 상태일 때, 그리고 내가 복음과 천국에 대해서 가장 분명한 생각을 가지고 있을 때, 그때 내가 최선이라고 생각하는 것처럼 언제나 그렇게 살자.
19. 마지막 나팔 소리를 듣기 전, 최후의 한 시간도 남지 않았을 때라고 가정하고, 그때 하기가 꺼려지는 것은 절대로 하지 말자.
20. 먹고 마시는 것은 엄격하게 절제하며 살자.
21. 다른 사람이 하는 행동 가운데 내가 판단하거나 생각하기에 경멸받을 만한 행동이나 비열한 행동이라고 생각되는 것은 절대로 하지 말자.
22. 내가 생각할 수 있는 그리고 내가 할 수 있는 모든 나의 힘, 능력, 활력, 열심, 적극성을 다하여, 가능한 한 천국에서 많은 행복을 누릴 수 있도록 노력하자.
23. 하나님의 영광을 위해서 하는 일이 아닌 것같이 생각되는 일을 할 때는 매우 신중하게 행하자. 그리고 그 일의 원래 의도와 계획과 목적이 무엇인지 원인을 파악하자.

    만일 그 일이 하나님의 영광을 위한 것이 아니라는 것을 알게 되면, 그 일을 결심문 4를 어기는 것으로 간주하자.
24. 내가 어떤 현저한 나쁜 행동을 할 때마다 그 원인이 무엇인지를 철저하게 추적하자. 그런 다음, 더 이상 그런 행동을 하지 않도록 조심하자. 또한, 나쁜 행동의 원인이 되는 것과는 내 힘껏 싸우도록 하자.
25. 하나님의 사랑을 의심하게 만드는 일이 무엇인지를 조심스럽고도 지속적으로 찾아내자. 그런 다음, 내 모든 힘을 다해 그것과 싸우자.
26. 내 구원의 확신을 약화시키는 것들을 발견하면 버리자.

27. 절대로 고의로 어떤 일을 태만하게 하지 말자. 하나님의 영광을 위한 태만은 예외지만, 자주 내 태만을 점검하자.

28. 성경을 아주 꾸준하게 지속적으로 자주 연구하자. 그렇게 해서 깨닫고, 쉽게 이해한 지식을 바탕으로 자라 가자.

29. 절대로 하나님께서 응답해 주실 것이라고 바랄 수 없는 것을 기도라고 생각하거나 기도로 인정하거나 기도의 간구라고 하지 말자. 또한, 하나님께서 받아 주실 것이라고 바랄 수 없는 것을 죄 고백이라고 생각하지 말자.

30. 지난 주보다 신앙과 은혜를 실천하는 삶이 더 나아지도록 매주 노력하자.

31. 결코 다른 사람을 비판하는 어떤 말을 하지 말자. 그러나 성도의 명예를 심각하게 실추시키거나, 인류에 대한 사랑을 아주 저해하는 것에 대한 비난은 정당하다.

32. 잠언 20장 1절에 "충성된 자를 누가 만날 수 있으랴"라고 기록된 것이 나에게 해당하는 말이 되지 않도록, 분명하고도 확실하게 내 신념에 충실하자.

33. 다른 면에서 지나친 손해가 생기지 않는다면, 언제나 평화를 만들고 평화를 유지하고 평화를 지키는 방향으로 내가 할 수 있는 것을 하도록 하자.

34. 이야기하면서 어떤 사실에 대해서 말할 때는 반드시 참되고 단순한 진실만을 말하자.

35. 내가 지킨 의무에 대해서 의심이 많이 생길 때마다, 그 일로 내 마음의 고요함과 평안함이 깨어지면 의문 사항들을 기록하고, 그 의문을 풀 수 있는 방법을 강구하자.

36. 어느 누구에 대해서도 나쁘게 말하지 말자. 단, 그렇게 하는 것이 잘했다고 말할 수 있는 어떤 특별한 경우는 예외다.

37. 매일 밤 잠자리에 들기 전, 내가 게으름을 피웠는지, 내가 무슨 죄를 지었는지, 내가 자신을 부인했는지 등에 대해서 자문해 보자. 또한, 매주 말, 매월 말, 매년 말에도 그렇게 하자.

38. 일에는 절대로 농담이나 우스갯소리를 하지 말자.

39. 절대로 합법성에 의문이 많이 제기되는 일을 하지 말자. 동시에 그런 일을 하고 난 후에는 그 일이 합법적인 것인지 아닌지를 생각하고 조사하자. 또한, 만일 내가 어떤 일을 하지 않는 것이 합법적인가에 대해 의문이 제기되는 일도 마찬가지다.

40. 매일 밤 잠자리에 들기 전에 먹고 마시는 일에 있어서 내가 할 수 있는 최선을 다했는지 자문해 보자.

41. 매일, 매주, 매달, 매해의 마지막에 어떤 면에서 더 낫게 행동할 수 있었는데 그렇지 못했던 것이 있었는지에 대해서 자문해 보자.

42. 세례 받을 때 했고, 성찬식 할 때 진지하게 했던 하나님에 대한 헌신을 종종 새롭게 하자. 그리고 오늘 1월 12일 나는 진지하게 하나님께 대한 헌신을 새롭게 했다.

43. 오늘부터 죽을 때까지 내 인생이 나의 것인 양 행동하지 말고, 전적으로 그리고 완전히 하나님의 것인 양 행동하자. 토요일에 깨달은 것과 일치하게 행동하자.

44. 다른 어떤 목적도 아닌, 신앙만이 나의 행동에 영향을 미치도록 하자. 신앙적인 목적이 아니라면 어떤 상황 속에서도 행동하지 말자.

45. 신앙에 도움이 되는 것이 아니면, 그 어떤 것에도 절대로 쾌락이나 고통, 기쁨이나 슬픔 등을 느끼지 말자. 어떤 감정도 조금의 감정도 품지 말자. 그리고 그런 것과 관련된 어떤 환경도 만들지 말자.

46. 부모님께 어떤 걱정이나 심려도 끼쳐 드리지 말자. 가능한 한 말이나 눈빛에 전혀 내색을 하지 않도록 해서, 그런 결과가 생기지 않도록 하자. 특히, 가족 중 누구에 대해서도 존경심을 가지고 그렇게 하도록 조심하자.

47. 최선의 노력을 다해 선하고, 보편적으로 부드럽고, 친절하고, 조용하고, 평화롭고, 만족하고, 편안하고, 자비롭고, 관용적이고, 겸손하고, 온유하고, 순종적이고, 의무를 다하며, 부지런하고, 근면하며, 자애롭고, 침착하고, 인내하며, 절제하고, 용서하며, 진지한 성품에 도움이 되지 않는 것이라면 무엇이든지 하지 말자. 그리고 항상 이런 성품이 되도록 하자. 그리고 매 주말 내가 그렇게 실천했는지 여부를 엄격하게 점검하자.

48. 내가 참으로 그리스도에 대해서 관심을 가지고 있는지, 그렇지 않은지를 알기 위해, 그리고 내가 임종의 순간에 이 문제에 대해서 회개할 무관심의 죄를 조금도 짓지 않도록 하기 위해, 지속적으로 아주 세밀하고도 부지런하게 그리고 가장 엄격하게 내 영혼의 상태를 조사하도록 하자.

49. 만일 내가 잘못을 저지르지 않을 수만 있다면, 절대로 그런 잘못을 하지 않도록 하자.

50. 내가 내세에 들어갔을 때, '그렇게 한 것이 최선이었고 가장 지혜로운 것이었다'고 판단하게 될 것처럼 그렇게 행동하도록 하자.

51. 죽을 때 내가 뒤를 돌아보면서 '이런 일을 했으면 좋았을 텐데'라고 생각하는 것처럼, 모든 면에서 그렇게 하자.

52. 나는 종종 노인들이 자기가 인생을 다시 살 수만 있다면 어떻게 살겠다고 말하는 것을 듣게 된다. 그러므로 내가 노인이 되었다고 가정했을 때, 그때 가서 '내가 이런 일을 했으면 좋았을 텐데'라고 생각되는 바로 그런 일들을 하자.

53. 내가 가장 기분이 좋은 상태일 때 모든 기회를 이용해서 내 영혼을 주 예수 그리스도께 던지고 맡기자. 주님을 신뢰하고 의뢰하자. 완전히 주님께 헌신하자. 이로써 내가 나의 구속주를 알므로 내 구원의 확신을 가질 수 있을 것이다.

54. 어떤 사람을 칭찬하는 내용을 들을 때마다 나도 그런 칭찬받을 만한 일을 해야 되겠다고 생각되면 그 일을 본받도록 노력하자. 1723년 6월 8일

55. 이미 천국의 행복과 지옥의 고통을 맛본 사람처럼 행동하도록 최선을 다하자.

56. 아무리 내가 실패하더라도, 내 안에 있는 부패와의 싸움을 절대로 포기하지도 말고, 조금도 긴장을 풀지도 말자.

57. 불행과 불운에 대한 염려가 생길 때, 내 의무를 다했는가를 돌아보고 의무를 다 하도록 결심하자. 그리고 그런 사건들이 일어난 것은 하나님의 뜻이라고 생각하자. 할 수 있는 한, 나는 내 의무와 내 죄에 대해서만 관심을 가지자.

58. 대화를 나눌 때, 불쾌하거나 초조하거나 화를 내는 표정을 짓지 말고 사랑스럽고 즐거우며 친절한 모습을 보이도록 하자.

59. 나쁜 성질과 분노가 가장 많이 치밀어 오르려고 할 때, 가장 많이 노력해서 좋은 성격이 드러나도록 행동하자. 그렇다. 그럴 때, 비록 다른 측면에서 불이익이 있을 수도 있고, 다른 때는 경솔하게 될 때도 있다고 생각하지만, 좋은 성격을 드러내도록 하자.

60. 감정이 극도로 불안정하게 되기 시작할 때마다. 내 마음속에 아주 불편한 마음이 생기거나 감정이 밖으로 일관성 없이 표출될 때는 내 자신을 엄격하게 검사해 보자.

61. 핑계가 무엇이든지 간에, 사실 게으름은 핑곗거리를 만들도록 하는 경향이 있지만, 신앙에 온전하게 집중하지 못하도록 내 생각을 흐트러뜨

리고 풀어지게 하는 게으름에 빠지지 않는 것이 최선이다.

62. 결코 어떤 일을 의무감으로만 하지 말고, 에베소서 6장 6-8절에 따라서 기쁘고 자원하는 마음으로 주께 하듯 하고, 사람에게 하듯 하지 말자. 어떤 사람이 어떤 선한 일을 하든지 간에 그는 주께로부터 그대로 받을 것이라는 것을 알자.

63. 어떤 순간에도 모든 측면에서 인격의 어떤 부분이나 어떤 환경 하에서도 언제나 성도다운 참 빛을 비추며, 탁월하고 사랑스럽게 행동하는 참으로 완벽한 성도가 세상에 단 한 명 있다고 가정할 때, 만일 내가 그 한 사람이 되기 위해 내 힘껏 노력한다면, 그렇게 될 수 있을 것처럼 행동하자.

64. 바울 사도가 말하는 말할 수 없는 탄식과 시편 기자가 시편 119편 20절에서 말하는 주의 규례를 항상 사모하는 마음이 내 안에 있는 것을 발견하게 되면, 있는 힘을 다해 이것들을 향상시키도록 하자.

또한, 나의 소원을 아뢰기 위해 간절히 노력하는 것이 약해지지 않도록, 그리고 그런 열심을 반복적으로 내는 것이 약해지지 않도록 하자.

65. 전 생애 동안 이것을 있는 힘을 다해 연습하자. 즉, 맨톤 박사의 시편 119편 설교에 따라 내가 할 수 있는 최대한 열린 마음을 가지고 나의 모든 죄와 유혹과 어려움과 슬픔과 두려움과 희망과 소원, 그리고 모든 것과 모든 상황 속에서 나의 길을 하나님께 맡기면서 나의 영혼을 하나님께 열어 놓자.

66. 어느 곳에서나, 어느 누구에게나 말이나 행동에 있어서 항상 친절한 태도와 분위기를 유지하도록 하기 위해 노력하자. 다만 의무상 다르게 행동해야 할 때는 예외다.

67. 고난 후에는 고난으로 인해 내가 더 나아진 점이 무엇인지. 어떤 유익을 얻었는지, 또한 무엇을 얻을 수 있는지를 묻도록 하자.

모든 고난은 하나님의 목적이 있다. 무언가 변화를 요구하시고 굳세게 나아가기를 바라시는 것이다. 고난의 유익을 놓치지 말아야 하는데, 우리가 그것을 모른다면, 비슷하거나 동일한 고난을 또 당할 수도 있다는 것을 기억해야 한다.

68. 약점이든지 죄이든지 간에 내 안에서 발견되는 모든 것을 나 자신에게 솔직히 고백하자. 만일 그것이 신앙에 관련된 것이면, 모든 것을 하나님께 고백하고 필요한 도움을 간구하자.

69. 다른 사람이 하는 것을 볼 때, '나도 저렇게 했으면' 하는 것들을 항상 행하도록 하자.

70. 내가 하는 모든 말이 다른 사람들에게 유익이 되도록 하자.

Appendix 2

Jonathan Edwards Resolutions

Being sensible that I am unable to do any thing without God's help, I do humbly entreat him, by his grace, to enable me to keep these Resolutions, so far as they are agreeable to his will, for Christ's sake.

Remember to read over these Resolutions once a week.

1. Resolved, That I will do whatsoever I think to be most to the glory of God, and my own good, profit, and pleasure, in the whole of my duration; without any consideration of the time, whether now, or never so many myriads of ages hence. Resolved, to do whatever I think to be my duty, and most for the good and advantage of mankind in general. Resolved, so to do, whatever difficulties I meet with, how many soever, and how great soever.
2. Resolved, To be continually endeavoring to find out some new contrivance and invention to promote the aforementioned things.
3. Resolved, If ever I shall fall and grow dull, so as to neglect to keep any part of these Resolutions, to repent of all I can remember, when I come to myself again.
4. Resolved, Never to do any manner of thing, whether in soul or body, less or more, but what tends to the glory of God, nor be, nor suffer it, if I can possibly avoid it.

5. Resolved, Never to lose one moment of time, but to improve it in the most profitable way I possibly can.
6. Resolved, To live with all my might, while I do live.
7. Resolved, Never to do anything, which I should be afraid to do if it were the last hour of my life.
8. Resolved, To act, in all respects, both speaking and doing, as if nobody had been so vile as I, and as if I had committed the same sins, or had the same infirmities or failings, as others; and that I will let the knowledge of their failings promote nothing but shame in myself, and prove only an occasion of my confessing my own sins and misery to God. Vid. July 30.
9. Resolved, To think much, on all occasions, of my dying, and of the common circumstances which attend death.
10. Resolved, When I feel pain, to think of the pains of martyrdom, and of hell.
11. Resolved, When I think of any theorem in divinity to be solved, immediately to do what I can towards solving it, if circumstances do not hinder.
12. Resolved, If I take delight in it as a gratification of pride, or vanity, or on any such account, immediately to throw it by.
13. Resolved, To be endeavoring to find out fit objects of liberality and charity.
14. Resolved, Never to do any thing out of revenge.
15. Resolved, Never to suffer the least motions of anger towards irrational beings.
16. Resolved, Never to speak evil of any one, so that it shall tend to his dishonor, more or less, upon no account except for some real good.
17. Resolved, That I will live so, as I shall wish I had done when I come to die.

18. Resolved, To live so, at all times, as I think is best in my most devout frames, and when I have the clearest notions of the things of the gospel, and another world.
19. Resolved, Never to do anything, which I should be afraid to do, if I expected it would not be above an hour before I should hear the last trump.
20. Resolved, To maintain the strictest temperance in eating and drinking.
21. Resolved, Never to do anything, which if I should see in another, I should count a just occasion to despise him for, or to think any way the more meanly of him.
22. Resolved, To endeavor to obtain for myself as much happiness in the other world as I possibly can, with all the power, might, vigor, and vehemence, yea violence, I am capable of, or can bring myself to exert, in any way that can be thought of.
23. Resolved, Frequently to take some deliberate action, which seems most unlikely to be done, for the glory of God, and trace it back to the original intention, designs, and ends of it; and if I find it not to be for God's glory, to repute it as a breach of the fourth Resolution.
24. Resolved, Whenever I do any conspicuously evil action, to trace it back, till I come to the original cause; and then, both carefully endeavor to do so no more, and to fight and pray with all my might against the original of it.
25. Resolved, To examine carefully and constantly, what that one thing in me is, which causes me in the least to doubt of the love of God; and so direct all my forces against it.
26. Resolved, To cast away such things as I find do abate my assurance.
27. Resolved, Never willfully to omit anything, except the omission be for the glory of God; and frequently to examine my omissions.

28. Resolved, To study the Scriptures so steadily, constantly, and frequently, as that I may find, and plainly perceive, myself to grow in the knowledge of the same.
29. Resolved, Never to count that a prayer, nor to let that pass as a prayer, nor that as a petition of a prayer, which is so made, that I cannot hope that God will answer it; nor that as a confession which I cannot hope God will accept.
30. Resolved, To strive every week to be brought higher in religion, and to a higher exercise of grace, than I was the week before.
31. Resolved, Never to say anything at all against anybody, but when it is perfectly agreeable to the highest degree of Christian honor, and of love to mankind, agreeable to the lowest humility, and sense of my own faults and failings, and agreeable to the golden rule; often, when I have said anything against any one, to bring it to, and try it strictly by, the test of this Resolution.
32. Resolved, To be strictly and firmly faithful to my trust, that that, in Prov. 20: 6. 'A faithful man, who can find?' may not be partly fulfilled in me.
33. Resolved, To do always what I can towards making, maintaining, and preserving peace, when it can be done without an overbalancing detriment in other respects. Dec. 26, 1722.
34. Resolved, In narrations, never to speak anything but the pure and simple verity.
35. Resolved, Whenever I so much question whether I have done my duty, as that my quiet and calm is thereby disturbed, to set it down, and also how the question was resolved. Dec. 18, 1722.

36. Resolved, Never to speak evil of any, except I have some particular good call to it. Dec. 19, 1722.

37. Resolved, To inquire every night, as I am going to bed, wherein I have been negligent,—what sin I have committed,—and wherein I have denied myself;—also, at the end of every week, month, and year. Dec. 22 and 26, 1722.

38. Resolved, Never to utter anything that is sportive, or matter of laughter, on a Lord's day. Sabbath evening, Dec. 23, 1722.

39. Resolved, Never to do anything, of which I so much question the lawfulness, as that I intend, at the same time, to consider and examine afterwards, whether it be lawful or not; unless I as much question the lawfulness of the omission.

40. Resolved, To inquire every night before I go to bed, whether I have acted in the best way I possibly could, with respect to eating and drinking. Jan. 7, 1723.

41. Resolved, To ask myself, at the end of every day, week, month, and year, wherein I could possibly, in any respect, have done better. Jan. 11, 1723.

42. Resolved, Frequently to renew the dedication of myself to God, which was made at my baptism, which I solemnly renewed when I was received into the communion of the church, and which I have solemnly re-made this 12th day of January, 1723.

43. Resolved, Never, henceforward, till I die, to act as if I were any way my own, but entirely and altogether God's; agreeably to what is to be found in Saturday, Jan. 12th. Jan. 12, 1723.

44. Resolved, That no other end but religion shall have any influence at all on any of my actions; and that no action shall be, in the least circumstance,

any otherwise than the religious end will carry it. Jan. 12, 1723.

45. Resolved, Never to allow any pleasure or grief, joy or sorrow, nor any affection at all, nor any degree of affection, nor any circumstance relating to it, but what helps religion. Jan. 12 and 13, 1723.

46. Resolved, Never to allow the least measure of any fretting or uneasiness at my father or mother. Resolved, to suffer no effects of it, so much as in the least alteration of speech, or motion of my eye; and to be especially careful of it with respect to any of our family.

47. Resolved, To endeavor, to my utmost, to deny whatever is not most agreeable to a good and universally sweet and benevolent, quiet, peaceable, contented and easy, compassionate and generous, humble and meek, submissive and obliging, diligent and industrious, charitable and even, patient, moderate, forgiving, and sincere, temper; and to do, at all times, what such a temper would lead me to; and to examine strictly, at the end of every week, whether I have so done. Sabbath morning, May 5, 1723.

48. Resolved, Constantly, with the utmost niceness and diligence, and the strictest scrutiny, to be looking into the state of my soul, that I may know whether I have truly an interest in Christ or not; that when I come to die, I may not have any negligence respecting this to repent of. May 26, 1723.

49. Resolved, That this never shall be, if I can help it.

50. Resolved, That I will act so, as I think I shall judge would have been best, and most prudent, when I come into the future world. July 5, 1723.

51. Resolved, That I will act so, in every respect, as I think I shall wish I had done, if I should at last be damned. July 8, 1723.

52. I frequently hear persons in old age say how they would live, if they were to live their lives over again: Resolved, That I will live just so as I can think

I shall wish I had done, supposing I live to old age. July 8, 1723.

53. Resolved, To improve every opportunity, when I am in the best and happiest frame of mind, to cast and venture my soul on the Lord Jesus Christ, to trust and confide in him, and consecrate myself wholly to him; that from this I may have assurance of my safety, knowing that I confide in my Redeemer . July 8, 1723.

54. Resolved, Whenever I hear anything spoken in commendation of any person, if I think it would be praiseworthy in me, that I will endeavor to imitate it. July 8, 1723.

55. Resolved, To endeavor, to my utmost, so to act, as I can think I should do, if I had already seen the happiness of heaven and hell torments. July 8, 1723.

56. Resolved, Never to give over, nor in the least to slacken, my fight with my corruptions, however unsuccessful I may be.

57. Resolved, When I fear misfortunes and adversity, to examine whether I have done my duty, and resolve to do it and let the event be just as Providence orders it. I will, as far as I can, be concerned about nothing but my duty and my sin. June 9, and July 13, 1723.

58. Resolved, Not only to refrain from an air of dislike, fretfulness, and anger in conversation, but to exhibit an air of love, cheerfulness, and benignity. May 27, and July 13, 1723.

59. Resolved, When I am most conscious of provocations to ill nature and anger, that I will strive most to feel and act good-naturedly; yea, at such times, to manifest good nature, though I think that in other respects it would be disadvantageous, and so as would be imprudent at other times. May 12, July 11, and July 13.

60. Resolved, Whenever my feelings begin to appear in the least out of order, when I am conscious of the least uneasiness within, or the least irregularity without, I will then subject myself to the strictest examination. July 4 and 13, 1723.

61. Resolved, That I will not give way to that listlessness which I find unbends and relaxes my mind from being fully and fixedly set on religion, whatever excuse I may have for it—that what my listlessness inclines me to do, is best to be done. May 21, and July 13, 1723.

62. Resolved, Never to do anything but my duty, and then, according to Eph. 6: 6-8. to do it willingly and cheerfully, as unto the Lord, and not to man: knowing that whatever good thing any man doth, the same shall be received of the Lord. June 25, and July 13, 1723.

63. On the supposition, that there never was to be but one individual in the world, at any one time, who was properly a complete Christian, in all respects of a right stamp, having Christianity always shining in its true luster, and appearing excellent and lovely, from whatever part and under whatever character viewed: Resolved, To act just as I would do, if I strove with all my might to be that one, who should live in my time. Jan. 14, and July 13, 1723.

64. Resolved, When I find those "groanings which cannot be uttered," of which the apostle speaks, and those "breathings of soul for the longing it hath," of which the psalmist speaks, Psalm 119, that I will promote them to the utmost of my power; and that I will not be weary of earnestly endeavoring to vent my desires, nor of the repetitions of such earnestness. July 23, and Aug. 10, 1723.

65. Resolved, Very much to exercise myself in this, all my life long, viz. with the greatest openness of which I am capable, to declare my ways to God, and lay open my soul to him, all my sins, temptations, difficulties, sorrows, fears, hopes, desires, and everything, and every circumstance, according to Dr. Manton's Sermon on the 119th Psalm. July 26, and Aug. 10, 1723.

66. Resolved, That I will endeavor always to keep a benign aspect, and air of acting and speaking, in all places, and in all companies, except it should so happen that duty requires otherwise.

67. Resolved, After afflictions, to inquire, what I am the better for them; what good I have got by them; and, what I might have got by them.

68. Resolved, To confess frankly to myself, all that which I find in myself, either infirmity or sin; and, if it be what concerns religion, also to confess the whole case to God, and implore needed help. July 23, and August 10, 1723.

69. Resolved, Always to do that, which I shall wish I had done when I see others do it. Aug. 11, 1723.

70. Let there be something of benevolence in all that I speak. Aug. 17, 1723.

Appendix 3

조나단 에드워즈의 연혁

1703년 10월 5일: 코네티컷 윈저에서 태어남

1716년: 예일대학 입학

1720년: 예일대학 졸업

1720-1722년: 예일대학 석사과정(M.A.)

1722년 (8월) - 1723년 (4월): 뉴욕시 교회의 교구 목사

1723년 (여름): 고향 이스트 윈저로 돌아옴

1723년 (11월) - 1724년 (5월): 코네티컷 볼턴 소재 교회의 교구 목사

1724-1726년: 예일대학 강사(1725년 가을 발병)

1726년: 노샘프턴교회 부교역자로 청빙

1727년 (7월): 사라 피에르폰트와 결혼

1729년: 솔로몬 스토다드 사망, 조나단 에드워즈가 담임목사가 됨

1734년: 〈신적이며 영적인 빛〉(A Divine Supernatual Light) 설교

1734-1735년: 코네티컷 골짜기 부흥 운동

1737년: 『놀라운 회심의 이야기』(A Faithful Narrative) 출간

1738년: 〈사랑과 열매〉(Charity and its Fruits) 설교

1739년: 『자서전』(Autobiography) 출간

1740년: 조지 휫필드의 뉴잉글랜드 순회 설교, 대각성 운동 촉발

1740-1742년: 대각성 운동(The Great Awakening)

1741년: 〈진노하신 하나님의 손에 잡힌 죄인들〉(Sinners in the Hands of Angry God) 설교

1741년: 『성령의 역사 분별 표지』(The Distinguishing Marks of a Work of the Spirit of God) 출간

1742년: 『부흥에 관한 고찰』(Some Thoughts Concerning) 출간

1742년: 노샘프턴 언약

1746년: 『신앙과 정서』(Religious Affection) 출간

1747년: 『기도합주회』(A Humble Attempt) 출간

1747년: 데이비드 브레이너드의 방문과 죽음

1748년: 딸 제루사 죽음

1749년: 『데이비드 브레이너드의 생애』(Life of David Brainerd) 출간

1750년: 노샘프턴교회 사임

1751년: 스톡브리지 인디언 선교사 사역 시작

1754년: 『의지의 자유』(Freedom of the Will) 출간

1755년: 『하나님의 천지창조 목적』(The End for Which God Created and the Nature of True Virtue) 초안 작성(1765년 출간)

1758년: 『원죄론』(Original Sin) 출간

1758년 2월 16일: 뉴저지 (현 프린스턴대학교) 학장 취임

1758년 3월 22일: 천연두 백신 후유증으로 생을 마감

Chronology of Jonathan Edwards' Life

Early Life and Ministry (1703-1729)

1703: Born October 5 in Windsor, Connecticut

1716: Entered Yale College

1720: Graduated from Yale College

1722: Interim pastor in New York City

1723: Returned to East Windsor

1723: Interim pastor in Bolton, Connecticut

1724: Yale College tutor (became ill in fall 1725)

1726: Invited as assistant minister in Northampton

1727: Married Sarah Pierrepont

1729: Became head pastor following Solomon Stoddard's death

The Great Awakening and Writing (1730-1749)

1734: Preached 'A Divine Supernatural Light'

1735: Great Awakening in Connecticut River Valley

1737: Published 'A Faithful Narrative', sparking international interest

1738: Preached 'Charity and its Fruits'

1739: Published 'Autobiography'

1740: George Whitefield's tours trigger the Great Awakening

1740-1742: The Great Awakening

1741: Preached 'Sinners in the Hands of an Angry God'

1741: Wrote 'The Distinguishing Marks of a Work of the Spirit of God'

1742: Wrote 'Some Thoughts Concerning the Revival'

1742: The Northampton Covenant

1746: Wrote 'Religious Affection'

1747: Wrote 'A Humble Attempt'

1747: Visited by David Brainerd, who later died

1748: Daughter Jerusha died

1749: Wrote 'Life of David Brainerd'

Later Life and Death (1750-1758)

1750: Resigned from Northampton Church

1751: Began ministry as a missionary to the Indians in Stockbridge

1754: Wrote 'Freedom of the Will'

1755: Drafted 'The End for Which God Created the World and the Nature of True Virtue' (published 1765)

1758: Wrote 'Original Sin'

1758: Became president of the College of New Jersey (now Princeton University)

1758: Died of smallpox on March 22

인용 문헌(REFERENCES CITED)

▣ 외국 문헌

Allen, Alexander VG. *Jonathan Edwards: The First Critical Biography, 1889*. Eugene, OR: Wipf and Stock Publishers, 2008.

Amalraj, John, Geoffrey W. Hahn, and William D. Taylor. 『영성 훈련』(*Spirituality in Mission*). 임윤택 옮김. 서울: CLC, 2021.

Anderson, Gerald H. *Biographical Dictionary of Christian Missions*. New York: Macmillan Reference USA, 1998.

Anonymous. "Luther Allan Weigle." Biola University. Accessed May 2, 2024. https://www.biola.edu/talbot/ce20/database/luther-allan-weigle.

Bainton, Roland Herbert. 『세계 교회사』(*Christendom a Short History of Christianity and Its Impact on Western Civilzation*). 이길상 옮김. 고양: 크리스챤다이제스트, 2004.

Bavinck, Herman. *Reformed Dogmatics: Prolegomena*. Translated by John Vriend. Vol. 1: Baker Academic, 2003.

Berg, Johannes van den. *Constrained by Jesus' Love: An Inquiry into the Motives of the Misionary Awakening in Great Britain in the Period between 1698 and 1815*. Kampen Kok, 1956.

Bezzant, Rhys S., and Kenneth P. div Minkema. *Global Edwards: Papers from the Jonathan Edwards Congress Held in Melbourne, August 2015*. Eugene, OR: Wipf & Stock, 2017.

BiblicalTraining. "William Warren Sweet." *BiblicalTraining*. Accessed April 8, 2024. https://www.biblicaltraining.org/library/william-warren-sweet.

Bingham, D. Jeffrey. 『교회사의 보화』(*Pocket History of the Church*). 박명준 옮김. 서울: IVP, 2006.

Bosch, David J. 『변화하고 있는 선교』(*Transforming Mission*). 장훈태·김병길 옮김. 서울: CLC, 2010.

Bosch, David Jacobus. *Transforming Mission: Paradigm Shifts in Theology of Mission*. American Society of Missiology Series, vol. no 16. Maryknoll, N.Y.: Orbis Books, 1991.

Boyer, Carl B., and Marjorie N. Boyer. "Lynn Thorndike (1882-1965)." *Technology and Culture* 7 (1966): 391-94. Johns Hopkins University Press. https://muse.jhu.edu/pub/1/article/894584.

Brainerd, David. *The Life and Diary of David Brainerd: With Notes and Reflections*. ReadaClassic. com, 2010.

Brainerd, David, and Jonathan Edwards. *The Life and Diary of David Brainerd*. Chicago,: Moody Press, 1949.

Brainerd, David, and Jonathan Edwards. 『데이비드 브레이너드 생애와 일기』(*The Life and Diary of David Brainerd*). 윤기향 옮김. 서울: 크리스챤다이제스트, 1984.

Brainerd, David, and Jonathan Edwards. 『데이비드 브레이너드 생애와 일기』(*The Life and Diary of David Brainerd*). 송용자 옮김. 서울: 복있는사람, 2008.

Brainerd, David, Jonathan Edwards, Samuel Austin, David Brainerd, and American Imprint Collection (Library of Congress). *An Account of the Life of the Late Reverend Mr. David Brainerd, Minister of the Gospel, Missionary to the Indians from the Honourable Society in Scotland, for the Propagation of Christian Knowledge, and Pastor of a Church of Christian Indians in New-Jersey : Who Died at Northampton, in New-England, October [I.E. October] 9th, 1747, in the 30th Year of His Age : Chiefly Taken from His Own Diary, and Other Private Writings, Written for His Own Use*. Printed at Worcester, Massachusetts: By Leonard Worcester, 1793.

Britannica. "Brown University." *Britannica*. Last modified April 5, 2024. Accessed April 8, 2024. https://www.britannica.com/topic/Brown-University.

Britannica. "E.H. Carr." *Britannica*. Last modified February 20, 2024. Accessed May 1, 2024. www.britannica.com/biography/E-H-Carr.

Britannica. "George Whitefield." *Britannica*. 2023. Accessed March 21, 2024. https://www.britannica.com/biography/George-Whitefield.

Britannica. "Haverford College." *Britannica*. Last modified April 25, 2024. Accessed April 27, 2024. https://www.britannica.com/topic/Haverford-College.

Britannica. "John Gresham Machen American Theologian." *Britannica*. Last modified March 25, 2024. Accessed April 10, 2024. https://www.britannica.com/biography/John-Gresham-Machen.

Britannica. "Princeton University." *Britannica*. Last modified March 20, 2023. Accessed April 8, 2024. https://www.britannica.com/topic/Princeton-University.

Britannica. "Scopes Trial." *Britannica*. 2024. Accessed May 3, 2024. https://www.britannica.com/event/Scopes-Trial.

Britannica. "University of Pennsylvania." *Britannica*. Last modified March 15, 2024. Accessed April 8, 2024. https://www.britannica.com/topic/University-of-Pennsylvania.

Britannica. "Yale University." *Britannica*. Last modified April 7, 2024. Accessed April 8, 2024. https://www.britannica.com/topic/Yale-University.

Buchanan, James. 『성령의 사역, 회심과 부흥』(*The Office and Work of the Holy Spirit*). 신호섭 옮김. 서울: 지평서원, 2006.

Burch, Maxie Byrd. *Doing History from the Inside: An Examination of Evangelical Historiography*: Baylor University, 1994.

Cairns, Earle Edwin. 『서양 기독교사』(*Christianity through the Centuries*). 김기달 옮김. 서울: 보이스사, 1986.

Carr, Edward Hallett. 『역사란 무엇인가』(*What Is History*). 김택현 옮김. 서울: 까치글방, 2004.

Carr, Edward Hallett. *What Is History*. New York Vintage, 1961.

Center, Pew Research. "About Pew Research Center." *Pew Research Center*. Accessed March 26, 2024. https://www.pewresearch.org/about/.

Cherry, Conrad. *The Theology of Jonathan Edwards: A Reappraisal*. Indiana University Press, 1990.

Cherry, Conrad. 『(대각성 운동의 기수) 조나단 에드워즈의 신학』(*Theology Jonathan Edwards*). 주도홍 옮김. 서울: 이레서원, 2001.

Clinton, J. Robert. *The Making of a Leader*. Colorado Springs, Colo.: NavPress, 1988.

Clinton, Robert. 『영적 지도자 만들기』(*The Making of a Leader*). 이순정 옮김. 서울: 베다니출판사, 2008.

College, Regent. "George Marsden: The Vital Role of History." May 18. Vancouver, BC. 2017. Posted April 5, 2024. https://www.youtube.com/watch?v=kZkGVBOdg9Q&ab_channel=RegentCollege%28Vancouver%2CBC%29.

Coney, Charles Randolph. *Jonathan Edwards and the Northampton Church Controversy: A Crisis of Conscience?*. The University of Texas at Arlington, 1989.

Conforti, Joseph A. *Jonathan Edwards, Religious Tradition & American Culture*. Chapel Hill: University of North Carolina Press, 1995.

ConnecticutHistory. "Ezra Stiles Captured 18th-Century Life on Paper." *Connecticut History*. Last modified March 11, 2022. Accessed March 30, 2024. https://connecticuthistory.org/ezra-stiles-captured-18th-century-life-on-paper/.

Cornish, Richard. 『성경과 함께 읽는 기독교 역사 100장면』(*5 Minute Church Historian*). 이혜림 옮김. 서울: 도마의길(웅진씽크빅), 2010.

Corrie, John, and J Samuel Escobar. *Dictionary of Mission Theology: Evangelical Foundations*: Inter-Varsity Press, 2007.

Davies, Ronald E. "Jonathan Edwards: Missionary Biographer, Theologian, Strategist, Administrator, Advocate and Missionary." *International Bulletin of Missionary Research* 21, no. 2 (1997): 60-67.

Davies, Ronald Edwin. "Prepare Ye the Way of the Lord the Missiological Thought and Practice of Jonathan Edwards (1703-1758)." Thesis (Ph D), Fuller Theological Seminary, School of World Mission, 1989.

Dodds, Elizabeth. *Marriage to a Difficult Man, the "Uncommon Union" of Jonathan and Sarah Edwards*. Philadepia: Westminster Press, 1971.

Dwight, Benjamin Woodbridge. *The History of the Descendants of John Dwight, of Dedham, Mass*. Vol. 2: JF Trow & son, printers and bookbinders, 1874.

Edwards, Jonathan. *A Farewell Sermon Preached at the First Precinct in Northampton, on the First Sabbath after His Dismission from the Pastoral Office There, on 2 Corinthians 1:14*. Preached July 1, 1750. First printed by Daniel Wright & Co., Northampton, 1751. Reprinted in *The Sermons of Jonathan Edwards: A Reader*, edited by Wilson H. Kimnach, Kenneth P. Minkema, and Douglas A. Sweeney, 212–241. New Haven: Yale University Press, 2008.

Edwards, Jonathan. *A Humble Attempt to Promote Explicit Agreement and Visible Union of God's People in Extraordinary Prayer, for the Revival of Religion and the Advancement of Christ's Kingdom on Earth, Pursuant to Scripture– Primes and Prophecies Concerning the Last Time. Wje: Apocalyptic Writings and a Humble Attempt*, 1747.

Edwards, Jonathan. *Apocalyptic Writings*. Edited by Stephen J. Stein. *The Works of Jonathan Edwards*, Vol. 5. New Haven: Yale University Press, 1977.

Edwards, Jonathan. *Jonathan Edwards on Knowing Christ*. Edinburgh: Banner of Truth Trust, 1990.

Edwards, Jonathan. *A Jonathan Edwards Reader*. Edited by John E. Smith, Harry S. Stout, and Kenneth P. Minkema. New Haven: Yale University Press, 1995.

Edwards, Jonathan. *Letter to Reverend John Erskine. Wje: Letters and Personal Writings*. Northampton, August 31, 1748.

Edwards, Jonathan. "Letter to the Trustees of the College of New Jersey, Oct. 19." *On Wednesday, the 22d of last month, died of inoculation at Nassau Hall, an eminent servant of God, the reverend and pious Mr. Jonathan Edwards, president of the College of New Jersey in WJE: Letters and Personal Writings,* (1757): 224.

Edwards, Jonathan. *Letters and Personal Writings*. Edited by George S Claghorn. Vol. Works of Jonathan Edwards, Vol. 16: Yale University Press, 1998.

Edwards, Jonathan. *Letters and Personal Writings (Wje Online Vol. 16)*. Edited by George S. Claghorn. New Haven, CT: Yale University Press, 1957.

Edwards, Jonathan. *The Life of David Brainerd(1749)*. Edited by Norman Pettit. Vol. 7. *The Work of Jonathan Edwards*. New Haven: Yale University Press, 1985.

Edwards, Jonathan. *Memoirs of Jonathan Edwards, In: The Work of Jonathan Edwards*. Edited by Sereno Edwards Dwight. 1 vols. Edinburgh: The Banner of Truth Trust, 1974.

Edwards, Jonathan. *Selected the Works of Jonathan Edwards*. Vol. 1. *The Works of Jonathan Edwards*. Pensylvania: The Banner of Truth Trust, 1974.

Edwards, Jonathan. *Treatise Concerning the Religious Affections*. New York: American Tract Society, 1800.

Edwards, Jonathan. *The End for Which God Created the World*. In *God's Passion for His Glory*, edited by John Piper, 99–136. Wheaton, IL: Crossway, 1998.

Edwards, Jonathan. *The Works of Jonathan Edwards*. Edited by Paul Ramsey. 8 vols. *To the Ethical Writings*. New Heaven: Yale university Press, 1989.

Edwards, Jonathan. *The Works of Jonathan Edwards*. Edited by C. C. Goen. New Haven: Yale University Press, 1972.

Edwards, Jonathan. *The Works of Jonathan Edwards*. Edited by Paul Ramsey. 8 vols. New Haven: Yale University Press, 1957.

Edwards, Jonathan. *The Works of Jonathan Edwards*. Edited by Norman Pettit. 17 vols. New Haven: Yale University, 1988.

Edwards, Jonathan. *The Works of Jonathan Edwards, Vol. 2, Religious Affections*. Edited by John E. Smith. New Haven: Yale University Press, 1959.

Edwards, Jonathan. *The Works of Jonathan Edwards. Vol. 9, A History of the Work of Redemption*. Edited by John F. Wilson. New Haven, CT: Yale University Press, 1989.

Edwards, Jonathan. *The Works of Jonathan Edwards. Vol. 25, Sermons and Discourses, 1743–1758*. Edited by Wilson H. Kimnach. New Haven, CT: Yale University Press, 2006.

Edwards, Jonathan. 『균형 잡힌 부흥론』(*Some Thoughts Concerning the Revival*). 양낙흥 옮김. 서울: 부흥과개혁사, 2005.

Edwards, Jonathan. 『기도합주회』(*A Humble Attempt to promote an explicit agreement and visible union of God's people through the world, in extraordinary prayer for the revival of religion, and the advancement of Christ's Kingdom on earth, pursuant to scripture promise and prophecies concerning the last time*). 황혁기·정성욱 옮김. 서울: 부흥과개혁사, 2004.

Edwards, Jonathan. 『놀라운 부흥과 회심 이야기』(*A Faithful Narrative of the Surprising Work of God in the Conversion of Many Hundred Souls in Northampton, and the Neighbouring Towns and Villages of Hampshire in New England*). 백금산 옮김. 서울: 부흥과개혁사, 2006.

Edwards, Jonathan. 『놀라운 회심의 이야기(*A Faithful Narrative of the Surprising Work of God in the Conversion of Many Hundred Souls in Northampton, and the Neighbouring Towns and Villages of Hampshire in New England*). 양낙흥 옮김. 고양: 크리스챤다이제스트, 2002.

Edwards, Jonathan. 『부흥론』(*The Great Awakening*). Edited by C. C. Goen. 양낙흥 옮김. 서울: 부흥과개혁사, 2005.

Edwards, Jonathan. 『성령의 역사 분별 방법』(*The Distinguishing Marks of a Work of the Sprit of God, Applied to That Uncommon Operation That has Lastely Appeared on the Minds of Many of People of this Land: With a Paticular Consideration of the Extraordinary Circumstances with This Work Is Attended*). 노병기 옮김. 서울: 부흥과개혁사, 2004.

Edwards, Jonathan. 『신앙과 정서』(*Religious Affection*). 서문강 옮김. 서울: 지평서원, 2004.

Edwards, Jonathan. 『영적 감정을 분별하라』(*The Experience That Counts!*). 김창영 옮김. 서울: 생명의말씀사, 2001.

Edwards, Jonathan. 『(예일대 에드워즈 결정판 전집 위원회가 선정한) 조나단 에드워즈 대표설교선집』(*Sermons of Jonathan Edwards*). Edited by Wilson H. Kimnach, Douglas A. Sweeney, and Kenneth P. Minkema. 백금산 옮김. 서울: 부흥과개혁사, 2005.

Edwards, Jonathan. 『조나단 에드워즈처럼 살 수는 없을까?』. 백금산 옮김. 서울: 부흥과개혁사, 1999.

Edwards, Jonathan. 『종교적 정서』(*Religious Affection*). 양낙홍 옮김. 서울: 분도출판사, 2007.

Edwards, Jonathan, and John Piper. 『하나님의 영광을 위한 하나님의 열심』(*God's Passion for His Glory*) [Desiring GOD]. 백금산 옮김. 서울: 부흥과개혁사, 2011.

Elliston, Edgar J. *Introduction to Missiological Research Design*. Pasadena, CA: William Carey Library, 2011.

Engen, Charles Edward Van. 『하나님의 선교적 교회』(*God's Missionary People: Rethinking the Purpose of the Local Church*). 임윤택 옮김. 서울: CLC, 2014.

Engen, Charles Edward Van. *Transforming Mission Theology*. Pasadena: William Carey Publishing, 2017.

Engen, Charles Edward Van. 『하나님의 선교적 교회.개혁하는 선교신학』(*Transforming Mission Theology*). 임윤택·서경란 옮김. 서울: CLC, 2021.

Equalibra. "Thomas Shepard." *Equalibra*. Accessed March 30, 2024. https://equalibra.org/en/author/thomas-shepard/.

FamilySearch. "Solomon Stoddard." *FamilySearch* Last modified September 01, 2023. Accessed March 30, 2024. https://ancestors.familysearch.org/en/LZWV-B6T/solomon-stoddard-1643-1729.

FamilySearch. "Timothy Edwards." *FamilySearch* Last modified September 01, 2023. Accessed March 30, 2024. https://ancestors.familysearch.org/en/L78V-7YT/timothy-edwards-1669-1758.

Foster, Stephen. *The Long Argument: English Puritanism and the Shaping of New England Culture, 1570-1700*. UNC Press Books, 1991.

Friend, Nathan. "Inventing Revivalist Millennialism: Edwards and the S Cottish Connection." *Journal of religious history* 62, no. 1 (2017): 52-71.

Gerstner, Edna. 『조나단 에드워즈의 영적 생활(*Jonathan and Sarah: an Uncommon Uion*). 황규일 옮김. 서울: CLC, 1999.

Gibson, Jonathan. "Jonathan Edwards: A Missionary?", *Themelios* 36.3 (2011): 380–402.

Glasser, Arthur F. 『성경에 나타난 하나님의 선교』(*Announcing the Kingdom : The Story of God's Mission in the Bible*). 임윤택 옮김. 서울: 생명의말씀사, 2006.

Gura, Philip F. *Jonathan Edwards: America's Evangelical*. Macmillan, 2005.

Han, DongSoo. *Jonathan Edwards in Korea: A History of the Reception of Jonathan Edwards*. Trinity International University, 2019.

Harder, Michael. "True Excellency: The Missional Preaching of Jonathan Edwards." Southeastern Baptist Theological Seminary, 2022.

Hart, D. G., Sean Michael Lucas, and Stephen J. Nichols. 『조나단 에드워즈의 유산』(*The Legacy of Jonathan Edwards: American Religion and the Evangelical Tradition*). 장호익 옮김. 서울: 부흥과개혁사, 2009.

Haykin, Michael A. G. *Jonathan Edwards the Holy Spirit in Revival: The Lasting Influence of the Holy Spirit in the Heart of Man*. Darlington: Evangelical Press, 2005.

Heimert, Alan, and Perry Miller. *The Great Awakening: Documents Illustrating the Crisis and Its Consequences*. The American Heritage Series. Indianapolis: Bobbs-Merrill, 1967.

Helm, Paul. "조나단 에드워즈, 뉴잉글랜드의 신학자." 『인물로 본 기독 교회사(하)』. Edited by John D. Woodbridge. 서울: 도서출판 햇불, 1993.

Hiebert, Paul G. *Anthropological Insights for Missionaries*. Grand Rapids, Mich.: Baker Book House, 1985.

Hiebert, Paul G. 『선교와 문화 인류학』(*Anthropological Insights for Missionaries*). 김동화·이종도·이현모·정흥호 옮김. 서울: 조이선교회출판부, 2018.

Hiebert, Paul G. 『(인류학적 접근을 통한) 선교현장의 문화 이해』(*Anthropological Reflections on Missiological Issues*). 안영권·김영동 옮김. 서울: 조이선교회출판부, 1997.

Hiebert, Paul G., and Eloise Hiebert Meneses. 『성육신적 선교 사역』(*Incanational Ministry*). 안영건·이대헌 옮김. 서울: CLC, 1998.

Hogg, William Richey. "Kenneth Scott Latourett 1884-1968: Interpreter of the Expansion of Christianity." In *Mission Legacies: Biographical Studies of Leaders of the Modern Missionary Movement*. Edited by Gerald H. Anderson, Robert T. Coote, Norman A. Horner, and James M. Phillips. Vol. No. 19, *American Society of Missiology Series*. Maryknoll, New York: Orbis Books, 1994.

Holifield, E Brooks. *Theology in America: Christian Thought from the Age of the Puritans to the Civil War*. Yale University Press, 2003.

Hopkins, Samuel. *The Life and Character of the Late Reverend, Learned, and Pious Mr Jonathan Edwards: President of the College of New Jersey. Together with Extracts from His Private Writings and Diary. And Also Eighteen Select Sermons on Various Important Subjects*, vol. 6: Alexander Jardine, 1799.

Hopkins, Samuel. *Memoirs of the Rev. Jonathan Edwards*. J. Black, 1815.

Hosier, Helen K. *Jonathan Edwards: The Great Awakener*. Ohio: Barbour Publishing Inc, 1999.

Houghton, Sidney M. 『복음적 개혁 신앙의 관점에서 본 기독교 교회사』(*Sketches from Church History*). 정중은 옮김. 서울: 도서출판 나침판사, 1988.

Hunter III, George G. "Donald A. Mcgavran 1897-1990: Standing at the Sunrise of Missions." In *Mission Legacies: Biographical Studies of Leaders of the Modern Missionary Movement*. Edited by Gerald H. Anderson, Robert T. Coote, Norman A. Horner, and James M. Phillips. Vol. No. 19, *American Society of Missiology Series*. Maryknoll, New York: Orbis Books, 1994.

Jackson, Jeremy C. 『현대인을 위한 교회사』(*No Other Foundation the Church through Twenty Centuries*). 김재영·홍치모 옮김. 서울: IVP 한국기독학생회출판부, 1998.

Kane, Herbert. 『선교사의 생활과 사역』(*Life and Work on the Mission Field*). 백인숙 옮김. 서울: 두란노서원, 1986.

KCMUSA. 『미주 한인교회사』(*120th Anniversary History of the Korean Church in America*. 재미한인기독교재단(KCMUSA), 2023.

KCMUSA. "기독교의 쇠퇴는 멈출 기미가 보이지 않는다." Last modified September 15, 2022. Accessed March 21, 2024. https://www.kcmusa.org/bbs/board.php?bo_table=mn01_1&wr_id=3504.

Keller, Timothy. *Preaching: Communicating Faith in an Age of Skepticism*. Penguin, 2016.

Kempis, Thomas. *The Imitation of Christ*. Translated by Harold J. Chadwick. Orlando, Florida: Bridge-Logos Publishers, 1999.

Kimnach, Wilson H. "Preface to the Period." Vol. *WJE: Sermons and Discourses 1743–1758*. New Haven: Yale University Press, 2006.

Kling, David William, and Douglas A Sweeney. *Jonathan Edwards at Home and Abroad: Historical Memories, Cultural Movements, Global Horizons*. Univ of South Carolina Press, 2003.

Kraft, Charles H. 『기독교 문화인류학』(*Anthropology for Christian Witness*). 안영권·이대헌 옮김. 서울: CLC, 2010.

Kraft, Charles H. 『기독교와 문화』(*Christianity in Culture*). 김석환·임윤택 옮김. 서울: CLC, 2006.

Kuiper, B. K. 『世界 基督 敎會史(*The Church in History*). 김해연 옮김. 서울: 성광문화사, 1997.

Latourette, Kenneth Scott. *Advance through Storm, A.D. 1914 and after, with Concluding Generalizations*. Vol. 7. 7 vols. *A History of the Expansion of Christianity*. New York ; London: Harper & Brothers, 1945.

Latourette, Kenneth Scott. *Beyond the Ranges: An Autobiography*. Grand Rapids, Mich.: William B. Eerdmans Pub. Co., 1967.

Latourette, Kenneth Scott. *The Great Century in Europe and the United States of America A.D. 1800-A.D. 1914*. Vol. 4. 7 vols. *A History of the Expansion of Christianity*. New York ; London: Harper & Brothers, 1941.

Latourette, Kenneth Scott. *The Great Century in Northern Africa and Asia, A.D. 1800-A.D. 1914*. Vol. 6. 7 vols. *A History of the Expansion of Christianity*. New York ; London: Harper & Brothers, 1944.

Latourette, Kenneth Scott. *The Great Century in the Americas, Australia, Asia, and Africa, A.D. 1800-A.D. 1914*. Vol. 5. 7 vols. *A History of the Expansion of Christianity*. New York ; London: Harper & Brothers, 1943.

Latourette, Kenneth Scott. *A History of Christian Missions in China*. New York: Macmillan Co., 1929.

Latourette, Kenneth Scott. *A History of Christianity*. 1st ed. New York: Harper, 1953.

Latourette, Kenneth Scott. *A History of Christianity*. Edited by Ralph D Winter. Vol. 2: Harper & Row New York, 1975.

Latourette, Kenneth Scott. *A History of the Expansion of Christianity*. New York: London, 1937.

Latourette, Kenneth Scott. *Kenneth Scott Latourette: Historian and Friend." in Frontiers of the Christian World Mission since 1938; Essays in Honor of Kenneth Scott Latourette*. Edited by Wilber Christian Harr. New York: Harper, 1962.

Latourette, Kenneth Scott. *The Nineteenth Century in Europe: Background and the Roman Catholic Phase*. Vol. 2. 5 vols. [1st ed. *Christianity in a Revolutionary Age, a History of Christianity in the 19th and 20th Centuries*. Grand Rapids, Michigan: Zondervan Publishing House, 1959.

Latourette, Kenneth Scott. *The Nineteenth Century in Europe: The Protestant and Eastern Churches*. Vol. 1. 5 vols. [1st ed. *Christianity in a Revolutionary Age, a History of Christianity in the 19th and 20th Centuries*. Grand Rapids, Michigan: Zondervan Publishing House, 1958.

Latourette, Kenneth Scott. *The Nineteenth Century Outside Europe: The Americas, the Pacific, Asia, and Africa*. Vol. 3. 5 vols. [1st ed. *Christianity in a Revolutionary Age, a History of Christianity in the 19th and 20th Centuries*. Grand Rapids, Michigan: Zondervan Publishing House, 1961.

Latourette, Kenneth Scott. *The Thousand Years of Uncertainty, A.D. 500-A.D. 1500*. Vol. 2. 7 vols. *A History of the Expansion of Christianity*. New York ; London: Harper & Brothers, 1938.

Latourette, Kenneth Scott. *Three Centuries of Advance, A.D. 1500-A.D. 1800*. Vol. 3. 7 vols. *A History of the Expansion of Christianity*. New York ; London: Harper & Brothers, 1939.

Latourette, Kenneth Scott. *The Twentieth Century in Europe: The Roman Catholic, Protestant and Eastern Churches*. Vol. 4. 5 vols. [1st ed. *Christianity in a Revolutionary Age, a History of Christianity in the 19th and 20th Centuries*. Grand Rapids, Michigan: Zondervan Publishing House, 1961.

Latourette, Kenneth Scott. *The Twentieth Century Outside Europe: The Americas, the Pacific, Asia and Africa: The Emerging World Christian Community*. Vol. 5. 5 vols. [1st ed. *Christianity in a Revolutionary Age, a History of Christianity in the 19th and 20th Centuries*. Grand Rapids, Michigan: Zondervan Publishing House, 1962.

Latourette, Kenneth Scott. 『基督教史』. 윤두혁 옮김. 서울: 생명의말씀사, 1983. http://www.riss.kr/link?id=M69167.

Lee, Robert Gordon. *Edwards on Education: A Content Analysis of the Philosophy of Education of Jonathan Edwards with Implications for Christian Educators*. Southeastern Baptist Theological Seminary, 2023.

Lesser, M. X. *Reading Jonathan Edwards: An Annotated Bibliography in Three Parts, 1729-2005*. Grand Rapids, Mich.: William B. Eerdmans Pub. Co., 2008.

Lexington. "[Religion] Edwards, Jonathan Some Thoughts Concerning the Present Revival of Religion in New-England and the Way in Which It Ought to Be Acknowledged and Promoted, Humbly Offered to the Public in a Treatise on That Subject in Five Parts." Walkabout books Accessed March 30, 2024. https://www.walkaboutbooks.net/pages/books/14915/religion-jonathan-edwards/some-thoughts-concerning-the-present-revival-of-religion-in-new-england-and-the-way-in-which-it?soldItem=true.

Lloyd-Jones, David Martyn. 『청교도 신앙』(*The Puritans: Their Origins and Successors*). 서문강 옮김. 서울: 생명의말씀사, 2002.

MacCormac, Earl Ronald. *The Transition from Voluntary Missionary Society to the Church as a Missionary Organization among the American Congregationalists, Presbyterians, and Methodists*. Yale University, 1961.

Marsden, George. *The Twilight of the American Enlightenment: The 1950s and the Crisis of Liberal Belief*. Basic Books (AZ), 2014.

Marsden, George M. *Jonathan Edwards: A Life*. Yale University Press, 2004.

Marsden, George M. *A Short Life of Jonathan Edwards*. Grand Rapids, Michican: William B. Eerdmans Publishing Company, 2008.

Marsden, George M. *Fundamentalism and American Culture*. Oxford University Press, 1980.

Marsden, George M. "A Journey through Faith and History: George Marsden on Jonathan Edwards." interview by Travis Michael Fleming. *Apollos Watered*. February 23, 2024, accessed April 5 https://www.youtube.com/watch?v=mS38pedeyXk&ab_channel=ApollosWatered.

Marsden, George M. 『조나단 에드워즈 평전』(*Jonathan Edwards: A Life*). 한동수 옮김. 서울: 부흥과개혁사, 2006.

Marsden, George M. 『조나단 에드워즈와 그의 시대』(*A Short life of Jonathan Edwards*). 정상윤 옮김. 서울: 복있는사람, 2009.

Marsden, George M. "Introduction: Reformed and American," in *Reformed Theology in America*. Edited by David F. Wells. Grand Rapids, Mich: Baker Books, 1997.

Martin, Matthew Ryan. "Jonathan Edwards' Life: More Than a Sermon." Liberty University, 2003.

Mary, The College of William &. "History & Traditions." The College of William & Mary. Accessed March 28, 2024. https://www.wm.edu/about/history/.

McClymond, Michael and McDermott, Gerald. 『한 권으로 읽는 조나단 에드워즈 신학』(*The Theology of Jonatha Edwards*). 임요한 옮김. 서울: 부흥과개혁사, 2015.

McClymond, Michael J, and Gerald R McDermott. *The Theology of Jonathan Edwards*: Oxford University Press, 2011.

McFadden, Ian D. "Amidst the Great Darkness the Practical Missiology of Jonathan Edwards at Stockbridge, 1751-1758." S.T.M., Yale Divinity School, 2008.

McGavran, Donald A. *Crucial Issues in Missions Tomorrow*. Chicago: Moody Press, 1972.

McGavran, Donald A. *How Churches Grow*. London: World Dominion Press, 1959.

McGavran, Donald A. *Understanding Church Growth*. Grand Rapids: Eerdmans Publishing Company, 1970.

McGavran, Donald A. 『교회 성장 이해』(*Understanding Church Growth*). 김종일·이요한·전재옥·선교학회 한국복음주의 옮김. 서울: 한국장로교출판사, 1987.

McGavran, Donald A., and Win Arn. *How to Grow a Church*. Glendale, Calif.: Regal Books, 1973.

McGavran, Donald Anderson. *The Bridges of God*. New York: Friendship Press, 1981.

McGavran, Donald Anderson. *The Bridges of God*. Friendship Press, 1955.

McGavran, Donald Anderson. 『하나님의 선교 전략』(*The Bridges of God: A Study in the Strategy of Missions*). 이광순 옮김. 서울: 한국장로교출판사, 1993.

McGavran, Donald Anderson, Robert Cavin Guy, Melvin L. Hodges, and Eugene A Nida. *Church Growth and Christian Mission*. Edited by Donald Anderson McGavran, edited by 1st. New York: Harper & Row, 1965.

McGrath, Alister E. 조나단 에드워즈 길라잡이』(*A Jonathan Edwards Prime*). 심현찬·정성욱·강웅산 옮김. 서울: 세움북스, 2022.

McIntosh, Gary Lynn. *Donald A. Mcgavran: A Biography of the Twentieth Century's Premire Missiologist*. USA: Church Leader Insights U.S.A., 2015.

Middleton, Vern. *Donald Mcgavran, His Early Life and Ministry: An Apostolic Vision for Reaching the Nations ; A Biography*. Pasadena, CA: William Carey Library, 2011.

Miles, Lion G. "The Red Man Dispossessed: The Williams Family and the Alienation of Indian Land in Stockbridge, Massachusetts, 1736-1818." *The New England Quarterly* 67, no. 1 (1994): 46-76.

Miller, Perry. *Jonathan Edwards*. U of Nebraska Press, 2005.

Miller, Perry. *Jonathan Edwards*. Westport: Greenwood Press, 1977.

Miller, Perry. *Jonathan Edwards*. New York: Sloane, 1949.

Minkema, Kenneth P. "Informing of the Child's Understanding, Infuencing His Heart, and Directing Its Practice: Jonathan Edwards on Education." *Acta Theologica* 31, no. 2 (2011): 159-89.

Minkema, Kenneth P. "Jonathan Edwards: A Theological Life." *The Princeton Companion to Jonathan Edwards* (2005).

Minkema, Kenneth P. "Old Age and Religion in the Writings and Life of Jonathan Edwards." *Church History* 70, no. 4 (2001): 674-704.

Murray, Iain H. *Jonathan Edwards: A New Biography*. Banner of Truth Trust, 1987.

Murray, Iain H. 『부흥과 부흥주의』(*Revival and Revivalism: The Making and Marring of American Evngelicalism 1750-1858*). 신호섭 옮김. 서울: 부흥과개혁사, 2005.

Murray, Iain H. 『성경적 부흥관 바로 세우기』(*Pentecost-Today? The Biblical Basics for Understanding Revival*). 서창원 옮김. 서울: 부흥과개혁사, 2001.

Murray, Iain H. 『조나단 에드워즈의 삶과 신앙』(*Jonathan Edwards: A New Biography*). 윤상문·전광규 옮김. 서울: 이레서원, 2006.

Murray, Iain Hamish. *Jonathan Edwards*. Edinburgh : Carlisle, Pa., USA :, 1987.

Neill, Stephen. *Call to Mission*. Philadelphia: Fortress Press, 1970.

Nichols, Stephen J, Noël Piper, JI Packer, Donald S Whitney, Mark Dever, Paul Helm, Sam Storms, Mark Talbot, and Sherard Burns. *A God Entranced Vision of All Things: The Legacy of Jonathan Edwards*. Crossway, 2004.

Nichols, Stephen J. 『조나단 에드워즈의 생애와 사상』(*Jonathan Edwards: A Guided Tour of His Life and Thought*). 채천석 옮김. 서울: 개혁주의신학사, 2013.

Njoto, Ricky F. "The Redemption Discourse and Edwards the Missionary." *Journal of Reformed Theology* 15, no. 1-2 (2021): 48-69.

Noll, Mark A. 『미국·캐나다 기독교 역사』(*A History of Christianity in the United States and Canada*). 최재건 옮김. 서울: CLC, 2005.

Packer, J. I. *A Quest for Godliness: The Puritan Vision of the Christian Life*. 1st U.S. ed. Wheaton, Ill.: Crossway Books, 1990.

Pang, Patrick. *A Study of Jonathan Edwards as a Pastor-Preacher*. Fuller Theological Seminary, Doctor of Ministry Program, 1991.

Park, Hyung Jin. *Journey of the Gospel: A Study in the Emergence of World Christianity and the Shift of Christian Historiography in the Last Half of the Twentieth Century*. Princeton Theological Seminary, 2009.

Parkes, Henry Bamford. "Jonathan Edwards: The Fiery Puritan." (1931).

Parsons, Greg Howard. *Ralph D. Winter: Early Life and Core Missiology*. Pasadena, CA: William Carey International University Press, 2012.

Paul, Roy M. *Jonathan Edwards and the Stockbridge Mohican Indians: His Missions and Sermons*. H&E Publishing, 2020.

Peterson, Eugene H. *A Long Obedience in the Same Direction: Discipleship in an Instant Society*. Downers Grove, IL: InterVarsity Press, 2000.

Pettit, Norman *The Great Awakening in New England*. University of Chicago Press, 1960.

Pierson, Paul E. "My Pilgrimage in Mission." *International Bulletin of Missionary Research* 24, no. 2 (2000): 71-75.

Pierson, Paul E. *The Dynamics of Christian Mission: History through a Missiological Perspective*. Pasadena, CA: William Carey International University Press, 2009.

Pierson, Paul E. 『선교학적 관점에서 본 기독교 선교 운동사』(*The Dynamics of Christian Mission: History through a Missiological Perspective*). 임윤택 옮김. 서울: CLC, 2009.

Piper, John. *God's Passion for His Glory: Living the Vision of Jonathan Edwards*. Wheaton, IL: Crossway, 1998.

Piper, John. *God's Passion for His Glory: With the Complete Text from "the End for Which God Created the World" by Jonathan Edwards*. Wheaton, Ill.: Crossway Books, 1998.

Piper, John. 『고난의 영웅들』. 이용중 옮김. 서울: 부흥과개혁사, 2008.

Press, Log College. "David Brainerd (1718-1747)." Log College Press. Accessed March 30, 2024. https://www.logcollegepress.com/david-brainerd-17181747.

Resources, Christian Biography. "Martyn, Henry (1781-1812)."

Anglican Chaplain in India and Missionary to Muslims." Christian Biography Resources. Accessed March 29, 2024. https://www.bu.edu/missiology/missionary-biography/l-m/martyn-henry-1781-1812/.

Ruggieri, Alicia G. "A Map of David Brainerd's New England." aliciagruggieri.com. Accessed March 31, 2024. https://www.aliciagruggieri.com/resources/a-map-of-david-brainerds-new-england/.

Ruse, Michael. "E.O. Wilson."

American Biologist. "Britannica. Last modified April 16, 2024. Accessed May 12, 2024. https://www.britannica.com/biography/Edward-O-Wilson.

Schmidt, Alvin J. *How Christianity Changed the World*. Zondervan, 2009.

Society, Enfield Historical. "Jonathan Edwards." Enfield Historical Society. Accessed May 1, 2024. https://enfieldhistoricalsociety.org/old-town-hall/jonathan-edwards-and-sinners-in-the-hands-of-an-angry-god/.

Spradley, James P. 『참여 관찰법』(*Participant Observation*). 신재영 옮김. 서울: 시그마프레스, 2006.

Stone, Jordan. "Who Was Robert Murray M'cheyne?" ligonier. Last modified July 5, 2023. Accessed March 30, 2024. https://www.ligonier.org/learn/articles/missionary-robert-murray-mcheyne.

Stout, Harry S. *The New England Soul: Preaching and Religious Culture in Colonial New England.* New York: Oxford University Press, 1986.

Sweeney, Douglas A., and Owen Strachan. 『하나님을 사랑한 사람, 조나단 에드워즈』(*Jonathan Edwards Love of God on Beauty*). 김찬영 옮김. 서울: 부흥과개혁사, 2012.

Sweet, William Warren. *The Story of Religion in America.* Grand Rapids: Baker, 1950.

Sweet, William Warren. 『美國 敎會史』(*The Story of Religion in America*). 김기달 옮김. 서울: 보이스사, 1994.

Taylor, Justin. "'The Religious Affections' by Jonathan Edwards: A Q&a on an Evangelical Classic." *TCG.* Last modified September 21, 2016. Accessed March 30, 2024. https://www.thegospelcoalition.org/blogs/evangelical-history/the-religious-affections-by-jonathan-edwards-a-qa-on-an-evangelical-classic/.

Thornbury, John. 『북아메리카 인디언의 선교사, 기도의 성자 데이비드 브레이너드』(*The Life and Diary of David Brainerd*). 김기찬 옮김. 서울: 크리스챤다이제스트, 2005.

Tippett, Alan Richard. *Introduction to Missiology.* William Carey Publishing, 1987.

Tournier, Paul. 『모험으로 사는 인생』(*L'aventure De La Vie*). 정동섭·박영민 옮김. 서울: IVP, 2020.

Tracy, Joseph. *The Great Awakening: A History of the Revival of Religion in the Time of Edwards and Whitefield.* BiblioBazaar, LLC, 2009.

Tracy, Patricia. *Jonathan Edwards, Pastor: Religion and Society in Eighteenth-Century Northampton.* Vol. 2: Wipf and Stock Publishers, 2006.

Tucker, Ruth. *From Jerusalem to Irian Jaya.* Grand Rapids, Mich.: Zondervan, 1983.

Tucker, Ruth A. 『선교사 열전』(*from Jerusalem to Iriva Jaya a Biographical History of Christian Missions*). 박해근 옮김. 서울: 크리스챤다이제스트, 1991.

Turnbull, Ralph G. *Jonathan Edwards, the Preacher.* Grand Rapids: Backer, 1958.

University, Rutgers. "Yesterday and Today." Rutgers University. Accessed March 28, 2024. https://www.rutgers.edu/about-rutgers.

Vann, Richard. T. "Historiography." *Encyclopedia Britannica.* Last modified March 14, 2024. Accessed May 2, 2024. https://www.britannica.com/topic/historiography.

Walker, Williston. 『기독 교회사』(*A History of the Christian Church*). 류형기 옮김. 서울: 한국기독교문화원, 1986.

Walker, Williston. 『기독 교회사』(*A History of the Christian Church*). 송인설 옮김. 서울: 크리스챤다이제스트, 2005.

Warfield, Benjamin B. "Edwards and the New England Theology." *Encyclopedia of Religion and Ethics* 5 (1912): 221-27.

Wheeler, Rachel. "Edwards as Missionary." *The Cambridge Companion to Jonathan Edwards* (2007): 196-214.

Wheeler, Rachel. "Friends to Your Souls": Jonathan Edwards' Indian Pastorate and the Doctrine of Original Sin1." *Church History* 72, no. 4 (2003): 736-65.

Wheeler, Rachel Margaret. *Living Upon Hope: Mahicans and Missionaries, 1730-1760*: Yale University, 1998.

Whitefield, George. 『(조지 휫필드의) 일기』(*The Journal of George Whitefield*). 엄경희 옮김. 서울: 지평서원, 2005.

Wilson, Edward O. *Consilience: The Unity of Knowledge*. New York: Vintage Books, 1998.

Winslow, Ola Elizabeth. *Jonathan Edwards 1703-1758*. New York: Collier Books, 1961.

Winslow, Ola Elizabeth. *Jonathan Edwards, 1703-1758*. New York: The Macmillan company, 1940.

Winter, Ralph D. 『랄프 윈터의 비서구 선교 운동사』(*The 25 Unbelievable Yeras 1945-1969*). 임윤택 옮김. 고양: 예수전도단, 2012.

Winter, Ralph D., and Steven C. Hawthorne. *Perspectives on the World Christian Movement : A Reader*. Pasadena, Calif.: William Carey Library, 1981.

Winter, Ralph D., Steven C. Hawthorne, Darrell R. Dorr, D. Bruce Graham, and Bruce A. Koch. *Perspectives on the World Christian Movement: A Reader*. 4th ed. Pasadena, Calif.: William Carey Library, 2009.

Zakai, Avihu. *Jonathan Edwards's Philosophy of History: The Reenchantment of the World in the Age of Enlightenment*: Princeton University Press, 2009.

■ 한국 문헌

강웅산. "조나단 에드워즈의 부흥이야기와 부흥신학."「신학지남」 78, no. 3 (2011): 145-74.

강웅산. "조나단 에드워즈의 칼빈주의 부흥 이해."「조직신학 연구」 8, no. - (2006): 72-102.

고창덕. "데이비드 브레이너드의 생애와 사역에 나타난 선교 접촉점 연구." 총신대학교, 2015.

기독교학술원. "폴 투르니에는 인격의학을 주창했던 심리 치료가."「기독일보」. Last modified April 16, 2018. Accessed March 29, 2024. https://www.christiandaily.co.kr/news/79803.

기독일보사. "〈사설〉 오늘 한국 교회에 닥친 위기의 실체." 「기독일보」. Last modified August 08, 2023. Accessed March 21, 2024. https://kr.christianitydaily.com/articles/119039/20230808/%EC%82%AC%EC%84%A4-%EC%98%A4%EB%8A%98-%ED%95%9C%EA%B5%AD%EA%B5%90%ED%9A%8C%EC%97%90-%EB%8B%A5%EC%B9%9C-%EC%9C%84%EA%B8%B0%EC%9D%98-%EC%8B%A4%EC%B2%B4.htm.

기윤실. "국민 10명 중 6명 한국 교회 신뢰하지 않는다." 「국민일보」. Last modified Fabruary 10, 2020. Accessed March 21, 2024. https://m.kmib.co.kr/view.asp?arcid=0924121967.

김경철. "폴 히버트의 비판적 실재론에 근거한 초문화 신학에 대한 고찰." 「한국 개혁신학」 30 (2011): 182-215.

김성태. 『세계 선교 전략사』. 서울: 생명의말씀사, 1994.

김용식. 『디아스포라 인 브라질』. 서울: 윌리엄캐리, 2009.

김의환. 『기독 교회사』. 서울: 성광문화사, 1986.

김의환. 『基督 敎會史』. 서울: 총신대학교출판사, 2002.

김홍만. "조나단 에드워즈와 제1차 영적 대각성." 「신학지평」 19, no. - (2008): 210-34. 대한성서공회. 성경전서 서울: 대한성서공회, 2016.

박용규. 『근대 교회사』. 서울: 총신대학출판부, 1997.

박응규. "Dialogue on Conversion between Jonathan Edwards and Charles Finney." 「개혁논총」 16 (2010): 285-315.

송삼용. 『무릎의 성자 데이비드 브레이너드』. 서울: 넥서스 ;, 2009.

심창섭·채천석. 『원 자료 중심의 근.현대 교회사』((A) History of Christianity in the modern ages). 서울: 솔로몬, 1999.

양낙흥. 『조나단 에드워즈 생애와 사상』. 부흥과개혁사, 2003.

오덕교. 『청교도 이야기』. 서울: 이레서원, 2001.

이병수. "조나단 에드워즈의 부흥과 선교에 대한 연구." 「갱신과 부흥」 20 (2015): 1-16.

이상웅. "조나단 에드워즈의 성령론." 도서출판 솔로몬, 2020.

이상웅. "[한 권으로 읽는 조나단 에드워즈 신학]: 마이클 맥클리먼드, 제럴드 맥더모트. 임요한 역, 서울: 부흥과개혁사, 2015 년." 「신학지남」 82, no. 4 (2015): 295-97.

이상현. 『조나단 에드워즈의 신학』. 서울: 부흥과개혁사, 2008.

이성일. "개혁교회 여인들 - 사라 에드워즈 2편." Last modified March 16, 2014. Accessed March 19, 2024. http://jinrichurch.org/bbs/board.php?bo_table=0301&wr_id=4337&page=35.

이재환·mission Come. 『미션 파서블』(*Mission possible*). 서울: 두란노, 2003.

이찬우. 『프론티어 선교학』(*A frontier missiology : missiography of Interserve*). 서울: CLC, 2020.

임윤택. 『디아스포라 설교신학』. 서울: CLC, 2009.

임윤택. 『랄프 윈터의 기독교 문명운동사』(Foundations of the world Christian Movement). 고양: 예수전도단, 2013.
임윤택. 『최찬영·김광명 선교사 이야기 내 잔이 넘치나이다』. Pasadena: Global Leadership Center William Carey International University, 2020.
임윤택. 『풀러: 아이러브 처치』, 2009.
정부흥. 『조나단 에드워즈의 생애』. 서울: CLC, 1999.
정용암. 『도널드 맥가브란의 개종신학』. 서울: CLC, 2021.
정준기. 『청교도 인물사』. 서울: 생명의말씀사, 1996.
지의정. "조나단 에드워즈(Jonathan Edwards)의 인디언 선교에 대한 목회상담적 평가." 「신학과 실천」(11 2019): 521-49.
채천석. 『부흥 사상가 조나단 에드워즈』. 서울: 한국강해설교학교출판부, 2003.
최재건. 『근현대 부흥 운동사』(A history of modern christian revivals). 서울: CLC : 2007.
최찬영. 『최찬영 이야기』. 서울: 조이선교회출판부, 1995.
피영민. "조나단 에드워즈를 중심으로 본 부흥과 종교적 감정의 관계." 「성경과 신학」 (1994): 199-233.
한국선교연구원(KRIM). "2023 한국선교현황." 한국세계선교협의회(KWMA). Last modified March 07, 2024. Accessed March 22, 2024. https://krim.org/2023-korean-mission-statistics/.
한국선교연구원(KRIM). "한국선교현황 연도별 발표자료." 한국세계선교협의회(KWMA). 2024. Accessed March 22, 2024. https://krim.org/statisticsdata/.

CLC 신앙 인물 시리즈

❶ 로이드 존스의 생애
  박영호 지음 | 신국판 | 180면

❷ 잔느 귀용 부인의 생애
  드로시 고든 커슬럿 지음 | 유평애 옮김 | 신국판 | 208면

❸ 조나단 에드워즈의 생애
  정부홍 지음 | 신국판 | 182면

❹ 토마스 맨톤의 생애와 설교
  데릭 쿠퍼 지음 | 박광영 옮김 | 국판변형 | 304면

❺ 존 낙스의 생애와 사상
  스탠포드 리이드 지음 | 박영호, 서영일 옮김 | 신국판 | 504면

❻ 메이첸의 생애와 사상
  스테판 J. 니콜스 지음 | 윤재석 옮김 | 신국판 | 340면

❼ 신학자 코메니우스
  최진경 지음 | 신국판 | 348면

❽ 교부 어거스틴
  빌헬름 게에를링스 지음 | 권진호 옮김 | 신국판 | 200면

❾ 조나단 에드워즈의 생애와 사상
  스테펜 J. 니콜라스 지음 | 채천석 옮김 | 신국판 | 256면

❿ 제임스 패커의 생애
  앨리스터 맥그라스 지음 | 신재구 옮김 | 신국판 | 518면

⓫ 웨슬리의 생애와 신학
  허천회 지음 | 신국판 | 920면

⓬ 배사라 선교사
  신상호·정준기 지음 | 신국판 | 368면

⓭ 안의와 선교사 자료집
  대한예수교장로회 대구제일교회 편찬 | 채승희 옮김 | 신국판 양장 | 848면

⓮ 배위량 순례길
  배재욱 지음 | 신국판 | 396면